资治通鉴精选新绎

（二）

张大可 选绎

目　录

卷第十三　汉纪五

吕太后元年至汉文帝前元二年（前 187—前 178）…… 001

卷第十四　汉纪六

汉文帝前元三年至前元十年（前 177—前 170）…… 052

卷第十五　汉纪七

汉文帝前元十一年至汉景帝前元二年（前 169—前 155）…… 097

卷第十六　汉纪八

汉景帝前元三年至后元三年（前 154—前 141）…… 148

卷第十七　汉纪九

汉武帝建元元年至元光元年（前 140—前 134）…… 205

卷第十八　汉纪十

汉武帝元光二年至元朔四年（前 133—前 125）…… 255

卷第十九　汉纪十一

汉武帝元朔五年至元狩四年（前 124—前 119）…… 311

卷第二十　汉纪十二

汉武帝元狩五年至元封元年（前 118—前 110）…… 367

卷第二十一　汉纪十三

汉武帝元封二年至天汉二年（前 109—前 99）…… 419

卷第二十二　汉纪十四
汉武帝天汉三年至后元二年（前98—前87）…… 475

附录　人物与事件
论汉文帝 …… 526
论汉文帝创建的贤良文学 …… 535
论“文景之治” …… 551
论汉武帝征伐匈奴 …… 561
论张骞凿空西域 …… 578

卷第十三　汉纪五

吕太后元年至汉文帝前元二年（前187—前178）

【起阏逢摄提格（甲寅，前187），尽昭阳大渊献（癸亥，前178），凡十年】

【大事提要】

本卷记事起于公元前187年，到公元前178年，凡十年，当为吕太后元年至汉文帝前元二年。本卷所载的大事，主要是以下几个方面：其一，吕太后当政。公元前188年，汉惠帝刘盈去世，太子年幼即位称少帝。少帝本非刘盈所生，皇后张嫣无子，佯为有身，取美人子名之，而杀其母。少帝知其母死，而自己非真皇后子，出言不逊，被太后吕雉囚于永巷，后被处死。后命常山王刘义继帝位，太后掌控朝政。其二，诸吕封王。公元前187年，太后吕雉执掌朝政，提出要分封诸吕为王。右丞相王陵不同意，太后提升王陵为太傅，剥夺了他的实权；左丞相陈平、太尉周勃耍了滑头，认为没有什么不可以的，太后非常高兴，侄子和侄孙先后封王，汉朝成了吕家的天下。其三，平定诸吕。公元前180年，吕太后病死，诸吕姓官员阴谋叛乱。丞相陈平与太尉周勃合谋，在南、北军将士的策应下，入宫杀死掌握大权的太后亲信吕产、吕禄等人，消灭了诸吕势力。诸吕不分男女老幼，全部被处死，吕氏集团彻底被消灭，避免了社会动乱。其四，刘恒即位。平定诸吕后，丞相陈平、太尉周勃等人商议由谁来继承皇位，他们认为当时太后立的小皇帝刘弘不是汉惠帝后代，不符合皇位继承法统。最后，他们相中了宽厚仁慈、名声较好的代王刘恒。于是，派使者去接刘恒到长安继承皇位，史称汉文帝。其五，赵佗归汉。刘邦去世后，太后吕雉临朝，发布了禁止对南越出售铁器和其他物品的禁令。于是，南越王赵佗自称“南越汉武帝”，发兵攻打长沙国，以皇帝身份发号施令。汉文帝令太中大夫陆贾再次出使南越，晓以利害关系，说服赵佗去除帝号，归附汉朝。

【原文】

高皇后[1]

元年（甲寅，前187）

冬，太后议欲立诸吕[2]为王，问右丞相陵[3]。陵曰："高帝刑白马盟[4]曰：'非刘氏而王，天下共击之。'今王吕氏，非约也[5]。"太后不说[6]，问左丞相平、太尉勃[7]，对曰："高帝定天下，王子弟[8]；今太后称制[9]，王诸吕，无所不可[10]。"太后喜，罢朝[11]。王陵让[12]陈平、绛侯曰："始与高帝啑血盟[13]，诸君不在邪？今高帝崩，太后女主，欲王吕氏；诸君纵欲阿意背约[14]，何面目见高帝于地下乎？"陈平、绛侯曰："于今，面折廷争[15]，臣不如君；全社稷[16]，定刘氏之后，君亦不如臣。"陵无以应之[17]。

十一月，甲子[18]，太后以王陵为帝太傅[19]，实夺之相权。陵遂病免归[20]。

乃以左丞相平为右丞相[21]，以辟阳侯审食其[22]为左丞相，不治事[23]，令监宫中，如郎中令。食其故得幸于太后，公卿皆因而决事[24]。

太后怨赵尧为赵隐王谋，乃抵尧罪[25]。

上党[26]守任敖[27]尝为沛狱吏，有德于太后[28]；乃以为御史大夫。

太后又追尊其父临泗侯吕公[29]为宣王，兄周吕令武侯泽[30]为悼武王，欲以王诸吕为渐[31]。

春，正月，除[32]三族罪、妖言令[33]。

夏，四月，鲁元公主[34]薨。封公主子张偃[35]为鲁王，谥公主曰鲁元太后。

辛卯[36]，封所名[37]孝惠子山为襄城侯，朝为轵侯，武为壶关侯。

太后欲王吕氏，乃先立所名孝惠子彊为淮阳王，不疑为恒山王；使大谒者张释风[38]大臣。大臣乃请立悼武王长子郦侯台[39]为吕王，割齐之济南郡为吕国[40]。

五月，丙申[41]，赵王宫丛台灾[42]。

秋，桃、李华[43]。

（以上为第一段，写太后吕雉在汉惠帝刘盈去世后走到前台，掌控朝政，她首先要解决的问题，是封诸吕为王，右丞相王陵反对，被夺实权；陈平、周勃巧妙周旋，得以保全。）

【注释】

①高皇后：吕雉（？—前180），字娥姁。秦末单父（今山东单县）人。后移居沛县。为刘邦之妻。刘邦称帝，立为皇后。助刘邦定天下，屠灭功臣多高后力。惠帝时，临朝称制，在位八年（前187—前180）。传见《史记》卷九、《汉书》卷三。 ②太后：即高皇后。皇帝的母亲称“太后”。 诸吕：指吕后本家吕禄等人。 ③陵：王陵（？—前181），泗水沛县（今属江苏）人。传见《史记》卷五十六、《汉书》卷四十。 ④高帝刑白马盟：刘邦称帝后，杀白马歃血，与群臣订立盟约：“非刘氏不王，非有功不侯。” ⑤非约也：不符合盟约。 ⑥说：通“悦”。 ⑦平：陈平（？—前179），汉初大臣。传见《史记》卷五十六、《汉书》卷四十。 勃：周勃（？—前169），汉初大臣。传见《史记》卷五十七、《汉书》卷四十。 ⑧王（wàng）子弟：分封刘氏子弟为王。王，封王。 ⑨太后称制：太后临朝管理国家。称制，皇帝发号施令称“制曰”。 ⑩无所不可：没有什么不可以的。 ⑪罢朝：退朝，即停止朝会。 ⑫让：责备。 ⑬喋血盟：即歃血盟。古时订盟要含血，或以血涂口。盟誓的一种仪式。 ⑭纵（zòng）：纵令，即使。 阿意背约：逢迎太后意旨而违背盟约。 ⑮面折廷争：谓当朝犯颜直谏。 ⑯全社稷：保全国家。 ⑰无以应之：谓无话应答，无话可说。 ⑱甲子：十一月无甲子日，有误。 ⑲太傅：官名。古代帝王的师傅。 ⑳病免归：因病免职致仕。 ㉑右丞相：左右相对，右高于左。陈平由左丞相调任右丞相是一种提升。 ㉒审食其：泗水郡沛县（今属江苏）人，高后宠臣，封辟阳侯。传见《史记》卷五十六、《汉书》卷四十。 ㉓不治事：不署理左丞相的职事，只是名义上的左丞相。 ㉔公卿皆因而决事：公卿大臣都要通过审食其才能裁决事务。 ㉕“太后”二句：太后怨恨御史大夫赵尧为高祖设谋保全赵隐王刘如意，罢免了他的官职。当年赵尧觉察高祖忧心赵王的安全，献计以周昌为赵王的贵强相。吕后称制，报复赵尧，免其职。 抵：抵偿，当。 ㉖上党：郡名。郡治长子，在今山西长治西南。 ㉗任敖（？—前178）：泗水沛县（今属江苏）人。官至御史大夫。传见《史记》卷九十六、《汉书》卷四十二。 ㉘有德于太后：秦末，吕雉曾受辱于沛吏，任敖击伤该吏保护了吕雉。 ㉙吕公：吕雉之父。汉高帝封其为临泗侯。高后称制，吕公已死，追尊他为宣王。 ㉚周吕令武侯：周、吕，国名；令武，谥号。 泽：吕泽，吕雉之兄。初封为吕侯。高后称制，追尊他为悼武王。 ㉛渐：萌芽，指事物发展的开始。 ㉜除：废除。 ㉝妖言令：言论犯罪的法令。 妖言，指错误之言或怪诞之说。 ㉞鲁元公主：汉高帝刘邦的长女，吕后所生。食邑鲁，故称鲁元公主，赵王张敖之妻。 ㉟张偃：张敖与鲁元公主所生。 ㊱辛卯：四月二十八日。 ㊲所名：所谓；名义上。 ㊳大谒者：官名。谒者的长官。掌传宣帝命。 张释：或作张泽、张择。此从《史记·吕太后本纪》及《汉

书·恩泽侯表》。风：通“讽”。㊴郦侯台：吕台（yí），吕后之侄。汉高帝八年嗣父爵为周吕侯，次年更封郦侯（或作鄜侯）。吕后称制后封为吕王。㊵吕国：高后元年割齐之济南郡为吕国，封吕台为王。文帝元年复属齐国。后来或称郡或称国。㊶丙申：五月初四日。㊷丛台：台名。在赵王国邯郸。灾：失火。㊸秋，桃、李华：秋季，桃树、李树开花，气候反常。

【译文】

高皇后

吕太后元年（甲寅，前187）

冬季，吕太后在朝议时，提出准备册封几位吕氏外戚为诸侯王，征询右丞相王陵的意见，王陵回答说：“高帝曾与群臣杀白马饮血盟誓：‘如果有不是刘姓的人称王，天下臣民共同消灭他。’现在分封吕氏为王，不符合白马之盟所约。”吕太后很不高兴，又问左丞相陈平、太尉周勃，二人回答说：“高帝统一天下，分封刘氏子弟为王；现在太后临朝管理国家，分封几位吕氏为王，没有什么不可以的。”太后听了很高兴。朝议结束后，王陵责备陈平、周勃说：“当初与高皇帝饮血盟誓时，你们二位不在场吗？现在高帝去世了，太后以女主当政，要封吕氏为王，你们即使是要逢迎太后意旨而背弃盟约，可又有何脸面去见高帝于地下呢？”陈平、周勃对王陵说：“现在，在朝廷之上当面谏阻太后，我们二人确实不如您；可将来安定国家，确保高祖子孙的刘氏天下，您却不如我们二人。”王陵无言答对。

十一月，甲子（疑误），吕太后明升王陵为皇帝的太傅，实际上剥夺了他原任右丞相的实权。王陵于是称病，被免职归家。

吕太后提升左丞相陈平为右丞相；任命辟阳侯审食其为左丞相，但不执行左丞相的职权，只负责管理宫廷事务，同郎中令一样。但审食其早就得太后宠幸，公卿大臣都要通过审食其裁决政事。

吕太后对赵尧当年为高祖设谋保全赵王刘如意之事，一直耿耿于怀，便借故罗织罪名，罢免了他御史大夫的官职。

上党郡的郡守任敖，曾做过沛县的狱吏，对太后有恩德，太后就任用他为御史大夫。

吕太后追尊其去世的父亲临泗侯吕公为宣王，追尊其兄周吕令武侯吕泽为悼武王，打算以此作为分封吕氏为王的开端。

春季，正月，太后下令废除“三族罪”和“妖言令”。

夏季，四月，太后的女儿鲁元公主去世，封公主之子张偃为鲁元王，议定公主的谥号为鲁元太后。

四月二十八日，太后晋封号称是汉惠帝刘盈之子的刘山为襄城侯，刘朝为轵侯，刘武为壶关侯。

吕太后图谋分封吕氏为王，为了安抚刘氏宗室，就先立号称是汉惠帝之子的刘彊为淮阳王，刘不疑为恒山王。又指使宦官大谒者张释，委婉巧妙地向大臣们说明太后分封吕氏为王的本意。于是，大臣们识趣地奏请太后立悼武王吕泽的长子郦侯吕台为吕王，把属于齐国的济南郡分割出来，另立为吕国。

五月初四，赵王宫中的丛台发生了火灾。

秋天，桃树、李树都不合时令地开了花。

【原文】

二年（乙卯，前186）

冬，十一月，吕肃王台薨[①]。

春，正月，乙卯[②]，地震，羌道、武都道[③]山崩。

夏，五月，丙申[④]，封楚元王子郢客[⑤]为上邳侯，齐悼惠王子章为朱虚侯[⑥]，令入宿卫[⑦]，又以吕禄女妻章。

六月，丙戌晦[⑧]，日有食之。

秋，七月，恒山哀王不疑薨。

行八铢钱[⑨]。

癸丑[⑩]，立襄成侯山[⑪]为恒山王，更名义。

三年（丙辰，前185）

夏，江水、汉水溢[⑫]，流[⑬]四千余家。

秋，星昼见[⑭]。

伊水、洛水[⑮]溢，流千六百余家。汝水[⑯]溢，流八百余家。

四年（丁巳，前184）

春，二月，癸未[⑰]，立所名孝惠子太为昌平侯。

夏，四月，丙申[⑱]，太后封女弟媭[⑲]为临光侯。

少帝浸长[⑳]，自知非皇后[㉑]子，乃出言曰：“后安能杀吾母而名我[㉒]！我壮[㉓]，即为变[㉔]！”太后闻之，幽之永巷中[㉕]，言帝病，左右莫得见。

太后语群臣曰："今皇帝病久不已[26]，失惑昏乱[27]，不能继嗣治天下；其代之[28]。"群臣皆顿首言[29]："皇太后为天下齐民计[30]，所以安宗庙、社稷甚深[31]。群臣顿首奉诏。"遂废帝，幽杀之[32]。

五月，丙辰[33]，立恒山王义为帝[34]，更名曰弘，不称元年，以太后制天下事[35]故也。以轵侯朝为恒山王[36]。

是岁，以平阳侯曹窋[37]为御史大夫。

有司请禁南越关市、铁器[38]。南越王佗曰："高帝立我，通使物[39]。今高后听谗臣，别异蛮夷[40]，隔绝器物，此必长沙王计[41]，欲倚中国[42]击灭南越而并王之[43]，自为功也。"

五年（戊午，前183）

春，佗自称南越武帝，发兵攻长沙[44]，败数县而去[45]。

秋，八月，淮阳怀王强[46]薨；以壶关侯武[47]为淮阳王。

九月，发河东、上党骑屯北地[48]。

初令戍卒岁更[49]。

六年（己未，前182）

冬，十月，太后以吕王嘉居处骄恣[50]，废之。十一月，立肃王弟产[51]为吕王。

春，星昼见[52]。

夏，四月，丁酉[53]，赦天下。

封朱虚侯章弟兴居为东牟侯[54]，亦入宿卫。

匈奴寇狄道[55]，攻阿阳[56]。

行五分钱[57]。

宣平侯张敖卒，赐谥曰鲁元王。

（以上为第二段，写公元前186年至公元前182年五年史事。这几年是太后吕雉当政，继续推行高帝定下的无为政治，政局稳定，百姓衣食无忧。）

【注释】

①吕肃王台：即吕王吕台。 薨：诸侯王死称薨。 ②乙卯：正月二十七日。 ③羌道：地名，在今甘肃岷县东南。 武都道：地名，在今甘肃陇南市武都区东北。县内有少数民族聚居称"道"。 ④丙申：五月初九日。 ⑤郢客：楚元王刘交之子，传附《史记》卷五十、《汉书》卷三十六。 ⑥章为朱虚侯：刘章，齐悼惠王刘肥第二子，封朱虚侯。

朱虚，县名，县治在今山东临朐东。 ⑦宿卫：在宫中值宿、警卫。 ⑧丙戌晦：六月三十日晦。 ⑨行：推行，实行。 八铢钱：古钱币名。重半两。 ⑩癸丑：七月二十七日。 ⑪襄成侯山：名义上汉惠帝之子。高后元年封为襄城侯。 ⑫江水：长江。 溢：泛滥。 ⑬流：因水灾而漂泊迁徙。 ⑭星昼见：星星在白天出现。见，通“现”。 ⑮伊水、洛水：皆在今河南省西部。洛水，今洛河。 ⑯汝水：今河南省南部之汝河。 ⑰癸未：二月初七日。 ⑱丙申：四月二十一日。 ⑲女弟嬃：吕后之妹妹吕嬃。 ⑳少帝：后宫美人之子。吕后杀其母，以其为张皇后之子，立为少帝。 浸长：逐渐长大。 ㉑皇后：指张皇后。鲁元公主和张敖之女。 ㉒后：指张皇后。 安能：怎么能。 名我：意谓以我为子。 ㉓我壮：我成人之后。 ㉔变：谓改变名义，复仇。 ㉕幽之永巷中：囚之于后宫的永巷署中。永巷，汉时宫中长巷，设有后宫官署，往往在这里幽禁宫中的罪人。 ㉖病久不已：久病不愈。 ㉗失惑昏乱：精神失常。 ㉘其代之：应当另立皇帝代替他。 ㉙顿首言：叩拜回答。顿首，叩首，头磕地而拜。 ㉚为天下齐民计：替全天下老百姓考虑。 ㉛安宗庙、社稷甚深：安定宗庙、保卫国家影响深远。宗庙，本指天子或诸侯祭祀祖宗的处所，此指刘氏祖宗庙。社稷，谓国家、政权。 ㉜幽杀之：暗中杀害少帝。 ㉝丙辰：五月十一日。 ㉞立恒山王义为帝：刘义，原名山，改名义，又改名弘，名义上的惠帝之子。高后二年封为恒山王。 ㉟制天下事：掌管国家大事。 ㊱以轵侯朝为恒山王：升任轵侯刘朝为恒山王。 ㊲曹窋（zhú）：曹参之子。袭父爵平阳侯，官至御史大夫。 ㊳“有司”句：主管官员奏请太后禁止在与南越国的边贸中输出铁器。 请禁：请求禁止。 关市：汉于边关所设与异族通商的市场。 ㊴通使物：通使往来，物流畅通。 ㊵别异蛮夷：歧视蛮夷。 ㊶此必长沙王计：这一定是长沙王的计谋。此时长沙王为吴芮后裔吴右。 ㊷欲倚中国：想依靠汉朝。 ㊸并王之：兼并南越而称王。 ㊹长沙：指长沙王国，治所临湘，在今湖南长沙。 ㊺败：击破。 去：退去，撤离。 ㊻怀王彊：名义上的惠帝之子刘彊，高后元年立为淮阳王。死后谥为“怀”。《谥法》曰“慈仁短折曰怀”。 ㊼壶关侯武：名义上的惠帝子刘武，高后元年封为壶关侯，五年为淮阳王。 ㊽发：调发，调动。 河东：郡名。治所安邑，在今山西夏县西北。上党：郡名。治所长子，在今山西长治西南。北地：郡名。治所马岭，在今甘肃庆城西北。 ㊾戍卒：秦汉时被征发到边塞戍守服役的士兵。 岁更：每年更替。戍卒服役时间，秦时往往很长，汉朝初年开始每一年更替。 ㊿吕王嘉：吕嘉，吕台之子。高后二年嗣为吕王。 骄恣：骄横、放肆。 51肃王：吕台的谥号。 弟产：吕台之弟吕产，历位汶侯、吕王、梁王，汉相国。吕后死，诸吕为乱之首恶，被诛死。 52见：通“现”。 53丁酉：四月初三日。 54兴居为东牟侯：兴居，齐悼惠王刘肥之子。传附见《史记》卷五十二、《汉书》卷三十八。

东牟，县名，县治在今山东烟台市牟平区。 ⑤狄道：县名，治所在今甘肃临洮。 ⑥阿阳：县名，治所在今甘肃静宁。 ⑦行：发行。 五分钱：汉钱币名。铜质“荚钱”的一种。

【译文】

吕太后二年（乙卯，前186）

冬季，十一月，吕肃王吕台去世。

春季，正月二十七日，发生大地震，羌道、武都道山体崩裂。

夏季，五月初九，太后封楚元王之子刘郢客为上邳侯，封齐悼惠王之子刘章为朱虚侯，令二人入宫担任宿卫，并把吕禄的女儿嫁给刘章为妻。

六月三十日，出现日食。

秋季，七月，恒山哀王刘不疑去世。

朝廷下令，发行八铢钱。

七月二十七日，太后晋封原襄成侯刘山为恒山王，并为他改名刘义。

吕太后三年（丙辰，前185）

夏季，长江、汉水泛滥成灾，因水灾而漂泊迁徙的有四千多户人家。

秋季，星星在白昼出现。

伊水、洛水泛滥，因水灾而漂泊迁徙的有一千六百多户人家。汝水泛滥，因水灾而漂泊迁徙的有八百多户人家。

吕太后四年（丁巳，前184）

春季，二月初七，吕太后封立号称为汉惠帝之子的刘太为昌平侯。

夏季，四月二十一日，吕太后封立她的妹妹吕嬃为临光侯。

少帝渐渐长大，自知并非汉惠帝张皇后的儿子，就发牢骚说：“皇后怎么能杀了我的生身之母而冒充我的母亲！我成人之后，就要复仇！”太后得知，就把少帝幽禁于后宫的永巷中，宣称少帝患病，任何人不得与少帝相见。太后告诉群臣说：“如今皇帝长期患病不愈，精神失常，不能继承皇统治理天下了，应该另立皇帝。”群臣都叩头回答：“皇太后的旨意，是为天下百姓着想，对于安宗庙、保国家必定产生深远影响，群臣叩头奉诏。”于是，废掉少帝，并暗中杀死他。

五月十一日，吕太后立恒山王刘义为皇帝，改名为刘弘。由于太后称制治理天下，所以新皇帝即位不称元年。太后立轵侯刘朝为恒山王。

这一年，吕太后任命平阳侯曹窋为御史大夫。

有关官员奏请太后禁止南越国关市中的铁器输出。南越王赵佗说：“高帝立我为王，使节往来，贸易不断。现在高后听信谗言，视我南越为蛮夷之国，禁绝物品贸易交流，这一定是长沙王的计谋，他想倚仗朝廷的势力击灭我南越国，统治长沙和南越两国之地，自己立功。”

吕太后五年（戊午，前183）

春季，赵佗自称南越武帝，发兵进攻长沙国，打败几个县的守军之后离去。

秋季，八月，淮阳王刘彊去世，太后立壶关侯刘武为淮阳王。

九月，征发河东郡和上党郡的骑兵，屯守北地郡。

朝廷首次下令实行戍卒每年一轮换的制度。

吕太后六年（己未，前182）

冬季，十月，吕太后因为吕王吕嘉在生活上骄恣乱法，废其王位。十一月，太后改立吕肃王吕台的弟弟吕产为吕王。

春季，星星在白昼出现于天空。

夏季，四月初三，实行大赦。

吕太后封朱虚侯刘章的弟弟刘兴居为东牟侯，又命令他参与宫廷宿卫。

匈奴侵略狄道，进攻阿阳。

朝廷下令，发行五分钱。

宣平侯张敖去世，赐谥号为鲁元王。

【原文】

七年（庚申，前181）

冬，十二月，匈奴寇狄道，略[①]二千余人。

春，正月，太后召赵幽王友[②]。友以诸吕女为后，弗爱，爱他姬。诸吕女怒，去，谗之于太后曰：“王言[③]‘吕氏安得王[④]！太后百岁后[⑤]，吾必击之。’”太后以故召赵王，赵王至，置邸[⑥]，不得见[⑦]，令卫围守之[⑧]，弗与食；其群臣或窃馈[⑨]，辄捕论之[⑩]。丁丑[⑪]，赵王饿死，以民礼葬之长安民冢次[⑫]。

己丑[⑬]，日食，昼晦[⑭]。太后恶之[⑮]，谓左右曰：“此为我也！”

二月，徙梁王恢[⑯]为赵王，吕王产为梁王。梁王不之国，为帝太傅[⑰]。

秋，七月，丁巳[⑱]，立平昌侯太[⑲]为济川王。

吕媭女为将军、营陵侯刘泽[⑳]妻。泽者，高祖从祖昆弟也。齐人田生为之说大谒者张卿[㉑]曰：“诸吕之王也，诸大臣未大服[㉒]。今营陵侯泽，诸刘最长[23]；今卿言太后王之，吕氏王益固[24]矣。”张卿入言太后，太后然之[25]，乃割齐之琅邪郡封泽为琅邪王。

赵王恢之徙赵，心怀不乐。太后以吕产女为王后，王后从官皆诸吕[26]，擅权，微伺[27]赵王，赵王不得自恣[28]。王有所爱姬，王后使人鸩杀之。六月，王不胜悲愤[29]，自杀。太后闻之，以为王用妇人弃宗庙礼[30]，废其嗣[31]。

是时，诸吕擅权用事。朱虚侯章，年二十，有气力，忿刘氏不得职[32]。尝入侍太后燕饮[33]，太后令章为酒吏[34]。章自请曰：“臣将种[35]也，请得以军法行酒[36]。”太后曰：“可。”酒酣，章请为《耕田歌》[37]，太后许之。章曰：“深耕穊种[38]，立苗欲疏；非其种者，锄而去之！”太后默然。顷之[39]，诸吕有一人醉，亡酒[40]，章追，拔剑斩之而还，报曰：“有亡酒一人，臣谨行法斩之！”太后左右皆大惊，业已许其军法[41]，无以罪也[42]；因罢[43]。自是之后，诸吕惮朱虚侯，虽大臣皆依朱虚侯[44]，刘氏为益强。

陈平患诸吕，力不能制，恐祸及己。尝燕居深念[45]，陆贾往[46]，直入坐[47]，而陈丞相不见[48]。陆生曰：“何念之深[49]也！”陈平曰：“生揣我何念[50]？”陆生曰：“足下极富贵，无欲矣；然有忧念，不过患诸吕、少主耳[51]。”陈平曰：“然！为之奈何[52]？”陆生曰：“天下安，注意相；天下危，注意将。将相和调[53]，则士豫附[54]；天下虽有变，权不分。为社稷计，在两君掌握耳[55]。臣尝欲谓太尉绛侯[56]，绛侯与我戏[57]，易吾言[58]。君何不交欢[59]太尉，深相结[60]？”因为陈平画吕氏数事[61]。陈平用其计，乃以五百金为绛侯寿[62]，厚具乐饮[63]；太尉报亦如之[64]。两人深相结，吕氏谋益衰。陈平以奴婢百人、车马五十乘、钱五百万遗陆生为饮食费[65]。

太后使使告代王[66]，欲徙王赵。代王谢[67]之，愿守代边[68]。太后乃立兄子吕禄[69]为赵王，追尊禄父建成康侯释之为赵昭王。

九月，燕灵王建[70]薨，有美人子[71]，太后使人杀之。国除[72]。

遣隆虑侯周灶[73]将兵击南越。

（以上为第三段，写公元前181年史事，刘氏反对诸吕的势力渐起，朱虚侯刘章以《耕田歌》暗讽太后吕雉；丞相陈平苦心思虑，陆贾造访，剖明利害关系，陈平与周勃深为相结，将相相合，抑制诸吕。）

【注释】

①略：通“掠”，掠夺。 ②幽王友：高帝庶子刘友。高帝十一年立为淮阳王，惠帝元年徙为赵王。高后七年被谗幽闭而死。谥曰幽王。 ③王言：赵王刘友说。 ④吕氏安得王：吕氏怎么能称王。王（wàng），称王、封王。 ⑤百岁后：死后。 ⑥置邸：安置在赵国的驻京公馆。邸，当时郡国在京居住之所称邸。 ⑦不得见：见不到太后。⑧令卫围守之：太后令卫士围守赵王官邸，即幽囚软禁。 ⑨窃馈：偷偷地送饭。 ⑩辄捕论之：一概逮捕定罪。 ⑪丁丑：正月十八日。 ⑫民冢次：平民公墓区。 ⑬己丑：正月三十日。 ⑭昼晦：白天昏暗。 ⑮太后恶之：太后讨厌昼晦的天气。恶（wù），讨厌。 ⑯梁王恢：汉高帝庶子刘恢，高帝十一年立为梁王。高后七年徙为赵王。因爱姬被王后（吕产之女）所害，悲愤而自杀。 ⑰太傅：官名。职掌辅导少帝。 ⑱丁巳：七月无丁巳日，有误。 ⑲平昌侯太：平昌，“昌平”之误，参考《汉书·诸侯王表》。太，名义上的惠帝子刘太，高后四年封为昌平侯。七年封为济川王。 ⑳刘泽：泗水郡沛县人，刘邦从祖兄弟。汉高帝十一年封为营陵侯，娶吕媭之女。高后七年为琅邪王。后为燕王。谥敬王。 ㉑大谒者张卿：即前大谒者张释。 ㉒未大服：并不心悦诚服。 ㉓诸刘最长（zhǎng）：刘姓诸王中最年长。 ㉔益固：更加牢固。 ㉕然之：赞同他的意见。 ㉖从官皆诸吕：侍从官员都是吕氏家人。 ㉗微伺：暗中监视。 ㉘自恣：自己随心所欲。恣，放纵。 ㉙不胜悲愤：非常痛苦。 ㉚弃宗庙礼：赵王刘恢因妇人而自杀，自绝宗庙之祀，故以弃宗庙礼论罪。 ㉛废其嗣：废除赵王刘恢的继承人，即废除了刘姓赵国。㉜忿：怨恨。 不得职：谓失去权力。 ㉝燕饮：宴饮。燕，通“宴”。 ㉞酒吏：掌酒令的官。 ㉟将种（zhǒng）：将门之后。 ㊱行酒：行令饮酒。 ㊲《耕田歌》：此歌意谓汉朝应当发展刘氏权势，消除异姓诸吕势力。 ㊳概种：播种。 ㊴顷之：不一会。 ㊵亡酒：不能饮酒而逃跑。 ㊶业已许其军法：已经同意他用军法监酒。 ㊷无以罪也：无法将他治罪。 ㊸因罢：于是散席，宴会不欢而散。 ㊹依朱虚侯：依靠朱虚侯。 ㊺燕居：闲居。 深念：深思策略。 ㊻往：造访，探望。 ㊼直入坐：不因门人通报而径自入座。 ㊽不见：没有察觉。 ㊾何念之深：为什么这样深思，全神贯注。 ㊿生揣我何念：先生推测我在想什么。揣，猜测。 51患诸吕、少主耳：忧虑诸吕和皇上年幼的事罢了。52为之奈何：怎么办呢？ 53和调：团结一致。 54士豫附：士人归附。 55在两君掌握耳：就在你们文武两位大臣掌控之中。 56尝：曾经。 太尉绛侯：周勃。 57与我戏：常与我开玩笑。 58易吾言：不重视我说的话。易，轻视。 59交欢：结交和好。 60深相结：密切相交，加深友谊。 61画吕氏数事：谋划铲除诸吕的几个关键大事。 62寿：祝福，送礼。 63厚具乐饮：置办丰盛的宴席畅快饮酒。 64报亦如之：回报的礼品与送

的相当。 ⑥⑤遗：赠送。饮食费：生活费。 ⑥⑥使使：派遣使者。代王：指刘恒（前202—前157）。刘邦之子。高帝十一年立为代王。后立为帝，是为汉文帝。传见《史记》卷十、《汉书》卷四。 ⑥⑦谢：谢绝，回绝。 ⑥⑧愿守代边：自愿留守代国的边地。代，王国名。都晋阳，在今山西太原西南。 ⑥⑨吕禄：吕太后之侄、吕释之之子，原封汉阳侯，今为赵王，任上将军，掌北军。吕太后死，功臣灭诸吕，吕禄被诛死。 ⑦⓪燕灵王建：高帝庶子刘建，高帝十二年立为燕王。死后，其子被吕太后所杀，国除。 ⑦①美人子：燕王刘建美人所生之子。 ⑦②国除：燕国被裁撤。 ⑦③周灶：随刘邦起义，为将，封隆虑侯。

【译文】

吕太后七年（庚申，前181）

冬季，十二月，匈奴发兵进攻狄道，掳掠两千多人而去。

春季，正月，太后召赵幽王刘友进京。刘友娶吕家之女为王后，但不爱她，而爱其他姬妾。这个吕姓王后一怒之下，离开赵国，向太后诬告刘友说："赵王曾说：'吕氏怎么能称王！待太后百年之后，我必定击灭吕氏。'"太后因此召赵王。赵王刘友到京，被安置于官邸中，见不到太后。太后令卫士包围其官邸，断绝饮食供应；赵国群臣有悄悄去给刘友偷送饮食的，一概逮捕论罪。十八日，赵王刘友饿死，按平民的礼仪，葬于长安城外的平民墓地。

正月三十日，发生日食，白昼之时一片晦暗。吕太后很厌恶这次日食，对左右侍从说："这是因为我而发生的！"

二月，吕太后改封梁王刘恢为赵王，改封吕王吕产为梁王。梁王吕产并不到封国去，而在朝中做皇帝太傅。

秋季，七月，丁巳（疑误），太后立昌平侯刘太为济川王。

吕媭之女是将军、营陵侯刘泽的妻子。刘泽是汉高祖刘邦的远支堂弟。齐人田生为刘泽向大谒者张卿说："太后封诸吕为王，诸位大臣并不全都心服。营陵侯刘泽，在刘氏宗室中年龄最长，如果你现在能向太后建议封刘泽为王，那么，吕氏受封为王的格局就会更加稳定了。"张卿入宫报告太后，太后以为很有道理，就分割齐国的琅邪郡为诸侯国，封刘泽做了琅邪王。

赵王刘恢自从被改封到赵地之后，心情郁郁不乐。太后把吕产的女儿配给刘恢为王后，王后左右从官都是吕氏，擅权干政，并暗地监视赵王言行，赵王不能自作主张，处处受制。赵王所宠爱的一个美姬，也被王后派人用毒酒毒死。六月，赵王刘恢无法克制悲愤而自杀。太后闻知此事，认为赵王因一妇人而轻弃事奉宗庙的大礼，不许他的后人继承赵国王位。

这一时期，诸吕把持朝政。朱虚侯刘章，年方二十，身强力壮，对刘氏宗室不能执掌政权心怀不满。他曾经在后宫侍奉太后参加酒宴，太后令刘章为监酒官。刘章自己请求说："我本是将门之后，请太后允许我按军法监酒。"太后回答说："可以。"酒酣之时，刘章请求吟唱一首《耕田歌》，太后准许。刘章吟唱道："深耕播种，立苗要疏；不是同种，挥锄铲除！"太后知其歌中所指，默然无语。一会儿，参加宴席的诸吕中有一人醉酒，避席离去，刘章追上来，拔剑斩了此人，还报太后说："有一人逃酒而走，我以军法将他处斩！"太后及左右人等都大吃一惊，但因已经同意他以军法监酒，也就无法将他治罪，于是散席。从此之后，诸吕都很惧怕朱虚侯刘章，即便是朝廷大臣也都要倚重他，刘氏宗室的势力由此而增强。

丞相陈平担忧诸吕横暴，自己又无力制止，恐怕大祸临头，曾独居静室，苦思对策。恰在此时，陆贾来访，未经通报直入室中坐下，陈平正苦思冥想，竟未察觉。陆贾说："丞相思虑何事，竟然如此全神贯注？"陈平说："先生猜测我思虑何事？"陆贾说："您富贵无比，不会有什么欲望了，但是，您却有忧虑，不外乎是担心诸吕和皇上年幼罢了。"陈平说："先生猜得对。此事应该怎么办呢？"陆贾说："天下安，注意相；天下危，注意将。将与相关系和谐，士人就会归附；天下即使有重大变故，大权也不会被瓜分。安定国家的根本大计，就在你们二位文武大臣掌握之中。我曾想对太尉绛侯周勃说明这一利害关系，绛侯平素与我常开玩笑，不会重视我的话。丞相为何不与太尉交好，密切联合呢？"接着，陆贾为陈平谋划将来平定诸吕的几个关键问题。陈平采纳陆贾的计谋，用五百斤黄金为绛侯周勃祝寿，举办丰盛的宴席，太尉周勃也以同样的礼节回报。陈平与周勃互相紧密团结，吕氏图谋篡国的心气渐渐衰减。陈平送给陆贾一百个奴婢、五十乘车马、五百万钱作为饮食费。

吕太后派遣使臣告知代王刘恒，准备改封他到赵国为王。代王谢绝了，自称愿守代地边境。于是，太后封立其兄之子吕禄为赵王，追尊吕禄的父亲建成侯吕释之为赵昭王。

九月，燕王刘建去世，刘建本有美人所生一子，太后派人将其子杀死。燕国被废除。

吕太后派遣隆虑侯周灶领兵进攻南越国。

【原文】

八年（辛酉，前180）

冬，十月，辛丑[①]，立吕肃王子东平侯通为燕王[②]；封通弟庄为东平侯。

三月，太后祓[③]，还，过轵道[④]，见物如苍犬，撠太后掖[⑤]，忽不复见。卜之[⑥]，云“赵王如意为祟[⑦]”。太后遂病掖伤。

太后为外孙鲁王偃[⑧]年少孤弱，夏，四月，丁酉[⑨]，封张敖前姬两子侈为新都侯，寿为乐昌侯，以辅鲁王。又封中[⑩]大谒者张释为建陵侯，以其劝王诸吕，赏之也。

江、汉水溢[⑪]，流万余家[⑫]。

秋，七月，太后病甚，乃令赵王禄为上将军，居北军[⑬]；吕王产居南军[⑭]。太后诫[⑮]产、禄曰：“吕氏之王，大臣弗平[⑯]。我即崩，帝年少，大臣恐为变[⑰]。必据兵卫宫，慎毋送丧，为人所制[⑱]！”

辛巳[⑲]，太后崩，遗诏[⑳]：大赦天下，以吕王产为相国，以吕禄女为帝后。高后已葬，以左丞相审食其为帝太傅[㉑]。

诸吕欲为乱，畏大臣绛、灌[㉒]等，未敢发。朱虚侯以吕禄女为妇[㉓]，故知其谋，乃阴令人[㉔]告其兄齐王[㉕]，欲令发兵西[㉖]，朱虚侯、东牟侯为内应[㉗]，以诛诸吕，立齐王为帝。齐王乃与其舅驷钧、郎中令祝午、中尉[㉘]魏勃阴谋发兵。齐相召平弗听[㉙]。

八月，丙午[㉚]，齐王欲使人诛相。相闻之，乃发卒卫王宫[㉛]。魏勃绐召平[㉜]曰：“王欲发兵，非有汉虎符[㉝]验也。而相君围王固善，勃请为君将兵卫王。”召平信之。勃既将兵，遂围相府，召平自杀。于是齐王以驷钧为相，魏勃为将军，祝午为内史[㉞]，悉发国中兵。

使祝午东诈琅邪王[㉟]曰：“吕氏作乱，齐王发兵欲西诛之。齐王自以年少，不习兵革之事[㊱]，愿举国委大王[㊲]。大王，自高帝将也[㊳]。请大王幸之临淄[㊴]，见齐王计事。”琅邪王信之，西驰见齐王。齐王因留[㊵]琅邪王，而使祝午尽发琅邪国兵，并将之。

琅邪王说齐王曰：“大王，高皇帝適长孙[㊶]也，当立。今诸大臣狐疑未有所定，而泽于刘氏最为长年，大臣固待泽决计[㊷]。今大王留臣，无为也[㊸]，不如使我入关计事。”齐王以为然，乃益具车送琅邪王。琅邪王既行，齐遂举兵西攻济南[㊹]。遗诸侯王书，陈诸吕之罪，欲举兵诛之。

相国吕产等闻之，乃遣颍阴侯灌婴将兵击之。灌婴至荥阳㊺，谋曰："诸吕拥兵关中㊻，欲危刘氏而自立。今我破齐还报，此益吕氏之资㊼也。"乃留屯荥阳㊽，使使谕㊾齐王及诸侯与连和，以待吕氏变㊿，共诛之。齐王闻之，乃还兵西界待约[51]。

（以上为第四段，写太后吕雉去世，遗命吕氏诸王掌握军权；朱虚侯刘章暗中派人告知其兄齐王刘襄，让其统兵西征，图谋诛除吕氏，立齐王为汉帝。相国吕产派颍阴侯灌婴统兵攻打，灌婴首鼠两端。）

【注释】

①辛丑：十月十六日。②东平侯通为燕王：吕肃王吕台之子吕通，由东平侯升格为燕王。③祓（fú）：古时除灾求福的祭祀。④轵道：地名。在今陕西西安东北。⑤撠太后掖：猛扑太后腋窝。撠（jǐ），撞及。掖，通"腋"。⑥卜之：占卜此事。⑦祟（suì）：鬼怪。此指鬼怪带来的灾祸。⑧鲁王偃：张偃，太后外孙，鲁王张敖之子，承袭鲁王。⑨丁酉：四月十五日。⑩中：诸官名上加"中"者，多为宦者。⑪江、汉水溢：长江、汉水泛滥。⑫流万余家：一万多户百姓因水灾而迁徙。⑬北军：汉代卫戍京师的屯兵。其营垒在未央宫、长乐宫之北，故名。因其地位重要，故吕后病重时，令吕禄为上将军，统率北军。⑭南军：西汉守卫皇宫的禁卫军。因其守卫的未央宫与长乐宫均在城南，故名。南军地位更在北军之上，故吕后病重时，令吕产统率南军。⑮诫：告诫。⑯弗平：心中不服。⑰变：发难，诛诸吕。⑱制：控制。⑲辛巳：七月三十日。⑳遗诏：帝、后的遗嘱称遗诏。㉑以左丞相审食其为帝太傅：审食其是吕后宠臣，吕后死，由左丞相调为帝太傅，实际上是夺了他的行政大权。㉒绛：绛侯周勃，时任太尉。灌：大将军灌婴。绛、灌，功臣集团的代表人物。㉓朱虚侯：刘章。妇：妻子。㉔阴令人：暗中派人。㉕齐王：刘襄，刘章之兄。㉖发兵西：统兵西征。㉗内应：在内部策应。㉘郎中令、中尉：此均为齐王国的属官。㉙齐相召平弗听：齐相召平反对起兵。召平，秦汉之际有三个召平。此人任齐王国丞相。其子名奴，以父死事封黎侯，见《史记》和《汉书》的《功臣表》。另外两召平，一为广陵人召平，二为东陵侯召平。㉚丙午：八月二十六日。㉛卫王宫：守卫王宫，实为把齐王刘襄软禁在宫里。㉜绐召平：欺骗召平。㉝虎符：兵符，古代调兵遣将的信物。铜铸，虎形，背有铭文，分两半，右半留在朝廷，左半授予统兵将帅或地方长官，调兵时由朝廷使臣持符验合而生效。㉞内史：此指齐王的属官，职掌王国民政。㉟琅邪王：指刘泽，高后三年封为琅邪王。㊱兵革之事：用兵战阵之事。兵革，本指兵器甲胄，代指战

斗打仗。㊲委大王：听命于大王。委，托付，听命。㊳自高帝将也：自从高帝时已为将。㊴幸之临淄：光临临淄。临淄，古地名。㊵留：扣留。㊶適长孙：齐王刘襄乃悼惠王之子、高帝之长孙。適，通“嫡”。㊷大臣固待泽决计：大臣们本为等待我决断拥立皇帝。㊸无为也：没有什么作为。㊹济南：指济南王国。高后元年以封吕台；台卒，吕产嗣封。㊺荥阳：县名，汉时军事要地，在今河南荥阳东北。㊻拥兵关中：在关中掌握重兵。㊼益吕氏之资：增加吕氏的资本。㊽留屯荥阳：在荥阳停留驻扎下来。㊾谕：告知。㊿待吕氏变：等待吕氏发起变乱。(51)西界：指齐王国西面的边界。待约：等待订约。

【译文】

吕太后八年（辛酉，前180）

冬季，十月，辛丑（十月十六日，疑误），吕太后封立吕肃王之子东平侯吕通为燕王；封吕通之弟吕庄为东平侯。

三月，吕太后参加了除恶的祭仪后还宫，途经轵道，见到类似于灰狗的动物，猛扑太后腋窝，转眼间就消失了，不再出现。太后令人占卜此事，回答说：“这是赵王刘如意在闹鬼。”从此，太后腋窝伤痛不止。

吕太后因为外孙鲁王张偃年少孤弱，夏季，四月十五日，封张敖姬妾所生二子张侈为新都侯、张寿为乐昌侯，以辅助鲁王张偃。太后又封中大谒者张释为建陵侯，以奖赏他从前劝大臣奏请封立诸吕为王的功劳。

长江、汉水泛滥成灾，一万多户百姓因水灾而迁徙。

秋季，七月，吕太后病重，于是下令任命赵王吕禄为上将军，统领北军；吕王吕产统领南军。太后告诫吕产、吕禄说：“封立吕氏为王，大臣心中多不服。我一旦去世，皇帝年幼，恐怕大臣们乘机向吕氏发难。你们务必要统率禁军，严守宫廷，千万不要为送丧而轻离重地，以免被人所制！”

七月三十日，吕太后去世，留下遗诏，实行大赦，命吕王吕产为相国，以吕禄之女为皇后。太后丧事处理完毕，朝廷改任左丞相审食其为皇帝太傅。

诸吕打算作乱，因惧怕大臣周勃、灌婴等人，没有敢贸然行事。朱虚侯刘章娶吕禄之女为妻，所以得知吕氏的阴谋，就暗中派人告知其兄齐王刘襄，让齐王统兵西征，朱虚侯、东牟侯为他做内应，图谋诛除吕氏，立齐王为皇帝。齐王就与他舅父驷钧、郎中令祝午、中尉魏勃暗中密谋发兵。齐相召平反对举兵。

八月二十六日，齐王刘襄准备派人杀国相召平。召平得知，就发兵包围了王官。魏勃欺骗召平说："齐王没有汉朝廷的发兵虎符就要发兵，这是违法的。您发兵包围了齐王本是对的，我请求为您带兵入宫软禁齐王。"召平信以为真，让魏勃指挥军队。魏勃掌握统兵权之后，就命令包围相府，召平自杀。于是，齐王命驷钧为相，魏勃为将军，祝午为内史，征发齐国的全部兵员。

齐王刘襄派祝午到东面的琅邪国，欺骗琅邪王刘泽说："吕氏在京中发动变乱，齐王发兵，准备西入关中诛除吕氏。齐王因为自己年轻，又不懂得军旅战阵之事，自愿让整个齐国听命于大王的指挥。大王您在高祖时就已统兵为将，富有军事经验，请大王光临齐都临淄，与齐王面商大事。"琅邪王信以为真，迅速赶往临淄见齐王。齐王乘机扣留了琅邪王，而指令祝午征发琅邪国的全部兵员，一并由自己统领。

琅邪王刘泽对齐王刘襄说："大王是高皇帝的嫡长孙，应当立为皇帝。现在朝中大臣对立谁为帝犹豫不定，而我在刘氏宗室中年龄最大，大臣们本当等着由我决定择立皇帝的大计。现在大王留我在此处，我无所作为，不如让我入关计议立帝之事。"齐王认为他说得有道理，就准备了许多车辆为琅邪王送行。琅邪王走后，齐王就出兵向西攻打济南国。齐王还致书于各诸侯王，历数吕氏的罪状，表明自己起兵灭吕的决心。

汉相国吕产等人听闻齐王举兵，就派颍阴侯灌婴统兵攻打。灌婴率军行至荥阳，与其部下计议说："吕氏在关中手握重兵，图谋篡夺刘氏天下，自立为帝。如果我们现在打败齐军，回报朝廷，这就增强了吕氏的力量。"于是，灌婴就在荥阳屯兵据守，并派人告知齐王和诸侯，约定互相联合，静待吕氏发起变乱，即一同诛灭吕氏。齐王得知此意，就退兵到齐国的西部边界，待机而动。

【原文】

吕禄、吕产欲作乱，内惮绛侯、朱虚等，外畏齐、楚兵，又恐灌婴畔[①]之。欲待灌婴兵与齐合而发[②]，犹豫未决。

当是时，济川王太、淮阳王武、常山王朝及鲁王张偃皆年少，未之国[③]，居长安；赵王禄、梁王产各将兵居南、北军。皆吕氏之人也。列侯群臣莫自坚其命[④]。

太尉绛侯勃不得主兵。曲周侯郦商老病[⑤]，其子寄[⑥]与吕禄善。绛侯乃与丞相陈平谋，使人劫郦商[⑦]，令其子寄往绐说吕禄曰："高帝与吕后共定天下，刘氏所立九王[⑧]，吕氏所立三王[⑨]，皆大臣之议，事已布告诸侯，皆以为宜。今太后崩，帝少，而足下佩赵王印，不急之国守藩[10]，乃为上将，将兵留此，为大臣诸侯所疑。足下[11]何不归将印[12]，以兵属太尉[13]，请梁王归相国印，与大臣盟[14]而之国。齐兵必罢[15]，大臣得安，足下高枕而王千里，此万世之利也。”吕禄信然其计[16]，欲以兵属太尉。使人报吕产及诸吕老人，或以为便，或曰不便，计犹豫未有所决。

吕禄信郦寄，时与出游猎，过其姑吕嬃。嬃大怒曰：“若为将而弃军[17]，吕氏今无处[18]矣！”乃悉出珠玉、宝器散堂下，曰：“毋为他人守也！”

九月，庚申旦[19]，平阳侯窋行[20]御史大夫事，见相国产计事。郎中令贾寿使从齐来，因数产[21]曰：“王不早之国，今虽欲行，尚可得耶[22]！”具[23]以灌婴与齐、楚合从[24]欲诛诸吕告产，且趣[25]产急入宫。平阳侯颇闻其语，驰告丞相、太尉。

太尉欲入北军，不得入。襄平侯纪通尚符节[26]，乃令持节矫内太尉北军[27]。太尉复令郦寄与典客[28]刘揭先说吕禄曰：“帝使太尉守北军，欲足下之国。急归将印，辞去！不然，祸且起。”吕禄以为郦况不欺己[29]，遂解印属典客，而以兵授太尉。太尉至军，吕禄已去。太尉入军门，行令军中[30]曰：“为吕氏右袒[31]，为刘氏左袒！”军中皆左袒。太尉遂将北军；然尚有南军。丞相平乃召朱虚侯章佐太尉；太尉令朱虚侯监军门，令平阳侯告卫尉[32]：“毋入相国产殿门！”

吕产不知吕禄已去北军，乃入未央宫[33]，欲为乱。至殿门，弗得入，徘徊往来。平阳侯恐弗胜，驰语太尉[34]。太尉尚恐不胜诸吕，未敢公言诛之，乃谓朱虚侯曰：“急入宫卫帝[35]！”朱虚侯请卒[36]，太尉予卒千余人。入未央宫门，见产廷中。日餔时[37]，遂击产；产走[38]。天风大起，以故其从官乱[39]，莫敢斗[40]；逐产，杀之郎中府[41]吏厕中。朱虚侯已杀产，帝命谒者[42]持节劳朱虚侯。朱虚侯欲夺其节，谒者不肯。朱虚侯则从与载，因节信驰走[43]，斩长乐卫尉[44]吕更始。还，驰入北军报太尉，太尉起拜贺[45]朱虚侯曰：“所患独吕产[46]；今已诛，天下定矣！”遂遣人分部悉捕诸吕男女，无少长皆斩之。

辛酉[47]，捕斩吕禄而笞杀吕嬃，使人诛燕王吕通而废鲁王张偃。

戊辰[48]徙济川王王梁[49]。遣朱虚侯章以诛诸吕事告齐王，令罢兵。

灌婴在荥阳，闻魏勃本教齐王举兵，使使召魏勃至，责问之。勃曰：

"失火之家，岂暇先言丈人而后救火乎[50]！"因退立，股战而栗[51]，恐不能言者，终无他语。灌将军熟视[52]笑曰："人谓魏勃勇；妄庸人耳[53]，何能为乎！"乃罢魏勃[54]。灌婴兵亦罢荥阳归[55]。

班固赞曰[56]："孝文时，天下以郦寄为卖友[57]。夫卖友者，谓见利而忘义也。若寄父为功臣而又执劫[58]；虽摧吕禄以安社稷，谊存君亲可也[59]。"

（以上为第五段，写丞相陈平与太尉周勃谋划诛除诸吕，利用郦商的儿子郦寄与相国吕产的关系，骗其交出军权。太尉周勃进入北军，取得控制权；朱虚侯刘章杀掉吕产。于是，平定诸吕，吕氏全族均被处斩。）

【注释】

①畔：通"叛"。 ②发：发动变乱。 ③未之国：没有到自己的封地去。 ④莫自坚其命：没有人能自己拿定主意。 ⑤郦商老病：郦商，汉初功臣之一，封曲周侯，官至右丞相。传见《史记》卷九十五、《汉书》卷四十一。老病，因年老卧病在家。 ⑥寄：郦商之子郦寄，字况。 ⑦劫郦商：劫持郦商为人质。 ⑧刘氏所立九王：楚王交，高帝弟。代王恒、淮南王长，高帝子。吴王濞，高帝侄。琅邪王泽，刘氏疏属。齐王襄，高帝孙。常山王朝、淮阳王武、济川王太，此三王为名义上的惠帝子。 ⑨吕氏所立三王：梁王吕产、赵王吕禄、燕王吕通。 ⑩不急之国守藩：不立即返回封国守土。守藩，守住封国。 ⑪足下：对人的敬称。 ⑫归将印：交出将印。 ⑬以兵属太尉：把兵权交给太尉周勃。 ⑭盟：订立誓约。 ⑮罢：休兵，停战。 ⑯信然其计：相信而同意其计谋。⑰弃军：丢掉军权。 ⑱无处：无处安身。 ⑲庚申旦：九月初十日早晨。 ⑳行：代理官职。 ㉑数产：责备吕产。 ㉒尚可得耶：还能行吗？ ㉓具：详细，一一。 ㉔合从：合纵，连合。 ㉕趣：通"促"。 ㉖尚符节：主管皇帝符节。 ㉗"乃令"句：太尉于是命令纪通拿着符节伪称奉皇帝诏令允许太尉进入北军。 矫，假传圣旨。 内，通"纳"。㉘典客：官名，职掌少数民族事务。 ㉙不欺己：不会欺骗自己，不会卖友。 ㉚行令军中：下令军中。 ㉛右袒：脱去上衣，露出右臂膀。袒，赤臂。 ㉜卫尉：官名，汉九卿之一，主管宫门警卫，南军属卫尉。 ㉝未央宫：宫殿名。汉初建于长安，在今西安市西北。 ㉞驰语太尉：策马告知太尉。驰语，送紧急口信。 ㉟急入宫卫帝：立即入宫保卫皇帝。这是托词，实是欲入宫诛诸吕。 ㊱请卒：要求增加兵力。 ㊲日餔（bū）时：申

时。即午后三时至五时。 ㊳产走：吕产奔逃。 ㊴从官乱：随从官员一片慌乱。 ㊵莫敢斗：不敢同朱虚侯刘章战斗。 ㊶郎中府：郎中令的府署。因郎中令掌宫殿守卫，故其府在宫中。 ㊷谒者：官名。皇帝的侍从官员。常充皇帝的使者。 ㊸因节信驰走：因谒者持节为信物，故朱虚侯得以在宫中驰走。 ㊹长乐卫尉：官名。掌长乐宫警卫。 ㊺太尉起拜贺：太尉起身向朱虚侯祝贺胜利。 ㊻所患独吕产：最令人担忧的就一个吕产。独，唯独，只有。 ㊼辛酉：九月十一日。 ㊽戊辰：九月十八日。 ㊾徙济川王王梁：改封济川王刘太为梁王。 ㊿"失火"句：家中失火，难道还有闲工夫先请示长辈而后才救的吗？ (51)股战而栗：大腿发抖，十分恐惧貌。 (52)灌将军：灌婴。熟视：仔细审视魏勃。 (53)妄庸人耳：狂妄而平庸的人罢了。 (54)罢魏勃：赦免魏勃。 (55)罢荥阳归：从荥阳撤兵回到长安。罢，撤兵。归，回京师长安。 (56)班固赞曰：班固评论。引语见《汉书》卷四十一赞语。 (57)卖友：出卖朋友，不顾交情。 (58)寄父：郦寄的父亲郦商，汉初功臣。又执劫：又被劫持。 (59)"虽摧吕禄"句：纵使朋友吕禄被杀，却安定了国家，顾全了君臣父子的伦理大义，还是应肯定的。摧吕，摧折吕禄，使之被杀。谊，通"义"，指忠孝大义。君亲：皇帝、父亲。

【译文】

吕禄、吕产想发动变乱，但内惧朝中绛侯周勃、朱虚侯刘章等人，外怕齐国和楚国等宗室诸王的重兵，又恐手握军权的灌婴背叛吕氏，打算等灌婴所率汉兵与齐军交战之后再动手，所以犹豫未决。

这时，济川王刘太、淮阳王刘武、常山王刘朝及鲁王张偃，都年幼，没有就职于封地，居住于长安；赵王吕禄、梁王吕产分别统率南军和北军，都是吕氏一党。列侯群臣没有人能自保安全。

太尉、绛侯周勃手中没有军权。曲周侯郦商年老有病，其子郦寄与吕禄交好。绛侯就与丞相陈平商定一个计策，派人劫持了郦商，让他儿子郦寄去欺骗吕禄说："高帝与吕后共同安定天下，立刘氏九人为诸侯王，立吕氏三人为诸侯王，都是经过朝廷大臣议定的，并已向天下诸侯公开宣布，诸侯都认为理应如此。现在太后去世，皇帝年幼，您身佩赵王大印，不立即返回封国镇守，却出任上将，率兵留在京师，必然会受到大臣和诸侯王的猜忌。您为何不交出将印，把军权还给太尉，请梁王归还相国大印给朝廷，您二人与朝廷大臣盟誓后各归封国？这样，齐兵必会撤走，大臣也得以心安，您高枕无忧地去做方圆千里的一国之王，这是造福于子孙万代的事情。"吕禄相信了郦寄的计谋，想把军队交给太尉统率，派人把这个打算告知吕产及吕氏长辈，有人同意，有人反对，犹豫未决。

吕禄信任郦寄，经常结伴外出游猎，途中曾前往拜见其姑母吕媭。吕媭大怒，说："你身为上将而轻易地离军游猎，吕氏如今将无处容身了！"吕媭把家中的珠玉、宝器全拿出来，抛散到堂下，说："不要为别人守着这些东西了！"

九月，初十日清晨，行使御史大夫职权的平阳侯曹窋，前来与相国吕产议事。郎中令贾寿出使齐国返回，批评吕产说："大王不早些去封国，现在即便是想去，还来得及吗？"贾寿把灌婴已与齐、楚两国联合欲诛灭吕氏的事情告诉了吕产，并且催吕产迅速入据皇宫，设法自保。平阳侯曹窋听到了贾寿的话，快马加鞭，赶来向丞相陈平和太尉周勃报告。

太尉周勃想进入北军营垒，但被阻止，不得入内。襄平侯纪通负责典掌皇帝符节，太尉便命令他持节，伪称奉皇帝之命允许太尉进入北军营垒。太尉又命令郦寄和典客刘揭先去劝说吕禄："皇帝指派太尉代行北军指挥职务，要您前去封国。立即交出将印，告辞赴国！否则，将有祸事发生！"吕禄认为郦寄不会欺骗自己，就解下将军印绶交给典客刘揭，而把北军交给太尉指挥。太尉进入北军时，吕禄已经离去。太尉进入军门，下令军中说："拥护吕氏的袒露右臂膀，拥护刘氏的袒露左臂膀！"军中将士全都袒露左臂膀。太尉就这样取得了北军的指挥权。但是，还有南军未被控制。丞相陈平召来朱虚侯刘章辅佐太尉。太尉令朱虚侯监守军门，又令平阳侯曹窋告诉统率宫门禁卫军的卫尉说："不许相国吕产进入殿门！"

吕产不知吕禄已离开北军，进入未央宫，准备作乱。吕产来到殿门前，无法入内，在殿门外徘徊。平阳侯曹窋恐怕难以制止吕产入宫，策马告知太尉。太尉还怕未必能战胜诸吕，没敢公开宣称诛除吕氏，就对朱虚侯刘章说："立即入宫保卫皇帝！"朱虚侯请求派兵同往，太尉拨给他一千多士兵。朱虚侯进入未央宫门，见到吕产正在廷中。时近傍晚，朱虚侯立即率兵向吕产冲击，吕产逃走。天空狂风大作，因此吕产所带党羽亲信慌乱，都不敢接战搏斗；朱虚侯等人追逐吕产，在郎中府的厕所中将吕产杀死。朱虚侯已杀吕产，皇帝派谒者持皇帝之节前来慰劳朱虚侯。朱虚侯要夺皇帝之节，谒者不放手，朱虚侯就与持节的谒者共乘一车，凭着皇帝之节，驱车疾驰，斩长乐卫尉吕更始。事毕返回，驰入北军，报知太尉。太尉起身向朱虚侯拜贺说："最令人担忧的就是吕产。现在吕产被杀，天下已定！"于是，太尉派人分头逮捕所有吕氏男女，不论老小一律处斩。

九月十一日，捕斩吕禄，将吕媭乱棒打死，派人杀掉燕王吕通，废除鲁王张偃。

九月十八日，改封济川王刘太为梁王，派朱虚侯刘章去告知齐王，吕氏已被诛灭，令齐罢兵。

灌婴驻扎在荥阳，闻知魏勃原先教唆齐王举兵，便派人召魏勃来见，加以责问。魏勃回答说："家中失火的时候，哪有空闲时间先请示长辈而后才救火呢？"随即退立一旁，两腿颤抖不止，吓得说不出话来，直到最后也说不出别的话为自己辩解。灌将军仔细审视魏勃，笑着说："人说魏勃武勇，其实不过是个狂妄而平庸的人罢了，能有什么作为呢？"于是，赦免魏勃不加追究。灌婴所统率的军队也从荥阳撤回长安。

班固评论说：汉文帝时，天下人都批评郦寄出卖朋友。所谓出卖朋友，是指见利忘义。至于郦寄，他的父亲本是汉室开国功臣，而且又被周勃等人劫持；郦寄的行为，虽使朋友吕禄被杀，却安定了国家，顾全了君臣父子的伦理大义，还是应当肯定的。

【原文】

诸大臣相与阴谋曰："少帝及梁、淮阳、恒山王，皆非真孝惠子也；吕后以计诈名他人子，杀其母养后宫，令孝惠子之①，立以为后及诸王，以强吕氏。今皆已夷灭②诸吕，而所立即长③，用事④，吾属无类矣⑤！不如视诸王最贤者立之。"或言："齐王，高帝长孙，可立也。"大臣皆曰："吕氏以外家恶而几危宗庙⑥，乱功臣。今齐王舅驷钧，虎而冠⑦；即立齐王，复为吕氏矣。代王方今高帝见子最长⑧，仁孝宽厚；太后家薄氏谨良⑨。且立长固顺，况以仁孝闻天下乎！"乃相与共阴使人⑩召代王。

代王问左右，郎中令张武等曰："汉大臣皆故高帝时大将，习兵，多谋诈。此其属意非止此也⑪，特畏高帝、吕太后威耳。今已诛诸吕，新喋血京师⑫，此以迎大王为名，实不可信。愿大王称疾毋往，以观其变。"中尉宋昌进曰："群臣之议皆非也。夫秦失其政，诸侯、豪桀并起⑬，人人自以为得之者以万数⑭，然卒⑮践天子之位者，刘氏也，天下绝望⑯，一矣。高帝封王子弟，地犬牙相制⑰，此所谓磐石⑱之宗也；天下服其强，二矣。汉兴，除秦苛政，约法令，施德惠，人人自安，难动摇，三矣。夫以吕太后之严，立诸吕为三王，擅权专制；然而太尉以一节⑲入北军一呼，士皆左袒，为刘氏，叛诸吕，卒以灭之。此乃天授，非人力也。今大臣虽欲为变，百姓弗为使[20]，其党宁能专一[21]邪！方今内有朱虚、东牟之亲[22]，外畏吴、楚、淮阳、琅邪、齐、代[23]之强。方今[24]高帝子，独淮南王[25]与大王；大王又长，贤圣仁孝闻于天下，故大臣因天下之心而欲迎立大王。大王勿疑也！”

代王报太后计之[26]，犹豫未定。卜之[27]，兆得大横[28]，占曰[29]：“大横庚庚，余为天王，夏启以光[30]。”代王曰：“寡人固已为王矣，又何王？”卜人曰：“所谓天王者，乃天子也。”

于是代王遣太后弟薄昭往见绛侯，绛侯等具为昭言所以迎立王意[31]。薄昭还报曰：“信矣，毋可疑者。”代王乃笑谓宋昌曰：“果如公言。”

乃命宋昌参乘[32]，张武等六人乘传[33]，从诣长安。至高陵[34]，休止，而使宋昌先驰之长安观变[35]。昌至渭桥[36]，丞相以下皆迎。昌还报。代王驰至渭桥，群臣拜谒称臣，代王下车答拜。太尉勃进曰：“愿请间[37]。”宋昌曰：“所言公[38]，公言之[39]；所言私，王者无私。”太尉乃跪上天子玺、符[40]。代王谢曰：“至代邸[41]而议之。”

后九月[42]，己酉晦[43]，代王至长安，舍代邸，群臣从至邸。丞相陈平等皆再拜言曰：“子弘等皆非孝惠子，不当奉宗庙。大王，高帝长子，宜为嗣。愿大王即天子位！”代王西乡让者三，南乡让者再[44]，遂即天子位；群臣以礼次侍[45]。

东牟侯兴居曰：“诛吕氏，臣无功，请得除宫[46]。”乃与太仆汝阴侯滕公[47]入宫，前谓少帝曰：“足下非刘氏子，不当立！”乃顾麾左右执戟者掊兵罢去[48]；有数人不肯去兵[49]，宦者令张释谕告[50]，亦去兵。滕公乃召乘舆车[51]载少帝出。少帝曰：“欲将我安之乎[52]？”滕公曰：“出就舍。”舍少府[53]。

乃奉天子法驾[54]迎代王于邸[55]，报曰：“宫谨除[56]。”代王即夕[57]入未央宫。有谒者十人持戟卫端门[58]，曰：“天子在也，足下何为者而入[59]！”代王乃谓太尉。太尉往谕[60]，谒者十人皆掊兵而去，代王遂入。夜，拜宋昌为卫将军[61]，镇抚南北军；以张武为郎中令，行殿中[62]。有司分部[63]诛灭梁、淮阳、恒山王及少帝于邸。文帝还坐前殿，夜，下诏书赦天下。

（以上为第六段，写汉大臣诛灭诸吕后，拥立代王刘恒为帝，因为刘恒是刘邦在世诸子中年龄最长的一位，为人仁孝宽厚，而太后薄氏一家谨慎温良。代王进入皇宫，即皇帝位，是为汉文帝。）

【注释】

①子之：以其为子，养以为子。 ②夷灭：消灭。 ③即长：即将长大成人。 ④用事：掌管政事，即掌权。 ⑤吾属无类矣：我们恐怕都要被灭族。吾属，我们这些人。无类，无遗类，被灭族。 ⑥“吕氏”句：吕氏正因为是凶恶的外戚，几乎危害国家。外家恶，外戚凶恶。宗庙，皇室宗庙，指国家。 ⑦虎而冠：如虎戴冠，谓为人如虎。 ⑧见子最长：现在的儿子中最年长。见，通“现”。 ⑨太后家薄氏：指代王刘恒生母薄姬。 谨良：谨慎善良。 ⑩阴使人：秘密派人出使。 ⑪此其属意非止此也：这帮人的意愿并不止于已有的权位。此其属，这些人，这帮人。非止此，不止于，不满足已有的权位。此，指功臣们现有的权位。 ⑫新啑血京师：刚刚洒血京师。啑血，又作“喋血”，谓杀人多，踏血行走。 ⑬诸侯、豪桀：此指有政治地位及才能出众的人。桀，通“杰”。 并起：蜂拥而起。 ⑭以万数：数以万计。 ⑮卒：终于。 ⑯天下绝望：谓刘氏汉家已定，天下诸侯豪杰对践天子之位已经绝望，再不妄想。 ⑰地犬牙相制：地界交错，形势如犬牙，互相牵制。 ⑱磐石：巨石。喻牢固。 ⑲节：指符节。 ⑳弗为使：谓不被利用。 ㉑宁能：岂能。 专一：谓团结一致。 ㉒朱虚、东牟之亲：朱虚侯刘章、东牟侯刘兴居。皆刘氏宗亲。 ㉓吴、楚、淮阳、琅邪、齐、代：吴王刘濞、楚王刘郢、淮南王刘长、琅邪王刘泽、齐王刘襄、代王刘恒，皆刘姓王国。淮阳，《史记》作“淮南”，是，当从之。 ㉔方今：当今，现在。 ㉕独：只有。 淮南王：指淮南王刘长。 ㉖代王报太后计之：代王刘恒禀报薄太后商议入承大统这件事。太后，即文帝母薄氏，将为王太后。 ㉗卜之：卜卦问吉凶。卜，用火灼龟甲，以观察裂纹状况。㉘兆得大横：得到了大横的裂纹。兆，龟甲上的裂纹。 ㉙占曰：占辞说。 ㉚“大横”三句：横线直贯多强壮，我做天王，夏启的事业得到光大发扬。庚庚，形容兆纹横线粗壮的样子。夏启，大禹之子，承父业传子，此为文帝自比，将同夏启一样把汉家基业一代代传下去。 ㉛迎立王意：迎立代王入继大统的真实意图。 ㉜参乘：陪乘。 ㉝传（zhuàn）：传车，驿车。 ㉞高陵：县名。县治在今陕西西安市高陵区。 ㉟观变：观察事态变化。 ㊱渭桥：横跨渭水之桥，汉时在长安北三里。 ㊲请间：请求与代王谈话。间，间隙，指单独谈话的短暂时间，机会。 ㊳所言公：你要说的如果是公事。公，公私之公。 ㊴公言之：就公开说。公，公开，当众。 ㊵玺（xǐ）：印章。秦以后专指帝王之印。 符：符节。朝廷遣使和调兵所使用的信物。 ㊶代邸：代王在京师活动所用的公馆。 ㊷后九月：闰九月。 ㊸己酉：二十九日。 晦：月末。 ㊹“代王西乡”两句：代

王面向西以宾主之礼接待众人，而三次谦让；又面向南以君臣之礼对待群臣，而再次谦让。乡，通“向”。㊺以礼次侍：按君臣之礼依次侍候。㊻除宫：清除宫廷。即将少帝赶出宫廷。㊼滕公：夏侯婴，时任太仆。㊽“乃顾”句：刘兴居转身命令少帝身边的持戟卫士放下兵器退出皇宫。麾，通“挥”，指挥，命令。掊（bó），通“踣”。掊兵，放下武器。罢去，退出皇宫。㊾不肯去兵：不愿放下兵器。㊿谕告：告知诛诸吕废除非刘氏少帝的缘由。(51)乘舆车：指宫中专供皇上用的车驾。(52)安之乎：安置在何处？(53)舍少府：安置在少府的官衙中。(54)天子法驾：出自《汉官仪》，“天子卤簿有大驾、法驾、小驾。大驾，公卿奉引、大将军骖乘，属车八十一乘……法驾，公卿不在卤簿中，惟京兆尹、执金吾、长安令奉引，侍中骖乘，属车三十六乘。”蔡邕曰：“法驾上所乘，曰金根车，驾六马，有五时副车，皆驾四马，侍中骖乘，属车三十六乘。”(55)邸：指代邸。即代王在京师的公馆。(56)宫谨除：皇宫已被肃清。(57)即夕：当夜。(58)端门：未央宫前殿的正南门。(59)足下何为者而入：你是干什么的要进入皇宫？(60)往谕：前去告谕。(61)拜：任命。卫将军：武官名。位次上卿。(62)行殿中：巡视、管理殿中事物。(63)分部：分别派遣。

【译文】

诸位大臣暗地共同商量说：“少帝和梁王、淮阳王、恒山王，都不真是汉惠帝的儿子，当年吕后设计取他人的儿子，杀死他们的生母，把他们收养在后宫中，令汉惠帝认作儿子，立为继承人和诸侯王，用来加强吕氏的力量。现在，吕氏已被灭族，但吕氏所立的人，很快就要长大，等他们掌握实权，我们恐怕都要被灭族！不如从诸侯王中另选最贤者立为皇帝。”有人说：“齐王，是高帝的长孙，可立他为帝。”大臣们都说：“吕氏正因为外戚强横，几乎危及皇帝宗庙，摧残功臣，现在齐王的舅舅驷钧，为人暴恶，好像戴着冠帽的老虎，假若立齐王为帝，驷钧一族就会成为第二个吕氏。代王是高帝在世诸子中年龄最大的一位，为人仁孝宽厚，太后薄氏一家谨慎温良。立年长的本来就名正言顺，更何况代王又以仁孝而闻名于天下呢！”于是，大臣们共同议定拥立代王为帝，并暗地派人召代王入京。

代王刘恒就此征询左右亲信大臣的意见，郎中令张武等人说：“汉廷大臣都是当年高帝开国时的大将，精通军事，多有诡诈奇计。这些人的愿望并不止于已有的权位，只是畏惧高帝、吕太后的威严罢了。现在，他们已诛除诸吕，刚刚喋血京师，此来以迎接大王为名，实在不可轻信。希望大王自称有病，不要前去长安，静观政局变化。”中尉宋昌却说：“各位的意见都是错误的。当年，秦失去了政权，诸侯、豪杰蜂拥而起，自以为可以得天下的人，数以万计，但最后登上天子之位的是刘氏；天下人不敢再有称帝的奢望，这是第一条。高帝分封子弟为诸侯王，封地犬牙交错，可以控制天下，这就是所谓宗族稳如磐石，天下人信服它的强大，这是第二条。汉朝建立之后，废除秦朝的苛政，简省法令，推行德政，百姓安居乐业，很难动摇，这是第三条。以吕太后的威严，封立吕氏三人为王，独掌大权，专制朝政，然而，太尉仅凭一个符节，进入北军一呼，军士全都左袒，拥护刘氏，背叛诸吕，终于消灭了吕氏。刘氏的帝位，来源于天授，不是靠人力争夺而得。现在，即使大臣另有异谋，百姓也不会为其所用，他们的党羽难道能够统一吗？现在，朝内有朱虚侯、东牟侯这样的宗室大臣，外面又畏惧吴、楚、淮阳、琅邪、齐、代等强大的宗室诸国，大臣谅必不敢另生他念。高帝诸子，现在只有淮南王与大王健在，大王又年长，天下人都知道您的贤圣仁孝，所以大臣们顺应天下人之心，要迎立大王为皇帝。大王不必猜疑！”

代王刘恒禀报薄太后商议此事，犹豫未定。卜问凶吉，得到了“大横”的征兆，所得卜辞说：“横线直贯多强壮，我做天王，夏启的事业得到光大发扬。”代王说：“我本来就是王了，又做什么王？”占卜的人说：“所谓天王，是指天子。”

于是，代王派薄太后之弟薄昭前去拜见绛侯。绛侯等人向薄昭详细说明迎立代王为帝的本意。薄昭还报代王说：“迎立之事是真实的，没有什么可疑之处。”代王就笑着对宋昌说：“果然如您所说。”

代王于是命令宋昌作为自己的陪乘，同车而行，张武等六人乘坐官府驿车，一起随代王到长安。行至高陵县，暂停休整，代王命宋昌先驰入长安观察动静。宋昌行至渭桥，丞相及以下百官都来迎接。宋昌回来报告。代王驰车赶到渭桥，群臣跪拜进见，俯首称臣，代王下车还礼。太尉周勃近前说：“希望与您单独谈话。”宋昌回答说：“您要说的，如果是公事，就公开说；如果是私事，做王的人是没有私情的。”太尉才跪下，呈上天子所专用的印玺和符节，代王辞谢说：“到代国官邸再商量此事。”

闰九月二十九日，代王进入都城长安，住在长安的代国官邸，朝廷群臣都护送到官邸。丞相陈平等人再次跪拜启奏说：“刘弘等人都不是汉惠帝的儿子，不应侍奉宗庙做天子。大王是高帝最年长之子，应继承皇统。我们恭请大王登基做皇帝！”代王谦逊地按宾主的礼仪面向西，辞谢了三次，又按君臣之仪面向南，辞谢了两次，于是，即皇帝位。群臣按朝见皇帝的礼仪和官秩高低排班侍立。

东牟侯刘兴居说：“诛除吕氏，我没有立功，请皇帝允许我前去清理皇宫。”他和太仆汝阴侯滕公夏侯婴一道进入皇宫，逼近少帝说：“您不是刘氏后代，不应做皇帝！”接着，刘兴居转身命令左右持戟卫士放下兵器退出皇宫；有几个卫士不愿放下兵器，宦者令张释告知情由，他们也随之放下了兵器。滕公夏侯婴命令用车子将少帝送出宫外。少帝问：“你们要把我安置到何处？”滕公说：“让您住到皇宫外面。”就把他安置在少府的官衙中。

于是，刘兴居和夏侯婴排列天子法驾前来代王官邸，恭迎代王刘恒入宫，他们报告说：“清理皇宫已毕。”代王于当晚进入未央宫。有十位持戟守卫端门的谒者阻拦说：“天子居住于宫中，您是干什么的，竟要入宫！”代王告知太尉周勃，周勃便前来谕告谒者有关废立皇帝的事，十位谒者都放下兵器离去，代王于是进入未央宫。当天夜间，代王就任命宋昌为卫将军，指挥南军和北军；任命张武为郎中令，负责管理殿中事务。有关机构分别派人在梁王、淮阳王、恒山王和少帝的住处杀死他们。汉文帝返回未央宫前殿就座，当夜颁布诏书，大赦天下。

【原文】

太宗孝文皇帝[①]上

元年（壬戌，前179）

冬，十月，庚戌[②]，徙琅邪王泽为燕王[③]；封赵幽王子遂为赵王[④]。

陈平谢病[⑤]；上问之，平曰：“高祖时，勃功不如臣，及诛诸吕，臣功亦不如勃；愿以右丞相让勃[⑥]。”

十一月，辛巳[⑦]，上徙平为左丞相，太尉勃为右丞相，大将军灌婴为太尉。诸吕所夺齐、楚故地，皆复与之[⑧]。

论诛诸吕功，右丞相勃以下益户、赐金各有差[⑨]。绛侯朝罢趋出，意得甚[⑩]；上礼之恭[⑪]，常目送之[⑫]。郎中安陵袁盎[⑬]谏曰：“诸吕悖逆[⑭]，大臣相与共诛之。是时丞相为太尉，本兵柄，适会其成功。今丞相如有骄主色[⑮]，陛下谦让；臣主失礼[⑯]，窃为陛下弗取[⑰]也！”后朝[⑱]，上益庄[⑲]，丞相益畏。

十二月，诏曰：“法者，治之正[⑳]也。今犯法已论[㉑]，而使无罪之父母、妻子、同产坐之[㉒]，及为收帑[㉓]，朕甚不取[㉔]！其除收帑诸相坐律令！”

春，正月，有司请蚤建太子[25]。上曰："朕既不德[26]，纵不能博求天下贤圣有德之人而禅天下焉[27]，而曰豫建太子，是重吾不德也；其安之[28]！"有司曰："豫建太子，所以重宗庙、社稷，不忘天下也。"上曰："楚王[29]，季父也；吴王[30]，兄也；淮南王[31]，弟也；岂不豫哉[32]？今不选举焉，而曰必子[33]；人其以朕为忘贤有德者而专于子[34]，非所以优[35]天下也！"有司固请[36]曰："古者殷、周有国[37]，治安[38]皆千余岁，用此道[39]也；立嗣必子，所从来远矣。高帝平天下为太祖，子孙继嗣世世不绝，今释宜建[40]而更选于诸侯及宗室，非高帝之志也。更议不宜[41]。子启最长[42]，纯厚慈仁，请建以为太子。"上乃许之。

三月，立太子母窦氏为皇后[43]。皇后，清河观津[44]人。有弟广国[45]，字少君，幼为人所略卖[46]，传十余家，闻窦后立，乃上书自陈[47]。召见，验问，得实，乃厚赐田宅、金钱，与兄长君[48]家于长安。绛侯、灌将军[49]等曰："吾属不死，命乃且县此两人[50]。两人所出微[51]，不可不为择师傅、宾客；又复效吕氏，大事也！"于是乃选士之有节行者与居[52]。窦长君、少君由此为退让君子[53]，不敢以尊贵骄人。

诏振贷鳏、寡、孤、独、穷困之人[54]。又令："八十已上[55]，月赐米、肉、酒；九十已上，加赐帛、絮[56]。赐物当禀鬻米者[57]，长吏阅视[58]，丞若尉致[59]；不满九十，啬夫、令史[60]致；二千石遣都吏循行[61]，不称者督[62]之。"

楚元王交薨。

夏，四月，齐、楚地震，二十九山同日崩，大水溃出。

时有献千里马者。帝曰："鸾旗[63]在前，属车[64]在后，吉行日五十里[65]，师行三十里[66]；朕乘千里马，独先安之[67]？"于是还其马，与道里费[68]；而下诏曰："朕不受献[69]也。其令四方毋求来献[70]。"

帝即施惠天下，诸侯、四夷[71]远近欢洽[72]；乃修代来功[73]，封宋昌为壮武侯。

（以上为第七段，写汉文帝刘恒即位后任命在平叛诸吕中功劳大的周勃为右丞相，改任陈平为左丞相；立刘启为太子，立太子生母窦氏为皇后；救济孤寡老人；拒不接受贡献之物。）

【注释】

①太宗孝文皇帝：即刘恒，高帝十一年立为代王。高后八年被大臣迎立为帝。前179年至前157年在位。 ②庚戌：十月初一。 ③泽为燕王：刘泽，吕后七年封为琅邪王。与大臣共立刘恒为帝，因功徙封燕王。 ④遂为赵王：刘遂，赵幽王刘友之长子，吕后七年赵王友被幽死，此时复封遂为赵王。 ⑤谢病：借口有病而引退。 ⑥以右丞相让勃：让周勃任右丞相。汉时尚右，故陈平以右丞相让周勃。 ⑦辛巳：十一月初八。⑧皆复与之：齐、楚两国封地被吕太后削夺的郡县重新还给齐、楚两国。 ⑨益户、赐金各有差：增加封邑户数、赏赐黄金各有差别。差（cī），等次。 ⑩意得甚：非常得意，自满。 ⑪上礼之恭：文帝对周勃以礼相待，十分恭敬。 ⑫常目送之：文帝经常目送周勃退朝。 ⑬郎中：官名。宫廷警卫。 安陵：陵名、县名。县治在今陕西咸阳东北。 袁盎：安陵人，字丝。文帝时为郎中，官至太常。传见《史记》卷一百零一、《汉书》卷四十九。 ⑭悖逆：犯上作乱。 ⑮骄主色：对君主有傲慢之色。 ⑯臣主失礼：臣骄气君谦恭，即臣慢君恭，君臣两失，君不像君，臣不像臣，秩序颠倒。 ⑰弗取：不可取。⑱后朝：此后的朝会。 ⑲益庄：更加严肃。 ⑳治之正：治理的正道。 ㉑论：定罪，指犯法者本人已论罪。 ㉒同产坐之：同母兄弟受株连定罪。坐，连坐，受株连。 ㉓收帑（nú）：即“收孥”。帑，同“孥”，妻子儿女。古时连坐之律，一人犯法，牵累妻子儿女被没为官奴婢，称“收孥”。 ㉔不取：连坐之律不可取。 ㉕蚤建太子：早早确立太子。蚤，通“早”。太子，皇位继承人。 ㉖不德：君王自谦没有德行。 ㉗禅天下焉：把天下禅让给贤能的人。 ㉘其安之：这件事，即早立太子之事暂缓讨论。安，徐也，暂缓之意。 ㉙楚王：指楚元王刘交，汉高帝同父异母弟。 ㉚吴王：指吴王刘濞，汉高帝之侄，长于文帝，故称“兄”。 ㉛淮南王：指淮南王刘长，汉高帝的少子，文帝之弟。㉜岂不豫哉：难道他们不是早就存在的继承人吗？豫，通“预”，早就存在。 ㉝必子：指一定要以亲子为太子。 ㉞专于子：唯独专注于亲子为太子。 ㉟优：通“忧”。他本正作“忧”。 ㊱固请：坚持请求。 ㊲殷、周有国：谓商代、周代。 ㊳治安：长治久安。 ㊴用此道：意谓商、周即用了预建太子的办法。虽然商朝多有兄终弟及的情况，但子承父业是主流。 ㊵今释宜建：如果现今放弃应当立为太子的规矩。释，放弃，废除。 ㊶更议不宜：在皇子之外另议继承人是不应当的。更议，改变皇子继承的制度。不宜，不应当，不妥。 ㊷子启最长：文帝儿子刘启，年纪最大，即长子。 ㊸皇后：汉文帝所立皇后窦氏，景帝之母。景帝即位，窦皇后为窦太后，好黄老言，坚持无为政治，掌控朝政直至终世。传见《史记》卷四十九、《汉书》卷九十七上。 ㊹清河：郡名。治所清阳，在今河北清河东南。 观津：县名。治所在今河北武邑东。 ㊺广国：窦广国，

字少君，窦皇后之弟，文帝后元七年封章武侯。 ㊻略卖：被人拐卖。略，通“掠”，被拐骗。 ㊼上书自陈：上书自言身世。 ㊽兄长君：窦广国的哥哥叫窦长君。 ㊾绛侯：周勃。 灌将军：灌婴。 ㊿命乃且县此两人：我们的命运将掌控在这两人手中。县，通“悬”，掌控，取决。两人，指窦长君、窦广国两个外戚。 51微：卑微。指社会底层的人。 52乃选士之有节行者与居：从士人中精挑细选有节操行为的人与二人同住。有节行，指有节操行为的士人。 53退让君子：谦恭君子。 54“诏振贷”句：汉文帝下诏令救济鳏寡孤独和穷困的人。振贷，救济。振，通“赈”。 55八十已上：八十岁以上的老人。已，通“以”。 56加赐帛、絮：增加帛和絮。帛，丝织品的总称。絮，指粗丝棉。 57赐物当禀鬻米者：凡是应为赐给米的人。禀鬻（lǐn zhōu）米，送给煮粥的米。禀，给。鬻，“粥”本字。 58长吏阅视：各县的县令、县长要亲自检查。长吏，长官。县的长官，万户以上的县为令，万户以下的县为长。 59丞若尉致：或丞或尉亲自送到。县长官之下，有属官丞、尉。致，送到。 60啬夫、令史：下级小吏。 61二千石遣都吏循行：郡国二千石长官郡守、国相要派出负责监查的都吏，巡视监察所属各县。二千石，指郡国长官郡守、国相。 都吏，官名。即督邮。 62不称者：谓不称职者。 督：督责，问责。 63鸾旗：天子车上绣有鸾鸟、编有羽毛之旗。 64属（shǔ）车：天子的侍从车。 65吉行日五十里：行走顺利，每天只是五十里。 66师行三十里：按军队整齐地行进，每天只是三十里。 67独先安之：独自领先往哪里去？安，哪儿。 68与道里费：给他因献马往来的交通费用。 69不受献：不接受贡献物品。 70其令四方毋求来献：我命令全国不要请求来京献物。四方，指全国。 71四夷：四方各族。 72远近欢洽：远近的诸侯与四方部族都与朝廷的关系很融洽。 73修代来功：表彰赏赐跟随文帝从代国来京的旧部功臣。修，治，指表彰、奖励。

【译文】

太宗孝文皇帝上

汉文帝前元元年（壬戌，前179）

冬季，十月初一，汉文帝改封琅邪王刘泽为燕王；封立赵幽王之子刘遂为赵王。

丞相陈平因病请求辞职，汉文帝询问原因，陈平说：“高祖开国时，周勃的功劳不如我大，在诛除诸吕的事件中，我的功劳不如周勃；我请求将右丞相的职务让给周勃担任。”

十一月初八，汉文帝将陈平调任为左丞相，任命太尉周勃为右丞相，大将军灌婴为太尉。汉文帝还下令，把吕后当政时割夺齐、楚两国封立诸吕的封地，全部归还给齐国和楚国。

朝廷对诛灭诸吕的人论功行赏，右丞相周勃以下，都被增加封户和赐金，数量各有差别。绛侯周勃散朝时小步疾行退出，十分得意；汉文帝刘恒对绛侯以礼相待，非常恭敬，经常目送他退朝。担任郎中的安陵人袁盎谏阻汉文帝说："诸吕骄横谋反，大臣们合作将吕氏诛灭。那时，丞相身为太尉，掌握兵权，才天缘凑巧建立了这番功劳。现在，丞相好像已有在皇上面前居功自傲的神色，皇上却对他一再谦让，臣子和君王都有失礼节，我私下认为皇上不该如此！"以后朝会时，汉文帝越来越庄重威严，丞相周勃也就越来越敬畏。

十二月，汉文帝下令说："法律，是治理天下的依据。现在的法律对违法者本人做了处罚之后，还要株连到他本来没有犯罪的父母、妻子、兄弟，以至将他们收为官奴婢，朕认为，这样的法律十分不可取！从今以后，废除各种收罪犯家属为奴婢以及各种相连坐的律令！"

春季，正月，有关官员请求汉文帝刘恒早日确立太子。汉文帝说："我已不德，不能博求天下贤圣有德的人，将帝位禅让给他，而又说早立太子，这是加重我的不德行为，还是暂缓议定吧！"有关官员说："预先确立太子，是为了尊重宗庙和国家，不忘天下。"汉文帝说："楚王，是我的叔父；吴王，是我的兄长；淮南王，是我的弟弟；难道他们不是早就存在的继承人吗？如果我现在不选择贤能之人为帝位继承人，而说必须传位给儿子，世人将认为我忘记了贤能有德的人，而专私于自己的儿子，这不是以天下为重的做法！"有关官员坚持请求说："古代殷、周建国之后，都经历了一千多年的长治久安，它们都采用了早立太子的制度；天子必须从儿子之中确立继承人，这是由来已久的了。高帝平定天下而为汉室太祖，应当子孙相传世代不绝，如果现在舍弃了理应继承的皇子，不立太子，而另从诸侯王和宗室中选择继承人，这是违背高帝愿望的。在皇子之外另议继承人是不应该的。皇上诸子中，以刘启年龄最大，他为人纯厚仁慈，请皇上立刘启为太子。"汉文帝至此才同意臣下的奏请。

三月，汉文帝立太子生母窦氏为皇后。窦皇后是清河郡观津县人。她有个弟弟窦广国，字少君，幼年时被人拐卖，先后转换了十多家，听说窦氏被立为皇后，便上书自言身世。窦皇后召见他，核验询问，证实无误，就赐给他大量的田宅和金钱，与其兄长君在长安安家居住。绛侯、灌将军等人议论说："我等不死，命运就将取决于此两人。他们两人出身微贱，不可不为他们慎选师傅和宾客。否则，他们又有可能效法吕氏以外戚专权，这是大事！”于是，大臣们从士人中精选有节行的人与二人同住。窦长君、窦少君由此成为退让君子，不敢以皇后至亲的尊贵地位对人骄矜。

汉文帝下令救济鳏寡孤独和穷困的人。汉文帝还下令说：“年龄八十岁以上者，每月赐给米、肉、酒若干；年龄九十岁以上的老人，另外再赐给帛和絮。凡是应当赐给米的，各县的县令要亲自检查，由县丞或县尉送米上门；赐给不满九十岁的老人的东西，由啬夫、令史给他们送去；郡国二千石长官要派出负责监察的都吏，循环监察所属各县，发现不按命令办理者，给以责罚督促。”

楚元王刘交去世。

夏季，四月，齐国、楚国发生地震，二十九座山在同一天中崩裂，大水溃涌而出。

这时，有人向汉文帝进献日行千里的宝马。汉文帝说：“每当天子出行，前有鸾旗为先导，后有属车做护卫；因吉事顺利出行，每日行程不超过五十里，率军出行，每日只走三十里；我乘坐千里马，能先单独奔到何处呢？”于是，汉文帝把马还给了进献者，并给他旅途费用。接着下令说：“我不接受贡献之物。我命令全国不必要求前来进献。”

汉文帝即位，先对天下普施恩惠，远近的诸侯和四夷部族与朝廷的关系都很融洽。然后，汉文帝才表彰和赏赐跟随他从代国来京的旧部功臣，封立宋昌为壮武侯。

【原文】

帝益明习国家事。朝而问右丞相勃曰：“天下一岁决狱几何[①]？”勃谢不知[②]；又问：“一岁钱谷入几何？”勃又谢不知；惶愧[③]，汗出沾背。上问左丞相平。平曰：“有主者[④]。”上曰：“主者谓谁？”曰：“陛下即问决狱，责廷尉[⑤]；问钱谷，责治粟内史[⑥]。”上曰：“苟各有主者，而君所主者何事[⑦]也？”平谢曰：“陛下不知其驽下[⑧]，使待罪宰相[⑨]。宰相者，上佐天子，理阴阳，顺四时；下遂万物之宜；外镇抚四夷诸侯；内亲附百姓，使卿大夫各得任其职焉[⑩]。”帝乃称善。右丞相大惭，出而让陈平曰：“君独不素教我对[⑪]！”陈平笑曰：“君居其位，不知其任邪[⑫]？且陛下即问长安中盗贼数，君欲强对邪[⑬]？”于是绛侯自知其能不如平远矣[⑭]。居顷之[⑮]，人或说勃曰：“君既诛诸吕，立代王，威震天下。而君受厚赏，处尊位，久之，即祸及身矣[16]。”勃亦自危[17]，乃谢病[18]，请归相印[19]，上许之[20]。

秋，八月，辛未[21]，右丞相勃免，左丞相平专为丞相[22]。

初，隆虑侯灶击南越，会暑湿，士卒大疫，兵不能隃领[23]。岁余，高后崩，即罢兵。赵佗因此以兵威财物赂遗[24]闽越、西瓯、骆[25]，役属[26]焉。东西万余里[27]，乘黄屋左纛[28]，称制与中国侔[29]。

（以上为第八段，写汉文帝越来越明习国家政事，询问右丞相周勃诸事，周勃不能回答，非常惭愧，请辞丞相，于是汉文帝以陈平一人专为丞相。）

【注释】

①决狱几何：判决的案件有多少。 ②谢不知：谢罪说不知道。谢，道歉，认罪。③惶愧：惶恐惭愧。 ④主者：主管者。 ⑤责廷尉：责问廷尉。廷尉，官名。九卿之一，掌刑狱。 ⑥责治粟内史：官名。掌钱谷货物。 ⑦君所主者何事：您所主管的是什么事？ ⑧驽下：劣等马，喻才能低下，多用为自谦词。 ⑨待罪宰相：任职宰相。待罪，臣对君语时自谦之词，意谓力不胜任要职，必将获罪，故称待罪。 ⑩“宰相”等八句：言宰相之职，乃协助皇帝处理国家大事。 ⑪独不素教我对：怎么平时不教我如何应对。 ⑫不知其任邪：不知道宰相的职责吗？ ⑬君欲强对邪：您想勉强回答吗？⑭不如平远矣：远不如陈平。 ⑮居顷之：过了不久。 ⑯久之，即祸及身矣：时间一长，将有大祸临头啊。 ⑰自危：替自己担忧。 ⑱谢病：称病谢罪。 ⑲请归相印：请求归还丞相之印，即请求辞丞相之职。 ⑳上许之：汉文帝允准周勃的辞职请求。 ㉑辛未：八月二十日。 ㉒专为丞相：专任，独任丞相。即丞相一人，不再设左、右二相。㉓兵不能隃领：汉兵未能过五领。隃，同“逾”。领，通“岭”。 ㉔赂遗：行贿，贿赂，用钱收买。 ㉕闽越、西瓯、骆：皆古代越族的分支。处于中国东南今浙江、福建一带。㉖役属：使闽越、西瓯、骆等从属于南越王赵佗。 ㉗东西万余里：指南越的势力范围东西万余里。南越及所属诸越的地域在今五岭之南的两广及浙闽，东西万里。 ㉘黄屋：帝王乘舆以黄缯裹着的车盖。 左纛：帝王乘舆车衡左边所设以牦牛尾或雉尾制成的装饰物。 ㉙称制：行使皇帝的权力。 中国：指汉朝。 侔：相等。

【译文】

汉文帝越来越明习国家政事。朝会时，汉文帝问右丞相周勃说：“全国一年内判决多少案件？”周勃谢罪说：“不知道。”汉文帝又问道：“一年内全国钱谷收入有多少？”周勃又谢罪说：“不知道。”在紧张和惭愧之下，周勃汗流浃背。汉文帝又问左丞相陈平。陈平说：“有专门主管这些事务的官员。”汉文帝问道：“由谁主管？”陈平回答说：“皇上如果要了解诉讼刑案，应该责问廷尉；如果要了解钱谷收支，应该责问治粟内史。”汉文帝说：“假如各事都有主管官吏，那么您是负责什么事情的呢？”陈平谢罪说：“皇上由于不知道我的平庸低能，任命我为宰相。宰相的职责，对上辅佐天子，理通阴阳，顺应四季变化；对下使万物各得其所；对外安抚四夷和诸侯；对内使百姓归附，使卿大夫各自得到能发挥其专长的职务。”汉文帝这才赞好。右丞相周勃极为惭愧，退朝之后责备陈平说：“就是您平素不教我如何回答！”陈平笑着说：“您身为宰相，却不知道宰相的职责是什么吗？况且，如果皇上问长安城中有多少盗贼，您能勉强回答吗？”由此，绛侯周勃自知能力比陈平差得很远。过了一段时间，有人劝周勃说：“您诛灭吕氏，扶立代王为帝，威名震动天下。现在您接受朝廷厚赏，担任职位尊崇的右相，时间一长，将要大祸临头了。”周勃也为自己担忧，就自称有病，请求辞去丞相职务，汉文帝批准了他的请求。

秋季，八月二十日，汉文帝罢免了右丞相周勃，左丞相陈平一人担任丞相。

当初，隆虑侯周灶领兵进攻南越国，正值暑热潮湿，士兵中流行瘟疫，军队无法越过阳山岭。过了一年多，汉太后吕雉去世，便撤兵了。赵佗乘此机会，用兵威胁迫并以财物引诱闽越、西瓯、骆，使它们归属南越统治。南越国东西长达万余里，赵佗乘坐供天子专用的黄屋左纛车，自称皇帝，与汉朝皇帝相同。

【原文】

帝乃为佗亲冢①在真定者置守邑②，岁时奉祀③；召其昆弟④，尊官、厚赐宠之。复使陆贾使南越，赐佗书曰：“朕⑤，高皇帝侧室之子⑥也，弃外⑦，奉北藩于代。道里辽远，壅蔽朴愚⑧，未尝致书⑨。高皇帝弃群臣⑩，孝惠皇帝即世⑪；高后自临事⑫，不幸有疾⑬，诸吕为变，赖功臣之力，诛之已毕。朕以王、侯、吏不释之故⑭，不得不立⑮；今即位。乃者闻王遗将军隆虑侯书⑯，求亲昆弟，请罢长沙两将军⑰。朕以王书罢将军博阳侯⑱，亲昆弟在真定者，已遣人存问⑲，修治先人冢⑳。前日闻王发兵于边，为寇灾不止㉑。当其时，长沙苦之㉒，南郡尤甚㉓；虽王之国，庸独利乎㉔！必多杀士卒㉕，伤良将吏㉖，寡人之妻，孤人之子，独人父母㉗；得一亡十㉘，朕不忍为㉙也。朕欲定地犬牙相入者㉚；以问吏，吏曰：'高皇帝所以介长沙土也。'朕不得擅变焉[31]。今得王之地，不足以为大；得王之财，不足以为富。服领以南，王自治之[32]。虽然，王之号为帝。两帝并立，亡一乘之使以通其道[33]，是争也；争而不让，仁者不为也。愿与王分弃前恶[34]，终今以来[35]，通使如故。"

贾至南越。南越王恐，顿首谢罪；愿奉明诏[36]，长为藩臣，奉贡职[37]。于是下令国中曰："吾闻两雄不俱立，两贤不并世。汉皇帝，贤天子。自今以来，去帝制[38]、黄屋、左纛。"

因为书，称："蛮夷大长、老夫臣佗昧死[39]再拜上书皇帝陛下曰：老夫，故越吏也，高皇帝幸赐臣佗玺，以为南越王。孝惠皇帝即位，义不忍绝，所以赐老夫者厚甚。高后用事，别异蛮夷[40]，出令曰：'毋与蛮夷越金铁、田器、马、牛、羊；即予[41]，予牡[42]，毋予牝[43]。'老夫处僻[44]，马、牛、羊齿已长[45]。自以祭祀不修，有死罪，使内史藩、中尉高、御史平凡三辈上书谢过，皆不反[46]。又风闻[47]老夫父母坟墓已坏削[48]，兄弟宗族已诛论[49]。吏相与议曰：'今内不得振于汉[50]，外亡以自高异[51]。'故更号为帝，自帝其国[52]，非敢有害于天下。高皇后闻之，大怒，削去南越之籍[53]，使使不通[54]。老夫窃疑长沙王谗臣[55]，故发兵以伐其边。老夫处越四十九年，于今抱孙焉。然夙兴夜寐[56]，寝不安席[57]，食不甘味[58]，目不视靡曼之色[59]，耳不听钟鼓之音[60]者，以不得事汉[61]也。今陛下幸哀怜，复故号[62]，通使汉如故；老夫死，骨不腐。改号[63]，不敢为帝矣！"

齐哀王襄薨[64]。

上闻河南守吴公治平[65]为天下第一，召以为廷尉。吴公荐洛阳人贾谊[66]，帝召以为博士[67]。是时贾生年二十余。帝爱其辞博[68]，一岁中，超迁至太中大夫[69]。贾生请改正朔[70]，易服色[71]，定官名[72]，兴礼乐[73]，以立汉制，更秦法[74]；帝谦让未遑[75]也。

（以上为第九段，写南越王赵佗称制，汉文帝派陆贾出使南越国，说服赵佗去帝号，称王；洛阳人贾谊文辞可观，年二十余被河南郡守吴公举荐为博士，一岁中超迁为太中大夫。）

【注释】

①亲冢：亲人的坟墓。 ②置守邑：为守护墓地而置邑。 ③岁时奉祀：按每年四季祭祀。岁时，一年的四季之节。 ④召其昆弟：召来赵佗的兄弟。 ⑤朕：皇帝自

称。⑥侧室之子：非嫡所生之子，即庶子。⑦弃外：谓抛弃于外地。指代国处于边地。⑧壅蔽朴愚：闭塞鲁钝，自谦眼界不开阔，朴实愚笨。⑨未尝致书：不曾通书信。⑩弃群臣：离开群臣而去，即死的委婉说法。⑪即世：即位面世。语气未完，此谓孝惠帝即位后也随高帝走了，亦死了。⑫高后自临事：高后亲自临朝称制。⑬不幸有疾：指高后不幸病逝。⑭不释之故：不丢弃我的缘故，指诸侯大臣拥戴。不释，不弃，拥戴。⑮不得不立：文帝谓"我不得不登基"。⑯乃者：往昔，前不久。遗将军隆虑侯书：指赵佗送信给隆虑侯周灶寻找兄弟。⑰请罢长沙两将军：请求罢免守备长沙国的两位将军。罢，罢免，裁撤。长沙，指长沙王国。两将军，指高后七年南越攻长沙王国时，汉派去长沙王国守备的两位将军，即隆虑侯周灶、博阳侯陈濞。⑱"朕以王书"句：文帝说，按赵佗来信的要求，汉朝已撤回了博阳侯陈濞的部众。⑲存问：抚慰。⑳先人冢：指赵佗先人的坟墓。㉑寇灾不止：指南越军侵扰带来的灾难没有停止。㉒长沙苦之：长沙王国受害。㉓南郡尤甚：南郡受害尤为严重。南郡，郡名。治所江陵，在今湖北江陵。㉔庸独利乎：难道能在战争中只得利而不受损害吗？㉕必多杀士卒：一定使许多士兵丧生。㉖伤良将吏：使优秀的将吏伤身。㉗"寡人之妻"三句：造成许多寡妇、孤儿和没人赡养的老人。㉘得一亡十：得一失十，即得不偿失。㉙不忍为：不忍心干这种事。㉚"朕欲"句：我本想把犬牙交错的地界做出调整。㉛"吏曰"二句：主管官员回答说"这是高皇帝为了隔离长沙国而划定的地界"，朕不得擅自变更。㉜服领以南，王自治之：五岭以南的荒服之地，大王尽可自行治理。服领，谓五岭之南乃荒服之区。服，荒服，边远地区。领，通"岭"，指五岭。㉝亡一乘之使以通其道：虽然两帝并立，却没有一个使者互通消息。亡，读"无"，没有。一乘之使，一辆车的使者，即一介之使。㉞分弃前恶：双方都放弃前嫌。㉟终今以来：从今往后。㊱愿奉明诏：愿意遵奉皇帝明诏。㊲奉贡职：奉行贡献方物于朝廷的职责，即臣服汉朝。㊳去帝制：取消帝号，废去帝制。㊴昧死：冒死。犹言冒昧而犯死罪。臣下上书惯用的谦卑套话。㊵别异蛮夷：分别隔绝蛮夷。㊶即予：如果给他牲畜。即，如果。予，给予，实指交易。㊷予牡：只卖雄性牲畜。牡，牲畜之雄性，指公马、公牛、公羊。㊸牝（pìn）：牲畜之雌性。指母马、母牛、母羊。㊹处僻：处于偏僻之地。㊺齿已长：指牲畜已经老了。㊻"自以"三句：赵佗自以为未行祭祀之礼，犯下死罪，所以派了三批使者上书朝廷请罪，都没有回来。内史、中尉、御史，皆官名。此南越王国之官，与汉朝内地王国之官一致。藩、高、平，皆人名。三辈，三次之多。反，通"返"。㊼风闻：传闻。㊽坏削：毁坏剖平。㊾诛论：以罪论死。㊿内不得振于汉：对内不能得到汉朝的尊重。振，兴起，受尊重。51外亡以自高异：对外没有自我显示与众不同的地方。亡，读“无”。高异，突出，高超，与众不同。 ⑫自帝其国：只在南越境内关门称帝。 ⑬削去南越之籍：削去南越王的封号。籍，指汉朝封王的登记簿，南越王被除名。 ⑭使使不通：使得使者不能往来。即断绝使者往来。 ⑮窃疑：私自怀疑。 谗臣：奸佞之臣。 ⑯夙兴夜寐：起早睡迟，形容勤奋不懈，或内心不宁。 ⑰寝不安席：睡不安稳。 ⑱食不甘味：吃饭不香。 ⑲靡曼之色：美色。 ⑳钟鼓之音：音乐。 ㉑事汉：侍奉汉朝。 ㉒复故号：恢复原来南越王的封号。 ㉓改号：谓改掉帝号。㉔齐哀王襄：刘襄。哀，为谥号。恭仁短折曰“哀”。 薨：去世。 ㉕河南：郡名。郡治洛阳，在今河南洛阳东北。 吴公：姓吴。公，尊称，佚名。 治平：执法公正。 ㉖贾谊（前200—前168）：洛阳人。西汉著名政论家。著有《过秦论》《陈政事疏》等。传见《史记》卷八十四、《汉书》卷四十八。 ㉗博士：官名。通晓古今，备位顾问。隶属于奉常。㉘辞博：赡于文辞，博学多识。 ㉙超迁：超级提升，破格任用。 太中大夫：官名，掌议论，属郎中令。博士秩六百石，太中大夫秩千石。 ㉚改正朔：正朔，历法。按三统说，三代历法，夏正建寅，商正建丑，周正建子，秦正建亥，不符合三统说，而汉因之，故当改。 ㉛易服色：按五行说，周以火德，色尚赤；秦德水，色尚黑；而汉继周，以土继火，色宜尚黄，故当易。 ㉜定官名：周官齐备，六卿各率其属，凡三百六十。秦立百官之职名，汉因循未改，当修订。 ㉝兴礼乐：秦人未兴礼乐，叔孙通草创未备，当创兴。 ㉞更秦法：更改秦的正朔、服色、官名、礼乐之法。 ㉟谦让未遑：谦逊而未付诸实行。 遑：闲暇。

【译文】

汉文帝于是下令，为赵佗在真定的父母亲的坟墓设置专司守墓的民户，按每年四季祭祀；又召来赵佗的兄弟，用尊贵的官位和丰厚的赏赐表示优宠。汉文帝又派遣陆贾出使南越国，带去汉文帝致赵佗的一封书信，信中说：“我是高皇帝侧室所生之子，被安置于外地，在北方代地做藩王。因路途辽远，加上我眼界不开阔，朴实愚鲁，所以那时没有与您通信问候。高皇帝不幸去世，汉惠帝也去世了；高后亲自裁决国政，晚年不幸患病，诸吕乘机谋反，幸亏有开国功臣之力，诛灭了吕氏。我因无法推辞诸王、侯和百官的拥戴，不得不登基称帝，现已即位。前不久，得知大王曾致书于将军隆虑侯周灶，请求寻找您的亲兄弟，请求罢免长沙国的两位将军。我因为您的这封书信，已罢免了将军博阳侯；您在真定的亲兄弟，我已派人前去慰问，并修整了您先人的坟墓。前几日听说大王在边境一带发兵，不断侵害劫掠。当时长沙国受害，而南郡尤其严重；即便是大王治理下的南越王国，难道就能在战争中只获利益而不受损害吗？战事一起，必定使许多士兵丧生，将吏伤身，造成许多寡妇、孤儿和无人赡养的老人。我不忍心做这种得一亡十的事情。我本来准备对犬牙交错的地界做出调整，征求官员意见，回答说'这是高皇帝为了隔离长沙国而划定的'，朕不得擅自变更地界。现在，汉若夺取大王的领地，并不足以增加多少疆域；夺得大王的财富，也不足以增加多少财源。五岭以南的荒服土地，大王尽可自行治理。即便大王已有皇帝的称号，但两位皇帝同时并立，互相之间没有一位使者相互联系，这是以力相争；只讲力争而不讲谦让，这是仁人所不屑于做的。愿与大王共弃前嫌，自今以后，互通使者往来，恢复原有的良好关系。"

陆贾到达南越。南越王赵佗见了汉文帝书信，十分惶恐，顿首谢罪，表示愿意遵奉皇帝明诏，永为藩国臣属，遵奉贡纳职责。赵佗随即下令于国中说："我听说，两雄不能同时共立，两贤不能一时并存。汉廷皇帝，是贤明天子。从今以后，我废去帝制、黄屋、左纛。"

于是，南越王赵佗写了一封致汉文帝的回信，说："蛮夷大长、老夫臣赵佗冒昧再拜上书皇帝：老夫是供职于旧越地的官员，幸得高皇帝宠信，赐我玺印，封为南越王。孝惠皇帝即位后，根据道义，不忍心断绝与南越的关系，所以对老夫有十分丰厚的赏赐。高后当政，歧视和隔绝蛮夷之地，下令说：'不得给蛮夷南越金铁、农具、马、牛、羊；如果给它牲畜，也只能给雄性的，不给雌性的。'老夫地处偏僻，马、牛、羊也已经老了，自以为未能行祭祀之礼，犯下死罪，故派遣内史藩、中尉高、御史平等三批人上书朝廷谢罪，但他们都没有返回。又据风闻谣传，说老夫父母的坟墓已被平毁，兄弟宗族人等已被判罪处死。官员一同议论说：'现在对内不能得到汉朝尊重，对外没有自我显示与众不同的地方。'所以才改王号，称皇帝，只在南越国境内称帝，并无为害天下的胆量。高皇后得知，勃然大怒，削去南越王的封号，断绝使臣往来。老夫私下怀疑是长沙王阴谋陷害我，所以才发兵攻打长沙国边界。老夫在越地已生活了四十九年，现在已抱孙子了。但我夙兴夜寐，睡觉难安枕席，吃饭也品尝不出味道，目不视美女之色，耳不听钟鼓演奏的音律，就是因为不能侍奉汉廷天子。现在，有幸得到皇上哀怜，恢复我原来的封号，允许我像过去一样派人出使汉廷，老夫即使死去，尸骨也不朽灭。改号为王，不敢再称帝了！"

齐哀王刘襄去世。

汉文帝得知河南郡守吴公治理地方的政绩为天下第一，就召他入朝做廷尉。

吴公推荐洛阳人贾谊，汉文帝就召贾谊进京做博士官。当时贾谊才二十多岁。汉文帝很赏识贾谊的文辞可观和知识渊博，一年之中，就破格提升他做了太中大夫。贾谊请汉文帝改历法，变换朝服颜色，重新审定官名，确定汉室的礼仪和音乐，以建立汉朝制度，更改秦朝法度。汉文帝以谦让治国，无暇顾及这些事情。

【原文】

二年（癸亥，前178）

冬，十月，曲逆献侯陈平[①]薨。

诏列侯各之国；为吏及诏所止者，遣太子[②]。

十一月，乙亥[③]，周勃复为丞相。

癸卯晦[④]，日有食之。诏："群臣悉思朕之过失及知见之所不及，丐以启告朕[⑤]。及举贤良、方正、能直言极谏者[⑥]，以匡朕之不逮[⑦]。"因各敕以职任[⑧]，务省繇费以便民[⑨]；罢卫将军[⑩]；太仆见马遗财足，余皆以给传置[⑪]。

颍阴侯骑贾山[⑫]上书言治乱之道曰："臣闻雷霆[⑬]之所击，无不摧折者；万钧[⑭]之所压，无不糜灭[⑮]者。今人主之威，非特雷霆也；埶重[⑯]，非特万钧也。开道而求谏[⑰]，和颜色而受之[⑱]，用其言而显其身[⑲]，士犹恐惧而不敢自尽[⑳]；又况于纵欲恣暴[㉑]、恶闻其过[㉒]乎！震之以威，压之以重，虽有尧、舜[㉓]之智，孟贲[㉔]之勇，岂有不摧折[㉕]者哉！如此，则人主不得闻其过，社稷[㉖]危矣。

"昔者周盖千八百国，以九州[㉗]之民养千八百国之君，君有余财，民有余力，而颂声作[㉘]。秦皇帝以千八百国之民自养[㉙]，力罢不能胜[㉚]其役，财尽不能胜其求。一君之身耳，所自养者驰骋弋猎[㉛]之娱，天下弗能供也。秦皇帝计其功德，度其后嗣世世无穷[㉜]；然身死才数月耳，天下四面而攻之，宗庙灭绝[㉝]矣。秦皇帝居灭绝之中而不自知者，何也？天下莫敢告[㉞]也。其所以莫敢告者，何也？亡养老之义[㉟]，亡辅弼[㊱]之臣；退诽谤之人[㊲]，杀直谏之士。是以道谀[㊳]、偷合苟容[㊴]，比其德则贤于尧、舜，课其攻则贤于汤、武[㊵]；天下已溃[㊶]而莫之告也。

"今陛下使天下举贤良方正之士，天下皆欣欣[㊷]焉曰：'将兴尧舜之道、三王[㊸]之功矣。'天下之士，莫不精白以承休德[㊹]。今方正之士皆在朝廷矣；又选其贤者，使为常侍、诸吏[㊺]，与之驰驱射猎，一日再三出[46]。臣恐朝廷之解弛[47]，百官之堕于事[48]也。陛下即位，亲自勉以厚天下，节用爱民，平狱缓刑；天下莫不说喜[49]。臣闻山东吏布诏令，民虽老羸癃疾[50]，扶杖而往听之，愿少须臾毋死[51]，思见德化之成也。今功业方就[52]，名闻方昭[53]，四方乡风而从[54]；豪俊之臣，方正之士，直与之日日射猎，击兔伐狐，以伤大业，绝天下之望，臣窃悼之[55]！古者大臣不得与宴游[56]，使皆务其方而高其节[57]，则群臣莫敢不正身修行[58]，尽心以称大礼[59]。夫士，修之于家而坏之于天子之廷[60]，臣窃愍[61]之。陛下与众臣宴游，与大臣、方正朝廷论议，游不失乐，朝不失礼[62]，轨[63]事之大者也。"上嘉纳其言[64]。

上每朝，郎、从官上书疏，未尝不止辇受其言[65]。言不可用置之[66]，言可用采之，未尝不称善。

（以上为第十段，写汉文帝因日食下诏求言，创立举贤良文学制度；颍阴侯灌婴的骑从贾山上书谈论治乱之道，汉文帝赞许并采纳其言。）

【注释】

①陈平：封曲逆侯，死后谥献。《谥法》曰"聪明睿哲曰献"。 ②遣太子：指列侯在朝廷担任官职或诏令留京者，则派其太子到封国去。 ③乙亥：十一月初二日。 ④癸卯：十一月三十日。晦：阴历月末一天。 ⑤丐以启告朕：请大家告知我。丐：乞求。 ⑥贤良、方正：皆汉代察举科目。贤良，或称贤良方正。始于文帝二年。 直言极谏者：指说真话敢说话的人。按：汉文帝因日食谴告下诏求言，创立了举贤良方正的求贤才的察举科目，举贤是为了求言，所以"直言极谏"是选人的条件。 ⑦以匡朕之不逮：用以弥补我的不足。匡，纠正。不逮，力所不及。逮，及。 ⑧因各敕以职任：于是根据他们的才能分别任职。敕，令，任命。职任，因才任职。 ⑨务省繇费以便民：务必减轻徭役赋税以便利百姓。省，减轻。繇，通"徭"，劳役。 ⑩罢卫将军：罢废卫将军。 按：胡三省疑"军"下脱一"军"字，《汉书·文帝纪》有之。如此，则指裁撤卫将军军队。两者其实指一事。 ⑪"太仆"二句：太仆要减少现存之马，留下够朝廷使用的就可以，多余的马全部拨给驿站使用。太仆，官名。掌天子舆马。见马，现存之马。见，通"现"。遗，保留。财足，刚够用就行了。财，通"才"，仅仅，够用。 ⑫颍阴侯骑贾山：颍阴侯灌婴的骑从贾山。贾山，西汉颍川（今河南禹州）人，为颍阴侯骑从。向文帝上书，名《至言》。载《汉书》卷五十一《贾山传》中。 ⑬雷霆：迅雷，响雷。⑭钧：形容重量之大。三十斤为钧。万钧，三十万斤。 ⑮糜灭：碎灭，粉碎。 ⑯埶

重：指君王权势。埶，通“势”。 ⑰开道而求谏：君王开导，主动求谏。道，通“导”。⑱和颜色而受之：和颜悦色接受谏议。 ⑲显其身：使建言人显贵，即提拔重用。 ⑳自尽：谓人尽其言。 ㉑纵欲恣暴：随心所欲，肆意残暴。 ㉒恶闻其过：讨厌听到自己的过失。 ㉓尧、舜：传说的古代圣王唐尧、虞舜。两人传见《史记》卷一。 ㉔孟贲：古代勇士。 ㉕摧折：摧毁折断。 ㉖社稷：土神、谷神，指代国家。 ㉗九州：周职方氏所掌九州是扬、荆、豫、青、兖、雍、幽、冀、并九州。 ㉘颂声：称颂盛德之声。 作：兴起。此指歌声响起。 ㉙自养：奉养自己一人。 ㉚罢：通“疲”。 胜（shēng）：能承受。 ㉛驰骋：驰马飞奔之乐。 弋猎：射鸟捕兽。 ㉜度（duó）：估计，推测。 世世无穷：世世代代相传以至于无穷。 ㉝宗庙灭绝：谓亡国。 ㉞莫敢告：没人敢上报情况。 ㉟亡养老之义：没有尊老养老的道义。亡，通“无”。下句同。 ㊱辅弼：辅佐。㊲退诽谤之人：斥退、罢免了批评朝廷的大臣。 ㊳道谀：诱导阿谀、曲意逢迎。道，读“导”，引导。 ㊴偷合苟容：苟且迎合，以求容身。 ㊵汤、武：商汤王、周武王。㊶天下已溃：天下将要土崩瓦解。溃，散，土崩瓦解。 ㊷欣欣：喜悦的样子。 ㊸三王：指夏禹王、商汤王、周文王；一说夏禹、商汤和周代文王、武王。 ㊹精白：洁白，纯洁。喻士人努力自我完善。 承休德：发扬美德，意谓能被皇上选用。休德，美德。㊺常侍、诸吏：皆加官。有此加官，可入宫廷，扈从皇上。 ㊻一日再三出：一天出宫两次游猎，夸张逸乐过度。 ㊼解弛：朝政懈弛。解，通“懈”。 ㊽堕于事：谓怠于事，玩忽职守。 ㊾说喜：高兴。说，读“悦”。 ㊿老羸癃疾：老弱病残。 51愿少须臾毋死：希望多活片刻，听完皇上诏令。少，暂时，稍微。须臾，片刻。 52方就：刚刚有所成就，刚刚建立。 53名闻方昭：名声刚刚显著。昭，显著，传播。 54乡风而从：随风附从，即仰慕跟随。乡，通“向”。 55悼之：痛惜这种情况。 56与：通“预”，参预。 宴游：宴饮游乐。 57务其方而高其节：致力于保持大臣的品格和节操。方，指品格端方。节，臣节操守。 58正身修行：严格约束自己，提高品行修养。 59尽心：尽心于君。 称大礼：办事合于君臣之礼。 60修之于家：士人的品德养成于自己家中。 而坏之于天子之廷：却在天子的朝廷之上被破坏。谓士人之行，在君臣过度逸乐中丧失。61愍：惋惜。愍之，同前文“悼之”。 62朝不失礼：朝会不失礼。 63轨：法度。据章校，他本“轨”上有“议不失计”四字。 64上嘉纳其言：汉文帝赞许并采纳了他的意见。嘉，称赞，赞扬。纳，采纳。 65止辇受其言：停下辇车接受意见。辇（niǎn），帝、后坐的人力坐车。 66置之：搁下，放到一边。

【译文】

汉文帝前元二年（癸亥，前178）

冬季，十月，曲逆侯陈平去世。

汉文帝下令，令列侯各自离京到所封领地去；身为朝廷官员和受诏书留居京师的列侯，则派遣他们的太子到封地去。

十一月二日（疑误），周勃再次出任丞相。

十一月三十日（疑误），发生日食。汉文帝下令说："群臣都要认真思考朕的过失和朕所未曾考虑到的问题，并请大家告知朕。还请大家向朝廷荐举贤良、方正、能直言极谏的人，以便弥补朕的不足。"于是根据他们的才能分别任职，命令务必减轻徭役赋税以便利百姓；罢废卫将军；太仆将现有马匹仅留下够朝廷使用的，其余马匹全部拨给驿站使用。

颍阴侯灌婴的骑从贾山上书汉文帝，谈论治乱之道，说："我听说在雷霆的轰击下，无论什么都会被摧毁；在万钧之力的重压下，无论什么都会被压碎。君王的威严，远远超过了雷霆；君王的权势，也远远超过了万钧。君王即便是主动地请求大家进谏，和颜悦色地接受臣下的批评意见，采纳批评者意见并给以重用，臣子仍然惧怕而不敢将自己的意见和盘托出；更何况君王纵欲残暴，又不愿听到别人议论他的过失呢？在严威的震慑和权势的重压之下，即使人有尧和舜那样的智谋，有孟贲那样的勇力，难道能不被摧毁吗？这样，君王就听不到别人对他的过失的批评，国家就危险了。

"过去，在周朝时大约有一千八百个封国，用九州的百姓，事奉一千八百国的君王，君王有多余的财富，百姓也有宽裕的力量，到处都有歌功颂德的声音。秦始皇用一千八百国的百姓奉养自己，百姓精疲力竭，负担不起他的徭役；倾家荡产，缴纳不足他的赋税。秦始皇只不过是一位君王，他自己享受的也不过是驰骋弋猎的娱乐，天下却无法满足他的需求。秦始皇自认为功德无量，估计他的子孙会世代相传以至于无穷，但是，他死后不过几个月，天下人四面进攻，宗庙就毁灭了。秦始皇处于被灭绝的危机之中，却没有察觉，原因何在？就在于天下人都不敢告知他实际情况。不敢告知他实情的原因又是什么呢？是因为秦王朝没有尊老养老的道义，没有能够辅佐的大臣，罢免了批评朝政的官员，杀害了敢当面批评谏阻的士人。所以，那些谄谀逢迎、只求自保利禄的无耻小人，吹捧秦始皇的德政高于尧舜，功业超过商汤王和周武王；天下已将土崩瓦解，而没有人告知秦始皇。

“现在，皇上命令天下人荐举贤良方正的人士，天下人都为之欢欣鼓舞，说：‘皇帝将复兴尧舜治理天下之道，造就三王的功业了。’天下的人才，莫不努力自我完善以求能被皇帝选用。现在方正之士，都已被选入朝廷了；又从中选择贤能者，让他们做常侍、诸吏，皇上与他们共同驰驱射猎，一天之内再三出宫。我担忧朝政由此而懈弛，百官因此而玩忽职守。皇上自即位以来，自我勉励，厚养天下，节省开支，慈爱臣民，断案公平，刑罚宽缓。对此，天下人莫不喜悦。我听说崤山以东官吏公布命令时，百姓即使是老弱病残的人，也都拄着手杖前去聆听，希望暂时不死，想看到仁德教化的成功。现在功业刚刚建立，好名声刚刚传播，四方仰慕跟从。在这关键时刻，皇上却只与豪俊之臣、方正之士天天射猎，击兔捉狐，从而伤害国家大业，断绝天下人的期望，我私下为皇上痛惜！古代规定大臣不得参与安闲的游乐，为的是让他们都致力于保持大臣的品格和节操。这样，群臣就无人胆敢不严格约束自己，提高品行修养，尽心事君，按君臣之礼办事。士的品行，养成于自己家中，却在天子的朝廷之上被破坏，我私下为之惋惜。皇上与群臣消闲游乐，与大臣、方正之士在朝廷上议论国事，游娱不失乐，朝会不失礼，这是极为重大的事体。”汉文帝赞许并采纳了他的意见。

汉文帝每次上朝，郎官和从官进呈奏疏，他从来都是停下辇车接受。奏疏所说的，如不可采用，就放到一边；如可用，就加以采用，未尝不深加赞赏。

【原文】

帝从霸陵[①]上欲西驰下峻阪[②]。中郎将袁盎骑[③]，并车揽辔[④]。上曰：“将军怯邪？”盎曰：“臣闻‘千金之子，坐不垂堂[⑤]’。圣主不乘危，不徼幸[⑥]。今陛下骋六飞驰[⑦]下峻山，有如马惊车败[⑧]。陛下纵自轻，奈高庙、太后何[⑨]！”上乃止。

上所幸[⑩]慎夫人，在禁中[⑪]常与皇后同席坐。及坐郎署[⑫]，袁盎引却慎夫人坐[⑬]。慎夫人怒，不肯坐；上亦怒，起，入禁中。盎因前说曰：“臣闻‘尊卑有序，则上下和’。今陛下既已立后，慎夫人乃妾；妾、主[⑭]岂可与同坐哉！且陛下幸之，即厚赐之；陛下所以为慎夫人，适[⑮]所以祸之也。陛下独不见‘人彘’[⑯]乎！”于是上乃说[⑰]，召语慎夫人[⑱]，慎夫人赐盎金五十斤。

（以上为第十一段，写直臣袁盎劝说汉文帝不要纵马驰骋，宠妾不能和皇后平起平坐，文帝均予采纳。）

【注释】

①霸陵：汉文帝陵墓。在今陕西西安东北。 ②峻阪（bǎn）：陡坡。 ③中郎将：官名。主管中郎，属郎中令。 骑：指骑马随从。 ④辔（pèi）：驾驭牲口的缰绳和嚼子。⑤千金之子，坐不垂堂：家有千金资财的人，不能坐在堂屋的边缘。谓有点资财的人尚爱惜生命，不坐房缘下以防坠落。堂，指堂屋边缘，即房缘下。 ⑥不乘危，不徼幸：不能冒险，不求侥幸。 ⑦骋六飞驰：六马奔驰。帝王用六匹马驾车。飞，奔驰如飞。⑧有如：如果发生。 马惊车败：马匹受惊，车辆撞毁。 ⑨奈高庙、太后何：对高庙、太后怎么办！意思是刘氏皇位就断绝了。 ⑩幸：宠爱。 ⑪禁中：宫中。 ⑫坐郎署：到郎官府署就座。 ⑬引却慎夫人坐：撤了慎夫人的同席座位。引却，撤去。 ⑭主：指皇后。 ⑮适：恰巧。 ⑯“人彘”：见本书上卷惠帝元年戚夫人被吕太后加害的事件。⑰说：通“悦”。 ⑱召语慎夫人：文帝召来慎夫人，把袁盎的话告诉了她。

【译文】

汉文帝从霸陵上山，想要向西纵马奔驰下山。中郎将袁盎骑马上前，与汉文帝车驾并行，伸手挽住马缰绳。汉文帝说：“将军胆怯了吗？”袁盎回答：“我听说：‘家有千金资财的人，不能坐在堂屋的边缘。’圣明的君王不能冒险，不求侥幸。现在皇上要想放纵驾车的六匹骏马奔驰下险峻的高山，如果马匹受惊车辆被撞毁，皇上纵然是看轻自身安危，又怎么对得起高祖的基业和太后的抚育之恩呢！”汉文帝这才停止了冒险。

汉文帝所宠幸的慎夫人，在宫中经常与皇后同席而坐。等到她们一起到郎官府衙就座时，袁盎把慎夫人的座席排在下位。慎夫人恼怒，不肯入座；汉文帝也大怒，站起身来，返回宫中。袁盎借此机会上前规劝汉文帝说：“我听说：‘尊卑次序严明，就能上下和睦。’现在皇上既然已经册立了皇后，慎夫人只是妾，妾怎么能与主人同席而坐呢？况且，如果皇上真的宠爱慎夫人，就给她丰厚的赏赐；而皇上现在宠爱慎夫人的做法，恰恰会给慎夫人带来祸害。皇上难道不见‘人彘’的悲剧吗？”汉文帝这才醒悟，转怒为喜，召来慎夫人，把袁盎的话告诉了她。慎夫人赐给袁盎黄金五十斤以示感谢。

【原文】

贾谊说上曰①：“《管子》曰②：‘仓廪实而知礼节，衣食足而知荣辱。’民不足③而可治者，自古及今，未之尝闻。古之人曰：‘一夫不耕，或受之饥；一女不织，或受之寒。’生之有时而用之无度[4]，则物力必屈[5]。古之治天下，至纤，至悉[6]，故其畜积足恃[7]。今背本而趋末[8]者甚众，是天下之大残[9]也；淫侈之俗，日日以长[10]，是天下之大贼[11]也。残、贼公行，莫之或止[12]；大命将泛[13]，莫之振救[14]。生之者甚少而靡之者甚多[15]，天下财产何得不蹶[16]！

“汉之为汉，几四十年[17]矣，公私之积，犹可哀痛。失时不雨，民且狼顾[18]；岁恶不入[19]，请卖爵子[20]；既闻耳[21]矣。安有为天下阽危者若是而上不惊者[22]！

“世之有饥、穰[23]，天之行[24]也；禹、汤被之[25]矣。即不幸有方二三千里之旱，国胡以相恤[26]？卒然边境有急[27]，数十百万之众，国胡以馈之[28]？兵、旱相乘[29]，天下大屈[30]，有勇力者聚徒而衡击[31]，罢夫、羸老[32]，易子咬其骨[33]。政治未毕通[34]也，远方之能僭拟者并举而争起矣[35]；乃骇而图之[36]，岂将有及乎[37]！夫积贮者，天下之大命[38]也；苟粟多而财有余，何为而不成[39]！以攻则取，以守则固，以战则胜，怀敌附远[40]，何招而不至！

“今驱民而归之农，皆著于本[41]；使天下各食其力，末技、游食之民转而缘南亩[42]，则畜积足而人乐其所矣。可以为富安天下，而直为此廪廪[43]也，窃为陛下惜之！”

上感谊言，春，正月，丁亥[44]，诏开藉田[45]，上亲耕以率天下之民[46]。

三月，有司请立皇子为诸侯王。诏先立赵幽王少子辟彊[47]为河间王，朱虚侯章为城阳王，东牟侯兴居为济北王[48]；然后立皇子武为代王，参为太原王，揖为梁王。

五月，诏曰：“古之治天下，朝有进善之旌[49]，诽谤之木[50]，所以通治道而来谏者[51]也。今法有诽谤、妖言之罪，是使众臣不敢尽情而上无由闻过失也，将何以来远方之贤良！其除之[52]！”

九月，诏曰：“农，天下之大本也，民所恃以生也；而民或不务本而事末，故生不遂[53]。朕忧其然[54]，故今兹亲率群臣农以劝之[55]；其赐天下民今年田租之半[56]。”

燕敬王泽薨。

（以上为第十二段，写贾谊向汉文帝刘恒上《积贮疏》，强调重农抑商，增加积蓄，得到汉文帝的肯定和重视，汉文帝亲耕籍田，下令重农，减少田租；还封诸子为王，除去“诽谤罪”和“妖言罪”。）

【注释】

①贾谊说上曰：本文为贾谊上书汉文帝的《积贮疏》。 ②《管子》曰：引语见《管子·牧民》。《管子》一书相传为管仲之书，实是后人纂辑，多有战国至汉初间的作品。 ③民不足：民众不富裕。 ④生之有时：物品生产有一定的时令季节。 用之无度：消费物品没有限度。 ⑤物力必屈：物资必然匮乏。屈，尽。 ⑥至纤，至悉：非常细致，非常周到。 ⑦畜积足恃：国家的蓄积足以依靠。畜，通“蓄”。 ⑧背本而趋末：弃农业而务工商。末，指工商业。 ⑨大残：大祸害。 ⑩日日以长：一天天增长。 ⑪大贼：同“大残”，大祸害，大流弊。 ⑫残、贼公行，莫之或止：背本趋末与淫侈之俗这两种大祸害盛行，没有人能制止。 ⑬大命将泛：天命将要覆没，即政权面临毁坏。 ⑭莫之振救：没有谁能挽救。振，兴起。 ⑮“生之”句：谓天下财富，生产的人很少而挥霍的人却很多。靡，挥霍，消耗。 ⑯蹶（jué）：减缩，枯竭。 ⑰几四十年：几三十年之误。西汉建立于前206年，到汉文帝二年（前178）为二十九年，应说“几三十年”。几，差不多，接近。 ⑱狼顾：惶恐不安。 按：狼疑惧被袭击行走时常反顾。以此比喻人有所畏惧、惶恐不安的样子。 ⑲岁恶不入：凶岁而无收入。岁恶，年成不好，指天灾，水、旱、虫等。 ⑳请卖爵子：卖爵卖子女。爵，指爵位，或军功得爵，或入粟得爵，应急时可以出卖。 ㉑闻耳：卖爵卖子女的事已经发生，已有耳闻。 ㉒“安有”句：哪有天下如此危险而主上不惊惧的。阽（diàn）危，面临危险。若是，如此，这个样子。惊，惊恐。 ㉓饥：歉收年。 穰：丰收年。 ㉔天之行：自然规律，天气影响；天道所致。 ㉕禹、汤被之：饥、穰的自然规律，古代圣王夏禹王、商汤王也都经历过。被，遭受，经历。 ㉖胡以相恤：如何抚恤，拿什么去救济民众？ ㉗边境有急：边境突然有紧急情况。急，指战争。 ㉘胡以馈之：如何供应粮饷？ ㉙兵、旱相乘：战争和旱灾加到一起。即战争与灾害一起发生。 ㉚天下大屈：天下大乱。屈，折，乱。 ㉛聚徒：聚众。 衡击：闹事。衡，读“横”。 ㉜罢夫、羸老：疲困和老弱的人。罢，通“疲”。 ㉝易子：交换孩子。 咬其骨：啃骨头，即吃人。 ㉞政治未毕通：政治未上正轨，不通畅。毕，尽，全。毕通，畅通。 ㉟能僭拟者：有称帝野心的人。 并举而争起矣：就会一起举兵争着起事。 ㊱图之：计划谋取。 ㊲岂将有及乎：难道还来得及吗？ ㊳大命：命脉，要害。 ㊴何为而不成：还有什么不成的事呢？ ㊵怀敌附远：怀柔敌人而使远方的人来归附。 ㊶皆著于本：把民众都依附在土地上务农。本，农业。 ㊷缘南亩：都从事农耕。 ㊸廪廪：危惧的样子。 ㊹丁亥：正月十五日。 ㊺藉

田：同“籍田”。帝王于春耕前亲耕农田，以奉祀宗庙。寓有劝农之意。 ㊻率天下之民：为天下臣民作出表率。率，表率，示范。 ㊼辟彊：赵幽王之少子、赵王刘遂之弟。 ㊽城阳王、济北王：城阳、济北皆齐国的两个郡，后分出封刘章为城阳王、刘兴居为济北王。刘章、刘兴居皆齐悼惠王刘肥之子，时齐王刘襄之弟。 ㊾进善之旌：相传尧在大路上设置旗幡，让人民在旌旗下进言。 ㊿诽谤之木：相传尧设诽谤之木，让人民在木柱上书写政治过失。 51通治道：保证朝廷的清明。 来谏者：鼓励臣民前来进谏。来，招致。 52其除之：废除诽谤罪、妖言罪。汉文帝废除言论治罪，在历史上是第一人，也是唯一的一人。 53生不遂：民众生活艰难。不遂，不顺人意。 54忧其然：为这种情况担忧。 55今兹：现在。 亲率群臣农以劝之：亲自率领群臣从事农业耕作做出示范。56赐天下民今年田租之半：优惠全国民众今年田租只缴纳一半。按汉初田租十五税一，今起执行三十税一。

【译文】

贾谊对汉文帝说：“《管子》一书中说：‘仓库充实人们才会讲究礼节，衣服粮食充足人们才会有荣辱观念。’假如百姓的温饱问题没有解决，却乐意听命于君王的统治，这种事情，从古到今，我都没有听说过。古代有人说：‘一个农夫不耕作，就有人要挨饿；一个女子不织布，就有人要挨冻。’无论什么产品，生产它都有一定的季节时令，用起来如果毫无限制，物资就必会缺乏。古人治理天下，安排得很细微、很周到，所以国家的积贮足以仗恃。现在，脱离农桑本业而从事工商业的人太多了。这是危害天下的一大流弊；追求奢侈的风俗，日益增长，这是危害天下的一大公害。这两种流弊和公害盛行，没有谁给以制止；政权面临毁坏，没有谁能挽救。天下财富，生产的人很少而挥霍的人却很多，怎能不枯竭！

“大汉建国以来，已近四十年了，国库和私人积贮数量之少，仍然令人悲哀痛惜。一旦老天不按时降雨，百姓就惶恐不安；年景不好，没有收成，百姓或者出卖爵位，或者自卖儿女，换粮度日。此类事情，皇上已经听到了。哪有天下如此危险而主上不惊惧的！

“世上有丰年有歉年，这是自然规律；古代圣王夏禹和商汤也都曾经历过。假如不幸出现了方圆两三千里的大面积旱灾，国家靠什么去救济百姓？突然间边境有紧急情况，征调数十百万将士，国家用什么供应军需？战争和旱灾同时发生，国家财力无法应付，就会天下大乱，有勇力的人啸聚部众劫掠地方；疲困和老弱的人，就相互交换子女，吃人肉。政事的治理没有完全通畅，远方那些势力强大有称帝野心的人，就会一起举兵争着起事。如果发展到这般田地才大吃一惊，图谋制止，怎能来得及呢！积贮是国家的命脉。如果国家积贮了大量粮食而钱财有余，还有什么办不成的事情！以它为依凭，进攻就可以攻无不克，防守就牢固，作战就胜利，要感化、安抚敌人，或者吸引远方部族归附朝廷，怎么会招而不到！

“现在，如果驱使民众归返农事，都依附于土地，让天下人都从事生产满足本人生活需要，让工商业者、游民都改为从事农耕，那么，国家就会有充裕的积贮，百姓就会安居乐业了，可以使国家富足天下安定，但却造成了这种令人危惧的情形，我私下为皇上感到惋惜！”

汉文帝被贾谊的话所打动，春季，正月十五日，下令举行籍田仪式，皇帝亲自耕作，为天下臣民作出表率。

三月，有关官员请求汉文帝立皇子为诸侯王。汉文帝下令，先立赵幽王的小儿子刘辟彊为河间王，立朱虚侯刘章为城阳王，立东牟侯刘兴居为济北王；然后才立皇子刘武为代王，刘参为太原王，刘揖为梁王。

五月，汉文帝下令说：“古代明君治理天下，朝廷专设鼓励献计献策的旌旗，竖立书写批评意见的木柱，这样做的目的，是保证朝政的清明，鼓励臣民前来进谏。现在的法律中，有‘诽谤罪’和‘妖言罪’，这就使得群臣不敢畅所欲言地批评朝政，皇帝无从得知自己的过失，这怎么能吸引远方的贤良之士到朝廷来呢？应当废除这些罪名！”

九月，汉文帝下令说：“农业，是天下的根本，百姓依靠它而生存。有的百姓不从事农耕的本业，却去从事工商末业，所以百姓生活艰难。我对此甚为担忧，所以现在亲自率领群臣从事农业耕作，以提倡重视农业。今年只向天下百姓征收田租的一半。”

燕王刘泽去世。

【评析】

陈平论

陈平，是在楚汉相争、汉朝建国时期不可多得的谋臣，可以说，是个精于谋国、善于谋身的典型。

陈平的谋国，司马迁说他是“常出奇计，救纷纠之难，振国家之患”，“六奇既用，诸侯宾从于汉”。也就是说，陈平曾六出奇计，为刘邦夺取天下、巩固政权起了重要的作用。后人总结其六大奇计是：离间项羽、范增，楚势由此颓衰；乔装诱敌，使刘邦从荥阳安全撤退；封王韩信，使韩信效命刘邦；联齐灭楚，刘邦战胜项羽；计擒韩信，使刘邦翦灭异姓王而固其刘家天下；白登解围，使刘邦脱离匈奴险境。这“六奇”，所说的都是刘邦在世时的事情，还不包括刘邦去世后吕太后当政以及消灭诸吕的谋略。司马迁将汉兴以来的萧何、曹参、张良、陈平、周勃五人列为世家，充分肯定了陈平的功绩。有人曾写作《陈平颂》，说：“胸怀玄机胜万兵，兴汉灭楚建奇功。巧施反间离亚父，荥阳金蝉走困龙。虞姬悲歌挥舞袖，霸王刎剑愧江东。淮阴束手楚囚客，吕氏称王一场空。烽火乱世安天下，除枭铲佞色从容。丈夫丹心报明主，智者尺蠖济苍穹。”虽然有些夸张，但概括得倒也非常全面。

当时人以及后人，一般将陈平与张良相比较，认为：“张子房青云之士，诚非陈平之伦。然汉之谋臣，良、平而已。”“张良、陈平，皆汉元臣也。从龙开辟，权谋固可尽除乎？然良之术多正，平之术多谲，故平有阴祸以贻后，良以寡欲而昌终。”其说诚是。陈平的谋略，一般被人称为“阴谋”。他自己曾说：“我多阴谋，是道家之所禁。”所谓“阴谋”，本是贬义词，是指见不得光的权谋，而对于陈平来说，则指的是秘计、诡计，一般人不能识透其中奥秘，而行之则大有成效。例如，陈平离间项羽与谋士范增的君臣关系，使得范增离去，犹如断去项羽臂膀；刘邦被困荥阳，陈平让纪信乔装刘邦，用花枝招展的女子为兵，出东门“投降”，而刘邦乘机从西门逃之夭夭；刘邦被围白登，陈平献上美人图，说动匈奴单于的阏氏，才得以解围；韩信被疑谋反，刘邦一筹莫展，陈平也是用阴谋之计，让刘邦游于云梦而韩信被擒，等等。这些计谋达到了意想不到的效果。刘邦当时总结汉兴楚亡，认为是萧何、张良、韩信“三杰”起了重大的作用，其实，如果再数下去，就应当是陈平了，陈平的谋划，在汉兴中起到了关键性的作用。

而刘邦去世后，太后吕雉弄权，欲王诸吕，政治形势非常凶险，在这种情况下，如何自处？右丞相王陵比较耿直，被太后削去实权；陈平则玩起了滑头，虽说不是曲意迎合太后，但也是让太后的计划得以实现。后来，太后去世，陈平联手周勃平定了诸吕之乱，恢复了刘氏政权。司马迁评论是“及吕后时，事多故矣，然平竟自脱，定宗庙，以荣名终，称贤相，岂不善始善终哉！”充分肯定了陈平运用谋略，使得自己脱去祸患，也使得汉朝得以为继。这可谓是大智慧、大智谋啊！

在中国古代，有舍身谋国，为国而不顾身者，晁错是也；有为国家做出大贡献，而一旦涉及自身利益，背叛国家，只顾自己，而不得善终，李斯是也；有功高威重，被人主猜忌，而不惜自污名节以求自保，萧何是也；有功成身退，不问人间世事，云里雾里，远离是非，而终了其生，张良是也；有立功于朝廷，也留下致命祸患，而急流勇退，以保性命，范雎是也。而唯有陈平，一直都是激流勇进，身在朝廷，处于政治旋涡之中，而始终能够游刃有余，与国家的命运融为一体，善始善终，可谓“中流砥柱”，诚如司马迁所称赞：“非知谋孰能当此者乎？”

在吕太后当政前后，陈平的谋略之要，是先国家而后自己，还是先自己而后国家？平心而论，应当是后者，即首先是自保，以自保而相机行事，再来谋划国家之事。刘邦晚年时，最担心的是老将将来会起来造反，便要诛杀殆尽，几个异姓王都被先后除掉了，而当时最有能耐的，要算是樊哙了，手握重兵，有人说他要谋反，刘邦毫不犹豫地要陈平出马，于军中立斩樊哙。如果陈平不加思考，如此行事，那肯定是不辱使命，但将来肯定是要吃不了兜着走。可陈平却极有心机，认为刘邦活不了几天了，而太子仁弱，将来掌权的必定是吕太后，而樊哙是太后的妹夫，怎么能说杀就杀呢？这岂不是把刀架在自己的脖子上吗？于是，他左右周旋，保住了樊哙性命，实际上也就是保住了自己。再者，太后当政，欲王诸吕，在太后的淫威下，不从者肯定没有好处，弄不好要被杀。而陈平非常识趣，说了模棱两可的话，认为既然是太后当政，王诸吕，也是顺理成章，让太后非常开心，太后把他提拔为右丞相。当时，陈平说了逢迎的话，王陵责问陈平为什么不忠于刘邦的“白马”誓言，陈平说：“面折廷争，臣不如君；全社稷，定刘氏之后，君亦不如臣。”这话说得冠冕堂皇，好像这时的陈平非常伟大，已经想到将来要颠覆吕氏。恐怕并非如此，这从后来陆贾进入陈平寓所，而陈平苦思冥想不得其策的情状就可得知，到了那个时候，火烧眉毛了，陈平也没有想出什么妙计可“安刘”，而在太后权势熏天的时候，他首先想到的是如何自保，能够占住朝廷一席之地，将来的事，将来再做打算，根本没有想到那么多。尽管后来确实是陈平用计平定诸吕，但那是以后的事情了，并不是在太后当政之始就有此明晰的打算，而是后人据此往前推测，美化陈平而已。而在当时，保全性命和权力则是最重要的。

应当说，陈平的善于谋身，是非常了不起的一种智慧，处于风口浪尖之上，不仅能够善始善终，而且能够始终掌握权柄，非常人之所能为也！善于谋国，固然可贵；既谋国，又谋身，谋身而为谋国，更是难能可贵！唯有陈平，能当之也！

卷第十四 汉纪六

汉文帝前元三年至前元十年（前177—前170）

【起阏逢困敦（甲子，前177），尽重光协洽（辛未，前170），凡八年】

【大事提要】

本卷记事起于公元前177年，到公元前170年，凡八年，当为汉文帝前元三年至前元十年。本卷所载的大事，主要是以下几个方面：其一，刘长骄横。刘长为汉高祖刘邦少子，封为淮南王。汉文帝时，刘长骄纵跋扈，常与帝同车出猎，在封地不用汉法，自作法令。公元前174年，与匈奴、闽越联络，图谋叛乱，事泄被拘。朝臣议以死罪，汉文帝赦之，废王号，迁蜀郡，途中绝食而死，谥号厉王。其二，周勃就国。汉文帝欲削去权臣官职，下令列侯就国，要求周勃带头。周勃被免去丞相而到封国。周勃回到封地，畏惧被诛，经常身披铠甲，被诬谋反，事下廷尉，捕捉治罪。周勃被凌辱，以千金贿赂狱吏，示意他“请公主做证”，而得释放，恢复其爵位和封邑。其三，释之护法。张释之十年未得升迁，被举荐，后得到汉文帝刘恒的赏识，升任廷尉。他严于执法，当皇帝的命令与法律发生抵触时，仍然执意守法；曾经弹劾时为太子的刘启“过司马门不下车”，以执法公正不阿而闻名。时人称赞：张释之为廷尉，天下无冤民。其四，纵民铸钱。汉文帝刘恒颁布“铸钱令”，放纵民众铸钱，虽然增加了货币的流通量，但能够铸钱的人，大都是大冶铸业主和诸侯王，以致在汉文帝时期出现了以铸钱币致富的不法之徒，吴王刘濞靠矿山铸钱，山东奸猾纷纷聚集而来，富埒天子，其后发动叛乱。其五，贾谊上书。贾谊才能突出，汉文帝刘恒拟任为公卿，受到大臣谗毁，被贬出朝廷，出任梁怀王太傅。他身在梁国，但仍体察政事，居安思危。他多次上书陈述政事，围绕匈奴侵边、制度疏阔、诸侯王谋反等问题展开论述，对西汉王朝长治久安起了重要作用。

【原文】

太宗孝文皇帝中

前三年（甲子，前177）

冬，十月，丁酉[①]晦，日有食之。

十一月，丁卯[②]晦，日有食之。

诏曰："前遣列侯之国[③]，或辞未行。丞相，朕之所重，其为朕率[④]列侯之国！"十二月，免丞相勃，遣就国。乙亥[⑤]，以太尉灌婴为丞相；罢太尉官[⑥]，属丞相。

夏，四月，城阳景王章薨。

初，赵王敖[⑦]献美人于高祖，得幸，有娠[⑧]。及贯高事发[⑨]，美人亦坐系河内[⑩]。美人母弟赵兼因[⑪]辟阳侯审食其[⑫]言吕后；吕后妒，弗肯白[⑬]。美人已生子，恚[⑭]，即自杀。吏奉其子诣上[⑮]，上悔，名之曰长，令吕后母之[⑯]，而葬其母真定[⑰]。后封长为淮南王[⑱]。

淮南王蚤失母，常附吕后，故孝惠、吕后时得无患[⑲]；而常心怨辟阳侯，以为不强争[⑳]之于吕后，使其母恨而死也。及帝即位[㉑]，淮南王自以最亲[㉒]，骄蹇[㉓]，数不奉法[㉔]；上常宽假[㉕]之。

是岁，入朝[㉖]，从上入苑囿猎，与上同车，常谓上"大兄"[㉗]。王有材力，能扛鼎[㉘]。乃往见辟阳侯，自袖铁椎椎辟阳侯[㉙]，令从者魏敬刭之[㉚]；驰走阙下[㉛]，肉袒谢罪[㉜]。帝伤其志为亲，故赦弗治[㉝]。

当是时，薄太后及太子、诸大臣皆惮[㉞]淮南王。淮南王以此，归国益骄恣，出入称警跸[㉟]，称制拟于天子[㊱]。袁盎谏曰："诸侯太骄，必生患。"上不听。

五月，匈奴右贤王入居河南地[㊲]，侵盗上郡保塞蛮夷[㊳]，杀掠人民。上幸甘泉[㊴]。遣丞相灌婴发车骑八万五千，诣高奴[㊵]击右贤王；发中尉材官属卫将军，军长安[㊶]。右贤王走出塞[㊷]。

上自甘泉之高奴，因幸太原[㊸]，见故群臣，皆赐之；复晋阳、中都民三岁租[㊹]。留游太原十余日。

初，大臣之诛诸吕也，朱虚侯功尤大，大臣许[㊺]尽以赵地王朱虚侯，尽以梁地王东牟侯。及帝立，闻朱虚、东牟之初欲立齐王[㊻]，故绌其功[㊼]，及王诸子，乃割齐二郡以王之。兴居自以失职夺功[㊽]，颇怏怏[㊾]；闻帝幸太原，以为天子且自击胡，遂发兵反。帝闻之，罢丞相及行兵皆归长安[50]，以棘蒲侯柴武为大将军，将四将军、十万众击之；祁侯缯贺为将军，军荥阳[51]。秋，七月，上自太原至长安。诏[52]："济北吏民[53]，兵未至先自定及以军城邑降者，皆赦之，复官爵[54]；与王兴居去来者[55]，赦之。"八月，济北王兴居兵败，自杀。

（以上为第一段，写汉文帝刘恒免去周勃的丞相职务，令其带头去封国；朱虚侯刘章、东牟侯刘兴居诛除诸吕的功劳很大，当初想拥立齐王刘襄，汉文帝便贬抑其功，刘章忧郁而死，刘兴居起兵造反，被平定。）

【注释】

①丁酉：十月三十日。 ②丁卯：十一月三十日。 ③列侯之国：事见本书上卷文帝前二年。 ④率：率先，带头。 ⑤乙亥：十二月十四日。 ⑥罢太尉官：裁撤太尉官府。 ⑦赵王敖：张敖（？—前182），张耳之子，汉高帝五年嗣爵为赵王。传见《史记》卷八十九、《汉书》卷三十二。 ⑧有娠（shēn）：怀孕。 ⑨贯高事发：见本书卷十二高祖九年。 ⑩坐：坐罪。 系：拘禁。 河内：郡名。郡治怀县，在今河南武陟西南。 ⑪因：请托，请求。 ⑫审食其（yì jī）（？—前177）：封辟阳侯。传见《史记》卷五十六、《汉书》卷四十。 ⑬白：报告。 ⑭恚（huì）：怨恨。 ⑮诣上：送到高祖跟前。 ⑯令吕后母之：命令吕后为其母。 ⑰真定：县名。治所在今河北石家庄东北。 ⑱封长为淮南王：事见本书卷十二高祖十一年。 ⑲无患：没有灾祸。指没受到迫害。 ⑳强争：力争。指审食其没有全力维护刘长的母亲。 ㉑及帝即位：等到汉文帝即位。 ㉒最亲：刘长自认为与汉文帝最亲。其时，高祖诸子，只有汉文帝、刘长两兄弟还在世，故刘长有此自信。 ㉓骄蹇（jiǎn）：骄慢不顺。 ㉔数不奉法：多次违法乱纪。数（shuò），屡次。 ㉕宽假：宽容。 ㉖入朝：诸侯王按时进京朝见天子。此指淮南王。 ㉗"大兄"：大哥。 按：刘长以家人礼见文帝，不以臣礼，骄恣的一种表现。 ㉘扛鼎：举鼎。 ㉙椎辟阳侯：击杀审食其。 ㉚刭（jǐng）之：用刀割下人头。 ㉛驰走阙下：刘长疾驰到皇宫门前。阙下，宫阙之下。指帝王居处。 ㉜肉袒谢罪：袒露上身，表示请罪。 ㉝"帝伤其志"二句：汉文帝感念刘长为母亲报仇之心，没有治他的罪。 ㉞惮：敬畏。 ㉟警跸：道路戒严。 按：帝王出入称警跸，左右侍卫为警，止人清道为跸，以禁止通行。 ㊱称制拟于天子：发号施令称制，比于天子。拟，比拟。 ㊲右贤王：匈奴之王号。 河南地：指河套以南地区。 ㊳上郡：郡名。治所肤施，在今陕西榆林东南。 保塞蛮夷：指汉朝边塞地区的少数民族。 ㊴上幸甘泉：汉文帝亲临甘泉宫。甘泉，行宫名。在今陕西淳化西北甘泉山上。 ㊵高奴：县名。

治所在今陕西延安北。 ㊶“发中尉”句：征发中尉所掌领的强弩步兵，由卫将指挥，驻守长安。中尉，武官名。位低于将军。材官，秦汉时能引强弓的特种步兵。军，驻扎。 ㊷走出塞：逃出塞外。 ㊸太原：郡名。郡治晋阳，在今山西太原西南。 ㊹复晋阳、中都民三岁租：免除三年田租。中都，县名。治所在今山西平遥西南。 ㊺许：允许，承诺。 ㊻欲立齐王：事见本书上卷吕后八年。 ㊼故绌其功：故有意贬抑二人的功劳。绌，通“黜”，贬抑。 ㊽失职夺功：失去了梁王之职，功劳被夺。 ㊾怏怏：失意不满的样子。 ㊿“罢丞相”句：下令丞相和已行进路上出击匈奴的军队都返回长安。罢，指停止出击匈奴。行兵，已行进在路之兵。 ⑤①军荥阳：缯贺驻军荥阳为策应的友军。 ⑤②诏：诏字下当有“回”字。此诏是向刘兴居所居济北国官民发布的招降诏。 ⑤③济北吏民：济北境内的官民。济北，为刘兴居所居之国，都于卢，在今山东长清南。 ⑤④复官爵：恢复济北官民归附汉朝人的原有官位爵位。 ⑤⑤去来者：追随刘兴居反叛投降的人。

【译文】

太宗孝文皇帝中

汉文帝前元三年（甲子，前177）

冬季，十月三十日，出现日食。

十一月三十日，出现日食。

汉文帝下令说：“先前下令列侯回各自的封地，有的人辞别而未成行。丞相，是我所倚重的人，应为我率领列侯返回各自封地！”十二月，汉文帝刘恒免去周勃的丞相职务，命令他前往封地。十四日，汉文帝任命太尉灌婴为丞相，罢废太尉之官，将其职责归属丞相。

夏季，四月，城阳景王刘章去世。

当初，赵王张敖向高祖献上一位美人，美人得到宠幸而怀孕。等到赵相贯高谋杀高祖的计划败露，美人也受株连，被囚禁于河内。美人的弟弟赵兼，请辟阳侯审食其向吕后求情，吕后嫉妒美人，不肯为她说话。美人这时已经生子，感到愤恨，便自杀身亡。官吏将其所生之子送给高祖，高祖也有后悔之意，为婴儿取名刘长，令吕后收养，并葬其生母于真定。后来，高祖封刘长为淮南王。

淮南王刘长自幼丧母，一直亲附吕后，所以在汉惠帝和吕后临朝时，没有受到吕后的迫害，但他心中却常常怨恨辟阳侯审食其，认为审食其没有向吕后力争，才使他的生母含恨而死。及至汉文帝即位，淮南王刘长自认为与汉文帝最亲近，骄傲蛮横，屡违法纪，汉文帝经常从宽处置，不予追究。

这一年，淮南王刘长入朝，跟随汉文帝去苑囿打猎，与汉文帝同乘一车，经常称汉文帝为“大哥”。刘长有勇力，能举起大鼎。他去见辟阳侯审食其，用袖中所藏铁锤将他击倒，并令随从魏敬割断他的脖子。然后，刘长疾驰到皇宫门前，袒露上身，表示请罪。汉文帝感念他为母亲复仇之心，所以没有治他的罪。

当时，薄太后及太子和大臣们都惧怕淮南王刘长。因此，淮南王归国以后，更加骄横恣肆，出入时清道、警戒，发号施令称制，上比于天子。袁盎进言汉文帝说：“诸侯过于骄傲，必生祸患。”汉文帝不听。

五月，匈奴右贤王侵占河南之地，并纵兵盗掠居住于上郡边塞的少数部族，杀掠民众。汉文帝亲临甘泉，派遣丞相灌婴率领征召的车骑兵八万五千人，到高奴打击右贤王；又征发中尉所掌领的步兵，由卫将军指挥，驻守长安。匈奴右贤王逃出塞外。

汉文帝从甘泉到高奴，因而临幸太原郡，接见他身为代王时的旧日部属，都给予赏赐，并下令免征晋阳、中都民众三年的田税，在太原逗留游玩了十多天。

当初，朝廷大臣铲除诸吕之时，朱虚侯刘章功劳尤其大，大臣们曾许诺把全部赵地封给他并封他为王，把全部梁地封给其弟东牟侯刘兴居并封他为王。及至汉文帝得立为帝，得知朱虚侯、东牟侯当初打算拥立齐王刘襄为帝，故有意贬抑二人的功劳，等到分封皇子为王时，才从齐地划出城阳、济北二郡，分别立刘章为城阳王、刘兴居为济北王。刘兴居自认为失掉了应得的侯王之位，功劳被夺，颇为不满，现在听说汉文帝亲临太原，以为皇帝将亲自统兵出击匈奴，有机可乘，就发兵造反。汉文帝得知刘兴居举兵谋反，下令丞相和已行进在路上出击匈奴的军队都返回长安，任命棘蒲侯柴武为大将军，统领四位将军、十万军队出击刘兴居；任命祁侯缯贺为将军，率军驻守荥阳。秋季，七月，汉文帝自太原返至长安，下令说：“济北境内吏民，凡在朝廷大兵未到之前就归顺朝廷和率军献城邑投降的，都给以宽赦，且恢复原有的官职爵位；即便是追随刘兴居参与谋反的，只要归降朝廷，也可赦免其罪。”八月，济北王刘兴居兵败，自杀。

【原文】

初，南阳张释之为骑郎[①]，十年不得调[②]，欲免归。袁盎知其贤而荐之，为谒者仆射[③]。

释之从行，登虎圈[④]，上问上林尉诸禽兽簿[⑤]。十余问[⑥]；尉左右视，尽不能对[7]。虎圈啬夫[8]从旁代尉对。上所问禽兽簿甚悉[9]，欲以观其能[10]；口对响应[11]，无穷者。帝曰："吏不当若是邪！尉无赖[12]！"乃诏释之拜啬夫为上林令[13]。释之久之，前曰："陛下以绛侯周勃何如人[14]也？"上曰："长者[15]也。"又复问："东阳侯张相如[16]何如人也？"上复曰："长者。"释之曰："夫绛侯、东阳侯称为长者，此两人言事曾不能出口[17]，岂效此啬夫喋喋利口捷给[18]哉！且秦以任刀笔之吏[19]，争以亟疾苛察相高[20]。其敝，徒文具而无实[21]，不闻其过，陵迟至于土崩[22]。今陛下以啬夫口辩而超迁[23]之，臣恐天下随风而靡[24]，争为口辨而无其实。夫下之化上[25]，疾于景响[26]，举错[27]不可不审也。"帝曰："善！"乃不拜啬夫。

上就车，召释之参乘[28]。徐行，问释之秦之敝，具以质言[29]。至宫，上拜释之为公车令[30]。

顷之，太子与梁王共车入朝，不下司马门[31]。于是释之追止太子、梁王，无得[32]入殿门，遂劾[33]"不下公门，不敬[34]"，奏之。薄太后闻之；帝免冠，谢教儿子不谨[35]。薄太后乃使使承诏赦太子、梁王，然后得入。帝由是奇释之，拜为中大夫[36]；顷之，至中郎将[37]。

从行至霸陵[38]，上谓群臣曰："嗟乎！以北山石为椁[39]，用纻絮斮陈漆其间[40]，岂可动哉！"左右皆曰："善！"释之曰："使其中有可欲者[41]，虽锢南山[42]犹有隙；使其中无可欲者，虽无石椁，又何戚焉[43]！"帝称善。

是岁，释之为廷尉[44]。上行出中渭桥[45]，有一人从桥下走，乘舆马惊。于是使骑捕之，属[46]廷尉。释之奏当[47]："此人犯跸[48]，当罚金。"上怒曰："此人亲惊吾马，马赖和柔，令他马[49]，固不败伤我乎！而廷尉乃当之罚金。"释之曰："法者，天下公共也[50]。今法如是[51]；更重之[52]，是法不信于民也。且方其时，上使使诛之则已[53]。今已下廷尉；廷尉，天下之平[54]也，壹倾[55]，天下用法皆为之轻重，民安所错其手足[56]！唯陛下察之。"上良久曰："廷尉当是[57]也。"

其后人有盗高庙坐前玉环[58]，得[59]；帝怒，下廷尉治。释之按"盗宗庙服御物[60]者"为奏当弃市[61]。上大怒曰："人无道，乃盗先帝器！吾属廷尉者，欲致之族[62]；而君以法奏之[63]，非吾所以共承宗庙意也[64]。"释之免冠顿首谢[65]曰："法如是，足也。且罪等，然以逆顺为差[66]。今盗宗庙器而族之，有如万分一，假令愚民取长陵一抔土[67]，陛下且何以加其法乎？”帝乃白太后许之[68]。

（以上为第二段，写直臣张释之的事迹，掌管虎圈的小吏口才很好，应答如流，汉文帝刘恒打算升迁他，被劝止；无论是惊动皇上车驾，还是偷盗高庙宝物，都依法判处，不因汉文帝盛怒而逢迎、重处。）

【注释】

①张释之：南阳堵阳（今河南方城东）人。字季。官至廷尉。传见《史记》卷一百零二、《汉书》卷五十。 骑郎：郎官之一。属郎中令，秩四百石。 ②调：调迁，提升。 ③谒者仆射：官名。谒者的长官。谒者掌礼仪，秩六百石。谒者仆射，秩千石。 ④虎圈（juàn）：养虎之处。在上林苑中。 ⑤上林尉：官名。主管上林苑的副职，武官。 禽兽簿：禽兽登记册。 ⑥十余问：提了十多个问题。 ⑦尽不能对：连一个问题也答不上来。 ⑧虎圈啬夫：掌管虎圈的小吏。 ⑨甚悉：十分详尽。 ⑩欲以观其能：想要考察虎圈啬夫的才能。 ⑪口对响应：随问随答，如响应声，谓非常敏捷。 ⑫尉无赖：上林尉不可信赖。无赖，不可信赖，不称职。 ⑬上林令：官名。掌管上林苑的正职主管。 ⑭何如人：什么样的人。 ⑮长者：谨厚的人。 ⑯张相如：汉初功臣。 ⑰言事曾不能出口：谈事情口齿不伶俐。 ⑱喋喋：多言。 利口捷给：嘴快善辩。 ⑲刀笔之吏：指主办文案的官吏。古时简牍记事，以刀、笔为书写工具，故称主办文案者为刀笔吏。 ⑳“争以”句：官场上争着用敏捷苛察为言辞比较高低。亟疾苛察，十分尖刻地吹毛求疵。亟疾，快速，尖刻。苛察，挑毛病。 ㉑徒文具：只是表面文章。 无实：没有真才实能。 ㉒陵迟：衰落。 土崩：垮台。 ㉓超迁：超级提升。 ㉔随风而靡：随风而倒，喻争先效仿，一边倒。 ㉕下之化上：谓下层受上级的潜移默化。 ㉖景响：如影随形，如响应声。 景，同“影”。 ㉗举错：同“举措”。此指君王的处置，一举一动。 ㉘参乘：陪乘。此指作陪乘人。 ㉙质言：诚恳质直地回答。 ㉚公车令：官名。即公车司马令，属卫尉。职掌皇宫司马门警，及夜间在宫中巡逻。吏民上书、四方贡献、征诣公车皆由其转达。 ㉛不下司马门：谓乘车至司马门不下车。据《宫卫令》规定：诸出入殿门、公车司马门者，皆下车，否则，要受处罚。 ㉜无得：不能，不允许。 ㉝劾：揭发他人的罪状。 ㉞不敬：对皇帝不敬之罪。 ㉟谢：谢罪。道歉赔礼。 不谨：教子不严。 ㊱中大夫：官名。掌议论。属郎中令。 ㊲中郎将：官名。皇帝的侍卫官。位次于将军。 ㊳霸陵：当时在建的文帝寿陵，后置县名霸陵，在今陕西西安东北。 ㊴椁：外棺为椁。 ㊵用纻絮斮陈漆其间：把麻絮切碎用漆黏合，填充在石椁隙缝中成为坚固的一体。纻，苎麻。絮，粗丝绵。

陈漆，用漆黏合。 ㊶有可欲者：谓可贪求之物，如金玉等厚葬品。 ㊷锢南山：熔化金属把整个南山封起来。锢，封锢。 ㊸又何戚焉：有什么可担忧的呢？戚，担忧。 ㊹廷尉：官名。掌刑狱。 ㊺中渭桥：在长安故城北面渭河上的桥。 ㊻属：交付。 ㊼奏当：上奏判决结果。 ㊽犯跸：违犯戒严令。 ㊾令他马：如果是其他马。 ㊿“法者”句：法，是天下公共的，对天下人都一样公平。 (51)今法如是：犯跸，只是惊了舆马，依法只能这样判处罚金。 (52)更重之：若随意加重判罪。 (53)“且方其时”二句：如果刚惊舆马的时候，皇上派使者当场杀了这个人也就罢了。 (54)天下之平：廷尉是天下人的一杆秤。平，指秤，即公平之意。 (55)壹倾：倾向一面。 (56)民安所错其手足：百姓还怎么安放自己的手脚呢？错，同“措”，措置。 (57)当是：判罪正确。 (58)高庙：高祖庙。 坐前玉环：置放在神位前的玉环。坐，同“座”，指高祖的神位。 (59)得：捕得，落网。 (60)服御物：衣服车马等器物。 (61)当弃市：判处死刑。 (62)“吾属”二句：我特意交给廷尉审判，是要灭他的全族。属，交付。致之族，灭族。 (63)君以法奏之：你竟然只依法判处。 (64)“非吾”句：这是违背我恭奉宗庙的本意啊。 (65)免冠顿首谢：脱帽、叩头、请罪。此是臣下向君主请罪的程式动作。 (66)且罪等，然以逆顺为差：况且罪有差等。要依据情节顺逆区别轻重。罪等，罪有等次，即轻重差判。 (67)取长陵一抔土：盗墓的委婉说法。长陵，汉高祖陵，在今陕西咸阳东北。抔（póu），用手捧物，此指掘墓。 (68)许之：批准张释之的判决。

【译文】

当初，南阳人张释之当骑郎，历时十年未得升迁，曾打算辞官返归故里。袁盎知道张释之是个有德才的人，就向汉文帝刘恒推荐他，升为谒者仆射。

张释之跟随汉文帝来到禁苑中养虎的虎圈，汉文帝向上林尉询问禁苑中所饲养的各种禽兽的登记数目，先后问了十多种，上林尉仓皇失措，左右观望，全都答不上来。站立于一旁的虎圈啬夫代上林尉回答了汉文帝的提问。汉文帝十分详细地询问禽兽登记的情况，想考察虎圈啬夫的才能，虎圈啬夫随问随答，没有一个问题被难倒。汉文帝说：“官吏难道不应该像这样吗？上林尉不可信赖。”于是，汉文帝下令张释之去任命啬夫为管理禁苑的上林令。张释之停了许久，走近汉文帝说：“皇上以为绛侯周勃是什么样的人呢？”汉文帝回答说：“他是长者。”张释之又问道：“东阳侯张相如是什么样的人呢？”汉文帝回答说：“长者。”张释之说：“绛侯周勃、东阳侯张相如被称作‘长者’，他们两人在论事时尚且有话说不出口，哪能效法这个啬夫的多言善辩呢？秦朝重用刀笔之吏，官场之上争着用敏捷苛察的言辞比较高低，它的害处是空有其表而无实际的内容，皇帝听不到对朝政过失的批评，却使国家走上了土崩瓦解的末路。现在皇上因啬夫善于辞令而破格升官，我只怕天下人争相效仿，都去练习口辩之术而无真才实能。在下位的受到在上位的感化，比影之随形、响之应声还快。君王的举动不可不审慎啊！”汉文帝说：“您说得好！”于是，不给啬夫升官。

汉文帝上车返回皇宫，令张释之为陪乘。一路上缓缓而行，汉文帝询问秦朝政治的弊端，张释之都给以质直的回答。车驾返至宫中，汉文帝任命张释之为公车令。

时隔不久，太子与梁王共乘一车入朝，经过司马门，二人都没有下车示敬。于是，张释之追上太子和梁王，禁止他们二人进入殿门，并马上劾奏太子和梁王“经公门不下车，为不敬”。薄太后也得知此事，汉文帝为此向太后免冠赔礼，承认自己教子不严的过错。薄太后于是派专使传诏赦免太子和梁王，二人才得以进入殿门。由此，汉文帝更惊奇和赏识张释之的胆识，升他为中大夫；不久，任命他为中郎将。

张释之随从汉文帝巡视霸陵，汉文帝对群臣说：“哎呀！我的陵墓用北山岩石做外，把麻絮切碎填充在间隙中，再用漆将它们黏合为一体，如此坚固，难道有谁能打得开吗？”左右近侍都说：“对！”唯独张释之说：“假如里面有能勾起人们贪欲的珍宝，即便熔化金属把整个南山封起来，也会有间隙；假如里面没有珍宝，即便是没有石椁，又有什么可忧虑的呢？”汉文帝称赞他说得好。

这一年，张释之被任命为廷尉。汉文帝刘恒出行，经过中渭桥，有一人从桥下跑出，惊了为皇帝拉车的马匹。于是，汉文帝令骑士追捕，并将他送交廷尉治罪。张释之奏报处置意见：“此人违犯了清道戒严的规定，应当罚金。”汉文帝发怒说：“此人直接惊了我乘舆的马，幸亏这马脾性温和，假如是其他马，能不伤害我吗？可廷尉却判他罚金！”张释之解释说：“法，是天下公共的。这一案件依据现在的法律就是这样定罪；加罪重判，法律就不能取信于民众。况且，在他惊动马匹之际，如果皇上派人将他杀死，也就算了。现在已把他交给廷尉，廷尉是天下公平的典范，稍有倾斜，天下用法就可轻可重，没有标准了，百姓还怎样生活呢？请皇上深思。”汉文帝思虑许久，说：“廷尉的判决是对的。”

其后，有人偷盗汉高祖刘邦庙中神位前的玉环而被捕，汉文帝大怒，交给廷尉治罪。张释之奏报判案意见：“按照‘偷盗宗庙服御器物’的律条，案犯应当在街市公开斩首。”汉文帝大怒，说：“此人大逆不道，竟敢偷盗先帝器物！我将他交给廷尉审判，是想将他诛灭全族！而你却依法判他死罪，这是违背我恭奉宗庙的本意的！”张释之见皇帝震怒，脱帽、磕头，谢罪说：“依法这样判，足够了。况且，罪有大小，要根据情节逆顺程度区别轻重。今天此人以偷盗宗庙器物之罪被灭族，如果万一有愚昧无知之辈，从高祖的长陵上取了一捧土，皇上将怎样给他加以更重的惩罚呢？”于是，汉文帝向太后说明情况，批准了张释之的判决意见。

【原文】

四年（乙丑，前176）

冬，十二月，颍阴懿侯灌婴薨。

春，正月，甲午[①]，以御史大夫阳武张苍[②]为丞相。苍好书，博闻，尤邃律历[③]。

上召河东守季布[④]，欲以为御史大夫。有言其勇、使酒，难近者[⑤]；至[⑥]，留邸一月[⑦]，见罢[⑧]。季布因进曰[⑨]：“臣无功窃宠[⑩]，待罪河东[⑪]，陛下无故召臣，此人必有以臣欺陛下者[⑫]。今臣至，无所受事[⑬]，罢去，此人必有毁臣者[⑭]。夫陛下以一人之誉而召臣，以一人之毁而去臣，臣恐天下有识闻之[⑮]，有以窥陛下之浅深[⑯]也！”上默然，惭，良久曰：“河东，吾股肱郡[⑰]，故特召君耳。”

上议以贾谊任公卿之位。大臣多短之[⑱]曰：“洛阳之人，年少初学，专欲擅权，纷乱诸事[⑲]。”于是天子后亦疏之[⑳]，不用其议，以为长沙王太傅[㉑]。

绛侯周勃既就国，每河东守、尉行县至绛[㉒]，勃自畏恐诛，常被甲，令家人持兵以见之[㉓]。其后人有上书告勃欲反，下廷尉[㉔]。廷尉逮捕勃，治之。勃恐，不知置辞[㉕]。吏稍侵辱之，勃以千金与狱吏[㉖]，吏乃书牍背示之曰：“以公主为证。”[㉗]公主者，帝女也，勃太子胜之尚之。薄太后亦以为勃无反事。帝朝太后[㉘]，太后以冒絮提帝曰[㉙]：“绛侯始诛诸吕，绾皇帝玺[㉚]，将兵于北军[㉛]，不以此时反，今居一小县，顾欲反邪[㉜]？”帝既见绛侯狱辞，乃谢曰：“吏方验而出之[㉝]。”于是使使持节赦绛侯[㉞]，复爵邑。绛侯既出，曰：“吾尝将百万军，然安知狱吏之贵[㉟]乎！”

作顾成庙[㊱]。

（以上为第三段，写汉文帝刘恒治政之短，轻听轻信，听赞誉季布之言而召之，听诋毁之言又弃之；欲用贾谊，听大臣的贬责之言就疏远之；绛侯周勃被诬为谋反，以公主为证而释之。）

【注释】

①甲午：正月初四日。②张苍：阳武（今河南原阳东南）人，长于律历。官至丞相。传见《史记》卷九十六、《汉书》卷四十二。③尤邃律历：尤精于律历之学。邃，精通。④河东：郡名，治所安邑，在今山西夏县西北。季布：西汉楚人。以任侠闻名于世。曾为河东郡守。传见《史记》卷一百、《汉书》卷三十七。⑤使酒，难近者：季布爱耍酒疯，难以做皇帝亲近的大臣。使酒，酗酒。难近，难以为近臣。⑥至：到了京师。⑦留邸一月：在官邸停留了一个月。邸，住处。犹今官方招待所。⑧见罢：皇上接见没有任何交代，回归原任。罢，回归原任。⑨因进曰：趁此进言说。⑩窃宠：得到宠幸的谦词。⑪待罪河东：任职河东太守。待罪，古时大臣对帝王陈奏时的谦词。意谓身居要职而力不胜任，必将获罪，故称待罪。⑫欺陛下者：有人欺骗了皇上，指有人称誉了季布。欺，妄言不实。⑬无所受事：没有新的使命。⑭毁臣者：有人说我坏话。⑮有识闻之：有识之士得知此事。⑯窥陛下之浅深：窥测陛下识断的深浅或高低。⑰股肱郡：河东乃京师附近之郡，如左膀右臂，故称股肱郡。按：汉文帝自我解嘲之语。⑱短之：批评贾谊的短处。⑲专欲擅权，纷乱诸事：醉心于揽权，扰乱朝廷大事。⑳疏之：疏远贾谊。㉑为长沙王太傅：当时长沙王为吴差。诸侯王国的太傅职掌辅佐国王。㉒行县：循行属县。绛：县名，为周勃所封侯国，治所在今山西绛县西北。㉓“勃自畏”三句：周勃害怕被抓捕处死，经常身穿铠甲，令家中人手执兵器，然后与郡守、郡尉相见。被甲：即身穿盔甲。被，通“披”。㉔下廷尉：交给廷尉查办。㉕置辞：谓如何对狱之辞。㉖与狱吏：贿赂狱吏。㉗书：写。牍：木牍。写狱辞之用。示之：狱吏在公文木牍背面写了“以公主为证”的话提示周勃。㉘帝朝太后：汉文帝拜见薄太后。㉙太后以冒絮提帝曰：薄太后用头巾扔向汉文帝说。冒絮，护头丝巾。冒，通“帽”。提，掷击。㉚绾皇帝玺：手持皇帝印玺。㉛将兵于北军：统率北军将士。北军，汉代警卫皇宫的一支劲兵，因屯驻于未央、长乐两宫北，故名。㉜顾欲反邪：反而要谋反吗？顾，反而。㉝吏方验而出之：狱吏刚刚查验他无罪，就要释放了。方，正在，刚刚。㉞使使持节赦绛侯：文帝派出使者持符节赦免周勃。节，符节，使臣执以示信之物。㉟安知狱吏之贵：怎知狱吏的权重。贵，贵重，这里指权重。㊱作：兴建。顾成庙：文帝自为庙，制度卑狭，工程简略，故曰顾成。

【译文】

汉文帝前元四年（乙丑，前176）

冬季，十二月，颍阴懿侯灌婴去世。

春季，正月初四，汉文帝刘恒任命御史大夫、阳武县人张苍为丞相。张苍喜读书籍，博闻多识，尤精于律历之学。

汉文帝召河东郡郡守季布来京，想任命为御史大夫。有人说季布勇武难制、酗酒好斗，不适于做皇帝的亲近大臣。所以，季布到京后，在官邸中停留了一个月，才得到召见，并令他还归原任。季布对汉文帝说："我本无功劳而有幸得到皇上宠信，担任河东郡守，皇上无故召我来京，必定是有人向皇上言过其实地推荐我。现在我来京，没有接受新的使命，仍归原任，这一定是有人诋毁我。皇上因一人的赞誉而召我来，又因一人的诋毁而令我去，我深恐天下有识之士得知此事，会有人以此来窥探皇上的深浅得失！"汉文帝默然，面露惭色，过了好久才说："河东郡，是我重要而得力的郡，所以特地召你来面谈。"

汉文帝提议让贾谊出任公卿，许多大臣贬责贾谊说："这个洛阳人，太年轻，学问不深，极力要掌握大权，扰乱朝廷大事。"于是，汉文帝后来也疏远了贾谊，不采纳他的意见，把他外放为长沙王太傅。

绛侯周勃在前往封地之后，每当河东郡的郡守、郡尉巡行县级属地来到绛地，周勃都生怕他们是受命前来捕杀自己，经常身穿铠甲，令家中人手执兵器，然后与郡守、郡尉相见。其后，有人向汉文帝上书，举告周勃要造反，汉文帝交给廷尉处置，廷尉将周勃逮捕下狱，审讯案情。周勃极为恐惧，不知怎样对答才好。狱吏逐渐对周勃有所凌辱。周勃用千金行贿狱吏，狱吏就在公文木牍背面写了"以公主为证"，暗示周勃让公主做证。公主，是指汉文帝的女儿，周勃的长子周胜之娶她为妻。薄太后也以为周勃不会谋反。汉文帝刘恒朝见太后时，太后恼怒地将护头的丝巾扔到汉文帝身上说："绛侯周勃当初在诛灭诸吕的时候，手持皇帝玉玺，身统北军将士，他不利用这一时机谋反，今天住在一个小县，反而要谋反吗？"汉文帝此时已见到了周勃在狱中所写的辩白之辞，于是，向太后谢罪说："狱吏刚刚证实他无罪，就要释放他了。"汉文帝派使者持皇帝信节赦免绛侯周勃，恢复他原有的爵位和封地。绛侯周勃获释之后说："我曾经统率过百万雄兵，却不知一个狱吏有如此大的权势和神通！"

汉朝兴建顾成庙。

【原文】

五年（丙寅，前175）

春，二月，地震。

初，秦用半两钱[①]，高祖嫌其重，难用，更铸荚钱[②]。于是物价腾踊[③]，米至石万钱[④]。夏，四月，更造四铢钱[⑤]，除盗铸钱令[⑥]，使民得自铸。

贾谊谏曰[⑦]："法使天下公得雇租铸铜、锡为钱[⑧]，敢杂以铅、铁为他巧[⑨]者，其罪黥[⑩]。然铸钱之情，非殽杂为巧，则不可得赢[⑪]；而殽之甚微，为利甚厚。夫事有召祸而法有起奸[⑫]；今令细民人操造币之势[⑬]，各隐屏而铸作[⑭]，因欲禁其厚利微奸[⑮]，虽黥罪日报[⑯]，其势不止[⑰]。乃者[⑱]，民人抵罪[⑲]多者一县百数，及吏之所疑搒笞奔走者[⑳]甚众。夫县法以诱民使入陷阱[㉑]，孰多于此！又民用钱，郡县不同：或用轻钱，百加若干[㉒]；或用重钱，平称不受[㉓]。法钱不立[㉔]，吏急而壹之[㉕]乎？则大为烦苛而力不能胜；纵而弗呵乎[㉖]？则市肆异用[㉗]，钱文大乱；苟非其术，何乡而可哉[㉘]！今农事弃捐而采铜者日蕃，释其耒耨[㉙]，冶镕炊炭[㉚]；奸钱[㉛]日多，五谷不为多。善人怵而为奸邪[㉜]，愿民陷而之刑戮[㉝]；刑戮将甚不详[㉞]，奈何而忽[㉟]！国知患此，吏议必曰'禁之'[㊱]。禁之不得其术[㊲]，其伤必大。令禁铸钱[㊳]，则钱必重[㊴]；重则其利深[㊵]，盗铸如云而起[㊶]，弃市之罪又不足以禁矣。奸数不胜而法禁数溃[㊷]，铜使之然也。铜布于天下，其为祸博[㊸]矣，故不如收之[㊹]。"

贾山[㊺]亦上书谏，以为："钱者，亡用器[㊻]也，而可以易富贵。富贵者，人主之操柄[㊼]也；令民为之，是与人主共操柄，不可长也[㊽]。"上不听。

是时，太中大夫邓通[㊾]方宠幸，上欲其富，赐之蜀严道铜山[㊿]，使铸钱。吴王濞有豫章铜山[51]，招致天下亡命者[52]以铸钱；东煮海水为盐；以故无赋而国用饶足[53]。于是吴、邓钱布天下。

初，帝分代为二国[54]，立皇子武为代王，参为太原王。是岁，徙代王武为淮阳王；以太原王参为代王，尽得故地[55]。

（以上为第四段，写公元前175年史事，写汉文帝刘恒下令铸造四铢钱，废除禁止私人铸钱的禁令，允许民间自行铸钱，谋臣贾谊、贾山予以谏阻，汉文帝不予采纳；吴国因即山铸钱、煮海为盐，富甲一方。）

【注释】

①半两钱：秦半两钱，重如其文。②更：改。荚钱：一名榆荚钱。铜质。形如榆荚。面值“半两”。重三铢，半径五分，文曰“汉兴”。③腾踊：飞涨。④米至石万钱：一石米价值一万钱。⑤四铢钱：重四铢，文曰“半两”。⑥除：取消。盗铸钱令：汉初规定钱币由官府铸造，禁止私铸。私铸曰“盗铸”。定有“盗铸钱令”。是时除此令，听民私铸。⑦贾谊谏曰：引文为贾谊《谏铸钱疏》。⑧“法使”句：现行法令允许天下公开雇人熔铸铜、锡为钱币。公，公然，公开。雇租，谓雇用劳力、租借资本。⑨杂：掺杂。他巧：其他弊端。⑩黥：刑名。脸上刺字或纹，以墨黥面。⑪非殽杂为巧，则不可得赢：如果不掺杂铅、铁作弊，就不可能获利。殽杂，在铜、锡中掺杂铅、铁作弊。赢，获利。⑫召祸：引起后患。起奸：导致违法犯罪。⑬细民：平民。操造币之势：把持铸币大权。⑭各隐屏而铸作：各自隐蔽地铸造。⑮禁其厚利微奸：禁止他们铸钱为了获得厚利而取巧舞弊。微奸，取巧舞弊。⑯日报：每天都有人被判罪。⑰其势不止：也禁止不住。指铸钱作弊的情势不能制止。⑱乃者：往日。⑲抵罪：被判罪。⑳吏之所疑：被留名官府的嫌疑犯。榜笞：拷打审讯。奔走：被传讯而奔走的人。㉑县法：谓公布法令。县，读“悬”。陷阱：指弊法诱人犯罪受刑。㉒百加若干：因钱轻，一百要加上若干枚。㉓平称不受：用重钱，又不能按标准使用。谓钱重，使用者不肯按标准出手。㉔法钱不立：法定之钱没有权威。不立，没有权威。㉕吏急：官府用强硬手段。壹之：统一钱币。指官府强行法币流通。㉖纵而弗呵乎：放纵而不追求呢？㉗市肆异用：市场上就会流行各种货币。㉘苟非其术，何乡而可哉：如果钱币的法律不完善，到哪里去找标准呢？乡，通“向”。㉙释其耒耨：扔下农具。耒耨（nòu），古代农具。㉚冶镕炊炭：炼铜烧炭以铸钱。㉛奸钱：掺杂铅、铁的劣质铜钱。㉜善人怵而为奸邪：善良者受此风引诱而为罪恶勾当。怵（chù），利诱。㉝愿民陷而之刑戮：朴实者陷入罪恶泥坑而至于受刑遭杀。愿民，朴实之民。㉞刑戮将甚不详：惩罚诛杀过多很不吉祥。详，通“祥”。㉟忽：疏忽。㊱禁之：禁止私人铸钱。㊲不得其术：方法不对。㊳令禁铸钱：颁布法令禁止私人铸钱。令，指专门的禁铸钱令。㊴钱必重：禁铸钱，钱币变少，币值就要增加。重，钱重，币值增加。㊵利深：利厚。㊶如云而起：如同云集一样涌起。㊷奸数不胜而法禁数溃：违法犯罪防不胜防，法律禁令多次遭破坏。㊸祸博：祸大。㊹故不如收之：所以应由朝廷掌控钱币的流通，收回铸币权力。㊺贾山：西汉颍川（今河南禹州）人。政论家，传见《汉书》卷五十一。㊻亡用器：无用之

物。亡，读“无”。 ㊼人主之操柄：君主所掌握的权柄。 ㊽不可长也：不应该再继续下去。即立即终止私铸钱。 ㊾邓通：汉文帝宠臣。 ㊿赐之蜀严道铜山：汉文帝把蜀郡严道县一座产铜的山赏赐给邓通。蜀郡，治成都严道县，在今四川荥经。 ⑤①豫章铜山：豫章郡的一座产铜山。豫章郡治南昌，即今江西南昌。 ⑤②亡命者：流民。 ⑤③无赋：没有赋税。汉代赋税有户口人头税、田赋。吴王刘濞因有铜山铸钱，不向百姓征税。 饶足：丰足。 ⑤④分代为二国：汉文帝分代国为二国，事见上卷汉文帝元年。 ⑤⑤故地：指代国原有之地。

【译文】

汉文帝前元五年（丙寅，前175）

春季，二月，发生地震。

当初，秦行用半两钱，汉高祖嫌半两钱过重，使用不便，另行铸造荚钱。至此时，物价暴涨，一石米贵至一万钱。夏季，四月，汉文帝刘恒下令另行铸造四铢钱，废除禁止私人铸钱的禁令，允许民间自行铸钱。

贾谊劝谏说：“现行法令允许天下公开雇人熔铸铜、锡为钱币，有敢掺杂铅、铁取巧牟利的人，就处以黥刑。但是，铸钱的人都以获利为目的，如果不杂以铅、铁，就不可能获利；而只要掺上很小比例的铅和铁，就会获利丰厚。有的事情容易引起后患，有的法令能够导致违法犯罪，现在让平民百姓掌握铸币的大权，他们各自隐蔽地铸造，要想禁止他们在铸钱时为获厚利而取巧舞弊，即便是每天都有人因此而被判处黥刑，也禁止不住。以往，百姓因此犯罪而被判刑的，一县可多至数百人，被官吏怀疑而受到逮捕拷打和为传讯而奔走的人，那就更多了。设立法律去引诱百姓犯罪受刑，还有什么能比这种铸钱令更严重呢？另外，民间习惯使用的钱币，各个地方有所不同：使用轻钱，一百枚须添若干枚；使用重钱，又不按标准数使用。官府规定的货币在交易中不具有权威地位，对此，如果官府采取强硬手段来统一市场货币的话，事情一定会很烦琐、很苛刻，而且力难胜任；如果官府放纵的话，市场上流行各种钱币，币制就会陷入混乱。可见，如果关于钱币的法律不完善，到哪里去寻求标准呢？现在，放弃农业而开山采铜的人日益增多，扔下农具而去炼铜铸钱、烧制木炭，质量低劣的钱币每天都在增加，五谷粮食却无法增加。善良的人受此风气的引诱而做出了罪恶的事情，谨慎怕事的人也被裹挟犯罪而受到刑罚甚至于诛杀。惩罚、诛杀百姓，是很不吉祥的，为什么疏忽了呢？朝廷了解到它的祸患，大臣们必定会建议说‘禁止私人铸钱’。但是，如果禁止的方法不对，就会造成很大的危害。法令禁止私人铸钱，就必然导致钱币减少、币值增加。这样一来，铸币的获利就更大，私人违法铸币就如同风起云涌，用弃市的重刑也不足以禁止盗铸。违法犯罪防不胜防，法律禁令屡遭破坏，这是用于铸币的铜造成的后果。铜分布在天下百姓手中，所造成的祸害是很大的。所以，不如由朝廷控制铜的流通。”

贾山也上书提出批评意见，认为：“钱币，本是无用之物，却可以用来换取富贵。使人获得富贵，本来是由君王所掌握的权柄；让百姓铸币，是使百姓与君王共同掌握权柄，不应该再继续下去。”汉文帝没有采纳这些意见。

这时，太中大夫邓通正得到汉文帝刘恒的宠幸，汉文帝为了使邓通成为巨富，就把蜀郡严道县的铜山赏赐给他，让他采铜铸钱。吴王刘濞境内的豫章郡有产铜的矿山，他召集了许多不向官府登记户籍的流民开矿铸钱；在吴国东部用海水煮盐。所以，吴王不必向百姓收取赋税而官府费用却极为充裕。于是，吴国和邓通所铸造的钱币流通于全国。

当初，汉文帝把代国封地分为两国。立皇子刘武为代王，刘参为太原王。这一年，汉文帝把代王刘武改封为淮阳王；改封太原王刘参为代王，得到了原代国的全部封地。

【原文】

六年（丁卯，前174）

冬，十月，桃、李华[①]。

淮南厉王长自作法令行于其国[②]，逐汉所置吏，请自置相、二千石[③]；帝曲意从之[④]。又擅刑杀不辜及爵人至关内侯[⑤]；数上书不逊顺。帝重自切责之[⑥]，乃令薄昭与书风谕[⑦]之，引管、蔡及代顷王、济北王[⑧]兴居以为儆戒。

王不说[⑨]，令大夫但、士伍开章等七十人与棘蒲侯柴武太子奇谋以辇车四十乘反谷口[⑩]；令人使闽越、匈奴。事觉[⑪]，有司治之[⑫]。使使召淮南王。王至长安，丞相张苍、典客冯敬行御史大夫[⑬]事，与宗正、廷尉奏[⑭]：“长罪当弃市[⑮]。”制曰[⑯]：“其赦长死罪，废，勿王；徙处蜀郡严道邛邮[⑰]。”尽诛所与谋者。载长以辎车[⑱]，令县以次传之[⑲]。

袁盎谏曰：“上素骄淮南王，弗为置严傅、相[⑳]，以故致[㉑]此。淮南王为人刚，今暴摧折之[㉒]，臣恐卒逢雾露病死[㉓]，陛下有杀弟之名，奈何？”上曰：“吾特苦之耳，今复之㉔。”

淮南王果愤恚㉕不食死。县传至雍㉖，雍令发封㉗，以死闻㉘。上哭甚悲，谓袁盎曰：“吾不听公言，卒亡㉙淮南王！今为奈何？”盎曰：“独斩丞相、御史以谢天下乃可。”上即令丞相、御史逮考㉚诸县传送淮南王不发封馈侍者㉛，皆弃市；以列侯葬淮南王于雍，置守冢三十户㉜。

（以上为第五段，写淮南王刘长骄横不法，欲举兵谋反，被汉文帝刘恒召至京城，流放蜀地，在途中绝食而死。）

【注释】

①华：读“花”，作动词用，开花。 ②自作法令行于其国：淮南王刘长擅自颁布法令在封国内执行。 ③“逐汉”句：汉代诸侯王的国相、内史、中尉等二千石高官由朝廷委派，刘长赶走，自请置之。 ④帝曲意从之：汉文帝违心地同意了。⑤关内侯：秦汉二十级爵的第十九级，仅次于第二十级的列侯。刘长随意杀人，竟至于擅杀关内侯。 ⑥帝重自切责之：汉文帝不想自己严厉训教刘长。重，严厉。责，管教。 ⑦薄昭：薄太后之弟，文帝之舅。薄昭出面，长辈重使。 风谕：用婉言相劝。风读“讽”。 ⑧管、蔡：西周的管叔、蔡叔。因犯上而被杀。 代顷王：汉高祖之兄刘仲。代顷王刘仲废为侯，事见本书卷第十一高祖七年。济北王：济北王刘兴居叛乱败亡，事见本卷文帝三年。 ⑨说：通“悦”。 ⑩“令大夫但”句：刘长指派大夫但、士伍开章等七十人与棘蒲侯柴武的太子柴奇合谋，计划用四十辆辇车在谷口反叛。但、开章，人名。奇，汉初功臣棘蒲侯柴武的太子。辇车，人力拉的运输车。谷口，县名。县治在今陕西礼泉东北。 ⑪事觉：谓其事被发觉。 ⑫有司治之：主管机构追究这一事件。 ⑬典客：官名。掌民族事务。后更名大行令、大鸿胪。 冯敬：汉初大臣。 行御史大夫：兼职代理副丞相御史大夫职位。 ⑭宗正：官名，掌管皇室事务。 廷尉：官名，掌刑狱。 ⑮当弃市：判处死刑弃市罪。弃市，在闹市腰斩。 ⑯制曰：诏令说。皇帝诏令称“制”。 ⑰徙：流放。 严道：县名，今四川荥经西。 邛邮：驿舍名，在今四川荥经西。 ⑱辎（zī）车：有帷蔽可乘人载物的车。 ⑲令县以次传之：汉文帝下令沿途各县依次传送刘长。传（chuán），驿站辗转相传。 ⑳严傅、相：谓严明的辅佐之臣。 ㉑致：通“至”。据章校，他本正作“至”。 ㉒暴摧折之：突然折磨他。㉓卒逢雾露病死：突然遭受风霜生病死了。卒，读“猝”，突然。 ㉔吾特苦之耳，今复之：我只是让刘长经受一点困苦罢了，现在就召他回来。特，只是，有意。复，召回。 ㉕愤恚：愤恨恼怒。 ㉖县传至雍：囚车依次到达雍县。雍，县名，治所在今陕

西宝鸡市凤翔区南。㉗发封：揭开囚车的帷帐。㉘以死闻：向朝廷报告了刘长的死讯。㉙卒亡：终于失去。㉚逮考：逮捕审讯。㉛不发封馈侍者：不开启封门就送食物的官员。㉜置守冢三十户：配置了看护坟墓的人共三十户。

【译文】

汉文帝前元六年（丁卯，前174）

冬季，十月，桃树、李树都不合时令地开了花。

淮南王刘长自设法令，推行于封国境内，驱逐了汉朝廷所任命的官员，请求允许他自己任命相和二千石官员。汉文帝刘恒违背自己的意愿同意了他的请求。刘长又擅自刑杀无罪的人，擅自给人封爵，最高到关内侯，多次给朝廷上书都有不逊之语。汉文帝不愿意亲自严厉地责备他，就让薄昭致书淮南王，委婉地规劝他，征引周初管叔、蔡叔以及本朝代顷王刘仲、济北王刘兴居骄横不法，最终被废、被杀之事，请淮南王引以为戒。

淮南王刘长接到薄昭书信，很不高兴，指派大夫但、士伍开章等七十多人与棘蒲侯柴武的太子柴奇合谋，准备用四十辆辇车在谷口发动叛乱；刘长还派出使者，去与闽越、匈奴联络。反情败露，有关机构追究此事来龙去脉；汉文帝派使臣召淮南王进京。淮南王刘长来到长安，丞相张苍、代行御史大夫职责的典客冯敬，与宗正、廷尉等大臣启奏："刘长应被处以死刑。"汉文帝命令说："赦免刘长的死罪，废去王号；把他遣送安置在蜀郡严道县的邛邮。"与刘长通谋造反的人，都被处死。刘长被安置在密封的囚车中，汉文帝下令沿途所过各县依次传送。

袁盎进谏说："皇上一直娇宠淮南王，不为他配设严厉的太傅和相，所以才发展到这般田地。淮南王秉性刚烈，现在如此突然地摧残折磨他，我担心他突然遭受风露生病而死于途中，皇上将有杀害弟弟的恶名，可如何是好？"汉文帝说："我的本意，只不过是要让刘长受点困苦罢了，现在就派人召他回来。"

淮南王刘长果然愤恨绝食而死。囚车依次传送到雍县，雍县的县令打开了封闭的囚车，向朝廷报告了刘长的死讯。汉文帝哭得很伤心，对袁盎说："我没有听你的话，终于害死了淮南王！现在该怎么办？"袁盎说："只有斩杀丞相、御史大夫以向天下谢罪才行。"汉文帝立即命令丞相、御史大夫逮捕拷问传送淮南王的沿途各县不开启封门送食物的官员，把他们全都处死；用列侯的礼仪把淮南王安葬在雍县，配置了三十户百姓专管看护坟墓。

【原文】

匈奴单于遗汉书曰："前时，皇帝言和亲事，称书意[①]，合欢[②]。汉边吏侵侮右贤王[③]；右贤王不请[④]，听后义卢侯难支[⑤]等计，与汉吏相距[⑥]。绝二主之约[⑦]，离兄弟之亲，故罚右贤王，使之西求月氏[⑧]击之。以天之福，吏卒良，马力强，以夷灭月氏，尽斩杀、降下，定之[⑨]；楼兰、乌孙、呼揭[⑩]及其旁二十六国，皆已为匈奴，诸引弓之民并为一家[⑪]，北州以定[⑫]。愿寝兵[⑬]，休士卒，养马，除前事[⑭]，复故约，以安边民。皇帝即不欲匈奴近塞[⑮]，则且诏吏民远舍[⑯]。"

帝报书曰："单于欲除前事，复故约，朕甚嘉之。此古圣王之志也。汉与匈奴约为兄弟，所以遗单于甚厚[⑰]；倍约[⑱]、离兄弟之亲者，常在匈奴。然右贤王事已在赦前，单于勿深诛[⑲]！单于若称书意，明告诸吏，使无负约，有信[⑳]，敬如单于书。"

后顷之[㉑]，冒顿死[㉒]，子稽粥立[㉓]，号曰老上单于。老上单于初立，帝复遣宗室女翁主为单于阏氏[㉔]，使宦者燕人中行说[㉕]傅翁主。说不欲行，汉强使之[㉖]。说曰："必我[㉗]也，为汉患者！"中行说既至，因降单于，单于甚亲幸之。

初，匈奴好汉缯絮、食物[㉘]。中行说曰："匈奴人众不能当汉之一郡，然所以强者，以衣食异，无仰于汉[㉙]也。今单于变俗，好汉物；汉物不过什二[㉚]，则匈奴尽归于汉矣[㉛]。其得汉缯絮，以驰草棘中，衣裤皆裂敝[㉜]，以示不如旃裘[㉝]之完善也；得汉食物，皆去之，以示不如湩酪[㉞]之便美也。"于是说教单于左右疏记[㉟]，以计课其人众、畜牧[㊱]。其遗汉书牍及印封，皆令长大，倨傲其辞，自称"天地所生、日月所置匈奴大单于"。

汉使或訾笑匈奴俗无礼义者[㊲]，中行说辄穷汉使[㊳]曰："匈奴约束径[㊴]，易行；君臣简，可久；一国之政，犹一体也。故匈奴虽乱，必立宗种[㊵]。今中国虽云有礼义，及亲属益疏则相杀夺，以至易姓，皆从此类也。嗟[㊶]！土室之人[㊷]，顾无多辞[㊸]，喋喋占占[㊹]！顾汉所输匈奴缯絮、米蘖[㊺]，令其量中[㊻]，必善美而已矣[㊼]，何以言为乎！且所给，备、善，则已[㊽]；不备、苦恶[㊾]，则候秋熟，以骑驰蹂而稼穑耳[㊿]！"

（以上为第六段，写匈奴单于素无礼义，非常傲慢，汉朝以宗女嫁之，强令中行说辅佐，中行说投降匈奴，祸害汉朝。）

【注释】

①称书意：与书信之意相副。 ②合欢：双方和好。 ③右贤王：匈奴王号，地位仅次于单于，有左、右两贤王。左贤王位高于右贤王，居匈奴东部，当今河套以北内蒙古地区。右贤王，居匈奴西部，当今甘肃西部河西走廊地区。 ④不请：谓不经过请示。 ⑤后义卢侯难支：难支，匈奴将之名。后义卢侯，难支的封号。 ⑥相距：相对抗。距，通“拒”。 ⑦绝二主之约：断绝了汉、匈奴两家君主的友好盟约。 ⑧月氏（yuè zhī）：原居于敦煌、祁连间的一个民族，处在河西走廊上，被匈奴右贤王驱逐西迁去中亚。 ⑨定之：平定。 ⑩楼兰、乌孙、呼揭：西汉时西域古国名。 ⑪引弓之民：指游牧狩猎民族。 并为一家：谓合并在一起。 ⑫北州以定：北方地区实现了统一安定。北州，泛指北方地区。 ⑬愿寝兵：希望放下武器。寝，搁置，放下。⑭除前事：消除前嫌。 ⑮不欲匈奴近塞：不希望匈奴靠近汉朝边境。 ⑯远舍：让匈奴远离汉朝边境居住。 ⑰遗单于甚厚：汉朝赠送单于的礼物十分丰厚。 ⑱倍约：违背盟约。倍，通“背”。 ⑲勿深诛：不要过重责罚。 ⑳有信：遵守信用。 ㉑后顷之：过后不久。 ㉒冒顿（mò dú）：汉初匈奴的一个单于，他统一匈奴，灭东胡，东西万里，匈奴达于极盛，是匈奴的英雄。传附见《史记》《汉书》的《匈奴传》。 ㉓子稽粥立：冒顿单于之子稽粥继立，为匈奴老上单于。 ㉔翁主：汉宗室诸王之女称翁主。阏氏（yān zhī）：匈奴王后的称号。 ㉕燕：地区名，指战国时燕国旧地，当今河北北部地区。 中行说：人名。复姓中行（háng），名说。说，读“悦”。文帝时陪翁主和亲匈奴的一个宦官。 ㉖强使之：强迫地派他去。 ㉗必我：一定要我去。 ㉘缯絮、食物：缯帛、丝绵和食品。 ㉙无仰于汉：不须依赖汉朝。仰，仰给，依赖。 ㉚什二：十分之二。 ㉛匈奴尽归于汉矣：匈奴就要全被汉化了。尽归，全被汉化、同化。 ㉜裂敝：破坏，撕破。 ㉝旃裘：毛皮制品。旃，通“毡”，毛线制品。裘，兽皮制品。 ㉞湩酪：乳汁、乳酪。 ㉟疏记：分门别类记事。 ㊱计课其人众、畜牧：统计匈奴的人口、畜牧。 ㊲訾笑匈奴俗无礼义者：讥笑匈奴习俗不讲礼义。 ㊳穷汉使：驳难汉使。 ㊴约束径：约束简捷明确。径，直截了当。 ㊵匈奴虽乱，必立宗种：匈奴的伦常虽乱，却一定拥立宗族的子孙为首领。 ㊶嗟：叹词。 ㊷土室之人：住房屋之人，指中原人。匈奴人住庐帐，而不住房屋。 ㊸顾无多辞：谓不必多说废话。 ㊹喋喋占占：喋喋不休，沾沾自喜。 ㊺输：输送。 蘖（niè）：曲，酿酒用的发酵剂。 ㊻量中：数量满足。中，犹“满”。 ㊼必善美而已矣：一定要质量好就行。 ㊽所给，备、善，则已：所给的东西，数量足、质量好，那就算了。 ㊾不备、苦恶：数量不够、质量又低劣。 ㊿“则候秋熟”二句：那就等到秋熟时，用我们匈奴的铁骑去践踏你们的

庄稼！

【译文】

匈奴单于给汉朝廷送来书信，说："前些时候，皇帝谈到和亲的事情，与书信的意思一致，双方都很喜悦。汉朝边境官员侵夺侮辱我匈奴右贤王，右贤王未经向我请示批准，听从了后义卢侯难支等人的计谋，与汉朝官吏相互敌对，断绝了两家君主的和好盟约，离间了兄弟之国的情谊，为此，我惩罚右贤王，命令他向西方寻找并攻击月氏国。由于苍天降福保佑，将士精良，战马强壮，现已消灭了月氏，其部众已全部被杀或投降，月氏已被我征服；楼兰、乌孙、呼揭及其附近的二十六国，都已归匈奴统辖，所有擅长骑射的游牧部族，都合并为一家，北部由此而统一和安宁。我愿意放下刀兵，休息士兵，牧养马匹，消除以前的仇恨和战争，恢复原来的结好盟约，以安定双方边境的民众。如果皇帝不希望我们匈奴靠近汉的边境，我就暂且下令匈奴的官民远离边界居住。"

汉文帝复信说："单于准备消除双方以前的不愉快，恢复原来的盟约，我对此表示赞同。这是古代圣明君主追求的目标。汉与匈奴相约为兄弟，用来赠送单于的东西是很丰厚的；违背盟约、离间兄弟情谊的事情，多发生在匈奴一方。但右贤王那件事情发生在大赦以前，单于就不必过分责备他了。单于如果能按照来信所说的去做，明确告知大小部属官员，约束他们不再违背和约，遵守信用，我自然会慎重地遵守单于信上的约定。"

其后不久，匈奴单于冒顿死去，他的儿子稽粥继位，称为老上单于。老上单于刚继位，汉文帝又指派一位宗室的女儿翁主嫁给他做单于阏氏，并派宦官、燕地人中行说去辅佐翁主。中行说不愿意去匈奴，朝廷逼迫他去。中行说恼怒地说："我一定要使汉朝深受祸患！"中行说到匈奴以后，就归降了单于，单于很宠信他。

当初，匈奴喜好汉朝的缯帛丝绵和食品。中行说劝说单于道："匈奴的人口，还不如汉朝一个郡的人口多，然而却是汉朝的强敌，原因就在于匈奴的衣食与汉朝不同，不需要仰仗于汉朝。现在，假如单于改变习俗，喜爱汉朝的东西，汉朝只要拿出不到十分之二的东西，那么，匈奴就要都被汉朝同化过去了。最好的办法是：把所得的汉朝的丝绸衣裳，令人穿在身上冲过草丛荆棘，衣服裤子都撕裂破烂，以证明它们不如用兽毛制成的旃裘完美实用；把所得的汉朝的食物，都扔掉，以显示它不如乳酪便利和味美可口。"于是，中行说教单于的左右侍从学习文字，分门别类记事，用以统计税收、匈奴的人口和牲畜数量。凡是匈奴送给汉朝的书信木札以及印封，其规格都增长加宽，并使用傲慢不逊的言辞，自称为“天地所生、日月所置的匈奴大单于”。

汉朝使者有人讥笑匈奴习俗不讲礼义，中行说总是驳难汉朝使者说：“匈奴的约束简捷明确，容易实行；君臣之间坦诚相见，可维持长久；一国的政务，就像一个人的身体那样容易统一协调。所以，匈奴的伦常虽乱，但却必定拥立宗族的子孙为首领。现在，中原汉人虽自称有礼义，但随着亲属关系的日益疏远，就相互仇杀争夺，以至于被外姓人改朝换代，都是由于这个原因。咳！你们这些居住于土室中的人，希望你们不要多说了，喋喋不休，沾沾自喜！汉朝送给匈奴的缯帛丝绵、好米酒曲，要数量足够，质量好就行了，何必多说话呢？而且，你们所给的东西，如果数量足、质量好，就算了；如果数量不足、质量低劣，那就等到秋熟时，用我们匈奴的铁骑去践踏你们的庄稼！”

【原文】

梁太傅贾谊上疏曰[①]：“臣窃惟今之事势，可为痛哭者一，可为流涕者二；可为长太息[②]者六；若其他背理而伤道者，难遍以疏举[③]。进言者皆曰：‘天下已安已治矣’，臣独以为未也。曰安且治者，非愚则谀，皆非事实知治乱之体[④]者也。夫抱火厝[⑤]之积薪之下而寝其上，火未及然[⑥]，因谓之安；方今之势，何以异此！陛下何不壹令臣得孰数之于前[⑦]，因陈治安之策，试详择焉[⑧]！

“使为治，劳志虑[⑨]，苦身体，乏钟、鼓之乐，勿为可也。乐与今同，而加之诸侯轨道[⑩]，兵革不动[⑪]，匈奴宾服[⑫]，百姓素朴[⑬]，生为明帝，没为明神[⑭]，名誉之美垂于无穷，使顾成之庙称为太宗[⑮]，上配太祖[⑯]，与汉亡极[⑰]，立经陈纪[⑱]，为万世法。虽有愚幼、不肖之嗣，犹得蒙业而安[⑲]。以陛下之明达，因使少知治体者得佐下风[⑳]，致此非难也。

“夫树国固必相疑之势[㉑]，下数被其殃[㉒]，上数爽其忧[㉓]，甚非所以安上而全下也。今或亲弟谋为东帝[㉔]，亲兄之子西乡而击[㉕]，今吴又见告[㉖]矣。天子春秋鼎盛[㉗]，行义未过[㉘]，德泽有加[㉙]焉，犹尚如是；况莫大诸侯[㉚]，权力且十此[㉛]者乎！

“然而天下少安[㉜]，何也？大国之王幼弱未壮，汉之所置傅、相方握其事[㉝]。数年之后，诸侯之王大抵皆冠[㉞]，血气方刚；汉之傅、相称病而赐罢[35]，彼自丞、尉以上遍置私人[36]。如此，有异淮南、济北之为邪[37]？此时而欲为治安，虽尧、舜不治[38]。

“黄帝曰：‘日中必熭，操刀必割[39]！’今令此道顺而全安甚易[40]，不肯蚤为，已乃堕骨肉之属而抗刭之[41]，岂有异秦之季世乎[42]！其异姓负强而动[43]者，汉已幸而胜之矣，又不易其所以然；同姓袭是迹而动，既有征矣[44]，其势尽又复然。殃祸之变，未知所移，明帝处之尚不能以安，后世将如之何！

“臣窃迹前事[45]，大抵强者先反。长沙[46]乃二万五千户耳，功少而最完，势疏而最忠，非独性异人也，亦形势然也。曩令樊、郦、绛、灌据数十城而王，今虽以残亡可也[47]；令信、越之伦列为彻侯而居，虽至今存可也[48]。然则天下之大计可知已：欲诸王之皆忠附，则莫若令如长沙王；欲臣子勿菹醢[49]，则莫若令如樊、郦等；欲天下之治安，莫若众建诸侯而少其力[50]。力少则易使以义[51]，国小则亡邪心[52]。令海内之势，如身之使臂，臂之使指，莫不制从[53]，诸侯之君不敢有异心，辐凑并进而归命天子[54]。割地定制[55]，令齐、赵、楚[56]各为若干国，使悼惠王、幽王、元王之子孙毕以次各受祖之分地[57]，地尽而止[58]；其分地众而子孙少者，建以为国，空而置之[59]，须其子孙生者举使君之[60]；一寸之地，一人之众，天子亡所利[61]焉，诚以定治而已[62]。如此，则卧赤子天下之上而安[63]，植遗腹[64]，朝委裘而天下不乱[65]；当时大治，后世诵圣[66]。陛下谁惮而久不为此[67]！

“天下之势方病大瘇[68]，一胫之大几如要[69]，一指之大几如股[70]，平居不可屈伸[71]，一二指搐[72]，身虑无聊[73]。失今不治，必为锢疾[74]，后虽有扁鹊[75]，不能为已。病非徒瘇也[76]。又苦跖戾[77]。元王之子，帝之从弟[78]也；今之王者，从弟之子[79]也。惠王之子，亲兄子[80]也；今之王者，兄子之子[81]也。亲者或亡分地以安天下[82]，疏者或制大权以逼天子[83]，臣故曰非徒病瘇也，又苦跖戾。可痛哭者，此病是也。

“天下之势方倒县[84]。凡天子者，天下之首。何也？上也。蛮夷[85]者，天下之足。何也？下也。今匈奴嫚侮侵掠[86]，至不敬也[87]；而汉岁致金絮采缯以奉之[88]。足反居上，首顾居下[89]，倒县如此，莫之能解[90]，犹为国有人乎[91]？可为流涕者此也。

“今不猎猛敌而猎田彘[92]，不搏反寇而搏畜菟[93]，玩细娱而不图大患[94]，德可远加而直数百里外威令不胜[95]，可为流涕者此也。

“今庶人屋壁得为帝服，倡优下贱得为后饰[96]；且帝之身自衣皂绨[97]，而富民墙屋被文绣[98]；天子之后以缘其领[99]，庶人孽妾以缘其履[100]；此臣所谓舛[101]也。夫百人作之不能衣一人，欲天下亡寒，胡可得也[102]；一人耕之，十人聚而食之，欲天下亡饥，不可得也；饥寒切于民之肌肤，欲其亡为奸邪，不可得也。可为长太息者此也。

“商君遗礼义[103]，弃仁恩，并心[104]于进取；行之二岁，秦俗日败。故秦人家富子壮则出分[105]，家贫子壮则出赘[106]；借父耰锄，虑有德色[107]；母取箕帚，立而谇语[108]；抱哺其子，与公并倨[109]；妇姑不相说[110]，则反唇而相稽[111]；其慈子、耆利[112]，不同禽兽者亡几[113]耳。今其遗风余俗，犹尚未改，弃礼义，捐廉耻日甚[114]，可谓月异而岁不同矣。逐利不耳，虑非顾行也[115]；今其甚者杀父兄矣。而大臣特以簿书不报、期会之间以为大故[116]，至于俗流失，世坏败，因恬而不知怪[117]，虑不动于耳目[118]，以为是适然[119]耳。夫移风易俗，使天下回心而乡道[120]，类非俗吏之所能为也。俗吏之所务，在于刀笔、筐箧而不知大体[121]。陛下又不自忧，窃为陛下惜之！岂如今定经制[122]，令君君、臣臣，上下有差[123]，父子六亲[124]各得其宜。此业壹定，世世常安，而后有所持循[125]矣；若夫经制不定，是犹渡江河亡维楫[126]，中流而遇风波，船必覆[127]矣。可为长太息者此也。

“夏、殷、周为天子皆数十世，秦为天子二世而亡。人性不甚相远也，何三代之君有道之长而秦无道之暴也？其故可知也。古之王者，太子乃生[128]，固举以礼[129]，有司齐肃端冕[130]，见之南郊[131]，过阙[132]则下，过庙则趋[133]，故自为赤子，而教固已行矣[134]。孩提有识[135]，三公、三少明孝仁礼义以道习之[136]，逐去邪人，不使见恶行[137]，于是皆选天下之端士[138]、孝弟博闻有道术者以卫翼[139]之，使与太子居处出入。故太子乃生而见正事，闻正言，行正道，左右前后皆正人也。夫习与正人居之不能毋正，犹生长于齐不能不齐言也；习与不正人居之不能毋不正，犹生长于楚之地不能不楚言也[140]。孔子曰[141]：‘少成若天性，习贯[142]如自然。’习与智长，故切而不愧[143]；化与心成，故中道若性。

“夫三代之所以长久者，以其辅翼太子有此具也。及秦而不然，使赵高傅胡亥而教之狱[144]，所习者非斩、劓人，则夷人之三族也[145]。胡亥今日即位而明日射人，忠谏者谓之诽谤，深计者谓之妖言，其视杀人若艾草菅然[146]。岂惟胡亥之性恶哉？彼其所以道之者非其理故也[147]。鄙谚曰：'前车覆，后车诫。'秦世之所以亟绝[148]者，其辙迹可见也；然而不避，是后车又将覆也。天下之命，县于太子[149]，太子之善，在于早谕教与选左右[150]。夫心未滥[151]而先谕教，则化易成也；开于道术智谊之指[152]，则教之力也；若其服习积贯，则左右而已[153]。夫胡、粤之人[154]，生而同声[155]，嗜欲不异[156]；及其长而成俗[157]，累数译而不能相通[158]，有虽死而不相为[159]者，则教习然也[160]。臣故曰选左右、早谕教最急。夫教得而左右正[161]，则太子正矣，太子正而天下定矣。《书》曰[162]：'一人有庆，兆民赖之[163]。'此时务也。

"凡人之智，能见已然[164]，不能见将然[165]。夫礼者禁于将然之前，而法者禁于已然之后[166]，是故法之所为用易见而礼之所为生难知[167]也。若夫庆赏以劝善，刑罚以惩恶，先王执此之政，坚如金石[168]；行此之令，信如四时[169]；据此之公，无私如天地[170]，岂顾不用哉[171]？然而曰礼云、礼云者[172]，贵绝恶于未萌而起教于微眇[173]，使民日迁善、远罪而不自知也[174]。

"孔子曰[175]：'听讼，吾犹人也；必也使毋讼乎[176]！'为人主计者，莫如先审取舍，取舍之极定于内而安危之萌应于外矣[177]。秦王[178]之欲尊宗庙而安子孙，与汤、武同[179]。然而汤、武广大其德行，六七百岁而弗失，秦王治天下十余岁则大败[180]。此亡他故[181]矣：汤、武之定取舍审而秦王之定取舍不审矣。夫天下[182]，大器也；今人之置器，置诸安处则安，置诸危处则危。天下之情，与器无以异，在天子之所置之[183]。汤、武置天下于仁、义、礼、乐，累子孙数十世[184]，此天下所共闻也；秦王置天下于法令、刑罚，祸几及身[185]，子孙诛绝，此天下之所共见也。是非其明效大验邪[186]！

"人之言曰：'听言之道，必以其事观之，则言者莫敢妄言。'今或言礼谊之不如法令，教化之不如刑罚，人主胡不引[187]殷、周、秦事以观之也！人主之尊譬如堂，群臣如陛，众庶如地[188]。故陛九级上，廉远地[189]，则堂高；陛无级，廉近地，则堂卑[190]。高者难攀，卑者易陵[191]，理势然也。故古者圣王制为等列[192]，内有公、卿、大夫、士，外有公、侯、伯、子、男[193]，然后有官师、小吏，延及庶人，等级分明而天子加焉[194]，故其尊不可及[195]也。

"里谚曰：'欲投鼠而忌器[196]。'此善谕也。鼠近于器，尚惮不投，恐伤其器，况于贵臣之近主乎！廉耻节礼以治君子，故有赐死而无戮辱[197]。是以黥、劓之罪不及大夫，以其离主上不远也。礼：不敢齿君之路马[198]，蹴其刍者有罚[199]，所以为主上豫远不敬[200]也。今自王、侯、三公之贵，皆天子之所改容而礼之[201]也，古天子之所谓伯父、伯舅[202]也；而令与众庶同黥、劓、髡、刖、笞、骂、弃市之法[203]，然则堂不无陛乎！被戮辱者不泰迫乎[204]！廉耻不行，大臣无乃握重权、大官而有徒隶无耻之心乎！夫望夷之事[205]，二世见当以重法者[206]，投鼠而不忌器之习也。

"臣闻之：履虽鲜不加于枕，冠虽敝不以苴履[207]。夫尝已在贵宠之位，天子改容而礼貌之[208]矣，吏民尝俯伏以敬畏之矣；今而有过[209]，帝令废之可也，退之可也，赐之死可也，灭之可也；若夫束缚之，系绁[210]之，输之司寇，编之徒官[211]，司寇小吏詈骂而榜笞之[212]，殆非所以令众庶见也[213]。夫卑贱者习知尊贵者之一旦吾亦乃可以加此也，非所以尊尊、贵贵之化也[214]。

"古者大臣有坐不廉[215]而废者，不谓不廉，曰'簠簋不饰[216]'；坐污秽淫乱、男女无别者，不曰污秽，曰'帷薄不修[217]'；坐罢软[218]不胜任者，不谓罢软，曰'下官不职[219]'。故贵大臣[220]定有其罪矣，犹未斥然正以呼之[221]也，尚迁就而为之讳也。故其在大谴、大何之域者[222]，闻谴、何则白冠牦缨，盘水加剑，造请室而请罪耳[223]，上不执缚系引而行[224]也；其有中罪者，闻命而自弛[225]，上不使人颈戾而加[226]也；其有大罪者，闻命则北面再拜，跪而自裁[227]，上不使人捽抑而刑之[228]也。曰：'子[229]大夫自有过耳，吾遇子有礼矣。'遇之有礼，故群臣自憙[230]；婴以廉耻[231]，故人矜节行[232]。上设廉耻、礼义以遇其臣，而臣不以节行报其上者，则非人类也。故化成俗定[233]，则为人臣者皆顾行而忘利，守节而伏义，故可以托不御之权[234]，可以寄六尺之孤[235]，此厉[236]廉耻、行礼义之所致也，主上何丧[237]焉！此之不为而顾彼之久行[238]，故曰可为长太息者此也。"

谊以绛侯前逮系狱，卒无事[239]，故以此讥上[240]。上深纳其言，养臣下有节，是后大臣有罪，皆自杀，不受刑。

（以上为第七段，写梁国太傅贾谊向汉文帝刘恒上《治安策》，认为当时在表面平静的景象下隐藏着种种矛盾和行将到来的社会危机，社会风气每况愈下，于是，提出了改革的举措，长篇大论，振聋发聩。）

【注释】

①梁：王国名。都睢阳（今河南商丘南）。时贾谊为梁怀王太傅。梁怀王刘揖，汉

文帝少子。贾谊上疏曰：引文为贾谊《陈政事疏》，又称《治安策》。②长太息：深深地叹息。③疏举：逐条一一列举。④治乱之体：治与乱的大要。⑤厝（cuò）：放置。⑥然：通“燃”。⑦孰数之于前：在你面前详细说明。孰，通“熟”，详尽。数，列举。⑧试详择：供皇上斟酌而仔细选择。⑨劳志虑：劳神苦思。按：据章校，他本“志”作“智”，则“劳智虑”为“费心思”“用智慧”，两者义近，不改“志”为佳。⑩诸侯轨道：诸侯上轨道，走上正路，谓遵守法制。⑪兵革不动：战争不起。兵革，兵器，此指战争。⑫宾服：归顺，臣服。⑬素朴：温良朴实。⑭生为明帝，没为明神：皇上在世时为明君，死后成为明神。没，通“殁”，死亡。⑮顾成之庙：汉文帝生病为自己所建的庙。这里指文帝及其帝业。太宗：汉文帝庙号。⑯太祖：始祖，指汉高祖。⑰亡极：没有终极，即永世长存。亡，读“无”。⑱立经陈纪：创设准则，建立纲纪。⑲“虽有”句：即使出现了愚鲁、幼稚、不成器的子孙，仍将因继承了您的大业而安享天下。不肖之嗣：不肖子孙，不成器的后代。⑳少知治体：略微懂得治国之道。少，稍许。佐下风：在下面辅佐。㉑树国固必相疑之势：封立的诸侯国过于强大，本来就必然产生上下互相猜疑的形势。固，本来。相疑之势，指王国与朝廷的对立态势。㉒下：指诸侯。被其殃：遭受其祸殃。㉓上：指帝王。爽其忧：失落忧伤。㉔亲弟谋为东帝：指淮南王刘长。㉕亲兄之子西乡而击：指济北王刘兴居，汉文帝堂侄，反叛向西进兵。乡，通“向”。㉖今吴又见告：现今吴王刘濞有人告发他图谋不轨。㉗春秋鼎盛：年纪正当壮年。春秋，指年龄。㉘行义未过：指朝政没有过失。过，过错。㉙德泽有加：恩德更好。㉚莫大诸侯：指最大的诸侯国。莫大，没有比它更大，即最大。㉛十此：言十倍于此。㉜少安：稍安。指当前社会基本安定，没有动乱。㉝方握其事：指汉朝廷所置诸侯王的相、傅掌控着诸侯王国的政务。㉞冠：加冠，指诸侯王长大成人。㉟赐罢：下令罢免。这句言汉朝所置的傅、相，或被迫称病退休或被罢官。㊱彼：他们。这里指诸侯王。丞、尉：皆官名。泛指中级文武官。遍置私人：全都是诸侯王安插的私人党羽。㊲“如此”句：到了这种地步，诸侯王还能做出不同于淮南王、济北王谋反的事情吗？意谓都会步两王的后尘，走上谋反的道路。㊳“此时”两句：到了这时，还想治安，就是尧舜再世也无能为力。㊴“日中”两句：见《六韬》。意思是中午太阳当头，赶快晒东西，有刀在手赶快杀牲畜。比喻及时行动而不失时机。熭（wèi），晒。㊵“今令”句：现在如果按这个道理推行，保全臣子、安定君主很容易。此道顺，按此道理推行。顺，推行。㊶“已乃”句：等到骨肉之亲已犯罪，就不得不去诛杀了。堕，毁坏，不可挽救。抏到，以刀割脖子，指诛杀。㊷岂有异秦之季世乎：这难道和秦朝末年的骨肉相残有什么区别吗？岂，难道。季世，末世、末年。 ㊸异姓负强而动：汉初异姓诸侯王自恃强大而反叛。负，自恃。 ㊹“同姓”两句：同姓诸侯王仿效图谋不轨，已经有征兆了。袭，仿效。征，兆，苗头。 ㊺臣窃迹前事：私下寻前事之迹。 ㊻长沙：指长沙王国，汉初所封异姓王，只有长沙王吴芮传国至文帝之时。 ㊼“曩令”二句：曩，往昔。樊、郦、绛、灌，樊哙、郦商、绛侯周勃、灌婴。也给他们分地数十城而封王，到今天很可能已经残灭了。 ㊽“令信、越”二句：韩信、彭越，只给他们封侯，到今天仍可保全无虞。 ㊾菹醢（zū hǎi）：杀人剁成肉酱。 ㊿众建：多建立。 少其力：减弱诸侯王的力量。少，削弱，减少。 51使以义：使之遵守礼义。 52亡邪心：不会有野心。亡，读“无”。 53莫不制从：没有不服从命令的。 54辐凑并进而归命天子：诸侯从四面八方一致听命于天子指挥。辐（fú）凑，车辐集中于轴心。喻人或物聚集一处。此指全国诸侯从四面八方归心于朝廷。归命，听命。 55割地定制：分割亡国的封地，订立制度。 56齐、赵、楚：汉初同姓王三个大诸侯国，齐悼惠王刘肥，赵幽王刘友，楚元王刘交。 57毕以次各受祖之分地：齐、赵、楚三王的子孙，全都按等次分得一份祖上留下来的封地。毕，全部子孙。分，通“份”。 58以上“割地定制”到“地尽而止”四句：意思是把齐、赵、楚三个大诸侯国分成若干个小国，三王之子孙全都按等差每人分得一份封地，直到把地分完为止。 59空而置之：暂时空悬封君之位。60须：等待。句谓等到有了子孙，再让他们去做空悬封君的封国之君。 61亡所利：不贪图利益。 62诚以定治而已：只是为了天下大治罢了。 63卧赤子天下之上而安：即使让一个婴儿做皇帝也安宁无事。卧赤子，襁褓中的婴儿。 64植遗腹：等待先皇的遗腹子出生。植，栽培，此为等待。 65朝委裘而天下不乱：谓群臣在等待遗腹子时，对先帝的衣物朝拜天下也不乱。委裘，先帝留下的衣物。委，留下。裘，皮衣。 66后世诵圣：后代人也会称颂圣明。 67谁惮：怕什么人。久不为此：旷日持久而不为众建诸侯之事。 68瘇（zhǒng）：足肿。 69“一胫”句：一只小腿几乎与腰一样粗。胫，小腿。要，通“腰”。 70指：脚趾。 股：大腿。 71平居：平时，平常。 屈伸：屈指伸腰。 72一二指慉：一两个脚趾抽痛。慉，《汉书》作“搐”，抽搐。 73身虑无聊：全身无法安放。无聊，难受，不自在。 74锢疾：顽疾，久治不愈。 75扁鹊：传说的古代良医。战国时秦越人号扁鹊，传见《史记》卷一百零五。 76病非徒瘇也：目前的病并不只是脚肿。 77又苦跖戾：还遭受脚掌反转难行的痛苦。跖，脚掌。戾，乖戾，指反转。 78从弟：堂弟。 按：楚文王刘交之子，高帝之孙，与文帝是从侄，此云“从弟”有误。 79从弟之子：指当时的楚王刘戊，是刘交之孙，与文帝是堂侄之子为堂孙。指骨肉疏远了。 80亲兄子：指齐王刘襄是文帝亲兄齐悼惠王刘肥之子。 81兄子之子：

指今齐王刘则是刘肥之孙，与文帝则是兄子之子为侄孙。 ㉜“亲者”句：亲者，指文帝的子孙还没有被封立为王，用以安定天下。 ㉝“疏者”句：疏者，指楚元王、齐悼惠王的子孙拥有大块封地手握大权，形成对天子的威胁了。逼天子，威胁天子。 ㉞倒县：倒挂。县，通“悬”。 ㉟蛮夷：对周边各族之泛称。 ㊱嫚侮侵掠：侮辱朝廷，侵夺地方。 ㊲至不敬也：极为不敬。匈奴冒顿单于曾致国书戏辱吕太后。 ㊳致：赠送。金絮采缯：黄金、丝绵、彩色丝绸。奉之：奉送给匈奴。 ㊴首顾居下：头颅反而在下面。 ㊵莫之能解：没有人能解救。 ㊶犹为国有人乎：还能说国家有贤能之人吗？ ㊷猎猛敌：进攻强敌，指匈奴。猎田彘：猎野猪。 ㊸搏反寇：讨叛逆。搏畜菟：抓家兔。菟，通“兔”。 ㊹玩细娱而不图大患：沉湎于精妙的娱乐而不致力于消除大患。 ㊺“德可远”句：德泽本来可以施之很远，而现在仅数百里外威令就行不通。胜，据章校，他本作“伸”，伸张，发扬，是，应改。 ㊻后饰：像皇后一样打扮。 ㊼衣皂绨：穿黑色粗丝衣。皂，黑色。绨（tì），粗缯。 ㊽墙屋被文绣：墙壁上装饰绣有花纹的绸缎。被，通“披”，装饰。 ㊾天子之后以缘其领：皇后用于镶在衣领边缘的材料。天子之后，皇后。缘，镶边。 ㊿庶人孽妾以缘其履：平民婢妾用来镶鞋口。 (101)舛：悖乱。尊卑颠倒。 (102)胡可得也：怎么能办到呢？ (103)商君：商鞅，魏人，入秦变法，使秦国富强。传见《史记》卷六十八。遗礼义：抛弃礼义。商鞅是法家，他在秦焚灭《诗》《书》。 (104)并心：专心，一门心思。 (105)出分：分家另居。 (106)出赘：离家为赘婿。秦时，贫家子弟以身典于富家，过期不赎，便沦为奴隶。富人给予婚配，称其为赘婿。其身份地位仍然不变。 (107)借父耰锄，虑有德色：儿子借农具给父亲，脸上就露出施恩的表情。耰（yōu）：古时用以击碎土块、平整土地的农具。 (108)母取箕帚，立而谇语：婆母拿走簸箕扫帚，儿媳立即责骂。谇（suì），责骂。 (109)并倨：儿媳与公公并排叉腿而坐，很不礼貌。倨，箕倨而坐，席地坐伸两腿形如簸箕。 (110)妇姑不相说：婆媳不和睦。说，读“悦”。 (111)反唇：顶嘴。相稽：互相讥讽。此指婆媳吵吵嚷嚷。 (112)耆利：贪利。耆，通“嗜”，爱好。 (113)亡几：差不多，就是。亡，读“无”。 (114)捐廉耻日甚：不顾廉耻的风俗一天比一天更严重。捐，抛弃，不顾。 (115)“逐利”二句：人们做事只考虑能不能获利，不考虑应不应该做。不，读“否”。非顾行，不考虑行为该不该。 (116)“大臣”二句：大臣们只把地方公文是否按规定期限上报留作大事。特，只是。簿书，泛指公文。期会之间，定期上报的时间。大故，大事。 (117)“至于”三句：对于风俗恶化，世风败坏，却安然不绝惊怪。恬，安然。 (118)虑不动于耳目：耳闻目睹习以为常。 (119)适然：理所当然。 (120)乡道：归向正道。乡，通“向”。 (121)“在于”二句：只能处理一些文字工作，不懂得治国的大体。刀笔，书写的工具。筐箧，盛文书或财币的器具。两者指代文字工作。 ⑫定经制：确立根本的规章制度。 ⑬上下有差：君臣上下各有等差。 ⑭六亲：谓父、子、兄、弟、夫、妇。 ⑮持循：遵循。 ⑯维楫：拉船的绳索和划船的船桨。 ⑰覆：翻船。 ⑱乃生：始生，一出生。 ⑲固举以礼：就用礼义教养他。固，本来，就。举，教养，动用。 ⑳齐：读“斋”。齐肃：认真斋戒。端冕：端正衣冠。 ㉑南郊：古时帝王祭天之处。 ㉒阙：古代宫殿、祠庙、陵墓前两旁对峙的建筑物。 ㉓庙：宗庙。趋：俯身小步快走。 ㉔赤子：婴儿。按：上述从“古之王者”到本句“教固已行矣”等八句，意谓古代英明的君王，太子刚出生就实施礼义的教化。主管官员衣冠整齐，庄重严肃。到南郊祭天，路过宫门要下车，经过宗庙要俯身小跑，因此，太子从小就受到良好的教育。 ㉕孩提有识：指太子到了儿童时期，略懂人事。 ㉖三公：太师、太傅、太保。三少：少师、少傅、少保。明孝仁礼义以道习之：三公、三少，用孝道、仁爱、礼仪、节义引导教育太子。道，通“导”。 ㉗不使见恶行：不让太子看到罪恶的行为。 ㉘端士：行为正直的士人。 ㉙卫翼：卫护，辅佐。 ㉚“夫习与正人居”四句：意谓习惯与品行端正的人相处，品行不能不端正，如同生长于齐国不能不讲齐语；习惯与品行恶劣的人相处，品行就不能端正，如同生长在楚国不能不讲楚语。 ㉛孔子曰：引语见《大戴礼·保傅》。 ㉜习贯：习惯。贯，通“惯”。 ㉝习与智长，故切而不愧：学习礼义与开发智力同步进行，所以，如何切磋都无愧于心。切，切磋。 ㉞教之狱：教他学习判案定刑。 ㉟“所习者”句：胡亥学习的尽是斩首、割鼻和灭族的事。 ㊱艾草菅然：艾，通“刈”。草菅（jiān），野草。句意，随意杀人如同割野草。 ㊲道之者非其理故也：引导胡亥学习的内容不符正道的缘故。非其理，不合理。故，缘故。 ㊳亟绝：速亡。 ㊴县于太子：国家命运取决于太子。县，读“悬”。 ㊵早谕教：及早进行教育。选左右：选择贤士在太子左右。左右，指太子的亲随。 ㊶滥：放荡。 ㊷“开于”句：使太子知晓仁义道德的要旨。开于，领悟，知晓。道术智谊，道德智识的义理，即仁义道德。指，要旨，要领。 ㊸“若其”二句：若要太子在习惯中养成善良的品行，那要看他身边跟随的人。服习积贯，养成习惯。贯，读“惯”。 ㊹胡、粤之人：北方的胡人和南方的越人。粤，同“越”。 ㊺生而同声：出生时哭声一样。 ㊻嗜欲不异：胡越之人，幼小时吃奶的欲望与嗜好没有什么不同。 ㊼长而成俗：长大之后形成了不同的风俗习惯。 ㊽数译：多次翻译。不能相通：谓不能互相交谈。 ㊾虽死而不相为：宁死也不愿互相改变。 ㊿教习然也：教育和习惯所造成。 ⑯¹教得而左右正：教育得当而左右伴随的都是正人。 ⑯²《书》曰：引文见《尚书·吕刑》。 ⑯³一人有庆，兆民赖之：天子一人善良，天下百姓全都仰仗他。庆，庆幸，善良。兆民，亿万民众，全天下的百姓。赖，仰仗。 ⑯⁴已然：已经发生的事。 ⑯将然：将要发生的事。 ⑯“夫礼者”二句：礼义教化可以把将要发生的不当行为予以制止，法律则是对已发生的行为进行惩罚。 ⑯礼之所为生难知：礼义教化的预防作用隐微难知。 ⑯坚如金石：坚定不移像金石。 ⑯信如四时：准确无误像春夏秋冬四季时令一样。 ⑰无私如天地：像天覆地载一样无偏无私。 ⑰岂顾不用哉：怎能认为先王不使用奖励和刑罚呢？ ⑰礼云、礼云：谓一再称道礼教。 ⑰“贵绝”句：最可贵的是能将罪恶杜绝在尚未形成之前。 ⑰不自知也：自己还没觉察。谓向善远恶在不知不觉中做到了。 ⑰孔子曰：引语见《论语·颜渊》。 ⑰“听讼”三句：审理诉讼，我同别人差不多，然而我的目标一定要做到诉讼不再发生。毋讼，没人打官司。 ⑰“为人主计者”三句：为君王出谋划策，首先要明白选择什么、舍弃什么，在心中确立取舍标准，安危应对的苗头就会表现出来。审，明白。定于内，心内，思想上首先确立取与舍。萌，苗头。 ⑰秦王：指秦始皇。 ⑰汤、武：商汤王、周武王。 ⑱大败：大坏，灭亡。 ⑱亡他故：没有别的原因。亡，通“无”。 ⑱天下：国家政权。 ⑱在天子之所置之：就在于天子把它安置在什么地方。 ⑱累子孙数十世：子孙相传几十代。累，累计，承传。 ⑱祸几及身：祸害几乎牵累自身。 ⑱是非其明效大验邪：这不就是取舍不同的显明效验吗？ ⑱胡不引：为何不参照。 ⑱“人主”三句：君王的尊贵好比殿堂，臣子就像堂下的阶梯，百姓就是平地。陛，台阶。 ⑱廉远地：堂基的边缘离地远。廉，棱，指堂基的边缘。 ⑲卑：低矮。 ⑲陵：通“凌”，指践踏。 ⑲等列：等级。 ⑲“内有”“外有”二句：朝内有公、卿、大夫、士各级官员，朝外地方有公、侯、伯、子、男各级封爵。 ⑲天子加焉：天子凌驾于官僚等级最顶端。加，高高在上。 ⑲尊不可及：尊贵高不可攀。 ⑲投鼠而忌器：投东西打老鼠，担心打坏老鼠附近的器物。比喻欲除恶人而有所顾忌。 ⑲赐死：命令其自杀。 无戮辱：不施加大臣以刑杀和侮辱。 ⑲不敢齿君之路马：礼法规定，不能随便察看路马的年龄。齿，观马齿察其年龄。路马，专拉皇帝车驾的马。 ⑲蹴其刍者有罚：践踏了路马的草料要受处罚。蹴，践踏。刍，喂马的草料。 ⑳豫远不敬：预先防止臣对君的不敬行为。远，离。不敬，指不敬天子之罪。 ⑳改容而礼之：对他们恭敬地以礼相待。 ⑳伯父、伯舅：古代天子称呼诸侯长者，同姓则称伯父，异性则称伯舅。伯，长辈。 ⑳黥、劓、髡、刖、笞、骂、弃市：皆古代刑罚名。髡（kūn），剃去头发。刖，断足。笞，用鞭、木杖或竹板等打。 ⑳泰迫乎：太靠近皇帝了吗。泰，同“太”。迫，逼近，靠近。 ⑳望夷之事：赵高使阎乐杀秦二世于望夷宫。 ⑳二世见当以重法者：秦二世被判以重罪，指被杀。见，被。当，判罪。 ⑳“履虽鲜”二句：鞋子即使是新的也不能放在枕头上，帽子不管怎么破旧也不能做鞋垫。鲜，光鲜，新美。

敝，破败。苴（jū），鞋垫。 ⑳⑧礼貌之：加礼容而敬之。 ⑳⑨有过：有罪。 ㉑⓪系绁（xiè）：以绳捆绑。 ㉑①输之司寇，编之徒官：押送到管理刑徒的司寇官府，编入官府的刑徒中。 按：汉无司寇之官。汉有都司空令、左右司空令，均是管徒隶役作之官。此处“司寇”与下文“司寇”，疑为“司空”之误。 ㉑②詈（lì）：骂。 搒（péng）笞：用棍子或竹板打。 ㉑③殆非所以令众庶见也：大臣受辱这样的事，恐怕是不应该让老百姓看到的。 ㉑④非所以尊尊、贵贵之化也：这不利于尊重高官、礼敬显贵风气的形成。尊尊，尊重尊者。贵贵，礼敬贵者。 ㉑⑤坐不廉：因不廉洁而判罪。 ㉑⑥簠簋不饰：指代“不廉”的罪名。簠簋（fǔ guǐ），商周时盛食物之器。 ㉑⑦帷薄不修：指代“淫乱”的罪名。帷，帐幔。薄，帘子，用以遮隔内外。 ㉑⑧罢软：疲弱无能。罢，通“疲”。 ㉑⑨下官不职：下属官吏不称职。 ㉒⓪贵大臣：在高位的大臣。 ㉒①未斥然正以呼之：不直接说出大臣所犯罪行。 ㉒②在大谴、大何之域者：罪在严厉训斥范围的大臣。何，通“呵”，斥责。 ㉒③“闻谴”三句：知道犯了重罪的大臣，就身穿丧服，戴白帽悬挂牦缨，带着盛水的盘和佩剑，自己来到官员请罪的请室，接受处置。白冠牦缨，古代出丧时所用之冠。牦缨，以牦牛尾作缨。盘水加剑，古代请罪的一种形式。在盛水的盘上放一把剑，盘水平。喻君以平法治罪。盘上加剑，表示自己有罪，请求准予自刎。 ㉒④上：指皇帝。 不执缚系引而行：不去捆绑拘牵而来。 ㉒⑤自弛：言自毁容貌，以表示认罪。 ㉒⑥颈戾而加：刀架在脖子上，即砍头。 ㉒⑦跪而自裁：听到了判有重罪的官员，就面朝北跪拜两次，而后自杀。自裁，自杀。 ㉒⑧捽抑：揪住头发按着头。 刑之：对他动刑。 ㉒⑨子：古时对男子的美称。 ㉓⓪憙：读“喜”。自憙，自爱。 ㉓①婴以廉耻：君王用廉耻约束臣子。婴，约束。 ㉓②人矜节行：臣子用气节品行报答君王。 ㉓③化成俗定：教化成，风俗定。 ㉓④托不御之权：委托臣治国大权，可以不必监管。御，驾驭，控制，监管。 ㉓⑤寄六尺之孤：可以把未成人的君位继承人交给大臣辅佐。六尺之孤，指尚未成人的幼主。 ㉓⑥厉：通“励”，鼓励。 ㉓⑦丧：失。 ㉓⑧“此之”句：放着这样的事不做，却长期地实行杀辱大臣的错误办法。 ㉓⑨卒无事：终于没有罪。 ㉔⓪讥上：讥喻皇上。

【译文】

梁国太傅贾谊向汉文帝上疏说：“我私下认为，现在的局势，应该为之痛哭的，有一项；应该为之流涕的，有两项；应该为之大声叹息的，有六项；至于其他违背情理而伤害原则的事情，很难在一篇上疏中一一列举。那些向皇上进言的人都说‘现在天下已经安定了，已经治理得很好了’，唯独我认为没有达到那种境界。那些说天下已经安定大治的人，不是愚蠢无知，就是阿谀逢迎，都不是真正了解什么是治乱大体的人。有人抱来火种放在堆积的木柴之下，自己睡在这堆木柴之上，火还没有燃烧起来的时候，他便认为这是安宁之地；现在国家的情况，与此有什么不同？皇上为什么不让我在您面前详细地说明这一切，从而提出使国家真正大治大安的方案，以供皇上仔细斟酌选用呢？

"假如我所提的治世方法，需要劳神苦思，摧残身体，影响享受钟鼓所奏音乐的乐趣，可以不加采纳；我的治国方略，能保证使皇上所享受的乐趣不受影响，却可以带来封国诸侯各遵法规，战争不起，匈奴归顺，百姓温良朴素，皇上在世时被称为明君，死后成为明神，美名佳誉永垂青史，使您的顾成庙被尊称为太宗，得以上配太祖共享祭祀，与大汉天下永存，创设准则，标立纲纪，成为万世的法度；即便是后世出现了愚鲁、幼稚、不肖的继承人，由于他继承了您的大业和福气，仍可以安享太平。凭皇上的精明练达，再使稍微懂得治国之道的人能够辅佐您，要达到这一境界，并不困难。

"封立的诸侯王过于强大，就必定产生君臣上下相互猜疑的形势，封王多次遭受祸殃，皇上经常为此担忧，这根本就不是安定君主、保全臣子的好办法。现在有的诸侯王，本是皇上的亲弟弟，却图谋称东帝；有的本是皇上的亲侄子，却要发兵向西攻打京师；最近又有人检举吴王要图谋不轨了。现在，皇上正当壮年，朝政没有过失，恩德有加，他们还做出这般事情，更何况那些最大的诸侯王国，权力比上述几个诸侯王要大十倍以上呢？

"但是，现在天下却基本安宁，这是为什么呢？是因为许多大国的封王年龄还小，不到成人的时候，汉朝廷所任命的太傅、丞相正控制着王国的权力。再过几年，封立的诸侯王基本都成人，血气方刚，朝廷所任命的太傅、丞相只能称病辞职而被罢免，诸侯王在封地内，县丞、县尉以上的官员都是他所安置的私人党羽，到了这种地步，他们还会做出不同于淮南王、济北王谋反的事情来吗？那时要想使国家长治久安，就是像尧和舜那样的圣人，也无法做到。

"黄帝说：'中午阳光最好的时候，一定要晒东西！手中握有利刃的时候，就要不失时机地宰杀牲畜。'现在如果按照这一原则行事，要保全臣子、安定君主很容易做到；如果不早采取措施，等到骨肉之亲已犯罪，再去诛杀他们，这难道与秦朝末年君臣兄弟相互残杀有什么不同吗？那些自恃强大而谋反的异姓诸侯王，汉朝廷已幸运地战胜了他们，却又不改变异姓王所以能够造反的客观条件；同姓诸侯王也会仿效他们而图谋叛乱，这已有征兆了，其形势又同以前一样。祸患的变化，不知道将来是个什么样子，像如此英明的皇帝在位都不能平安，保证社会安定，后世又会怎么样呢？

“我私下追寻前事的踪迹，大体上是势力强大的诸侯王先造反。长沙王国只有二万五千户百姓，在高祖封立的功臣王中，长沙王吴芮功劳小，但他的封国保存最完整，与朝廷的关系疏远，但却最忠心。这不仅因为吴芮的为人与其他诸侯王不同，也是国小势弱这种客观形势使他这样的。假如当初让樊哙、郦商、周勃、灌婴各自占据数十城的封地而称王，到今天很可能已经被亡国灭族；假如让韩信、彭越一类的人物，受封为彻侯而安居，他们得以保全至今，也是可能的。那么，治理天下的根本大计就可知了：要想使受封的诸侯王都忠于朝廷，最好的方法就是让他们都像长沙王那样国小势弱；要想使臣子不被诛杀而剁成肉酱，最好的方法就是让他们都像樊哙、郦商等人那样；要想使天下长治久安，最好的方法就是分封许多诸侯王国而削减每个王国的实际力量。王国势弱就容易约束诸侯遵守礼义，封地狭小诸侯就不会有野心。使全国的形势，如同身躯指挥胳臂，胳臂指挥手指，都能服从命令，诸侯王国的封君不敢产生异心，从四面八方一致听命于天子指挥。分割王国的封地，订立制度，把齐、赵、楚各分为若干个小国，使齐悼惠王、赵幽王、楚元王的后世子孙都按次序得到其祖先的一份封地，土地全部分割完毕为止；那些封地被划分为许多小国而国王的子孙很少的封国，先把分割的小国建立起来，暂时空悬封君之位，等生育了子孙之后，再让他们做先已建立的小国的封君；原属诸侯王国所有的每一寸土地、每一个百姓，天子都不贪图，这样做只是为了实现天下大治而已。如果做到这些，就是让婴儿做皇帝也会安宁无事，甚至于皇帝去世，只留下遗腹之子，群臣对先帝的衣物朝拜天下，也不会发生动乱。这样，皇帝在世时可以实现大治，后代人也会称颂圣明。皇上是怕谁而迟迟不这样办呢？

“目前天下的形势，正如同一个人得了浮肿病一样，一只小腿几乎与腰一样粗，一个脚趾几乎与大腿一样粗，平常屈指伸腰的活动都不能如意，一两个脚趾抽痛，全身都无法应付。错过目前时机不给以医治，必定成为无法医治的顽症，以后，即便是有扁鹊那样的神医，也无能为力了。目前的病还不仅仅是得了浮肿，还遭受着脚掌反转不能行走的折磨。楚元王的儿子，是皇上的堂弟；可现在的楚王，却是皇上堂弟的儿子了。齐悼惠王的儿子，是皇上的亲侄子；可现在的齐王，却是皇上侄子的儿子了。与皇上血缘很亲近的人，有的还没有被封立为王，以稳定天下，而那些与皇上血缘很疏远的人，有的却已经手握大权，开始形成对天子的威胁了。所以，我才说国家形势的险恶，不仅仅如同人得了浮肿一样，还遭受着脚掌反转不能行走的折磨。我所说应该为之痛哭的，就是这个疾病。

“天下的形势，如同一个人正脚朝上、头朝下倒吊着一样。天子，是天下的头颅。为什么这样说？天子是尊贵的君王。被称为蛮夷的四方部族，是天下的双脚。为什么这样说？因为他们是卑贱的臣属。现在匈奴态度傲慢，侮辱朝廷，侵夺地方，劫掠人民，极为不敬。但是，汉朝廷却要每年向匈奴奉送黄金、丝绵和彩色的丝织品。双脚反而在上，头颅却在下面，这样倒吊着，谁也不能解救，国家到了如此地步，能说国家有贤人吗？这是值得人们为之流涕悲伤的。

“现在，皇上不去进攻强敌而去猎取野猪，不去捕捉造反的盗贼而去捕捉圈养的兔子，沉湎于精妙的娱乐之中而不考虑消除大患，威德声望本来可以远播，但现在距离长安只有数百里外的地方，朝廷的威望和政令就没有效力了。这又是值得为之流涕悲伤的事情。

“现在，平民居住的房屋，可以用皇宫的规格装饰墙壁；地位下贱的妓女戏子，可以用皇后的头饰来打扮自己。况且，皇帝自己身穿粗丝黑衣服，而那些富民却用华丽的绣织品去装饰房屋墙壁；天子的皇后用来加在衣领的边饰，平民的小妾却用来装饰鞋子。这就是我所说的悖乱。如果一百个人生产出来的丝绵绸缎满足不了一个富人穿用，要想使天下人不受寒冷之苦，怎么能办到呢？一个农夫耕作，却有十个人聚来分食，要想使天下人不受饥挨饿，是不可能的；天下百姓饥寒交迫，要想使他们不做奸邪的事情，是不可能的。这是应该为之深深叹息的。

“商鞅抛弃礼义和仁爱恩惠，心思全在于进取；他的新法在秦国推行了两年，使秦国的风俗日益败坏。所以，秦国的人，家中富有的，儿子长大成人就与父母分家；家庭贫穷的，儿子长大后就出去当卑贱的赘婿；儿子借农具给父亲，脸上就显示出施恩的表情；母亲来拿簸箕扫帚，立即遭到责骂；儿媳抱着怀中吃奶的婴儿，竟面对公爹叉腿而坐；媳妇与婆婆关系不好，就公开争吵。秦人只知慈爱儿子、贪求财利，这与禽兽已经没有多少差别了。直到现在，秦人的这种残余风俗还没有改变，抛弃礼义，不顾廉耻的风俗，一天比一天严重，可以说是每月都在发展，每年都有不同。人们在做某件事情之前，并不考虑它是否应该做，而只考虑能不能获取利益。现在，甚至已有子弟杀其父兄的了。而朝廷大臣只把郡县地方官员不在规定期限内向朝廷上交统计文书作为重大问题，对于风俗的恶化、世风的败坏，却安然不觉惊怪，耳闻目睹都不能引起注意，认为那是理所当然的事情。移风易俗，使天下人回心归向正道，这不是庸俗的官吏所能做到的。庸俗的官吏只能做一些处理文书档案的工作，而不知道治国的大体。皇上自己又不忧虑这些问题，我私下为皇上感到惋惜！怎么不现在就确定根本制度，使君王像君王，臣子像臣子，上上下下各有等级，秩序井然，使父子六亲各自得到他们应有的地位呢？这一制度一确立，后世子孙就可以久安，而后代君王就有了可以遵循的准则了。如果不确立根本制度，就如同横渡江河却没有缆绳和船桨一样，行船到江河中心遇到风波，就一定会翻船。这是值得深深叹息的。

“夏朝、商朝、周朝的天子尊位都传袭了几十代，秦的统治却到二世而亡。人性相差并不很大，为什么夏、商、周三代的君王有道而维持了长期的统治，秦无道而十分短促呢？这个原因是可知的。古代英明的君王，在太子诞生时，就按照礼义对待他，有关官员衣冠整齐，庄重肃穆，到南郊举行礼仪，沿途经过宫门就下车，经过宗庙就恭敬地小步快走，所以，太子从婴儿时起，就已经接受了道德礼义的教育。到了太子儿童时期，略通人事，三公、三少等官员用孝、仁、礼、义去教育他，驱逐奸邪小人，不让太子见到罪恶的行为。这时，天子从天下臣民中审慎地选择为人正直、孝顺父母、爱护兄弟、博学多识而又通晓治国之术的人拱卫、辅佐太子，使他们与太子相处，一起活动。所以，太子从诞生之时开始，所见到的都是正事，所听到的都是正言，所实行的都是正道，前后左右都是正人。一直与正人相处，他的思想言行不可能不正，就好像生长在齐国的人不能不说齐国方言一样；经常与不正的人相处，就会变成不正的人，就像生长在楚地的人不能不说楚地方言一样。孔子说：‘从小养成的就如同天性，习惯就如同自然。’学习礼义与开发智力同步进行，一起增长，所以无论如何切磋都无愧于心；接受教化与思想见解一起形成，所以道德礼义观念就如同天生本性一样。

“夏、商、周三代所以能够长期维持统治，其原因就在于有教育、辅佐太子的这套制度。到秦朝局面就全变了，秦始皇派赵高做胡亥的老师，教他学习断案判刑，胡亥所学到的，不是斩首、割人鼻子，就是灭人家的三族。胡亥头天当了皇帝，第二天就用箭射人，把出于忠心进谏的人说成是诽谤朝政，把为国家深谋远虑的人说成是妖言惑众，把杀人看作像割草一样随便。难道这仅仅是因为胡亥天性凶恶吗？是由于赵高诱导胡亥学习的内容不符合正道。民间俗语说：‘前车之覆，后车之戒。’秦朝所以很快灭亡，覆车的辙迹是可见的；但如不避开，后车又将倾覆。天下的命运，决定于太子一人，要使太子成为好的继承人，在于及早进行教育和选择贤人做太子的左右亲随。当童心未失时就进行教育，容易收到成效；使太子知晓仁义道德的要旨，是教育的职责；至于使太子在习惯中养成善良的品行，就是他的左右亲随的职责了。北方的胡人和南方的越人，刚出生时的哭声一样，吃奶的欲望和嗜好也没有什么不同，等到长大之后，形成了不同的风俗习惯，各操自己的语言，虽经多重翻译都无法相互交谈，有的人宁可死也不愿互相改变。出现这样大的差异，完全是教育和习惯所形成的。所以，我才说为太子选择左右亲随、及早进行教育是最为紧迫的事情。如果教育得当而左右都是正直的人，那么太子就正直了。太子正直，天下就可安定了。《周书》上说：'天子一人善良，天下百姓全都仰仗他。'教育太子是当务之急。

"一般人的智力，能认识已经发生的事情，不能认识将要发生的事情。礼义的作用在于将某一行为在它即将发生之前给以制止，法律则是对已经发生的行为进行惩罚。所以，法律的作用易见，而礼义的作用难知。用奖赏来奖励善行，用刑罚来惩治罪恶，先王推行这样的政治，坚定如金石；实施这样的法令，准确无误如春、夏、秋、冬四季；有了这一公正的原则，政治才能像地载天覆一样无偏无私，怎能认为先王不使用奖赏和刑罚呢？然而，人们一再称赞的礼义，可贵之处在于能将罪恶杜绝在尚未形成之前，从细微之处推行教化，使天下百姓自己不知不觉地日益趋向善良、远离罪恶。

"孔子说：'审理讼案，我与别人一样；然而我一定要使讼案不发生！'为君王出谋划策，首先应当审定选择什么、抛弃什么，取舍标准在内心中确立，相应的安危后果就会表现于外。秦始皇想尊奉宗庙，安定子孙后代，这与商汤和周武王是相同的。但是，商汤、周武王广泛推行德政，他们建立的国家得以保存了六七百年；秦始皇统治天下只有十多年就完全覆灭了。这里没有别的原因，就是因为商汤、周武王决定取舍很慎重，而秦始皇决定取舍不慎重。国家政权，本来就是一个大器物，现在人来安置器物，把它放在安全的地方就安全，放在危险的地方就危险。治理国家的情况，与放置器物没有什么不同，关键就在于天子把它安置在什么地方。商汤、周武王把天下安置在仁、义、礼、乐之上，子孙相传数十代，这是天下人所共知的；秦始皇把国家安置于法令、刑罚之上，几乎祸及自身，而子孙被灭绝，这是天下人有目共睹的。这不是充分证明了取舍不同，后果就明显不同吗？

"有人这样说：'要判断某人所说的道理正确与否，必须观察事实，那样，说话的人就不敢胡言乱语了。'现在，有人说，治理国家，礼义不如法令，教化不如刑罚，君王为什么不拿商朝、周朝、秦朝盛衰兴亡的事实去观察、分析呢？君王的尊贵，好比大堂，群臣好像堂下的台阶，百姓如同平地。所以，如果有九层台阶，堂屋的边角远离地面，那么，堂屋就显得很高大；如果台阶没有层，堂屋的边角接近地面，堂屋就很低矮。高大的堂屋难以攀登，低矮的堂屋就容易受到人的践踏，情势就是这样。所以，古代明君设立了等级序列，朝内有公、卿、大夫、士，朝外有公、侯、伯、子、男等封爵，下面还有官师、小吏，一直到普通百姓，等级分明，而天子凌驾于这个等级序列的顶端，所以，天子的尊贵是高不可攀的。

"俗语说：'欲投鼠而忌器。'这是一个很好的比喻。老鼠靠近器物，人们尚且怕砸坏器物而不敢扔东西打它，更何况对于那些接近皇帝的亲贵大臣呢？君王用廉耻礼义来约束君子，所以对大臣可以命令他自杀而不能刑杀和侮辱。正因为如此，刺面的黥刑、割鼻子的劓刑都不施加到大夫身上，因为他们就在君王身边。按照礼的规定：臣子不敢察看为君王驾车的马的年龄，用脚践踏了为君王驾车的马所吃的草料，就要接受惩罚，这样做是为了及早防止臣下对君王有不敬行为。现在诸侯王、列侯、三公这些高级官员，都是天子要改容礼待的人物，相当于古代天子所称的伯父、伯舅；而现在却使他们与平民百姓一样接受刺面、割鼻、剃须发、断脚、笞打、辱骂、斩首示众等刑罚，这样不正如同堂屋没有台阶了吗！遭受诛杀凌辱的人不是太靠近皇帝了吗？不提倡廉耻，那些手握大权的大臣，不是就要虽有朝廷大员的地位却像刑徒罪犯那样毫无羞耻之心了吗？望夷宫事变，秦二世被判重罪，就是投鼠而不忌器的结果。

"我听说：鞋子不管怎样光鲜，都不能放在枕头上；帽子不管怎样破旧，都不能用来垫鞋底。如果一个人，曾经出任过高级官员，天子曾庄重地对他以礼相待，吏民曾对他俯伏表示敬畏，现在他有了过失，皇上免去他的官职是可以的，斥退也可以，命令他自杀也可以，诛灭也可以。如果皇上下令让人用绳子把他捆绑起来，押送到管理刑徒的官府，罚他做官府的刑徒，管理刑徒的小吏可以对他责骂笞打，这些恐怕是不应该让百姓见到的。如果卑贱的人熟知达官贵人一旦犯罪被贬责，我也可以对他进行凌辱，这是不利于提倡尊重高官、礼敬显贵的。

"古代大臣有因为不廉洁而被罢废的，不说他是不廉洁，而说是他'簠簋不饰'；有犯了污秽淫乱、男女杂居罪名的，不是说他淫秽，而是说他'帷薄不修'；有因为软弱无能不能胜任的，不是说他软弱无能，而是说他'下官不职'。所以，显赫的大臣即使是确实犯了罪，仍不直接点破他所犯的罪过，而是迁就他，为他避讳。所以，那些罪在严惩、斥问范围的大臣，听到严惩斥问就身穿丧服，白帽悬挂牦缨，带着盛水的盘和佩剑，自己来到专用于官员请罪的请室，接受处置，君王并不派人去捆绑牵引他。其中有犯了中等罪行的，听到了判决罪名就自杀，君王不派人割他的脖子。犯有大罪的，听到判决旨意之后，就面向北方叩拜两次，跪着自杀，君王不派人揪着他的头发斩下首级。君王可以说：'您自己犯有过失，我对您是以礼相待的。'君王对臣以礼相待，群臣就会自爱；君王以廉耻约束臣子，臣子就会重视气节品行。如果君王以廉耻、礼义对待臣子，而臣子却不用气节品行报答君王，那他就不像个人了。这种习俗如果蔚成风气，那么，做臣子的都只考虑操行，而不去考虑利益，坚守气节而尊重大义，所以，君王可以放心地委托臣子掌管治国大权，可以把尚未成人的君位继承人托付给大臣辅佐，这就是推行廉耻、提倡礼义带来的结果，君王有什么损失？放着这样的事情不做，却长期地实行杀辱大臣的错误办法，所以我说，这是值得哀叹的。"

贾谊是因绛侯周勃先前被逮捕下狱，直到最后也没有查出罪证，所以用这样的话来讽劝汉文帝。汉文帝认真地采纳他的建议，注意用礼义气节对待臣下。从此之后，大臣犯罪，全都自杀，不受刑杀的凌辱。

【原文】

七年（戊辰，前173）

冬，十月，令列侯太夫人、夫人、诸侯王子及吏二千石无得擅征捕[①]。

夏，四月，赦天下。

六月，癸酉[②]，未央宫东阙罘罳灾[③]。

民有歌淮南王[④]者曰："一尺布，尚可缝；一斗粟，尚可舂；兄弟二人不相容[⑤]！"帝闻而病[⑥]之。

八年（己巳，前172）

夏，封淮南厉王子安等四人为列侯[⑦]。贾谊知上必将复王之也[⑧]，上疏[⑨]谏曰："淮南王之悖逆无道，天下孰不知其罪[⑩]！陛下幸而赦迁之，自疾而死，天下孰以王死之不当！今奉尊罪人之子，适足以负谤于天下耳[⑪]。此人少壮[⑫]，岂能忘其父哉！白公胜所为父报仇者，大父与叔父也[⑬]。白公为乱，非欲取国代主，发忿快志[⑭]，剡手以冲仇人之匈[⑮]，固为俱靡而已[⑯]。淮南虽小，黥布尝用之矣[⑰]，汉存，特幸耳。夫擅仇人[⑱]

足以危汉之资，于策不便。予之众，积之财，此非有子胥、白公报于广都[19]之中，即疑有专诸、荆轲起于两柱之间[20]，所谓假贼兵[21]，为虎翼[22]者也。愿陛下少留计[23]！”上弗听。

有长星[24]出于东方。

九年（庚午，前171）

春，大旱。

十年（辛未，前170）

冬，上行幸甘泉[25]。

将军薄昭杀汉使者。帝不忍加诛，使公卿从之饮酒。欲令自引分[26]，昭不肯；使群臣丧服往哭之，乃自杀。

臣光曰：李德裕[27]以为：“汉文帝诛薄昭，断则明矣[28]，于义则未安[29]也。秦康送晋文，兴如存之感[30]；况太后尚存[31]，唯一弟薄昭，断之不疑，非所以慰母氏之心也。”臣愚以为法者天下之公器，惟善持法者，亲疏如一，无所不行[32]，则人莫敢有所恃而犯之也。夫薄昭虽素称长者[33]，文帝不为置贤师傅而用之典兵[34]；骄而犯上，至于杀汉使者，非有恃而然乎[35]！若又从而赦之，则与成、哀之世何异哉[36]！魏文帝尝称汉文帝之美，而不取其杀薄昭[37]，曰：“舅后之家，但当养育以恩而不当假借以权，既触罪法，又不得不害[38]。”讥文帝之始不防闲昭[39]也，斯言得之矣。然则欲慰母心者，将慎之于始乎！

（以上为第八段，写公元前173年至公元前170年四年史事，写梁国太傅贾谊上书汉文帝刘恒，劝阻其封淮南厉王的儿子刘安等四人为列侯；汉文帝舅舅、将军薄昭杀了朝廷的使者，汉文帝逼其自杀。）

【注释】

①列侯太夫人：列侯之妻称夫人，侯死，嗣侯者之母称太夫人。 无得：不得，不能。 擅征捕：擅自征发捕人。 ②癸酉：六月初二日。 ③罘罳（fú sī）：设在宫阙上交疏透孔的窗棂。 灾：失火。 ④淮南王：指淮南王刘长。文帝之弟。 ⑤“一尺布”等五句：淮南王死后，其地流传了这首政治民谣。意思是，一尺布，一斗粟，兄弟尚可共衣食；而以天下之广，兄弟间却不相容。讽喻汉文帝拥有天下却容不下一个弟

弟。 ⑥病：忧虑。 ⑦安等四人为列侯：汉文帝列淮南王领地为四，封其四子为列侯。安封阜陵侯，勃封安阳侯，赐封阳周侯，良封东城侯。 ⑧复王之也：恢复淮南国地方的王爵。 ⑨上疏：上奏谏疏。此疏史称《谏立淮南诸子疏》。 ⑩天下孰不知其罪：天下尽知淮南王之罪。孰，谁。孰不知，没有谁不知。 ⑪“今奉尊”两句：现在奉尊淮南王刘长之子为王，恰要承受诽谤汉朝枉杀刘长之名。负谤，承受诽谤。 ⑫少壮：指刘安兄弟年少气盛。 ⑬“白公胜”二句：春秋时楚平王之孙，其父太子建被害，后乃为父报仇。起兵针对其祖父楚平王，以及楚平王继任者叔父楚昭王等。大父，祖父。⑭发忿快志：发泄怒火，实现报复愿望。 ⑮剡手以冲仇人之匈：亲手把利刃插入仇人的胸膛。剡（yǎn），削尖，引申为利剑、利刃。匈，通“胸”。 ⑯固为俱靡而已：本是要同归于尽罢了。俱靡，一起糜烂，同归于尽。 ⑰黥布尝用之：黥布曾凭借淮南反叛汉朝，事见本书第十二卷汉高帝十一年。 ⑱擅仇人：让仇人据有。擅，占有。主动让仇人占有，就是送给仇人。 ⑲广都：大都。 ⑳专诸：春秋时人，受吴国公子光之命刺杀吴王僚。 荆轲：战国末年人，受燕太子丹之托，行刺秦王政未遂。 两柱之间：指殿堂。 ㉑假贼兵：把兵器借给盗贼。 ㉒为虎翼：替老虎插上翅膀。 ㉓少留计：稍加考虑。 ㉔长星：流星。流光似长线。 ㉕甘泉：宫名。在今陕西淳化西北。 ㉖引分：犹言“引决”，自杀。 ㉗李德裕：字文饶。中唐时官至丞相，力主削弱藩镇。在唐朝牛李党争中，为李党首领，遭牛党打击，被贬而死，《旧唐书》《新唐书》有传。 ㉘断则明矣：果断英明。 ㉙于义则未安：亲情大义却受到损害。 ㉚“秦康”两句：秦康，指秦康公，其母为晋文公之姐，晋文公是其舅。晋文，指晋文公重耳，晋君，春秋五霸之一。在晋国内乱之时，重耳流亡诸侯十九年，后借秦兵之力回国为君。秦兵送重耳回国，其时秦康公为太子，送重耳于渭之阳，思念已亡的生母，见到舅氏心里产生了如母犹存的感情。 兴如存之感：思念情绪发生好似母亲尚存的感情。 ㉛太后尚存：太后健在。太后，薄太后，薄昭之姐，薄昭是文帝之舅。 ㉜无所不行：不论什么情况都一样处理。 ㉝素称长者：向来是一个谨厚的人。 ㉞典兵：掌管军队。 ㉟非有恃而然乎：难道不是有恃无恐所致吗？ ㊱则与成、哀之世何异哉：那与后来的汉成帝、汉哀帝时纲纪废弛的局面有什么两样？ ㊲“魏文帝”二句：魏文帝曹丕曾称赞汉文帝的美德，却不赞成他杀薄昭。 ㊳不得不害：不得不按法律论处。害，加害，处死。 ㊴文帝之始不防闲昭：汉文帝不及早限制薄昭生出的事。 防闲：防，堤，用以制水；闲，阑，用以制兽。引申为防备和禁阻。

【译文】

汉文帝前元七年（戊辰，前173）

冬季，十月，汉文帝下令规定：对列侯的母亲、夫人、诸侯王的儿子以及二千石以上的官吏，不经批准，不得擅自逮捕。

夏季，四月，实行大赦。

六月初二，未央宫门前东阙上的楼阁以及两旁楼道都发生火灾。

民间传唱着有关淮南王刘长的歌谣："一尺布，尚可缝；一斗粟，尚可舂；兄弟二人不相容！"汉文帝听了感到非常不安。

汉文帝前元八年（己巳，前172）

夏季，汉文帝封淮南厉王的儿子刘安等四人为列侯。贾谊知道汉文帝一定要重立淮南国，就上书进谏，说："淮南王刘长悖逆无道，天下臣民谁不知道他的罪恶！皇上免其死罪而流放他，这已经是他的幸运了，他自己得病而死，天下臣民谁不说他该死！现在尊奉罪人的儿子，恰恰会导致朝廷承担毁谤之言。刘安等人年岁渐长，怎能忘记他们的父亲呢？春秋时期楚国的白公胜为了给父亲报仇，报复的对象是他的祖父和叔父。白公发起叛乱，并不想取代君王占有楚国，只是想发泄怒火实现自己的愿望，敏捷地用手把利刃插入仇人的胸膛，本是要同归于尽而已。淮南地虽小，但黥布曾用它起兵争夺天下，汉朝廷能够战胜他，只是天幸。给予仇人足以危害朝廷的资本，这个决策并不高明。给予他们大量积蓄的资财，他们不是像伍子胥、白公胜那样在广阔的都市复仇，就可能像专诸、荆轲那样在朝廷之上行刺。这就是所说的给盗贼送上兵器，给猛虎添上翅膀。希望皇上考虑！"汉文帝没有听从他的话。

有彗星出现在东方。

汉文帝前元九年（庚午，前171）

春季，发生大旱灾。

汉文帝前元十年（辛未，前170）

冬季，汉文帝刘恒去往甘泉宫。

将军薄昭杀了汉朝廷的使者。汉文帝不忍心以国法杀他，就派公卿去与他喝酒，想让他自杀，薄昭却不肯自杀；汉文帝又派群臣穿着丧服，到他家中大哭，薄昭才自杀。

臣司马光评论说：李德裕认为："汉文帝杀薄昭，确实很果断，但却有损于义。当年秦康公送晋文公返国时，曾发出这样的感叹：见到舅父，似乎母亲仍然在世一样。何况当时汉文帝的母亲薄太后还健在，她只有这一个弟弟薄昭，汉文帝杀薄昭毫不留情，这不是孝顺母亲的做法。”我却认为，法律是天下共同遵守的准绳，只有善于运用法律的人，不分关系亲疏，无所回避，这样才能使所有的人都不敢依仗有人撑腰而触犯法律。薄昭虽然素来被称为长者，汉文帝不为他选择贤人做师傅去约束他，却任用他掌握兵权；他骄横犯上，以至于敢杀朝廷使者，不是依仗有人撑腰而如此大胆吗？假设汉文帝赦免了他，那与后来成帝、哀帝时朝纲废弛的局面又有什么不同呢？魏文帝曹丕曾称赞汉文帝的美德，但却不赞成他杀掉薄昭，说：“对舅父的家人，皇帝应能让他们安享富贵，不应给他们干政的权力，既然违法犯罪，却又不得不按法律论处。”这是讽刺汉文帝不及早限制薄昭，才导致了以后的恶果，魏文帝的评论，是很正确的。由此看来，要想宽慰太后之心，还是从开始就谨慎地行事吧！

【评析】

贾谊论

贾谊，是西汉时期不可多得的杰出的治国谋臣，“贾生才调世无伦”。可惜的是，才不尽用，年纪轻轻就忧伤而死，这不仅是贾谊个人的悲剧，也是汉朝国家的悲剧。“少年倜傥廊庙才，壮志未酬事堪哀。”

在汉文帝刘恒时代，贾谊应时而出，年少而有才华，锐于进取，二十一岁时就为汉朝博士，每逢皇帝出题讨论时，他都有精辟见解，应答如流，汉文帝非常欣赏，破格提拔，一年之内便升任为太中大夫，离公卿之职还差一点点。汉文帝还想任命他为公卿，但遭到一班老臣的诋毁和反对，认为贾谊是“年少初学，专欲擅权，纷乱诸事”。汉文帝屈从了老臣的意见，觉得这帮老臣可得罪不起，而得罪一个才子没有什么了不起的，就疏远贾谊，将其贬出朝廷。或许汉文帝也有保护贾谊的意思，让其远离京师。贾谊后来因为梁怀王堕马而死，伤心自责，忧郁而死，悲哉哀哉！

贾谊首先有一颗为国事操劳的赤诚之心，这是极为难能可贵的。纵观贾谊一生，在朝廷任职的时间不长，也就是数年，但他只要发现朝廷在政策举措上有问题，或是发觉社会上有弊端，都是大声疾呼，和盘托出，从来不怕得罪权贵，不怕引起皇上不满，因而也从不隐晦曲折，而是一吐为快，动人心弦。他敏锐地觉察到，当时汉朝在表面平静的形势下隐藏着各种矛盾，潜伏着各种社会危机。因此，贾谊大声疾呼：我看天下的形势，可为痛哭的有一个问题，可为流涕的有两个问题，可为长叹息的有六个问题，其他违法悖理的事情就更多了。一颗忧国忧民之心跃然纸上。后人评论说："贾谊言三代与秦治乱之意，其论甚美，通达国体，虽古之伊、管未能远过也。使时见用，功化必盛。为庸臣所害，甚可悼痛。"

其次，贾谊才华横溢，具有盖世文章盖世才。贾谊的政论文，如《过秦论》《论积贮疏》《陈政事疏》等，评论时政，风格朴实，议论酣畅，全面地阐述了深刻的政治思想和高瞻远瞩的治国方略，鲜明地体现了汉初知识分子积极用世的人生态度和昂扬向上的精神风貌，代表了汉初政论文的最高成就。他一方面吸取了战国时期的儒道法三家思想，而又密切关注"当今之务"，使其文具有适应时代需要而"经世致用"的特色，具有很强的针对性；另一方面，他继承了战国之文"敷张文辞"的写作手法，而又更加疏直激切，尽所欲言，说理透辟，逻辑严密，感情充沛，气势非凡，使其文具有将说理与情感、气势、形象相结合而耸人视听的特色，具有很强的感染力。鲁迅曾说，他与晁错的文章"皆为西汉鸿文，沾溉后人，其泽甚远"。毛泽东曾评论说，贾谊的《治安策》是"西汉一代最好的政论"。

最后，贾谊的上书、陈述，切中当时要害，具有很强的时代性，可谓治国之良策。例如，对于诸侯王的存在以及他们的企图叛乱，是危害汉朝政治安定的首要因素。他指出诸侯王的叛乱，并不是取决于是疏是亲，而是取决于"形势"，取决于他们力量的强弱，从而提出了"众建诸侯而少其力"的方针，在原有的诸侯王的封地上分封更多的诸侯，从而分散削弱他们的力量。诸侯王的封地，一代一代分割下去，愈分愈少，直到"地尽而止"，力量也就愈来愈削弱下去，无力造反了。后来，汉武帝就是采取这样的措施，削弱了诸侯王的力量，有效地解决了诸侯王的问题。再如，富商大贾与诸侯王相勾结，有恃无恐，僭越礼制，又要农民供给他们以奢侈的生活资料，因而导致了广大农民贫困不堪。因此，他主张重视农民，提倡俭约，反对奢侈之风。史学家班固曾评论说："追观孝文玄默躬行以移风俗，谊之所陈略施行矣。"王安石亦说："一时谋议略施行，谁道君王薄贾生？爵位自高言尽废，古来何啻万公卿！"其说虽然有些牵强和为汉文帝"贴金"，但说明贾谊的一些建议和主张，绝大部分得到汉文帝采纳，对汉朝的巩固和稳定起了极为重要的作用；有些主张虽然没有被采纳，但被后来的实践证明是正确的。

宋代文学家苏轼曾有著名的读史论文《贾谊论》，认为“贾生，王者之佐，而不能自用其才也。……贾生志大而量小，才有余而识不足也”。强调要“有所待”“有所忍”，要“自爱其身”，善于“自用其才”。其观点不可不谓新颖别致，也得到后人的欣赏和称赞，但立论实在是有些偏颇。首先，贾谊没有自用其才吗？不是。贾谊对于自己的才华，在有限的时空里，可以说是进行了超常的发挥，十数篇上书，可谓不遗余力，针砭时弊，针针见血！其次，贾谊是“志大而量小”吗？不是。贾谊的“志大”是事实，“量小”则未必。他的忧伤过度，则是表现了他对国事的关切，对梁怀王堕马而死的自责，他心中只有国家和君王，这难道说是气量狭小吗？这实在是心胸宏大啊！相反，如果贾谊是只顾自己，受到一些挫折，就一蹶不振，吃饱了饭倒头便睡，不问世事和他人，还会得忧郁之症吗？最后，贾谊是“见识不足”吗？忍耐就能成就大事吗？显然不是。贾谊遇上了不温不火的汉文帝，既是有幸，也是不幸，即使是再等待十年八年，即使是那些老将都离世而去，汉文帝还是汉文帝，他的性格就能改变吗？他能够大刀阔斧地起用贾谊而大力改革弊政吗？未必如此。他后来召见贾谊，向贾谊询问鬼神之事，不自知膝之前移，自以为过之，还是感觉到不如贾谊，他的心中哪有改革之事、民生之事？李商隐有诗讥讽说：“宣室求贤访逐臣，贾生才调更无伦。可怜夜半虚前席，不问苍生问鬼神！”如此汉文帝，还能指望他在改革上有什么大作为？而秦朝的商鞅能够大刀阔斧地推行改革，是等来的吗？是忍耐出来的吗？是待时了吗？是秦孝公在大力支撑他啊！可见，“忍耐”“待时”之说，作为一般的道理来说，是可行的，但用在贾谊身上，则是非常不妥的！

卷第十五 汉纪七

汉文帝前元十一年至汉景帝前元二年（前169—前155）

【起玄黓涒滩（壬申，前169），尽柔兆阉茂（丙戌，前155），凡十五年】

【大事提要】

本卷记事起于公元前169年，到公元前155年，凡十五年，当为汉文帝（刘恒）前元十一年至汉景帝（刘启）前元二年。本卷所载的大事，主要是以下几个方面：其一，宽刑减租。公元前169年，汉文帝刘恒在废除连坐法的基础上，废除肉刑，改为处以笞刑。汉文帝曾两次“除田租税之半”，即租率由十五税一减为三十税一，成为汉代定制。公元前167年，还全部免去田租。对成年男子徭役，减为每三年服役一次。其二，众建诸侯。谋臣贾谊上《治安策》，提出众建诸侯的建议，汉文帝刘恒十分欣赏，耐心等待时机予以实施。公元前164年，齐文王刘则去世，无子嗣位，汉文帝趁机将最大的齐国分为六国；封刘长的三子刘安、刘勃、刘赐为王，将其国一分为三，以削弱诸侯。其三，募民实边。公元前158年，军臣单于绝和亲之约，对汉朝发动战争。汉文帝刘恒排兵布将，抵御匈奴。匈奴见汉军加强了守备，遂退出塞外。汉军也罢兵撤警。而后，实行“募民实边”策略，在边地建立城邑，招募内地人民迁移边地，一边种田，一边备胡。其四，刘恒去世。公元前157年，汉文帝刘恒去世，享年四十七岁。群臣上庙号为太宗，谥号孝文皇帝，葬于霸陵。刘恒在位二十三年，车骑、服御之物都没有增添，禁止郡国贡献奇珍异宝，平时穿戴简陋，为自己预修陵墓也要求从简，一生都注重简朴，为世人称道。其五，刘启即位。公元前157年，太子刘启继承帝位，是为汉景帝。刘启为太子时，吴王刘濞太子刘贤入京，陪刘启喝酒下棋。两人博弈时，为棋路相争，刘贤态度不恭敬，刘启就拿起棋盘，打死了刘贤，汉文帝派人将其遗体送回吴国埋葬。从此，刘濞怨恨刘启。

【原文】

太宗孝文皇帝下

前十一年（壬申，前169）

冬，十一月，上行幸代[①]。春，正月，自代还。

夏，六月，梁怀王揖[②]薨，无子。贾谊复上疏[③]曰："陛下即不定制[④]，如今之势，不过一传、再传，诸侯犹且人恣而不制[⑤]，豪植而大强[⑥]，汉法不得行矣。陛下所以为藩捍及皇太子之所恃者[⑦]，唯淮阳、代二国耳[⑧]。代，北边匈奴，与强敌为邻，能自完则足矣[⑨]；而淮阳之比大诸侯，廑如黑子之著面[⑩]，适足以饵大国[⑪]，而不足以有所禁御[⑫]。方今制在陛下，制国而令子适足以为饵，岂可谓工[⑬]哉！

"臣之愚计，愿举淮南地以益淮阳，而为梁王立后[⑭]，割淮阳北边二、三列城与东郡以益梁。不可者，可徙代王而都睢阳[⑮]。梁起于新郪而北着之河[⑯]，淮阳包陈而南揵之江[⑰]，则大诸侯之有异心者破胆而不敢谋。梁足以捍齐、赵[⑱]，淮阳足以禁吴、楚[⑲]，陛下高枕，终无山东之忧[⑳]矣，此二世之利[㉑]也。

"当今恬然[㉒]，适遇诸侯之皆少[㉓]；数岁之后，陛下且见之矣。夫秦日夜苦心劳力以除六国之祸；今陛下力制天下，颐指如意[㉔]，高拱以成六国之祸[㉕]，难以言智。苟身无事，畜乱，宿祸[㉖]，孰视而不定[㉗]；万年之后[㉘]，传之老母、弱子，将使不宁，不可谓仁。"

帝于是从谊计，徙淮阳王武为梁王，北界泰山，西至高阳[㉙]，得大县四十余城。后岁余，贾谊亦死，死时年三十三矣。

（以上为第一段，写贾谊再次针对诸侯王强大不可制的情况上书，建议扩大淮阳国、梁国封地，以亲制疏，被汉文帝刘恒采纳；贾谊因梁怀王刘揖坠马而死，自认为没有尽到太傅职责，忧郁而死。）

【注释】

①上：指文帝。 代：王国名。都晋阳，在今山西太原西南。 ②梁怀王揖：文帝刘恒之子。其受封事，见本书卷第十三文帝二年。 ③复上疏：贾谊继《谏立淮南诸子疏》又上此疏，史称《请封建子弟疏》。两疏一是阻封，一是请封，情势相反。请封事加强亲子之国以为皇室屏藩。 ④不定制：不确立制度。定制，指定下封藩制度。 ⑤诸侯犹且人恣而不制：诸侯尚且各行其是不受朝廷节制。人恣，人人自恣。 ⑥豪植而大强

强：自矜挺立而太强。植，挺立。大，读“太”。句意谓扩张强大。 ⑦以为藩捍：皇上视为屏藩。 皇太子之所恃者：皇太子将能依靠的。 ⑧唯淮阳、代二国耳：只有淮阳国、代国两个罢了。淮阳王刘武、代王刘参，二王为文帝之子，太子之弟，故云所恃唯此二国。 ⑨能自完则足矣：能够自保就足够了。 ⑩“淮阳”二句：意谓淮阳王国与大的诸侯王国相比，犹如脸上的黑痣，小得很。黑子，黑痣。 ⑪适足以饵大国：恰恰成为诱使大国吞并的饲饵。 ⑫不足以有所禁御：不能够对大国有所牵制。禁御，封锁大国，牵制大国。 ⑬工：完善、精细，此指设计得好。 ⑭梁王：梁怀王刘揖，文帝之子。 立后：确定继承人。 ⑮睢阳：县名。县治在今河南商丘南。 ⑯新郪（qī）：县名。治所在今安徽太和北。 着之河：直达黄河。着，附着，连接。 ⑰陈：县名。县治在今河南淮阳。 揵：接。 江：长江。 ⑱捍齐、赵：抗拒齐、赵两国。捍，捍卫，抗拒，阻挡。 ⑲禁吴、楚：禁制吴国、楚国。 ⑳无山东之忧：没有崤山以东的忧患了。山东，崤山以东。 ㉑二世之利：可保两代皇帝的平安。二世，二代，指汉文帝及其太子继位两代。 ㉒当今恬然：现今安然无事。恬，安。 ㉓少：指各诸侯王年少。 ㉔颐指如意：以面颊表情示意指使他人，则所欲皆如意。即一切举动皆如人意。 ㉕“高拱”句：却高拱两手安坐，造成新的六国之祸。高拱，指无所作为。 ㉖畜乱，宿祸：蓄积祸乱。畜，通“蓄”。 ㉗孰视而不定：看到了危机却不去解决。孰，通“熟”。 ㉘万年之后：死的委婉说法。 ㉙高阳：小邑名。在今河南杞县西南。

【译文】

太宗孝文皇帝下

汉文帝前元十一年（壬申，前169）

冬季，十一月，汉文帝刘恒巡行代国；春季，正月，汉文帝自代国返回长安。

夏季，六月，梁怀王刘揖去世，他没有儿子。贾谊再次上疏说：“皇上如果不确立制度，从如今的趋势来看，封国不过传了一代或者两代，诸侯尚且各行其是不受朝廷节制，再扩张强大，朝廷的法度就没有办法实行了。皇上可以当作屏障和皇太子所能仗恃的，只有淮阳国、代国两个封国罢了。代国，北部与匈奴相接，与强敌为邻，能自我保全就足够了；淮阳国，与那些强大的诸侯国相比，仅仅像一个黑痣附着在脸上一样，它恰恰只能诱发大国吞并的欲望，而无力对大国有所牵制。现在封立王国的权力在皇上手中，却使自己儿子的封国小得只能做被人吞并的诱饵，怎么能说设计得好呢？

“我有个不成熟的想法，就是请皇上把原属淮南国的封地全部划归淮阳国，使淮阳国增大，并且为梁王立继承人，把淮阳北边的两三个城和东郡划归梁国，以扩大梁国的封地。如果不妥，可以把代王改封为梁王，而以睢阳为都城。梁国封地起于新郪而北面直达黄河，淮阳国的封地囊括了原来陈国的全境并且南部直达长江，那么，其他大诸侯国有二心的，也胆战心惊，不敢图谋反叛朝廷了。梁国足以阻止齐国和赵国，淮阳国足以禁制吴国和楚国，皇上可以垫高枕头安睡，再也没有对崤山以东的忧虑了。这可使两代帝王安享太平。

“现在安然无事，是因为恰巧诸侯王都还年幼，几年之后，皇上就会看见诸侯王带来的危机了。秦始皇日日夜夜苦心劳力以铲除六国之祸；而现在皇上牢牢地控制着天下，一举一动都能如意，却高拱两手安坐，造成新的六国之祸，就很难说您有智谋。即便是终您一生太平无事，但却留下了祸乱的根源，对这些危机早就看到了却不去解决，待您百年之后，把危机留给了年迈的老母、幼稚的弱子，使他们不得安宁，不能说您是仁者。”

汉文帝刘恒于是采纳了贾谊的计策，把淮阳王刘武改封为梁王，梁国封地北以泰山为界，西至高阳，共有大县四十多个。又过了一年多，贾谊死去了，死时年仅三十三岁。

【原文】

徙城阳王喜[①]为淮南王。

匈奴寇狄道[②]。

时匈奴数为边患，太子家令颍川晁错上言兵事[③]曰：“《兵法》曰：‘有必胜之将，无必胜之民。’繇此观之，安边境，立功名，在于良将，不可不择也。

“臣又闻：用兵临战合刃之急者三[④]：一曰得地形，二曰卒服习[⑤]，三曰器用利[⑥]。兵法：步兵、车骑、弓弩、长戟、矛铤、剑楯[⑦]之地，各有所宜；不得其宜者，或十不当一。士不选练，卒不服习，起居不精[⑧]，动静不集[⑨]，趋利弗及[⑩]，避难不毕[⑪]，前击后解[⑫]，与金鼓之指相失[⑬]，此不习勒卒之过也[⑭]，百不当十。兵不完利[⑮]，与空手同；甲不坚密[⑯]，与袒裼[⑰]同；弩不可以及远[⑱]，与短兵[⑲]同；射不能中[⑳]，与无矢同；中不能入，与无镞[㉑]同；此将不省兵之祸也[㉒]，五不当一。故《兵法》曰：‘器械不利，以其卒予敌[㉓]也；卒不可用，以其将予敌也；将不知兵，以其主予敌[24]也；君不择将，以其国予敌[25]也。’四者，兵之至要也[26]。

“臣又闻：小大异形，强弱异势，险易异备[27]。夫卑身以事强[28]，小国之形[29]也；合小以攻大，敌国[30]之形也；以蛮夷攻蛮夷，中国[31]之形也。今匈奴地形、技艺与中国异，上下山阪，出入溪涧，中国之马弗与[32]也；险道倾仄[33]，且驰且射，中国之骑弗与也；风雨罢劳[34]，饥渴不困，中国之人弗与也；此匈奴之长技也。若夫平原、易地，轻车、突骑[35]，则匈奴之众易挠乱[36]也；劲弩、长戟，射疏、及远[37]，则匈奴之弓弗能格[38]也；坚甲、利刃，长短相杂，游弩往来，什伍俱前[39]，则匈奴之兵弗能当也；材官驺发[40]，矢道同的[41]，则匈奴之革笥、木荐弗能支[42]也；下马地斗，剑戟相接，去就相薄[43]，则匈奴之足弗能给[44]也；此中国之长技也。以此观之，匈奴之长技三，中国之长技五。陛下又兴数十万之众以诛数万之匈奴，众寡之计，以一击十之术也。

“虽然，兵，凶器；战，危事也。故以大为小，以强为弱，在俯仰之间[45]耳。夫以人之死争胜，跌而不振[46]，则悔之无及也。帝王之道，出于万全。今降胡、义渠、蛮夷之属来归谊者[47]，其众数千，饮食、长技与匈奴同。赐之坚甲、絮衣、劲弓、利矢，益以边郡之良骑[48]，令明将能知其习俗、和辑其心者，以陛下之明约将之[49]。即有险阻，以此当之[50]；平地通道，则以轻车、材官制之；两军相为表里[51]，各用其长技，衡加之以众[52]，此万全之术也。”

帝嘉之，赐错书，宠答焉。

（以上为第二段，写太子家令晁错上书言事，详细分析匈奴与汉朝的强弱优劣，认为匈奴有三项优势，汉军有五项优势，利用已经归降的胡人，发挥他们的优势，以众击寡，攻打匈奴，万无一失。）

【注释】

①城阳王喜：刘喜，城阳王刘章之子、齐悼惠王刘肥之孙。②狄道：县名。县治在今甘肃临洮。③太子家令：官名，太子的属官。主管庶务。颍川：郡名。郡治阳翟，在今河南禹州。上言兵事：即《言兵事疏》，下文即是。④用兵临战合刃之急者三：在战场上与敌人交锋，最重要的事有三件。合刃，交兵，交锋。急，最紧急，最重要的事。⑤卒服习：士兵训练有素。⑥器用利：武器锋利。⑦鋋（chán）：铁把短矛。楯：通“盾”。⑧起居不精：谓行动不灵活。⑨动静不集：谓动作不一

致。 ⑩趋利弗及：有利时机抓不住，赶不及时。 ⑪避难不毕：应该避开危险而不能及时隐蔽。 ⑫前击后解：前军已与敌刀兵相击，后军却仍松松垮垮。解，通“懈”。 ⑬与金鼓之指相失：士兵不能随着鸣金击鼓进退。金，金钲，鸣金止众。鼓，击鼓前进。相失，不协调，不配合。指士兵不能配合指挥进退。 ⑭此不习勒卒之过也：这是没有严格训练军队的错误。习，训练。勒，严格要求。 ⑮兵不完利：兵器不齐备、不锋利。 ⑯甲：铠甲。 坚密：坚固。 ⑰袒裼：袒胸露体。 ⑱不可以及远：射不到远处。 ⑲短兵：短武器。 ⑳中：中的，射中目标。 ㉑镞：矢锋，箭头。 ㉒此将不省兵之祸也：这是将领不检查武器带来的祸害。省，省视，检查。 ㉓卒予敌：把士兵奉送给敌人。 ㉔主予敌：把君王送给敌人。 ㉕国予敌：把国家送给敌人。 ㉖兵之至要也：用兵的关键。 ㉗险易异备：对待险阻和平坦的地形，采取不同的对策。险，险阻。易，平坦。 ㉘卑身以事强：自我贬抑去事奉强国。卑身，放低身段。 ㉙形：表现的形象，即办法。 ㉚敌国：势均力敌之国。 ㉛中国：中原王朝，当时指汉朝。 ㉜弗与：不如。 ㉝险道倾仄：危险道路，倾斜路面。仄，古“侧”。 ㉞风雨罢劳：意谓敢冒风雨、不怕疲劳。罢，通“疲”。 ㉟平原：平坦原野。 易地：地势平缓。 轻车：轻便的战车。 突骑：突击的精锐骑兵。 ㊱桡乱：搅乱，冲乱。 ㊲射疏、及远：射得宽，刺得远。 ㊳格：抵挡。 ㊴什伍俱前：士兵按什伍编制统一进攻。古代军队编制，五人为伍，二伍为什。 ㊵材官：汉代能使用强弩的步兵。 驺发：发射特制的利箭。驺，利箭。 ㊶矢道同的：众箭射向同一目标。的，目标。 ㊷革笥：皮制的铠甲。 木荐：木制的盾牌。 弗能支：招架不住，抵挡不了。 ㊸去就相薄：谓近身搏斗。薄，迫。 ㊹足弗能给：脚力跟不上。 ㊺俯仰之间：低头仰头之间，喻瞬息之间。 ㊻跌而不振：失利之后就难以重振国威。跌，蹉跌、失利。 ㊼胡：指匈奴。 义渠：汉代西北地区的一个少数民族。 蛮夷：指南方的少数民族。 来归谊者：来归顺汉朝的。谊，同“义”。 ㊽益以边郡之良骑：增加边郡的精锐骑兵。 ㊾“令明将”三句：起用通晓兵法并了解蛮夷部族风俗、能笼络人心的将领，按皇上明确的约定统率他们。明将，通晓兵法的将领。和辑其心，笼络人心，使他们齐心一致。辑，通“集”，团结。 ㊿即有险阻，以此当之：有了险阻，就用这些民族战士冲锋陷阵。当，抵挡。 51两军相为表里：两支军队互相策应，互为表里。 52衡加之以众：再加上以众击寡。衡，同“横”，横生。再加上之意。

【译文】

汉文帝改封城阳王刘喜为淮南王。

匈奴侵犯陇西狄道。

当时，匈奴经常挑起边境战争，太子家令颍川人晁错向汉文帝上书，谈论战争问题说：“《兵法》说：‘有战无不胜的将军，没有战无不胜的民众。’由此看来，安定边境，建立功名，关键在于良将，不可不慎重地选择良将。

“我又听说：在战场上与敌人交锋，有三件最重要的事情：一是占据有利地形，二是士兵训练有素，三是武器精良。按照《兵法》所说，步兵、车骑兵、弓弩、长戟、矛铤、剑盾等不同的兵种和武器，分别适用于不同的地形，各有所长。如果战场地形不利于发挥军队和武器的长处，就可能出现十个士兵不如一个士兵的情况。士兵不经过挑选，军队缺乏训练，起居管理混乱，动静不一致，顺利进攻时跟不上，退避危难时不能一致行动，前军已经刀兵相接，后军却仍松松垮垮，士兵不能随着鸣金击鼓进退，这是没有训练军队的错误。这样的军队，一百个人不抵十个人用。士兵手中的兵器不齐备、不锋利，与徒手作战一样；将士身上的盔甲不坚固，与脱衣露体一样；弩箭射不到远处，与短兵器一样；射不中目标，与没有箭一样；箭虽然射中目标却射不进敌人身体，就与没有箭头一样。这是将领不检查武器导致的祸患。这样的军队，五个人不抵一个人用。所以，《兵法》说：‘器械不锋利，是把士兵奉送给敌人；士兵不听号令，是把统兵将领奉送给敌人；将领不懂兵法，是把他的帝王奉送给敌人；帝王不精心选择将领，是把国家奉送给敌人。’这四点，是用兵的根本。

“我又听说：在用兵时，依据交战双方国家大小不同、强弱不同和战场地形险峻平缓的不同，应采取不同的对策。自我贬抑，去事奉大国，这是小国应采取的方法；如果与敌方不分强弱，就应联合其他小国对敌作战；利用蛮夷部族去进攻蛮夷部族，这是中原王朝应该采取的战略。现在，匈奴的地形、军事技术与中原有很大不同：奔驰于山上山下，出入于山涧溪流，中原的马匹不如匈奴；在危险的道路上，一边策马奔驰一边射击，中原的骑射技术不如匈奴；不畏风雨疲劳，不怕饥渴，中原将士不如匈奴人；这是匈奴的优势。如果到了平原、地势平缓的地方，汉军使用轻车和骁勇的骑兵精锐，那么，匈奴的军队就很容易被打乱；汉军使用强劲的弓弩和长戟，箭能射得很远，长戟也能远距离杀敌，那么，匈奴的小弓就无法抵御；汉军身穿坚实的铠甲，手中有锋利的武器，长兵器与短兵器配合使用，弓箭手机动出击，兵按什伍编制统一进攻，匈奴的军队就不能抵挡；有勇力的弓箭手，以特制的好箭射向同一个目标，匈奴用皮革和木材制造的防御武器就会失效；下马在平地作战，剑戟交锋，近身搏斗，匈奴人的脚力就不如汉军。这是中原的军事优势。由此看来，匈奴有三项优势，汉军有五项优势，皇上又动用了数十万军队，去攻打只有数万军队的匈奴，从兵员数量计算，这是以一击十的战术。

“尽管如此，刀兵乃是不祥之物，战争乃是凶险之事，由大变小，由强变弱，瞬息之间就会发生。用士兵的生死去决定胜负，失利就难以重振国威，后悔都来不及了。英明的帝王在决策时，应立足于万无一失。现在已经归降朝廷的胡人、义渠、蛮夷等，部众达数千人，他们的饮食习俗、善于骑射的特长，都与匈奴一样。赐给他们坚固的铠甲、棉衣、强劲的弓、锋利的箭，再加上边境各郡的精锐骑兵，起用通晓兵法并了解蛮夷部族风俗习惯、能笼络其人心的将领，用皇上明确的约定统率他们。如果遇到险阻，就让这些人冲锋陷阵；在宽阔的平野，就用战车、步兵去制服敌人。两支军队互为表里，各自发挥他们的优势，再加上以众击寡，这是万无一失的战略。”

汉文帝很赞赏晁错的意见，赐给晁错一封复信，以表示宠信。

【原文】

错又上言曰[①]：“臣闻秦起兵而攻胡、粤者，非以卫边地而救民死也，贪戾而欲广大也[②]，故功未立而天下乱。且夫起兵而不知其势，战则为人禽[③]，屯则卒积死[④]。夫胡、貉[⑤]之人，其性耐寒；扬、粤[⑥]之人，其性耐暑。秦之戍卒不耐其水土，戍者死于边，输者偾于道[⑦]。秦民见行，如往弃市，因以谪发之[⑧]，名曰‘谪戍[⑨]’；先发吏有谪及赘婿、贾人[⑩]，后以尝有市籍[⑪]者，又后以大父母[⑫]、父母尝有市籍者，后入闾取其左[⑬]。发之不顺，行者愤怨，有万死之害而亡铢两之报[⑭]，死事之后，不得一算之复[⑮]，天下明知祸烈及已也。陈胜行戍[⑯]，至于大泽[⑰]，为天下先倡[⑱]，天下从之如流水者，秦以威劫而行之之敝也[⑲]。

“胡人衣食之业，不著于地[⑳]，其势易以扰乱边境，往来转徙，时至时去。此胡人之生业，而中国之所以离南亩[㉑]也。今胡人数转牧、行猎于塞下，以候备塞之卒[㉒]，卒少则入。陛下不救，则边民绝望而有降敌之心；救之，少发则不足，多发，远县才至，则胡又已去。聚而不罢[㉓]，为费甚大；罢之，则胡复入。如此连年，则中国贫苦而民不安矣。陛下幸忧边境，遣将吏发卒以治塞，甚大惠也。然今远方之卒守塞，一岁而更[㉔]，不知胡人之能[㉕]。不如选常居者家室田作，且以备之，以便为之高城深堑[26]；要害之处，通川之道，调立城邑[27]，毋下千家。先为室屋，具田器，乃募民，免罪，拜爵[28]，复其家[29]，予冬夏衣、禀食[30]，能自给而止[31]。塞下之民，禄利不厚，不可使久居危难之地。胡人入驱而能止其所驱者，以其半予之[32]，县官为赎[33]。其民如是，则邑里相救助，赴胡不避死。非以德上[34]也，欲全亲戚而利其财也；此与东方之戍卒不习地势而心畏胡者功相万[35]也。以陛下之时，徙民实边，使远方无屯戍之事；塞下之民，父子相保，无系虏之患[36]；利施后世，名称圣明，其与秦之行怨民[37]，相去远矣。"

上从其言，募民徙塞下[38]。

错复言[39]："陛下幸募民徙以实塞下，使屯戍之事益省，输将之费益寡[40]，甚大惠[41]也。下吏诚能称厚惠[42]，奉明法，存恤所徙之老弱，善遇其壮士，和辑其心而勿侵刻[43]，使先至者安乐而不思故乡，则贫民相募而劝往矣[44]。臣闻古之徙民者，相其阴阳之和[45]，尝其水泉之味，然后营邑、立城、制里、割宅[46]，先为筑室家，置器物焉[47]。民至有所居，作有所用[48]。此民所以轻去故乡[49]而劝之新邑也。为置医、巫以救疾病，以修祭祀，男女有昏[50]，生死相恤，坟墓相从，种树畜长[51]，室屋完安。此所以使民乐其处而有长居之心也。

"臣又闻古之制边县以备敌也，使五家为伍，伍有长；十长一里，里有假士[52]；四里一连，连有假五百；十连一邑，邑有假候。皆择其邑之贤材有护[53]、习地形、知民心者。居则习民于射法[54]，出则教民于应敌[55]。故卒伍成于内，则军政定于外。服习以成[56]，勿令迁徙，幼则同游，长则共事。夜战声相知[57]，则足以相救；昼战目相见，则足以相识；欢爱之心，足以相死[58]。如此而劝以厚赏[59]，威以重罚，则前死不还踵矣[60]。所徙之民非壮有材者，但费衣粮，不可用也；虽有材力，不得良吏，犹亡功也。

"陛下绝匈奴不与和亲，臣窃意其冬来南[61]也；壹大治[62]，则终身创矣[63]。欲立威者，始于折胶[64]；来而不能困[65]，使得气去[66]，后未易服也。"

错为人峭直刻深[67]，以其辩得幸太子[68]，太子家号曰"智囊"[69]。

（以上为第三段，写晁错再次上书言事，建议招募民众以充实边塞。）

【注释】

①错又上言曰：晁错又一次上书说。此疏为《守边劝农疏》。②贪戾而欲广大也：而是贪婪残暴想要扩大秦朝的疆域。③为人禽：被敌人俘虏。禽，通“擒”。④屯则卒积死：驻守就会被敌人所困死。积，被围困。⑤胡、貉：北方民族，耐寒。貉，同“貊”，古代东北地区的一个少数民族。⑥扬、粤：南方民族，耐热。扬，扬州之越。粤，同“越”。⑦输者偾于道：输送给养的死在路上。偾（fèn），扑倒而死。⑧因以谪发之：于是就征发罪犯去守边。谪，罪徒。⑨名曰“谪戍”：征发罪徒守边叫“谪戍”。⑩赘婿：贫家子弟抵押于富家，无法赎身，便没为奴隶，富家为其娶妇，仍为奴隶身份，称“赘婿”。贾人：商人。⑪市籍：商人的户籍。⑫大父母：祖父母。⑬闾：里巷之行门。取其左：征发闾左的平民服役。按：秦时闾左之民往往不服役。⑭有万死之害而亡铢两之报：服役的人遭受必死的危害，朝廷却不给丝毫的报偿。万死，死一万次，即必死。亡，通“无”。铢两，古代重量单位，二十四铢为一两，比喻微少。⑮不得一算之复：不能减少一算之税。汉律，成人每年纳税一算，一百二十钱。⑯陈胜行戍：陈胜前去戍边。行戍，行进在路途的戍卒。陈胜，秦末起义首领，传见《史记》卷四十八、《汉书》卷三十一。⑰至于大泽：行进到了大泽乡。大泽乡，在今安徽宿州东南。⑱先倡：发难，首先举起义旗。⑲“秦以”句：这是秦朝以严威强制征兵导致的恶果。威劫，严威强迫。敝，祸害，恶果。⑳不著于地：不固定于一个地方。游牧民族，逐水草而居，迁徙不定。㉑中国：中原。南亩：指农田。这里指家乡。中原农业民族，离开农田就无法安生了。㉒以候备塞之卒：侦察汉军守边士兵的情况。候，侦察。㉓聚而不罢：聚守在边境的大军不撤退。㉔一岁而更：汉制，守边士卒一年一更换。㉕不知胡人之能：戍兵一年一换，故不了解匈奴人的本领。能，本领。㉖以便为之高城深堑：为长住之民在有利地形上修筑高城深沟。㉗“要害之处”三句：在战略要地、交通要道规划建立城镇。调立，规划建立。㉘免罪，拜爵：有罪者免其罪，无罪者拜爵，以劝勉其迁徙。㉙复其家：免除迁徙者全家的劳役或赋税。㉚禀食：以官仓之粮供给移民。禀，通“廪”，粮仓。㉛能自给而止：言移民能自给衣食，才停止供给。㉜“胡人入驱”两句：胡（匈奴）人来掠夺财物，有能阻止而夺回所掠财物，则分给其一半，以为奖励。㉝县官为赎：或由官府折价赎回财物。㉞非以德上：并不是对皇上感恩戴德而报答。㉟功相万：塞上之民防御匈奴的功效比起从东方征发的戍卒要高出一万倍。㊱无系虏之患：避免被匈奴俘虏的祸害。㊲怨民：指秦时强行征发的戍边之民心生怨恨。㊳募民徙塞下：招募民众迁往边塞定居。㊴复言：又一次上疏。下文所引为《募民实

塞疏》。 ㊵输将之费：运输的费用。 益寡：日益减少。 ㊶甚大惠：非常大的恩惠。 ㊷下吏诚能称厚惠：管理民众的下级官吏，真能体现皇上对民众的深厚恩惠。诚能，真能，如果能够。称，体现，相符。皇上对民众的厚恩要从官吏的管理上体现出来。 ㊸和辑其心而勿侵刻：谓管理的官吏团结民众而不是欺凌他们。和辑其心，团结民众，赢得己心，真诚拥护。 ㊹则贫民相慕而劝往矣：那么贫民就会感到羡慕，而互相鼓励前往边地了。募，通“慕”。据章校，他本正作“慕”。劝，鼓励。 ㊺相其阴阳之和：察看所迁居地是否阴阳调和，指气候是否宜于人居。相，察看，实地考察。 ㊻营邑、立城、制里、割宅：营建集镇、修筑城池、规划里巷、划分住宅地。 ㊼“先为”二句：先为迁往的民众修建房屋，配置器物。 ㊽作有所用：有可使用的器物。作，运用，使用。 ㊾轻去故乡：愿意离开故乡。 ㊿男女有昏：民众得以男女婚配。即移民男女比例相当。昏，通“婚”。 (51)种树畜长：栽种树木，豢养六畜。 (52)假士：此与下文之“假五百”“假候”，都是乡邑编制之长。 (53)贤材有护：在贤才中选择有保护能力的人担任各级长官。有护，有保护能力的人。 (54)居则习民于射法：安居时就教民众学习射箭。 (55)出则教民于应敌：出外轮值戍守就教民众学习与敌人战斗。 (56)服习以成：达到训练有素。 (57)夜战声相知：夜间战斗闻声就能互相了解。 (58)欢爱之心，足以相死：友爱之心，足以使他们生死与共。 (59)劝以厚赏：朝廷再加以重赏奖励。 (60)威以重罚，则前死不还踵矣：再用重罚威逼，民众就会勇往直前战斗，没有一个逃兵了。前死，勇往直前不畏死。不还踵，不转身跑，不当逃兵。还踵，脚后跟往后转。踵，脚后跟。 (61)窃意：私下估计，个人想法。 其冬来南：匈奴人冬天南下侵扰。 (62)壹大治：边境一旦大治。 (63)则终身创矣：就可重创匈奴，使他们终身不振。 (64)欲立威者，始于折胶：想要树立汉朝的威名，就要在秋天匈奴入侵时给以狠狠打击。折胶，指秋天。到了秋天，采取树胶，以制弓弩，此时出军。 (65)困：大败匈奴，使之受困。 (66)得气去：得志而去，得意而归。 (67)错为人峭直刻深：晁错为人刚直而又严峻苛刻。 (68)辩：口才好。 太子：当时的皇太子刘启，即后来的景帝。 (69)智囊：指足智多谋的人。

【译文】

晁错再一次上书说：“我听说，秦起兵攻打匈奴和百越，不是为了保卫边境安宁、防止人民死于战争，而是残暴贪婪，想要扩大它的疆域，所以，功业没有建立，天下已经大乱。而且如果用兵而不了解敌人的虚实强弱，进攻就会被敌人所俘虏，屯守就会被敌人所困死。北方的胡人和貉人，生性耐寒；南方扬越一带的人，生性耐暑。秦朝的士兵不服南北两地的水土，守卫边疆的死在边境，输送给养的死于路上。秦朝民众被征发当兵，就如同去刑场被处死，于是，秦朝就征发犯罪的人去守边，称作‘谪戍’。先是征发犯罪的官吏以及赘婿和商人充军，后来又扩大到曾有市籍经过商的人，然后又扩大到祖父母、父母曾有市籍经过商的人，最后强迫居住于闾左按规定不负担兵役的人，也去当兵。胡乱征发，被强迫当兵的人都心怀愤恨，他们遭受必死无疑的厄运，死于战场，朝廷却不给以丝毫的报偿；他们的家属得不到国家免收一算赋税的回报，天下人都清楚地知道秦的暴政祸及自己。陈胜前去戍边，来到大泽乡，首先为天下人作出了反秦的表率。天下人响应陈胜，如同流水下泄，势不可挡，这是秦以严威强制征兵的恶果。

“匈奴人的衣食来源，不依靠土地，所以经常扰乱边境，往来转移，有时入侵，有时撤走。这是匈奴人的谋生之业，却使中原汉人离开了农田。现在，匈奴人经常在边界一带放牧、打猎，察看汉军守边士兵的状况，发现汉军人少，就会入侵。如果皇上不发兵救援，边境民众不能指望朝廷的救兵，就会萌生投降敌人的念头；如果皇上发兵救援，发兵太少就不起作用，多发援兵，来自远方的各县援兵刚刚到达，匈奴军队又已撤走了。不撤走聚集在边境的大量军队，军费开支太大；撤走援兵，匈奴人又乘虚而入。这样连年折腾，那么中原地区就会陷入贫困，民众无法安居乐业了。幸得皇上担忧边境问题，派遣将吏发兵加强边塞防务，这是对边境民众的很大恩惠。但是，现在远方的士兵驻防边塞，一年轮换一批，不了解匈奴人的本领。不如选常居的人在边境安家从事农耕生产，并且用于防御匈奴入侵，为他们在有利地势建成高城深沟；在战略要地、交通要道，规划建立城镇，规模不小于千户人口。官府先在城中修建房屋，准备农具，再招募民众来边城居住，赦免罪名，赏给爵位，免除应募者全家的赋税劳役，并向他们提供冬夏季衣服和粮食，直到他们能生产自足时为止。如果不给边塞民众优厚的利禄，就无法使他们长期定居在这片危险困苦的土地上。匈奴入侵，有人能从匈奴手中夺回所掠财物，就把其中的一半给他，由官府为他赎买。边塞的民众得到这样的待遇，就会邻里街坊相互救援帮助，冒死与匈奴搏斗。他们这样做，并不是对皇帝感恩戴德想有所报答，而是要想保全亲戚邻居，贪恋财产，与那些不了解本地地形并且对匈奴心怀畏惧的东方士兵相比，他们防御匈奴的功效要高出一万倍。在皇上当政之时，迁移民众以充实边防，使远方没有戍边的徭役，而边塞的居民，父子相互保护，免受被匈奴俘虏的苦难。皇上这样做，利益传到后世，得到圣明的名声。这与秦朝征发满怀怨恨的民众去戍边，是不能相比的。”

汉文帝采纳晁错的建议，招募民众迁往边塞定居。

晁错再次上书说："皇上招募迁移的民众以充实边塞，使屯戍的徭役越发减省，运输费用更加减少，这是对民众很大的恩惠。下级官吏的表现如果真能与皇上对民众的厚惠相称，遵奉皇上的法令，对迁来的应募民众，照顾其中的老弱，厚待其中的壮士，争取他们的拥护而不去欺凌他们，使先来的人安居乐业而不思念自己的故乡，那么，贫民就会感到羡慕，相互劝勉而前往边塞了。我听说古代明君迁移民众，要先察看当地是否阴阳调和，品尝泉水是否甘美可口，然后再营造集镇，修筑城池，设计乡里，划分住宅地，先为民众修筑房屋，配置器物，民众到达后有可居住的房屋，有可使用的器物。这正是民众不留恋故乡而相互勉励迁往新居的原因。官府在迁移的新居住区设置医生、巫神，为民众医治疾病，主持祭祀。民众得以男女婚配，生老病死相互照顾，坟墓相互依靠，栽种树木，喂养六畜，房屋完备安全。这样做，正是为了让民众乐于长期定居此地。

"我又听说，古代明君为了防御敌人入侵，在沿边境的各县创设如下建制：每五家为一伍，设置伍长；每十个伍的民户为一里，设置假士；每四里为一连，连有假伍伯；每十连为一邑，邑设置假候，都选择邑中贤才里有保护能力、熟悉地形、了解民心的人担任这些职务，安居本地就教民众学习射箭，出外戍守就教民众学习防御敌人。军事编制形成于内，军事政令就能在外有效地发挥作用。民众训练有素，不许他们随便迁移，年幼时一同玩乐，成年后共同行事。夜间战斗，只要听到声音就能互相了解，足以相互救援；白天作战，只要能看见，就足以相互识别；友爱之心，足以使他们生死与共。在此基础上，朝廷再以厚赏奖励，以重罚威逼，民众就会勇往直前战斗，没有一个逃兵了。所迁移的民众如果不是强壮有力的人，只能虚耗衣服粮食，不能用于充实边防；民众虽然强壮有力，但如果没有好官去治理，也不会有功效。

"皇上拒绝与匈奴和亲，我私下估计他们冬季会向南进犯；边境一旦大治，就可以重创匈奴，使他们终身不振，恢复不了元气。如果想树立汉朝廷的威名，就应该在秋季匈奴刚纵兵入侵时就给以痛击；假如匈奴来犯而不能打败他们，使他们得志而去，以后就不容易降服了。"

晁错为人刚直而又严峻苛刻，因辩才而得到太子的宠信，太子家里称他为"智囊"。

【原文】

十二年（癸酉，前168）

冬，十二月，河决酸枣[1]，东溃金堤、东郡[2]；大兴卒塞之。

春，三月，除关[3]，无用传[4]。

晁错言于上曰[5]："圣王在上而民不冻饥者，非能耕而食之，织而衣之也[6]，为开其资财之道也。故尧有九年之水[7]，汤有七年之旱，而国亡捐瘠者[8]，以畜积多而备先具也[9]。今海内为一[10]，土地人民之众不减汤、禹[11]，加以无天灾数年之水旱，而畜积未及者，何也？地有遗利[12]，民有余力；生谷之土未尽垦，山泽之利未尽出[13]，游食之民未尽归农也。

"夫寒之于衣，不待轻暖[14]；饥之于食，不待甘旨[15]；饥寒至身，不顾廉耻。人情，一日不再食则饥，终岁不制衣则寒。夫腹饥不得食，肤寒不得衣，虽慈父不能保其子，君安能以有其民哉！明主知其然也，故务民于农桑[16]，薄赋敛[17]，广畜积，以实仓廪[18]，备水旱，故民可得而有也。民者，在上所以牧之[19]；民之趋利，如水走下，四方无择也。

"夫珠、玉、金、银，饥不可食，寒不可衣；然而众贵之者，以上用之故也。其为物轻微易藏，在于把握，可以周海内而无饥寒之患[20]。此令臣轻背其主，而民易去其乡，盗贼有所劝[21]，亡逃者得轻资[22]也。粟、米、布、帛，生于地，长于时，聚于力，非可一日成也；数石之重[23]，中人弗胜[24]，不为奸邪所利[25]，一日弗得而饥寒至。是故明君贵五谷而贱金玉。

"今农夫五口之家，其服役[26]者不下二人，其能耕者不过百亩，百亩之收不过百石。春耕，夏耘，秋获，冬藏，伐薪樵[27]，治官府[28]，给繇役[29]；春不得避风尘，夏不得避暑热，秋不得避阴雨，冬不得避寒冻，四时之间无日休息；又私自送往迎来、吊死问疾、养孤长幼在其中[30]。勤苦如此，尚复被水旱之灾，急政暴赋[31]，赋敛不时[32]，朝令而暮改。有者半贾而卖，无者取倍称之息[33]，于是有卖田宅、鬻妻子以偿责[34]者矣。

"而商贾，大者积贮倍息，小者坐列贩卖[35]，操其奇赢[36]，日游都市，乘上之急，所卖必倍[37]。故其男不耕耘，女不蚕织，衣必文采，食必粱肉[38]；无农夫之苦，有仟伯之得[39]。因其富厚，交通王侯[40]，力过吏势，以利相倾[41]；千里游敖[42]，冠盖相望[43]，乘坚、策肥[44]，履丝、曳缟[45]。此商人所以兼并农人，农人所以流亡者也。

“方今之务，莫若使民务农而已矣。欲民务农，在于贵粟[46]。贵粟之道，在于使民以粟为赏罚[47]。今募天下入粟县官，得以拜爵[48]，得以除罪[49]。如此，富人有爵，农民有钱，粟有所渫[50]。夫能入粟以受爵，皆有余者也。取于有余以供上用，则贫民之赋可损[51]，所谓损有余，补不足，令出而民利者也。今令民有车骑马一匹者，复卒三人[52]；车骑者，天下武备也，故为复卒。

“神农之教曰[53]：‘有石城十仞[54]，汤池百步[55]，带甲百万[56]，而无粟，弗能守也。’以是观之，粟者，王者大用，政之本务[57]。今民入粟受爵至五大夫[58]以上，乃复一人[59]耳，此其与骑马之功相去远矣。爵者，上之所擅[60]，出于口而无穷[61]；粟者，民之所种，生于地而不乏。夫得高爵与免罪，人之所甚欲也；使天下人入粟于边以受爵、免罪，不过三岁，塞下之粟必多矣。”

帝从之，令民入粟于边，拜爵各以多少级数为差[62]。

错复奏言：“陛下幸使天下入粟塞下以拜爵，甚大惠也[63]。窃恐塞卒之食不足用，大渫天下粟[64]。边食足以支五岁，可令入粟郡县矣；郡县足支一岁以上，可时赦，勿收农民租[65]。如此，德泽加于万民，民愈勤农，大富乐矣。”

上复从其言，诏曰：“道民之路[66]，在于务本[67]。朕亲率天下农，十年于今，而野不加辟[68]，岁一不登[69]，民有饥色；是从事焉尚寡而吏未加务[70]。吾诏书数下，岁劝民种树而功未兴，是吏奉吾诏不勤而劝民不明也。且吾农民甚苦而吏莫之省[71]，将何以劝焉！其赐农民今年租税之半[72]。”

（以上为第四段，写晁错继续上书言事，强调重农抑商和增加积蓄，输粟入边，以换取爵位，免除罪名；输粟郡县，减免土地税收等，均得到汉文帝的重视和采纳。）

【注释】

①河决：黄河决口。 酸枣：县名。县治在今河南延津西南。 ②金堤：河堤名。指酸枣以东一带河堤。 东郡：郡名。郡治濮阳，在今河南濮阳西南。 ③除关：开放关津。 ④传：出入关卡的凭证。 ⑤言于上曰：下面引文见晁错《论贵粟疏》。 ⑥“非能”两句：并不是帝王亲自耕作给他们吃，亲自织布给他们穿。食（sì）之，给他们

吃。衣（yì）之，给他们穿。 ⑦尧有九年之水：传说古代尧时天下洪水泛滥，尧用鲧治水，九年未曾平息。后由禹治理成功。 ⑧国亡捐瘠者：全国没有饿死饿瘦的人。亡，同“无”。 捐瘠：捐，丢弃，遗弃。瘠，瘦弱。没有被抛弃的痛饿者，即没有被饿死饿瘦的人。 ⑨以畜积多而备先具也：这是因为积蓄多并事先做了充分预防。畜，通“蓄”。 ⑩海内为一：天下大统一。 ⑪不减汤、禹：不亚于、不少于商汤王、夏禹王时代。 ⑫地有遗利：土地还有余利没有利用。 ⑬山泽之利未尽出：山林湖泊中的财富还没有全部开发。 ⑭轻暖：又轻又暖之衣。 ⑮甘旨：美味的食物。 ⑯务民于农桑：引导民众从事农桑耕织。务，劝勉，引导。 ⑰薄赋敛：少收赋税。 ⑱广畜积，以实仓廪：多多蓄积，充实府库。 ⑲民者，在上所以牧之：民众的善恶，就看帝王如何引导、统治啊。牧，养，引申为统治。 ⑳周海内而无饥寒之患：周游天下而不受饥寒之苦。 ㉑劝：刺激盗贼的贪欲。 ㉒轻资：便于携带之财物。 ㉓数石之重：几石粮食布帛的重量。石，重量单位。一百二十斤为一石。 ㉔中人弗胜：中等力气的人搬不动。中人，一般的人，多数的人。 ㉕不为奸邪所利：不会成为盗贼夺取的目标。 ㉖服役：给官府服徭役。 ㉗伐薪樵：割柴草。 ㉘治官府：为官府办事。 ㉙给繇役：当官差，繇，同“徭”。 ㉚“又私自”三句：还有民间的人情往来，吊唁死者、慰问病人、赡养父母、哺育子女等负担，也得从一百石的收获物中支付。私自，个人交往。养孤，养老。长幼，哺育幼小。 ㉛急政暴赋：严苛的政令，繁重的赋税。急政，也可解释为临时突然的加征。政，同“征”。 ㉜赋敛不时：不按时节地加征赋税。 按：据此句，则上句的“急政”作本字解为是。政，政令。 ㉝“有者”“无者”二句：有资财的农家，半价出卖；没有资财的农家，只好去借双倍利息的高利贷。㉞鬻妻子：卖老婆孩子。 偿责：还债。责，通“债”。 ㉟“而商贾”三句：那些行商坐贾，实力大的投放双倍利息的高利贷，实力小的坐在店铺中做买卖。 ㊱操其奇赢：掌控手中囤积的物品。奇赢，囤积货好卖高价。 ㊲乘上之急，所卖必倍：趁着皇上急用，出卖两倍的高价。 ㊳衣必文采，食必粱肉：穿的是华丽的绸缎，吃的是好米好肉。粱，好的小米，这里泛指好米。 ㊴仟伯之得：得到千百倍的钱财。仟伯，通“千百”。亦可作本字解，仟佰（qiān mò）指田地，仟佰之得，谓享受地上所有的物产。 ㊵交通王侯：与王侯显贵结交。交通，交往勾结。 ㊶以利相倾：用钱财互相倾轧。 ㊷千里游敖：商人到千里之外游玩。 ㊸冠盖相望：交游的车子在路上前后相望，络绎不绝。冠盖，帽子和车盖，指代交游之车。 ㊹乘坚、策肥：乘坐好的车马。 ㊺履丝、曳缟：穿用高级的丝织衣物。曳，拖。 ㊻贵粟：珍贵粮食。 ㊼以粟为赏罚：用粮食作为奖惩的手段统治民众。 ㊽入粟县官，得以拜爵：民众向官府缴纳粮食，可以买爵位。 ㊾得以除罪：可以免除罪名。 ㊿粟有所渫：粮食就不会被囤积。渫，疏通，流通。 51损：减少。 52“今令民”两句：现今的法律规定，缴纳一匹战马的人家，免除三人的兵役。复卒，免除兵役。 53神农之教曰：神农的教令说。神农，传说的古代圣王，教民种植务农。 54石城十仞：十仞高的石头城墙。八尺一仞，十仞为八丈高。 55汤池百步：百步宽的沸水护城河。汤，沸水。六尺一步，百步为六十丈宽。 56带甲百万：武装部队一百万。 57政之本务：国家政务的根本。58入粟受爵至五大夫：用粮食四千石可以买爵至五大夫。五大夫为二十级爵的第九级，已是高爵。 59乃复一人：五大夫爵可免除一人的兵役。 60上之所擅：君主所掌握。擅，专有之意。 61出于口而无穷：爵位的数量出于皇上之口，无穷无尽。即没有限额。 62“拜爵”句：拜爵按入粟多少划分不同的等级。为差，分等级。 63甚大惠也：对民众的很大恩德。 64大渫天下粟：让天下的囤粮大批流入边塞。 65可时赦，勿收农民租：可以及时下令，免除农民的农业税。可时赦，边塞粮仓足供五年，郡县粮仓足供一年，就可及时发布免租赦令。 66道民之路：引导民众的正路。道，通“导”。67务本：从事农业生产，这一根本就是农民的正路。 68野不加辟：荒地的开垦没有增加。 69岁一不登：年岁只要有一年歉收。登，丰收。 70吏未加务：官吏没有重视这事。 71吏莫之省：官吏没有关心农民的疾苦。省，省察，了解民众的疾苦。 72赐：给予。 租税之半：收一半税租。汉初农民纳租税，即农业税为十五税一，今半租，为三十税一。

【译文】

汉文帝前元十二年（癸酉，前168）

冬季，十二月，黄河在酸枣县决口，向东冲溃了金堤，淹没了东郡；朝廷征发大批士兵堵塞决口。

春季，三月，朝廷宣布废止关隘检查制度，吏民出行不必带证明身份的符信。

晁错对汉文帝说：“英明的帝王在位，民众不受饥寒的折磨，这并不是帝王能亲自耕作供给民众食物，亲自织布为民众做衣服，而是帝王为民众开辟了生财之路。所以，唐尧遇到九年的大涝灾，商汤遇到七年的大旱灾，而全国并没有被抛弃的病饿者，其原因就在于积蓄多并且预先做了充分的准备。现在海内大一统，土地之广，人口之众，不亚于商汤和夏禹时代，再加上没有持续几年的旱涝天灾，但蓄积却没有那时多，原因何在？是因为土地还有余力没有利用，民众还有余力没有发挥；可生长谷物的土地还没有全部开垦，山林川泽的财富还没有全部开发，不从事生产而消耗粮食的游民还没有全部回归到农业生产上来。

“严寒之时，人们急需衣服，不求轻暖，能御寒就穿；饥饿之时，急需食品，不求香甜可口，能充饥就吃。饥寒临身，人们顾不得讲究廉耻。人之常情，一天不吃两餐就会挨饿，一年不做衣服就会挨冻。如果腹中饥饿却得不到食物，肌肤寒冷却得不到衣服，即便是慈父也不能保有他的儿子，帝王怎么能够统治好他的民众呢？英明的帝王知道这个道理，所以，引导民众从事农桑耕织，少收赋税，多搞蓄积，用来充实府库，防备旱涝灾害，所以才能稳定对民众的统治。民众的善恶，就看帝王如何去诱导、统治他们；民众追求财利，就如同水只会向下流而不选择方向一样。

“珠、玉、金、银等物品，饿的时候不能吃，冷的时候不能穿，但是大家都把它们视为珍宝，原因就在于帝王使用它们。这些东西又轻又小，便于收藏，只要拿着握于手掌中的那么一点点，就可以周游天下而不受饥寒之苦。这可以使臣子轻易地背叛他的君王，使民众轻易地离开故乡，刺激了盗贼的贪欲，使逃亡者得到轻便的资财。粟、米、布、帛等物，产于土地，按时成长，投入很多人力，不是一天就可以生产出来的；重达数石的粟、米、布、帛，价值有限，一个体力中等的人却已无法搬运，它不会成为盗贼劫夺的目标，但人们一天得不到它们，就得忍受饥寒。所以，英明的帝王看重五谷而轻视金玉。

“现在，家有五口的农民家庭，为官府服徭役的不少于两人，能耕种的土地不过一百亩，百亩土地的收获量不超过一百石。农民春季耕种，夏季锄草，秋季收获，冬季贮藏，砍柴，修缮官府房屋，服徭役；春天不能避风尘，夏天不能避暑热，秋天不能避阴雨，冬天不能避严寒，一年四季没有休息的日子。还有民间的人情往来，吊唁死者、慰问病人、赡养父母、哺育子女等负担，也得从一百石的收获物中支付。农民如此勤劳困苦，还要再蒙受旱涝灾害，官府政令严苛而赋税繁重，不按规定时间征收赋税，朝令夕改。农民家中有资财的，以半价折卖，家中贫穷的，只好去借利息双倍的高利贷，于是，就有人卖土地房宅、卖妻卖子以偿还债务了。

“而那些行商坐贾，实力大的积贮钱财发放双倍利息的高利贷，实力小的坐在市肆中做买卖，依靠手中囤积的物品，每天游荡在都市之中，得知皇帝急需某种物品，就把价格提高到两倍以上。所以商人男的不去耕田除草，女的不去养蚕纺织，但穿衣服却非穿华丽的绸缎不可，吃饭却非吃好米好肉不可。商人不受农民那样的辛苦，却可以得到很多的钱财。商人依仗手中大量的钱财，与王侯显贵结交，势力超过了一般官员，于是以财利进行倾轧；商人到千里之外游玩，帽子和车盖在路上前后相望，络绎不绝。他们乘坐着坚实的车子，鞭策着肥马，踏着丝制的鞋子，穿着精美的白色绸缎衣服。这就是商人兼并农民、农民破产流亡的原因。

“当务之急，没有比使民众从事农耕更重要的了。要想使民众务农，关键在于使全社会把粮食看成珍宝。使全社会把粮食看成珍宝的方法，在于朝廷把粮食作为奖惩手段统治民众。可以招募天下民众向官府缴纳粮食，用以购买爵位，免除罪名。这样，富人可以拥有爵位，农民可以得到钱，粮食就不会被囤积。那些能够缴纳粮食换取爵位的人，都是粮食有余的，收取余粮供给国家使用，就可以减少对贫困民众收取的赋税，这就是所说的‘损有余，补不足’，政令一公布就可以给民众带来利益。现行的律令规定：有一匹战马的人家，可免除三人的兵役；战马，是天下的重要军事装备，所以给予免除兵役的优待。

“神农的教令说：‘有高达十仞的石砌城墙，有宽达一百步的滚沸的护城河，有一百万全副武装的士兵，但没有粮食，那也无法守住城池。’由此看来，粮食是帝王的重要资本，是国家政治的根本所在。现在民众缴纳粮食要得到五大夫以上的爵位，才能免除一人的兵役，这与对有战马的人的优待相比较，差得太远了。封爵的权力，是帝王所专有的，由口而出可以无穷无尽；粮食，是民众所种的，生长于土地而不会缺乏。得到高等爵位和免除罪名，是天下民众最迫切的欲望；让天下人输送粮食到边境地区，以换取爵位、免除罪名，不用三年时间，边塞的粮食储备就必定会很多了。”

汉文帝采纳晁错的意见，下令规定：民众输送粮食到边塞，依据输送粮食的多少，分别授给高低不同的爵位。

晁错又上书说：“皇上降恩，让天下人输送粮食去边塞，以授给爵位，这是对民众的很大恩德。我私下担忧边塞驻军的粮食不够吃，所以让天下的屯粮大批流入边塞。如果边塞积粮足够使用五年，就可以让民众向内地各郡县输送粮食了；如果郡县积粮足够使用一年以上，就可以及时下令，不收农民的土地税。这样，皇上的恩德雨露普降于天下万民，民众就会更积极地投身农业生产，天下就会十分富庶安乐了。”

汉文帝采纳了晁错的建议，下令说：“引导民众的正确道路，在于让他们从事农业生产。我亲自率领天下人务农耕种，至今已有十年了，但荒地的开垦没有增加，一年收成不好，民众就有饥饿之色，这是从事农耕的人还不多，而官吏没有切实发展农业。我屡次颁下命令，每年都鼓励民众种植，至今未见成效，这就证明官吏没有认真地执行命令去勉励民众。况且农民生活很苦而官吏并不去照顾他们，又怎么能勉励他们从事农业呢？今年把原定征收的土地税的一半赐给农民。”

【原文】

十三年（甲戌，前167）

春，二月，甲寅①，诏曰："朕亲率天下农耕以供粢盛②，皇后亲桑以供祭服③，其具礼仪④。"

初，秦时祝官有秘祝⑤，即有灾祥⑥，辄移过于下。夏，诏曰："盖闻天道，祸自怨起而福繇德兴⑦，百官之非，宜由朕躬。⑧今秘祝之官移过于下，以彰吾之不德⑨，朕甚弗取。其除之⑩！"

齐太仓令淳于意⑪有罪，当刑⑫，诏狱逮系长安⑬。其少女缇萦⑭上书曰："妾父为吏，齐中皆称其廉平⑮；今坐法当刑。妾伤⑯夫死者不可复生，刑者不可复属⑰，虽后欲改过自新⑱，其道无繇⑲也。妾愿没入⑳为官婢，以赎父刑罪，使得自新。"

天子怜悲其意㉑，五月，诏曰："《诗》曰㉒：'恺弟君子㉓，民之父母。'今人有过，教未施而刑已加焉，或欲改行为善而道无繇至㉔，朕甚怜之！夫刑至断支体㉕，刻肌肤，终身不息㉖，何其刑之痛而不德也㉗！岂为民父母之意哉！其除肉刑，有以易之㉘；及令罪人各以轻重，不亡逃㉙，有年而免㉚。具为令㉛！"

丞相张苍、御史大夫冯敬奏请定律㉜曰："诸当髡者为城旦、舂㉝；当黥髡者钳为城旦、舂㉞；当劓者笞三百㉟；当斩左止㊱者笞五百；当斩右止及杀人先自告及吏坐受赇、枉法、守县官财物而即盗之、已论而复有笞罪者，皆弃市㊲。罪人狱已决为城旦、舂者，各有岁数以免㊳。"制曰："可。"

是时，上既躬修玄默㊴，而将相皆旧功臣，少文多质㊵。惩恶亡秦之政㊶，论议务在宽厚，耻言人之过失，化行天下，告讦之俗易㊷。吏安其官，民乐其业，畜积岁增㊸，户口寖息㊹。风流笃厚㊺，禁罔疏阔㊻，罪疑者予民㊼，是以刑罚大省，至于断狱四百，有刑错㊽之风焉。

六月，诏曰：“农，天下之本，务莫大焉[49]。今勤身从事而有租税之赋，是为本末者无以异[50]也，其于劝农之道未备。其除田之租税[51]！”

（以上为第五段，写公元前167年史事，汉文帝刘恒重视农业，亲自耕作，减免田租；废除秘祝移过于下的做法；重视修订刑法，废除肉刑，让罪人改过自新。）

【注释】

①甲寅：二月十六日。②粢（zī）盛：祭品。指盛在祭器内的黍稷。③亲桑：亲自从事蚕桑。祭服：祭祀服装。④其具礼仪：制定有关此事的礼仪。⑤祝官：主司祭礼告神之官。秘祝：遇有灾殃，祝官移过于臣民而为君王讳之，故曰秘祝。⑥灾祥：灾异。⑦祸自怨起而福繇德兴：祸从怨而起，福由德而兴。⑧“百官”二句：百官的过失，应由我一人负责。非，过错。⑨彰吾之不德：显扬我的失德。彰，显。⑩其除之：应予废除。⑪齐：王国名。太仓令：掌太仓的长官。淳于意：姓淳于，名意。传见《史记》卷一百零五。⑫当刑：判刑。⑬诏狱：奉诏令而设的监狱。逮系长安：逮捕关押在长安天牢。⑭少女缇萦：最小的女儿叫缇萦。⑮齐中：齐王国之中。廉平：廉洁公平。⑯伤：悲痛伤心。⑰刑者不可复属：受刑断了的肢体不可能再连接起来。⑱改过自新：改正错误，重新做人。⑲其道无繇：却无路可走。⑳没入：没籍官府为奴婢。㉑天子怜悲其意：汉文帝十分怜悯和同情缇萦的孝心。意，救父的心意，孝心。㉒《诗》曰：引文见《诗经·大雅·泂酌》。㉓恺弟君子：恺弟，慈爱。弟，通“悌”。君子，比喻指汉文帝。句意：开明宽厚的帝王。㉔改行为善：改变行为向善。道无繇至：没有道路到达，即前文的“其道无繇”。㉕断支体：肉刑残伤肢体。支，通“肢”。㉖刻肌肤，终身不息：指残伤的皮肉，终生无法生长。㉗何其刑之痛而不德也：肉刑是多么的残酷不合道德啊。㉘其除肉刑，有以易之：废除肉刑，用别的惩罚代替它。易，交换，代替。㉙不亡逃：不从服刑的地方逃走。㉚有年而免：服刑一定年限，提前释放。㉛具为令：一一定出法令。㉜张苍：汉初大臣，官至丞相。传见《史记》卷九十六、《汉书》卷四十二。冯敬：西汉功臣，官至御史大夫。奏请定律：上奏请求制定代替肉刑的法律。㉝当髡者为城旦、舂：髡（kūn），古代刑罚之一。剃去男子头发。《孝经》云：“身体发肤，受之父母，不敢毁伤。”剃发是不孝，故古人男子也蓄发。髡刑剃发，亦是肉刑。城旦，筑城劳役，四年刑，男子城旦。舂，舂米劳役，四年刑，女子舂。㉞当黥髡者钳为城旦、舂：判处黥髡刑的，改为钳刑城旦、舂。黥，古代肉刑之一。以墨黥

面。钳，古代刑罚之一。以铁圈束颈。按：黥髡刑重于髡刑，故在城旦、舂刑上也重一些。 ㉟当劓者笞三百：用笞三百代劓刑。劓，割鼻子。笞，刑名。以鞭、木杖或竹板等打。 ㊱斩左止：斩左趾之刑。止，同“趾”。 ㊲“斩右止”句：判处斩右趾，以及杀人自首的，官吏受贿、枉法、监守自盗等已判罪，而后又犯了笞刑的，全都改为闹市斩首。 ㊳“罪人狱”二句：监狱中的罪犯已判决为城旦、舂的，已服刑到一定年限的予以释放。 ㊴上既躬修玄默：皇上自谦无为。上，汉文帝。躬，亲自。修玄默，实行无为。玄，沉静，自谦。默，不说话，即无为，不举错暴重，不干预臣职。 ㊵少文多质：缺乏文雅而大多质朴。 ㊶惩恶亡秦之政：十分讨厌亡秦的弊政以为警戒。惩，警戒。恶（wù），讨厌。 ㊷告讦之俗易：改变那种揭发检举的恶劣风气。告讦（jié），揭发检举。 ㊸岁增：年年增加。 ㊹寖息：逐渐繁衍生息。 ㊺风流笃厚：风俗归于笃实厚道。 ㊻禁罔疏阔：各种禁令法网宽松。罔，通“网”。 ㊼罪疑者予民：意谓罪有可疑者以轻判决。 ㊽刑错：无所用刑。错，置。 ㊾务莫大焉：再没有比农业更大的事啊。 ㊿本末者无以异：从事农业与工商业的人都要上税，就没有差别了。 ㊿①除田之租税：免除农业税。

【译文】

汉文帝前元十三年（甲戌，前167）

春季，二月十六日，汉文帝下令说：“我亲自率领天下臣民进行农耕，供应宗庙祭祀的粮食，皇后亲自采桑养蚕，供应祭祀的祭服，制定有关此事的礼仪。”

当初，秦朝的祝官中有秘祝，一旦出现了灾异，就把造成过失的责任从皇帝身上移到臣子身上。夏季，汉文帝下令说：“我听说天之道，祸从怨而起，福由德而兴，百官的过失，都应该由我一人负责。现在秘祝官员把过失的责任推给臣下，是显扬了我的失德，我很不赞成。应予废除！”

齐国太仓令淳于意犯了罪，当处以肉刑，被逮捕拘押在长安天牢。他的小女儿缇萦向汉文帝上书说：“我父亲做官，齐国人都称赞他廉洁公平。现在他犯了罪，按法律应判处肉刑。我感到悲痛伤心的是，死人不能复生，受刑者残肢不能再接，即使以后想改过自新，也没有办法了。我愿意没入官府做官婢，以抵赎我父亲该受的刑罚，使他得以改过自新。”

汉文帝很怜悯和同情缇萦的孝心。五月，下令说：“《诗经》说：‘开明宽厚的帝王，是爱护民众的父母。’现在，人们有了过错，还没有加以教育就处以刑罚，有的人想改变行为向善，也无路可走了，我很怜惜！肉刑的残酷，以至于切断人的肢体，摧残人的皮肉，使终生无法生长，这是多么残酷和不合道德！难道这符合为民父母的本意吗？应该废除肉刑，用别的惩罚去代替它。此外，应规定犯罪的人各依据罪名轻重，只要不从服刑的地方潜逃，服刑到一定年数，就可以释放他。制定出有关的法令！”

丞相张苍、御史大夫冯敬奏请制定这样的法律条文：“原来应判处髡刑的，改为罚作城旦、舂；原来应判处黥髡刑的，改作钳刑城旦、舂；原来应判处劓刑的，改为笞三百；原来应判处斩左趾的，改为笞五百；原来判处斩右趾以及杀人之后先去官府自首的，官吏因受贿、枉法、监守自盗等罪名已被处置但后来又犯了应判处笞刑的，全都改为公开斩首。罪犯已被判处为城旦、舂的，各自服刑到一定年数后赦免。”汉文帝下达批准文书，说：“同意。”

这一时期，汉文帝自身谦逊自守，而将相大臣都是老功臣，少文采而多质朴。君臣以导致秦朝灭亡的弊政为鉴戒，论议国政讲究以宽厚为本，耻于议论别人的过失。这种风气影响到全国，改变了那种揭发检举的恶劣风俗。官吏安于自己的官位，民众乐于自己的生业，府库储蓄每年都有增加，人口繁衍；风俗归于笃实厚道，禁制法网宽松，有犯罪嫌疑的，从宽发落。所以，刑罚大量减少，甚至一年之内全国只审判了四百起案件，出现了停止动用刑罚的现象。

六月，汉文帝下令说：“农业，是天下的根本，没有什么事情比农业更为重要。现在，那些辛苦勤劳的农民，还要缴纳租税，这样做，使从事农耕本业和从事工商末业的人没有区别，说明鼓励发展农业生产的政策还不完备，应当免除农田的租税！”

【原文】

十四年（乙亥，前166）

冬，匈奴老上单于十四万骑入朝那、萧关①，杀北地都尉卬②，虏人民畜产甚多；遂至彭阳③，使奇兵入烧回中宫④，候骑至雍甘泉⑤。帝以中尉⑥周舍、郎中令张武为将军，发车千乘、骑卒十万军长安旁⑦，以备胡寇；而拜昌侯卢卿为上郡将军⑧，甯侯魏遬为北地将军，隆虑侯周灶为陇西⑨将军，屯三郡⑩。上亲劳军，勒兵，申教令，赐吏卒，自欲征匈奴⑪。群臣谏，不听；皇太后固要⑫，上乃止。于是以东阳侯张相如为大将军，成侯董赤、内史⑬栾布皆为将军，击匈奴。单于留塞内月余⑭，乃去。汉逐出塞即还，不能有所杀⑮。

上辇过郎署[16]，问郎署长冯唐[17]曰："父家何在[18]？"对曰："臣大父赵人，父徙代[19]。"上曰："吾居代时，吾尚食监高祛数为我言赵将李齐之贤[20]，战于巨鹿下[21]。今吾每饭意未尝不在巨鹿也[22]。父知之乎？"唐对曰："尚不如廉颇、李牧之为将[23]也。"上搏髀曰[24]："嗟乎！吾独不得[25]廉颇、李牧为将！吾岂忧匈奴哉！"唐曰："陛下虽得廉颇、李牧，弗能用也[26]。"

上怒，起[27]，入禁中[28]，良久，召唐，让[29]曰："公奈何众辱我[30]，独无间处乎[31]！"唐谢曰[32]："鄙人不知忌讳[33]。"

上方以胡寇为意，乃卒复问唐[34]曰："公何以知吾不能用廉颇、李牧也？"唐对曰："臣闻上古王者之遣将也，跪而推毂[35]，曰：'阃以内者[36]，寡人制之；阃以外者，将军制之。'军功爵赏皆决于外，归而奏之，此非虚言也。臣大父言：李牧为赵将，居边，军市之租[37]，皆自用飨士[38]；赏赐决于外，不从中覆[39]也。委任而责成功，故李牧乃得尽其智能；选车千三百乘，彀骑[40]万三千,百金之士[41]十万，是以北逐单于，破东胡[42]，灭澹林[43]，西抑强秦[44]，南支韩、魏[45]。当是之时，赵几霸[46]。其后会赵王迁[47]立，用郭开谗[48]，卒诛李牧，令颜聚代之；是以兵破士北[49]，为秦所禽灭[50]。今臣窃闻魏尚为云中守[51]，其军市租尽以飨士卒，私养钱五日一椎牛[52]，自飨宾客、军吏、舍人[53]，是以匈奴远避，不近云中之塞。虏曾一入，尚率车骑[54]击之，所杀甚众。夫士卒尽家人子[55]，起田中从军[56]，安知尺籍、伍符[57]！终日力战，斩首捕虏[58]，上功幕府[59]，一言不相应[60]，文吏以法绳之[61]，其赏不行，而吏奉法必用。臣愚以为陛下赏太轻，罚太重。且云中守魏尚坐上功首虏差六级[62]，陛下下之吏[63]，削其爵，罚作之[64]。由此言之，陛下虽得廉颇、李牧，弗能用也！"

上说[65]。是日，令唐持节赦魏尚[66]，复以为云中守，而拜唐为车骑都尉[67]。

春，诏广增诸祀坛场、珪币[68]，且曰："吾闻祠官祝釐[69]，皆归福于朕躬[70]，不为百姓，朕甚愧之。夫以朕之不德，而专飨独美其福，百姓不与[71]焉，是重吾不德[72]也。其令祠官致敬，无有所祈[73]！"

是岁，河间文王辟彊[74]薨。

初，丞相张苍以为汉得水德[75]，鲁人公孙臣以为汉当土德[76]，其应[77]，黄龙见[78]；苍以为非[79]，罢之。

（以上为第六段，写匈奴骑兵气焰嚣张，大肆侵扰汉朝边郡；汉朝组织反击，把匈奴骑兵赶出边塞了事；汉文帝刘恒与冯唐讨论用兵之事，冯唐直言不讳，汉文帝赦免魏尚，重用冯唐。）

【注释】

①朝那：县名。治所在今宁夏固原东南。 萧关：关名。在今宁夏固原东南。 ②北地：郡名。治所马领，在今甘肃庆阳西北。 都尉卬：郡都尉孙卬。 ③彭阳：县名。县治在今甘肃镇原东南。 ④回中宫：在今陕西宝鸡市凤翔区以西。 ⑤候骑：侦察骑兵。 雍：县名。县治在今陕西宝鸡市凤翔区南。 甘泉：山名，又宫名。在今陕西淳化西北。 ⑥中尉：官名。掌京师治安，汉代兼主北军。 ⑦骑卒：骑兵。 军长安旁：驻扎在长安附近。 ⑧上郡将军：驻军上郡的将军。上郡，郡名。治所肤施，在今陕西榆林东南。 ⑨陇西：郡名，郡治狄道，在今甘肃临洮。 ⑩屯三郡：驻军上郡、北地、陇西三个郡。 ⑪“上亲劳军”句：汉文帝亲自慰劳军队，操演军队、颁布军事训令、奖赏将士，准备亲征匈奴。 ⑫皇太后固要：皇太后坚持阻止。 ⑬内史：官名。掌治京畿地方。后来改名京兆尹。 ⑭单于留塞内月余：匈奴单于在汉朝塞内停留一个多月。 ⑮不能有所杀：对匈奴没有斩获。汉军只是逼走匈奴，未出击。 ⑯上辇：皇帝的车舆。 郎署：郎官的府署。 ⑰郎署长：官名。掌管郎署事务。 冯唐：内史安陵（今陕西咸阳西北）人。曾对文帝谈用将之道。传见《史记》卷一百零二、《汉书》卷五十。 ⑱父家何在：您家在哪里？父（fǔ），对老年男子的敬称，您。 ⑲大父：祖父。 代：郡国名。在今河北北部及山西北部一带。 ⑳尚食监：官名。主管膳食。 高祛、李齐：均人名。 贤：贤能。 ㉑战于巨鹿下：讲述李齐在巨鹿城与秦兵大战的故事。巨鹿，城名。在今河北巨鹿西南。 ㉒意未尝不在巨鹿：言尽想着巨鹿之事。㉓廉颇、李牧：皆战国时赵国的名将。尚不如……之为将：李齐比不上廉颇、李牧的将才。 ㉔上搏髀曰：汉文帝拍着大腿说。搏，拍，拊。髀（bì），股部，大腿。 ㉕吾独不得：我怎么偏偏得不到。此为“我只要得到”的反说，强调得贤能将的意愿。 ㉖弗能用也：不能信用。 ㉗起：起身。 ㉘禁中：宫中。 ㉙让：责备。 ㉚众辱我：当众侮辱我。 ㉛独无间处乎：难道没有适当的机会说话吗？ ㉜唐谢曰：冯唐道歉说。 ㉝鄙人不知忌讳：我是个粗俗人，不知道忌讳。 ㉞卒复问唐：终于再次征询冯唐意见。 ㉟跪而推毂：跪着推动将军的车子起程。 ㊱阃以内者：国门之内的事。阃（kǔn），门槛。此指都城的廓门，喻国门之内，即国内的事。 ㊲军市之租：从军中交

易市场收得的市税。 ㊳自用飨士：自行用于犒赏将士。飨（xiǎng），宴享，酒食待人。㊴不从中覆：不用请示朝廷获得答复。中，朝中。 ㊵彀（gòu）骑：能射的骑兵。㊶百金之士：能受赏百金的战士。 ㊷破东胡：灭了东胡。东胡，古代游牧民族，因处于匈奴之东，故称东胡。 ㊸澹林：又称“林胡”，处于代郡之北。 ㊹西抑强秦：西边抑制了强大的秦国。 ㊺南支韩、魏：在南边抵御了韩国、魏国。支，抗拒。 ㊻几霸：几乎称霸。 ㊼会：恰值。 赵王迁：战国时赵国末代君王。 ㊽郭开：赵臣。 谗：谗佞之徒。 ㊾北：败。 ㊿禽灭：公元前229年，赵国兵败，赵王迁降秦，赵亡。禽，通“擒”。 51云中：郡名。郡治云中，在今内蒙古托克托东北。 守：郡的长官。 52私养钱：即个人俸给。 椎：槌子。椎牛，以槌子击杀牛，即杀牛。 五日一椎牛：犒赏将士，五天一次宴会。 53军吏：军中佐吏。 舍人：对门客或亲近属官的通称。 54车骑：战车骑兵。此泛指军队。 55家人子：平民子弟。 56起田中从军：从田间出来参军出征。起，出身。谓战士都是农民出身。 57安知尺籍、伍符：哪里知道“尺籍”“伍符”的军规。尺籍，记功簿。伍符，军籍凭证。 58斩首捕虏：杀敌抓俘虏。指一心用在战斗上。 59上功：呈报功绩。 幕府：统兵将领的府署。 60一言不相应：一个字不相符。即说错一句话。 61文吏以法绳之：那些舞文弄墨的刀笔吏就搬出法律来制裁。 62坐：所犯罪名。 上功首虏差六级：呈报战功相差六个首级。 63陛下下之吏：皇上就把魏尚交给司法官处治。 64削其爵，罚作之：削除爵位，判了一年徒刑。65上说：汉文帝听了很高兴。说，通“悦”。 66令唐持节赦魏尚：文帝派冯唐为特使，持符节赦免了魏尚。 67车骑都尉：武官名，掌车骑。位次于车骑将军。 68祀坛场：祭祀用的坛场。筑土为坛，除土为场。 珪币：祭祀用的玉和帛。 69祠官：掌祭祀之官。 祝釐：祝福。釐，“禧”之假借。 70朕躬：皇帝自称。 71不与：不能分享，没有份儿。 72重吾不德：加重我的过失。 73无有所祈：不要专为我个人祈祷。 74辟彊：河间文王辟彊，赵幽王刘友之子。 75水德：秦汉盛行五德终始说，以为土、木、金、火、水五行循环相克，关系王朝更迭兴替，帝王受命依五德相胜（或相生）转移政权。天命以符瑞为标志，受命帝王要按“德”改正朔、易服色。水德，即五德之一，尚黑。 76土德：五德之一，尚黄。 按：汉承秦制，秦为水德，故张苍说汉为水德。汉代秦，土灭水，故公孙臣认为汉得土德。 77其应：当有与土德相应的祥瑞。 78黄龙见：当有黄龙出现。见，通“现”。 79苍以为非：张苍认为公孙臣说得不对。

【译文】

汉文帝前元十四年（乙亥，前166）

冬季，匈奴老上单于用十四万骑兵攻入朝那县和萧关，杀了北地郡都尉孙卬，掳掠了许多民众和牲畜财产；匈奴骑兵直抵彭阳县境，并派出一支奇兵深入汉朝腹地，烧了回中宫，侦察骑兵一直到了雍地的甘泉宫。汉文帝任命中尉周舍、郎中令张武为将军，征发一千辆战车、十万名骑兵驻扎在长安附近，以防御匈奴进攻；汉文帝又任命昌侯卢卿为上郡将军，甯侯魏遬为北地将军，隆虑侯周灶为陇西将军，分别率军屯守上郡、北地郡和陇西郡。汉文帝亲自去慰劳军队，操演军队，颁布军事训令，奖赏将士，准备亲自统兵去攻打匈奴。群臣劝阻汉文帝亲征，汉文帝不从；皇太后坚决阻止，汉文帝才打消了统兵亲征的念头。于是汉文帝任命东阳侯张相如为大将军，成侯董赤、内史栾布为将军，迎击匈奴。匈奴单于在汉塞之内活动了一个多月，才撤退出塞。汉军把匈奴驱逐出边塞之外，就撤兵回境，未能对匈奴有所杀伤。

汉文帝乘辇车经过中郎的官府，问郎署长冯唐说："您老人家原籍是何处？"冯唐回答说："我的祖父是赵国人，父亲迁居代国。"汉文帝说："我在代国时，我的尚食监高袪多次对我称赞当年赵国将军李齐的贤能，讲述他与秦兵大战于巨鹿城下的事情。现在，我每次吃饭，心思没有不在巨鹿的时候。老人家您知道吗？"冯唐回答说："李齐还不如廉颇、李牧为将带兵的本领大。"汉文帝拍着大腿说："唉！我偏偏得不到廉颇、李牧那样的人做将军！有了这样的将军，我难道还担忧匈奴的入侵吗？"冯唐说："皇上即使得到了廉颇、李牧，也不能任用他们。"

汉文帝大怒，起身返回宫中，过了许久，召见冯唐，责备说："您为什么要当众侮辱我，难道没有适当的机会吗？"冯唐谢罪说："我是个乡野之人，不懂得忌讳。"

汉文帝正在担忧匈奴的入侵问题，于是，再问冯唐说："您怎么知道我不能任用廉颇和李牧呢？"冯唐回答说："我听说上古明君派遣将军出征时，跪着推动将军的车辆前行，而且说：'国门之内的事情，由我来决定；国门以外的事情，请将军裁决。'一切军功、封爵、奖赏的事情都由将军在外面决定，回国后再奏报帝王。这并不是虚假的传言。我的祖父说：李牧为赵国将军，驻守边境时，把从军中交易市场上收得的税收，都自行用于犒劳将士；赏赐都由将军在外决定，不必向朝廷请示批准。对他委以重任而责令成功，所以，李牧才能充分发挥他的聪明才干。他率领着精选出来的一千三百辆战车、一万三千名善于骑射的骑兵、十万训练有素的将士，所以能够在北方驱逐匈奴，击败东胡，消灭澹林，在西方抑制了强大的秦国，在南方抵御了韩国和魏国。在那个时候，赵国几乎成为一个霸主之国。后来，恰逢赵王赵迁继位，他听信郭开的谗言，最终诛杀李牧，命令颜聚代替李牧统率军队，因此，赵兵溃败，被秦灭亡。现在，我私下听说魏尚担任云中郡郡守时，把军中交易市场所得的税收全都用来犒劳士兵，还用自己的官俸钱，每五天宰杀一头牛，自己宴请宾客、军吏和幕僚属官。因此，匈奴远避，不敢接近云中边塞。匈奴曾经入侵云中郡一次，魏尚率领车骑部队出击，杀了很多匈奴人。那些士兵都是平民子弟，从田间出来参军从征，怎能知道'尺籍''伍符'之类的军令军规！整日拼死战斗，斩敌首级，捕获俘虏，在向幕府呈报战果军功时，只要一个字有出入，那些舞文弄墨的官员，就引用军法来惩治他们，他们应得到的赏赐就被取消了；而那些官吏所奉行的法令却必须执行。我认为皇上的赏赐太轻，而惩罚却太重。而且，云中郡守魏尚因为上报斩杀敌军首级的数量差了六个，皇上就把他交给官吏治罪，削去他的爵位，判罚他做一年的刑徒。由此说来，皇上即使得到廉颇、李牧，也不能任用啊！"

汉文帝高兴地接受了冯唐的批评。当天，就令冯唐持皇帝信节去赦免魏尚，重新任命魏尚做云中郡守，并任命冯唐为车骑都尉。

春季，汉文帝下令扩大祭祀场所，增加祭祀所用的玉和币帛，并且说："我听说祠官在祭祀的祈福祷告中，都将福归于我个人，而没有为民众祈福，我对此很感惭愧。以我这样的失德之人，独享神灵的福佑，而民众却不能分享，这是加重我的过失。此后祠官在祭祀祷告时，不要再为我个人祈祷祝福！"

这一年，河间王刘辟彊去世。

当初，丞相张苍认为汉朝得"五行"中的水德。鲁国人公孙臣认为汉朝当属土德，与土德相应，应该出现黄龙。张苍认为公孙臣说得不对，不采纳他的观点。

【原文】

十五年（丙子，前165）

春，黄龙见成纪[①]。帝召公孙臣，拜为博士[②]，与诸生申明土德[③]，草改历、服色事[④]。张苍由此自绌[⑤]。

夏，四月，上始幸雍[⑥]，郊见五帝[⑦]，赦天下。

九月，诏诸侯王、公卿、郡守举贤良、能直言极谏者⑧，上亲策之⑨。太子家令晁错对策高第⑩，擢为中大夫⑪。错又上言宜削诸侯及法令可更定⑫者，书凡三十篇。上虽不尽听，然奇其材。

是岁，齐文王则、河间哀王福⑬皆薨，无子，国除⑭。

赵人新垣平以望气⑮见上，言长安东北有神，气成五采，于是作渭阳⑯五帝庙。

（以上为第七段，写汉文帝下令举荐贤良、能直言极谏的人才，亲自策问考试。晁错高中，又上书谈论应该削减诸侯王的实力以及应该更改的法令，共三十篇。）

【注释】

①成纪：县名。治所在今甘肃通渭东北。 ②拜：任命。 博士：官名。通古今，掌议论。秩六百石。 ③诸生：众儒生。 申明土德：论证汉得土德的理论。 ④草改历、服色事：起草改换历法和改变舆服的颜色的方案。 ⑤自绌：自我贬绌行事低调。 ⑥雍：县名。治所在今陕西宝鸡市凤翔区南。雍地设有五天帝的祭祠。 ⑦郊见五帝：在五帝庙举行郊祀之礼。 五帝：秦立白帝、赤帝、黄帝、青帝于雍，汉高帝立黑帝畤，故雍有五帝畤。 ⑧举：推荐。 贤良：汉代选拔官吏的科目之一。又称“贤良文字”。 极谏者：直言敢谏的人。此为入选条件。 ⑨上亲策之：皇上亲自策问他们。 ⑩对策：应对策问。 高第：优等。 ⑪擢：提拔。 中大夫：官名，掌议论，秩千石。 ⑫削诸侯：制定削弱诸侯的法令。 更定：改革。 ⑬齐文王则：齐悼惠王刘肥之孙，齐哀王襄之子。 河间哀王福：河间文王刘辟彊之子。 ⑭国除：撤除王国，其地纳入郡县。 ⑮新垣平：汉初方士。 望气：观察云气以卜吉凶之术。 ⑯渭阳：地名。在渭水之北，长安的东北方。

【译文】

汉文帝前元十五年（丙子，前165）

春季，成纪县出现了黄龙。汉文帝召见公孙臣，任命他为博士，与其他学者论证汉得土德的观点，草拟改换历法和改变服色的方案。张苍从此自动贬抑自己。

夏季，四月，汉文帝第一次亲自前往雍地，对五帝庙行郊祭之礼，并且宣布实行大赦。

九月，汉文帝下令，令诸侯王、公卿、郡守举荐贤良、能直言极谏的人，皇帝亲自策问考试。太子家令晁错的对策为高等，汉文帝提升他为中大夫。晁错又上书汉文帝，谈论应该削减诸侯王的实力以及应该更改的法令，上书共计三十篇。汉文帝虽然没有完全采用他的意见，却对他的才能另眼相看。

这一年，齐王刘则、河间王刘福去世，都无子，封国被废除。

赵国人新垣平自称善于“望气”，得以进见汉文帝刘恒。他说长安东北有神，结成了五彩缤纷的神异之气。于是，汉文帝下令在渭阳修建五帝庙。

【原文】

十六年（丁丑，前164）

夏，四月，上郊祀五帝于渭阳五帝庙。于是贵新垣平至上大夫①，赐累千金；而使博士、诸生刺六经中作《王制》②，谋议巡狩、封禅③事。又于长门④道北立五帝坛。

徙淮南王喜⑤复为城阳王。又分齐为六国⑥。丙寅⑦，立齐悼惠王子在者六人⑧：杨虚侯将闾为齐王，安都侯志为济北王，武成侯贤为淄川王，白石侯雄渠为胶东王，平昌侯卬为胶西王，扐侯辟光为济南王。淮南厉王子在者三人⑨：阜陵侯安为淮南王，安阳侯勃为衡山王，阳周侯赐为庐江王。

秋，九月，新垣平使人持玉杯上书阙下献之。平言上曰：“阙下有宝玉气来者。”已⑩，视之，果有献玉杯者，刻曰“人主延寿”。平又言：“臣候日再中⑪。”居顷之⑫，日却，复中⑬。于是始更以十七年为元年，令天下大酺⑭。平言曰：“周鼎亡在泗水⑮中。今河决，通于泗⑯，臣望东北汾阴直有金宝气⑰，意周鼎其出乎！兆见⑱，不迎则不至。”于是上使使治庙汾阴⑲，南临河⑳，欲祠出周鼎㉑。

（以上为第八段，写汉文帝谋划议论巡狩、封禅等事；把淮南王刘喜封为城阳王，把齐国分为六国；把淮南厉王在世的三个儿子封为王；把在位的第十七年改称为元年。）

【注释】

①贵：使新垣平尊贵，授之官。 上大夫：《汉书·百官表》无上大夫之官。周官有此职。比照上大夫，秩一千石。 ②刺：采取。 六经：指《诗》《书》《易》《礼》

《乐》《春秋》六种典籍。今无《乐经》。《王制》：今《礼记》中有《王制》篇，但非汉诸生所汇辑。 ③谋议：谋划讨论皇帝巡狩与封禅的礼仪。 巡狩：皇帝视察各地。 封禅（shàn）：帝王祭祀天地的典礼。在泰山顶筑坛祭天称封。在泰山下梁父山辟场祭地称禅。 ④长门：亭名。在长安城东南。 ⑤淮南王喜：城阳王刘章之子。嗣为城阳王。徙淮南王，复为城阳王。 ⑥分齐为六国：分割齐王国为六个小王国。 ⑦丙寅：四月十七日。 ⑧齐悼惠王：刘肥。 在者六人：他的儿子还在世的有六人。 全都封王如次：齐王刘将闾，都临淄，在今山东临淄；济北王刘志，都卢，在今山东长清西南；淄川王刘贤，都剧，在今山东昌乐西北；胶东王刘雄渠，都即墨，在今山东青岛市即墨区西北；胶西王刘卬，都高苑，在今山东桓台西；济南王刘辟光，都东平陵，在今山东济南市章丘区西北。 ⑨淮南厉王子在者三人：淮南厉王刘长的儿子，活着的有三人，分王淮南地。 淮南王子三王如次：淮南王刘安，都寿春，在今安徽寿县；衡山王刘勃，都六，在今安徽六安东；庐江王刘赐，都江南。 ⑩已：旋即；随后。 ⑪再中：太阳在一天中两次出现在正中。 ⑫居顷之：过了一会儿。 ⑬日却，复中：太阳偏斜了，又回到了正中。 ⑭令天下大酺：下诏令，全国民众可以聚会饮酒。酺（pú）：聚会饮酒。汉律规定，平时民众不得三人以上聚会饮酒。特殊欢乐事，如太子成婚，新皇登基，允许天下大酺，一般为五天。 ⑮亡：失落。 泗水：水名。流经山东、苏北，入淮河。 ⑯今河决，通于泗：文帝时黄河决口，横流入于泗水，注入淮河。泗，泗水。 ⑰汾阴直有金宝气：汾阴的上空有金宝之气。汾阴，县名。治所在今陕西万荣西。直，正当。 ⑱兆见：征兆已出现。见，通“现”。 ⑲治庙汾阴：在汾阴修庙。治，修建。 ⑳南临河：庙的南面靠近黄河。 ㉑欲祠出周鼎：想要通过祭祀求得周鼎现世。

【译文】

汉文帝前元十六年（丁丑，前164）

夏季，四月，汉文帝刘恒在渭阳五帝庙郊祭五帝。这时，汉文帝宠贵新垣平，封为上大夫，赏赐黄金累计一千斤；汉文帝还让博士、诸生杂采六经中的记载，汇集成《王制》，谋划议论巡狩、封禅等事；又在长门亭的道路北面设立了五帝坛。

汉文帝把淮南王刘喜再次封为城阳王。又把齐国分立为六国。四月十七日，汉文帝刘恒封立齐悼惠王在世的六个儿子为王：杨虚侯刘将闾为齐王，安都侯刘志为济北王，武成侯刘贤为淄川王，白石侯刘雄渠为胶东王，平昌侯刘卬为胶西王，扐侯刘辟光为济南王。汉文帝封立淮南厉王在世的三个儿子为王：阜陵侯刘安为淮南王，安阳侯刘勃为衡山王，阳周侯刘赐为庐江王。

秋季，九月，新垣平指使人携带玉杯到皇宫门前上书献宝给汉文帝刘恒。新垣平对汉文帝说："宫门前有一股宝玉之气移来。"过了一会，前去查看，果然有人来献玉杯，杯上刻有"人主延寿"四字。新垣平又说："我算出今天太阳将再次出现在中天。"过了一会儿，太阳向东退行，再次到达中天。于是，汉文帝决定把在位的第十七年改称为元年，并特许天下人聚会痛饮，以示庆贺。新垣平说："周朝的大鼎沉没在泗水中。现在黄河决口，与泗水相连通，我看东北正对着汾阴有金宝之气，估计周鼎可能会出世吧！它的征兆已经出现了，如果不去迎接，周鼎是不会来的。"于是汉文帝派人在汾阴修庙，南面靠近黄河，想要通过祭祀求得周鼎出世。

【原文】

后元年（戊寅，前163）

冬，十月，人有上书告新垣平"所言皆诈也"，下吏治①，诛夷平②。是后，上亦怠于改正、服、鬼神之事③，而渭阳、长门五帝，使祠官领④，以时致礼，不往焉⑤。

春，三月，孝惠皇后张氏薨⑥。

诏曰："间者数年不登⑦，又有水旱、疾疫之灾，朕甚忧之。愚而不明，未达其咎⑧：意者朕之政有所失而行有过与⑨？乃天道有不顺，地利或不得，人事多失和，鬼神废不享与？何以致此⑩？将百官之奉⑪养或废，无用之事或多与？何其民食之寡乏也？夫度田非益寡⑫，而计民未加益⑬，以口量地，其于古犹有余⑭，而食之甚不足者，其咎安在⑮？无乃百姓之从事于末以害农者蕃⑯，为酒醪以靡谷者多⑰，六畜之食焉者众与⑱？细大之义，吾未得其中⑲，其与丞相、列侯、吏二千石、博士议之⑳。有可以佐百姓㉑者，率意远思㉒，无有所隐㉓！"

（以上为第九段，写汉文帝发现新垣平所说的一切都是诈骗，诛灭其三族，从此对于改变历法、服色及祭祀鬼神等事有所疏怠；下令百官检讨自己的过失，寻求发生灾害的根源。）

【注释】

①下吏治：交给司法主管官吏查办。②诛夷平：杀了新垣平及其家族。③怠于改

正、服、鬼神之事：汉文帝对改历法、变服色，以及祭祀鬼神都疏倦了。 ④使祠官领：交给祠官去管理。 ⑤以时致礼，不往焉：按时节由祠官祭祀，汉文帝不亲临了。 ⑥孝惠皇后张氏薨：汉惠帝皇后，张敖之女，诸吕之乱以后，徙居北宫。因其党于吕氏，故此处不曰崩，而言“薨”，有贬义。 ⑦间者数年不登：近年来连续几年歉收。 ⑧未达其咎：不明白祸根在哪里。未达，不明，不知晓。咎，过错，祸根。 ⑨“意者”句：或许是我治国有失误，行为过错。意者，想来是，或许是。 ⑩何以致此：为何造成这种情况？ ⑪奉：通“俸”，俸禄。 ⑫度田非益寡：估计土地没有减少。 ⑬计民未加益：统计人口并没有增加。 ⑭于古犹有余：按人均占有的耕地，比古代还要多。 按：此说太夸张，汉文帝时人口增益，应比古时多，人均耕地应比古时少。 ⑮其咎安在：问题出在哪里？咎，过错，问题，指口粮不足。 ⑯“无乃”句：恐怕是百姓从事商业、抛弃农业的太多。蕃，多，众。 ⑰为酒醪以靡谷者多：酿酒靡费粮食的太多。 ⑱六畜之食焉者众与：饲养六畜的太多吧？六畜，马、牛、羊、鸡、犬、豕。食（sì），给吃。与，同“欤”。 ⑲细大之义，吾未得其中：这些大大小小的原因，我不知道哪个是最主要的。得其中，抓住要害，找到主因。 ⑳议之：深入讨论。 ㉑佐百姓：能帮助百姓。 ㉒率意远思：尽情地深入考虑，畅所欲言。 ㉓无有所隐：不要有保留。

【译文】

汉文帝后元元年（戊寅，前163）

冬季，十月，有人向汉文帝上书，检举新垣平所说的一切都是诈骗，汉文帝命令司法官员审查。最后，新垣平被诛灭三族。从此之后，汉文帝对于改变历法、服色及祭祀鬼神的事情也就疏怠了，立于渭阳、长门的五帝庙，隶属于祠官管理，由祠官按照季节时令祭祀，汉文帝自己不再去了。

春季，三月，汉惠帝刘盈的张皇后去世。

汉文帝下令说：“近年来连续几年歉收，又有旱涝和疾病的灾害，我十分担忧。我愚昧而不聪明，不知道出现这些灾害的祸根是什么，或许是我治国有失误、行为有过错吗？是天道不顺，或者是不得地利，人事多有失和，没有供奉鬼神吗？为什么会这样呢？或者是废弃了百官的奉养，所兴办的无用之事太多了吗？为什么民众缺乏粮食充饥呢？估计土地没有比以前减少，而统计民众的人口也没有比以前增加，按平均每人占有的耕地来计算，现在比古代还要多，但民众的粮食却严重缺乏，造成这种失误的根源在哪里？莫非是由于民众之中从事工商末业而损害农耕本业的人多，造酒大量耗费了粮食，六畜吃得太多了吗？这些大大小小的原因，我不知道哪个是最主要的，可以由丞相、列侯、二千石官员、博士共同议论这个问题，有能够帮助民众的意见，可按照各自的思路去做深远的探讨，无所隐瞒地全都告诉我！”

【原文】

二年（己卯，前162）

夏，上行幸雍棫阳宫①。

六月，代孝王参②薨。

匈奴连岁入边，杀略人民、畜产甚多；云中、辽东③最甚，郡万余人④。上患之，乃使使遗匈奴书⑤。单于亦使当户报谢⑥，复与匈奴和亲。

八月戊戌⑦，丞相张苍免。帝以皇后弟窦广国贤，有行⑧，欲相之⑨，曰：“恐天下以吾私广国⑩，久念不可⑪。”而高帝时大臣，余见无可者⑫。御史大夫梁国⑬申屠嘉⑭，故以材官蹶张⑮从高帝，封关内侯⑯；庚午⑰，以嘉为丞相，封故安侯。嘉为人廉直⑱，门不受私谒⑲。是时，太中大夫邓通⑳方爱幸，赏赐累巨万㉑。帝尝燕饮通家㉒，其宠幸无比。嘉尝入朝，而通居上旁，有怠慢之礼，嘉奏事毕，因言曰：“陛下幸爱群臣，则富贵之；至于朝廷之礼，不可以不肃㉓。”上曰：“君勿言，吾私之㉔。”

罢朝，坐府中，嘉为檄召通诣丞相府㉕，不来，且斩通㉖。通恐㉗，入言上，上曰：“汝第往㉘，吾令使人召若㉙。”通诣丞相府，免冠、徒跣，顿首谢嘉㉚。嘉坐自如㉛，弗为礼，责曰：“夫朝廷者，高帝之朝廷也。通小臣，戏殿上，大不敬，当斩。吏！今行斩之！”通顿首，首尽出血，不解㉜。上度丞相已困通㉝，使使持节召通而谢丞相㉞：“此吾弄臣㉟，君释之！”邓通既至，为上泣曰㊱：“丞相几杀臣㊲！”

（以上为第十段，写匈奴连年入寇汉朝边境，汉文帝送去书信，双方恢复和亲关系；汉文帝任命申屠嘉为丞相，申屠嘉为人廉洁正直，整肃朝廷之礼，惩治汉文帝宠臣邓通。）

【注释】

①棫阳宫：行宫名。在今陕西扶风东北。 ②代孝王参：文帝刘恒之子。文帝前元二年封其为太原王，三年更为代王。 ③云中、辽东：皆郡名。云中郡治云中，在今内蒙古托克托东北。辽东郡治襄平，在今辽宁辽阳。 ④郡万余人：指云中、辽东两郡被掠

人口各万余。⑤乃使使遗匈奴书：于是派使者送和亲国书给匈奴单于。⑥单于亦使当户报谢：单于派出高官当户回报致谢。⑦戊戌：八月丁卯朔，无戊戌。疑“戊戌”是“戊辰”之误。戊辰，八月初二日。⑧有行：有德行，品行好。⑨欲相之：欲任他为相。⑩私广国：对窦广国有私心。⑪久念不可：考虑了很久才打消了任用的念头。⑫余见无可者：现存无可为相之人。见，读“现”。⑬梁国：汉文帝弟刘武的封国。都睢阳，在今河南商丘南。⑭申屠嘉：梁国人，汉初功臣，官至丞相。传见《史记》卷九十六、《汉书》卷四十二。⑮材官蹶张：特种步兵。材官，勇武之卒。蹶张，能脚踏强弩使其张开。⑯关内侯：二十级爵之第十九级高爵，有食邑。⑰庚午：八月初四日。⑱廉直：廉洁正直。⑲门不受私谒：从不在家接见私下拜谒的人。门，指家门。⑳邓通：汉文帝宠臣。㉑累巨万：累积一万万。巨万,一万万。㉒尝燕饮通家：曾在邓通家宴饮。㉓肃：严肃，整肃。㉔吾私之：我私下告诫他。㉕檄：木制的文书。诣：往，到。句意：申屠嘉用正式公文传讯邓通到丞相府。㉖且斩通：将要诛杀邓通。㉗通恐：邓通恐惧。㉘汝第往：你只管去。第，但，只。㉙吾令使人召若：我会派人来召你。㉚免冠、徒跣，顿首谢嘉：邓通摘下帽子、光着双脚，向申屠嘉叩头请罪。免冠、徒跣是请罪人的一种姿态。㉛嘉坐自如：申屠嘉安然自若，即安坐不动，严肃端庄。㉜不解：不制止，不表示宽恕。㉝已困通：已让邓通吃够了苦头。㉞“使使”句：派使者持皇帝符节前来传唤邓通向丞相道歉。㉟弄臣：供戏弄的小臣。㊱为上泣曰：对着汉文帝哭诉。㊲几杀臣：差点儿杀臣。

【译文】

汉文帝后元二年（己卯，前162）

夏季，汉文帝前往雍地的棫阳宫。

六月，代孝王刘参去世。

匈奴连年入寇边境，杀害、掳掠了许多民众及其牲畜财产，云中郡和辽东郡所受侵害最为严重，受害人数每郡多达一万多人。汉文帝担忧匈奴的入侵，就派使臣给匈奴送去书信，匈奴单于也派一位当户来汉朝廷答谢，汉与匈奴恢复了和亲关系。

八月戊戌（八月无戊戌日，疑误），汉文帝罢免了丞相张苍的职务。汉文帝因为皇后的弟弟窦广国贤能，品行好，想任命他为丞相，说：“恐怕天下人会以为我偏爱窦广国。”考虑很久，认为不能用他为丞相，而高帝时代的大臣，现在健在的人中，又没有能够胜任丞相职务的人。御史大夫、梁国人申屠嘉，当年曾以步兵强弩射手的身份跟随高帝征战，封为关内侯。八月初四，汉文帝任命申屠嘉为丞相，封为故安侯。申屠嘉为人廉洁正直，从不在家接见私下拜谒的人。当时，太中大夫邓通正得到汉文帝宠信，赏赐的财物累计万万钱；汉文帝曾在他家中欢宴饮酒，宠信的程度无人能够相比。申屠嘉曾来朝见汉文帝，见到邓通正在汉文帝身边，礼节很简慢。申屠嘉奏报完了政事，就说："皇上如果宠信亲近臣子，可以让他富贵，至于朝廷之礼，却不能不整肃。"汉文帝说："你不必说了，我私下会告诫他。"

散朝之后，申屠嘉坐在丞相府中，用公文召邓通来丞相府。邓通不来，申屠嘉便要斩杀邓通。邓通很恐惧，进宫去告知汉文帝，汉文帝说："你只管前去，我会派人召你。"邓通来到丞相府，摘下帽子，赤着双脚，向申屠嘉叩头请罪。申屠嘉坐着，安然自若，不予礼待，责备他说："朝廷，那是高皇帝的朝廷。你邓通只不过是一个小臣，竟在殿上戏闹，这是大不敬之罪，该判处斩首。来人！立即把邓通处斩！"邓通吓得一再磕头，磕得血流满面，申屠嘉仍不表示宽恕。汉文帝估计丞相已让邓通吃了苦头，就派使者持皇帝信节前来传唤邓通，并且转达汉文帝向丞相表示歉意的话："这个人是我所戏弄的昵臣，您就赦免了他吧！"邓通回到宫中，哭着对汉文帝说："丞相差点儿杀了我！"

【原文】

三年（庚辰，前161）

春，二月，上行幸代[①]。

是岁，匈奴老上单于死，子军臣单于立。

四年（辛巳，前160）

夏，四月，丙寅晦[②]，日有食之。

五月，赦天下。

上行幸雍。

五年（壬午，前159）

春，正月，上行幸陇西[③]；三月，行幸雍；秋，七月，行幸代。

六年（癸未，前158）

冬，匈奴三万骑入上郡，三万骑入云中，所杀略甚众，烽火通于甘泉、长安。以中大夫令免[④]为车骑将军，屯飞狐[⑤]；故楚相苏意[⑥]为将军，屯句注[⑦]；将军张武屯北地[⑧]；河内太守周亚夫为将军，次细柳[⑨]；宗正刘礼为将军，次霸上[10]，祝兹侯徐厉为将军，次棘门[11]；以备胡[12]。

上自劳军[13]，至霸上及棘门军，直驰入，将以下骑送迎。已而之细柳军[14]，军士吏被甲[15]，锐兵刃[16]，彀弓弩持满[17]，天子先驱至[18]，不得入。先驱曰："天子且至！"军门都尉[19]曰："将军令曰：'军中闻将军令，不闻天子之诏！'"居无何[20]，上至，又不得入。于是上乃使使持节诏将军："吾欲入营劳军。"亚夫乃传言："开壁门[21]。"壁门士请车骑[22]曰："将军约：军中不得驰驱[23]。"于是天子乃按辔徐行[24]。至营，将军亚夫持兵揖曰[25]："介胄之士不拜[26]，请以军礼见。"天子为动，改容[27]，式车[28]，使人称谢[29]："皇帝敬劳将军。"成礼而去。既出军门，群臣皆惊[30]。上曰："嗟乎，此真将军矣！曩者[31]霸上、棘门军若儿戏耳，其将固可袭而虏[32]也。至于亚夫，可得而犯耶[33]！"称善者久之。月余，汉兵至边，匈奴亦远塞，汉兵亦罢[34]。乃拜周亚夫为中尉[35]。

夏，四月，大旱，蝗。令诸侯无入贡[36]；弛山泽[37]，减诸服御[38]，损郎吏员[39]；发仓庾以振民[40]；民得卖爵[41]。

（以上为第十一段，写公元前161年至公元前158年四年史事，匈奴军队大规模入侵，报警的烽火一直传到甘泉和长安，汉文帝刘恒分派将军守卫边境，亲自劳军，因细柳营治军有方，称赞周亚夫是真正的将军。）

【注释】

①代：汉初同姓九国之一。都代县，在今河北蔚县东北。　②丙寅：四月丁亥朔，无丙寅。疑是"丙辰"之误。丙辰，四月三十日。　晦：每月之末日。　③陇西：郡名。郡治狄道，在今甘肃临洮。　④中大夫：官名。掌议论，属郎中令，秩千石。　令免：人名，姓令，名免。　⑤屯飞狐：驻军在飞狐。飞狐，飞狐口，地名，在今河北蔚县东南。　⑥故楚相：原先的楚王国相。　苏意：人名。　⑦句注：山名。在今山西代县西。　⑧北地：郡名。郡治马领，在今甘肃庆阳西北。　⑨次：驻扎。　细柳：地名。在今陕西咸阳西南渭水北岸。　⑩霸上：地名。在今陕西西安东，霸水西岸高原上。　⑪棘门：地名。在今陕西咸阳东北。　⑫备胡：防备匈奴侵扰。　⑬上自劳军：汉文帝亲自慰问军队。　⑭已而之细柳军：随后到了细柳军营。　⑮被甲：披着铠甲。　⑯锐兵刃：武器锋利。　⑰彀（gòu）：弓弩上弦。　持满：张足了弓。　⑱先驱：先导骑兵队。　至：到了细柳军营门。　⑲军门都尉：守卫营门的武官。　⑳居无何：过了不久。　㉑开壁门：打开驻军营垒之门。　㉒请车骑：对皇帝的卫队提出要求。　㉓军中

不得驰驱：军营中不可驱马疾驰。 ㉔按辔（pèi）徐行：拉着缰绳慢行。 ㉕持兵揖曰：手执兵器，对着汉文帝拱手行礼说。 ㉖介胄之士不拜：穿甲戴盔的将士不便跪下行礼。介，铠甲。胄（zhòu），头盔。 ㉗天子为动，改容：汉文帝被打动，脸色变得庄重严肃。 ㉘式车：俯身凭轼（车前横木），表示敬意。式，通“轼”。 ㉙使人称谢：派专使向周亚夫致歉意。 ㉚惊：惊讶。 ㉛曩者：先前，前面的。 ㉜袭而虏：袭击而俘虏。 ㉝可得而犯耶：可能侵犯吗？ ㉞汉兵亦罢：汉军也撤退了。 ㉟中尉：官名。掌管京师的治安，并统领北军。 ㊱令诸侯无入贡：诏令诸侯不要向皇上贡献方物。 ㊲弛山泽：开放山泽供黎民樵采。 ㊳减诸服御：减少宫中所用的衣服、车马等各种物品。 ㊴损郎吏员：减少郎官的数额。 ㊵发仓庾以振民：开仓济民。凡仓无屋称庾。 ㊶民得卖爵：允许民众出卖爵位。

【译文】

汉文帝后元三年（庚辰，前161）

春季，二月，汉文帝刘恒前往代国。

这一年，匈奴老上单于去世，其子军臣单于继位。

汉文帝后元四年（辛巳，前160）

夏季，四月，丙寅晦（四月无丙寅日，疑误），出现了日食。

五月，汉文帝刘恒宣布实行大赦。

汉文帝刘恒前往雍县。

汉文帝后元五年（壬午，前159）

春季，正月，汉文帝刘恒前往陇西郡；三月，汉文帝前往雍县；秋季，七月，汉文帝前往代国。

汉文帝后元六年（癸未，前158）

冬季，匈奴三万骑兵入侵上郡，三万骑兵入侵云中郡，杀害和掳掠了很多军民，报警的烽火一直传到甘泉和长安城。朝廷任命中大夫令免为车骑将军，率军屯守飞狐；任命原楚相苏意为将军，屯守句注；命将军张武屯守北地郡；命河内郡守周亚夫为将军，驻扎细柳；命宗正刘礼为将军，驻扎霸上；命祝兹侯徐厉为将军，驻扎棘门，以防备匈奴。

汉文帝亲自犒劳军队，到达驻扎霸上和棘门的军营时，汉文帝一行直接驰马进入营垒，将军和他的部属都骑着马迎送汉文帝出入。接着汉文帝到达细柳的军营，只见将士们身披铠甲，手执锋利的武器，张满弓弩。汉文帝的先导队伍到达，不能进入军营。先导说："天子马上就到了！"把守军门的都尉说："将军有令：'军中只听将军的号令，不听天子的诏令。'"过了一会，汉文帝来到，也不能进入军营。于是，汉文帝便派使者持节诏告将军："我想进入军营慰劳军队。"周亚夫才传令说："打开军营大门。"守卫军营大门的军官向汉文帝的车马随从说："将军有规定：在军营内不许策马奔跑。"汉文帝一行便拉着马缰绳缓慢地前进。来到军营中，周亚夫手执兵器，对着汉文帝拱手作揖说："身上穿着盔甲的武士不能下拜，请允许我以军礼参见皇上。"汉文帝被打动了，面容变得庄重肃穆，手扶车前的横木，向军营将士致意，并派人向周亚夫表示歉意，说："皇帝恭敬地慰劳将军。"完成了劳军的仪式后离去。走出营门，群臣都表示惊讶。汉文帝说："唉！周亚夫才是真正的将军呢！前面所经过的霸上和棘门的军队，如同儿戏罢了，那些将军很容易受到袭击而被人俘虏。至于周亚夫，谁能冒犯他呢？"汉文帝对周亚夫称赞了很久。过了一个多月，汉军到达边境，匈奴远远地离开了边界，汉军也就撤回来了。于是，汉文帝任命周亚夫为中尉。

夏季，四月，大旱，出现蝗灾。汉文帝下令说：诸侯封国停止向朝廷进贡；取消禁止民众进入山林川泽的命令；减少御用衣服、车马等诸项开销；裁减专为皇帝服务的郎官人数；打开官府仓库救济民众；允许民众出卖爵位。

【原文】

七年（甲申，前157）

夏，六月，己亥①，帝崩于未央宫②。遗诏③曰："朕闻之：盖天下万物之萌生，靡不有死④。死者，天地之理，万物之自然⑤，奚可甚哀⑥！当今之世，咸嘉生而恶死⑦，厚葬以破业，重服以伤生⑧，吾甚不取。且朕既不德，无以佐百姓；今崩，又使重服久临⑨以罹寒暑之数⑩，哀人父子，伤长老之志，损其饮食，绝鬼神之祭祀，以重⑪吾不德，谓天下何⑫！朕获保宗庙⑬，以眇眇之身⑭托于天下君王之上⑮，二十有余年矣⑯。赖天之灵，社稷之福，方内安宁⑰，靡有兵革⑱。朕既不敏⑲，常惧过行以羞先帝之遗德⑳，惟年之久长，惧于不终㉑。今乃幸以天年得复供养于高庙㉒，其奚哀念之有㉓！其令天下吏民：令到，出临三日，皆释服㉔；毋禁取妇、嫁女、祠祀、饮酒、食肉㉕。自当给丧事服临者，皆无跣㉖；绖带毋过三寸㉗；毋布车及兵器㉘；毋发民哭临宫殿中；殿中当临者，皆以旦夕各十五举音㉙，礼毕罢；非旦夕临时，禁毋得擅哭临；已下棺㉚，服大功[31]十五日，小功[32]十四日，纤[33]七日，释服。他不在令中者，皆以此令比类从事[34]。布告天下，使明知朕意。霸陵山川因其故，毋有所改[35]。归夫人以下至少使[36]。"

乙巳[37]，葬霸陵。

帝即位二十三年，宫室、苑囿、车骑、服御[38]，无所增益；有不便[39]，辄弛[40]以利民。尝欲作露台[41]，召匠计之，直百金[42]。上曰："百金，中人十家之产[43]也。吾奉先帝宫室，常恐羞之，何以台为[44]！"身衣弋绨[45]；所幸慎夫人，衣不曳地[46]；帷帐无文绣[47]；以示敦朴，为天下先[48]。治霸陵[49]，皆瓦器，不得以金、银、铜、锡为饰，因其山，不起坟[50]。吴王诈病不朝[51]，赐以几杖[52]。群臣袁盎等谏说虽切[53]，常假借纳用焉[54]。张武等受赂金钱，觉[55]，更加赏赐以愧[56]其心；专务以德化民。是以海内安宁，家给人足，后世鲜能及之[57]。

丁未[58]，太子[59]即皇帝位，尊皇太后薄氏曰太皇太后[60]，皇后曰皇太后。

九月，有星孛[61]于西方。

是岁，长沙王吴著[62]薨，无子，国除。

初，高祖贤文王芮[63]，制诏御史[64]："长沙王忠，其定著令[65]。"至孝惠、高后时，封芮庶子二人为列侯，传国数世绝。

（以上为第十二段，写汉文帝刘恒去世。汉文帝留下遗诏，丧事一切从简。太子刘启即位，是为汉景帝。）

【注释】

①己亥：六月初一日。 ②未央宫：汉初在长安兴建的宫殿。皇帝所居之宫。皇太后居长乐宫。 ③遗诏：汉文帝留下的遗嘱诏令。 ④萌生：始生。 靡不有死：没有不死的，有生即有死。 ⑤自然：谓凡生之物皆有死是自然规律。 ⑥奚可甚哀：有什么值得悲哀呢？ ⑦咸嘉生而恶死：世人都喜欢生而讨厌死。 ⑧厚葬以破业，重服以伤生：为了厚葬而破产，过于注重守丧而损害身体。 ⑨久临：长久地哭吊。临（lìn），哭吊。 ⑩以罹寒暑之数：经历寒来暑往的季节变化太久了。 按：古时儒家强调三年之丧，经历几个寒暑。 ⑪重：加重。 ⑫谓天下何：意谓怎对得起天下百姓。 ⑬朕获保宗庙：我获得保护宗庙的权力，喻掌控国家权力。 ⑭眇眇之身：我个人是渺小的，微不足道。 ⑮托于天下君王之上：却托身在帝王的位置之上。 ⑯二十有余年

矣：汉文帝于公元前179年继位，公元前157年逝世，在位二十三年。 ⑰方内安宁：国内安宁。 ⑱靡有兵革：没有战争。 ⑲朕既不敏：我不够聪明。不敏，不敏捷，没有才干。 ⑳“常惧过行”句：时常担心自己做错了事，而使先帝留下来的美德蒙受耻辱。遗德，遗留下来的美德。 ㉑惧于不终：害怕不得善终。 ㉒“今乃”句：现在万幸的是我得以享尽天年，又可在高庙陪伴高帝。天年，享尽自然的寿数。养，奉养，陪伴。 ㉓其奚哀念之有：哪里还有什么值得悲哀的呢？ ㉔释服：除去丧服。 ㉕“毋禁”句，指三天后就可除去丧服，不要再禁止人们的一切正常生活。取妇，娶媳妇。取，“娶”之意。居丧期间不可娶妇、嫁女、祭祀、饮酒、吃肉。 ㉖无跣：不要光着脚走路。跣，赤足践地，以示哀痛。 ㉗绖（dié）带：服丧时系于头上或腰间的麻带。毋过三寸：宽度不要超过三寸，节约布料。 ㉘毋布车及兵器：不要用布盖在车辆和兵器上。 ㉙旦夕各十五举音：只在早晚分别哭十五声。 ㉚下棺：下葬。棺椁入土。 ㉛大功：丧服五服之一，原服期五月，文帝改为十五日。其服用熟麻制成，用于为近亲服丧。 ㉜小功：丧服五服之一，原服期九月，文帝改为十四日。其服用较粗的熟麻布制成。用于为近亲服丧。 ㉝纤：细麻布制的丧服，远亲服用，文帝定服用七日。 ㉞比类从事：比照、参照办理。 ㉟霸陵：汉文帝陵墓，后置县，在今陕西西安东北。毋有所改：不许改动原有的自然状态。 ㊱归：发遣宫妃出宫回家。夫人以下至少使：指后宫妃嫔的职级。此是众多的中下级的宫妃，发遣的对象。 ㊲乙巳：六月初七日。 ㊳苑囿（yòu）：有花木禽兽的园林风景区，供帝王与显贵游猎。服御：服饰器具。 ㊴有不便：谓如有不便于百姓。 ㊵辄弛：就废除。 ㊶露台：不加屋顶的观景台。 ㊷直百金：耗费一百金。直，通“值”。 ㊸中人：中等生活的人。产：产业，财产。 ㊹何以台为：何必修建露台。 ㊺衣：穿。弋（yì）：黑色。绨（tí）：一种粗厚的丝织品。 ㊻衣不曳地：裙子不拖在地上，即制作短裙。衣，指裙子。曳（yè）地，拖到地上。 ㊼文绣：绣着彩色花纹。文，花纹。 ㊽为天下先：为天下人作出表率。先，表率，榜样。 ㊾治霸陵：修建霸陵。 ㊿因其山，不起坟：利用山陵形势，不用人工垒坟冢。坟，古时封土成丘称“坟”。 51吴王：刘濞。诈病不朝：谎称有病而不朝见。 52赐以几杖：几，小木几，供坐时依靠之用。杖，手杖。按：汉文帝此举表示敬老，也是宽厚，默认吴王不朝。 53谏说虽切：谏说直切，不留情面。 54常假借纳用焉：经常是宽容采纳他们的批评意见。假借，宽容。 55觉：受贿暴露，被发觉。 56愧：使之羞愧，觉醒。 57后世鲜能及之：后世帝王很少能赶得上汉文帝。鲜，很少。 58丁未：六月初九日。 59太子：指刘启，即位为孝景帝。 60太皇太后：皇帝祖母之称。 61星孛（bèi）：古代指彗星出现。 62长沙王吴著：吴芮之后，第四代孙。 ⑥③文王芮：长沙王吴芮，谥曰文。 ⑥④制诏御史：汉朝诏令的执行程序，诏书下发御史大夫，御史大夫转丞相执行。御史大夫有监察之责。 ⑥⑤其定著令：允许吴王芮的子孙继承王位定为法律。 按：汉初订约，"非刘氏不王"。因吴王忠于刘邦，故特著令使其为王。

【译文】

汉文帝后元七年（甲申，前157）

夏季，六月初一，汉文帝在未央宫去世。汉文帝留下的遗诏说："我听说，天下万物萌生，没有不死的；死，是天地的常理，是万物的自然规则，有什么值得特别悲哀的呢！现在这个时代，世人都乐于生而厌恶死，为了厚葬而破产，为了强调服丧尽孝而损害身体健康，我很不赞成这些做法。况且，我本人没有什么德行，没有帮助民众，现在死了，如果再让臣民们长期地为我服丧哭悼，经历寒暑变化那么久，使民众父子悲哀，老人伤感，减少了他们的饮食，停止了对鬼神的祭祀，这是加重了我的失德，怎么对得起天下人呢！我获得了保护宗庙的权力，以渺小之身，托身于天下帝王之上，已经有二十多年了。依赖上天的神灵、社稷的福运，才使境内安宁，没有战争。我确实不够聪明，时常害怕自己做出错事，而使先帝遗留下来的美德蒙受耻辱，惧怕年久日长，自己可能会因失德而不得善终。现在万幸的是我得以享尽天年，又可在高庙奉养高帝，哪里还有什么值得悲哀的呢！诏告天下官员民众：从遗诏下达之日起，哭吊三天，就都脱下丧服；不要禁止娶妻嫁女、祭祀、饮酒、吃肉。亲戚中应当参加丧事穿丧服哭吊的，都不要赤脚走路；孝带不要超过三寸宽；不要在车辆和兵器上蒙盖丧布；不要调发民众到宫中来哭吊；殿中应当哭祭的人，都只在早晚哀哭十五声，礼仪完毕就停止哭祭；非早晚哭祭时间，禁止擅自前来哭祭；棺椁入土后，凡属'大功'的宗室亲戚，穿丧服十五天，'小功'穿丧服十四天，'纤服'穿丧服七天，然后脱下丧服。其他未在命令中规定的问题，都要比照命令的用意办理。此令要向天下臣民公布，使大家清楚知道我的心意。霸陵周围的山脉河流都保持原貌，不许有所改变。后宫中的妃嫔，从夫人以下到少使，都送归母家。"

六月初七，汉文帝被安葬在霸陵。

汉文帝即位以来，历时二十三年，宫室、园林、车骑仪仗、服饰器具等，都没有增加；有对民众不便的禁令条例，就予以废止，以利于民众。汉文帝曾想修建一个露台，召来工匠计算，需花费一百斤黄金。汉文帝说："一百斤黄金，相当于中等民户十家财产的总和，我居住着先帝的宫室，经常惧怕使它蒙羞，还修建露台干什么呢！”汉文帝自己身穿黑色的粗丝衣服，他宠爱的慎夫人，所穿的衣服不拖到地面；所用的帷帐都不刺绣花纹，以示朴素，为天下人作出表率；修建霸陵，都使用陶制器物，不准用金、银、铜、锡装饰，利用山陵形势，不另外兴建高大的坟堆；吴王刘濞伪称有病，不来朝见，汉文帝反而赐给他几案手杖；群臣之中，袁盎等人的进谏言辞激烈而尖锐，汉文帝常常予以宽容并采纳他们的批评意见；张武等人接受金钱贿赂，事情被觉察后，汉文帝反而赏赐他们钱财，使他们心中愧疚；他全力以德政去教化民众。所以，国家安宁，民众富裕，后世很少能做到这一点。

六月初九，太子刘启即位称帝，尊奉皇太后薄氏为太皇太后，尊奉皇后为皇太后。

九月，在西方天空出现了一颗异星。

这一年，长沙王吴著去世。他没有儿子，封国被废除。

当初，高祖很赏识长沙文王吴芮的贤德，给御史下达命令：“长沙王吴芮忠于朝廷，应该写入令中，特封为王。”到了汉孝惠帝、高后统治时期，将吴芮的两个庶子封为列侯，各自传国数代之后断绝。

【原文】

孝景皇帝上

元年（乙酉，前156）

冬，十月，丞相嘉[①]等奏：“功莫大于高皇帝，德莫盛于孝文皇帝。高皇帝庙，宜为帝者太祖之庙；孝文皇帝庙，宜为帝者太宗之庙。天子宜世世献祖宗之庙[②]，郡国诸侯宜各为孝文皇帝立太宗之庙。”制曰：“可。”

夏，四月，乙卯[③]，赦天下。

遣御史大夫青[④]至代下与匈奴和亲。

五月，复收民田半租[⑤]，三十而税一[⑥]。

初，文帝除肉刑[⑦]，外有轻刑之名，内实杀人；斩右止者又当死[⑧]；斩左止者笞五百，当劓者笞三百，率多死。是岁，下诏曰：“加笞与重罪无异[⑨]；幸而不死，不可为人[⑩]。其定律：笞五百曰三百，笞三百曰二百[⑪]。”

以太中大夫周仁为郎中令[⑫]，张欧为廷尉[⑬]，楚元王子平陆侯礼为宗正[⑭]，中大夫晁错为左内史[⑮]。仁始为太子舍人，以廉谨得幸。张欧亦事帝于太子宫，虽治刑名家[16]，为人长者[17]；帝由是重之，用为九卿[18]。欧为吏未尝言按人[19]，专以诚长者处官[20]；官属以为长者，亦不敢大欺[21]。

（以上为第十三段，写公元前156年史事，汉景帝刘启继续实行与匈奴和亲的政策；在汉文帝刘恒废除肉刑的基础上，继续减轻刑罚；任命周仁、张欧、刘礼、晁错等人为官。周仁廉谨，张欧宽厚。）

【注释】

①嘉：申屠嘉。 ②献：献祭，供奉。 祖宗之庙：太祖、太宗之庙。 ③乙卯：四月二十二日。 ④青：陶青，封开封侯。汉初功臣陶舍之子，官至御史大夫。 ⑤复收民田半租：文帝十二年赐民田租之半，次年尽除田租；今又收半租。 ⑥三十而税一：税率是三十分之一。 ⑦文帝除肉刑：事见上卷文帝十三年。 ⑧止：通“趾”。下同。 又当死：又改为判处死刑。 ⑨加笞：增加笞打数。 重罪：谓死刑。加笞与重罪无异，增加笞打数，往往将犯人打死，故与处死没有区别。 ⑩不可为人：没有生存能力。重笞下的幸存者，已成残废不能独立生活。 ⑪“笞五百”两句：这是减刑，原笞五百改为三百，原笞三百改二百。 ⑫周仁：西汉任城（今山东济宁东南）人。官至郎中令。以醇谨著名。传见《史记》卷一百零三、《汉书》卷四十六。 郎中令：官名，九卿之一。掌守卫宫殿门户。 ⑬张欧：字叔，西汉人。官至御史大夫，传见《史记》卷一百零三、《汉书》卷四十六。 廷尉：官名，九卿之一。掌刑狱。 ⑭礼：刘礼，封平陆侯，楚元王刘交之子。 宗正：官名，掌宗室事务。 ⑮左内史：官名。内史掌治京畿地方。汉景帝时分左右内史。 ⑯治：研习。 刑名家：战国时法家的一派，讲求循名责实，用以强化上下关系。 ⑰长者：为人宽厚。 ⑱用为九卿：指追随太子的周仁、张欧、刘礼、晁错等人被景帝任用为九卿的高官。 秦汉九卿职位为：奉常（太常）、郎中令（光禄勋）、卫尉、太仆、廷尉、典客（大鸿胪）、宗正、治粟内史（大司农）、少府。内史，比列九卿。 ⑲未尝言按人：没有惩治过人。 ⑳专以诚长者处官：一心以谨慎宽厚居官用事。 ㉑大欺：过分欺蒙长官。此谓张欧宽厚，但十分精明，下属不敢过分欺瞒他。

【译文】

孝景皇帝上

汉景帝（刘启）前元元年（乙酉，前156）

冬季，十月，丞相申屠嘉等大臣奏请，说：“功勋没有大过高皇帝的，圣德没有超过孝文皇帝的。高皇帝的庙，应该作为本朝皇帝宗庙中的太祖庙；孝文皇帝的庙，应该作为本朝皇帝宗庙中的太宗庙。后世的天子，应该世世代代供奉太祖、太宗庙，各郡和各国诸侯都应当在当地为孝文皇帝修建太宗庙。”汉景帝批复说：“可以。”

夏季，四月二十二日，实行大赦。

汉景帝派遣御史大夫陶青到代国边塞与匈奴和亲。

五月，朝廷恢复向民众征收田税的一半，税率为三十分之一。

当初，汉文帝废除肉刑，表面上有减轻刑罚之名，实际上却多杀了人；原判斩右趾的改为死刑；原判斩左趾的改笞打五百下，原判割鼻的改笞打三百下，这些人大多被打死。这一年，汉景帝下诏说：“增加笞打数与处死没有什么不同，即便侥幸保住生命，也成了残废，无法维持生计。应制定法律：原定笞打五百下的罪，改为笞打三百下；原定笞打三百下的罪，改为笞打二百下。”

汉景帝任命太中大夫周仁为郎中令，任命张欧为廷尉，任命楚元王的儿子平陆侯刘礼为宗正，任命中大夫晁错为左内史。周仁原来做过太子舍人，因为廉洁谨慎而得到宠幸。张欧也曾经在太子宫中侍奉过汉景帝，他虽然研究刑名法律的学问，为人却很宽厚；汉景帝因此很器重他们，任用他们为九卿。张欧做官，没有惩罚过人，专门以诚厚长者居官用事。他的部属认为他是一位宽厚长者，也不敢太欺蒙他。

【原文】

二年（丙戌，前155）

冬，十二月，有星孛于西南。

令天下男子年二十始傅[①]。

春，三月，甲寅[②]，立皇子[③]德为河间王，阏为临江王，馀为淮阳王，非为汝南王，彭祖为广川王，发为长沙王。

夏，四月，壬午[④]，太皇太后薄氏崩。

六月，丞相申屠嘉薨。时内史晁错数请间言事[⑤]，辄听，宠幸倾九卿[⑥]，法令多所更定。丞相嘉自绌[⑦]所言不用，疾错[⑧]。错为内史，东出不便，更穿一门[⑨]南出。南出者，太上皇庙堧垣[⑩]也。嘉闻错穿宗庙垣，为奏，请诛错。客有语错，错恐，夜入宫上谒，自归上[⑪]。至朝，嘉请诛内史错。上曰：“错所穿非真庙垣，乃外堧垣，故冗官居其中[⑫]；且又我使为之，错无罪。”丞相嘉谢。罢朝，嘉谓长史[⑬]曰：“吾悔不先斩错乃请之，为错所卖⑭。”至舍，因欧血而死⑮。错以此愈贵。

秋，与匈奴和亲。

八月，丁未⑯，以御史大夫开封侯陶青为丞相。丁巳⑰，以内史晁错为御史大夫。

彗星出东北。

秋，衡山雨雹⑱，大者五寸⑲，深者二尺⑳。

荧惑逆行守北辰㉑，月出北辰间；岁星逆行天廷中㉒。

梁孝王以窦太后少子故，有宠，王四十余城㉓，居天下膏腴地。赏赐不可胜道㉔，府库金钱且百巨万㉕，珠玉宝器多于京师。筑东苑㉖，方三百余里㉗，广睢阳城七十里㉘，大治宫室，为复道㉙，自宫连属于平台三十余里㉚。招延四方豪俊之士，如吴人枚乘、严忌，齐人羊胜、公孙诡、邹阳，蜀人司马相如之属皆从之游㉛。

每入朝，上使使持节以乘舆驷马迎梁王于关下㉜。既至，宠幸无比，入则侍上同辇，出则同车，射猎上林中㉝。因上疏请留，且半岁。梁侍中、郎、谒者著籍引出入天子殿门㉞，与汉宦官无异。

（以上为第十四段，写汉景帝重用晁错，言听计从，升任为御史大夫；梁王刘武受到宠信，封国内有四十多座城邑，封地是全国最肥沃富饶的土地，财富多得数也数不清。）

【注释】

①傅：傅籍。秦汉男子成年登记姓名于版籍，亦称占著名数。官府据此征发徭役。傅籍年龄，各代不一。　②甲寅：三月二十七日。　③立皇子：景帝封立六位皇子为王。河间王刘德，都乐成，在今河北献县东南；临江王刘阏，都江陵，在今湖北江陵；淮阳王刘馀，都陈，在今河南淮阳；汝南王刘非，都平舆，在今河南平舆北；广川王刘彭祖，都信都，在今河北冀县；长沙王刘发，都临湘，在今湖南长沙。按：景帝十三子，先后均封立为王，此处列举了六位皇子，司马光认为这六位为景帝二年所封。　④壬午：四月二十五日。　⑤请间言事：找机会单独说事。间，找机会，单独密谈。　⑥倾九卿：超过九卿。　⑦自绌：自行贬绌，低调行事。　⑧疾错：痛恨晁错。　⑨更穿一门：重新打开一个门。　⑩堧垣：空地上的围墙。堧（ruán），空地。垣，外围墙。⑪自归上：亲自向皇帝请罪，说明情况。　⑫冗官居其中：散官临时的居住地。　⑬长（zhǎng）史：汉时丞相、太尉、御史大夫等均有属官长史，处理日常事务。　⑭卖：欺

弄，戏弄。 ⑮欧血而死：气愤得吐血而死。欧，通“呕”。 ⑯丁未：八月丙辰朔，无丁未，疑误。 ⑰丁巳：八月初二日。 ⑱雨雹：落下冰雹。 ⑲大者五寸：冰雹大个的直径有五寸。 ⑳深者二尺：冰雹堆积最厚的达二尺。 按：这是一场发生在衡山国的罕见冰雹灾害。 ㉑荧惑逆行守北辰：火星逆行靠近了北极星。 ㉒岁星逆行天廷中：木星逆行在太微星座。 ㉓王四十余城：谓梁孝王据有四十多个县城。 ㉔赏赐不可胜道：赏赐多到无法统计。 ㉕且百巨万：将近一百万万。巨万,一万万，即一亿。 ㉖东苑：梁王修建的苑囿，在睢阳城东。 ㉗方三百余里：苑的周长三百余里。 ㉘睢阳：梁王国都，在今河南商丘南。 城七十里：城墙周长七十里。 ㉙复道：楼阁间构架的上下两层通道。此天子宫苑的排场。 ㉚自宫连属于平台三十余里：指复道连接从王宫到行宫的平台达三十余里。 ㉛“招延”二句：招揽延聘四方的豪杰之士，如蜀人司马相如这些人都是梁王的座上宾。这些都是当时著名的文学士、辞赋家。枚乘、严忌、邹阳、司马相如传见《史记》《汉书》两书。羊胜、公孙诡：奸邪之士，教唆梁王为非，被诛死。 ㉜关下：函谷关下。梁王自东方入京，必经此关。朝廷使者远出至函谷关迎接梁王刘武。 ㉝“既至”五句：梁王到达京师，所受宠信无人可比，进入皇宫陪坐在汉景帝身旁，外出也与皇上同坐一辆车，一起到上林苑中射猎。 ㉞梁侍中、郎、谒者：梁王国的侍中、郎、谒者等官。 著籍引出入天子殿门：谓登记于名册可以出入天子殿门。著籍，登记在册。

【译文】

汉景帝前元二年（丙戌，前155）

冬季，十二月，西南天空出现了一颗异星。

汉景帝命令全国男子，从二十岁开始到官府登记成为正丁，承担国家的徭役和兵役。

春季，三月二十七日，汉景帝封立皇子刘德为河间王，刘阏为临江王，刘馀为淮阳王，刘非为汝南王，刘彭祖为广川王，刘发为长沙王。

夏季，四月二十五日，太皇太后薄氏去世。

六月，丞相申屠嘉去世。当时，内史晁错多次请求单独与汉景帝谈论国政，汉景帝常常采纳他的意见，受到的宠信超过了九卿，经晁错的建议修改了许多法令。丞相申屠嘉因汉景帝不采用他的意见而自行贬退，非常痛恨晁错。晁错作为内史，内史府的门东出不便，就另开了一个门南出。这个南门，开凿在太上皇庙外空地的围墙上。申屠嘉听说晁错打通了宗庙围墙，就上奏汉景帝，请求诛杀晁错。有人把此事告知晁错，晁错很害怕，夜里入宫求见汉景帝，向汉景帝自首，寻求保护。到天亮上朝时，申屠嘉奏请诛杀内史晁错。汉景帝说：“晁错所打通的墙，并不是真正的庙墙，而是宗庙外边的围墙，原来的一些散官住在那里，而且又是我让晁错这样做的，晁错没有罪。”丞相申屠嘉只好表示谢罪。散朝之后，申屠嘉对长史说：“我后悔没有先把晁错斩首再去奏请皇上认可，现在却被晁错所欺。”回到府中，申屠嘉吐血而死。晁错因此越发尊贵。

秋季，汉朝与匈奴和亲。

八月，丁未（疑误），汉景帝刘启任命御史大夫开封侯陶青为丞相。初二，汉景帝任命内史晁错为御史大夫。

彗星出现在东北天空中。

秋季，衡山国境内下了一场冰雹，大的直径有五寸，冰雹堆积最厚的地方达到二尺。

火星逆行靠近了北极星，月亮反常地经过了北极星的天区；木星在太微星座逆行。

梁孝王刘武因为是窦太后的小儿子，受到宠爱，封国内有四十多座城，封地是全国最肥沃富饶的土地。给他的赏赐多得数不清，府库中所藏的金钱接近一百亿，珠玉宝器比京城还要多。梁孝王修建了方圆三百多里的东苑，扩大其都城睢阳城的规模，使之达到周长七十里，大规模兴建宫室，修建了架于空中的通道，从宫室连接到平台达三十多里。招揽延聘四方豪杰，如吴地人枚乘、严忌，齐地人羊胜、公孙诡、邹阳，蜀地人司马相如这些人，都与他结交，跟随他活动。

每当梁王刘武入朝时，汉景帝都派出使者持皇帝符节，用四匹马拉着皇帝专用的车辆，到函谷关前迎接梁王。梁王到达长安之后，所受的宠信无人可比；进入皇宫就陪侍汉景帝乘坐同一辇车，外出就与汉景帝乘坐同一御车，在上林苑中射猎。梁王借机向汉景帝上书，要求留居长安，一住将近半年。梁王的侍中、郎官、谒者都在名册上登记，可出入天子的殿门，与朝廷的宦官没有区别。

【评析】

刘恒论

汉文帝刘恒，是汉朝的一个极为重要的守成之帝，他和其子汉景帝刘启的治国，被称为“文景之治”。对于汉文帝，诚如后人所评说：“汉兴，至汉文帝而天下大定。”“孝文为三代以后第一贤君。”

刘恒能成为汉朝皇帝，具有很大的偶然性，可以说是天上掉下个帝王帽，一下子砸到他的头上。

刘恒的母亲薄氏，是刘邦最有运气、当然也是很不走运的一个妃子。她原是魏王豹的小老婆，魏豹被韩信打败后，薄氏被召入汉宫，一年多，连刘邦的面都没有见上。后来，刘邦听到别人谈论起薄氏，非常怜惜，当晚就召见，被临幸一次就生下了儿子刘恒，这算是非常幸运了！当然，薄氏以后也很少见到刘邦，正因为如此，薄氏才没有受到太后吕雉的嫉妒和打击，刘邦去世后，准许她出宫，到代地，与儿子刘恒相依为命。这也就是说，刘恒除了是刘邦的儿子之外，没有任何的背景和靠山。

刘恒在代地，整天想的是如何当好代王，连做梦也没有想到能够当上汉朝的皇帝。即便是想了，也只能是梦想、妄想，因为无论从哪个方面来说，这汉朝的皇帝也轮不到他来做！当时，平定诸吕后，汉惠帝刘盈还有几个儿子，难道一个都不是真的？再说，如果要在刘邦的孙子辈中选皇帝，其长孙刘襄，封为齐王，在当时是实力最为强大的诸侯王，他的弟弟刘章在平定诸吕中出力最多，这让人觉得皇位非刘襄莫属。还有，刘邦健在的儿子还有刘长，其母愤而自杀，被吕后抚养，幸免于难，在汉朝的影响力要比刘恒大多了。因此，无论从哪个角度来说，这皇帝的交椅都轮不到刘恒来坐。

可是，这好事偏偏落到刘恒的头上。这其实一点儿也不关刘恒是否具有治国的能力，倒是与刘恒的母亲薄氏有关。原来，周勃、陈平等汉朝大臣平定诸吕后，拥立皇帝倒成了一门绝妙的学问，他们选立的标准，首先要看是否对自己绝对有利。汉惠帝的儿子刘弘正当着皇帝，但是他们大权在握，说废就废，傀儡皇帝还有什么能耐？不仅如此，他们把汉惠帝的其他几个儿子也都说成是“野种”，一笔勾销了他们的继承权。可怜刘盈一脉，全部是被杀的命。再说刘襄，能力倒是有，但就是他的舅舅驷钧，为人非常凶残，被称为戴着官帽的老虎。汉高祖的老臣刘泽等人极力反对，认为如果立了刘襄，大权被外戚驷钧掌握，就等于是再扶植了一个吕氏集团。如此，还有这些拥立之人的好果子吃吗？一句话犹如醍醐灌顶，于是他们一脚把刘襄踢出了皇宫大门之外。再说刘长，是吕后带大的，与吕后多少有些干系，也不在拥立范围之内。拥立谁呢？刘恒！他们的理由是，代王的母亲薄氏，是忠厚的好人；代王是高帝的亲子，最为年长，作为儿子继位则顺理成章，辅佐善良厚道的人继位则大臣放心。这里最重要的是“大臣放心”四个字！其他的都不重要，因为拥立刘恒，这些大臣可以放倒枕头睡觉，无后顾之忧了！

这下倒成全了刘恒，也成全了汉朝，当然也是成全了这帮拥立的大臣！

人们常说，性格决定命运。而对于刘恒来说，倒是命运决定性格，也决定了汉朝的未来！由于刘恒没有任何势力依靠，整日里如履薄冰，战战兢兢，一举手，一投足，都要好好掂量掂量，一旦哪一步迈错了，将是万劫不复！当大臣把拥立他当皇帝的天大好事告诉他时，他还将信将疑，以为是一个骗局呢。

这种凡事三思而行，以及过度谨小慎微的性格，使得刘恒担任皇帝以后，行事非常谨慎；再加上他年少时受封为代王，有机会接触中下层民众，知道民生疾苦以及民众的所思所想，在推翻暴秦和楚汉相争中，打了数年的仗，民众在动荡不安中度过，需要休养生息，安居乐业。基于此，刘恒知道这皇帝应当怎么做了，怎样才能算是当一个民众拥护的好皇帝了。

于是，刘恒在位期间，顺应时势需要，做了几件非常出色的事情，可以说是汉朝其他任何皇帝都不能相比拟的。第一，妥善处理各种矛盾，千方百计予以弱化、钝化，以保持社会的稳定。例如对诸侯王，采用贾谊的建议，众建诸侯而少其力，将齐国分为六国，将淮南国分为三国；对待气势汹汹的匈奴，采取和亲的方法，巧妙地与其周旋，实行战略防御，尽量避免大规模战争发生。第二，汉文帝睿智，外柔内刚，朝内无权臣。文帝的“外柔”表现为谨慎小心；“内刚”表现为该出手就出手，偶露峥嵘。文帝即位，先是小心打探，得知大臣诚心拥护，毫不含糊，轻车疾进，到京当日，就在代邸即位，立即入宫，乘新皇帝即位之势，当夜连发三诏：一是掌握军权。史称“夜拜宋昌为卫将军，镇抚南北军”“以张武为郎中令，行殿中”。二是清除政敌。史称“夜，有司分部诛灭梁、淮阳、常山及少帝于邸”。三是施惠全国民众。史称“夜下诏书；赦天下，赐民爵一级，女子百户牛酒，餔五日”。三件大事，一夜办完，真是雷厉风行。文帝夺了周勃兵权，升任他为右丞相，赐金五千斤，食邑万户，用重赏安抚。后又借故下狱，杀其威风。周勃战战兢兢，功臣集团安分守己。第三，鼓励重农、积蓄，徙民实边，入粟拜爵，宽徭减租。采取这些措施，在当时极度困难的时期是非常重要的，实现了民富，增强了国力。第四，约法省禁。约法，指减轻刑罚，取消了连坐法，汉文帝有感于缇萦救父，废除肉刑，改为笞刑和杖刑，是一个历史性的进步。省禁，指国家施政放宽对社会的约束，取消关卡，便于商旅，开放山林水泽，供平民樵采狩猎。第五，开放言论，言者无罪，于是有贾谊、晁错等人上疏言事。第六，非常节俭，在位二十三年，车骑服御之物都没有增添；屡次下令禁止郡国贡献奇珍异宝；平时穿戴都是粗糙的黑丝绸衣服；为自己预修的陵墓，也要求从简。可以说，刘恒一生都是以注重简朴而为世人称道。总括汉文帝政绩，可用五个第一与五个唯一来概括：其一，汉文帝是第一个也是唯一一个开放言论，实行言者无罪的皇帝；其二，汉文帝是第一个也是唯一一个免除农民农业税的皇帝；其三，汉文帝是第一个也是唯一一个不以意为法，放手司法独立办案的皇帝；其四，汉文帝是第一个也是唯一一个实行“善者因之”，对商业有宽容政策的皇帝；其五，汉文帝是第一个也是唯一一个厉行节俭，示范薄葬的皇帝。司马迁称许汉文帝为“仁”，当之无愧。

人无完人，尺有所短。刘恒在位期间，也有许多缺憾。他由于过于谨慎，轻听轻信，缺乏魄力，如召用季布为御史大夫，听一美言而召之，听一毁言又弃之，且不说季布的能力如何，这种举措，就说明了刘恒的优柔寡断，没有主见。对待贾谊，同样也是如此。他非常欣赏贾谊，拟任公卿之职，而一帮老臣予以诋毁，他就放弃初衷，将贾谊贬出朝廷。这难道是一个出色的皇帝应当所为吗？究竟贾谊能不能重用，难道他心中没有数吗？结果迎合了一帮守旧的老臣，而断送了一个具有绝世才华的年轻人的生命！如果刘恒重用贾谊，可能朝局将会有一些更好的气象！还有，张释之十年不见升迁，冯唐首白屈于郎，功臣周勃犹见疑，也都是十分可惜的事情。至于其他的，就无须再说了。

总之，汉文帝乘天下初定，与民休息，是一位“德至盛”的明君，此言不虚。

卷第十六 汉纪八

汉景帝前元三年至后元三年（前154—前141）

【起强圉大渊献（丁亥，前154），尽上章困敦（庚子，前141），凡十四年】

【大事提要】

本卷记事起于公元前154年，到公元前141年，凡十四年，当为汉景帝（刘启）前元三年至后元三年。本卷所载的大事，主要是以下几个方面：其一，吴王谋反。吴王刘濞因太子被汉太子刘启杀死，衔恨在心，在封国内大量铸钱、煮盐，招纳“任侠奸人”，处处与朝廷对抗，图谋篡夺帝位。公元前154年，带领楚、赵等七国公开叛乱，史称“七国之乱”，被汉军主将周亚夫击败，兵败被杀，封国被废除。其二，晁错遭斩。晁错为太子家令，得到汉景帝刘启宠信，官至御史大夫。他进言削藩，剥夺诸侯王政治特权，以巩固中央集权，损害了诸侯王利益。以吴王刘濞为首的七国诸侯，以“请诛晁错，以清君侧”为名，举兵反叛。汉景帝听袁盎之计，腰斩晁错于东市。其三，周亚夫平乱。吴楚叛乱，来势汹汹，猛攻梁国，汉景帝刘启提升周亚夫为太尉，领兵平叛。他向汉景帝提出了“放弃梁国，从背后断其粮道，然后伺机击溃叛军”的计划，得到肯定。叛军由于缺粮，只好退却，周亚夫趁机派精兵追击，取胜，而与梁王刘武结怨。其四，梁王欲继位。七国之乱时，梁王刘武率兵抵御吴楚联军，死守梁都睢阳，拱卫了国都长安，功劳极大，后仗窦太后宠爱和梁国地广兵强，非常骄横，欲继汉景帝刘启之位，被汉朝大臣袁盎等人谏阻，怀恨在心，便派人刺杀，遭到汉景帝怨恨，后心神恍惚而去世。其五，景帝去世。公元前141年，汉景帝患病，死于长安未央宫，在位十六年，享年四十八岁。在位期间，推行“削藩”，平定“七国之乱”，继续奉行“与民休息”政策，发展生产，减轻赋税。与其父共创“文景之治”，为刘彻开创“汉武盛世”奠定基础。

【原文】

孝景皇帝下

前三年（丁亥，前154）

冬，十月，梁王来朝[1]。时上未置太子，与梁王宴饮，从容言曰[2]：“千秋万岁后[3]传于王。”王辞谢，虽知非至言[4]，然心内喜，太后亦然[5]。詹事窦婴引卮酒进上[6]曰：“天下者，高祖之天下，父子相传，汉之约[7]也，上何以得传梁王！”太后由此憎婴。婴因病免；太后除婴门籍[8]，不得朝请。梁王以此益骄。

春，正月，乙巳[9]，赦。

长星出西方。

洛阳东宫[10]灾。

初，孝文时，吴太子入见[11]，得侍皇太子饮、博[12]。吴太子博争道[13]，不恭[14]；皇太子引博局提吴太子[15]，杀之。遣其丧[16]归葬，至吴，吴王愠曰[17]：“天下同宗[18]，死长安即葬长安，何必来葬为！”复遣丧之长安葬。吴王由此稍失藩臣之礼，称疾不朝[19]。京师知其以子故，系治、验问[20]吴使者；吴王恐[21]，始有反谋[22]。

后使人为秋请[23]，文帝复问之，使者对曰：“王实不病；汉系治使者数辈[24]，吴王恐，以故遂称病。夫‘察见渊中鱼不祥[25]’，唯上弃前过[26]，与之更始[27]。”于是文帝乃赦吴使者，归之[28]，而赐吴王几杖[29]，老，不朝[30]。吴得释其罪，谋亦益解[31]。然其居国，以铜、盐[32]故，百姓无赋[33]；卒践更，辄予平贾[34]；岁时存问茂材[35]，赏赐闾里[36]；他郡国吏欲来捕亡人[37]者，公共禁弗予[38]。如此者四十余年。

晁错数上书言吴过[39]，可削[40]；文帝宽，不忍罚，以此吴日益横[41]。及帝即位，错说上曰：“昔高帝初定天下，昆弟少，诸子弱，大封同姓，齐七十余城，楚四十余城，吴五十余城；封三庶孽[42]，分天下半[43]。今吴王前有太子之隙[44]，诈称病不朝，于古法当诛。文帝弗忍，因赐几杖，德至厚，当改过自新，反益骄溢，即山铸钱[45]，煮海水为盐，诱天下亡人谋作乱。今削之亦反，不削亦反。削之，其反亟[46]，祸小；不削，反迟[47]，祸大。”

上令公卿、列侯、宗室杂议[48]，莫敢难[49]；独窦婴争之[50]，由此与错有隙[51]。及楚王戊来朝[52]，错因言：“戊往年为薄太后服[53]，私奸服舍[54]，请诛之。”诏赦，削东海郡[55]。及前年，赵王有罪，削其常山郡[56]；胶西王卬以卖爵事有奸，削其六县。

（以上为第一段，写晁错建言景帝削藩，吴王刘濞首当其冲。吴太子在文帝时入朝被当时的皇太子刘启失手误杀，吴王心怀怨望久不入朝，有叛汉之心。景帝先从弱小诸侯国动手，楚王刘戊、赵王刘遂、胶西王刘卬有罪，均被削地，吴王恐惧，加紧谋反。）

【注释】

①梁王来朝：梁王进京朝见汉景帝。梁王刘武，景帝之弟。 ②从容言曰：爽快地说。 ③千秋万岁后：谓死后。千秋万岁是死的委婉说法。 ④非至言：不是真心话。至言，深切中肯，真心之言。 ⑤太后亦然：太后也这样想。太后，景帝与梁王之母窦太后。 ⑥詹事：官名。掌皇后、太子家。 窦婴（？—前131）：信都观津（今河北武邑东南）人。字王孙。文帝窦皇后之从兄子。平定吴楚七国之乱有功。封魏其侯。官至丞相，传见《史记》卷一百零七、《汉书》卷五十二。 卮（zhī）：古时用的酒杯。 上：指景帝。 ⑦约：约法；规定。 ⑧除婴门籍：取消出入宫殿门登记簿上窦婴的名字。除，取消。门籍，指出入宫殿的登记簿。 ⑨乙巳：正月二十二日。 ⑩洛阳：县名。在今河南洛阳东北。 东宫：汉初所筑的宫殿。 ⑪吴太子：名贤，字德明，吴王刘濞之子。 入见：入京朝见皇帝。 ⑫侍：侍从。 皇太子：指刘启。 博：一种棋类游戏。 ⑬争道：争抢棋子落点的位置，所谓棋路。 ⑭不恭：态度粗鲁，不恭敬。 ⑮引博局提吴太子：举起棋盘掷击吴太子。博局，指棋盘。提，掷击。 ⑯丧：吴太子的尸体。 ⑰愠曰：愤怒地说。 ⑱天下同宗：全国同姓的都是一家。 ⑲称疾不朝：推托有病不入京朝见皇帝。 ⑳系治、验问：拘留、审问。 ㉑恐：害怕，恐惧。 ㉒始有反谋：开始产生了谋反的念头。 ㉓使人为秋请：吴王派使者秋季朝见皇帝。古代诸侯入朝一年春秋两次，春曰朝，秋曰请。 ㉔数辈：多批使者。 ㉕察见渊中鱼不详：见《韩子》及《文子》。深渊清澈见底就无鱼，所以看得见渊中鱼不吉祥，喻用法苛细则不吉祥。 ㉖弃前过：放过已往的过失，原谅过去。 ㉗与之更始：让他改过自新。 ㉘归之：放吴王使者回到吴国。 ㉙赐吴王几杖：送给吴王伏几和手杖，以示敬老。 ㉚老，不朝：明令吴王年老，可以不入京朝见。 ㉛谋亦益解：谋反的念头逐渐消除。 ㉜铜、盐：吴王国出产铜、盐，有铸钱、煮盐之利。 ㉝无赋：吴王不向百姓征税。 ㉞卒践更，辄予平贾：民众应该服役的，吴王总是发给合于市场价的代役金，可以雇人应役。卒，指应服役的平民。践更，汉代徭役制度。即成年男女每年按国家规定到指定地点更替服役。亲身前往服役曰“践

更”，雇人代役曰“过更”。平贾，市场价。贾，通“价”。吴王付给践更的人代役钱，而不是践更的人向政府交代役钱。 ㉟岁时存问茂材：每到年节，慰问贤才人士。存问，抚慰。茂材，有优秀才能之人。 ㊱赏赐闾里：赏赐平民。闾里，指闾里之人，即平民。㊲亡人：逃到吴国的人。 ㊳公共禁弗予：吴国公开阻止，不交出罪犯。公，公然，公开。共，一律，全部亡人。禁弗予，阻止交出。 按：吴王容纳其他郡国的逃犯，为谋反储备人才。 ㊴过：过错；罪过。 ㊵可削：削减其封地，使之弱小。 按：晁错建言削藩。㊶横：骄横。 ㊷庶孽：庶子。 ㊸分天下半：诸侯王封地分去全国一半的土地。 ㊹前有太子之隙：指吴太子与刘启争博被杀事件。 ㊺即山铸钱：依靠铜山铸钱。 ㊻削之，其反亟：削减他的封地，反叛加速。 ㊼反迟：反叛推迟。 ㊽杂议：共同议论。 ㊾莫敢难：没有人敢责难晁错。难，责难，反叛。 ㊿争之：与晁错争论。 51有隙：有了隔阂，有矛盾。 52楚王戊：刘戊，楚王刘交之孙。 来朝：来京朝见景帝。 53薄太后：文帝刘恒的生母。 服：服丧。 54服舍：居丧的处所。 55东海郡：郡治郯县，治所在今山东郯城北。 56常山郡：郡治元氏，治所在今河北元氏西北。

【译文】

孝景皇帝下

汉景帝前元三年（丁亥，前154）

冬季，十月，梁王刘武来长安朝见汉景帝。当时，汉景帝没有立太子，与梁王宴饮时，汉景帝很舒缓地说：“等我死后，把帝位传给你。”梁王表示谦谢，虽然知道这不是认真的话，但心中很高兴。窦太后也是如此。詹事窦婴捧着一杯酒献给汉景帝说：“这个天下，是高祖的天下，帝位由父亲传给儿子，这是汉朝的规定，皇上怎么能够传给梁王呢？”窦太后因此憎恶窦婴，窦婴便借口有病而辞职。窦太后在准许出入皇宫殿门的名册上除去了窦婴的姓名，不许他参加春秋两季的盛大朝会。梁王因此更加骄横。

春季，正月二十二日，汉景帝下达赦令。

彗星出现在西方天空。

洛阳的东宫发生火灾。

当初，汉文帝在位时，吴国太子进京朝见汉文帝，得以陪伴皇太子刘启饮酒、博戏。吴太子在博戏过程中与太子争棋路，态度不恭；皇太子就拿起棋盘猛击吴太子，把他打死了。朝廷把他的灵柩送回去安葬，灵柩到达吴国，吴王刘濞恼怒地说：“天下都是刘氏一家的天下，死在长安就葬在长安，何必送回来安葬呢？”吴王又把太子的灵柩送回长安安葬。吴王从此渐渐失去藩臣的礼节，声称身体有病，不来朝见皇帝。京城知道吴王是为了儿子的缘故，就拘留和审问吴国的使者，吴王恐惧，开始产生了谋反的念头。

后来，吴王刘濞派人代替他去长安行秋季朝见之礼，汉文帝再一次追问吴王不来朝见的原因，使臣回答说：“吴王其实没有生病，朝廷拘留了几批吴国使者，又治他们的罪，吴王恐惧，所以才声称有病。有这么一句话，叫作‘看见深潭中的鱼，不吉利’，希望皇上不再追究他以前的过失，让他改过自新。”这样，汉文帝就释放了吴国使者，让他们回去，并且赏赐给吴王几案和拐杖，表示照顾他年事已高，不必前来朝见。吴王见朝廷不再追究他的罪名，谋反之心也就渐渐消除了。但是，因为吴国内有冶铜、制盐的财源，便不向民众征收赋税；民众应该为官府服役时，总是由吴王刘濞发给代役金，另外雇人应役；每到年节时，慰问有贤才的士人，赏赐平民百姓；其他郡国的官吏要来吴国捕捉流亡的人，吴国公然阻止，不把罪犯交出去。这样，前后持续了四十多年。

谋臣晁错多次上书，奏说吴王的罪过，认为应当削减其封地。汉文帝宽厚，不忍心惩罚，所以吴王刘濞日益骄横。等到汉景帝即位，晁错劝说汉景帝道：“当初，高帝刚刚平定天下，兄弟少，儿子们年幼，大封同姓诸侯王，封给齐国七十多座城，封给楚国四十多座城，封给吴国五十多座城。封给这三个并非嫡亲的诸侯王的领地，就占去了全国的一半。现在，吴王以前因有吴太子之死的嫌隙，假称有病不来朝见，按照古法应当处死。汉文帝不忍心，因而赐给他几案、手杖，对他的恩德极为深厚，他本应改过自新，但他反而更加骄横无法，利用矿山采铜铸钱，煮海水制盐，招诱天下流亡人口，图谋叛乱。如今，削减他的封地，他会叛乱，不削减他的封地，他也会叛乱；如果削减他的封地，他反得快，祸害会小一些；如果不削减他的封地，他反得慢，将来有备而发，祸害更大。”

汉景帝下令公卿、列侯、宗室共同讨论晁错的建议，没有人敢与晁错辩驳，只有窦婴一人坚决反对，从此与晁错之间产生了矛盾。等到楚王刘戊来京朝见，晁错借机说：“刘戊去年为薄太后服丧期间，在服丧的居室里私下奸淫，请求处死他。”汉景帝下令，免去刘戊的死罪，但把原楚国封地东海郡收归朝廷。另外，在前一年，赵王刘遂有罪，朝廷削夺了他的常山郡；胶西王刘卬在卖爵事情上有不法行为，朝廷削夺了他封地中的六县之地。

【原文】

廷臣方议削吴。吴王恐削地无已[1]，因发谋举事。念诸侯无足与计者，闻胶西王勇[2]，好兵[3]，诸侯皆畏惮之，于是使中大夫应高口说胶西王曰："今者，主上任用邪臣[4]，听信谗贼，侵削诸侯，诛罚良重[5]，日以益甚[6]。语有之曰：'狧糠及米[7]。'吴与胶西，知名[8]诸侯也，一时见察[9]，不得安肆[10]矣。吴王身有内疾，不能朝请二十余年，常患见疑，无以自白[11]，胁肩累足[12]，犹惧不见释[13]。窃闻大王以爵事有过。所闻诸侯削地，罪不至此[14]；此恐不止削地而已。"王曰："有之。子将奈何[15]？"高曰："吴王自以为与大王同忧[16]，愿因时循理[17]，弃躯以除患[18]于天下，意亦可乎[19]？"胶西王瞿然骇曰[20]："寡人何敢如是[21]！主上虽急，固有死耳，安得不事[22]！"高曰："御史大夫晁错，营惑[23]天子，侵夺诸侯，诸侯皆有背叛之意，人事极矣[24]。彗星出，蝗虫起，此万世一时[25]；而愁劳，圣人所以起也[26]。吴王内以晁错为诛，外从大王后车，方洋[27]天下，所向者降，所指者下，莫敢不服。大王诚幸而许之一言，则吴王率楚王略函谷关[28]，守荥阳、敖仓之粟[29]，距汉兵[30]，治次舍[31]，须大王[32]。大王幸而临之，则天下可并[33]，两主分割[34]，不亦可乎！"王曰："善！"

归[35]，报吴王，吴王犹恐其不果，乃身自为使者，至胶西面约之[36]。胶西群臣或闻王谋，谏曰："诸侯地不能当汉十二[37]，为叛逆以忧太后[38]，非计[39]也。今承一帝[40]，尚云不易[41]；假令事成，两主分争，患乃益生。"王不听，遂发使约齐、菑川、胶东、济南[42]，皆许诺[43]。

初，楚元王好书[44]，与鲁申公、穆生、白生俱受《诗》于浮丘伯[45]；及王楚[46]，以三人为中大夫。穆生不耆酒[47]；元王每置酒，常为穆生设醴[48]。及子夷王、孙王戊[49]即位，常设，后乃忘设焉。穆生退，曰："可以逝矣[50]！醴酒不设，王之意怠；不去，楚人将钳我于市[51]。"遂称疾卧。申公、白生强起之[52]，曰："独不念先王之德与！今王一旦失小礼，何足至此！"穆生曰："《易》称[53]：'知几其神乎[54]！几者，动之微，吉凶之先见[55]者也。君子见几而作，不俟终日[56]。'先王之所以礼吾三人者，为道存[57]也。今而忽之，是忘道也。忘道之人，胡可与久处[58]，岂为区区之礼哉[59]！"遂谢病去[60]。申公、白生独留。

王戊稍淫暴，太傅韦孟作诗讽谏，不听，亦去，居于邹[61]。戊因坐削地事，遂与吴通谋。申公、白生谏戊，戊胥靡[62]之，衣之赭衣[63]，使雅春于市[64]。休侯富[65]使人谏王。王曰："季父不吾与[66]，我起[67]，先取季父矣！"休侯惧，乃与母太夫人奔京师。

及削吴会稽、豫章郡书至[68]，吴王遂先起兵，诛汉吏二千石[69]以下；胶西、胶东、菑川、济南、楚、赵亦皆反。楚相张尚、太傅赵夷吾谏王戊，戊杀尚、夷吾。赵相建德、内史王悍谏王遂，遂烧杀建德、悍。齐王后悔，背约城守。济北王城坏未完[70]，其郎中令劫守[71]，王不得发兵。胶西王、胶东王为渠率[72]，与菑川、济南共攻齐，围临菑[73]。赵王遂发兵住其西界，欲待吴、楚俱进，北使匈奴与连兵[74]。

吴王悉其士卒[75]，下令国中曰："寡人年六十二，身自将[76]；少子年十四，亦为士卒先。诸年上与寡人同，下与少子等，皆发[77]。"凡二十余万人。南使闽、东越[78]，闽、东越亦发兵从。吴王起兵于广陵[79]，西涉淮[80]，因并楚兵，发使遗诸侯书[81]，罪状晁错[82]，欲合兵诛之。吴、楚共攻梁[83]，破棘壁[84]，杀数万人；乘胜而前，锐甚[85]。梁孝王遣将军击之，又败梁两军[86]，士卒皆还走。梁王城守睢阳[87]。

（以上为第二段，写吴王刘濞联结胶西、胶东、菑川、济南、楚、赵六国，与吴国共七国一同反汉，只要朝廷削夺吴国封地的文书一到达，就起兵反叛，其他六国一起行动；吴楚联军西进，兵锋甚锐。）

【注释】

①无已：没完没了。 ②胶西王：指刘卬。齐悼惠王刘肥之子。 勇：武勇。 ③好兵：喜欢军事。 ④主上：指景帝。 邪臣：奸佞之臣。 ⑤良重：很重，十分严厉。 ⑥日以益甚：一天比一天加重。 ⑦狧（shì）糠及米：起初以舌舔吃糠，食欲不止，就发展到吃米。喻朝廷对诸侯侵削不已。 ⑧知名：著名。 ⑨一时见察：一旦被朝廷审察。 ⑩安肆：自由自在，安宁。 ⑪常患见疑，无以自白：经常担忧被猜疑，无法自己表白。 ⑫胁肩累足：缩紧肩膀，碎步走路，形容恐惧。累足，脚压着脚，即碎步小心地行走。 ⑬犹惧不见释：仍然忧虑得不到朝廷宽容。释，放过，宽容。 ⑭罪不至此：罪过达不到削地。 ⑮子将奈何：您看怎么办？子，尊称。 ⑯同忧：与吴王有共同的忧患。 ⑰因时循理：要顺应时事，遵循情理办事。 ⑱弃躯以除患：要不惜牺牲性命来消除祸患。暗示反叛。 ⑲意亦可乎：你也同意吗？ ⑳瞿然骇曰：严肃而惊骇地说，即大吃一惊地说。 ㉑何敢如是：怎么敢这样干！ ㉒"主上"三句：皇上即使很严苛，我只有一死，怎能不事奉。意谓怎能反叛呢？ ㉓营惑：迷惑。同"荧惑"。 ㉔人事

极矣：人事矛盾已发展到了极点。 ㉕万世一时：谓万世难遇的时机。 ㉖“而愁劳”两句：而怨愁劳苦的情势，正是圣贤之人所以振奋兴起的条件。 ㉗方洋（páng yáng）：驰骋，飞翔。 ㉘略函谷关：直捣函谷关。略，攻占。 ㉙守荥阳、敖仓之粟：据守荥阳、敖仓的粮库。敖仓，秦汉时重要的大粮仓，在荥阳背面敖山上。 ㉚距汉兵：抗击汉军。距，通“拒”。 ㉛治次舍：建造军营。次舍，部队休止的地方。 ㉜须大王：等待大王。㉝并：兼并，占有。 ㉞两主分割：指吴王与胶西王平分天下。 ㉟归：应高回到吴国。㊱面约之：吴王与胶西王当面订约。 ㊲十二：十分之二。 ㊳忧太后：使太后忧愁。㊴非计：不是高明之策。 ㊵今承一帝：当今事奉一个天子。一帝，指汉景帝。 ㊶尚云不易：还说不容易。 ㊷齐、菑川、胶东、济南：皆诸侯王国名，齐王名将闾，菑川王名贤，胶东王名雄渠，济南王名辟光，都是汉文帝所封。 ㊸皆许诺：齐、菑川、胶东、济南四国都应允吴王反汉。四国加吴、楚、胶西，共七国反汉，吴楚带头，故史称吴楚七国之乱。 ㊹楚元王：刘交。 好书：喜欢读书。 ㊺鲁申公、穆生、白生、浮丘伯：皆儒生，汉初《诗》学大家。 ㊻王楚：指刘交为楚王。 ㊼不耆酒：不会喝酒。耆，通“嗜”。 ㊽醴：甜酒。 ㊾夷王：刘郢客。楚元王刘交之子。 戊：楚元王刘交之孙。㊿可以逝矣：我该离开楚国了。逝，离去。 (51)钳我于市：会给我戴上刑具游街示众。钳，以铁圈束颈。 (52)强起之：极力要穆生从病床起来继续为楚王刘戊效力。 (53)《易》称：《易经》说。引语见《易·系辞下》。 (54)知几其神乎：知道契机的神妙吗？几，契机，指吉凶的征兆。 (55)先见：谓契机，即征兆是吉凶的预先显现。指楚王在宴会中不摆设甜酒就是不尊重儒生的先兆。 (56)“君子”二句：君子看到契机要果断采取行动，不要整天等待。俟，等待。 (57)道存：指先王刘交尊礼学者是尊崇仁义之道。 (58)“今而忽之”四句：如今楚王刘戊怠慢学者，是丢弃仁义之道，这样的人怎么可以和他长期共处。忽，忽视，怠慢。胡，何，怎么。 (59)岂为区区之礼哉：难道我是计较那区区的一点礼节吗？区区，言小。 (60)遂谢病去：穆生推托有病离开了楚国。 (61)“太傅韦孟”四句：太傅韦孟作诗隐喻批评，因楚王刘戊不理睬，也离开了楚国，到邹地居住。太傅，官名。指王国太傅，掌辅佐国王。邹，县名。治所在今山东邹城。 (62)胥靡：拘系而强迫劳动。(63)衣之赭衣：使他穿上赭色的囚衣，即打为囚犯。 (64)雅舂于市：一直在街市上舂米。雅，素，一直。舂，处罚囚犯的劳作，还放在街市示众。 (65)休侯富：刘富，楚元王刘交之子，楚夷王之弟，楚王刘戊的叔父，封休侯。 (66)不吾与：不帮助我。 (67)我起：我一旦起兵。 (68)会稽、豫章：两郡名，原属吴王国，今削去。 书至：通知到来。 (69)吏二千石：一般指郡守、王国相。 (70)未完：城墙的修建未完成。 (71)劫守：劫持了济北王并把他看守起来。 (72)渠率：统率。 (73)临菑：齐王国之都，在今山东淄博市临淄区。

⑭北使匈奴与连兵：向北方匈奴派出使者，与其联络一同举兵。⑮悉其士卒：征发他的全部士兵。悉，尽，全部。⑯身自将：亲自带兵。⑰皆发：年十四到六十二的男子全部被征发。⑱闽、东越：皆古代越人之支系，活动于今福建、浙江一带，建有政权。⑲广陵：吴王国都，在今江苏扬州西北。⑳涉淮：渡过淮河。㉑发使遗诸侯书：吴王派出使者致书诸侯。遗（wèi），送给。㉒罪状晁错：列举晁错罪行。吴王反汉以“诛晁错，清君侧”为旗号。㉓共攻梁：吴楚联兵攻打刘武的梁国。按：梁国都睢阳挡在了吴楚兵西进的道路上，故首当其冲。㉔棘壁：小邑名。在今河南柘城西北。㉕锐甚：兵锋锐不可当。即士气高昂。㉖又败梁两军：接着打败了梁国两支军队。㉗城守睢阳：固守国都睢阳城。睢阳在今河南商丘南。

【译文】

朝廷大臣们正在议论削夺吴王刘濞的封地。吴王害怕削夺没有止境，就打算举兵叛乱，想到其他诸侯王没有足以共商大事的，听说胶西王刘卬勇武，喜欢兵法，诸侯都畏惧他，于是，吴王派中大夫应高去亲口游说胶西王，说：“现在，主上重用奸邪之臣，听信谗言恶语，侵夺削弱诸侯国，对诸侯王的惩罚极为严厉，而且一天比一天厉害。俗语有这样的说法：‘开头吃糠，后来就会发展到吃米。’吴国和胶西国，都是著名的诸侯王国，同时被朝廷注意，不会有安宁了。吴王身体患有暗疾，已有二十多年不能朝见，时常担心受到朝廷怀疑，无法自己表白，缩紧肩膀、脚压着脚地自我约束，仍怕得不到朝廷的宽容，我私下听说大王因出卖爵位的过失而受到朝廷处置。我所听到的其他诸侯被削夺封地的事情，如果按照所犯罪名来处理，都不应该受到如此严重的惩罚。恐怕朝廷的用意，不仅仅是要削夺诸侯王的封地吧！”胶西王刘卬说：“我确实有封地被削夺的事情。你认为该怎么办？”应高说：“吴王自认为与大王面临着共同的忧患，希望顺应时势，遵循情理，牺牲生命去为天下消除祸患，我想您也同意吧？”胶西王大吃一惊，说：“我怎么敢做这样的事情！天子待诸侯虽然很严苛，但我只有一死了事，怎么能起意反叛呢？”应高说：“御史大夫晁错，在天子身边蒙骗蛊惑，侵夺诸侯封地，诸侯王都有背叛之心，从人事来看，形势已经发展到极点了。彗星出现，蝗灾发生，这是千载难逢的好时机。而且愁恼困苦的局势，正是圣人挺身而出的时候。吴王准备对朝廷提出清除晁错的要求，在战场上则跟随于大王之后，纵横天下，所向无敌，锋芒所指之处，没有人胆敢不服。大王如果真能许诺一句话，吴王就率领楚王直捣函谷关，据守荥阳、敖仓的粮库，抵抗汉军，整治好驻扎之地，恭候大王到来。有幸得到大王光临，就可以吞并天下，吴王和大王平分江山，不也是很好的吗？”胶西王说：“好！”

应高返回吴国，向吴王刘濞汇报，吴王还担心胶西王刘卬不履行诺言，就亲自前往胶西国与刘卬当面约定。胶西国群臣中，有人得知胶西王的图谋，谏阻说：“诸侯王的封地还不到汉朝廷的十分之二，发动叛乱而使太后担忧，这不是高明的计策。现在侍奉一个天子，都说不容易，假如吴与胶西的计划能够成功，两位帝王并立相争，祸患就更多了。”胶西王不听，于是派使者与齐王、菑川王、胶东王、济南王约定共同举事，这些诸侯王都答应了。

当初，楚元王刘交喜爱书籍，和鲁地人申公、穆生、白生都拜浮丘伯为师学习《诗经》，等到他当了楚王，就任命他们三人为中大夫。穆生不喜欢喝酒，楚元王每次设宴饮酒时，都特意为穆生准备甜酒。等到楚元王的儿子夷王以及孙子刘戊为王时，也总在举行宴会时为穆生特备甜酒，但以后就忘记这样做了。穆生退席而出，说：“应该离去了！不特设甜酒，说明楚王对我已经怠慢了；再不离去，楚王将会给我戴上刑具在街市上示众。”于是，穆生声称有病，卧床不起。申公、白生极力劝他继续为楚王效力，说：“你就不念先王的恩德吗？现在楚王一时稍有礼貌不周，怎么至于这样呢？”穆生说：“《周易》上说：‘知道契机的神妙吗？契机，是动机的微妙变化，是显示吉凶的先兆。君子看到契机就立即采取行动，一天都不拖延。’先王礼待我们三人的原因，是他心中有道义；现在楚王怠慢我们，是忘记了道义。怎么能和忘记了道义的人长期共处？难道我这样只是因为那区区的礼节吗？”于是，穆生声称有病，离开了楚国。申公和白生却继续留任楚国。

楚王刘戊逐渐荒淫残暴，太傅韦孟作了一首诗，用来进行委婉的批评，楚王不加理睬，韦孟也离开楚国，去邹地居住。刘戊因犯罪被朝廷削夺封地，就与吴王刘濞通谋，准备叛乱。申公、白生去劝谏刘戊，刘戊将他们二人罚为罪徒，让他们被绳拴着，穿着刑徒的红褐色囚衣，在街市上舂米。休侯刘富派人来劝阻楚王，楚王说：“叔父不与我合作，我一旦起事，就先攻打叔父了！”休侯刘富害怕，就与他的母亲太夫人逃奔长安。

及至朝廷削夺吴国会稽郡、豫章郡的文书到达，吴王刘濞就首先起兵，杀死朝廷任命的二千石以下的官员；胶西王、胶东王、菑川王、济南王、楚王、赵王也都举兵叛乱。楚相张尚、太傅赵夷吾谏阻楚王刘戊，刘戊杀死了张尚和赵夷吾。赵相建德、内史王悍谏止赵王刘遂，刘遂将他们两人烧死。齐王后悔通谋叛乱，违背与吴楚的盟约，依据城池进行抵御。济北王的城墙坏了没有修好，他的郎中令劫持了他，使他无法举兵参加叛乱。胶西王和胶东王为统帅，联合菑川王、济南王共同攻打齐国，围攻齐国都城临淄。赵王刘遂把军队调往赵国西部边境，准备与吴、楚等国军队联合进攻，又向北方的匈奴派出使者，联络匈奴一起举兵。

吴王刘濞征发了所有士兵，下令全国说："我今年六十二岁了，亲自担任统帅；我的小儿子十四岁，也身先士卒。所有年龄上与我一样，下与我的小儿子一样的人，都征发从军！"吴国共征发了二十多万人。吴王向南方派出使者去联络闽、东越，闽和东越也发兵响应。吴王在广陵起兵，向西渡过淮河，随即与楚国军队合并，派使者致书诸侯，指控晁错罪状，准备联合进兵诛杀晁错。吴、楚两国军队一起攻打梁国，攻破了棘壁，杀死数万人；吴、楚联军乘胜前进，兵锋锐不可当。梁孝王刘武派将军迎击，又有两支军队被吴楚联军打败，梁军士兵都向后逃跑。梁王固守都城睢阳。

【原文】

初，文帝且崩，戒[①]太子曰："即有缓急[②]，周亚夫真可任将兵。"及七国反书闻，上乃拜中尉周亚夫为太尉[③]，将三十六将军往击吴、楚，遣曲周侯郦寄[④]击赵，将军栾布[⑤]击齐；复召窦婴[⑥]，拜为大将军，使屯荥阳监齐、赵兵。

初，晁错所更令三十章[⑦]，诸侯讙哗[⑧]。错父闻之，从颍川[⑨]来，谓错曰："上初即位，公为政用事[⑩]，侵削诸侯，疏人骨肉[⑪]，口语多怨[⑫]，公何为也[⑬]？"错曰："固[⑭]也。不如此，天子不尊，宗庙不安[⑮]。"父曰："刘氏安矣而晁氏危，吾去公归矣[⑯]！"遂饮药死，曰："吾不忍见祸逮身[⑰]！"后十余日，吴、楚七国俱反，以诛错为名。

上与错议出军事，错欲令上自将兵而身居守[⑱]；又言："徐、僮[⑲]之旁吴所未下者，可以予吴。"错素与吴相袁盎[⑳]不善，错所居坐，盎辄避；盎所居坐，错亦避；两人未尝同堂语。及错为御史大夫，使吏按盎受吴王财物，抵罪[㉑]；诏赦以为庶人。吴、楚反，错谓丞、史[㉒]曰："袁盎多受吴王金钱，专为蔽匿[㉓]，言不反；今果反，欲请治盎[㉔]，宜知其计谋。"丞、史曰："事未发[㉕]，治之有绝[㉖]；今兵西向，治之何益！且盎不宜有谋。"错犹与未决。

人有告盎，盎恐，夜见窦婴，为言吴所以反，愿至前，口对状[27]。婴入言，上乃召盎。盎入见，上方与错调兵食[28]。上问盎："今吴、楚反，于公意何如[29]？"对曰："不足忧也！"上曰："吴王即山铸钱，煮海为盐，诱天下豪杰；白头举事[30]，此其计不百全，岂发乎[31]！何以言其无能为也？"对曰："吴铜盐之利则有之，安得豪杰而诱之！诚令吴得豪杰，亦且辅而为谊[32]，不反矣。吴所诱皆亡赖子弟、亡命[33]、铸钱奸人，故相诱以乱。"错曰："盎策之善。"上曰："计安出？"盎对曰："愿屏左右[34]。"上屏人，独错在。盎曰："臣所言，人臣不得知。"乃屏错。错趋避东厢[35]，甚恨。

上卒问盎，对曰："吴、楚相遗书，言高皇帝王子弟各有分地[36]，今贼臣晁错擅适诸侯[37]，削夺之地，以故反，欲西共诛错，复故地而罢[38]。方今计独有斩错，发使赦吴、楚七国，复其故地，则兵可毋血刃而俱罢。"于是上默然良久，曰："顾诚何如[39]？吾不爱一人以谢天下[40]。"盎曰："愚计出此，唯上孰计之[41]！"乃拜盎为太常[42]，密装治行[43]。

后十余日，上令丞相青、中尉嘉、廷尉欧劾奏错[44]："不称主上德信[45]，欲疏群臣、百姓[46]，又欲以城邑予吴，无臣子礼，大逆无道。错当要斩[47]，父母、妻子、同产无少长皆弃市[48]。"制曰："可。"错殊不知。壬子[49]，上使中尉召错，绐载行市[50]，错衣朝衣斩东市[51]。上乃使袁盎与吴王弟子宗正德侯通使吴[52]。

谒者仆射邓公为校尉[53]，上书言军事，见上，上问曰："道军所来[54]，闻晁错死，吴、楚罢不[55]？"邓公曰："吴为反数十岁矣；发怒削地，以诛错为名，其意不在错也。且臣恐天下之士拑口不敢复言矣[56]。"上曰："何哉？"邓公曰："夫晁错患诸侯强大不可制，故请削之以尊京师，万世之利也。计画[57]始行，卒受大戮。内杜[58]忠臣之口，外为诸侯报仇，臣窃为陛下不取也。"于是帝喟然长息[59]曰："公言善，吾亦恨之[60]！"

袁盎、刘通至吴，吴、楚兵已攻梁壁矣。宗正以亲故，先入见，谕吴王[61]，令拜受诏。吴王闻袁盎来，知其欲说[62]，笑而应曰："我已为东帝，尚谁拜[63]！"不肯见盎，而留军中，欲劫使将[64]；盎不肯，使人围守，且杀之。盎得间[65]，脱亡归报。

（以上为第三段，写吴楚之乱爆发，御史大夫晁错成了替罪羊。晁错与袁盎原来有矛盾，互相都欲置对方于死地。袁盎请汉景帝诛杀晁错以使吴楚退兵，结果晁错被冤杀，吴楚叛乱照样猖狂。）

【注释】

①戒：告诫。②缓急：偏义复词，急难。③上：指景帝。太尉：官名。掌全国军事。④郦寄：郦商之子。传附见《史记》卷九十五、《汉书》卷四十一。⑤栾布：西汉将领。传见《史记》卷一百、《汉书》卷三十七。⑥窦婴：字王孙，文帝窦太后从兄子。官至丞相。传见《史记》卷一百零七、《汉书》卷五十二。⑦更令三十章：变更法令三十条。章，条。⑧谨哗：喧哗，纷纷议论。⑨颍川：郡名。郡治阳翟，在今河南禹州。晁错是颍川人。⑩公：汉时对第二人称常用的敬语。晁错高官，其父对他用敬语，带讥讽之意。为政用事：掌权治事。⑪疏人骨肉：疏离人家的骨肉亲情。骨肉，喻至亲。当时诸侯都是刘姓。⑫口语多怨：众人之口多出怨言。⑬公何为也：你为什么这样干呀？⑭固：诚然，就这样。⑮宗庙不安：国家政权不稳。⑯吾去公归矣：我要离开你回家了。归，回家。此双关语，归天，即死。⑰祸逮身：大祸落到自身。即大祸临头。逮，及。⑱身居守：晁错自己留守京师。⑲徐、僮：两县名。临近吴国，晁错建言割让给吴国请其罢兵。这是一个不当的建议，足见晁错不知兵。⑳袁盎：字丝，曾为吴王国相。与晁错不睦。㉑抵罪：定罪。㉒丞、史：御史丞、侍御史，御史大夫下属官吏。㉓蔽匿：掩饰，隐瞒。㉔治盎：惩治袁盎。㉕事未发：指吴楚未发兵，即还没叛乱。㉖治之有绝：惩治袁盎或许会中止叛乱发生。㉗愿至前，口对状：希望在皇帝面前，亲口说明情况。㉘调兵食：调度军粮。㉙于公意何如：您的看法怎样？㉚白头举事：年老发白时才举兵叛乱。㉛计不百全，岂发乎：吴王没有万全的计谋，难道会反叛吗？百全，万全，百分之百的把握。㉜辅而为谊：辅佐吴王施行仁义。谊，通“义”。㉝亡命：指流民。㉞屏左右：回避身边的人。㉟趋避东厢：退避到议事厅的东厢房。㊱各有分地：各诸侯都有一份分封的土地。㊲擅适诸侯：擅自贬谪诸侯。适，通“谪”，贬斥，指削地。㊳复故地而罢：诸侯起兵的目的，就是恢复原有的封地才肯罢休。㊴顾诚何如：不这样还真没别的办法。㊵吾不爱一人以谢天下：我不会为了爱惜他一个人而得罪天下的人。㊶唯上孰计之：希望皇上仔细考虑吧。㊷太常：官名。掌宗庙礼仪，九卿之一。㊸密装治行：秘密整装，准备出使吴国。㊹青：陶青。嘉：人名，不知何姓。欧：张欧。劾奏错：向皇帝上奏揭发晁错。㊺不称主上德信：晁错辜负了皇上的恩德和信任。不称，辜负。㊻欲疏群臣、百姓：想使皇上疏远群臣、百姓。㊼错当要斩：晁错应判处腰斩。要，通“腰”。㊽弃市：公开处死在闹市。㊾壬子：正月二十九日。㊿绐载行市：欺骗晁错坐车巡视街市。51错衣

朝衣斩东市：晁错穿着上朝的官服在东市被腰斩。 ㊾“上乃使袁盎”句：汉景帝于是派袁盎与吴王的侄儿宗正德侯刘通为使臣，出使吴国。弟子，弟弟的儿子，即侄儿。 ㊿谒者仆射（yè）：官名。掌管接待宾客和传达事务，属郎中令。 邓公：姓邓，佚名。公，是尊称。 校尉：武官名，位低于将军。 ⑭道军所来：经由军中而来。 ⑮吴、楚罢不：吴楚撤兵了没有？不，通“否”。 ⑯拑口不敢复言矣：闭口不敢再向朝廷进忠言了。⑰计画：计划。画，通“划”。 ⑱杜：堵塞。 ⑲喟然长息：深深叹息。 ⑳恨之：后悔杀了晁错。 ㉑谕吴王：告知吴王已斩晁错，请罢兵。 ㉒说：游说。 ㉓尚谁拜：还向谁跪拜。 ㉔欲劫使将：劫持袁盎为吴军将领，即强使袁盎投降吴王。 ㉕得间：找到了出逃的机会。 按：袁盎曾有恩于吴军看管他的小头目，被其放跑。

【译文】

当初，汉文帝临终时，告诉太子刘启说：“假如国家有危难，周亚夫足以胜任军队统帅的重任。”等到七国叛乱的文书到达朝廷，汉景帝刘启就任命中尉周亚夫为太尉，统率三十六位将军及其部队，前去迎击吴、楚叛军；派遣曲周侯郦寄攻打赵国；派遣将军栾布攻打齐境叛军；汉景帝又召回窦婴，任命他为大将军，让他率军驻守荥阳，监督用兵于齐国和赵国境内的汉军。

当初，晁错所修改的法令有三十章，诸侯王纷纷议论，表示反对。晁错的父亲得知消息，从颍川赶来京师，对晁错说：“皇上刚刚即位，你当权处理政事，侵夺削弱诸侯，疏离人家的骨肉，舆论都怨恨你，你为什么这样做呢？”晁错说：“本当这样做。如果不这样做，天子不尊贵，宗庙不安宁。”他的父亲说：“这样做，刘氏的天下安宁了，但晁氏却危险了，我离开你回去了！”他的父亲就服毒自杀，临死前说：“我不忍心见到大祸降临到我的身上！”此后过了十多天，吴、楚等七国就以诛除晁错为名，一同举兵叛乱。

汉景帝与御史大夫晁错商谈出军平叛的事情，晁错想让汉景帝统兵亲征，而他自己留守长安。晁错又建议：“徐县、僮县附近一带，吴国没有攻占的地方，可以送给吴国，争取他们退兵。”晁错一直与吴相袁盎不友善，有晁错在某处就座，袁盎总是避开；袁盎出现在何处，晁错也总是避开，两人从没在同一个室内说过话。等到晁错升任御史大夫，派官员审查袁盎接受吴王财物贿赂的事情，处以相当的刑罚，确定袁盎有罪。汉景帝下诏赦免袁盎，把他降为平民。吴楚叛乱发生后，晁错对御史丞、侍御史说：“袁盎接受了吴王的许多金钱，专门为吴王掩饰，说他不会叛乱。现在，吴王果然反叛了，我想奏请皇上严惩袁盎，他肯定知道吴王的密谋。”御史丞、侍御史说：“如果在吴国叛乱前，治袁盎的罪，可能会中止叛乱密谋；现在叛军大举向西进攻，审查袁盎，能有什么作用？况且，袁盎不会参与密谋。”晁错犹豫不决。

有人把御史大夫晁错的打算告知了袁盎，袁盎很害怕，连夜去见窦婴，对他说明吴王叛乱的原因，希望能面见汉景帝刘启，亲口说明原委。窦婴入宫奏报汉景帝，汉景帝就召见袁盎。袁盎入宫晋见，汉景帝正与晁错在调度军粮。汉景帝问袁盎：“现在吴、楚叛乱，你觉得局势会怎样？”袁盎回答说：“不值得担忧！”汉景帝说：“吴王利用矿山就地铸钱，煮海水为盐，招诱天下豪杰，到年老发白时举兵叛乱，如果他没有计出万全的把握，难道会起事吗？为什么说他不能有所作为呢？”袁盎回答说：“吴工确实有采铜铸币、煮海水为盐的财利，但哪有什么豪杰被他招诱去了呢？假如吴王真的招到了豪杰，豪杰也会辅佐他按仁义行事，也就不会叛乱了。吴王所招诱的，都是些无赖子弟、没有户籍的流民、私铸钱币的坏人，所以才能相互勾结而叛乱。”晁错说：“袁盎分析得很好。”汉景帝问道：“应采取什么妙计？”袁盎说：“请皇上让左右回避。”汉景帝让人退出，唯独还有晁错在场。袁盎说：“我要说的话，任何臣子都不应听到。”汉景帝就让晁错回避。晁错迈着小而快的步伐，退避到东边的厢房中，对袁盎极为恼恨。

汉景帝于是就询问袁盎的退敌之策，袁盎回答说：“吴王和楚王互相通信，说高皇帝分封子弟为王，各自有封地，现在贼臣晁错擅自贬谪诸侯，削夺他们的封地，因此他们才造反，准备向西进军，共同诛杀晁错，恢复原有的封地才罢休。现在的对策，只有杀掉晁错，派出使臣宣布赦免吴、楚七国，恢复他们原有的封地，那么，七国的军队可以不经过战争就都会撤走了。”于是，汉景帝沉默了很长时间，说：“不这样做，还真没别的办法啊！我不会为了爱惜他一个人而得罪天下的人！”袁盎说：“我的计策就是这样，请皇上认真考虑！”汉景帝就任命袁盎为太常，秘密收拾行装，做出使吴国的准备。

过了十多天，汉景帝刘启授意丞相陶青、中尉申屠嘉、廷尉张欧上疏弹劾晁错：“辜负皇上的恩德和信任，要使皇上与群臣、民众疏远，又想把城邑送给吴国，毫无臣子的礼节，犯下了大逆不道之罪。晁错应判处腰斩，他的父母、妻子、兄弟不论老少全部公开处死。”汉景帝批复说：“同意所拟判决。”晁错对此却一无所知。二十九日，汉景帝派中尉召晁错，欺骗他说坐着车子巡察市中。于是，晁错穿着上朝的官服在东市被腰斩。汉景帝就派袁盎与吴王的侄子、宗正德侯刘通为使臣，出使吴国。

谒者仆射邓公正担任校尉，向汉景帝上书分析战争情况，在晋见汉景帝时，汉景帝问道："你从军中而来，听到晁错被杀，吴国和楚国撤兵了没有？"邓公说："吴王准备叛乱已有几十年了，他是因朝廷削夺了他的封地发怒，杀晁错只是他的借口，他的本意不在晁错啊！再说，朝廷杀掉晁错，我担心天下的士大夫都不敢再向朝廷进忠言了！"汉景帝问："为什么？"邓公说："晁错忧虑诸侯王国势力过于强大，朝廷不能制服，所以请求削减王国封地，从而尊崇朝廷，这本来是造福万世的好事。计划刚刚实行，他本人就突然被杀了。这样做，对内堵塞了忠臣的口，对外替诸侯王报了仇，我私下认为皇上不应该如此！"于是，汉景帝深深地感叹说："您说得对，我也很后悔杀了晁错！"

袁盎、刘通到达吴国，吴军和楚军已开始进攻梁国的壁垒了。宗正刘通因是同姓亲属，先入内会见吴王刘濞，告知吴王，让他跪拜接受皇帝诏书。吴王听说袁盎来了，估计到他要劝说自己撤兵，就笑着回答说："我已经做了东方的皇帝了，还向谁跪拜呢？"吴王不肯与袁盎见面，把他扣留在军营中，准备强迫他担任吴军的将领。袁盎不答应，吴王派人把他关押起来，准备杀掉他。袁盎寻机逃脱回来，向汉景帝汇报出使情况。

【原文】

太尉亚夫言于上曰："楚兵剽轻[①]，难与争锋，愿以梁委之[②]，绝其食道[③]，乃可制[④]也。"上许之。亚夫乘六乘传[⑤]，将会兵[⑥]荥阳。发至霸上[⑦]，赵涉遮说[⑧]亚夫曰："吴王素富，怀辑死士[⑨]久矣。此知将军且行，必置间人于殽、渑阨狭之间[⑩]；且兵事尚神密，将军何不从此右去[⑪]，走蓝田[⑫]，出武关[⑬]，抵洛阳！间[⑭]不过差一二日，直入武库[⑮]，击鸣鼓。诸侯闻之，以为将军从天而下[⑯]也。"太尉如其计，至洛阳，喜曰："七国反，吾乘传至此[⑰]，不自意全[⑱]。今吾据荥阳，荥阳以东，无足忧者。"使吏搜殽、渑间[⑲]，果得吴伏兵[⑳]。乃请赵涉为护军[㉑]。

太尉引兵东北走昌邑[㉒]。吴攻梁急，梁数使使条侯[㉓]求救，条侯不许。又使使诉条侯于上[㉔]。上使告条侯救梁，亚夫不奉诏，坚壁不出[㉕]；而使弓高侯等将轻骑兵出淮泗口[㉖]，绝吴、楚兵后，塞其饷道[㉗]。

梁使中大夫韩安国[㉘]及楚相张尚弟羽为将军；羽力战[㉙]，安国持重，乃得颇败吴兵。吴兵欲西，梁城守，不敢西；即走条侯军，会下邑[㉚]，欲战。条侯坚壁不肯战；吴粮绝卒饥，数挑战，终不出。

条侯军中夜惊，内相攻击，扰乱至帐下[31]，亚夫坚卧不起[32]，顷之[33]，复定。吴奔壁东南陬[34]，亚夫使备西北[35]；已而其精兵果奔西北[36]，不得入。吴、楚士卒多饥死叛散，乃引而去[37]。

二月，亚夫出精兵追击，大破之。吴王濞弃其军，与壮士数千人夜亡走[38]；楚王戊自杀。

（以上为第四段，写太尉周亚夫与汉景帝设计平定吴楚之乱，以牺牲梁国为代价阻击叛军，又断绝吴楚叛军的粮草供应，吴楚叛军攻打周亚夫大营，周亚夫识破叛军计谋，早有防备，一招制敌，打败叛军。）

【注释】

①剽（piào）轻：凶悍轻捷。 ②以梁委之：把梁国交给吴国。委，放弃。谓汉兵不救梁国，使其阻挡削弱吴军。 ③绝其食道：切断吴军的粮道。食道，运输给养的线路。 ④制：制服，控制。 ⑤六乘传：六匹马拉的车。 ⑥会兵：集结大军。 ⑦发至霸上：周亚夫从霸上出发。霸上，地名。在今陕西西安东北。 ⑧遮说：拦路进言。 ⑨怀辑：笼络，收买。 死士：敢死之徒，刺客。 ⑩置间人于殽、渑阨狭之间：一定埋伏间谍在崤山、渑池之间的峡谷暗杀将军。置，安置，埋伏。间人，间谍刺客。 ⑪从此右去：改变路线，从殽渑道的右边走。即不东向走殽渑，改从南向走武关。 ⑫蓝田：县名。县治在今陕西蓝田。 ⑬武关：关名。在今陕西丹凤东。 ⑭间：时间。 ⑮武库：洛阳的兵器库。 ⑯从天而下：周亚夫越过殽渑到达洛阳，仿佛从天上下来一样。 ⑰乘传至此：乘驿站车到洛阳，即没有护卫军队。 ⑱不自意全：没有料到能安全到达。 ⑲使吏搜殽、渑间：派官吏搜索殽渑之间的峡谷。 ⑳伏兵：埋伏的刺客。 ㉑护军：武官名。 ㉒昌邑：县名。治所在今山东金乡西北。 ㉓条侯：指周亚夫。 ㉔诉条侯于上：向皇上告条侯不救梁的状。 ㉕坚壁：深沟高垒。 不出：不出兵。 ㉖弓高侯：韩颓当。韩王信之子。自匈奴来归，封弓高侯。 淮泗口：泗水入淮河之处。在今江苏淮安市淮阴区北。 ㉗塞：阻塞。 饷道：运输军粮之道。 ㉘韩安国：梁国睢阳人，字长孺，平吴楚之乱有功。官至御史大夫。传见《史记》卷一百零八、《汉书》卷五十二。 ㉙力战：奋力作战。 ㉚下邑：县名。县治在今安徽砀山东。 ㉛帐下：指主帅的中军帐下。 ㉜坚卧不起：安睡不起床。以示镇定。 ㉝顷之：过一会儿。 ㉞吴奔壁东南陬：吴军向汉军营垒的东南角集结。陬（zōu），角。 ㉟备西北：防备西北角。 ㊱已而：一会儿。 果奔西北：吴军果然进攻汉营的西北角。 ㊲乃引而去：吴王领兵撤退了。 ㊳亡走：逃跑。

【译文】

太尉周亚夫对汉景帝刘启说："楚军剽悍敏捷，与他们正面交锋很难取胜，我建议放弃梁国，先断绝吴、楚军队的粮道，这样才可以制服它们。"汉景帝同意了这个部署。周亚夫乘坐着六匹马拉的传车，将去荥阳与大军会合。走到霸上，赵涉挡住去路，劝说周亚夫道："吴王一直很富有，早就收买了一批甘愿为他献身的刺客，现在得知将军将去前线，必定会在崤山、渑池之间的险要地段安排刺客对付您。况且，军事行动最讲究秘密，将军为什么不改变路线，从此处向右走，经过蓝田，出武关，抵达洛阳！这样绕着走，不过差一两天，却可以直接进入洛阳武库，擂响战鼓。参与叛乱的诸侯王听到了，会认为将军是自天而降呢！"太尉按照他的计策行事，到达洛阳，高兴地说："七国共同叛乱，我乘坐驿车平安到达此处，真是出乎意料。现在我已驻守荥阳，荥阳以东没有什么可担心的了。"周亚夫派官吏搜索崤山、渑池之间，果然抓住了吴军伏兵。周亚夫就向汉景帝奏请，让赵涉担任护军。

太尉周亚夫领兵向东北，到达昌邑。吴军猛烈进攻梁国，梁王刘武多次派使者向条侯周亚夫求救，周亚夫不答应。梁王又派使臣向汉景帝告状，说周亚夫不肯救援。汉景帝派使臣命令周亚夫援救梁国，周亚夫不执行皇帝诏令，仍然坚守营垒，不派军队出战，但他却命令弓高侯韩颓当等人率领轻骑兵，奔袭淮泗口，断绝吴、楚军队的后路，堵塞吴、楚的粮道。

梁国派中大夫韩安国以及楚相张尚的弟弟张羽为将军。张羽作战勇猛，韩安国指挥持重，才得以挫败吴军。吴军想向西进兵，但因梁军据城死守，便不敢越过梁国向西进兵。因此，吴军就前来进攻条侯周亚夫的军队，两军在下邑相遇，吴军急于求战。条侯坚守壁垒不肯交战；吴军粮道断绝，士兵饥饿，多次挑战，周亚夫始终不应战。

周亚夫的军营中，夜间突然惊乱，内部互相攻击，甚至闹到了周亚夫的大帐附近，周亚夫坚持睡着不起，过了一会儿，就恢复平静了。吴军向汉军营垒的东南角调集军队，周亚夫却命令营中加强对西北方向的防御。不久，吴、楚的精兵果然突袭汉营西北，因汉军早有防备，无法攻入。吴、楚军队中，有许多士兵饿死，或者背叛离散，吴王就领兵撤退了。

二月，太尉周亚夫派出精锐军队追击，大败吴、楚军队。吴王刘濞丢下他的军队，与几千名精壮士兵连夜逃跑；楚王刘戊自杀。

【原文】

吴王之初发也，吴臣田禄伯为大将军。田禄伯曰："兵屯聚而西，无他奇道[①]，难以立功。臣愿得五万人，别循江、淮而上[②]，收淮南、长沙[③]，入武关，与大王会[④]，此亦一奇也[⑤]。"吴王太子谏曰："王以反为名，此兵难以借人，人亦且反王，奈何？且擅兵而别[⑥]，多他利害，徒自损耳！"吴王即不许田禄伯。

吴少将[⑦]桓将军说王曰："吴多步兵，步兵利险[⑧]；汉多车骑，车骑利平地，愿大王所过城不下[⑨]，直去，疾西据洛阳武库[⑩]，食敖仓粟[⑪]，阻山河之险以令诸侯，虽无入关，天下固已定矣。大王徐行留下城邑[⑫]，汉军车骑至，驰入梁、楚之郊，事败矣[⑬]。"吴王问诸老将，老将曰："此年少，椎锋可耳，安知大虑[⑭]！"于是王不用桓将军计。

王专并将兵[⑮]。兵未渡淮，诸宾客皆得为将、校尉、候、司马，独周丘不用。周丘者，下邳[⑯]人，亡命吴[⑰]，酤酒无行[⑱]；王薄之[⑲]，不任[⑳]。周丘乃上谒，说王曰："臣以无能，不得待罪行间[㉑]。臣非敢求有所将也，愿请王一汉节[㉒]，必有以报。"王乃予之。周丘得节，夜驰入下邳；下邳时闻吴反，皆城守。至传舍[㉓]，召令入户[㉔]，使从者以罪斩令，遂召昆弟所善豪吏告曰："吴反，兵且至，屠下邳不过食顷[㉕]；今先下，家室必完[㉖]，能者封侯矣。"出，乃相告，下邳皆下[㉗]。周丘一夜得三万人，使人报吴王，遂将其兵北略城邑；比至阳城[㉘]，兵十余万，破阳城中尉军；闻吴王败走，自度无与共成功[㉙]，即引兵归下邳，未至，疽发背死[㉚]。

壬午晦[㉛]，日有食之。

吴王之弃军亡也，军遂溃，往往稍降太尉条侯及梁军。吴王渡淮，走丹徒[㉜]，保东越[㉝]，兵可万余人，收聚亡卒[㉞]。汉使人以利啖东越[㉟]，东越即绐吴王出劳军[㊱]，使人锹杀吴王[㊲]，盛其头，驰传以闻[㊳]。吴太子驹亡走闽越。

吴、楚反，凡三月，皆破灭，于是诸将乃以太尉谋为是；然梁王由此与太尉有隙。

（以上为第五段，写吴楚叛军失败的原因，吴王刘濞没有听从大将军田禄伯出奇兵西进的计策，也没有听从青年将领桓将军迅速占领洛阳武库、凭借黄河天险号令天下的劝说，最后兵败被杀。）

【注释】

①奇道：出奇兵的道路。②别循江、淮而上：开辟另外一条进兵路线，沿着长江、淮河逆流而上。别，另外，别出一道。循，沿着。③收淮南、长沙：占领淮南、长沙。④入武关，与大王会：从武关进入，与大王会师关中。⑤此亦一奇也：这是一路奇兵。⑥擅兵而别：让人全权指挥一支独立军队。别，独立别行。⑦少将：年轻的将领。⑧步兵利险：步兵利于在山地险阻地方作战。⑨过城不下：不要占领经过的城邑。不攻城略地，快速进兵。⑩“直去”二句：挥兵直进，迅速向西推进，占领洛阳武库。⑪食敖仓粟：利用敖仓的粮食。⑫徐行留下城邑：进军缓慢，延误在攻占城邑中。⑬事败矣：大事就败坏了。⑭“此年少”三句：此人年轻，冲锋还可以，怎么懂得全局战略呢？⑮王专并将兵：吴王集中统领全军。⑯下邳：县名。县治在今江苏邳州南。⑰亡命吴：逃亡到吴国。⑱酤酒无行：卖酒为生，品行不端。⑲王薄之：吴王看不起他。薄，轻视。⑳不任：不用他。㉑不得待罪行间：不能在军队中为你效力。待罪，得罪，效劳。古时做官的谦称语。行间，在军队中。行，行伍，军队。㉒汉节：官方符节，使者的凭信。㉓传舍：供办差往来行人的官方客馆。㉔召令入户：宣召县令进入传舍室内。㉕食顷：吃一顿饭的时间。㉖家室必完：家室必定保全。㉗下邳皆下：下邳县官民全都归顺吴王。㉘阳城：《汉书》作“城阳”。阳城，在今河南漯河东，距下邳甚远；城阳（即成阳），在今山东鄄城东南，距下邳接近。当以《汉书》“城阳”为是。㉙度（duó）：估计。无与共成功：没有人与己共成大功业。㉚疽发背死：背上生毒疮死去。疽，一种化脓性毒疮。㉛壬午晦：二月三十日。㉜丹徒：县名。县治在今江苏丹徒。㉝保东越：依附东越求得保护。㉞收聚亡卒：集合逃散的士兵。㉟利啖东越：利诱收买东越。㊱绐吴王出劳军：欺骗吴王出来慰劳军队。㊲鏦（cōng）杀：用矛戟刺杀。鏦，一种矛戟兵器。㊳驰传以闻：驿传飞骑到汉朝廷报告。

【译文】

吴王刘濞刚开始举兵叛乱时，吴国臣子田禄伯担任大将军。田禄伯说：“大军集结向西进攻，没有可以出奇兵的通道，难以成功。我请求给我五万人马，另外沿长江、淮河逆流而上，占领淮南、长沙，攻入武关，与大王主力军队会师，这也是一路奇兵。”吴王的太子劝阻说：“大王以造反为名义，这样的军队不能让别人带领，假如别人也背叛您，又该怎么办呢？况且，让别人全权指挥一支军队，又走另外一条路，容易产生许多其他利害问题，只是白白地削弱了自己的力量！”吴王就没有批准田禄伯的请求。

吴国的青年将领桓将军劝说吴王刘濞道："吴国军队步兵多，步兵利于在险阻的地方作战；汉军中以战车、骑兵为主力，战车和骑兵利于在平原地区作战。希望大王不进攻沿途的城池，挥兵直进，迅速向西进兵，占领洛阳武库，利用敖仓的粮食供应军队，凭借山势和黄河天险号令诸侯。这样，即使没有进入函谷关，天下就已经被您平定了。如果大王进军缓慢，因沿途攻占城邑而延误时机，汉军战车、骑兵到来，冲入梁国和楚国的郊野，您的大事就失败了。"吴王征询老将军们的意见，老将军们说："这个青年人，让他去冲锋陷阵还可以，怎么懂得全局战略呢？"于是，吴王不采用桓将军的计策。

吴王独揽全军指挥权。在吴军尚未渡过淮河时，吴王就把投靠他的众宾客任命为将军、校尉、军候、军司马，唯独周丘没有得到任用。周丘是下邳人，流亡到吴国，以卖酒为生，品行不好，吴王刘濞很鄙视他，所以没有予以任用。周丘就去求见吴王，说："我因为没有本事，不能在军队中为您效力。我不敢要求带兵做官，只希望从大王处得到汉朝的一个符节，必定做成一番事业来回报大王。"吴王就把符节给了他。周丘得到符节，连夜驱车进入下邳县城。这时，下邳的官民得知吴王叛乱，都据城防守。周丘到达驿站，传召县令进入室内，命令他的随从用罪名把县令杀死。于是，召见与他的兄弟们友善的有权势的官吏说："吴王已经起兵，大军马上就到，屠灭下邳城不过用吃顿饭的时间。如果先归降吴王，家室必定保全，有本事的人还能立功封侯。"官吏出去后，转告给其他人，下邳的官民就都归顺了吴王。周丘一夜之间得到了三万人，派人向吴王汇报，就率领他的军队向北方攻取城邑。打到城阳时，周丘的军队已有十多万人了，打败了城阳中尉指挥的军队。周丘得知吴王失败逃走，自己估计无法和他共同成就事业了，就领兵返回下邳，还没有到达，因背上生毒疮而死去。

二月三十日，发生日食。

因为吴王刘濞丢掉军队自己逃跑，吴军就崩溃瓦解了，许多部队陆续向太尉条侯周亚夫和梁国的军队投降。吴王刘濞渡过淮河，逃到丹徒县，依附东越，以求自保，约有军队一万多人，并召集逃散的士兵。汉朝派人用金钱利禄收买东越首领，东越首领就骗吴王出来慰劳军队，派人用矛戟刺杀了吴王，装上他的头颅，派人乘传车疾驰到汉朝廷报告。吴国太子刘驹逃亡到闽越。

吴、楚叛乱，共三个月的时间，就全被平定了，这时，所有将领都认为太尉周亚夫的战略部署是正确的。但是，梁王刘武却因此与太尉有了矛盾。

【原文】

三王之围临菑[①]也，齐王使路中大夫[②]告于天子。天子复令路中大夫还报，告齐王坚守，“汉兵今破吴楚矣。”路中大夫至，三国兵围临菑数重[③]，无从入[④]。三国将与路中大夫盟曰：“若反言[⑤]：‘汉已破矣，齐趣下三国[⑥]，不，且见屠[⑦]。’”路中大夫既许，至城下，望见齐王曰：“汉已发兵百万，使太尉亚夫击破吴、楚，方引兵救齐[⑧]，齐必坚守无下！”三国将诛路中大夫。

齐初围急，阴与三国通谋[⑨]，约未定；会路中大夫从汉来，其大臣乃复劝王无下三国。会汉将栾布、平阳侯[⑩]等兵至齐，击破三国兵。解围已[⑪]，后闻齐初与三国有谋，将欲移兵伐齐[⑫]。齐孝王惧，饮药自杀。

胶西、胶东、菑川王各引兵归国。胶西王徒跣、席藁、饮水谢太后[⑬]。王太子德曰：“汉兵还，臣观之，已罢[⑭]。可袭，愿收王余兵击之！不胜而逃入海，未晚也。”王曰：“吾士卒皆已坏，不可用。”弓高侯韩颓当遗胶西王书曰：“奉诏诛不义[⑮]，降者赦除其罪，复故；不降者灭之。王何处[⑯]？须以从事[⑰]。”王肉袒叩头[⑱]，诣汉军壁谒曰：“臣卬奉法不谨，惊骇百姓，乃苦将军远道至于穷国，敢请菹醢[⑲]之罪！”弓高侯执金鼓见之[⑳]曰：“王苦军事，愿闻王发兵状。”王顿首膝行[㉑]，对曰：“今者晁错天子用事臣，变更高皇帝法令，侵夺诸侯地。卬等以为不义，恐其败乱天下，七国发兵且诛错。今闻错已诛，卬等谨已罢兵归[㉒]。”将军曰：“王苟以错为不善，何不以闻[㉓]？及未有诏、虎符[㉔]，擅发兵击义国[㉕]？以此观之，意非徒欲诛错也。”乃出诏书，为王读之，曰：“王其自图[㉖]！”王曰：“如卬等死有余罪！”遂自杀，太后、太子皆死。胶东王、菑川王、济南王皆伏诛。

郦将军兵至赵，赵王引兵还邯郸城守[㉗]。郦寄攻之，七月不能下。匈奴闻吴、楚败，亦不肯入边。栾布破齐还，并兵[㉘]引水灌赵城。城坏，王遂自杀。

帝以齐首善[㉙]，以迫劫有谋[㉚]，非其罪也[㉛]，召立齐孝王太子寿，是为懿王。

济北王[㉜]亦欲自杀，幸全其妻子[㉝]。齐人公孙獲谓济北王曰：“臣请试为大王明说梁王，通意天子；说而不用，死未晚也[㉞]。”公孙獲遂见梁王曰：“夫济北之地，东接强齐，南牵吴、越，北胁燕、赵。此四分五裂之国[35]。权不足以自守[36]，劲不足以捍寇[37]，又非有奇怪云以待难[38]也；虽坠言[39]于吴，非其正计也。乡使济北见情实[40]，示不从之端[41]，则吴必先历齐[42]，毕济北[43]，招燕、赵而总之[44]，如此，则山东之从结而无隙矣[45]。今吴王连诸侯之兵，驱白徒之众[46]，西与天子争衡[47]，济北独底节不下[48]；使吴失与而无助[49]，跬步独进[50]，瓦解土崩，破败而不救者，未必非济北之力也。夫以区区之济北而与诸侯争强[51]，是以羔犊之弱而扞虎狼之敌也[52]。守职不桡[53]，可谓诚一矣。功义如此，尚见疑于上，胁肩低首[54]，累足抚衿[55]，使有自悔不前[56]之心，非社稷之利也。臣恐藩臣守职者疑之。臣窃料[57]之，能历西山[58]，径长乐[59]，抵未央[60]，攘袂而正议者[61]，独大王耳。上有全亡之功[62]，下有安百姓之名，德沦于骨髓[63]，恩加于无穷，愿大王留意详惟之[64]。"孝王大说[65]，使人驰以闻[66]；济北王得不坐[67]，徙封于菑川。

河间王太傅卫绾[68]击吴、楚有功，拜为中尉[69]。绾以中郎将事文帝，醇谨无他[70]。上为太子时，召文帝左右饮，而绾称病不行。文帝且崩，属上[71]曰："绾长者，善遇之[72]。"故上亦宠任焉。

夏，六月，乙亥[73]，诏："吏民为吴王濞等所诖误当坐及逋逃亡军者[74]，皆赦之。"

帝欲以吴王弟德哀侯广之子续[75]吴，以楚元王子礼[76]续楚。窦太后曰："吴王，老人也，宜为宗室顺善；今乃首率七国纷乱天下，奈何续其后！"不许吴，许立楚后。

乙亥，徙淮阳王馀为鲁王；汝南王非为江都王，王故吴地；立宗正礼为楚王；立皇子端为胶西王，胜为中山王。

（以上为第六段，写平定吴楚七国之乱以及善后事宜。胶西王刘卬等三个诸侯王的叛军围困齐国临菑城，被打败；齐王刘将闾曾与三个王国有串联，畏罪自杀；赵王刘遂守城七个月，城破自杀。）

【注释】

①三王之围临菑：上文云胶西王、胶东王、菑川王、济南王四国共围齐国临菑。此言"三王"，有误。②路中大夫：姓路的一位中大夫。③数重：数层。④无从入：无法入城。⑤若反言：你反过来说。⑥齐趣下三国：齐国赶快向三国投降。⑦不，且见屠：否则，将要屠城。不，读"否"。⑧方引兵救齐：正领兵前来救齐国。⑨阴：

暗中。通谋：联络。⑩平阳侯：曹襄，汉初功臣曹参之后嗣。⑪解围已：解除了叛军对临菑的包围。⑫移兵伐齐：调转汉兵讨伐齐国。⑬徒跣、席藁、饮水：赤着脚，坐于席，喝冷水，以表示谢罪。太后：胶西王太后，刘卬母亲。⑭罢：通“疲”。⑮不义：不守信义的人。⑯王何处：大王你选择哪一条路呢？⑰须以从事：等待你作出决定，以便采取处置措施。须，等待。⑱肉袒：袒胸露臂，以表示谢罪。叩头：磕头。⑲菹醢（zū hǎi）：将人剁成肉酱，是一种酷刑。⑳执金鼓见之：手执金鼓接见刘卬。金鼓，古代军中指挥进军的乐器，击鼓进军。执金鼓是为了壮军威。㉑顿首膝行：一边叩头，一边跪着行进，以示服罪。㉒谨已罢兵归：谨慎地撤兵回国。㉓何不以闻：为什么不把情况报告皇帝？㉔虎符：调兵遣将的凭信，虎形两半，一半在皇宫，一半在郡国，调用兵将，合符验证。㉕义国：守礼之国，此指齐国。㉖自图：自己作出了断。㉗还邯郸城守：回兵坚守邯郸。邯郸，赵都，在今河北邯郸。㉘并兵：合兵。㉙首善：首先抗击叛军。㉚以迫劫有谋：因迫于形势与叛军串联。㉛非其罪也：不是他的罪过。㉜济北王：刘志，齐悼惠王之子，文帝十六年受封。㉝幸全其妻子：希望保全他的妻子儿女的生命。㉞死未晚也：不获恩准再死也不迟。㉟四分五裂之国：一个四面受敌、随时被瓜分的国家。㊱权不足以自守：权势谋略不足以自守封地。㊲劲不足以捍寇：实力不足以抵御外敌入侵。㊳非有奇怪云以待难：没有神灵可以化解灾难。奇怪云，奇方妙计，或神灵。此是毫无办法的即兴语。㊴坠言：失言，说错了话。㊵乡使济北见情实：假如当初济北王就流露出忠于朝廷的真心。乡，通“向”。乡使，当初。见，通“现”，显现，流露。㊶示不从之端：显示出不顺从吴王的痕迹。㊷历齐：越过，放过齐国。㊸毕济北：攻占济北国。毕，完成，此指控制，占领。㊹招燕、赵而总之：招诱燕国、赵国合为一体。总，合一，统一。㊺从结而无隙矣：合纵完成连成无缝的一片。从，通“纵”。无隙，无缝隙，连成一片。㊻白徒之众：素未受训的徒众，白丁。㊼争衡：角力，指争夺天下。㊽底节不下：固守臣节不归降吴王。底，通“砥”，磨炼，固守。㊾吴失与而无助：使吴国丧失盟友而孤立无援。与，盟友。㊿跬步独进：指吴军艰难地独自进军。跬步，半步，喻行进艰难。51区区之济北：微不足道的济北。区区，言小。与诸侯争强：和多个叛国争胜。52“是以”句：这就如同弱小的羊羔牛犊与凶猛的虎狼搏斗一样。53守职不桡：谓济北王恪尽职守，不肯屈服。桡，弯曲，屈服。54胁肩低首：缩敛肩膀，低着脑袋。55累足抚衿：小步走路，抚摸衣襟。56自悔不前：自悔不从吴而又不敢归汉。57窃料：私下猜想。58历西山：经历西方的山险。西山，指崤山、华山。59径长乐：直通长乐太后宫。60抵未央：到达皇上未央宫。61攘袂而正议者：在太后和皇上面前勇于据理力争。攘袂，捋臂，奋勇的样子。正议，据理论议。 ⑫全亡之功：指保全济北国不亡。 ⑬德沦于骨髓：恩德深入骨髓。 ⑭详惟之：认真思考这事。 ⑮说：读“悦”。 ⑯使人驰以闻：梁王派人飞骑报告皇帝。 ⑰不坐：不定罪。 ⑱卫绾：汉臣。以醇谨著名。传见《史记》卷一百零三、《汉书》卷四十六。 ⑲拜：任命。 中尉：官名。掌京师治安，汉代兼主北军。 ⑳醇谨无他：除了宽厚谨慎，没有别的特长。 ㉑属上：嘱咐太子刘启，即当今皇上景帝。属，通“嘱”。 ㉒善遇之：好好对待他。 ㉓乙亥：六月二十五日。 ㉔“吏民”句：官吏民众被吴王刘濞等人连累而应当判罪的，以及逃亡犯、逃避军役的，全都予以赦免。诖（guà）误，因被牵连而受罚。逋逃，逃亡的罪人。亡军者，从军而逃者。 ㉕德：刘德，哀侯刘广之子。 续：嗣位。 ㉖礼：刘礼，楚元王刘交之子，时封平陆侯，为宗正。

【译文】

当胶西王刘卬等三个诸侯王的叛军围困齐国临菑城的时候，齐王派一位姓路的中大夫向汉景帝刘启报告。汉景帝又命令路中大夫返回齐国复命，告诉齐王坚守临菑，说：“朝廷军队已经打败吴楚叛军了。”路中大夫赶回时，三国的军队已把临菑重重包围，无法入城。三国的将领迫使路中大夫与他们结盟，说：“你反过来说：‘汉朝廷的军队已被打败了，齐国赶快向三个王国的军队投降吧。不然，临菑就要被屠灭了。’”路中大夫应允了，到了城下，远远见到齐王，他就说：“汉朝已经派出了百万大军，让太尉周亚夫指挥，打败了吴楚军队，正领兵前来救援，齐国一定要坚守不降！”三个王国的将领杀死了路中大夫。

齐国都城当初被紧急围困时，齐王刘将闾曾暗中与三个王国联络，准备参与叛乱，盟约未定，恰好路中大夫从汉朝廷而来，齐王的大臣们又劝他不能向三国叛军投降。恰逢汉将栾布、平阳侯曹襄等率军到达齐国，打败了三国军队。解除了临菑之围后，汉军将领听说齐王当初与三国密谋勾结，就准备调集军队攻打齐国。齐孝王害怕，服毒自杀。

胶西王刘卬、胶东王刘雄渠、菑川王刘贤分别率领军队返回封地。胶西王赤着脚、坐卧在禾秆编的席上饮水，向太后请罪。胶西王的太子刘德说：“汉军已经开始撤兵，据我观察，他们已很疲乏，可以突袭，希望召集大王的残余军队去袭击他们！如果突袭不能获胜，再逃入海岛隐蔽，也还不晚。”胶西王说：“我的部队都已残破，无法作战了。”弓高侯韩颓当给胶西王送来一封信，信中说：“我奉皇帝命令诛杀不义的人。投降的，赦免他的罪名，恢复原有的官爵；不投降的，一定要消灭他。你准备选择哪一条道路？等待你做出选择，我好采取相应的处置措施。”胶西王光着上身、磕着头来到汉军营垒前请谒，他说：“我刘卬遵法不谨慎，惊骇了民众，竟使将军辛苦地远道来到我们这个穷国，我请求处以剁成肉酱的惩罚！”弓高侯手持指挥作战用的金鼓来见他，说：“你被发兵的举动害苦了，我希望听你解释发兵的原因。”胶西王一边磕头一边跪着向前走，回答说：“当时，晁错是受天子信任的执政大臣，变更高皇帝的法令，侵夺诸侯王国的封地。我们认为他的做法不符合道义，恐怕他败坏、扰乱天下，所以我们七国才发兵，准备杀掉晁错。现在听说晁错已被皇帝处死，我们就很谨慎地撤兵回国了。”韩将军说：“你如果认为晁错不好，为什么不向皇上奏报？并在没有接到皇上命令和调兵虎符的情况下，擅自调发军队去进攻忠于朝廷的封国？由此看来，你们发兵的用意，不只是想杀晁错！”韩将军就拿出诏书，向胶西王宣读，然后说：“你自己考虑应该怎样处置吧！”胶西王说：“像我刘卬这样的人，死有余辜！”于是就自杀了，胶西国的太后、太子都死了。胶东王、菑川王、济南王都被处死。

郦将军的军队到达赵国，赵王刘遂领兵从边界返回都城邯郸，据城自守。郦寄发动进攻，连续用兵七个月，没有攻破邯郸城。匈奴得知吴军和楚军失败，也不肯进入边境援救赵王。栾布平定齐国率军返回，与郦将军的军队会合，引河水淹灌邯郸，城墙毁坏，赵王刘遂自杀。

汉景帝因为齐国首先抵御叛军，后来因迫于形势与叛军有串联，不是齐孝王刘将闾的罪过，就召来齐孝王的太子刘寿，立为齐王，即齐懿王。

济北王刘志也准备自杀，以求侥幸保全他的妻子儿女。齐国人公孙玃对济北王说：“我请求尝试为大王去劝说梁王，通过他向皇上解释。如果我的劝说不被采纳，大王再死也不晚。”公孙玃就去求见梁王，说：“济北国的封地，东边邻近强大的齐国，南面连接着吴国和越国，北面受到燕国和赵国的威胁。这是一个四面受敌、随时有可能被人瓜分的国家，济北王的权谋不足以自守封地，实力不足以防御外敌入侵，又没有什么神灵可用来抵御灾难，虽然他曾失言答应与吴国联合行动，却并不是出于他的本意，只不过是为形势所迫。假如当初济北王表露出忠于朝廷的真心，显示出不顺从吴王的痕迹，那么，吴国一定会先放过齐国，攻占济北国，招诱燕国、赵国而统领它们。这样，崤山以东的诸侯联盟就会形成，并可连成完整的一片。现在吴王会合七国的军队，驱使没有受过训练的徒众，向西进军与天子争夺天下，而只有济北一国固守臣节不归降吴王，使吴国丧失盟友而孤立无援，只能艰难地单独进军，结果土崩瓦解，一蹶不振，追寻其原因，未必不是济北国坚守不降所做出的贡献。微不足道的济北国，与几国叛军相抗衡，这就如同弱小的羊羔牛犊与凶猛的虎狼搏斗一样。济北王恪尽职守，不肯屈服，可称得上是忠心耿耿了。济北王有这样的功业道义，竟然还要受到朝廷的怀疑，整天缩肩低头，手足无措，使他产生了后悔当初没有与吴王联合行动的念头，这对国家是不利的。我害怕那些恪尽职守的封国诸侯，都由此而产生疑虑！我私下估计：在当今能够经过西方的山险，直入长乐宫和未央宫，在太后和皇上面前勇于据理力争的，只有大王您一个人。这样，上有保全面临亡国厄运的济北国的功德，下有安定民众的名誉，您的功德及于骨髓，您的恩惠世代相传，希望大王认真考虑这件事情！"梁孝王听了很高兴，派人急速进京向朝廷奏报。因此，济北王得以不坐罪，被改封到菑川国为王。

河间王太傅卫绾进攻吴、楚叛军有功，汉景帝刘启任命他为中尉。卫绾曾以中郎将的身份侍奉汉文帝，除宽厚谨慎之外，没有其他特长。汉景帝做太子的时候，曾召请汉文帝的左右侍从饮酒，而卫绾推说身体有病不去参加宴会。汉文帝临终时嘱咐汉景帝说："卫绾是忠厚长者，你要好好对待他！"所以，汉景帝也宠信他。

夏季，六月二十五日，汉景帝下令说："官吏民众被吴王刘濞等人连累而应当判罪的，以及逃亡犯、逃避兵役的，都予以赦免。"

汉景帝打算让吴王之弟哀侯刘广的儿子刘德接续当吴王，让楚元王的儿子刘礼接续当楚王。窦太后说："吴王是宗室中的老人，理应为宗室作忠于朝廷的表率，但他却首先发难，率领七国叛乱，扰乱天下，为什么给他续后？"不许再立吴王，但允许楚王续后。

六月二十五日，汉景帝刘启改封淮阳王刘馀为鲁王；改封汝南王刘非为江都王，管辖原属吴国的封地；立宗正刘礼为楚王；立皇子刘端为胶西王，刘胜为中山王。

【原文】

四年（戊子，前153）

春，复置关，用传出入[①]。

夏，四月，己巳[②]，立子荣为皇太子，彻[③]为胶东王。

六月，赦天下。

秋，七月，临江王阏薨。

冬，十月，戊戌晦[4]，日有食之。

初，吴、楚七国反，吴使者至淮南，淮南王欲发兵应之。其相曰："王必欲应吴，臣愿为将。"王乃属之[5]。相已将兵，因城守，不听王而为汉，汉亦使曲城侯将兵救淮南，以故得完[6]。

吴使者至庐江[7]，庐江王不应，而往来使越。至衡山[8]，衡山王坚守无二心。及吴、楚已破，衡山王入朝。上以为贞信，劳苦之[9]，曰："南方卑湿。"徙王王于济北以褒之。庐江王以边越[10]，数使使相交，徙为衡山王，王江北[11]。

（以上为第七段，写吴楚之乱中的淮南、庐江、衡山三王的情况。淮南王刘安被国相所阻挡；庐江王刘赐不答应与吴王刘濞联合，与南越国多次互通使臣；衡山王刘勃坚守城池，对朝廷忠心不贰。）

【注释】

①复置关：恢复设关用传制度。文帝十三年，除关，无用传。传，通行关卡，即通行证。今复用，是因时局不宁，以备非常。 ②己巳：四月二十三日。 ③彻：刘彻，即后来的汉武帝。 ④戊戌晦：十月末为戊戌日。 按：景帝四年冬。十月己酉朔，无戊戌，疑误。 ⑤属之：委任他以兵事。 ⑥完：完好，保全。 ⑦庐江：刘长子刘赐的封国。⑧衡山：刘长子刘勃的封国。 ⑨劳苦之：慰劳他。 ⑩边越：边界与越相邻。 ⑪王江北：在长江以北为王。

【译文】

汉景帝前元四年（戊子，前153）

春季，重新设置关卡，凭符传出入。

夏季，四月二十三日，汉景帝刘启立皇子刘荣为皇太子，刘彻为胶东王。

六月，汉朝实行大赦。

秋季，七月，临江王刘阏去世。

冬季，十月，戊戌晦（疑误），出现日食。

当初，吴、楚七国叛乱，吴王刘濞的使者到达淮南国，淮南王刘安想发兵响应吴王。他的丞相说："大王如果一定要响应吴王，我愿意出任将领。"淮南王就把军队交给他指挥。淮南国丞相掌握军权之后，就据城防守，不听从淮南王的指挥而效忠朝廷，朝廷也派曲城侯领兵援救淮南国，因此淮南王得以保全。

吴王刘濞的使者到达庐江国，庐江王刘赐不答应与吴王联合，而与南越国多次互通使臣。吴王的使者到衡山国，衡山王刘勃坚守城池，对朝廷忠心不贰。等到吴、楚叛军被打败后，衡山王入京朝见汉景帝。汉景帝认为他忠贞，就慰问他说："南方地势低而潮湿。"改封衡山王为济北王，以示褒奖。庐江王因与南越国相邻，多次派使者与南越交结，汉景帝把他改封为衡山王，在长江以北为王。

【原文】

五年（己丑，前152）

春，正月，作阳陵邑①。夏，募民徙阳陵，赐钱二十万。

遣公主嫁匈奴单于。

徙广川王彭祖为赵王。

济北贞王勃②薨。

六年（庚寅，前151）

冬，十二月，雷，霖雨③。

初，上为太子，薄太后以薄氏女为妃；及即位，为皇后，无宠④。秋，九月，皇后薄氏废。

楚文王礼薨。

初，燕王臧荼有孙女曰臧儿，嫁为槐里王仲妻，生男信与两女而仲死；更嫁长陵田氏，生男蚡、胜⑤。文帝时，臧儿长女为金王孙妇，生女俗。臧儿卜筮⑥之，曰："两女皆当贵。"臧儿乃夺金氏妇⑦，金氏怒，不肯予决⑧；内之太子宫⑨，生男彻⑩。彻方在身时⑪，王夫人梦日入其怀。

及帝即位⑫，长男荣为太子。其母栗姬，齐人也。长公主嫖欲以女嫁太子⑬，栗姬以后宫诸美人皆因长公主见帝，故怒而不许；长公主欲与王夫人男彻，王夫人许之。由是长公主日谗栗姬而誉王夫人⑭之美；帝亦自贤之，又有曩者所梦日符⑮，计未有所定。王夫人知帝嗛栗姬⑯，因怒未解，阴使人趣大行请立栗姬为皇后⑰。帝怒曰："是而所宜言邪⑱！"遂按诛大行⑲。

七年（辛卯，前150）

冬，十一月，己酉⑳，废太子荣为临江王。太子太傅窦婴力争不能得，乃谢病免。栗姬恚恨而死。

庚寅晦[21]，日有食之。

二月，丞相陶青免。乙巳[22]，太尉周亚夫为丞相。罢太尉官[23]。

夏，四月，乙巳[24]，立皇后王氏。

丁巳[25]，立胶东王彻为皇太子。

是岁，以太仆刘舍[26]为御史大夫，济南太守郅都[27]为中尉。

始，都为中郎将，敢直谏。尝从入上林[28]，贾姬如厕[29]，野彘卒来入厕[30]。上目都[31]，都不行；上欲自持兵[32]救贾姬。都伏上前[33]曰："亡一姬[34]，复一姬进，天下所少，宁贾姬等乎！陛下纵自轻[35]，奈宗庙、太后何[36]！"上乃还，彘亦去。太后闻之，赐都金百斤，由此重都。都为人，勇悍公廉[37]，不发私书，问遗无所受[38]，请谒无所听[39]。及为中尉，先严酷，行法不避贵戚。列侯、宗室见都，侧目而视[40]，号曰"苍鹰[41]。"

（以上为第八段，写汉景帝曾立刘荣为太子，长公主刘嫖想把女儿嫁给太子，太子母栗姬没有同意，长公主刘嫖就把女儿嫁给王夫人所生子刘彻，长公主毁损栗姬而称誉刘彻，结果景帝改立刘彻为太子。）

【注释】

①阳陵邑：景帝预作的寿陵名阳陵，因置县。在今陕西咸阳东北。 ②勃：刘勃，济北王，谥贞。 ③霖雨：连绵的雨。 ④无宠：不受喜爱。 ⑤蚡、胜：田蚡、田胜。景帝王皇后同母异父之两弟。田蚡为人奸险，官至太尉、丞相，封武安侯。与窦婴、灌夫交恶而害两人。传见《史记》卷一百零七、《汉书》卷五十二。 ⑥卜筮：占卜，算命。 ⑦夺金氏妇：与金家夫婿金王孙离婚。 ⑧不肯予决：不肯断绝这个婚姻关系。⑨内之太子宫：臧儿把女儿送进太子宫。内，通"纳"，送入。太子，即刘启，汉景帝。⑩生男彻：生下儿子刘彻，后为汉武帝。 ⑪在身时：刘彻母亲怀孕时。 ⑫帝即位：景帝即位。 ⑬长公主嫖欲以女嫁太子：长公主嫖，文帝之女，景帝之姊。嫖年最长，故称之"长公主"。嫖下嫁堂邑侯陈午，生女，为武帝陈皇后。 ⑭誉王夫人：据章校，他本"人"下有"男"字。从下文"帝亦自贤之"来看，当有"男"字。即长公主称誉刘彻。 ⑮曩者：往昔。 所梦日符：指王夫人编造的"梦日入怀"而有身。 ⑯知帝嗛栗姬：王夫人知晓景帝怀恨栗姬。嗛（xián），怀恨。 ⑰"阴使"句：暗中派人催促大行令请求景帝册立栗姬为皇后。阴，暗中。大行，指大行令，官名，原名典客，掌民族事务，景帝十六年更名大行令，此为追书。王夫人明知景帝怀恨栗姬，而故意做手脚

激怒景帝，大行令冤死，栗姬被废，足见王夫人阴险之甚。⑱是而所宜言邪：是你应该说的话吗？而，第二人称“你”。⑲按诛大行：定罪诛杀了大行令。按，审查定罪。⑳己酉：十一月辛酉朔，无己酉，疑误。㉑庚寅晦：十一月三十日。㉒乙巳：二月十六日。㉓罢太尉官：裁撤太尉官。按：汉代太尉时废时置。太尉强势，有损皇权则罢之。㉔乙巳：四月十七日。㉕丁巳：四月二十九日。㉖刘舍：高祖功臣桃安侯刘襄之子。㉗郅都：西汉河东杨县（今山西洪洞东南）人。景帝时为济南太守、雁门太守。执法不避贵戚，严酷，号称“苍鹰”。传见《史记》卷一百二十二、《汉书》卷九十。㉘上林：秦汉时的皇家林苑，在今陕西西安西南郊。㉙贾姬：即贾夫人，赵王刘彭祖、中山王刘胜的生母。如厕：上厕所。㉚野彘卒入厕：一只野猪突然进入厕所。卒，通“猝”，突然。㉛上目都：景帝以目示意郅都入厕赶野猪。㉜兵：兵器。㉝都伏上前：郅都拜伏在景帝面前。㉞亡一姬：失去一个姬妾。㉟自轻：不爱惜自己生命。㊱奈宗庙、太后何：对宗庙、太后怎么办？宗庙，刘氏祖宗。太后，景帝母。㊲勇悍公廉：勇猛彪悍，公正廉洁。㊳问遗无所受：问候馈赠的礼品，一概不接受。㊴请谒无所听：请托拉关系，一律拒绝。㊵侧目而视：言不敢正视。㊶苍鹰：人们送给郅都的外号，喻凶猛。

【译文】

汉景帝前元五年（己丑，前152）

春季，正月，兴建阳陵邑。夏季，汉景帝下令招募民众迁居阳陵，各赐给二十万铜钱。

汉景帝送公主出嫁匈奴单于。

汉景帝改封广川王刘彭祖为赵王。

济北王刘勃去世。

汉景帝前元六年（庚寅，前151）

冬季，十二月，天空打雷，降雨多日。

当初，汉景帝做太子的时候，薄太后给他选定了一个薄氏女子为妃；及至汉景帝做了皇帝，薄氏就成了皇后，却不受汉景帝的宠幸。秋季，九月，皇后薄氏被废。

楚王刘礼去世。

当初，燕王臧荼有个孙女，名叫臧儿，嫁给槐里王仲为妻，生下儿子王信和两个女儿之后，王仲死了。臧儿便改嫁长陵人田氏，生下儿子田蚡和田胜。汉文帝时，臧儿的大女儿嫁给金王孙为妻，生下女儿金俗。臧儿替子女占卜命运，卜人说："两个女儿都应当是尊贵的命。"臧儿就从金王孙家中夺回女儿，金王孙愤怒，不肯与妻子分手；臧儿却把大女儿送到太子宫中，生下儿子刘彻。王夫人怀着刘彻的时候，曾梦见太阳进入她的怀中。

等到汉景帝即位，大儿子刘荣被立为太子。太子刘荣的生母栗姬，是齐国人。汉景帝的姐姐长公主刘嫖，想把自己的女儿嫁给太子，栗姬因为后宫中各位美人都是由长公主推荐给汉景帝的，所以对长公主很恼怒而没有同意。长公主又想把女儿嫁给王夫人所生的皇子刘彻，王夫人同意了。从此之后，长公主每天都在汉景帝面前说栗姬的坏话而称赞王夫人的美德。汉景帝自己也觉得王夫人贤惠，又有从前梦日入怀的祥瑞符兆，对是否应改立太子和皇后的事情，犹豫未定。王夫人知道汉景帝恨栗姬，趁着汉景帝怒火未息，暗中派人去催促大行，让大行请求汉景帝立栗姬为皇后。汉景帝大怒，说："这是你应该说的话吗？"就把大行问罪处死了。

汉景帝前元七年（辛卯，前150）

冬季，十一月，己酉（疑误），汉景帝刘启废掉太子刘荣，改封他为临江王。太子太傅窦婴极力劝谏，未能改变汉景帝的决定，就自称有病，请求免职。栗姬愤恨而死。

十一月三十日，庚寅晦（疑误），出现日食。

二月，丞相陶青被罢免。十六日，太尉周亚夫出任丞相。汉景帝下令罢除太尉这一官职。

夏季，四月十七日，汉景帝立王氏为皇后。

四月二十九日，汉景帝立胶东王刘彻为皇太子。

这一年，汉景帝任命太仆刘舍为御史大夫，任命济南郡太守郅都为中尉。

从前，郅都担任中郎将，敢于直言进谏。他曾经跟随汉景帝进入上林苑，当贾姬去上厕所时，一头野猪突然闯入厕所。汉景帝用眼光示意郅都去救护贾姬，郅都站立不走；汉景帝打算自己拿着武器去救贾姬，郅都跪伏在汉景帝面前说："失去了一个姬妾，又会有另一个姬妾进宫，天下所缺少的，难道是贾姬这一类人吗？皇上纵然不爱惜自己，又如何对待宗庙和太后？"汉景帝就走了回来，野猪也离去了。太后听说了这件事，赏赐给郅都一百斤黄金，从此器重郅都。郅都为人勇猛有力，公正廉洁，不拆阅私人给他的书信，不接受问候馈赠的礼品，不理睬托人情、拉关系的要求。及至做了中尉，倡导严厉酷烈的作风，执行法律进行赏罚不避开皇亲国戚。列侯和宗室皇族见到郅都，都侧目而视，送给他一个绰号，叫“苍鹰”。

【原文】

中元年（壬辰，前149）

夏，四月，乙巳[1]，赦天下。

地震。衡山原都雨雹[2]，大者尺八寸。

二年（癸巳，前148）

春，二月，匈奴入燕[3]。

三月，临江王荣坐侵太宗庙壖垣[4]为宫，征诣中尉府对簿[5]。临江王欲得刀笔[6]，为书谢上[7]，而中尉郅都禁吏不予[8]；魏其侯使人间与临江王[9]。临江王既为书谢上，因自杀。窦太后闻之，怒，后竟以危法中都而杀之[10]。

夏，四月，有星孛[11]于西北。

立皇子越为广川王，寄为胶东王。

秋，九月，甲戌晦[12]，日有食之。

初，梁孝王以至亲有功[13]，得赐天子旌旗[14]。从千乘万骑[15]，出跸入警[16]。王宠信羊胜、公孙诡，以诡为中尉。胜、诡多奇邪计，欲使王求为汉嗣[17]。栗太子之废也，太后意欲以梁王为嗣，尝因置酒谓帝曰：“安车大驾，用梁王为寄[18]。”帝跪席举身曰：“诺。”

罢酒，帝以访诸大臣，大臣袁盎等曰：“不可。昔宋宣公不立子而立弟，以生祸乱，五世不绝[19]。小不忍，害大义，故《春秋》大居正[20]。”由是太后议格[21]，遂不复言。王又尝上书：“愿赐容车之地[22]，径至长乐宫[23]，自使梁国士众筑作甬道[24]朝太后。”袁盎等皆建[25]以为不可。

梁王由此怨袁盎及议臣，乃与羊胜、公孙诡谋，阴使人刺杀袁盎及他议臣十余人。贼未得也，于是天子意梁[26]；逐贼[27]，果梁所为。上遣田叔、吕季主往按梁事[28]，捕公孙诡、羊胜；诡、胜匿王后宫，使者十余辈至梁，责二千石急[29]。

梁相轩丘豹及内史韩安国以下举国大索[30]，月余弗得。安国闻诡、胜匿王所，乃入见王而泣曰：“主辱者臣死。大王无良臣，故纷纷至此[31]。今胜、诡不得，请辞，赐死[32]！”王曰：“何至此[33]！”安国泣数行下，曰："大王自度[34]于皇帝，孰与临江王亲[35]？"王曰："弗如也。"安国曰："临江王适长太子[36]，以一言过[37]，废王临江；用宫垣事，卒自杀中尉府[38]。何者？治天下终不用私乱公。今大王列在诸侯，訹邪臣浮说[39]，犯上禁，桡明法[40]。天子以太后故，不忍致法于大王；太后日夜涕泣，幸大王自改，大王终不觉寤[41]。有如太后宫车即晏驾[42]，大王尚谁攀乎[43]？"语未卒，王泣数行而下，谢安国曰："吾今出胜、诡[44]。"王乃令胜、诡皆自杀，出之。上由此怨望梁王。

梁王恐[45]，使邹阳[46]入长安，见皇后兄王信说曰："长君弟[47]得幸于上，后宫莫及；而长君行迹多不循道理者。今袁盎事即穷竟[48]，梁王伏诛，太后无所发怒[49]，切齿侧目[50]于贵臣，窃为足下忧之。"长君曰："为之奈何？"阳曰："长君诚能精为上言之[51]，得毋竟梁事[52]；长君必固自结于太后，太后厚德长君入于骨髓[53]，而长君之弟幸于两宫[54]，金城之固[55]也。昔者舜之弟象，日以杀舜为事，及舜立为天子，封之于有卑[56]。夫仁人之于兄弟，无藏怒，无宿怨，厚亲爱而已。是以后世称之。以是说天子，徼幸梁事不奏[57]。"长君曰："诺。"乘间入言之[58]。帝怒稍解。

是时，太后忧梁事不食[59]，日夜泣不止，帝亦患之。会[60]田叔等按梁事来还，至霸昌厩[61]，取火悉烧梁之狱辞[62]，空手来见帝。帝曰："梁有之乎？"叔对曰："死罪，有之[63]。"上曰："其事安在？"田叔曰："上毋以梁事为问也。"上曰："何也？"曰："今梁王不伏诛，是汉法不行也；伏法而太后食不甘味，卧不安席，此忧在陛下也[64]。"上大然之[65]，使叔等谒太后[66]，且曰："梁王不知[67]也。造为之者[68]，独在幸臣[69]羊胜、公孙诡之属为之耳，谨已伏诛死，梁王无恙[70]也。"太后闻之，立起坐餐[71]，气平复[72]。

梁王因上书请朝[73]。既至关[74]，茅兰说王，使乘布车，从两骑入[75]，匿于长公主园[76]。汉使使迎王，王已入关，车骑尽居外[77]，不知王处。太后泣曰："帝果杀吾子！"帝忧恐。于是梁王伏斧质于阙下谢罪[78]。太后、帝大喜，相泣，复如故，悉召王从官入关。然帝益疏王[79]，不与同车辇[80]矣。帝以田叔为贤，擢为鲁相[81]。

（以上为第九段，写梁王刘武欲继承大位，大臣袁盎等谏阻，梁王派人暗杀袁盎等，汉朝追查，梁王在梁国内史韩安国的劝说下，被迫交出主谋羊胜、公孙诡，两人自杀。）

【注释】

①乙巳：四月二十三日。②衡山原都雨雹：衡山郡原都一带落下冰雹。③燕：地区名。泛指六国时燕国地方，在今河北省北部地区。④坐侵太宗庙壖垣：刘荣侵占汉文帝太宗庙前空地上的围墙而犯罪。坐，定罪。壖，同“堧”，空地。垣，围墙。⑤对簿：被质讯。⑥刀笔：书写工具，如今之纸笔。汉时简牍，读书用刀刮削。⑦为书谢上：写信给皇上请罪。⑧禁吏不予：禁止官吏提供刀笔。⑨使人间与临江王：派人找机会送刀笔给临江王。⑩后竟以危法中都而杀之：窦太后最终用严酷之法问罪杀了郅都。危法，倾危之法，严法。中（zhòng）都，伤害郅都，使之有罪。⑪星孛：出现彗星。⑫甲戌晦：九月三十日。⑬梁孝王：刘武，文帝之子。至亲：梁孝王刘武是景帝刘启的同母弟，故曰至亲。有功：梁孝王有破吴楚之功。⑭得赐天子旌旗：梁王得到使用天子旌旗的赏赐。⑮从千乘万骑：随从的车马人员成千上万。⑯出跸入警：出行与回王府清道戒严。按：以上都是天子排场，梁王公开僭越。⑰汉嗣：汉朝皇位的继承人。⑱安车大驾，用梁王为寄：皇上出入乘坐安车大驾，让梁王在您身边。寄，贴身侍从。窦太后言此有嘱咐以梁孝王为皇位继承人之意。⑲“昔宋宣公”三句：春秋时代，宋宣公不立其子与夷，而立弟穆公；穆公又不立其子冯，而立与夷。其后冯和与夷争权。几代纷乱，影响很坏。事见《左传》。⑳《春秋》大居正：意谓《春秋》重视王位传承之正。㉑太后议格：太后立梁王为嗣的意见被阻止。格，被阻止，搁置。㉒容车之地：即修一条行车的道路。㉓径至：直达。长乐宫：皇太后所居之宫。㉔甬道：有夹墙的通道。梁王要派梁国士兵来修筑这条通长乐宫的甬道。㉕建：建言，建议，认为梁王的要求不能同意。㉖意梁：猜测是梁王所为。㉗逐贼：追查凶手。㉘按梁事：查处梁王刺杀大臣事件。㉙责二千石急：追责二千石十分严苛。二千石，梁国相、内史。㉚举国大索：在梁国实施全国大搜捕。㉛纷纷至此：扰乱到这地步。㉜请辞，赐死：请求辞官，赐我自杀。㉝何至此：何至于这样？㉞自度（duó）：自己估计，自己比较。㉟孰与临江王亲：你和临江王，哪一个与皇上更亲？孰，谁，哪一个。临江王，刘荣，皇上之子。㊱适长太子：嫡子，又是太子。适，通“嫡”。㊲以一言过：一句话的过错。㊳卒：终于。自杀中尉府：刘荣受责，终于自杀在中尉府。㊴诛邪臣浮说：被邪臣的胡言乱语所诱惑。诛（xù）：利诱。㊵桡明法：违犯皇上禁令。㊶不觉寤：不醒悟。㊷宫车即晏驾：帝王死的讳称。㊸大王尚谁攀乎：大王还能依靠谁呢？㊹吾今出胜、诡：我今天就交出羊胜、公孙诡。㊺恐：恐惧。㊻邹阳：西汉齐人。辞赋家。先后仕于吴、梁等王国。传见《史记》卷八十三、《汉书》卷五十一。㊼长君：王信的字，景帝大舅兄。弟：女弟，即妹，指景帝王皇后。㊽穷竟：追查到

底，纠出幕后主使。 ㊾无所发怒：怒气无处发泄。 ㊿切齿侧目：咬牙横眼，极端痛恨。 [51]精为上言之：精细透彻地向皇上说明白。 [52]毋竟梁事：不要彻底追查梁国这件事。 [53]德：感恩。入于骨髓：刻骨铭记。 [54]两宫：长乐宫与未央宫。特指太后与皇帝，因太后居于长乐宫，皇帝在未央宫。 [55]金城之固：谓牢不可损。 [56]有卑：地名。 [57]徼幸：即“侥幸”。不奏：不追查了。 [58]乘间：趁机。入言之：入宫对皇帝说了这事。 [59]忧梁事不食：担忧梁王事而吃不下饭。 [60]会：恰巧。 [61]霸昌厩：厩名。在长安东北万年县境。 [62]梁之狱辞：梁王家的追查证词。田叔焚之一炬。 [63]死罪，有之：犯下死罪，确有这事。 [64]“今梁王不伏诛”五句：不诛杀梁王是汉法废弃，杀了梁王太后不安，那时忧患的就是皇上您了。伏诛，服法。不行，法不执行。 [65]上大然之：景帝非常赞同。 [66]谒太后：晋见太后。 [67]梁王不知：梁王不知情。 [68]造为之者：主持这件事的人。 [69]独在幸臣：只是宠幸之臣干出的事。 [70]无恙：没受到牵连。恙，受牵连。 [71]立起坐餐：立即起来坐着吃饭。 [72]气平复：情绪也稳定了，即神情恢复正常。 [73]请朝：要求朝见。 [74]关：指函谷关。在今河南灵宝东北。 [75]布车：人们平常所乘之车，非王侯专车。从两骑入：只带两骑侍从入京。梁王低调，以示有过。 [76]匿于长公主园：躲藏到长公主的园内。长公主刘嫖，景帝与梁王的亲姐。 [77]车骑尽居外：梁王的随从车骑全都在函谷关外。 [78]“梁王伏斧质”句：梁王来到皇宫门前，伏在刑具上，表示认罪，请求处置。斧质，古时杀人的刑具。阙下，宫阙之下。谢罪，认罪。 [79]益疏王：更加疏远梁王。 [80]不与同车辇：不与梁王同乘一个车辇。 [81]鲁相：鲁王国之相。

【译文】

汉景帝中元元年（壬辰，前149）

夏季，四月二十三日，汉景帝颁布命令，实行大赦。

发生地震。衡山国的原都一带降下冰雹，最大的冰雹直径达一尺八寸。

汉景帝中元二年（癸巳，前148）

春季，二月，匈奴入侵燕国封地。

三月，临江王刘荣因为修建宫室侵占了太宗庙前空地上的围墙而犯了罪，汉景帝刘启征他去中尉府接受审问。临江王想要写字用的刀笔，以写信向汉景帝谢罪，而中尉郅都禁止官吏提供刀笔。魏其侯田蚡派人把刀笔送给了临江王。临江王写完了向汉景帝谢罪的信之后，就自杀了。窦太后听说了这件事，很恼怒，后来就用严酷之法把郅都杀掉了。

夏季，四月，在西北天空中出现一颗异星。

汉景帝封立皇子刘越为广川王，刘寄为胶东王。

秋季，九月三十日，出现日食。

当初，梁孝王刘武因为与汉景帝是一母所生，关系最为亲密，又有平定吴楚叛乱的大功，被赐予天子使用的旌旗。有成千上万的车辆马匹随从，出称“跸”，入称“警”，都要清道戒严。梁孝王刘武宠信羊胜、公孙诡，任命公孙诡为中尉。羊胜和公孙诡有许多奇诡不正的计谋，想怂恿梁孝王争取成为汉景帝的继承人。当栗太子被废的时候，窦太后想让梁王成为帝位继承人，曾利用宴饮的机会对汉景帝说：“你出入乘坐大驾和安车，要让梁王在你身旁。”汉景帝跪坐在席上，挺直了身回答说：“好。”

喝完了酒，汉景帝就此征询大臣们的意见，大臣袁盎等人说：“不成。过去宋宣公不传位给儿子而传位给弟弟，因此产生了祸乱，祸乱持续了五代人。小处不忍心，会伤害大义，所以《春秋》以恪守正道为贵。”因此，太后的意见被阻止，也就再不提让梁王刘武继承帝位了。梁王又曾经上书给汉景帝：“希望赐给我能容得下车辆通过的地方，直达太后居住的长乐宫，我自己派梁国的士兵修筑一条通道，以便朝见太后。”袁盎等大臣都建议不批准梁王的请求。

梁王刘武因此怨恨袁盎和参与议论的大臣，就和羊胜、公孙诡商量，暗中派人刺杀了袁盎及其他参与议论的大臣十多人。刺客没有抓到，于是汉景帝刘启估计与梁王有关；追查刺客，果然是梁王派来的。汉景帝派田叔、吕季主前往梁国查究此案，逮捕公孙诡和羊胜。公孙诡和羊胜躲藏在梁王的后宫中。朝廷派出的十多批使臣先后来到梁国，严厉地责问二千石官员。

梁相轩丘豹和内史韩安国及以下官员进行了全国大搜捕，经过一个多月，没有抓到公孙诡和羊胜。韩安国得知公孙诡和羊胜躲藏在梁王宫中，就进入王宫去见梁王刘武，哭着说：“帝王蒙受耻辱，臣子应该为他而死。大王身边没有良臣辅佐，所以才闹到这种地步。现在捉不到羊胜、公孙诡，我请求辞官，赐我自杀！”梁王说：“为什么至于这样呢？”韩安国泪如泉涌，说：“大王自己估计您与皇上的关系，比起皇上和临江王来，哪一个更亲？”梁王说：“我不如临江王。”韩安国说：“临江王是皇上的亲生长子，又曾是太子，因为一句错话，就被废去太子，封为临江王；又因为修官侵占围墙的事情，终于在中尉府自杀。为什么这样呢？皇上治理天下终究不能因为私情而干扰公事。现在大王身为诸侯，受奸臣胡言乱语的引诱，违犯皇上的禁令，扰乱尊严的法律。皇上因为太后疼爱您的缘故，才不忍心按国法来惩办您；太后日夜哭泣，希望大王能改过自新，大王却始终不觉悟。假如太后即刻去世，大王还能依靠谁呢？”话还没有说完，梁王泪流满面，向韩安国赔罪说：“我现在就交出羊胜和公孙诡。”梁王就命令羊胜、公孙诡都自杀，交出了他们的尸体。汉景帝因此怨恨梁王。

梁王刘武恐惧，派邹阳到达长安，去见皇后的哥哥王信，说：“您的妹妹得到皇上的宠幸，在后宫没人能比得上，但是您的行为却有许多不遵循道理的地方。现在如果袁盎被杀一事追究到底，梁王被依法处死，太后的怒火无处发泄，就会向贵臣咬牙侧目地痛恨，我私下为您担忧。”王信说：“那该怎么办呢？”邹阳说：“您如果能好好地劝说皇上，使他能不深究梁王的事情，您一定会受到太后的信任，太后刻骨铭记您的大德，而您的妹妹可以受到太后和皇上的宠幸，这就会使你们家的荣宠像金城一样牢固。当初，舜的弟弟象，整日里只想杀死舜，等到舜做了天子，却把象封到了有卑。仁义的人对于自己的弟弟，不暗藏怒火，不忘记过去的怨仇，只是很好地对待他罢了。正因为如此，后代人都称赞舜。用这番道理去劝说皇上，梁王的事就可能侥幸不处置了。”王信说：“好。”他找到一个机会，入宫向汉景帝说了上面的这番道理，汉景帝对梁王的恼怒稍稍化解。

这时，太后担心梁王刘武的事情，不进饮食，日夜哭泣不止，汉景帝也很忧虑。正好田叔等人查办完梁王的事情，返回长安，到达霸昌厩，田叔等把在梁国办案取得的证词全部烧毁，空着手来见汉景帝。汉景帝问道：“梁王有罪吗？”田叔回答说：“犯死罪的事情是有的。”汉景帝问：“他的罪证在哪里？”田叔说：“皇上不要过问梁王的罪证了。”汉景帝问：“为什么？”田叔说：“有了罪证，如今不杀梁王，就废弃了汉朝的法律；如果处死梁王，太后就会吃东西没有滋味，睡不好觉，这样就会给皇上带来忧愁。”汉景帝非常赞成他所说的道理，让田叔等人谒见太后，并且说：“梁王不知情。主持这件事的，只有梁王的宠臣羊胜、公孙诡之流，这些人都已经按国法处死，梁王没有受到伤害。”太后听到这些话，立即起来坐着吃饭，情绪也稳定了。

梁王刘武乘机上书请求朝见汉景帝，已经到达函谷关，茅兰劝说梁王，让他乘坐着普通的布车，只带两名骑士为随从入关，躲藏到长公主的园内。朝廷派遣使臣迎接梁王，梁王已入关，随从的车骑都在关外，不知道梁王的下落。太后哭着说：“皇帝果然杀了我儿子！”汉景帝很担忧害怕。这时，梁王来到皇宫门前，伏在刑具上面，表示认罪，请求处置。太后、汉景帝喜出望外，三人相对哭泣，恢复原来的骨肉手足之情，把梁王的随从官员都召入关内。但是，汉景帝愈发疏远梁王，不再和他乘坐一辆车出入了。汉景帝认为田叔贤能，就提升他做了鲁国的国相。

【原文】

三年（甲午，前147）

冬，十一月，罢诸侯御史大夫官[①]。

夏，四月，地震。

旱，禁酤酒[②]。

三月，丁巳[③]，立皇子乘为清河王。

秋，九月，蝗[④]。

有星孛于西北。

戊戌晦[⑤]，日有食之。

初，上废栗太子，周亚夫固争之，不得[⑥]；上由此疏之。而梁孝王每朝，常与太后言条侯之短[⑦]。窦太后曰："皇后兄王信可侯也[⑧]。"帝让曰[⑨]："始，南皮、章武[⑩]，先帝不侯[⑪]，及臣即位乃侯之[⑫]；信未得封也[⑬]。"窦太后曰："人生各以时行[⑭]耳。自窦长君在时，竟不得侯，死后，其子彭祖顾得侯，吾甚恨之[⑮]！帝趣侯信也[⑯]。"帝曰："请得与丞相议之[⑰]。"上与丞相议。亚夫曰："高皇帝约：'非刘氏不得王，非有功不得侯。'今信虽皇后兄，无功，侯之，非约也[⑱]。"帝默然而止[⑲]。其后匈奴王徐卢等六人[⑳]降，帝欲侯之以劝后[㉑]。丞相亚夫曰："彼背主[㉒]降陛下，陛下侯之，则何以责人臣不守节者乎[㉓]？"帝曰："丞相议不可用。"乃悉封徐卢等为列侯[㉔]。亚夫因谢病[㉕]。

九月，戊戌，亚夫免；以御史大夫桃侯刘舍为丞相。

四年（乙未，前146）

夏，蝗。

冬，十月，戊午[㉖]，日有食之。

五年（丙申，前145）

夏，立皇子舜为常山王。

六月，丁巳[㉗]，赦天下。

大水。

秋，八月，己酉[28]，未央宫东阙灾。

九月，诏："诸狱疑[29]，若虽文致于法，而于人心不厌[30]者，辄谳之[31]。"

地震。

六年（丁酉，前144）

冬，十月，梁王来朝，上疏欲留[32]；上弗许。王归国，意忽忽不乐。

十一月，改诸廷尉、将作等官名[33]。

春，二月，乙卯[34]，上行幸雍[35]，郊五畤[36]。

三月，雨雪。

夏，四月，梁孝王薨。窦太后闻之，哭极哀，不食，曰："帝果杀吾子！"帝哀惧，不知所为[37]；与长公主计之，乃分梁为五国，尽立孝王男五人为王：买为梁王，明为济川王，彭离为济东王，定为山阳王，不识为济阴王[38]；女五人皆食汤沐邑[39]。奏之太后，太后乃说[40]，为帝加一餐[41]。孝王未死时，财以巨万计，及死，藏府[42]余黄金尚四十余万斤。他物称是[43]。

上既减笞法[44]，笞者犹不全；乃更减笞三百曰二百，笞二百曰一百。又定棰令[45]：棰长五尺，其本大一寸[46]，竹也；末薄半寸[47]，皆平其节[48]。当笞者笞臀[49]；毕一罪，乃更人[50]。自是笞者得全。然死刑既重而生刑又轻，民易犯之。

（以上为第十段，写梁王刘武抑郁而死，汉景帝将梁王的几个儿子都封为王，以宽慰窦太后。）

【注释】

①罢诸侯御史大夫官：撤销诸侯王国御史大夫这个官职。 ②禁酤酒：禁止卖酒。酿酒耗粮，故禁之。 ③丁巳：三月壬申朔，无丁巳，疑误。 ④蝗：发生蝗灾。 ⑤戊戌晦：九月三十日。 ⑥不得：不成功。 ⑦言条侯之短：梁王说条侯周亚夫的过错。短，缺点，过错。梁王怀恨周亚夫在吴楚反叛时不发兵救梁，故数落他的过错。 ⑧王信可侯也：应当给王信封侯。 ⑨帝让曰：景帝推辞说。 ⑩南皮、章武：指南皮侯窦彭祖、章武侯窦广国。窦彭祖是窦太后弟窦长君之子，窦广国是窦太后小弟。 ⑪先帝不侯：南皮、章武两侯均不是汉文帝封的。先帝，指文帝。 ⑫乃侯之：才封侯。南皮、章武两侯均景帝所封。 ⑬信未得封也：王信不能由我封他为侯。 ⑭以时行：根据时机行

事。⑮吾甚恨之：我十分遗憾。窦太后谓窦长君活着时不得封侯，死后儿子得封，想起来就后悔。恨，遗憾，后悔。⑯帝趣侯信也：皇上赶快给王信封侯吧。⑰与丞相议之：与丞相周亚夫商议王信封侯事。⑱非约也：不符合高皇帝留下的约定。⑲帝默然而止：景帝沉默不再提封王信为侯的事。⑳徐卢等六人：原是匈奴的王者，降汉，封为容城侯。㉑侯之以劝后：封徐卢等人为侯，用以鼓励更多的人投降汉朝。劝，鼓励。㉒背主：背叛自己的君主。㉓"陛下侯之"二句：皇上封背主的人为侯，还怎么责问不守节操的臣子呢？责，谴责。节，节操。㉔悉封徐卢等为列侯：封徐卢为容城侯，赐为桓侯，陆强为遒侯，仆黚为易侯，范代为范阳侯，邯郸为翕侯。㉕谢病：称病不朝。㉖戊午：十月二十六日。㉗丁巳：六月二十九日。㉘己酉：八月二十二日。㉙诸狱疑：各种可疑狱案。㉚文致于法：刻意用法律条文给人定罪。人心不厌：人们思想上不服。厌，服。㉛辄谳之：一律予以平议。辄，一律，总是。谳，复审平议。㉜留：留于京师。㉝改诸廷尉、将作等官名：时改廷尉称大理，改将作少府称大匠，改奉常称太常，改典客称大行令，改长信詹事称长信少府，改将行称大长秋，改主爵中尉称都尉。㉞乙卯：二月初一日。㉟雍：县名。县治在今陕西宝鸡市凤翔区南。㊱郊五畤：在五天帝的庙畤进行郊祀。㊲不知所为：不知怎么办才好。㊳"尽立"等句：把梁孝王的五个儿子全都封为诸侯王。刘买封为梁王，都睢阳；刘明封为济川王，其国在陈留、东郡之间；刘彭离封为济东王，其国后为东平王；刘定封为山阳王，王山阳郡之地；刘不识封为济阴王，王济阴郡之地。㊴汤沐邑：赐予食邑，供作汤沐之用。㊵说：读"悦"。㊶为帝加一餐：太后特为景帝的做法吃了一顿饭。㊷藏府：贮藏财富的库房。㊸他物称是：其他财物估计与此相当。称是，相当于此。㊹减笞法：见本书上卷景帝元年。㊺定棰令：制定棍打的法令。㊻本大一寸：竹制的笞杖，手握的根部厚一寸。本，根部，手握的一头。㊼末薄半寸：打人的一头末稍厚半寸。㊽皆平其节：笞杖的竹节全都磨平。㊾笞臀（tún）：打屁股。以往是笞背。㊿毕一罪，乃更人：一个罪人打完之后，才更换行刑的人。按：两个以上行刑的人打一个罪人，笞打则力重，往往打人致死。

【译文】

汉景帝中元三年（甲午，前147）

冬季，十一月，汉朝廷宣布废除诸侯王国的御史大夫官职。

夏季，四月，发生了地震。

出现旱灾，朝廷禁止卖酒。

三月，丁巳（三月无丁巳日，疑误），汉景帝封立皇子刘乘为清河王。

秋季，九月，汉朝发生蝗灾。

西北天空中出现了一颗异星。

九月三十日，出现日食。

当初，汉景帝废掉栗太子，周亚夫坚决反对，没有产生作用，汉景帝因此疏远了周亚夫。而梁孝王刘武每次来朝见，经常对太后说周亚夫的短处。窦太后说："皇后的哥哥王信可以封侯。"汉景帝表示谦让，说："当初，您的侄子南皮侯和您的弟弟章武侯，先帝都不封他们为侯；等到我即位后才封他们为侯；现在王信也不得封侯。"窦太后说："人生在世，只是各自根据当时的情况办事罢了。当年我弟弟窦长君在世时，竟然不得封侯，死后，他的儿子窦彭祖反而得以封为南皮侯，我十分遗憾！皇帝赶快封王信为侯吧。"汉景帝说："请允许我和丞相商议此事。"汉景帝和丞相周亚夫商议，周亚夫说："高皇帝约定：'不是刘氏宗亲不得封王，没有立功的人不得封侯。'现在王信虽然是皇后的哥哥，但没有立功，如果封他为侯，就违背了前约。"汉景帝默然，只好把这件事情放下了。后来，匈奴王徐卢等六人归降朝廷，汉景帝想封他们为侯，以鼓励后来人继续归降。丞相周亚夫说："他们背叛自己的帝王投降皇上，皇上封他们为侯，那么，还怎样责问不守节操的臣子呢？"汉景帝说："丞相的议论不可采用。"于是把徐卢等人全都封为列侯。周亚夫因此就自称有病，请求免职。

九月三十日，汉景帝罢免了周亚夫，任命御史大夫、桃侯刘舍为丞相。

汉景帝中元四年（乙未，前146）

夏季，汉朝发生蝗灾。

冬季，十月二十六日，出现日食。

汉景帝中元五年（丙申，前145）

夏季，汉景帝封立皇子刘舜为常山王。

六月二十九日，实行大赦。

汉朝发生水灾。

秋季，八月二十二日，未央宫东门阙发生火灾。

九月，汉景帝下令说："诸项疑难案件，如果根据法律条文可以定为重罪，但却无法使人心服的，立即予以平议。"

发生地震。

汉景帝中元六年（丁酉，前144）

冬季，十月，梁王刘武来京朝见，给汉景帝上书，想留居长安；汉景帝没有同意。梁王返回封国，心情郁郁不乐。

十一月，汉景帝下令，更改廷尉、将作少府等官名。

春季，二月初一，汉景帝亲临雍地，在祭祀天地五帝的处所祭天。

三月，降雪。

夏季，四月，梁孝王刘武去世。窦太后听到消息，哭得极其悲哀，不进饮食，说："皇帝果然杀了我儿子！"汉景帝悲哀恐惧，不知怎么办才好，与姐姐长公主商议，于是把梁国分为五国，把梁孝王的五个儿子全都封为诸侯王：刘买为梁王，刘明为济川王，刘彭离为济东王，刘定为山阳王，刘不识为济阴王；梁孝王的五个女儿也都封给汤沐邑。汉景帝把这一决定禀告窦太后，太后才高兴起来，为表示对景帝这一做法的赞赏，她立即吃了饭。梁孝王没死的时候，有数以亿计的财产，他死后，梁国府库中剩余的黄金还有四十多万斤，其他财物的价值也与此相当。

汉景帝减少了对罪犯的笞打次数之后，受笞刑的人还是难以保全生命，就再次减少笞刑，该笞打三百下的，减为笞打二百下；该笞打二百下的，减为笞打一百下。又制定了实施笞刑的法令：用于打人的笞杖，长为五尺，用竹子做成，根部手握之处，竹管的直径为一寸；末梢为半寸薄的竹片，竹节全要磨平。被判处笞刑的人，笞打他的臀部；一个罪人打完之后，才更换行刑的人。从此以后，受笞刑的人就得以保全了。但这样一来，死刑很重而不到死刑的其他惩罚又很轻，民众就把违法犯罪看得很轻淡了。

【原文】

六月，匈奴入雁门①，至武泉②，入上郡③，取苑马④。吏卒战死者二千人。

陇西李广⑤为上郡太守，尝从百骑出，卒遇匈奴数千骑。见广，以为诱骑⑥，皆惊，上山陈⑦。广之百骑皆大恐，欲驰还走。广曰："吾去大军⑧数十里，今如此以百骑走，匈奴追射我立尽。今我留，匈奴必以我为大军之诱，必不敢击我。"广令诸骑曰："前！"未到匈奴阵二里所⑨，止，令曰："皆下马解鞍！"其骑曰："虏多且近，即有急⑩，奈何？"广曰："彼虏以我为走⑪；令皆解鞍以示不走⑫，用坚其意。"于是胡骑⑬遂不敢击。

有白马将出，护其兵[14]；李广上马，与十余骑奔，射杀白马将而复还，至其骑中解鞍，令士皆纵马卧[15]。是时会暮[16]，胡兵终怪之，不敢击。夜半时，胡兵亦以为汉有伏军于旁，欲夜取之，胡皆引兵而去。平旦[17]，李广乃归其大军。

秋，七月，辛亥晦[18]，日有食之。

自郅都之死，长安左右宗室多暴犯法[19]。上乃召济南都尉南阳甯成[20]为中尉[21]。其治效郅都[22]，其廉弗如[23]。然宗室、豪杰皆人人惴恐[24]。

城阳共王喜[25]薨。

（以上为第十一段，写汉景帝减轻刑罚，规定具体的处罚细节；匈奴骑兵大肆入侵。）

【注释】

①雁门：关名，郡名。郡治善无，在今山西右玉南。 ②武泉：县名。县治在今内蒙古呼和浩特东北。 ③上郡：郡名。郡治肤施，在今陕西榆林东南。 ④苑马：汉有养马之苑三十六所，设在西北边地，以郎官为苑监，养马达数十万匹。 ⑤李广：陇西成纪（今甘肃静宁西南）人。西汉抗匈良将，善骑射，匈奴誉其为“汉之飞将军”。传见《史记》卷一百零九、《汉书》卷五十四。 ⑥诱骑：诱敌的骑兵。 ⑦陈：读“阵”。 ⑧吾去大军：我们离开大军。去，离开。 ⑨二里所：二里左右。所，通“许”。 ⑩即有急：如有紧急情况。 ⑪走：逃跑。 ⑫令皆解鞍以示不走：李广下令都解下马鞍坚定地表示不逃跑。按：据章校，他本“令”作“今”，不如“令”字义长，不取。 ⑬胡骑：匈奴骑兵。 ⑭护其兵：监护整顿骚动的匈奴军队。按：双方心理战，匈奴兵输了一着。 ⑮纵马卧：放开战马，卧地休息。 ⑯是时会暮：这时正好天色黑了下来。 ⑰平旦：天明。 ⑱辛亥晦：七月二十九日。 ⑲暴犯法：凶暴犯法。 ⑳甯成：西汉南阳穰县（今河南邓州）人，仕于景帝、武帝之世，执法严酷，传见《史记》卷一百二十二、《汉书》卷九十。 ㉑为中尉：出任中尉，整顿京师治安。 ㉒其治效郅都：甯成治理仿效郅都。 ㉓其廉弗如：甯成的廉洁赶不上郅都。 ㉔惴恐：恐惧，整天提心吊胆。 ㉕共：读“恭”。 喜：刘喜。刘章之子。

【译文】

六月，匈奴攻入雁门郡，直到武泉县，并攻入上郡，抢去了官府牧马场的马匹，汉军将士二千人战死。

陇西人李广担任上郡太守，曾率领一百名骑士出行，遇到几千名匈奴骑兵。匈奴人看见李广的小队伍，以为是汉军大部队派出的诱兵，都吃了一惊，占据高山摆开阵势。李广所率领的一百名骑兵都很害怕，想驰马逃跑回去，李广制止说："我们离开大军数十里远，现在如果就靠这一百骑兵的队伍逃跑，匈奴人追杀射击，我们马上就完了。现在我们留在这里，匈奴人必定把我们看成大军的诱敌队伍，一定不敢进攻我们。"李广命令骑兵们说："前进！"来到距离匈奴阵地约有二里的地方，停止下来，李广命令说："都下马解下马鞍！"他的骑兵说："敌人很多，而且离我们很近，如果出现紧急情况，怎么办？"李广说："敌人估计我们会逃跑；我命令都解下马鞍，向他们表示不逃跑，用这个办法来坚定他们认为我们是诱敌部队的想法。"于是，匈奴骑兵便真的不敢进攻。有一位骑白马的匈奴将领出阵来，监护匈奴的军队；李广上马，和十多个骑兵奔向前去，射死了匈奴的白马将军，又返回来，到达他的百骑阵营中，解下马鞍，命令战士们放开战马，卧地休息。这时，正好是黄昏，匈奴骑兵一直对李广部队的行为觉得奇怪，不敢进攻。到了半夜时分，匈奴军队仍然认为附近有埋伏的汉朝大军，想夜间袭击他们，便都领兵撤走了。到黎明时，李广才回到他的大军营垒。

秋季，七月二十九日，出现日食。

自从郅都死后，长安及附近的宗室皇族有许多人凶暴犯法。汉景帝就征召济南都尉、南阳人甯成出任中尉。甯成的治政仿效郅都，但清廉不及郅都，然而宗室皇族、地方豪强人人都恐惧不安。

城阳王刘喜去世。

【原文】

后元年（戊戌，前143）

春，正月，诏曰："狱，重事也①。人有智愚，官有上下②。狱疑者谳有司③；有司所不能决④，移廷尉⑤；谳而后不当⑥，谳者不为失⑦。欲令治狱者务先宽⑧。"

三月，赦天下。

夏，大酺⑨五日，民得酤酒⑩。

五月，丙戌⑪，地震。上庸⑫地震二十二日。坏城垣⑬。

秋，七月，丙午⑭，丞相舍免⑮。

乙巳晦⑯，日有食之。

八月，壬辰[17]，以御史大夫卫绾为丞相，卫尉南阳直不疑[18]为御史大夫。初，不疑为郎[19]，同舍有告归[20]，误持其同舍郎金去。已而同舍郎觉亡[21]，意不疑[22]，不疑谢有之[23]，买金偿[24]。后告归者至而归金[25]，亡金郎大惭[26]。以此称为长者[27]，稍迁至中大夫[28]。人或廷毁不疑[29]，以为盗嫂[30]，不疑闻，曰："我乃无兄[31]。"然终不自明也。

帝居禁中[32]，召周亚夫赐食，独置大胾[33]，无切肉，又不置箸[34]。亚夫心不平，顾谓尚席取箸[35]。上视而笑曰："此非不足君所乎[36]！"亚夫免冠谢上，上曰："起。"亚夫因趋出。上目送之曰："此鞅鞅[37]，非少主臣[38]也。"

居无何[39]，亚夫子为父买工官尚方甲楯五百被[40]，可以葬者。取庸苦之[41]，不与钱。庸知其盗买县官器[42]，怨而上变[43]，告子[44]，事连污亚夫[45]。书既闻，上下吏[46]。吏簿责亚夫[47]。亚夫不对。上骂之曰："吾不用也[48]！"召诣廷尉[49]。

廷尉责问曰："君侯欲反何[50]？"亚夫曰："臣所买器，乃葬器也，何谓反乎？"吏曰："君纵不欲反地上，即欲反地下耳[51]！"吏侵之益急[52]。初，吏捕亚夫，亚夫欲自杀，其夫人止之，以故不得死，遂入廷尉，因不食五日[53]，呕血而死。

是岁，济阴哀王不识薨。

二年（己亥，前142）

春，正月，地一日三动[54]。

三月，匈奴入雁门，太守冯敬与战，死。发车骑、材官[55]屯雁门。

春，以岁不登[56]，禁内郡食马粟[57]；没入之[58]。

夏，四月，诏曰："雕文刻镂[59]，伤农事者也；锦绣纂组[60]，害女工[61]者也。农事伤则饥之本，女工害则寒之原也。夫饥寒并至而能亡[62]为非者寡矣。朕亲耕，后亲桑[63]，以奉宗庙粢盛、祭服[64]，为天下先[65]；不受献[66]，减太官[67]，省繇赋[68]，欲天下务农蚕，素有蓄积，以备灾害。强毋攘弱[69]，众毋暴寡[70]；老耆以寿终[71]，幼孤得遂长[72]。今岁或不登，民食颇寡，其咎安在？或诈伪为吏[73]，以货赂为市[74]，渔夺百姓[75]，侵牟万民[76]。县丞，长吏[77]也；奸法与盗盗[78]，甚无谓也[79]！其令二千石各修其职[80]；不事官职[81]、耗乱者[82]，丞相以闻，请其罪[83]。布告天下，使明知朕意。"

五月，诏算赀四得官[84]。

秋，大旱。

（以上为第十二段，写汉景帝重视案件复审，以求量刑准确；猜忌功臣周亚夫，借故下狱，周亚夫绝食自杀。又写景帝不受献，减太官，省徭赋，重视农业。）

【注释】

①狱，重事也：审判案件，是国家的重大政务。 ②官有上下：官员有上级与下级。 ③狱疑者：有疑问的案件。 谳有司：交给上一级主管官员复审。谳，复审。 ④有司所不能决：复审官员仍不能作出判决。 ⑤移廷尉：移送国家最高司法官廷尉审理。廷尉，最高司法官，九卿之一。 ⑥谳而后不当：复审发现判决有错误。 ⑦谳者不为失：呈送复审的官员没有错误。 ⑧务先宽：审案首先要考虑从宽判决。 ⑨大酺：民众可以公开聚会饮酒。 ⑩民得酤酒：景帝中元三年禁民酤酒，今取消此禁。 ⑪丙戌：五月初九日。 ⑫上庸：县名。治所在今湖北竹山西南。 ⑬坏城垣：地震毁坏了城墙。 ⑭丙午：七月三十日。 ⑮丞相舍免：丞相刘舍被免职。 ⑯乙巳晦：七月二十九日，月末最后一天。 按：晦日为七月三十日丙午，疑此“乙巳”与上文“丙午”错误，两者都应更正。 ⑰壬辰：八月丁未朔，无“壬辰”，疑误。 ⑱直不疑：南阳人，官至御史大夫。传见《史记》卷一百零三、《汉书》卷四十六。 ⑲郎：官名。宫廷警卫。 ⑳告归：告假回家。 ㉑觉亡：发现自己金子丢失。 ㉒意不疑：怀疑直不疑拿了金子。 ㉓谢有之：道歉说确实有这事。 ㉔买金偿：直不疑买了金子还给失金郎。 ㉕归金：交还了错拿的黄金。 ㉖亡金郎大惭：丢失金子的那位郎官十分惭愧。 ㉗长者：诚实厚道的人。 ㉘中大夫：官名，掌议论。郎官，秩三百石至六百石。中大夫，秩千石。均为郎中令属官。直不疑由郎升任中大夫。 ㉙廷毁不疑：有人在朝廷上公开诋毁直不疑。 ㉚盗嫂：与嫂子私通。 ㉛无兄：没有兄长。 ㉜禁中：宫中。 ㉝独置大胾（zì）：只放了一块肉。 ㉞无切肉，又不置箸：肉没切开，也没筷子。 ㉟顾谓尚席取箸：周亚夫回头向主管宴席的官索要筷子。尚席，主管宴席的官。 ㊱此非不足君所乎：这还不满足你的意愿吗？ ㊲鞅鞅：愤愤不平的样子。 ㊳非少主臣：不是将来新帝之顺臣。 ㊴居无何：过不多久。 ㊵工官：主管制造器物的官府。 尚方：主管制造皇家所用器物的官署。 甲楯：铠甲和盾牌。 五百被：五百件。 ㊶取庸苦之：搬运器物的佣工受到虐待。 ㊷盗买县官器：偷偷买的皇家用品。 ㊸怨而上变：佣工怨恨，上书揭发谋叛。上变，专指揭发谋反事变，告发者可以直通皇帝，俗称告御状。 ㊹告子：告发对象是周亚夫的儿子。 ㊺事连污亚夫：事情牵连玷污到周亚夫。 ㊻上下吏：景帝交给主管官吏审讯。 ㊼吏簿

责亚夫：主审官对周亚夫讯问记录。簿责，又称“对簿”，即质询记录，留下在案证据。⑱吾不用也：我不必要你的供词。⑲召诣廷尉：下令周亚夫到廷尉处接受审讯。⑳欲反何：为何谋反。㉑“君纵”二句：你即使不在地上造反，也要在地下造反。纵，即使。即欲，也要。㉒吏侵之益急：狱官的逼供越来越严酷。侵，指刑讯逼供。㉓不食五日：绝食五天。㉔地一日三动：大地一天接连发生三次地震。㉕车骑、材官：精锐的战车、骑兵与特种步兵。材官，勇猛善射的步兵。㉖不登：歉收。㉗食马粟：喂马的粮食。㉘没入之：没收马匹。㉙雕文刻镂：雕刻彩饰。㉚纂组：彩色的绶带。㉛女工：即女功。㉜亡：读“无”。㉝朕亲耕，后亲桑：皇上亲自从事农耕，皇后亲自种桑养蚕。㉞粢盛：指盛在祭器的黍稷。祭服：祭祀衣服。㉟先：表率，榜样。㊱不受献：不接受贡物。㊲减太官：节省皇家费用。㊳省繇赋：轻徭薄赋。㊴强毋攘弱：强者不要抢夺弱者。㊵众毋暴寡：人多势众不要欺凌少数。㊶老耆以寿终：老年人可以安享天年。七十为老，八十为耆。㊷幼孤得遂长：年幼孤儿可以平安长大成人。遂长，平安成长。㊸诈伪为吏：奸诈的人做了官吏。㊹货赂为市：行贿受贿做交易。㊺渔夺百姓：盘剥百姓。㊻侵牟万民：侵夺万民。㊼县丞：县令、县长之副，此指县中之中下级佐吏。长吏：令、长高官为长吏。㊽奸法与盗盗：执法犯法，与盗贼一样是盗贼。㊾甚无谓也：太不像话。㊿二千石：郡国守相高官。各修其职：严格遵守职责。81不事官职：做官不办事，不作为，不称职。82耗（mào）：同“眊”。昏昧不明。83请其罪：议定处置的罪名。84訾算赀四得官：景帝下诏，规定家中资产达到四万钱的，就可以做官。按：汉初规定，家资十算（十万钱）以上才得当官。此时诏令家资四算（四万钱）即可为官。按：算，一百二十钱，家资一万税钱一算，故一算为一万家资的代名词。

【译文】

汉景帝后元元年（戊戌，前143）

春季，正月，汉景帝下令说：“审判案件，是国家的重大政务。人有智愚的不同，官有上下的区别。有疑问的案件要上交给有关机构复审；有关机构仍难以断案的，要上交廷尉复审。下级把疑案送呈上级复审，而发现断案有错误，送呈疑案的官员不必负担任何责任。主要是想让审案的司法官员一定重视从宽判案。”

三月，汉景帝下令，实行大赦。

夏季，汉景帝下令，特许民众相聚饮酒五天，允许民众卖酒。

五月初九，发生地震。上庸地震持续了二十二天，毁坏了城墙。

秋季，七月三十日，丞相刘舍被免职。

七月二十九日（疑误），出现日食。

八月，壬辰（八月无壬辰日，疑误），汉景帝任命御史大夫卫绾为丞相，任命卫尉、南阳人直不疑为御史大夫。当初，直不疑做郎官，同住一处的某人告假回家，错拿了同住的另一位郎官的黄金走了。不久，同住一处的郎官发觉自己丢了金子，怀疑是直不疑偷去了；直不疑向他道歉说确有其事，买来黄金还给了失金人。后来，告假回家的人回来，交还了错拿的黄金，丢失黄金的那位郎官大为惭愧。因此，直不疑被称为长者，他慢慢地升官直至做了中大夫。有人在朝廷上诋毁直不疑，说他与嫂子私通。直不疑听到了，就说："我并没有哥哥。"可是终究不自我辩白。

汉景帝在宫中，召见周亚夫，赏赐食物，只放了一大块肉，没有切开，又不准备筷子。周亚夫心中不高兴，回过头来吩咐主管宴席的官员取筷子来。汉景帝看着周亚夫，笑着问："这还不能满足您的意愿吗？"周亚夫摘下帽子向汉景帝谢罪，汉景帝说："起来！"周亚夫就快步退了出去，汉景帝目送着他走出去，说道："这位愤愤不平的人，不能做幼年帝王的臣子。"

不久，周亚夫的儿子给父亲从工官那里买了专给皇室制造的可用于殉葬的五百件铠甲盾牌，虐待搬运这些东西的雇工，不给他们工钱。雇工知道这是盗买皇室专用的器物，怀着怨恨上书朝廷，检举周亚夫的儿子，事情牵连到周亚夫。汉景帝见到了检举信，就下令将此案交给司法官员审理。主管官员按文书记录逐条审问周亚夫，周亚夫拒不回答。汉景帝得知，骂他说："我不必要你的供词，也可以杀你！"下令让周亚夫去廷尉处接受审判。

廷尉审问说："您为什么要造反？"周亚夫说："我购买的东西，都是殉葬用的，怎么能说是要造反呢？"审案的官员说："您即使不在地上造反，也要在地下造反！"官吏的审讯逼供越来越残酷。当初，官吏逮捕周亚夫的时候，周亚夫就想要自杀，他夫人劝阻了他，因此没有死，被关进了廷尉的牢狱。于是，周亚夫绝食五天，吐血而死。

这一年，济阴王刘不识去世。

汉景帝后元二年（己亥，前142）

春季，正月，一天中发生三次地震。

三月，匈奴入侵雁门郡，太守冯敬与匈奴交战，战死。朝廷征发战车和骑兵、步兵驻防雁门郡。

春季，因为连年歉收，汉景帝下令禁止内地各郡臣民用粮食喂养马匹，有违犯此禁令的，由官府没收他的马匹。

夏季，四月，汉景帝下令说："追求器物的精雕细镂，就会损害农业；追求丝织物品的锦绣多彩，就会损害纺织业。农业受到损害，是造成天下饥荒的根本原因；纺织业受到损害，是导致民众受寒的根本原因。天下民众，在饥寒交迫时还能够不违法犯罪的，是很少的。我亲身从事农耕，皇后亲自种桑养蚕，以其收获作为供奉宗庙的粮食和祭服，为天下作表率；不接受进贡，减少皇家饮食供应，减省徭役和赋税，想让天下民众都从事农业和纺织，平常都有储备，以防备灾害。强的不抢夺弱的，人多势众的不要欺凌人少的；老年人可以安享天年，年幼的孤儿可以平安长大成人。而现在，只要有一年收成不好，民众的食物就很缺乏，造成这种局面的祸根是什么？或许是因为奸诈的人做了官吏，公开行贿受贿，贪求钱财，剥削民众，侵夺万民。县丞是重要官员，执法犯法，如同盗贼，太不像话！命令郡国守、相等二千石官员，各自严格遵守职责；不履行职责无作为，稀里糊涂无政绩的官员，丞相要向我奏报，议定处置的罪名。把命令向全国公布，使天下吏民都知道我的本意。"

五月，汉景帝下诏，规定家中资财达到四万钱的，就可以做官。

秋季，发生大旱。

【原文】

三年（庚子，前141）

冬，十月，日月皆食，赤五日①。

十二月晦，雷；日如紫；五星逆行守太微②；月贯天廷中③。

春，正月，诏曰："农，天下之本也。黄金、珠、玉，饥不可食，寒不可衣，以为币用④，不识其终始⑤。间岁或不登⑥，意为末者众⑦，农民寡也。其令郡国务劝农桑，益种树⑧，可得衣食物。吏发民若取庸采黄金、珠、玉者，坐赃为盗⑨。二千石听者，与同罪⑩。"

甲寅⑪，皇太子冠⑫。

甲子⑬，帝崩于未央宫。太子即皇帝位，年十六。尊皇太后为太皇太后⑭，皇后为皇太后⑮。

二月，癸酉⑯，葬孝景皇帝于阳陵⑰。

三月，封皇太后同母弟田蚡为武安侯，胜为周阳侯。

班固赞曰[18]：孔子称："斯民也，三代之所以直道而行也[19]。"信哉！周、秦之敝，罔密文峻[20]，而奸轨不胜[21]。汉兴，扫除烦苛[22]，与民休息；至于孝文，加之以恭俭；孝景遵业。五六十载之间[23]，至于移风易俗，黎民醇厚[24]。周云成、康[25]，汉言文、景[26]，美矣[27]！

（以上为第十三段，写汉景帝刘启去世，太子刘彻即位，是为汉武帝。史学家班固认为，说到天下大治的时代，周代有成王和康王时期，汉代有汉文帝和汉景帝时期，真是美好啊！）

【注释】

①赤五日：日、月呈现红色，持续了五天。②五星：古代水星、金星、火星、木星、土星的统称。太微：星垣名。位于北斗七星之南，在紫微垣下的东北角。③月贯天廷中：月亮从天廷中穿过。贯，穿过。天廷，星座名，又作"天庭"。④币用：作钱币用。⑤不识其终始：不知从何时起使用，何时废止。⑥间岁或不登：近年歉收。⑦意为末者众：或许是从事工商末业的人太多。⑧益种树：多种树。⑨"吏发民"两句：官吏如果征发民众，雇用他们去开采黄金、珍珠、美玉，所得赃物按偷盗定罪。⑩"二千石"二句：郡国守相二千石高官听之任之，按同等罪名定罪。⑪甲寅：正月十七日。⑫皇太子冠：皇太子刘彻成年，举行加冠礼。按：加冠礼一般在年十八或二十举行，是年刘彻年十六岁，提前举行，因景帝病重，为即位做准备。⑬甲子：正月二十七日。⑭太皇太后：汉武帝祖母文帝皇后窦氏。⑮皇太后：汉武帝生母王氏。⑯癸酉：二月初六日。⑰阳陵：景帝陵，在今陕西咸阳东北。⑱班固赞曰：引文见《汉书·景帝纪赞》。⑲："斯民也"两句：见《论语·卫灵公》。意思是这些人，夏、商、周三代都能直道而行。三代：夏代、商代、周代。⑳罔密文峻：严刑峻法。㉑奸轨：同"奸宄"。为非作歹的人。不胜：不能制服。㉒扫除烦苛：革除烦琐苛暴的法律。㉓五六十载之间：汉兴从高帝公元前206年建国到景帝之终年公元前141年，共五十六年。㉔醇厚：淳朴敦厚。㉕成、康：所谓"成康之治"，指西周成王、康王之治世。㉖文、景：所谓"文景之治"，指西汉文帝、景帝之治世。㉗美矣：史家赞扬之词。

【译文】

汉景帝后元三年（庚子，前141）

冬季，十月，发生日食和月食，日月呈红色，持续了五天。

十二月月底，天空打雷；日光呈紫色；五大行星逆行，停留在太微星座；月亮从天廷中部穿过。

春季，正月，汉景帝下令说："农业，是天下的根本。黄金、珍珠、美玉之类的东西，饥饿时不能当饭吃，寒冷时不能当衣穿，把它当作货币使用，不知它何时使用，何时废止。近来有时年成不好，或许是因为从事工商末业的人多，从事农业的人少。命令郡国官员，一定要提倡发展农桑，多种树，这样就可以得到衣服和食物等用品。官吏如果征发民众，雇用他们去开采黄金、珍珠、美玉，所得赃物以偷盗定罪。二千石官员如果听之任之，也按同样的罪名处置。"

正月十七日，皇太子刘彻成年，举行冠礼。

正月二十七日，汉景帝在未央宫去世。太子刘彻当上了皇帝，年仅十六岁。尊奉皇太后为太皇太后，尊奉皇后为皇太后。

二月初六，将孝景皇帝安葬在阳陵。

三月，封皇太后的同母弟田蚡为武安侯，田胜为周阳侯。

班固评论说：孔子说："现在的民众，与三代圣明的帝王推行王道达到天下大治所依靠的民众，没有什么不同。"确实是这样啊！周末、秦代政治的弊病，在于法网繁密，政令严苛，但奸邪盗寇却防不胜防。汉朝建国以后，废除繁苛的法令，让民众休养生息；到了汉孝文帝的时候，用谨慎俭朴的作风治理国家；孝景皇帝遵守大业成规而不改。五六十年之间，就达到移风易俗，民众淳朴敦厚。说到天下大治的时代，周代有成王和康王时期，汉代有文帝和景帝时期，真是好啊！

【原文】

汉兴[①]，接秦之弊[②]，作业剧而财匮[③]，自天子不能具钧驷[④]，而将相或乘牛车，齐民无藏盖[⑤]。天下已平[⑥]，高祖乃令贾人不得衣丝、乘车[⑦]，重租税[⑧]以困辱之。孝惠、高后时，为天下初定，复驰商贾之律[⑨]；然市井之子孙[⑩]，亦不得仕宦为吏。量吏禄[⑪]，度官用[⑫]，以赋于民[⑬]。而山川、园池、市井租税之入[⑭]，自天子以至于封君汤沐邑[⑮]，皆各为私奉养[16]焉，不领于天下之经费[17]。漕转山东粟以给中都官[18]，岁不过数十万石。

继以孝文、孝景，清净恭俭，安养天下，七十余年之间，国家无事，非遇水旱之灾，民则人给家足。都鄙廪庾皆满[19]，而府库余货财；京师之钱累巨万[20]，贯朽而不可校[21]；太仓之粟陈陈相因[22]，充溢露积于外[23]，至腐败不可食。众庶街巷有马[24]，而阡陌之间成群[25]，乘字牝者摈而不得聚会[26]。守閭阎者食粱肉[27]，为吏者长子孙[28]，居官者以为姓号[29]。故人人自爱而重犯法[30]，先行义而后诎辱焉[31]。当此之时，罔疏[32]而民富，役财骄溢[33]，或至兼并、豪党之徒[34]，以武断于乡曲[35]。宗室有土，公、卿[36]、大夫以下，争于奢侈，室庐、舆服僭于上，无限度[37]。物盛而衰[38]，固其变也[39]。自是之后，孝武内穷侈靡[40]，外攘夷狄[41]，天下萧然[42]，财力耗矣[43]！

（以上为第十四段，写文景之治积累了丰厚的国家财富，为汉武帝的外征内作打下了厚实的基础。）

【注释】

①汉兴：汉朝兴起之时。 ②弊：凋敝，衰败。 ③作业剧而财匮：兴作繁多而财力匮乏。剧，多。 ④具：备齐。 钧驷：四匹套车的马毛色一样。钧，同“均”，即一样。驷，古代一车四马。 ⑤齐民：平民。 无藏盖：没有加盖而藏之物，即没有积蓄。 ⑥已平：已经平定。 ⑦贾人：商人。 衣（yì）丝：穿丝绸之衣。 乘车：指马拉的车。汉初不许商人坐马拉的车，只可坐牛车。 ⑧重租税：商人加倍征税。 汉律：民年十五至六十五岁，每人每年交赋税一百二十钱，称为一算。商人与奴婢加重一倍。 ⑨驰商贾之律：放宽限制商人的法律。驰，松开。 ⑩市井之子孙：工商子弟。市井，市场，指代商贾。 ⑪量吏禄：计量官吏的俸禄。 ⑫度官用：预算政府支出。 ⑬赋于民：向民众征收赋税。 ⑭而山川、园池、市井租税之入：指利用山川园池从事生产和经营工商业的收入，归于皇室所有，由少府管理。 ⑮封君汤沐邑：封君的采邑。诸侯王、列侯、公主等享有封邑称封君。汉代京师附近的封邑称汤沐邑，一向是太后、皇后、公主、外戚所享有。 ⑯私奉养：私人生活费用。 ⑰不领于天下之经费：皇帝有山川园池之入，封君有封邑之入，皆不得向国库领取俸禄。天下之经费，指大司农所入之赋税为军国之用。 ⑱漕转：水陆运输。水运为漕，陆运为转。 山东：指崤山或华山以东广大地区。 以给中都官：供给京师诸官府。 ⑲都鄙：京都及各地城邑。 廪庾（yǔ）皆满：粮仓都装

满了粮食。 ⑳累巨万：积累达万万。 ㉑贯：穿钱的绳索，每千文为一贯。 校：计数。 ㉒太仓：京都的大粮仓。 陈陈相因：陈粮加陈粮，层层堆积。 ㉓充溢露积于外：谓仓内堆积不下，只能堆在仓外。 ㉔众庶：民众。 街巷有马：大街小巷都可以看到马匹。 按：汉朝初建，将相乘牛车，马匹如晨星，情景发生了巨变。 ㉕阡陌之间成群：田野间的马匹成群结队。阡陌，田间小路。 ㉖乘字牝者摈而不得聚会：骑母马的人要受到排斥而不能与人聚会。字牝（pìn），母马。摈，排斥。 ㉗闾阎：里巷的门。 粱肉：谓美食。 ㉘为吏者长子孙：做官的不轻易调动，在一个任上就把儿孙养大成人。 ㉙居官者以为姓号：做官任久，便以官名为姓氏。如有“仓氏”“庾氏”等。 ㉚重犯法：不轻易犯法。 ㉛先行义而后诎辱焉：把行义看作是首要的事，而鄙视耻辱的行为。诎，通“黜”，摈弃。诎辱，摈除受耻辱，即鄙视耻辱。 ㉜罔疏：法网宽松。罔，通“网”。 ㉝役财骄溢：依仗财力，骄横霸道。 ㉞或至兼并、豪党之徒：有的人兼并土地，成为豪强恶党之徒。 ㉟以武断于乡曲：倚仗势力横行乡里。 ㊱宗室：与皇帝同宗之贵族。 有土：指有封邑的封君。公、卿：汉有三公九卿，均为朝廷大臣。 ㊲“争于”二句：争相奢侈，住房、车马、服饰超越身份，没有限度。室庐，房屋庭院。舆服，车舆服饰。僭（jiàn），超越本分。 ㊳物盛而衰：事物达于极盛，便趋向衰落。 ㊴固其变也：本来就是事物自然的变化。 ㊵孝武内穷侈靡：汉孝武皇帝对内穷奢极侈。 ㊶外攘夷狄：对外征伐周边各少数民族。 ㊷天下萧然：全国萧条。萧然，萧索的样子。 ㊸财力耗矣：财富全都消耗完了。

【译文】

汉朝建国，承接的是秦末兴作繁多而财力匮乏的疲困社会，就连天子都不能配备四匹同样毛色的马拉车，将相有的只能坐牛车，平民没有积蓄。天下平定之后，汉高祖刘邦就命令商人不许穿丝织的衣服，不许坐华贵的车子，并且加重征收他们的租税，用这些办法来控制和羞辱商人。汉孝惠帝刘盈和汉太后吕雉在位时，因为天下刚刚平定，又放松了限制商人的律令；但是商人的子孙，仍然不允许做官为吏。朝廷计算官吏俸禄和官府各项费用的总额，据此向民众征收赋税。而且自天子到封君的汤沐邑，都把山川、园池、市井商业税收作为各自费用的来源，不向朝廷领取经费。经由陆路、水路运输到京师，供给各官府使用的来自于崤山以东地区的粮食，每年只有数十万石。

接着，是汉文帝、汉景帝先后治理国家，清静廉正，谨慎俭朴，安养天下民众，七十多年之间，国家无事，如果不发生旱涝灾害，民众就可以人人自给，家家足用。城乡的粮仓都装满了粮食，府库中贮存了剩余的物资；京城国库中的钱累积至亿，串钱的绳子都已朽烂，无法清点数目；京城粮仓中的陈旧粟米一层盖一层，装满太仓而流出仓外，只好在外面堆积着，以至于腐烂而不能食用。民众居住的大街小巷都可以看到马匹，在田野间的马匹更是成群结队，骑母马的人要受到排斥而不能与人聚会。把守里巷大门的人吃的是白米好肉；做官的人长期任职，可在任期内把子孙抚养成人，有的则把官名作为自己的姓。所以，人人自爱而不愿触犯法律，以行义为先而避免羞辱。在这个时期，法网稀疏，民众富足，有人依凭钱财骄横不法，以至于兼并土地的豪强之辈，在乡间作威作福，横行霸道；享有封地的宗室、贵族、公卿、大夫及以下官员，互相比赛谁更奢侈，房屋、车辆、衣服都不顾地位名分地僭越于上，没有限度。事物发展到鼎盛就会走向衰败，这本是变化的规律。从此之后，汉孝武帝对内穷奢极侈，对外攻打夷狄各族，天下萧条，财富全都耗费完了！

【评析】

刘启论

汉景帝刘启，是西汉时期一位十分关键的皇帝，起到了承上启下的重要作用。他继承了汉兴以来所实行的“与民休息”政策，鼓励发展农业生产，使国力得到进一步增强；他进一步减刑宽法，强调用法谨慎，增强司法过程中的公平性；他果断地平定“七国之乱”，巩固了中央集权，维持了汉朝的统一和稳定；他选定了具有雄才大略的刘彻为接班人，把汉朝继续推向强盛。史学家班固曾评论说：“汉兴，扫除烦苛，与民休息；至于孝文，加之以恭俭；孝景遵业。五六十载之间，至于移风易俗，黎民醇厚。周云成、康，汉言文、景，美矣！”

对于汉景帝治国十六年的功绩，应当是充分肯定的。但是，对于汉景帝的为人，对于汉景帝在治国中的瑕疵，对于汉景帝屈杀、摧折栋梁之材的行为，我们也无须为之遮掩，要做出正确的评价。

首先，吴王刘濞发动叛乱，其祸端则起于刘启。刘启为太子时，刘濞的太子刘贤入京，陪伴刘启喝酒下六博棋。刘贤的师傅是楚人，使刘贤养成了轻佻、剽悍的个性，与刘启博弈时，为棋路相争，态度极不恭敬。刘启是什么人？汉朝皇太子啊！怎能容忍？拿起棋盘就砸过去，一下子就把吴太子砸死了。从此，吴王刘濞怨恨刘启。我们说，尽管吴太子刘贤有些不敬行为，但作为皇太子的刘启，难道就不能稍微谦让一些吗？即使是要惩罚一下，何至于下手如此之重，一下子要了吴太子的命？或许是失手，但也是过失啊！吴太子被打致死，如何善后？且不说犯有过失罪，而没有任何地方看出刘启有道歉行为，毕竟是把人打死了，人家怎么能咽得下这口气？吴王刘濞的造反，虽然隐忍了数十年，而这件事情就是导火线啊！

其次，晁错一片忠心可对天，却被冤杀，反映了刘启的轻听妄信，为人阴狠。晁错是汉朝有名的才子，曾为太子刘启家令，在汉文帝时，就上书言事，得到了汉文帝的采纳和重用；汉景帝刘启更是非常宠信他。晁错对于诸侯王谋反的可能性，是有充分认识的。他不顾自身安危，忠心为国，强烈主张削藩，认为是“削亦反，反速，祸小；不削亦反，反迟，祸大”。结果，吴楚七国以“清君侧”为名，发动叛乱。汉景帝与晁错共商退敌之策，晁错提出要汉景帝亲征，自己留守，再割让一些地方给叛军，予以缓冲。而后，汉景帝听信了袁盎的一番话，就定下了杀晁错以谢天下的毒计，将晁错“衣朝衣斩于东市”。这真是可悲、可怜、可叹、可恨啊！我们辩证地看晁错的削藩之策，也确实是有些强硬，让诸侯王一时接受不了，很容易激化矛盾。而前者贾谊在汉文帝时期提出“众建诸侯而少其力”，后者主父偃在汉武帝时期提出“推恩分子弟”，就要缓和得多，诸侯王也容易接受，何乐而不为呢？晁错为汉景帝所设计的退敌之策，恰好留下了是非的口舌。汉景帝亲征，这固然能在平叛中起重要作用，但把汉景帝推上了前线，显然是没有考虑到汉景帝的内心感受，汉景帝愿意吗？汉景帝可不同于汉高祖刘邦，刘邦是身经百战，视打仗为家常便饭，也乐于到前线去，在战斗中享受成功的喜悦。而汉景帝呢？却是生长于和平时期，几时见过刀枪？对于指挥作战，又有何经验，有何胜算？这不是把难题出给汉景帝去做吗？与其说让汉景帝亲征，还不如选择能干的将领担任前线总指挥！至于割地之说，也是有失考虑。而袁盎之说，就好像吴楚叛乱是小孩子过家家、玩游戏，弄不清吴楚叛乱的真实目的，显得非常幼稚。要么就是“借刀杀人”，有意陷害晁错。因为他们两人有着很深的矛盾，似乎到了你死我活的地步。可叹的是汉景帝，居然就相信了袁盎的话，觉得只要杀了晁错，吴楚就真的退兵了，也不要打仗了，也不要亲征了。于是，说什么为了天下安宁而不惜杀掉晁错一人。简直是天真得像个小孩子一样！而结果则是事与愿违。既然如此，又为什么不杀掉袁盎以慰忠魂？晁错为国尽忠而被杀，对内堵塞了忠臣之口，对外为诸侯王报了仇！汉景帝所做的这等“好事”，真是亲者痛、仇者快啊！

最后，吴楚之乱虽然平定了，但汉景帝内心阴暗，既削弱了梁国实力，又制造了梁王刘武与功臣的矛盾，为杀掉周亚夫埋下了伏笔，可谓是阴狠之极啊！汉景帝任命周亚夫为太尉，统兵出征攻打吴楚叛军，周亚夫在出征前，与汉景帝共商秘计，就是把梁国这块“肥肉”甩给叛军，让叛军吃不了兜着走，既消耗叛军的实力，也乘机削弱梁国。为什么要这样做？因为梁王刘武是汉景帝的嫡亲弟弟，得到窦太后的宠爱，无论是窦太后，还是刘武，都希望在汉景帝之后，由刘武来继承皇位，而汉景帝也曾半真半假地说过“千秋之后传梁王”。无论汉景帝怎么说，而他内心是一百个忌恨，只是逢场作戏，做做样子给太后看看，以讨得太后欢心而已。这次，他要借助叛军之手，把刘武彻底打趴下去，一蹶不振。谋计确定后，周亚夫率军在梁国后方观战，刘武再三催促，周亚夫就是不出兵。结果，周亚夫与刘武结下了“梁子”，平叛胜利了，但对于周亚夫来说，却是悲剧。刘武在太后面前一个劲地说周亚夫的坏话，有道是，人言可畏，更何况是位高权重的太后呢？再加之，汉景帝也是嫉妒周亚夫的守正不阿、宁死不屈，怕自己一旦去世后，儿子们无法对付他，要在在世时把周亚夫灭掉。于是，就有了污蔑周亚夫造反，甚至还有了“将军不反地上，将来也要反于地下”的谬论，最后周亚夫被逼无奈，绝食而死。汉景帝的“一石三鸟”，其用心可谓险恶啊！

宋代文学家苏辙曾有评论说：“汉之贤君，皆曰文景。文帝宽仁大度，有高帝之风。景帝忌克少恩，无人君之量，其实非文帝比也。”其说有一定的道理，就从人格完美的角度来说，汉景帝比其父汉文帝刘恒似乎要差一些。以上所列举的三点，正说明了这些。“无情最是帝王心”，这话用在汉景帝身上，似乎倒是很确切的。

卷第十七 汉纪九

汉武帝建元元年至元光元年（前140—前134）

【起重光赤奋若（辛丑，前140），尽强圉协洽（丁未，前134），凡七年】

【大事提要】

本卷记事起于公元前140年，到公元前134年，凡七年，当为汉武帝（刘彻）建元元年至元光元年。本卷所载的大事，主要是以下几个方面：其一，广招贤才。汉武帝刘彻即位后，就下令举贤良方正直言极谏之士对策，亲自策问，选拔人才做官。董仲舒上"天人三策"，主张"罢黜百家，独尊儒术"，结束先秦以来"师异道，人异论，百家殊方"的局面，以儒家思想作为统治思想，得到汉武帝采纳。其二，窦氏干政。汉武帝刘彻崇尚儒家学说，将赵绾、王臧等儒者任为公卿。他们建议汉武帝建立明堂，研究皇帝出巡、封禅、改换历法服色等制度，而窦太后崇奉黄老道家学说，排斥儒术，于是派人私下察访赵绾、王臧的贪赃行为，传讯审查，逼迫两人自杀。其三，汉武帝宠幸卫子夫。汉长公主刘嫖将女儿陈阿娇许配给刘彻，又用计将刘彻立为太子，登上帝位。陈阿娇恃宠生骄，不能生育，汉武帝渐生嫌弃之心。平阳公主献歌女卫子夫，被汉武帝宠幸，后来竟取代陈阿娇为皇后。其四，庄助征闽。公元前138年，闽越兵围攻东瓯，东瓯向朝廷告急求救。汉武帝就此事询问太尉田蚡，田蚡力主不救，认为东瓯不隶属于中原。庄助与之辩论，占得上风，汉武帝决定援救，派庄助凭符节到会稽调兵，出动军队从海上前往救援。闽越引兵撤退。其五，救援南越。公元前135年，闽越又出动军队，攻打南越。南越派人上书，报告朝廷。汉武帝称赞他们守道义，派遣两位将军率军诛讨闽越。淮南王刘安上书谏阻。这时汉朝军队已经出动，还未越过南岭，恰好闽越王弟馀善杀了闽越王来投降，汉朝军队才撤回。

【原文】

世宗孝武皇帝[1]上之上

建元[2]元年（辛丑，前140）

冬，十月，诏举贤良方正直言极谏之士[3]，上亲策问[4]以古今治道，对者百余人[5]。广川董仲舒[6]对曰："道者，所繇适于治之路也[7]，仁、义、礼、乐，皆其具[8]也。故圣王已没，而子孙长久，安宁数百岁，此皆礼乐教化之功也。夫人君莫不欲安存[9]，而政乱国危[10]者甚众；所任者非其人而所繇者非其道，是以政日以仆灭也。夫周道衰于幽、厉[11]，非道亡[12]也，幽、厉不繇[13]也。至于宣王[14]，思昔先王之德，兴滞补敝[15]，明文、武[16]之功业，周道粲然复兴[17]，此夙夜不懈[18]行善之所致也。

"孔子曰[19]：'人能弘道，非道弘人[20]。'故治乱废兴在于己[21]，非天降命，不可得反；其所操持悖谬，失其统也[22]。为人君者，正心[23]以正朝廷，正朝廷以正百官，正百官以正万民，正万民以正四方。四方正，远近莫敢不壹于正[24]，而亡有邪气奸其间者[25]，是以阴阳调而风雨时[26]，群生和而万民殖[27]，诸福之物，可致之祥，莫不毕至[28]，而王道终矣[29]！

"孔子曰[30]：'凤鸟不至，河不出图，吾已矣夫[31]！'自悲可致此物[32]，而身卑贱不得致也。今陛下贵为天子，富有四海，居得致之位，操可致之势，又有能致之资[33]；行高[34]而恩厚，知明而意美[35]，爱民而好士，可谓谊主[36]矣。然而天地未应而美祥莫至者，何也？凡以教化不立而万民不正也。夫万民之从利也，如水之走下，不以教化堤防[37]之，不能止也。古之王者明于此，故南面而治天下，莫不以教化为大务。立太学[38]以教于国，设庠序[39]以化于邑[40]，渐民以仁[41]，摩民以谊[42]，节民以礼[43]，故其刑罚甚轻而禁不犯者，教化行而习俗美也。圣王之继乱世也，扫除其迹而悉去之[44]，复修教化而崇起之[45]；教化已明，习俗已成，子孙循之[46]，行五六百岁尚未败也。秦灭先圣之道，为苟且之治[47]，故立十四年而亡[48]，其遗毒余烈[49]至今未灭，使习俗薄恶[50]，人民嚚顽[51]，抵冒殊扞[52]，熟烂如此之甚者[53]也。窃譬之[54]：琴瑟不调[55]，甚者必解而更张之[56]，乃可鼓也；为政而不行，甚者必变而更化之[57]，乃可理也[58]。故汉得天下以来，常欲治而至今不可善治者，失之于当更化而不更化也[59]。

"臣闻圣王之治天下也，少则习之学[60]，长则材诸位[61]，爵禄以养其德，刑罚以威其恶，故民晓于礼谊而耻犯其上。武王行大谊[62]，平残贼，周公作礼乐以文之[63]；至于成康之隆[64]，囹圄[65]空虚四十余年。此亦教化之渐而仁谊之流[66]，非独伤肌肤之效[67]也。至秦则不然。

“师申商之法[68]，行韩非之说[69]，憎帝王之道，以贪狼为俗[70]，诛名而不察实[71]，为善者不必免而犯恶者未必刑[72]也。是以百官皆饰虚辞而不顾实，外有事君之礼，内有背上之心[73]，造伪饰诈[74]，趋利无耻，是以刑者甚众，死者相望[75]，而奸不息，俗化使然[76]也。

“今陛下并有天下[77]，莫不率服[78]，而功不加于百姓者，殆王心未加[79]焉。《曾子》曰[80]：‘尊其所闻，则高明矣；行其所知，则光大矣[81]。高明光大，不在于他，在乎加之意而已[82]。’愿陛下因用所闻，设诚于内而致行之[83]，则三王何异哉[84]！

“夫不素养士[85]而欲求贤，譬犹不琢玉[86]而求文采也。故养士之大者，莫大乎太学[87]；太学者，贤士之所关[88]也，教化之本原[89]也。今以一郡、一国之众对[90]，亡应书者[91]，是王道往往而绝[92]也。臣愿陛下兴太学，置明师[93]，以养天下之士，数考问以尽其材，则英俊宜可得矣。今之郡守、县令，民之师帅[94]，所使承流而宣化也[95]；故师帅不贤，则主德不宣，恩泽不流。今吏既亡教训于下[96]，或不承用主上之法，暴虐百姓，与奸为市[97]，贫穷孤弱，冤苦失职[98]，甚不称陛下之意；是以阴阳错缪[99]，氛气充塞[100]，群生寡遂[101]，黎民未济，皆长吏不明[102]使至于此也！

“夫长吏多出于郎中、中郎、吏二千石子弟[103]，选郎吏又以富訾[104]，未必贤也。且古所谓功者，以任官称职为差[105]，非谓积日累久[106]也；故小材虽累日，不离于小官，贤材虽未久，不害为辅佐[107]，是以有司竭力尽知[108]，务治其业而以赴功。今则不然，累日以取贵，积久以致官，是以廉耻贸乱[109]，贤不肖浑淆[110]，未得其真。

“臣愚以为使诸列侯、郡守、二千石各择其吏民之贤者，岁贡各二人以给宿卫[111]，且以观大臣之能；所贡贤者有赏，所贡不肖者有罚。夫如是，诸吏二千石皆尽心于求贤，天下之士可得而官使也[112]。遍得天下之贤人，则三王之盛易为而尧、舜之名可及也[113]。毋以日月为功[114]，实试贤能为上[115]，量材而授官[116]，录德而定位[117]，则廉耻殊路，贤不肖异处矣[118]！

“臣闻众少成多[119]，积小致巨[120]，故圣人莫不以暗致明，以微致显；是以尧发于诸侯[121]，舜兴乎深山[122]，非一日而显[123]也，盖有渐以致之[124]矣。言出于己，不可塞也；行发于身，不可掩也；言行，治之大者，君子之所以动天地也。故尽小者大[125]，慎微者著[126]；积善在身，犹长日加益而人不知[127]也；积恶在身，犹火销膏而人不见也；此唐、虞之所以得令名而桀、纣之可为悼惧者也[128]。

“夫乐而不乱[129]，复而不厌[130]者，谓之道。道者，万世亡敝[131]；敝者，道之失也。先王之道，必有偏而不起之处[132]，故政有眊而不行[133]，举其偏者以补其敝而已矣[134]。三王之道，所祖不同[135]，非其相反[136]，将以救溢扶衰[137]，所遭之变然也[138]。故孔子曰：‘无为而治者其舜乎[139]！’改正朔[140]，易服色[141]，以顺天命而已；其余尽循尧道[142]，何更为哉[143]！故王者有改制之名，亡变道之实[144]。然夏尚忠[145]，殷尚敬[146]，周尚文[147]者，所继之救当用此也[148]。

“孔子曰[149]：‘殷因[150]于夏礼，所损益[151]可知也；周因于殷礼，所损益可知也；其或继周者，虽百世可知也[152]。’此言百王之用，以此三者[153]矣。夏因于虞，而独不言所损益者，其道一而所上同[154]也。道之大原出于天，天不变，道亦不变，是以禹继舜，舜继尧，三圣相受而守一道，亡救敝之政[155]也，故不言其所损益也。繇是观之，继治世者其道同，继乱世者其道变[156]。

“今汉继大乱之后，若宜少损周之文致[157]，用夏之忠者。夫古之天下，亦今之天下，共是天下，以古准今[158]，壹何不相逮之远也[159]！安所缪戾而陵夷若是[160]？意者有所失于古之道与，有所诡于天之理与[161]？

“夫天亦有所分予[162]：予之齿者去其角[163]，傅其翼者两其足[164]，是所受大者不得取小也。古之所予禄者[165]，不食于力[166]，不动于末[167]，是亦受大者不得取小，与天同意者也。夫已受大，又取小，天不能足，而况人乎！此民之所以嚣嚣苦不足也[168]。身宠而载高位[169]，家温而食厚禄，因乘富贵之资力以与民争利于下，民安能如之哉[170]！民日削月朘[171]，浸以大穷[172]。富者奢侈羡溢[173]，贫者穷急愁苦；民不乐生，安能避罪！此刑罚之所以蕃而奸邪不可胜[174]者也。

“天子大夫者[175]，下民之所视效[176]、远方之所四面而内望[177]也。近者视而放之[178]，远者望而效之，岂可以居贤人之位而为庶人行哉！夫皇皇求财利[179]，常恐乏匮者[180]，庶人之意也[181]；皇皇求仁义，常恐不能化民者，大夫之意也。《易》曰[182]：‘负且乘，致寇至[183]。’乘车者，君子之位也；负担者，小人之事也。此言居君子之位而为庶人之行者，患祸必至也。若居君子之位，当君子之行，则舍公仪休之相鲁[184]，无可为者矣。

“《春秋》大一统者[185]，天地之常经[186]，古今之通谊[187]也。今师异道，人异论，百家殊方[188]，指意[189]不同，是以上无以持一统，法制数变，下不知所守。臣愚以为诸不在六艺之科[190]、孔子之术[191]者，皆绝其道[192]，勿使并进[193]，邪辟之说灭息[194]，然后统纪可一而法度可明，民知所从矣！[195]”

天子善其对，以仲舒为江都相[196]。

会稽庄助[197]亦以贤良对策，天子擢为中大夫[198]。丞相卫绾[199]奏：“所举贤良，或治申韩苏张之言乱国政者[200]，请皆罢[201]。”奏可。

董仲舒少治《春秋》，孝景时为博士，进退容止[202]，非礼不行，学者皆师尊之。及为江都相，事易王[203]。易王，帝兄，素骄，好勇。仲舒以礼匡正，王敬重焉。

（以上为第一段，写汉武帝刘彻雄才大略，即位之始，就着手选拔治国人才，令大臣举荐贤良方正直言极谏之士，儒生董仲舒对“天人三策”，主张独尊儒术，得到汉武帝的充分肯定，任命他做江都国的国相。）

【注释】

①世宗孝武皇帝：刘彻（前156—前87），景帝刘启之子。西汉第五代皇帝，公元前140年至公元前87年在位。武帝外伐四夷，内革制度，把西汉推向极盛，创造了四个空前：政治上空前统一、经济上空前繁荣、国力上空前强盛、文化上空前发展。文治武功，无论在当时还是后世，都具有独特的历史意义。中国的主体民族为汉，这与汉武帝的名字是分不开的。当然，汉武帝的过分使用民力也给社会带来一些负面影响。汉武帝谥曰武，庙号世宗。传见《史记》卷十二、《汉书》卷六。 ②建元：汉武帝第一个年号。年号之起，始于元鼎；元鼎以前的年号，乃有司追命。 ③诏举：皇帝下诏选举。 贤良方正：汉代选拔官吏的科目之一。又省称“贤良”。 直言极谏之士：敢于讲真话的人士，这是入选贤良的条件，举贤良就是要听取民意。 ④上亲策问：汉武帝亲自策问对策的人，即亲自策问所举贤良。皇帝出题，贤良按提问回答，所以叫策问。 ⑤对者百余人：参与对策的人，即所举贤共一百余人。 ⑥董仲舒：西汉广川（治今河北景县西南）人。著名的儒者，是建元元年举贤良的举首，即对策者的第一名。主张罢黜百家，独尊儒术，宣扬天人感应学说及“天不变，道亦不变”的思想。传见《史记》卷一百二十一、《汉书》卷五十六。 ⑦道者，所繇适于治之路也：道，就是一条通达大治的道路。 ⑧具：指仁、义、礼、乐就是“道”的具体内容。 ⑨安存：国家（即政权）安宁长存。 ⑩政乱国

危：政治昏乱，国家衰亡。 ⑪幽、厉：周幽王、周厉王。 ⑫亡：消失，消亡。 ⑬不繇：不走正道，不依循道义。 ⑭宣王：西周中兴之主周宣王。 ⑮兴滞补敝：发扬先王的善政，弥补残缺。滞，停滞，指遗失了先王的善政。 ⑯文、武：周初开国圣王周文王、周武王。 ⑰周道粲然复兴：周代的王道再次焕发出灿烂的光辉。 ⑱夙夜不懈：早晚都不懈怠。 ⑲孔子曰：引语见《论语·卫灵公》。 ⑳人能弘道，非道弘人：人可以将道发扬光大，而不是道弘扬人。谓人要勤勉努力，不能懈怠坐等道的光大。 ㉑己：自己，主观拼搏。 ㉒“非天降命”四句：只要不是天意改换朝代，统治权就不会丧失；帝王的作为悖理错误，就会丧失统治权。降命，改换天命。操持悖谬，作为荒唐错误。统，统治权力。 ㉓正心：端正思想，端正作为。 ㉔壹于正：统一于正道。 ㉕亡有邪气奸其间者：天地之间没有邪气冲犯。亡，同“无”，没有。奸，冲犯，扰乱。 ㉖阴阳调：阴阳和谐。 风雨时：风调雨顺。句意谓一年四季气候宜人，风雨恰到好处，宜于万物生长。 ㉗殖：繁衍生息。 ㉘莫不毕至：吉祥事物全都出现。 ㉙王道终矣：这就是王道的最佳境界。终，极点，顶点。 ㉚孔子曰：引语见《论语·子罕》。 ㉛吾已矣夫：我的理想完了。孔子感叹他所追求的理想的王道不能实现了，因为没有河出图、洛水出书的祥瑞。 ㉜自悲可致此物：孔子自己哀伤地位卑贱未能招致祥瑞出现。 ㉝“居得”三句：身居得以招致祥瑞的尊位，手持可以招致祥瑞的权势，又有能够招致祥瑞的资质。操，执持。资，材质。 ㉞行高：品行高尚。 ㉟知明：智慧明达。知，通“智”。 意美：心地善良。 ㊱谊主：有德义之主，即有道之君。谊，通“义”。 ㊲教化堤防：用教化导民知义，是阻止逐利的堤防。 ㊳太学：设立于京师的最高学府。 ㊴庠序：地方学府。 ㊵化于邑：教化民众。 ㊶渐民以仁：用仁德感化民众。渐民，潜移默化，养成民众向义风习。 ㊷摩民以谊：用义勉励民众。摩，勉励。 ㊸节民以礼：节制民众遵守礼仪。 ㊹悉去之：乱世之俗全部消除。 ㊺修教化：推行教化。 崇起之：提高教化。崇，推崇，提高。 ㊻子孙循之：子孙继承好的风俗。循，沿袭，继承不变。 ㊼苟且之治：不合正道，只顾眼前的统治方法。 ㊽十四年而亡：指秦统一至亡国，从公元前221年至公元前207年共十五年，实年十四年。 ㊾遗毒余烈：遗留的恶劣影响。 ㊿习俗薄恶：风俗浅薄恶劣。 51嚚（yín）顽：奸诈，恶劣。 52抵冒殊扞：谓触犯法律，抗拒到底。抵，抵触。冒，冒犯。殊，绝。扞，拒。 53熟烂：腐朽，败坏。 如此之甚：这样严重的程度。 54窃譬之：私下比喻它。 55琴瑟不调：琴瑟的声音不和谐。 56甚者：琴瑟之声严重失调。 必解而更张之：一定解下旧弦，更换新弦。 57必变而更化之：一定要改变政治革新变化。 58乃可理也：才能治理好国家。 59当更化而不更化也：政治应当改革的时候没有改革它。 60少：年幼，幼年。 习之学：学习知识和道理。 61

长：成人。材诸位：量材而授之职位。 ⑥②武王：周武王。行大谊：奉行天下大义。谊，通“义”。 ⑥③周公：姬旦，佐周武王、周成王治理的贤相。作礼乐以文之：周公制礼乐来修饰周朝政治。 ⑥④成康之隆：周成王、周康王之世安定隆盛，史称“成康之治”。 ⑥⑤图圄（líng yǔ）：牢狱。 ⑥⑥教化之渐：教化的逐渐感染。仁谊之流：仁义的流布。 ⑥⑦伤肌肤：指残害人体的酷刑。效：指刑罚达到的成效。 ⑥⑧师申商之法：提倡申、商的法治。申商，申不害、商鞅都是先秦的法家，主张尚法严刑。 ⑥⑨行韩非之说：实行韩非的主张。韩非，又称韩非子。先秦法家之集大成者，主张集权尚法。 ⑦⓪以贪狼为俗：以凶猛的贪欲为时尚。 ⑦①诛名：只图虚名。察实：注意实际。 ⑦②不必免：不一定能幸免于刑罚。未必刑：不一定受到惩处。 ⑦③内：内心，思想。背上之心：背叛君主的想法。 ⑦④造伪饰诈：弄虚作假。 ⑦⑤死者相望：死人一个挨着一个。 ⑦⑥俗化使然：风俗及其影响所造成的。 ⑦⑦并有天下：统治全国。 ⑦⑧莫不率服：没有不服从的。 ⑦⑨殆：恐怕。未加：没有注意到这点。 ⑧⓪《曾子》曰：引语见《大戴礼·曾子疾病》。清代阮元辑有《曾子》四卷。 ⑧①“尊其所闻”四句：尊重所听到的道理，他就是高明；实践所知道的知识，他就是发扬光大。 ⑧②“高明光大”三句：要做到高明光大，不在于别的，就在于认真注意罢了。加之意，认真注意，多加留心。 ⑧③设诚于内而致行之：真诚地信奉它并把它推行开来。 ⑧④则三王何异哉：你的成就与夏商周三代圣王就没有什么不同。 ⑧⑤不素养士：平时不培养和尊重人才。素，平时，一向。 ⑧⑥琢玉：雕琢玉石。玉石的文采经过雕琢才能显现。 ⑧⑦太学：京师国立的最高学府。 ⑧⑧关：关键，来源。 ⑧⑨本原：根基。 ⑨⓪对：参与对策。 ⑨①亡应书者：没有一个合格的人才。亡，通“无”。书，诏书，此指合于诏书要求的人才标准。 ⑨②绝：指王道断绝，灭绝。 ⑨③置明师：设置学识渊博的老师。 ⑨④民之师帅：民众的表率。 ⑨⑤所使承流而宣化也：其职责就是上承仁德而向下传播教化。所使，指郡守、县令的职责。承流，秉承朝廷政令。宣化，向下宣布贯彻。 ⑨⑥今吏既亡教训于下：如今的官吏都不能教化民众。 ⑨⑦与奸为市：谓地方长官与坏人勾结，暗中交易。 ⑨⑧冤苦失职：冤屈痛苦，无法维持生计。失职，失去职业。 ⑨⑨阴阳错缪：阴阳失调。 ⑩⓪氛气充塞：乌烟瘴气弥漫。 ⑩①群生寡遂：万物都不正常。遂，顺利。 ⑩②长吏：指各部门长官，以及郡守、县令等地方长官。不明：昏庸，腐败。 ⑩③郎中、中郎：均职掌宫门的郎官。郎中，秩三百石。中郎，秩六百石。郎官积资外出为各部门长官，或任郡守、县令。所以长吏多出于郎官。吏二千石子弟：汉代二千石大官可以保任其子弟为郎吏，进而当上长吏。 ⑩④选郎吏又以富訾：汉制，限令具有资财十万才得以入选，后降为四万。訾，通“赀”。 ⑩⑤差：差等，级别。 ⑩⑥非谓积日累久：做官不是依靠积资升迁。积日累久，积累时间，混日子升迁，所谓老资格。 ⑩⑦不害：不防。辅佐：辅政大臣。⑩⑧竭力尽知：即尽心竭力。知，通“智”。⑩⑨廉耻贸乱：廉洁与耻辱相混杂，即不分廉耻。⑪⓪浑淆：即混淆，与“贸乱”同义。⑪①岁贡各二人：每年举荐，即选派部属两人。给宿卫：到宫中执勤，即送郎官二人。⑪②可得而官使也：可以得到国家之才为官，供皇上驱使。即贤才为国所用。⑪③“则三王”句：那么，三代圣王的功业不难造就，而且尧舜的美名也可达到。可及，可以达到，比得上。⑪④毋以日月为功：不要用做官时间长短来计算功劳。⑪⑤为上：为上等。⑪⑥量材而授官：根据才能大小而授予不同的官职。量，衡量。⑪⑦录德而定位：考察品德而确定不同的官位。⑪⑧“则廉耻”二句：这样，就会使廉洁与耻辱、贤与不肖区别得很清楚了。⑪⑨众少成多：很多的少集中起来，就成了多。⑫⓪积小致巨：把小的积累起来，便成了大。⑫①尧发于诸侯：传说尧从唐侯升为天子。⑫②舜兴乎深山：传说舜曾耕于历山，后来才称帝。⑫③非一日而显：不是一天之内突然显贵。显，显贵，显赫。⑫④有渐以致之：是逐渐积累的结果。⑫⑤尽小者大：谓能尽众小之功，则能成高大之业。⑫⑥慎微者著：谓能慎于微小之处，则其德行才显著。⑫⑦长（zhǎng）日加益而人不知：谓自身天天长高长大而自己不觉察。⑫⑧“积恶在身”三句：本身积累恶行，就像灯火消耗灯油一样，自己也没有觉察，这正是唐尧、虞舜成就美名而夏桀、商纣令人可悲可怕的原因。令名，美名。悼惧，可悲可怕。⑫⑨乐而不乱：娱乐而不淫乱。⑬⓪复而不厌：反复做好事而不厌倦。⑬①道者，万世亡敝：循道行事，千年万年也无弊害。亡，通“无”。⑬②“先王之道”二句：执行先王之道，一定有片面的导致许多没有执行的地方。偏，片面。不起，不被执行，没有执行。⑬③故政有眊而不行：所以政治才有昏乱。眊（mào），不明，昏乱。⑬④举其偏者以补其敝而已矣：补救的方法，就是推行王道中被偏废的部分去补救积弊罢了。⑬⑤所祖不同：侧重点各有不同。祖，依据的根源，出发点。⑬⑥非其相反：不是他们相互矛盾。⑬⑦救溢扶衰：医治社会积弊。溢，过分。衰，不足，均指积弊。⑬⑧所遭之变然也：所遇形势不同，才形成这样。⑬⑨“无为而治者”句：见《论语·卫灵公》。无为而治的人，当首推舜吧！⑭⓪改正朔：改换历法。⑭①易服色：变更服饰颜色。⑭②尽循尧道：完全遵循尧的治国之道。⑭③何更为哉：何必更改呢？⑭④亡变道之实：没有改变治道的实际内容。⑭⑤尚：崇尚；提倡。忠：朴直。⑭⑥敬：恭敬。⑭⑦文：文明，指礼仪。⑭⑧所继之救当用此也：他们面对前代不同的缺失而补救，必须用各自不同的方法。继，承继，谓面对。救，指救前朝之弊。⑭⑨孔子曰：引语见《论语·为政》。⑮⓪因：承继。⑮①损益：废除和增加。⑮②虽百世可知也：后世继承周代制度的，即使经历百世，也可推测个大概。⑮③三者：指忠、敬、文三王之道。⑮④所上同：所崇尚的治道相同。上，通“尚”。⑮⑤亡救敝之政：没有需要改革的弊政。⑮⑥“繇是观之”三句：由此看来，继承一个大治的朝代，继起者需用原来相同的治国之道；继承一个昏乱的朝代，继起者要改变原来的治国之道。 ⑮⑦少损：略为改变。 周之文致：周代礼仪制度的缺陷。文致，文弊。礼仪过分的弊端。 ⑮⑧以古准今：用古代来对比今日。准今，推今，比今。 ⑮⑨壹何不相逮之远也：相差多么远呀！壹何，多么。 ⑯⓪"安所"句：为什么败坏到如此程度。 安，何。陵夷，衰落。若是，如此。 ⑯①"意者"二句：估计或许是因为没有遵循古代的治国之道吧，或许是因为违背了天理吧！意者，估计，想来。诡，违背。与，欤。 ⑯②夫：语气词。 天亦有所分予：天对万物是有分配原则而区别对待的。分予，分配。这里指分配原则和区别对待。 ⑯③予之齿者去其角：赐予利齿的动物不让它再长犄角。 ⑯④傅其翼者两其足：赐给双翅的鸟类只让它有两只脚。 ⑯⑤古之所予禄者：古代所给予俸禄的人。禄，俸禄。 ⑯⑥不食于力：不要从事工农劳作。 ⑯⑦不动于末：不能经营商业。 ⑯⑧此民之所以嚣嚣苦不足也：这正是民众纷纷怨叹困苦难熬的原因。嚣嚣（áo），众怨愁声。 ⑯⑨身宠而载高位：身受朝廷荣宠而爬上高级官位。宠，荣宠，宠幸。载，乘，登。 ⑰⓪民安能如之哉：百姓怎能与他们抗衡啊！ ⑰①民日削月朘（juān）：谓时时受搜刮。朘，减少。 ⑰②浸以大穷：逐渐陷入最贫困的底层。浸，逐渐。大穷，最穷，贫困的底层。 ⑰③奢侈羡溢：穷奢极侈。羡，饶。 ⑰④蕃：多。 不可胜：不可胜数，谓多。 ⑰⑤天子大夫者：天子的官吏。 ⑰⑥下民之所视效：是民众观察仿效的对象。 ⑰⑦四面而内望：四方看着京师，地方看望朝廷。 ⑰⑧放之：与下文"效之"同义，即仿效。⑰⑨皇皇：同"遑遑"，匆忙貌。 求财利：追逐财利。 ⑱⓪恐：害怕。 乏匮：穷乏。 ⑱①庶人之意也：平民的心理状态。意，心理。 ⑱②《易》曰：引文见《周易·解卦》爻辞。⑱③负且乘，致寇至：既背负又用车拉着货物，招来了抢劫者。负，背物。且，犹"而"。乘，乘车，车载。致，招致。寇，盗贼。 ⑱④则舍公仪休之相鲁：这是抛弃了公仪休为鲁相的精神。舍，同"捨"，丢弃。公仪休，春秋时鲁相，不准妻子种菜织布与民争利。事迹详见《史记·循吏列传》。 ⑱⑤《春秋》大一统者：《春秋》推崇天下大一统。《春秋》，孔子编著的鲁国编年史书，被儒家尊为"六经"之一。 ⑱⑥天地之常经：天地之间的永久原则。 ⑱⑦古今之通谊：古往今来一致的道义。谊，同"义"。 ⑱⑧百家殊方：百家学说各有一套。 ⑱⑨指意：旨趣，主张。指，同"旨"。 ⑲⓪六艺：即"六经"，包括《诗》《书》《易》《礼》《春秋》《乐》。 科：科条，范围。 ⑲①孔子之术：孔子的学术思想。⑲②皆绝其道：都把它们禁绝。 按：这就是董仲舒在他的"天人三策"中提出的禁锢思想的主张，"罢黜百家，独尊儒术"，被汉武帝采用为国策。 ⑲③并进：并存，一同发展。⑲④邪辟之说灭息：邪恶的学说归于灭绝。 ⑲⑤"然后"二句：这样做了的结果，就能使政令统一、法度明确，臣民就知道该遵循什么了。 ⑲⑥江都相：江都王国之相。相，掌王国的行政。 ⑲⑦庄助：西汉会稽（郡治吴县，今江苏苏州）人。《汉书》作“严助”。传见《汉书》卷六十四上。 ⑲⑧擢为中大夫：提升庄助为中大夫。 ⑲⑨卫绾：西汉代郡大陵（今山西文水东北）人。官至丞相。传见《史记》卷一百零三、《汉书》卷四十六。 ⑳⓪申韩：申不害、韩非，战国时代法家。 苏张：苏秦、张仪。两人都是战国时代的纵横家。 乱国政者：他们的学说都是扰乱国家政治的。 ⑳①请皆罢：请求全都予以遣返，废除他们的学说。罢，遣返，取消贤良资格。此指废除其学说，即罢黜百家。 ⑳②进退容止：上朝退朝的仪容举止。 ⑳③事：侍奉，辅佐。 易王：江都易王刘非，景帝之子，武帝之兄。

【译文】

世宗孝武皇帝上之上

汉武帝建元元年（辛丑，前140）

冬季，十月，汉武帝下令，令大臣举荐贤良方正、直言极谏的人才，汉武帝亲自出题，围绕着古往今来治理天下之道，进行考试。参加考试的有一百多人。广川人董仲舒在回答时说:“所谓的‘道’，是指由此而达到天下大治的道路，仁、义、礼、乐，都是推行‘道’的具体方法。所以，古代圣明的帝王去世后，他的后代可以长期稳坐天下，国家几百年太平无事，这都是推行礼乐教化的功绩。凡是帝王，没有人不希望自己的国家能够安宁长存，但是政治昏乱、国家危亡的却很多。用人不当，治理国家的方法不是正道，所以国家政治一天比一天接近灭亡。周王朝在幽王、厉王时期出现衰败，并不是由于治国之道不存在，而是由于幽王、厉王不遵循治国之道。到了周宣王在位时，他仰慕过去先王的德政，恢复被淡忘的先王善政，弥补残缺，发扬周文王、周武王的功业，周代的王道再次焕发出灿烂的光彩，这是日夜不懈地推行善政而取得的成效。

“孔子说：‘人可以发扬光大道，而不是道弘扬人。’所以，国家的治乱兴亡在于帝王自己，只要不是天意要改朝换代，统治权就不会丧失；帝王的作为悖理错误，就会丧失统治地位。做帝王的人，要端正自己的思想，整肃朝廷，整肃了朝廷才能用以整肃百官，整肃了百官才能用以整肃天下民众，整肃了天下民众才能用以整肃四方的夷狄各族。四方的夷狄各族都已整肃完毕，远近没有胆敢不统一于正道的，就没有邪气冲犯天地之间，因此阴阳谐和，风调雨顺，生物安和相处，民众繁衍生息，所有象征幸福的东西和可以招致吉祥的事物都会出现，这就是王道的最佳境界了！

“孔子说：‘凤凰不来，黄河也不出现河图，我算完了！’他认为自己的德行本可招致这些祥瑞，但因为身份卑贱而不能招致，而感到悲哀。现在，皇上贵为天子，富有四海，身居得以招致祥瑞的尊位，手持可以招致祥瑞的权势，又有能够招致祥瑞的资质，品行高尚而恩德深厚，头脑聪明而心地善良，爱护民众而尊重贤士，可称得上是仁义帝王了。但是，天地没有相应的表示，祥瑞没有出现，原因何在？主要在于没有推行道德教化，民众没有走上正路。民众追逐财利，就如同水流向低处一样，不用教化筑成堤坝，就不能阻止。古代英明的帝王深知此理，所以面南为王治理天下时，没有不把教化作为根本大事的。建立太学，以便在都城兴起教化；兴办学府，以便在地方城邑中教化民众。用仁德感化，用大义勉励，用礼仪节制，当时的刑罚很轻而没有人触犯法禁，其原因在于推行了教化而社会风俗很好。圣明的帝王继承乱世之道，首先要把它的一切残余全部扫除，还要推行教化，提高教化；教化已见明效，好的社会风俗已经形成，子孙后代沿袭不变，实行五六百年也不会衰败。秦朝毁弃先代圣王的治国之道，实行不顾长远、只顾眼前的统治方法，所以立国仅有十四年就灭亡了。秦朝遗留下来的恶劣影响至今还没有清除，导致社会风俗浅薄恶劣，民众奸诈恶劣，抵触冒犯，殊死反抗，风俗竟然败坏到如此程度。我私下做了这样一个比喻：琴瑟声音不和谐，严重时必须解下旧弦，更换新弦，才可以弹奏；实施统治遇到了阻碍，严重时一定要加以改变，才能治理好国家。所以，自从汉朝得到天下以来，一直想治理好国家，但至今没有治理得好，其原因就在于应当实行改革的时候而没有实行改革。

“我听说圣明的帝王治理天下，让他的臣子年幼时就学习知识，成年后就给他官位以磨砺他的才能，颁给爵位俸禄以培养他的品德，实施刑罚以威慑他的罪恶念头。所以，民众才能通晓礼义，而以冲犯帝王为耻。周武王奉行天下大义，推翻了独夫民贼，周公制作了礼和乐来修饰周政；到了成王、康王的大治时期，没有人犯罪，监狱空虚长达四十多年。这也是教化的浸润和仁义的流布，而不只是伤残皮肉的刑罚的成效。到了秦朝，就不是这样了。

“秦朝尊奉申不害、商鞅的法令，实行韩非的学说，憎恶圣明帝王的治世之道，提倡贪求财利的风俗，只看虚名而不注重实际，做好事的人不一定能免受刑罚，而做坏事的人也不一定能受到惩罚。因此，百官都粉饰虚名假誉而不注重实际政务，表面上有侍奉帝王的礼仪，内心却有背叛帝王的念头，弄虚作假，追逐财利，毫无廉耻；所以遭受刑罚的人很多，死人相连，但是犯罪却没被制止，是风俗的影响造成了这样的状况。

“现在皇上统治全国，天下没有不服从的，但是却没有给民众带来功德，大概是由于您没有注意到这个问题吧。《曾子》一书说：‘尊重所听到的道理，他就算是高明了；实践所知道的知识，他就算是光大了。高明光大，不在于别的，就在于认真注意罢了。’希望皇上能依据所听到的道理，真诚地信奉它并把它推行开来，那么，您与圣明的三王就没有什么不同了！

“平常不引进和尊重贤才，而想要求得贤能之臣，就好像不雕琢玉石而想得到花纹美丽的玉器一样。所以，引进和尊重贤才的方法，莫过于兴建太学；太学，是贤才的来源，是推行教化的根本。现在，让一郡、一国的所有民众都来回答，而没有一个符合命令要求的人才，这说明上古圣王之道被灭绝了。我希望皇上兴建太学，设置学识渊博的老师，用来培养天下的贤才，经常考试，以便学生能全面表现自己的才能，就可以得到出类拔萃的人杰了。现在的郡守和县令，是民众的表率，其职责就在于上承仁德而向下传播教化；所以，如果这些表率人物无德无才，就会使帝王的仁德不能传播，恩泽不能流布。现在的官吏都不能教化民众，有的还不遵守朝廷的法度，残酷地虐待民众，与坏人勾结，贪求财利，民众贫困孤弱，冤屈痛苦，失去生业，十分不符合皇上的心意。因此，阴阳失调，乌烟瘴气弥漫，万物都不正常生长，百姓无法维持生计，这都是官吏不称职造成的后果！

“官吏大部分出自郎中、中郎、二千石官员的子弟，选任郎官又以家庭富于资财为条件，所选的人未必是贤能的人。而且，古代所说的‘功’，是按照任官政绩的好坏来区分大小，并不是指任职的累积时间。所以，本事小的人，即使是任职时间很长，也仍做小官；贤能的栋梁之材，即使是任职时间很短，也不妨碍做辅政大臣。所以，官吏们都尽心竭力，一心做好本职工作而建功立业。现在就不是这样了。累积时日就可以得到富贵，任期长久就可以升官晋职，因此，廉洁与耻辱相互转化掺杂，贤能和不肖混淆，不能判明真伪。

“我认为应让列侯、郡守、二千石官秩的官员，各自从所管理的官吏、民众中选择贤能的人，每年向朝廷选送二人，到宫中服务，而且可以用这种方法来观察大臣的才能高低；选送的人有贤德，就给以赏赐；选送的人不好，就给以惩罚。如果这样，所有二千石官员都会全力以赴地寻求贤人，天下的人杰都可以成为国家官员而为皇上效力了。把天下的贤人都吸收到朝廷中来，那么，三代圣王的功业就不难于造就，而且尧舜的美名也可以企及。不要用任职时间长短来计算功劳，而以实际考察出来的贤能为上，根据各人才能大小给以不同的官职，核查品行的高低而确定不同的地位，就会使廉洁和耻辱、贤与不贤区别得很清楚了！

“我听说积少成多，积小成大，所以古代的圣人，没有一个不是由默默无闻而变成美名远扬，由卑微而达到显赫。因此，尧起步于诸侯之位，舜兴起于深山之中，并不是一日之内突然显赫起来，应该说是逐渐达到的。言语是由自己说出来的，不能阻塞；行为是由自身做出来的，无法掩饰；言语和行为，是治理天下的重要内容，君子正凭借着它而感动天地。所以，能做好一切小事的人，才能成就大业；能注意一切细微的人，才能功德彰明。本身积累善德，就像人的身体长高时那样，每天都在增长，自己却不知道；本身积累恶行，就像灯火消耗灯油一样，自己也没有察觉。这正是唐尧虞舜成就美名而夏桀商纣令人悲悼戒惧的原因。

“欢乐而不淫乱，反复行善而不厌倦，这就是‘道’。遵循其道行事，万世无弊害；只要有弊害产生，一定是因为没有按照其道行事，一定是因为执行先王之道有所偏废，所以政治昏乱，政令不行。补救的方法，就是运用王道中被偏废的部分去补救积弊罢了。三代圣王的治国之道，侧重点各有不同，并不是它们相互矛盾，它们都是为了医治社会积弊，只是由于各自面对的社会情况不同，才形成了治国之道的不同。所以孔子说：‘要说无为而治的人，应该是舜吧！’舜改换历法，改变衣服颜色，只是顺应天意罢了。其余一切都遵循尧的治国之道，何必更改呢？所以，圣明的帝王，有改变制度的名义，而没有改变治道的实际内容。然而，夏代推崇朴直，商代推崇恭敬，周代推崇礼仪，形成这种不同的原因，是因为它们要各自拯救前朝的缺失，必须使用各自不同的方法。

“孔子说：‘商代继承了夏代的制度，所废除的和增加的是可以知道的；周代继承了商代的制度，所废除的和增加的是可以知道的；若有人继承周代，就是过了一百代之后所实行的制度，也可以推测得出来。’这是说百代帝王所用的治国之道，也就是使用夏、商、周这三种了。夏代是继承了有虞氏的制度，而孔子唯独没有说到两者之间的增减，是因为两者的治国之道一致，而且所推崇的原则相同。道之所以博大精深，是因为它来源于天，只要天不变，道也就不会变。所以，夏禹继承虞舜，虞舜继承唐尧，三位圣王相互授受禅让天下，而遵循相同的治道，是因为其间不需要补救积弊。所以，孔子不说他们之间的增减。由此看来，继承一个大治的朝代，继起者实行与原来相同的治国之道；继承一个政治昏乱的朝代，继起者一定要改变治国之道。

“现在汉朝是在大乱之后而建国的，似乎应该略为改变周代制度的过分强调礼仪，而提倡夏代的忠直之道。古代的天下，也就是现在的天下，同是这一个天下，为什么古代与现在相比，却会有那么大的差距！为什么败坏到如此程度？估计或许是因为没有遵循古代的治国之道吧，或许是因为违背了天理吧？

“天对万物也有一定的分配赐予：赐给利齿的动物不让它再长犄角，赐给双翅的鸟类只让它有两只脚，这是让已受大利的，不能再取得小利。古代那些接受俸禄的官员，不许靠气力谋食，不得经营工商末业，这也是既得大利就不能再取小利，与天的旨意是相同的。那些已得大利而又要夺取小利的人，连天都不能满足其贪欲，更何况人呢？这正是民众纷纷怨叹困苦难熬的原因。那些达官显贵，身受朝廷荣宠而居高位，家庭富裕又享受丰厚俸禄，于是，凭借着既富又贵的资本和权势，在下面与民众去争利，民众比得上他们吗？民众逐日逐月地被削弱，逐渐陷入最穷困的底层。富贵的人奢侈成风挥金若土，穷困的人走投无路苦不聊生；民众没有感觉到活着有什么乐趣，怎么能避免犯罪呢？这正是刑罚繁多却不能制止犯罪的原因。

“天子的官员，是民众观察仿效的对象、是远方各民族从四面八方向中央观察仿效的对象。远近的人都观察和仿效他们，怎么可以身居贤人的高位却去做民众所做的事呢！急急忙忙地追求财利，经常害怕穷困，这是民众的心理状态；急急忙忙地追求仁义，经常害怕不能用仁义去感化民众，这是官员应有的意境。《周易》说：‘既背负着东西又用车拉着东西，招来了强盗抢劫。’乘坐车辆，这是君子的位置；身背肩担，这是小人的事情；《周易》的这句话，是说居于君子尊位而去做民众的事情，这样的人，一定会招来祸患。如果居于君子之位，就应当为君子之行，为君子者当如公仪休，取大而舍小，如果废而不遵，则无所作为也。

“《春秋》推崇的天下一统，这是天地之间的永久原则，是古往今来的一致道义。现在，每个经师传授的道不同，每个人的论点各异，百家学说旨趣不同，因此，帝王也没有办法实现统一，法令制度多次变化，臣下不知道应该遵守什么。我认为，所有不属于儒家六艺范围之内，不符合孔子学说的学派，都应当禁绝其理论，不许它们与儒学并进，使邪恶不正的学说归于灭绝，这样做了，就能政令统一，法度明确，臣民就知道该遵循什么了！”

汉武帝刘彻很赞赏董仲舒的对答，任命他做江都国的相。

会稽人庄助也以贤良的身份参加了考试对答，汉武帝擢拔他担任中大夫。丞相卫绾向汉武帝上奏，说：“举荐来的贤良，有研究申不害、韩非、苏秦、张仪的学说扰乱国家政治的，请都予以遣返并废除其学说。”汉武帝批准了奏请。

董仲舒从小研究《春秋》。汉景帝刘启时做了博士官，上朝退朝的仪容举止，没有任何不合乎礼法的地方，学者们都用尊师的礼节尊敬他。等到董仲舒做了江都国的相，侍奉江都易王刘非。易王刘非，是汉武帝的哥哥，历来骄横，好逞勇力。董仲舒用礼义来辅佐纠正他，易王也很敬重董仲舒。

【原文】

春，二月，赦。

行三铢钱①。

夏，六月，丞相卫绾免。

丙寅②，以魏其侯窦婴为丞相，武安侯田蚡为太尉。上雅向儒术③，婴、蚡俱好儒，推毂代赵绾为御史大夫④，兰陵王臧为郎中令⑤。绾请立明堂⑥以朝诸侯，且荐其师申公⑦。秋，天子使使束帛加璧、安车驷马⑧以迎申公。既至，见天子。天子问治乱之事，申公年八十余，对曰：“为治者不至多言，顾力行何如耳⑨。”是时，天子方好文词，见申公对，默然。然已招致，则以为太中大夫⑩，舍鲁邸⑪，议明堂、巡狩、改历、服色事。

是岁，内史⑫甯成抵罪髡钳⑬。

（以上为第二段，写汉武帝重视儒学，重用精通儒术之人；御史大夫赵绾奏请兴建明堂，以接受诸侯王的朝见；又迎接申公入朝，商议有关兴建明堂、天子视察各地、改换历法和服色等事情。）

【注释】

①三铢钱：西汉铜钱的一种，重如其文。铢，重量单位，二十四铢为一两。 ②丙寅：六月初七日。 ③上雅向儒术：汉武帝素来向往儒术。 ④推毂：推车前进，一人推车，一个助推曰毂。喻互相推荐引达。 代：国名。都代县，在今河北蔚县东北。 赵绾：当时的一位大儒。 御史大夫：副丞相，监察百官。 ⑤兰陵：县名。治所在今山东枣庄东南。 郎中令：官名。九卿之一，掌卫皇宫。 ⑥明堂：古时天子宣明政教、朝见诸侯的建筑物。 ⑦申公：当时的《诗》学大儒。 ⑧束帛加璧：束帛之上又加玉璧，古代贵

重的礼物。安车驷马：以蒲裹轮，以减少震动的乘车。用四匹马拉，供尊长乘用的高规格公务车。⑨顾力行何如耳：只看实际干得怎么样。力行，实行，实践。何如，怎么样。⑩太中大夫：官名。掌议论。属郎中令。⑪舍：住宿。鲁邸：鲁王国在京的官邸。⑫内史：官名。掌治京畿地方。⑬甯成：西汉酷吏之一。时任内史，被判髡钳罪。传见《史记》卷一百二十二、《汉书》卷九十。髡钳：古代刑罚名。髡，剃去男子头发。钳，以铁圈束颈。

【译文】

春季，二月，汉武帝颁布赦令。

朝廷发行三铢钱。

夏季，六月，丞相卫绾被免职。

六月初七，汉武帝刘彻任命魏其侯窦婴为丞相，任命武安侯田蚡为太尉。汉武帝一向看重儒术，窦婴、田蚡都喜好儒术，极力推荐代地人赵绾担任御史大夫，推荐兰陵人王臧担任郎中令。赵绾奏请兴建明堂以接受诸侯王的朝见，并且向汉武帝推荐了他的老师申公。秋季，汉武帝派出使者带着表示礼聘的帛和玉璧，驾着安车驷马去迎接申公入朝。申公到了京城，拜见汉武帝。汉武帝询问关于国家治乱的事情，申公已是八十多岁的高龄，回答说："治理天下的人，不以说得多为完善，只看实际干得怎么样罢了。"这时，汉武帝正喜爱文辞，听到申公的对答，沉默不语。汉武帝虽然对申公的对答不满意，但既然已把他招来了，就任命他做了太中大夫，安顿他住在鲁王在京城的官邸中，商议有关兴建明堂、天子视察各地、改换历法和服色等事情。

这一年，内史甯成犯罪，被判处髡钳刑。

【原文】

二年（壬寅，前139）

冬，十月，淮南王安来朝[①]。上以安属为诸父而材高[②]，甚尊重之，每宴见谈语，昏暮然后罢[③]。

安雅善[④]武安侯田蚡，其入朝，武安侯迎之霸上[⑤]，与语曰："上无太子，王亲高皇帝孙，行仁义，天下莫不闻。宫车一日晏驾[⑥]，非王尚谁立者[⑦]！"安大喜，厚遗蚡金钱财物。

太皇窦太后好黄老言，不悦儒术。赵绾请毋奏事东宫[⑧]。窦太后大怒曰："此欲复为新垣平[⑨]邪！"阴求[⑩]得赵绾、王臧奸利事，以让上[⑪]。上因废明堂事，诸所兴为皆废[⑫]。下绾、臧吏[⑬]，皆自杀。丞相婴、太尉蚡免[⑭]，申公亦以疾免归。

初，景帝以太子太傅石奋[⑮]及四子皆二千石，乃集其门，号奋为"万石君"。万石君无文学[⑯]，而恭谨无与比[⑰]。子孙为小吏，来归谒，万石君必朝服见之[⑱]，不名[⑲]。子孙有过失，不责让[⑳]，为便坐[㉑]，对案不食[㉒]；然后诸子相责[㉓]，因长老肉袒谢罪[㉔]，改之，乃许。子孙胜冠者在侧[㉕]，虽燕居必冠[㉖]。其执丧，哀戚甚悼。子孙遵教，皆以孝谨闻乎郡国。及赵绾、王臧以文学获罪，窦太后以为儒者文多质少[㉗]，今万石君家不言而躬行，乃以其长子建为郎中令，少子庆为内史。建在上侧[㉘]，事有可言，屏人恣言极切[㉙]，至廷见[㉚]，如不能言者，上以是亲之。庆尝为太仆[㉛]，御出[㉜]，上问车中几马，庆以策数马毕[㉝]，举手曰："六马。"庆于诸子中最为简易[㉞]矣。

窦婴、田蚡既免，以侯家居。蚡虽不任职，以王太后故亲幸[㉟]，数言事多效[㊱]。士吏趋势利者，皆去婴而归蚡，蚡日益横[㊲]。

（以上为第三段，写太皇太后窦氏干预朝政，她喜好黄老学说，不喜欢儒家学说，暗中查找御史大夫赵绾、郎中令王臧的贪赃证据，二人双双被下狱而被逼自杀；罢免了丞相窦婴、太尉田蚡的官职，朝政一切照旧。）

【注释】

①淮南王安来朝：淮南王刘安入京朝见汉武帝。刘安，西汉宗室，淮南厉王刘长之长子，好宾客，编写《鸿烈》，即《淮南子》。因谋反事觉，自杀。传见《史记》卷一百一十八、《汉书》卷四十四。 ②安属为诸父：刘安为景帝的堂弟，是汉武帝的堂叔。 材高：才能卓著。材，通"才"。 ③昏暮然后罢：宴饮交谈，总是到黄昏后才停止。 ④雅善：一直友好。 ⑤霸上：地名。在今陕西西安东，霸水西岸，是当时京师迎来送往的地方。 ⑥宫车、晏驾：讳称皇帝死。 一日：如有一天。 ⑦非王尚谁立者：不是您还有谁立为帝。 ⑧东宫：指居住于长乐宫的窦太皇太后。长乐宫在未央宫以东，故曰东宫。 按：毋奏事东宫，意在不让窦氏过问政治。这是汉武帝初即位与祖母窦太皇太后的一场权力博弈，窦氏取得胜利，两个党附汉武帝的外戚丞相窦婴、太尉田蚡被罢免，御史大夫赵绾、郎中令王臧下狱自杀。 ⑨新垣平：文帝时方士，欺诈被杀。 ⑩阴求：暗中搜集证据。 ⑪让上：责备汉武帝。 ⑫诸所兴为皆废：赵绾等人主张的一

切都被废止。武帝初年的一场儒化革新被窦太皇太后叫停，仍奉行黄老之学直到建元末。⑬下绾、臧吏：把赵绾、王臧交司法官办理。⑭免：罢免丞相窦婴、太尉田蚡的职务。⑮太子太傅：官名。辅导太子。石奋：即万石君。西汉温（今河南温县西南）人。自身及四子皆官至二千石，故号“万石君”。以孝谨闻名。传见《史记》卷一百零三、《汉书》卷四十六。⑯文学：指经学，即儒术。⑰无与比：没有与他可比的。⑱朝服见之：万石君居家见子侄，也一定穿上朝会时的礼服。⑲不名：不称呼人名。⑳不责让：不责备。㉑便坐：不在正堂而坐于侧室。㉒对案不食：对着几案不吃饭。㉓诸子相责：几个儿子互相责备，检讨。㉔因：通过。长老：年长者。肉袒：袒胸露体，以示惶恐。谢罪：承认过错。㉕胜冠者在侧：已成年子孙在身边。胜冠者，指已成年可以加冠的男子。㉖虽燕居必冠：石奋即使闲居，也一定衣冠整齐。㉗文多质少：富于文采缺少质朴。㉘建在上侧：石建当时在汉武帝身边。㉙屏人恣言极切：让人回避之后，对汉武帝尽情诉说，极为恳切。㉚廷见：朝见，百官朝会之时。㉛太仆：官名。九卿之一，掌皇帝车马。㉜御出：皇帝驾车外出。㉝庆以策数马毕：石庆举起马鞭，一匹一匹清点完拉车的马。㉞简易：简便，不讲究繁文缛礼。㉟以王太后故亲幸：因田蚡是王太后弟，与武帝是甥舅关系，故亲幸。㊱多效：多被采纳。㊲日益横：一天比一天骄横。

【译文】

汉武帝建元二年（壬寅，前139）

冬季，十月，淮南王刘安来朝见汉武帝。汉武帝因为刘安从辈分来说是叔父，而且有很高的才能，很尊重他，每当安闲无事时，就召他来交谈，总是到黄昏后才停止。

刘安一直与武安侯田蚡友好，他来京朝见时，武安侯到霸上迎接他，告诉他说：“皇上没有太子，大王是高皇帝的亲孙子，广行仁义，天下人没有不知道的。假如皇帝突然去世，除了大王之外还有谁能继承帝位呢？”刘安闻言大喜，送给田蚡丰厚的金钱财物。

窦太皇太后喜好黄老学说，不喜欢儒家学说。赵绾奏请说：“国家政务不要再向太后奏报。”窦太皇太后勃然大怒，说：“他是想当第二个新垣平吧！”她暗中搜集到赵绾、王臧贪赃的证据，以此责备汉武帝用人不当。汉武帝就废止了兴建明堂的事情，赵绾等人主张的一切都被废止。赵绾、王臧被交付官吏处置，他们都自杀了。丞相窦婴、太尉田蚡被免职，申公也以有病为借口，辞职归家。

当初，汉景帝因为太子太傅石奋及其四个儿子，都有二千石的官秩，就总计他一门父子五人的官秩之和，称石奋为“万石君”。万石君没有文才学问，但恭敬谨慎没有人可以与他相比。子孙做小官，回来看望他，万石君必定身穿朝服以礼相见，不叫他们的名字。子孙有了过错，他不加以责备，而为此离开正室坐到厢屋中，对着桌子不吃饭；然后，儿子们互相批评，有过失的人通过长辈来求情，并且袒露上身前来请罪，表示一定要改正，石奋才答应他的要求而进餐。已经成年的子孙在身边，石奋即使闲居无事，也必定衣冠整齐。他主持丧事，表情极为悲痛。子孙遵循他的教导，都以孝顺谨慎闻名于各地。等到赵绾、王臧提倡经学却犯了罪，窦太后就认为儒生富于文采却欠缺质朴，现在万石君一家人不多说话却能身体力行，就任命他的大儿子石建担任郎中令，任命他的小儿子石庆担任内史。石建在汉武帝刘彻身边任职，发现了应该进谏的事情，让人回避之后，对汉武帝尽情诉说，十分尖锐。到了朝廷上与百官朝见汉武帝时，石建却像一个不善言谈的人，汉武帝因此很亲近他。石庆曾担任太仆，为汉武帝驾车外出，汉武帝问有几匹马拉车，石庆举起马鞭一一点数马匹后，举起手来回答说：“有六匹马。”石庆在石奋的儿子中是最为随便的，做事还如此恭敬谨慎。

窦婴、田蚡被罢免之后，以列侯的身份赋闲在家中。田蚡虽然不担任官职，但因与王太后是同母弟的关系，仍得到皇帝的亲近宠信，多次议论国事，大多被采纳；趋炎附势的士人和官吏，都离开了窦婴而归附田蚡，田蚡一天比一天骄横起来。

【原文】

春，二月丙戌朔[①]，日有食之。

三月乙未[②]，以太常柏至侯许昌[③]为丞相。

初，堂邑侯陈午[④]尚帝姑馆陶公主嫖[⑤]，帝之为太子，公主有力[⑥]焉；以其女[⑦]为太子妃，及即位，妃为皇后。窦太主恃功[⑧]，求请无厌，上患之。皇后骄妒[⑨]，擅宠而无子[⑩]，与医钱凡九千万，欲以求子，然卒[⑪]无之。后宠浸衰。皇太后[⑫]谓上曰：“汝新即位，大臣未服，先为明堂，太皇太后已怒。今又忤长主[⑬]，必重得罪。妇人性易悦[⑭]耳，宜深慎之！”上乃于长主、皇后复稍加恩礼[⑮]。

上祓[⑯]霸上，还，过上姊平阳公主[⑰]，悦讴者卫子夫[⑱]。子夫母卫媪[⑲]，平阳公主家僮[⑳]也。主因奉送子夫入宫，恩宠日隆。陈皇后闻之，恚[21]，几死者数矣[22]。上愈怒。

子夫同母弟卫青[23]，其父郑季，本平阳县吏[24]，给事[25]侯家，与卫媪私通而生青，冒姓卫氏[26]。青长，为侯家骑奴。大长公主执囚青[27]，欲杀之。其友骑郎公孙敖与壮士篡取[28]之。上闻，乃召青为建章监、侍中[29]，赏赐数日间累千金。既而以子夫为夫人，青为太中大夫。

夏，四月，有星如日，夜出。

初置茂陵邑[30]。

时大臣议者多冤晁错之策[31]，务摧抑诸侯王，数奏暴其过恶[32]，吹毛求疵[33]，笞服其臣，使证其君[34]。诸侯王莫不悲怨。

（以上为第四段，写陈皇后没有生育能力，其母亲窦太主刘嫖又自恃立汉武帝有功，无休无止地请求赏赐，干预国政，汉武帝因而疏远陈皇后，一日在姐姐平阳公主家，看中了卫子夫，纳入宫中，立为夫人。）

【注释】

①丙戌朔：二月初一日。 ②乙未：三月丙辰朔，无乙未。疑为“己未”之误。己未，三月初四日。 ③许昌：高祖功臣许盎之孙。 ④陈午：高祖功臣陈婴之孙。 尚：娶帝王之女为妇。 ⑤馆陶公主嫖：文帝之长女，武帝之姑刘嫖。 ⑥公主有力：馆陶公主为刘彻立太子出了力，事见上卷景帝前七年。 ⑦其女：指馆陶公主之女陈氏，小名阿娇。为太子妃，汉武帝即位后为陈皇后。 ⑧窦太主：馆陶公主是文帝与窦后所生，故于武帝可称窦太主。 恃功：自恃立汉武帝为太子有功。 ⑨骄妒：骄横嫉妒。 ⑩擅宠而无子：独占君宠，却没有生育孩子。 ⑪卒：终于。 ⑫皇太后：汉武帝生母王太后。⑬忤长主：得罪馆陶公主。 ⑭妇人性易悦：女人性情容易高兴起来。即女人好哄。⑮稍加恩礼：稍稍以恩礼相待。 ⑯祓（fú）：古代因迷信为除灾去邪而举行的仪式。⑰过：经过，造访。 平阳公主：景帝之女，武帝之姐，下嫁平阳侯曹寿，故称平阳公主。 ⑱悦：喜爱。 讴者：歌女。 卫子夫：姓卫，名子夫，卫青之姐。 ⑲卫媪：卫系其夫家之姓。媪（ǎo），年老的妇女之称。 ⑳僮：奴婢。 ㉑恚（huì）：愠怒。 ㉒几死者数矣：陈皇后好几次差点被气死。 ㉓卫青：西汉河东平阳（今山西临汾西南）人，字仲卿。本姓郑，冒姓卫。武帝时，因击匈奴有功，封长平侯。为大将军、大司马。传见《史记》卷一百一十一、《汉书》卷五十四。 ㉔平阳：县名。县治在今山西临汾西南。 县吏：县中小官吏。 ㉕给事：供职，应差做事。 ㉖冒姓卫氏：冒充姓卫，借卫氏为姓。 ㉗大长公主：陈皇后母馆陶公主。 执囚青：抓捕卫青禁闭起来。 ㉘骑郎：郎官

之一。 公孙敖：西汉将领。卫青挚友，后为卫青部属。 篡取：强力夺取。 ㉙建章监：建章宫监。 侍中：官名。侍从皇帝。 ㉚茂陵邑：因武帝于茂乡建寿陵，而置邑。在今陕西咸阳西。 ㉛多冤晁错之策：多为晁错建议削藩之策而被害感到冤屈。事见上卷景帝前三年。 ㉜“数奏”句：多次弹劾揭露诸侯王的过失和罪恶。数奏，多次弹劾。暴，暴露。过恶，过失和罪恶。 ㉝吹毛求疵：故意找毛病。 ㉞使证其君：迫使诸侯王的臣属证明主子有罪。

【译文】

春季，二月初一，出现日食。

三月初四（乙未，疑误），汉武帝刘彻任命太常、柏至侯许昌担任丞相。

当初，汉武帝的姑姑馆陶公主刘嫖下嫁给堂邑侯陈午，汉武帝得以立为太子，馆陶公主是发挥了很大作用的；公主把她的女儿嫁给太子做正妃，等到汉武帝即位称帝，正妃就做了皇后。窦太主即馆陶公主刘嫖，自恃立汉武帝有功，无休无止地请求赏赐、干预国政，汉武帝对她很不满。陈皇后骄横嫉妒，独占君宠，却没有生育孩子，给医生的费用合计九千万，想求得生下儿子，但是终究没有生育。汉武帝对陈皇后的宠爱渐渐衰退。皇太后对汉武帝说：“你刚刚当上皇帝，大臣还没有归附你，就先兴建明堂，太皇太后已经很恼怒了。现在又得罪了窦太主，必定会受到重责。妇人的性情是容易高兴的，你应该慎之又慎！”汉武帝于是就对窦太主、陈皇后母女俩又稍稍以恩礼相待。

汉武帝到霸上举行祓除仪式，返宫途中，去看望他的姐姐平阳公主，看中了平阳公主府中的歌女卫子夫。卫子夫的母亲卫媪，是平阳公主家的奴婢；平阳公主就把卫子夫送入宫中，卫子夫日益受到汉武帝的宠幸。陈皇后得知，极为恼怒，好几次几乎给气死。汉武帝对陈皇后更为恼怒。

卫子夫的同母异父弟卫青的父亲郑季，本来是平阳县的县吏，去平阳侯家中供职当差，和卫媪私通而生了卫青，让他冒充姓卫。卫青长大了，在平阳侯家中当骑奴。窦太主刘嫖抓住卫青囚禁起来，想杀掉他，卫青的好友骑郎公孙敖和勇士把他给抢了回来。汉武帝得知此事，就召见卫青并任命他为建章宫的宫监，还给他侍中的官衔，几天之内给卫青高达上千金的赏赐。不久，汉武帝立卫子夫为夫人，任命卫青为太中大夫。

夏季，四月，夜间出现了一颗光亮如同太阳的异星。

开始设立茂陵邑。

当时，朝廷大臣的议论中多对晁错提出削藩之策被杀而表示冤枉，一心摧残和抑制诸侯王，经常弹劾揭露诸侯王的过失和罪恶，甚至达到吹毛求疵的程度，用鞭笞刑罚威逼诸侯王的臣子屈服，迫使他们证明诸侯王有过失和罪恶，诸侯王没有一个不为此而悲愁怨恨的。

【原文】

三年（癸卯，前138）

冬，十月，代王登、长沙王发、中山王胜、济川王明[1]来朝。上置酒，胜[2]闻乐声而泣。上问其故，对曰："悲者不可为累欷，思者不可为叹息[3]。今臣心结日久，每闻幼眇之声[4]，不知涕泣之横集也[5]。臣得蒙肺附为东藩[6]，属又称兄[7]。今群臣非有葭莩之亲、鸿毛之重[8]，群居党议[9]，朋友相为，使夫宗室摈却[10]，骨肉冰释[11]，臣窃伤之！"具以吏所侵闻[12]。于是上乃厚诸侯之礼，省[13]有司所奏诸侯事，加亲亲之恩[14]焉。

河水溢于平原[15]。

大饥，人相食。

秋，七月，有星孛于西北。

济川王明坐杀中傅[16]，废迁房陵[17]。

七国之败也，吴王子驹亡走闽越[18]，怨东瓯[19]杀其父，常劝闽越击东瓯。闽越从之，发兵围东瓯，东瓯使人告急天子。天子问田蚡，蚡对曰："越人相攻击，固其常[20]；又数反覆[21]，自秦时弃不属[22]，不足以烦中国往救也。"庄助[23]曰："特患力不能救，德不能覆[24]。诚能[25]，何故弃之！且秦举咸阳而弃之[26]，何但越也！今小国以穷困来告急，天子不救，尚安所诉[27]，又何以子万国[28]乎！"上曰："太尉不足与计[29]。吾新即位，不欲出虎符发兵郡国[30]。"乃遣助以节发兵会稽。会稽守欲距法不为发[31]，助乃斩一司马[32]，谕意指[33]，遂发兵浮海救东瓯。未至，闽越引兵罢。东瓯请举国内徙，乃悉举其众来，处于江、淮之间[34]。

（以上为第五段，写汉武帝听从中山王刘胜的意见，对诸侯王施行优待亲属的恩惠；听从庄助的意见，派庄助持节征发会稽郡军队，渡海前去救援东瓯，东瓯举国内迁，被安置在长江和淮河之间。）

【注释】

①代王登：代王刘参之子，文帝之孙。长沙王发、中山王胜：皆景帝之子。济川王明：梁孝王刘武之子。②胜：中山王刘胜。③“悲者”二句：悲伤的人听不得抽噎的声音，忧愁的人听不得叹息的声音。累欷，多次欷歔，即抽噎声。④幼眇之声：幽妙清微的音乐。幼眇（miǎo）：微妙。⑤不知涕泣：不知不觉地流泪。横集：横流。⑥肺附：喻帝王的近亲。东藩：东方的藩国。中山王国在关东，故刘胜曰“东藩”。⑦属：亲属。以亲属言，刘胜是武帝刘彻之兄。⑧“今群臣”句：现在朝廷群臣与皇上之间没有血缘关系，没有承担国家的重任。葭莩，芦苇茎中的薄膜，非常轻薄。喻关系疏远。鸿毛，亦喻责任轻微。⑨群居党议：结成朋党，发出偏私的议论。⑩宗室摈却：使宗室皇族受到排斥。⑪骨肉冰释：亲情如同冰雪般融化。冰释，冰化。⑫具以吏所侵闻：把官吏侵犯诸侯之事一一报告皇帝。⑬省：减省，撤销。⑭加亲亲之恩：对宗室亲属施加优待的恩惠。⑮河水溢于平原：黄河在平原郡泛滥成灾。溢，水涨漫过堤岸。平原，郡名，郡治平原，在今山东平原南。⑯坐：定罪。中傅：出入王宫以傅王之官。⑰废迁房陵：废除王位，流放到房陵。房陵，县名。县治在今湖北房县。⑱驹：刘驹。刘濞之子。亡走：逃跑。闽越：又作闽粤。越族之一支。活动于今福建、浙东一带。⑲东瓯：越族之一支。活动于今闽、浙部分地区。⑳固其常：原来是他们的平常事。㉑数反覆：与汉朝关系多次反复无常。㉒弃：放弃。不属：谓不臣属于朝廷。㉓庄助：西汉会稽吴（今江苏苏州）人，辞赋家。《汉书》因避明帝讳改庄为严。仕于武帝时，传见《汉书》卷六十四上。㉔覆：覆盖，此指保护。㉕诚能：如果能力足够。㉖秦举咸阳而弃之：秦朝把整个都城咸阳都放弃了。举，为，整个。㉗尚安所诉：还向哪里申诉。㉘子万国：以万国为子民。㉙不足与计：不值得与他商量大事。㉚虎符：朝廷调兵的凭证。发兵郡国：用符节调兵。㉛会稽：郡名。治吴，在今江苏苏州市。距法不为发：依据虎符调兵的法令，因未见而不发兵。距，通“据”。㉜斩一司马：庄助杀了一位军法官司马。㉝谕意指：告知汉武帝的旨意。㉞处于江、淮之间：把归附的东瓯人安置在长江、淮河之间。

【译文】

汉武帝建元三年（癸卯，前138）

冬季，十月，代王刘登、长沙王刘发、中山王刘胜、济川王刘明来京朝见汉武帝。汉武帝设酒宴款待，刘胜在席间听到音乐声就哭了起来。汉武帝问他为什么哭，刘胜回答说：“悲伤的人听不得抽噎的声音，忧愁的人听不得叹息的声音。

现在我心中积压了许多忧伤，每当听到幽妙精微的音乐，不知不觉地就会涕泪横流。我有幸得到朝廷重用，受封为东方的藩臣，从亲属关系说来，又是皇上的哥哥。现在朝廷群臣与皇上之间没有血缘亲情，没有承担国家的任何重任，却结成友党发出偏私的议论，相互勾结，使宗室皇族受到打击和排斥，骨肉亲情冰雪般融化，我私下为此而悲伤！”他就把官吏侵夺欺凌诸侯王的事情一一向汉武帝奏报。于是，汉武帝就增加优待诸侯的礼遇，废止了有关官吏检举诸侯王不法行为的文书，对诸侯王施行优待亲属的恩惠。

黄河在平原郡泛滥成灾。

汉朝发生了大饥荒，人吃人。

秋季，七月，西北天空中出现了一颗异星。

济川王刘明因杀死中傅而犯罪，被废去王位，流放到房陵县。

七国叛乱失败时，吴王刘濞的儿子刘驹逃亡到闽越，怨恨东瓯诱杀了他的父亲，经常怂恿闽越进攻东瓯。闽越王听从了刘驹的意见，发兵包围了东瓯都城，东瓯王派人向汉朝告急求援。汉武帝征询田蚡的意见，田蚡回答说：“越人相互攻击，本来就是常有的事；又多次叛服不定，从秦朝时就被放弃了，不属于中原，不值得烦劳中原朝廷去援救他们。”庄助说：“现在只怕力量小不能前去援救，朝廷德薄不能保护他们。假如能做到这些，为什么要抛弃他们呢？况且，秦朝连整个都城咸阳都抛弃，何止是抛弃了越人呢？现在，东瓯这样的小国因走投无路来向朝廷告急，如果皇上不去救援，他们还能去何处求援告急呢？皇上又怎么能使天下万国臣服呢？”汉武帝说：“太尉的见识，不值得我和他商议国家大事。我刚即位，不想用虎符征发郡国的军队去打仗。”于是，派庄助持皇帝的符节去征发会稽郡的军队。会稽郡的郡守本想依据不见虎符不得发兵的法令，不给庄助征发军队，庄助杀了一位司马官，把汉武帝的意思告知郡守，于是，发兵渡海前去援救东瓯。汉军尚未达到，闽越就领兵撤走了。东瓯请求全国人内迁中原归顺朝廷，得到朝廷批准之后，东瓯王领着所有部众迁来，他们被安置在长江和淮河之间。

【原文】

九月丙子晦[①]，日有食之。

上自初即位，招选天下文学材智之士，待以不次[②]之位。四方士多上书言得失，自眩鬻[③]者以千数。上简拔其俊异者[④]宠用之。庄助最先进[⑤]，后又得吴人朱买臣、赵人吾丘寿王、蜀人司马相如、平原东方朔、吴人枚皋、济南终军等[6]，并在左右[7]，每令与大臣辨论，中外相应以义理之文[8]，大臣数屈[9]焉。然相如特以辞赋得幸；朔皋不根持论[10]，好诙谐，上以俳优畜之[11]，虽数赏赐，终不任以事也[12]。朔亦观上颜色，时时直谏，有所补益。

是岁，上始为微行[13]，北至池阳[14]，西至黄山[15]，南猎长杨[16]，东游宜春[17]，与左右能骑射者期诸殿门[18]。常以夜出，自称平阳侯[19]；旦明，入南山[20]下，射鹿、豕、狐、兔，驰骛禾稼之地，民皆号呼骂詈[21]。鄠、杜令欲执之[22]，示以乘舆物[23]，乃得免。

又尝夜至柏谷[24]，投逆旅宿[25]，就逆旅主人求浆[26]，主人翁曰："无浆，正有溺[27]耳！"且疑上为奸盗，聚少年欲攻之。主人妪睹上状貌而异之[28]，止其翁曰："客非常人也，且又有备，不可图[29]也。"翁不听，妪饮翁以酒，醉而缚之。少年皆散走，妪乃杀鸡为食以谢客。明日，上归，召妪，赐金千斤，拜其夫为羽林郎[30]。后乃私置更衣[31]，从宣曲以南十二所[32]，夜投宿长杨、五柞等诸宫[33]。

上以道远劳苦，又为百姓所患，乃使太中大夫吾丘寿王举籍阿城[34]以南，盩厔[35]以东，宜春[36]以西，提封顷亩[37]，及其贾直[38]，欲除以为上林苑[39]，属之南山[40]。又诏中尉、左右内史[41]表属县草田[42]，欲以偿鄠、杜之民。寿王奏事，上大说称善[43]。

时东方朔在傍，进谏曰："夫南山，天下之阻[44]也。汉兴，去三河[45]之地，止霸、浐[46]以西，都泾、渭[47]之南，此所谓天下陆海之地[48]，秦之所以虏西戎、兼山东者也。其山出玉、石、金、银、铜、铁、良材，百工所取给，万民所卬足[49]也。又有粳、稻、梨、栗、桑、麻、竹箭之饶，土宜姜、芋，水多蛙、鱼，贫者得以人给家足，无饥寒之忧；故酆、镐之间，号为土膏[50]，其贾亩一金[51]。今规以为苑[52]，绝陂池水泽之利[53]而取民膏腴之地，上乏国家之用，下夺农桑之业，是其不可一也。盛荆棘之林，广狐菟之苑，大虎狼之虚[54]，坏人冢墓，发人室庐，令幼弱怀土而思，耆老泣涕而悲，是其不可二也。斥而营之，垣而囿之[55]，骑驰东西[56]，车骛南北[57]，有深沟大渠。夫一日之乐，不足以危无堤之舆[58]，是其不可三也。夫殷作九市之宫而诸侯畔[59]，灵王[60]起章华之台而楚民散，秦[61]兴阿房之殿而天下乱。粪土愚臣[62]，逆盛意，罪当万死[63]！"上乃拜朔为太中大夫、给事中[64]，赐黄金百斤。然遂起上林苑，如寿王所奏。

上又好自击熊、豕[65]，驰逐野兽。司马相如上疏谏曰："臣闻物有同类而殊能[66]者，故力称乌获[67]，捷言庆忌[68]，勇期贲育[69]，臣之愚，窃以为人诚有之[70]，兽亦宜然[71]。今陛下好陵阻险[72]，射猛兽，卒然遇逸材之兽[73]，骇不存之地[74]，犯属车之清尘[75]，舆不及还辕[76]，人不暇施巧[77]，虽有乌获、逢蒙之技不得用[78]，枯木朽株，尽为难矣。是胡越起于毂下而羌夷接轸也[79]，岂不殆哉[80]！虽万全而无患，然本非天子之所宜近也。且夫清道而后行，中路而驰，犹时有衔橛之变[81]，况乎涉丰草[82]，骋丘墟，前有利兽之乐，而内无存变之意，其为害也不难[83]矣。夫轻万乘之重不以为安[84]，乐出万有一危之涂以为娱[85]，臣窃为陛下不取。盖明者远见于未萌[86]，而知者避危于无形[87]，祸固多藏于隐微而发于人之所忽者也[88]。故鄙谚曰：'家累千金[89]，坐不垂堂[90]。'此言虽小，可以谕大[91]。"上善之。

（以上为第六段，写汉武帝刘彻招选博学多才的人，予以破格重用，得到了一大批人才；同时，汉武帝年少轻狂，经常夜间出猎，又建造上林苑，东方朔、司马相如等谏阻，汉武帝称善而依旧我行我素。）

【注释】

①丙子晦：九月三十日。 ②不次：不拘常格，可超越，即破格起用。 ③自眩鬻：自我吹嘘，自荐。 ④简拔：挑选。 俊异者：杰出的人才。 ⑤最先进：第一个得到任用。 ⑥朱买臣、吾丘寿王、司马相如、东方朔、枚皋、终军：这些是汉武帝从全国四方招来的俊秀，安置在身边为文学侍从，平时唱和，每遇大事垂询听取。《汉书》均有传。 ⑦并在左右：都在皇帝身边。即侍从之官。 ⑧中外：指皇帝左右的中朝官，朝廷大臣的外朝官。武帝时有内朝（中朝）、外朝之分。 相应以义理之文：中朝官与外朝官用义理文辞相互驳难。 按：汉武帝时值青壮年，雄才大略，思想急进，通过中朝官向外朝官灌输。驳难最大问题是伐匈奴，其文辞见《汉书》各人相关传记。 ⑨数（shuò）屈：屡次失败。 ⑩朔皋不根持论：东方朔、枚皋两人的言论没有根据，擅长诡辩。⑪好诙谐，上以俳优畜之：东方朔等喜欢幽默嘲讽，汉武帝把他们视作演艺人收纳。⑫终不任以事也：终究不委任他们管理政务。 ⑬微行：便服私自出行。 ⑭池阳：县名。治所在今陕西泾阳。 ⑮黄山：宫名。在今陕西兴平南。 ⑯长杨：宫名。在今陕西周至境内。 ⑰宜春：宫名。在今陕西西安东南曲江池一带。 ⑱期诸殿门：约定时间在殿门会合。 ⑲自称平阳侯：平阳侯曹寿，汉武帝的姐夫，故汉武帝冒称。 ⑳南

山：即终南山。今秦岭。㉑号呼骂詈：大声怒骂。㉒鄠、杜令欲执之：鄠县和杜县的县令要把这些人抓捕起来。鄠县治所在今陕西西安市鄠邑区，杜县治所在今陕西西安市长安区西。㉓示：出示。乘舆物：皇帝乘舆之物。㉔柏谷：地名。在今河南灵宝西。㉕投逆旅宿：去旅店投宿。㉖求浆：讨酒喝。㉗正有溺：恰有一泡尿。㉘主人妪：旅店女主人。睹上状貌而异之：看了汉武帝的容貌认为不寻常。㉙图：图谋，祸害。㉚羽林郎：郎官之一，掌宫廷警卫，属郎中令。㉛私置：私密地设置。更衣：休息的地方。㉜从宣曲以南十二所：从宣曲以南共私设更衣十二处。宣曲，宫名，在汉昆明池西。㉝夜投宿长杨、五柞等诸宫：夜间投宿在长杨宫、五柞宫等宫殿中。长杨宫在今陕西周至东南，因宫中有长杨树而得名。五柞宫在长杨宫的东北方。㉞举籍：登记入册。阿城：本是秦朝的阿房宫，俗称阿城。㉟盩厔：县名，今作周至。县治在今陕西周至东。㊱宜春：宫名。在今陕西西安东南曲江池一带。㊲提封顷亩：区域内的全部土地的田亩。㊳贾直：读“价值”。㊴欲除以为上林苑：开辟修建成上林苑。㊵属之南山：连接到终南山。属，连接。按：“乃使”等七句，谓汉武帝派太中大夫吾丘寿王去调查统计，把阿城以南，周至以东，及宜春以西这一区域的全部田亩及其价值造册登记，把它开辟修建成上林苑，与南山相连接。㊶中尉：官名。掌京师治安。左右内史：即左内史、右内史。分掌京畿地方。左内史掌京师以东地区，右内史掌京师以西地区。太初元年，改左内史为左冯翊，改右内史为右扶风。㊷表属县草田：上报所属各县的荒田数量。表，章奏的一种。属县，所属之县，即划入要建上林苑的各县。草田，未耕垦的荒田。㊸上大说称善：汉武帝对吾丘寿王的报告很高兴，连声称好。说，读“悦”。㊹天下之阻：国家的天然屏障。㊺三河：汉人称河南、河内、河东三郡为“三河”。㊻霸、浐：二水名。皆源于蓝田县南山谷北流。浐水入霸水，霸水北入于渭水。霸水即今灞河。㊼泾、渭：二水名。是陕西二大水。渭水横流于关中。㊽陆海之地：富饶的高原平地，谓之“陆海”。㊾万民所卬足：成千上万的民众，依靠这些物产维持生活。㊿故酆、镐之间，号为土膏：所以酆水、镐水之间的土地，称为“土膏”。酆、镐二水，酆水源于南山，北流与镐水合，入渭水。酆水即今沣河，镐水即滈河，今下游称滈河。土膏，土地肥美如脂。(51)其贾亩一金：价值一亩地一斤黄金。(52)今规以为苑：如今规划为上林苑。(53)绝陂池水泽之利：断绝了陂池沿湖泽的财利来源。(54)虎狼之虚：虎狼出没的场所。虚，同“墟”，荒野。(55)斥而营之，垣而囿之：开拓为上林苑，周围筑墙成了禁地。(56)骑驰东西：策马东西奔驰。(57)车骛南北：驱车南北追逐。(58)不足以危无堤之舆：不值得天子去涉险犯难。无堤之舆，谓车骑驰骋，失之大意，则有颠蹶之患。(59)殷：即商代。这里指殷纣王。九市之宫：纣于宫中设九市。九，泛指多。九市，多个交易点。畔：

通“叛”。 ⑥灵王：楚灵王。楚灵王筑章华台，网罗逃亡者，终于有乾溪之祸。 ⑥秦：指秦始皇。秦始皇统一天下后，在咸阳兴建豪华的阿房宫，不久便有人民起义。 ⑥粪土愚臣：东方朔自谦，称自己是一个如粪土的卑贱臣仆。 ⑥逆盛意，罪当万死：冒犯皇上旨意，罪该万死。 ⑥给事中：官名。在宫中侍从天子。 ⑥豕：野猪。 ⑥殊能：特出的才能，奇才。 ⑥乌获：战国时秦武王的力士。传说他能力举千钧。 ⑥捷：快走。 庆忌：春秋时吴王僚之子，传说他跑起来比马还快。 ⑥期：必。贲育：孟贲、夏育，战国时代的两个勇士。 ⑦人诚有之：人中确有奇才。 ⑦兽亦宜然：野兽也是这样，必有异能。 ⑦陵阻险：攀登陡峭的险坡。陵，通“凌”。 ⑦卒然：突然。 逸材之兽：力大快跑的野兽。 ⑦骇不存之地：惊骇的野兽无路可逃。 ⑦犯属车之清尘：野兽拼死冒犯皇上的随从车辆。 属车，后车。清尘，车辆卷起的尘土。犯属车，是犯皇上的委婉说法。⑦舆：指皇帝的乘舆。 还辕：调转车的方向。 ⑦不暇：来不及。 施巧：施展应变的办法。 ⑦乌获、逄蒙之技不得用：乌获、逄蒙的超群技艺没有施展的地方。逄蒙，古代的善射者。 ⑦“是胡越”句：这种情况，相当于匈奴、越族突然进犯京城，而羌人、夷人出现在皇上的车下。毂下，辇毂之下，指京师。轸（zhěn），车厢的底框。 ⑧岂不殆哉：难道不是危险万分吗？ ⑧犹时有衔橛之变：还常有马惊失驭的意外事故。衔橛之变，谓衔橛失灵或发生危险。衔橛（jué），马口所勒的横木。 ⑧涉丰草：穿过茂密的荒草。⑧其为害也不难：谓野兽对皇帝构成危害是容易的。不难，谓容易。 ⑧不以为安：言不注意安全。 ⑧“乐出”句：乐于行进在潜伏着危险的道路上寻求刺激和娱乐。 ⑧明者远见于未萌：聪明人能预见尚未出现的苗头。 ⑧而知者避危于无形：明智者能避开尚未出现的危险。知，通“智”。 ⑧“祸固”句：灾祸本来大多隐藏在不易被察觉的细微之处，而发生在容易被人忽略的地方。隐微，不明显，细小。所忽，容易疏忽。 ⑧家累千金：家中积累千金财产。 ⑨坐不垂堂：不坐于堂屋的边侧，怕檐瓦落下伤人或自怕坠落。 ⑨此言虽小，可以谕大：这句话说的是小事，却可以比喻大事。

【译文】

九月三十日，出现日食。

汉武帝从刚即位开始，就招录选拔博学有才智的人，予以破格重用。天下士人很多人向朝廷上书议论国家政事的得失，自我标榜和自我推荐的人数以千计，汉武帝从中选拔杰出的人才给以宠信重用。庄助第一个被提拔，以后又招录了吴人朱买臣、赵人吾丘寿王、蜀人司马相如、平原人东方朔、吴人枚皋、济南人终军等，都成了汉武帝的左右亲信，汉武帝经常命令他们与朝廷大臣辩论，中朝官与外朝官用义理文辞相互驳难，外朝大臣多次被驳得无法对答。但是，司马相如只是以擅长辞赋写作而得到汉武帝宠幸；东方朔、枚皋的论点没有根据，喜欢幽默嘲讽，汉武帝仅把他们视作演戏的艺人收养，虽然经常赏赐财物，终究不把国事朝政委托他们处理。东方朔同样对汉武帝察言观色，经常利用时机直言进谏，对朝政发挥了一定补益作用。

这一年，汉武帝开始改换装束暗中离宫外出，向北走到池阳县，向西走到黄山宫，向南到长杨宫打猎，向东去宜春宫游乐。汉武帝与能骑马射箭的左右亲随相约在殿门前集会，经常在夜时出宫，自称平阳侯；黎明时，到达终南山脚下，射杀鹿、野猪、狐狸、野兔等动物，策马践踏农田庄稼，民众都大声怒骂。鄠县和杜县的县令想要收捕这批人，这批人拿了天子专用的物品为证，才得以脱身。

又有一次，汉武帝等人曾在夜时到达柏谷，去旅店投宿，向旅店的主人要酒，主人说："没有酒，只有尿！"而且，旅店的主人怀疑汉武帝一行人是强盗，召集了一些青年后生准备收拾他们。店主的妻子见到汉武帝的体态容貌，觉得不同寻常，就劝阻丈夫说："来客不是普通人，而且他们已有准备，不能图谋收拾他们。"丈夫不听她的劝告，她就让丈夫喝酒，等他喝醉了之后就把他捆绑起来。召集来的青年后生都走了，店主的妻子就杀鸡做饭招待客人。第二天，汉武帝返回宫中，召见那位妇人，赏赐千金，任命她的丈夫做羽林郎。后来，汉武帝就为外出巡游设立了秘密的更衣休息的地方，从宣曲宫向南共设了十二处，夜间投宿在长杨宫、五柞宫等宫殿。

汉武帝因为道路遥远，身体劳苦，又给民众带来祸患，就派太中大夫吾丘寿王把阿城以南、周至以东及宜春以西这一区域的全部土地及其价格，统计登记，准备把它修建成上林苑，连接到终南山。汉武帝又下令中尉、左右内史，上报所属各县的荒田数量，准备给鄠县和杜县的民众作为补偿。吾丘寿王办理完毕回来报告，汉武帝很高兴，连声称赞。

当时，东方朔正在汉武帝身边，提出批评意见，说："终南山是国家的天然屏障。汉朝建国，离开了三河之地，在霸水、浐水之西，泾河、渭河之南建立都城，这就是所谓的天下像大海一般富饶的陆上之地，秦朝凭借着它降服西戎，兼并崤山以东的地区。这一带山中出产玉、石、金、银、铜、铁、优质木材，各种手工业用它们做原料，民众靠它们维持生活。又盛产粳、稻、梨、栗、桑、麻、竹箭等物品，土地适宜种植生姜和芋头，水中有许多青蛙和鱼类，贫穷的人由此可以人人温饱，不必担忧受饥寒之苦；所以酆水与镐水之间，号称肥沃之地，每亩土地价值一斤黄金。现在将这片土地划为上林苑，断绝了池沼湖泽的财利来源，夺取了民众的肥沃土地，对上减少了国家财政费用的来源，对下破坏了农桑生产，这是不应该这样做的第一个理由。荆棘之林得以蔓延，扩大狐狸、野兔、虎、狼的活动范围，破坏民众的坟墓，拆毁民众的房屋，使幼童怀恋故土而忧愁，老人痛哭流涕而悲伤，这是不应该这样做的第二个理由。驱赶走百姓并营建上林苑，周围筑墙作为禁苑，策马东西奔驰，驱车南北追逐，其中有深沟大河，为追求一天射猎的乐趣，不值得尊贵无比的天子去涉险犯难，这是不应该这样做的第三个理由。当年商纣王兴建了内有九市的宫殿导致诸侯背叛，楚灵王筑起章华台而导致楚国民众四散逃走，秦始皇兴造阿房宫而导致天下大乱。我只是卑贱愚笨的臣仆，竟然冒犯皇上的旨意，真是罪该万死！”汉武帝就任命东方朔为太中大夫，并授以给事中的官衔，赐给他一百斤黄金以示奖励。但是，汉武帝仍然按照吾丘寿王所奏报的规模兴建了上林苑。

汉武帝又喜欢亲自击杀熊和野猪，策马追捕野兽。司马相如上疏劝谏说：“我听说，有的东西类型相同而才能不同，所以力量大的要说乌获，行动敏捷要说庆忌，勇猛无敌应归于孟贲和夏育。依照我的想法，人确实有这样的情形，野兽也是这样。现在皇上喜爱攀登险要的地方，射杀猛兽，万一突然遇到力大凶猛的野兽，它在无路可逃的绝境，拼死冒犯皇上的随从车辆，皇上的车辆来不及调转方向，人来不及施展应变的巧计，即便是有乌获、逄蒙的超群技艺，也来不及使用，那么枯树朽木也会成为祸害了。这种情况，相当于胡人和越人突然出现在京城，而羌人和夷人接近了皇上的车辆，怎么能不危险万分呢？即便是万无一失而没有祸害，然而这种环境本来就不是皇上应该接近的啊！更何况，皇上都要在清道戒严之后才出发，车辆要在道路的正中间奔驰，即便如此谨慎，还经常遇到控驭马匹的铁勒折断，或是车轮脱出等意外变故，更何况穿过茂密的荒草，驰过丘陵废墟，前面有即将捕获猎物的诱惑，而心中没有预防意外的准备，野兽要对皇上形成危害，恐怕是不可避免的了。看轻皇帝的万乘尊位，不注意自身的安全，反则乐于行进在潜伏着危险的道路上寻求刺激和娱乐，我私下觉得皇上不该如此。大概聪明的人能预见尚未萌芽的问题，有智慧的人能提前避开还没有完全形成的灾祸，灾祸本来大多隐藏在不易被察觉的细微之处，而发生在容易被人忽略的环节上。所以俗语说：‘家中积累有千金的家产，就不能坐在堂屋的边缘。’这句话虽然说的是小事，却可以比喻大事。”汉武帝认为他说得很好。

【原文】

四年（甲辰，前137）

夏，有风赤如血[①]。

六月，旱。

秋，九月，有星孛于东北。

是岁，南越王佗[②]死，其孙文王胡立。

五年（乙巳，前136）

春，罢三铢钱[③]，行半两钱。

置五经博士[④]。

夏，五月，大蝗[⑤]。

秋，八月，广川惠王越、清河哀王乘[⑥]皆薨，无后，国除。

（以上为第七段，写自然灾害和星象异常情况。在政事上，记载了停止使用三铢钱，发行半两钱；广川、清河的封国被废除等。）

【注释】

①有风赤如血：刮起一场血红色的风。即红色的沙尘暴。 ②佗：赵佗。 ③罢三铢钱：废除三铢钱。 ④置五经博士：设《诗》《书》《易》《礼》《春秋》的博士。博士各专攻一经。 ⑤大蝗：很大的蝗灾。 ⑥广川惠王越、清河哀王乘：皆景帝之子。

【译文】

汉武帝建元四年（甲辰，前137）

夏季，刮起了一场血红色的风。

六月，出现旱灾。

秋季，九月，东北天空出现了异星。

这一年，南越王赵佗去世，他的孙子文王赵胡继承了王号。

汉武帝建元五年（乙巳，前136）

春季，朝廷宣布停止使用三铢钱，发行半两钱。

汉朝廷设立五经博士。

夏季，五月，发生严重的蝗灾。

秋季，八月，广川惠王刘越、清河哀王刘乘去世，没有后代，他们的封国被废除。

【原文】

六年（丙午，前135）

春，二月乙未[①]，辽东高庙灾[②]。

夏，四月壬子[③]，高园便殿[④]火。上素服[⑤]五日。

五月丁亥[⑥]，太皇太后崩。

六月癸巳[⑦]，丞相昌免[⑧]；武安侯田蚡为丞相。蚡骄侈，治宅甲诸第[⑨]，田园极膏腴；市买郡县物[⑩]，相属于道；多受四方赂遗；其家金玉、妇女，狗马、声乐、玩好[⑪]，不可胜数。每入奏事，坐语移日[⑫]，所言皆听。荐人或起家至二千石[⑬]，权移主上[⑭]。上乃曰："君除吏已尽未[⑮]？吾亦欲除吏。"尝请考工地益宅[⑯]，上怒曰："君何不遂取武库[⑰]！"是后乃稍退。

秋，八月，有星孛于东方，长竟天[⑱]。

闽越王郢兴兵击南越边邑，南越王[⑲]守天子约，不敢擅兴兵，使人上书告天子。于是天子多南越义[⑳]，大为发兵，遣大行王恢出豫章[㉑]，大农令韩安国出会稽[㉒]，击闽越。

淮南王安上书谏曰[㉓]："陛下临天下，布德施惠，天下摄然[㉔]，人安其生，自以没身不见兵革[㉕]。今闻有司举兵将以诛越，臣安窃为陛下重[㉖]之。

"越，方外[㉗]之地，剪发文身[㉘]之民也，不可以冠带之国法度理[㉙]也。自三代之盛[㉚]，胡越不与受正朔[㉛]，非强勿能服，威弗能制也[㉜]，以为不居之地[㉝]，不牧之民[㉞]，不足以烦中国也。自汉初定以来七十二年[㉟]，越人相攻击者不可胜数，然天子未尝举兵而入其地也。

"臣闻越非有城郭邑里也，处溪谷之间，篁竹之中[㊱]，习于水斗，便于用舟，地深昧而多水险[㊲]；中国之人不知其势阻[㊳]而入其地，虽百不当其一。得其地，不可郡县[㊴]也，攻之，不可暴取[㊵]也。以地图察其山川要塞，相去不过寸数，而间独数百千里[㊶]，险阻、林丛弗能尽著[㊷]，视之若易，行之甚难。天下赖宗庙之灵，方内大宁[㊸]，戴白之老不见兵革[㊹]，民得夫妇相守，父子相保，陛下之德也。越人名为藩臣，贡酎之奉不输大内[㊺]，一卒之奉[㊻]不给上事[㊼]；自相攻击，而陛下发兵救之，是反以中国而劳蛮夷也[㊽]！且越人愚戆轻薄[㊾]，负约反覆[㊿]，其不用天子之法度，非一日之积也[51]。壹不奉诏，举兵诛之，臣恐后兵革无时得息[52]也。

“间者[53]，数年岁比不登[54]，民待卖爵、赘子[55]以接衣食。赖陛下德泽振救之，得毋转死沟壑。四年不登[56]，五年复蝗[57]，民生未复[58]。今发兵行数千里，资衣粮[59]，入越地，舆轿而隃领[60]，拖舟而入水，行数百千里，夹以深林丛竹，水道上下击石[61]；林中多蝮蛇[62]、猛兽，夏月暑时，欧泄霍乱[63]之病相随属也；曾未施兵接刃，死伤者必众矣。

“前时南海王反，陛下先臣[64]使将军间忌[65]将兵击之，以其军降，处之上淦[66]。后复反，会天暑多雨，楼船卒水居击棹[67]，未战而疾死者过半；亲老涕泣，孤子啼号，破家散业，迎尸千里之外，裹骸骨而归。悲哀之气，数年不息，长老至今以为记[68]，曾未入其地而祸已至此矣。

“陛下德配天地，明象日月[69]，恩至禽兽，泽及草木，一人有饥寒不终其天年而死者[70]，为之凄怆于心。今方内无狗吠之警，而使陛下甲卒死亡，暴露中原[71]，沾渍山谷[72]，边境之民为之早闭晏开[73]，朝不及夕[74]，臣安窃为陛下重之。

“不习南方地形者，多以越为人众兵强，能难边城[75]。淮南全国之时[76]，多为边吏[77]，臣窃闻之，与中国异[78]。限以高山，人迹绝，车道不通，天地所以隔外内也。其入中国，必下领水[79]，领水之山峭峻，漂石破舟[80]，不可以大船载食粮下也。越人欲为变[81]，必先田馀干界中[82]，积食粮，乃入，伐材治船[83]。边城守候诚谨，越人有入伐材者，辄收捕，焚其积聚，虽百越，奈边城何！且越人绵力薄材[84]，不能陆战，又无车骑、弓弩之用，然而不可入者[85]，以保地险[86]，而中国之人不耐其水土也。

“臣闻越甲卒不下数十万，所以入之，五倍乃足[87]，挽车奉饷者不在其中。南方暑湿[88]，近夏瘅热[89]，暴露水居，蝮蛇蠚生[90]，疾疢多作[91]，兵未血刃而病死者什二三[92]，虽举越国而虏之，不足以偿所亡。

“臣闻道路言：闽越王弟甲弑[93]而杀之，甲以诛死，其民未有所属。陛下若欲来[94]，内处之中国[95]，使重臣临存[96]，施德垂赏以招致之，此必携幼扶老以归圣德。若陛下无所用之，则继其绝世，存其亡国，建其王侯，以为畜越[97]，此必委质为藩臣[98]，世共贡职[99]。陛下以方寸之印，丈二之组[100]，填抚方外[101]，不劳一卒，不顿一戟[102]，而威德并行。

“今以兵入其地，此必震恐，以有司为欲屠灭之也，必雉兔逃[103]，入山林险阻。背而去之[104]，则复相群聚；留而守之，历岁经年，则士卒罢倦[105]，食粮乏绝，民苦兵事，盗贼必起。

“臣闻长老言：秦之时，尝使尉屠睢击越[106]，又使监禄凿渠通道[107]，越人逃入深山林丛，不可得攻；留军屯守空地，旷日引久[108]，士卒劳倦；越出击之，秦兵大败，乃发适戍以备之[109]。当此之时，外内骚动，皆不聊生，亡逃相从，群为盗贼，于是山东之难始兴[110]。兵者凶事，一方有急，四面皆耸[111]。臣恐变故之生，奸邪之作，由此始也[112]。

臣闻天子之兵有征而无战，言莫敢校[113]也。如使越人蒙徼幸以逆执事之颜行[114]，厮舆之卒有一不备而归者[115]，虽得越王之首，臣犹窃为大汉羞之。陛下以四海为境，生民之属[116]，皆为臣妾。垂德惠以覆露之[117]，使安生乐业，则泽被万世，传之子孙，施之无穷，天下之安，犹泰山而四维之[118]也；夷狄之地，何足以为一日之闲而烦汗马之劳乎[119]！《诗》云[120]：‘王犹允塞，徐方既来[121]。’言王道甚大而远方怀之[122]也。臣安窃恐将吏之以十万之师为一使之任[123]也。”

（以上为第八段，写武安侯田蚡仗着自己是汉武帝刘彻的舅舅，为所欲为，专权干政；闽越王郢发兵进攻南越国的边境城邑，汉武帝调集大批军队前去援救，派兵合力进攻闽越，淮南王刘安上书予以劝阻。）

【注释】

①乙未：二月初三日。 ②辽东：郡名。郡治襄平，在今辽宁辽阳。 高庙灾：汉高祖庙大火。景帝曾令郡国各立高祖庙。 ③壬子：四月二十一日。 ④高园：高祖陵园。 便殿：即陵园之正殿。因宫庙均有正殿，乃贬陵园之殿曰便殿。 ⑤素服：白色的丧服。 ⑥丁亥：五月二十六日。 ⑦癸巳：六月初三日。 ⑧丞相昌免：丞相许昌被免职。许丞相，窦太皇太后所置，窦氏死，立即被免职。 ⑨治宅：修建住宅。 甲诸第：比各住宅都高级。 ⑩市买郡县物：派人到各郡县去购买地方特产玩好之物。 ⑪玩好：言玩好之物。 ⑫坐语移日：田蚡进见武帝坐谈，一坐大半天，太阳都倾斜了，谓时间久。 ⑬起家至二千石：言爬上二千石的大官。 ⑭权移主上：侵夺了皇上的权力。 ⑮除吏：任命官吏。 已尽未：已完了没有？ ⑯尝请考工地益宅：田蚡请求把考工官府的空闲地拨给他，扩建住宅。考工，官署名，专门制造皇室所用器具，属少府。 ⑰君何不遂取武库：此是指责田蚡贪求过分。武库，国家之武器仓库。 ⑱长竟天：出现的彗星长尾横贯天空。 ⑲南越王：指赵胡。赵佗之子。 ⑳多南越义：称赞南越忠义。 ㉑大行：官名。即大行令。掌民族事务。 王恢：西汉将领。 豫章：郡名。郡治南昌，在今江西南昌。 ㉒大农令：官名。掌租税等国家财政收支。 韩安国：西汉将

领。传见《史记》卷一百零八、《汉书》卷五十二。 会稽：郡名。郡治吴县，在今江苏苏州。 ㉓上书谏曰：即《上书谏伐闽越》。 ㉔摄然：安静的样子，即太平。 ㉕不见兵革：没有战争。兵革，兵器，指代战争。 ㉖重：难，担忧。 ㉗方外：境外。 ㉘剪发：即断发。 文身：身上刺画有色的图案或花纹。 ㉙冠带之国：文明之国，礼仪之邦。 理：治理。 ㉚三代：夏、商、周。 盛：强盛之时。 ㉛不与受正朔：不接受中原的统治。正朔，历法。受正朔，接受历法，接受文明统治。 ㉜"非强"二句：不是三代不强不能征服，也不是威势不能压制。 ㉝不居之地：谓越人的土地无法居住。 ㉞不牧之民：民众野蛮不服统治。 ㉟七十二年：汉朝建立到武帝建元六年，公元前206年到公元前135年，为72年。 ㊱篁竹之中：竹林密布在田野之中。 ㊲地深昧：地形复杂，草木丛生。 多水险：有许多河流险阻。 ㊳势阻：地势险阻。 ㊴不可郡县：不可设置郡县统治。 ㊵不可暴取：不能迅速占领。暴，急，迅速。 ㊶"相去"二句：看起来相距只有几寸地方，而实际距离却有几百里、几千里。极度夸张山高沟深难行。 ㊷险阻、林丛弗能尽著：险阻、丛林无法一一标注在地图上。尽著，谓全载于地图。 ㊸方内大宁：全境安宁。 ㊹不见兵革：没见过兵器甲仗，即没有战争。 ㊺贡酎之奉：贡，奉土特产。酎，献于皇家祖庙的纯酒，以金代称酎金。 大内：都内国家收藏财宝之外。句意谓越人不向国家交纳财税。 ㊻一卒之奉：不承担一兵一卒的徭役。 ㊼不给上事：不供给上面的差事。 ㊽"是反"句：这真是反过来让中原之民受蛮夷的疲劳困苦。 ㊾愚戆轻薄：愚笨鄙陋。 ㊿负约反覆：违背盟约，反复无常。 51非一日之积也：累积的陋习不是一天形成的。 52兵革无时得息：战争没有停止的时间。 53间者：近年来。 54比不登：连年歉收。比，频频，连年。 55赘子：淮南俗卖子与人作奴婢，名"赘子"，三年不能赎，遂沦为奴婢。 56四年不登：建元四年歉收。 57五年复蝗：建元五年又闹蝗灾。 58民生未复：民众生活没有恢复正常。生，生产，生活。 59资衣粮：自带衣粮。 60舆轿而隃领：抬着轿子翻山越岭。舆轿，两人肩抬的轿子。 61水道上下击石：船行水中，经常撞上石头。击石，撞上石头。 62蝮蛇：一种毒蛇。 63欧泄霍乱：欧，通"呕"，上吐。泄，下泄。上呕下泄，霍乱的症状。霍乱，一种可怕的病毒传染病，死亡率极高。 64陛下先臣：陛下已逝去的臣子，刘安的先父刘长。 65间忌：人名。《汉书·淮南王传》作"简忌"。 66处之上淦：安置降民在上淦地区。上淦，地名，所在不详。 67楼船卒水居击棹：平叛的楼船水军将士长期居住在水面上。楼船，一种有高层船舱的大船。击棹，击棹以行船。 68长老：老年人。 记：记述，记忆。 69"陛下"二句：皇上的仁德如同天高地厚，英明如同日月高照。 70不终其天年而死者：谓夭折，指战死。天年，自然的寿数。 71暴露中原：尸身暴露原野。 72沾渍山谷：鲜血浸染山谷。 ⑦③早闭晏开：谓边城因有兵难而早闭晚开。晏，晚。 ⑦④朝不及夕：谓担忧危亡而不能自保。 ⑦⑤能难边城：以为能够骚扰边城。 ⑦⑥淮南全国之时：谓早年淮南王国全境尚未分为淮南、衡山、庐江三个王国的时候。 ⑦⑦多为边吏：多任命一些边境官吏。边吏，指接近南越边境地区的官吏。 ⑦⑧与中国异：风土人情与中原不同。 ⑦⑨必下领水：一定要沿着领水而下。领水，赣水。 ⑧⑩漂石破舟：水（水流湍急）能冲滚巨石，摧毁船只。 ⑧①为变：图谋进犯。 ⑧②田馀干界中：在馀干境内开垦种田。馀干，县名。治所在今江西余干。 ⑧③伐材治船：砍伐木材以造船。越人之船不能过岭，所以要在岭北另行造船，以供军用。 ⑧④绵力薄材：力气柔弱，身体单薄。绵力，谓柔弱如绵。绵，弱。 ⑧⑤然而不可入者：然而不可以进入越地占领它。入，入越，占领越地。 ⑧⑥以保地险：固守其险要。 ⑧⑦五倍乃足：言入越的汉军兵员要五倍于敌，才足以取胜。 ⑧⑧暑湿：天热潮湿。 ⑧⑨瘅（dàn）热：瘴气瘟疫。 ⑨⑩蝮蛇蠚生：毒蛇繁衍为害。蠚（zhē），通“蜇”，虫蛇咬或刺。 ⑨①疾疢多作：疾病不断发生。 ⑨②什二三：十分之二三。 ⑨③闽越王弟甲：闽越王郢之弟馀善。淮南王刘安上书时不知其名，故谓之“甲”。 弑：馀善弑其兄而自立。 ⑨④欲来：想招来。 ⑨⑤内处之中国：把他们安置在中原。内，读“纳”，接纳。中国，中原。 ⑨⑥使重臣临存：派遣大臣前去抚慰。存，抚慰。 ⑨⑦畜越：保存越国，畜养越人。 ⑨⑧此必委质为藩臣：这些越人一定会送来人质，归顺为朝廷的藩臣。委质，送来人质。 ⑨⑨世共贡职：世世代代缴纳贡品和赋税。共，通“供”。 ⑩⑩方寸之印：小小的印章。 丈二之组：长一丈二尺的印绶。组，印绶。 ⑩① 填抚方外：填抚境外民族。 填，通“镇”。 ⑩②不顿一戟：不损坏一件武器。顿，坏。 ⑩③必雉兔逃：受惊的越人，必定如山鸡、野兔一样惊恐逃跑。 ⑩④ 背而去之：离开原居地。即背井离乡成为难民。 ⑩⑤ 罢倦：疲倦。罢，通“疲”。 ⑩⑥ 尝使尉屠睢击越：曾经派郡都尉屠睢率兵进攻越人。屠睢，人名。 ⑩⑦ 使监禄凿渠通道：派一人名叫禄的郡监开凿河渠，打通道路。 按：此指秦始皇进兵岭南，修凿灵渠。 ⑩⑧ 引久：持久。 ⑩⑨乃发适戍以备之：于是征发罪犯充军防守越人。适，通“谪”。 ⑪⑩ 山东之难始兴：崤山以东大规模起义爆发了。此指陈胜、刘邦、项羽等纷纷起义。 ⑪① 四面皆耸：四面八方惊动。耸，惊动。 ⑪② 由此始也：变乱、奸邪这一切都会从进攻越人开始兴起。 ⑪③莫敢校：没有人敢计较。天子之军伐罪而吊其民，故没有人敢与其计较强弱曲直。校，计较。 ⑪④“如使”句：假如越人怀着侥幸心理迎战领兵将领的先锋部队。徼幸，即“侥幸”。逆，迎战。执事，指将领。颜行，犹“雁行”，在前行，即“先锋”。 ⑪⑤厮舆之卒：打柴、架车之卒。 归者：逃回来，当了逃兵。此为投敌或溃散的隐讳说法。 ⑪⑥ 生民之属：指生活在四海之内的所有民众，即全国人民。 ⑪⑦ 垂德惠以覆露之：皇上降下德政恩泽养育全民。⑱犹泰山而四维之：国家安定，如同泰山屹立而又四面维系绳子加固那样稳定。维之，以绳索维系之。⑲"夷狄之地"二句：夷狄的土地，只够一天的游乐使用，不值得兴师动众。一日之闲，只够一天的游乐。⑳《诗》云：引诗见《诗经·大雅·常武》。㉑王犹允塞，徐方既来：大王仁德满天下，徐方部族自动来归顺。允塞，诚信充实，仁德普施。徐方，古族名。东夷之一。㉒远方怀之：远方各族都十分仰慕。㉓一使之任：十万大军只起到一个使臣的作用。谓不用劳师，派一介之使就能搞定。

【译文】

汉武帝建元六年（丙午，前135）

春季，二月初三，辽东郡的高祖庙发生火灾。

夏季，四月二十一日，高祖陵寝中的偏殿发生火灾。汉武帝刘彻因此穿戴了五天的白色冠服，以示请罪。

五月二十六日，太皇太后窦氏去世。

六月初三，丞相许昌被免职，武安侯田蚡任丞相。田蚡骄横奢侈，修建的住宅比所有官员的住宅都要豪华，占有的田园最肥沃；从各郡各县购买的物品，在道路上络绎不绝；大量接受各地的贿赂；他家的金玉、美女、狗马、歌妓舞女、古董器物，多得数不过来。田蚡每次进宫奏报政务，坐在那儿对着汉武帝一说就是大半天，所说的都被汉武帝所采纳；他推荐的人，有的从平民直接做到了二千石的高官，侵夺了皇帝的权力。汉武帝不满地说："您任命的官吏，任命完了没有？我也想任命官吏了。"田蚡曾经请求把考工官府的土地拨给他，以便扩建住宅，汉武帝愤怒地说："您为什么不干脆把武库要过去！"从此以后，田蚡的气焰才稍微收敛了一些。

秋季，八月，东方天空出现了彗星，长尾横扫天空。

闽越王郢发兵进攻南越国的边境城邑，南越王赵胡遵守汉武帝刘彻的约定，不敢擅自发兵，派人向汉武帝上书告急。因此，汉武帝很赞赏南越王的忠义，调集大批军队前去援救南越，派大行王恢率军从豫章郡出发，派大农令韩安国率军从会稽郡出发，合力进攻闽越。

淮南王刘安上书劝阻说："皇上统治天下，推行德政普施恩惠，天下太平，每个人都专心地从事自己的产业，自认为一生不会见到战争。现在听说有关官员将要率兵去进攻闽越，我刘安私下替皇上感到担忧。

“越人生活在中原之外的土地上，是剪断头发、在身上刺刻花纹的野蛮人，不能用礼仪之邦的法度进行治理。早在当年夏商周三代最强盛的时期，胡人和越人都不受中原的统治，并不是三代王朝的国势不能征服他们，也不是三代王朝的军威不能制约他们，而是因为三代王朝认为越人的土地无法居住，越人野蛮无法统治，不值得烦劳中原王朝。自从汉朝初定天下以来，七十二年间，越人自相攻击的事件，数都数不过来，但是天子从来没有发兵进入越人居住的区域。

“我听说，越人没有城池村庄，而生活在山谷溪流之间、丛林密竹之中，习惯于水上战斗，擅长划船行舟，地形复杂，草木丛生，而且有许多河流险阻；中原地区的人不了解当地的地势险阻而进入其境内，即使一百个人也抵不过一个越人。占领了他们的土地，无法设置郡县进行统治，进攻他们，又不能迅速取胜。从地图上看，越地的山川河流、屯兵要塞相距只有几寸的地方，而实际距离却有几百里、几千里。险阻、丛林无法一一标注在地图上，看起来容易通过的路程，真正走起来就很难。国家依赖祖宗神灵的保佑，全境安宁，白发苍苍的老人没有见过兵器甲仗，民众得以夫妻相互厮守，父子相互保养，这都是皇上的恩德。越人名义上是国家的藩属国，实际上不向朝廷缴纳任何贡品和酎金，不承担朝廷一兵一卒的徭役差遣；他们自相攻击，皇上却派兵援救，这是反过来为了野蛮人而使中原遭受疲劳困苦啊！况且越人愚笨鄙薄，违背盟约，反复无常，他们不遵守朝廷的法度，并不是一天一日如此，而是由来已久。如果越人一不奉行皇帝命令，就发兵进攻他们，我恐怕以后的战争没有停止的时候了。

“最近，连续几年收成不好，民众要靠出卖爵位、让儿子充当赘婿换回钱财维持生活。仰赖皇上的恩德救济民众，民众才得以没有饿死在流亡途中。前年歉收，去年又闹蝗灾，民众的生活没有恢复正常。现在调兵远征数千里之外，应征的人，自带衣物粮食，进入越人居住地区，抬着轿子翻越山岭，拉着船在水中跋涉，远行数百里甚至上千里，河的两岸是繁密的树林和丛生的乱竹，船在河中上下行走，经常撞在石头上；树林中有许多蝮蛇、猛兽，夏季炎热之时，上吐下泻以及霍乱等瘟疫接连不断，不必等到交战，死伤的人必定就很多了。

“前些时期南海王反叛，皇上已去世的臣子、我的先父派遣将军间忌率军进攻他们，南海王率领他的军队归降，就把他们安置在上淦地区。后来他们再次叛乱，正是暑热多雨季节，前来平叛的楼船水军将士长期居住在水面上，还要划桨行船，有一大半的人还没有交战就死于疾病；年迈的父母流泪，幼小的孤儿哭号，变卖所有的家财产业，到千里之外，去接亲人的尸体，肉已不存，只好包裹骸骨返乡。那种悲痛哀伤的气氛，持续几年没有消失，老人们至今记忆犹新，当时还没有进入越人的居住地区，就造成了如此巨大的祸害。

“皇上的仁德如同天地一样广大，英明如同日月高照，恩惠施加到禽兽和草木，如果有一个人身受饥寒没有安享天年而死，皇上就为此而心中凄惨悲伤。现在，境内没有任何不安的现象，连犬吠的惊吓都没有，却使皇上的士兵丧生，尸身暴露原野，鲜血浸染山谷。边境的民众因此在下午早早关闭城门，上午很晚才敢打开城门，这样，每天早上还要为晚上能否平安无事而担忧，我刘安私下替皇上觉得此事应该三思而行。

“不熟悉南方地形的人，大多认为越人由于人多兵强，所以能攻扰边境城邑。当年淮南国领有它的全部封地的时候，大量任命边境的官吏，我私下听说，越人与中原人不同。有高山为界，行人绝迹，车道不通，这是天地用来限隔中原和边外的自然屏障。越人要进入中原地区，一定要沿着领水顺流而下，领水流经的地区山势险峻，水势湍急，能冲走巨石，撞毁船只，不能用大船运载粮食顺流而下。越人要想图谋进犯，一定先要在馀干县境内开垦土地，积蓄粮食，然后才进入境内，砍伐树木，修造船只。边境防守戒备如果很谨慎、很警惕，越人有进入境内砍伐树木的，就收捕他们，烧毁聚积的木材。这样，即使是越族诸多部落前来进犯，又能对边境城邑构成什么威胁呢？况且，越人身单力薄，不能在陆地作战，又没有战车、骑兵、弓弩等军事装备。然而，汉军却不能进入越地，占领固守其险要，原因就在于越人据守险要的地势，而中原的将士又不服当地水土。

“我听说，越人的士兵不少于数十万人，要想进占越地，必须有五倍的兵力才够，其中还不包括拉车运输粮饷的后勤部队。南方炎热潮湿，临近夏季容易流行瘟疫，出征的将士暴露在外，生活在水乡，蝮蛇繁衍为害，疾病频繁发作，兵器还没有见血，就会有十分之二三的将士死于疾病，这样，即便是把越国人全部俘虏了，也不足以补偿汉军所受到的损失。

“我听到了这样的传言：闽越王的弟弟甲杀了闽越王，甲也因此被杀，越国部众没有首领统辖。皇上如果想招越人归顺，把他们迁往中原安置，可以派重臣前去慰问，施加仁德，给予奖赏，以便招他们前来归顺。这些越人一定会扶老携幼来归顺圣明有德的天子。假如皇上没有什么地方用得着这些越人，就延续越人已断绝的世系，保存越人已灭亡的国家，封立越人的王侯，用这种方法来畜养越人，这些越人一定会送来人质，作为朝廷的藩属臣子，世世代代缴纳贡品和赋税。皇上仅用一寸见方的印章、一丈二尺长的印绶，就能镇抚境外地区，不出一兵一卒，不损坏一支长戟，而产生威德并行的效果。

“现在，用兵进占越地，越人一定震惊恐惧，以为将军们要把他们斩尽杀绝，必定会像野鸡野兔那样逃跑，进入山林险阻地区。汉军如果撤走，越人就重新集结；汉军如果留守越地，长年累月，就会使将士们疲倦困苦，缺乏粮食，民众因军事行动而受困苦，就一定会出现盗贼。

“我听老人们说：秦朝统治时期，曾派郡都尉屠睢率兵进攻越人，又派一位名叫禄的监郡御史指挥开凿河渠，打通道路，越人逃入深山丛林之中，秦军无法进攻；留下军队驻守无人居住的空地，旷日持久，士兵困苦疲倦，越人出山袭击，秦军大败，这才调集罪犯充军用来防御越人。在那个时候，境内外动荡不安，民众都无法正常生活，结伴逃亡，聚集成了盗贼，于是崤山以东的大规模变乱开始出现。战争是凶险的事情，一方出现了危险的局面，四面都会惊动。我担心变乱的产生，奸邪的出现，都从进攻越人而开始。

“我听说，天子的军队只有攻打，而没有真正的战争，这是说没有人敢于较量，假如越人怀着侥幸心理迎战领兵将领的先锋部队，哪怕是只有一个砍柴驾车之类的卑贱士兵趁着不备逃走了，即便是汉军得到了越王的头颅，我还是要私下为大汉朝廷而感到羞耻。皇上把四海之内广大区域作为疆域，所有生活在其中的民众，都是皇上的男女奴仆。皇上降下德政恩惠，用来养育民众，使他们安居乐业，就会使皇上的恩惠德泽普盖于万世，把它传给子孙后代，推行到永无终止的将来，国家的安宁，就如同泰山而又增加了四面维系的绳索一样稳定；夷狄的土地，还不够天子一天的游乐，怎么值得为它而兴师动众呢？《诗经》说：‘大王仁德满天下，徐方部族自归顺。’这是说王道光明正大，远方的部族都很仰慕。我刘安私下认为，恐怕将官们出动十万之师率军攻越，只是起到一介使臣的作用啊！”

【原文】

是时，汉兵遂出，未踰领①，闽越王郢发兵距险②。其弟馀善乃与相、宗族谋曰：“王以擅发兵击南越不请③，故天子兵来诛。汉兵众强，即幸胜之，后来益多，终灭国而止。今杀王以谢天子，天子听罢兵，固国完④；不听，乃力战；不胜，即亡入海⑤。”皆曰：“善！”即鏦杀王⑥，使使奉其头致大行⑦。

大行曰：“所为来者，诛王。今王头至，谢罪；不战而殒⑧，利莫大焉。”乃以便宜案兵[9]，告大农军[10]，而使使奉王头驰报天子。诏罢两将兵，曰：“郢等首恶，独无诸孙繇君丑[11]不与谋焉。”乃使中郎将立丑为越繇王，奉闽越先祭祀。

馀善已杀郢，威行于国，国民多属，窃自立为王，繇王不能制。上闻之，为馀善不足复兴师，曰：“馀善数与郢谋乱，而后首诛郢，师得不劳[12]。”因立馀善为东越王，与繇王并处。

上使庄助谕意南越。南越王胡顿首[13]曰：“天子乃为臣兴兵讨闽越，死无以报德！”遣太子婴齐入宿卫，谓助曰：“国新被寇[14]，使者行矣，胡方日夜装[15]，入见天子。”助还，过淮南[16]，上又使助谕淮南王安以讨越事，嘉答其意[17]，安谢不及[18]。

助既去南越，南越大臣皆谏其王曰：“汉兴兵诛郢，亦行以惊动南越。且先王昔言：‘事天子期无失礼[19]。’要之，不可以说好语入见[20]，则不得复归，亡国之势也。”于是胡称病，竟不入见。

（以上为第九段，写汉武帝发兵攻打闽越，救援南越，闽越王的弟弟馀善杀掉闽越王，向汉军谢罪；汉军见好就收，撤兵回国；汉武帝封无诸的孙子繇君丑为越繇王，又封馀善为东越王，两王并存。）

【注释】

①未隃领：没有越过山岭。领，通“岭”，指阳山岭。 ②距险：凭险抗拒。距，通“拒”。 ③不请：谓没有请示汉天子。 ④固国完：自然国家安全。 ⑤亡入海：逃入海中。 ⑥鏦杀王：用鏦刺杀闽越王郢。鏦，短矛。 ⑦奉其头致大行：把郢的头颅送给了大行王恢。 ⑧殒：死。指闽越王郢。 ⑨便宜案兵：随机应变，灵活处置，停止进兵。案，停止。 ⑩告大农军：通告大农令韩安国的一路军队。 ⑪无诸孙繇君丑：闽越王无诸，汉五年高帝所立。其孙名丑，号繇君。 ⑫师得不劳：使汉军免得劳苦。 ⑬胡：南越王之名。 顿首：磕头。 ⑭新被寇：刚遭到侵扰。 ⑮方日夜装：正在日夜准备行装。 ⑯过淮南：路过淮南王国。 ⑰嘉答其意：称赞他上书的善意。 ⑱安谢不及：淮南王表示自己没有天子的远见而致歉意。 ⑲事天子期无失礼：事奉天子只求不失大礼就可以了。期，希望，只要。 ⑳不可以说好语入见：不可以听了使者几句好话，一高兴就入京朝见天子。说，读“悦”。入见，入朝见天子。

【译文】

这时，汉军已经出发，尚未越过阳山岭，闽越王郢发兵据守险要进行抵御。他的弟弟馀善就和相、宗族贵族商量说："国王因为擅自发兵攻打南越，没有向汉朝请示，所以汉朝派军队来攻打问罪。汉军人多而且实力强大，即使一时侥幸战胜他们，后面来的军队会更多，直到我们的国家被灭亡才能罢休。现在，我们杀了国王而向汉朝请罪，如果汉朝同意我们的要求则撤回汉军，自然会保全我们闽越全境；如果汉朝拒绝我们，我们就拼死与汉军作战；不能取胜，就逃亡到海上。"大家都说："好！"当即用短矛刺杀了闽越王郢，派使臣带着他的头颅送给了大行王恢。

大行王恢说："汉军到来的目的，就是要杀掉闽越王郢。现在你们送来了闽越王郢的人头，又向朝廷请罪；不经过战争，闽越王郢就死了，没有比这更好的事情了！"王恢就随机应变，停止进兵，把此事告知大农令韩安国所率领的军队，并派使者带着闽越王郢的人头迅速入京报告汉武帝刘彻。汉武帝下令撤回两位将军统率的军队，还说："闽越王郢等人是罪魁，唯独无诸的孙子繇君丑没有参与阴谋。"汉武帝就派中郎将封立丑做越繇王，主持对闽越祖先的祭祀。

馀善杀了郢之后，在闽越很有威望，国中民众大多拥护他，他就自行称王，繇王丑无力制止他。汉武帝得知，认为为了馀善不值得再次出动大军，就说："馀善多次和郢策划叛乱，但后来能带头杀了郢，使朝廷大军免受劳苦。"于是，汉武帝就封馀善为东越王，与繇王并存。

汉武帝派庄助向南越王说明朝廷的意旨。南越王赵胡磕头说："天子竟为了我而兴兵攻打闽越，我纵然身死也无法报答朝廷的大恩大德！"他就派遣太子婴齐入京充当皇帝的警卫，还对庄助说："我的封国刚刚受到进犯，请使臣先行一步，我赵胡正日夜收拾行装，很快就入京朝见天子。"庄助返京途中，路过淮南国，汉武帝又让庄助向淮南王刘安说明攻打闽越的用意，赞许刘安上书朝廷的好意，刘安表示自己没有皇帝那样的远见，表示谢罪。

庄助离开南越之后，南越国的大臣们都劝阻国王说："汉朝发兵远征，杀掉闽越王郢，也是以此震惊南越国。况且，先王当初说：'侍奉天子只求不失大礼就成了。'总之，不能因为喜欢汉朝使臣的甜言蜜语，就进京去朝见天子，您真的去了，就不能返回来了，这是亡国的情势啊！"因此，赵胡就自称有病，最终没有来朝见汉武帝刘彻。

【原文】

是岁，韩安国为御史大夫。

东海[①]太守濮阳汲黯[②]为主爵都尉[③]。始，黯为谒者[④]，以严见惮[⑤]。东越相攻[⑥]，上使黯往视之。不至，至吴[⑦]而还，报曰："越人相攻，固其俗然，不足以辱天子之使。"河内失火[⑧]，延烧千余家，上使黯往视之，还，报曰："家人失火[⑨]，屋比延烧[⑩]，不足忧也。臣过河南[⑪]，河南贫人伤水旱万余家，或父子相食，臣谨以便宜[⑫]，持节发河南仓粟以振[⑬]贫民。臣请归节[⑭]，伏矫制之罪[⑮]。"上贤而释之。

其在东海，治官理民，好清静，择丞、史[⑯]任之，责大指而已[⑰]，不苛小[⑱]。黯多病，卧闺阁内不出[⑲]。岁余，东海大治[⑳]，称之。上闻，召为主爵都尉，列于九卿[㉑]。其治务在无为[㉒]，引大体[㉓]，不拘文法[㉔]。

黯为人，性倨少礼[㉕]，面折[㉖]，不能容人之过[㉗]。时天子方招文学儒者[㉘]，上曰："吾欲云云[㉙]。"黯对曰："陛下内多欲而外施仁义，奈何欲效唐、虞之治乎[㉚]!"上默然，怒，变色而罢朝[㉛]，公卿皆为黯惧[㉜]。上退，谓左右[㉝]曰："甚矣汲黯之戆也[㉞]!"群臣或数黯[㉟]，黯曰："天子置公卿辅弼之臣，宁令从谀承意[㊱]，陷主于不义[㊲]乎？且已在其位，纵爱身，奈辱朝廷何[㊳]!"

黯多病，病且满三月[㊴]；上常赐告者数[㊵]，终不愈。最后病，庄助为请告[㊶]。上曰："汲黯何如人哉？"助曰："使黯任职居官，无以逾人[㊷]；然至其辅少主，守城深坚[㊸]，招之不来，麾之不去[㊹]，虽自谓贲育亦不能夺之矣[㊺]！"上曰："然。古有社稷之臣[㊻]，至如黯，近之矣[㊼]！"

匈奴来请和亲，天子下其议[㊽]。大行王恢，燕人也，习胡事[㊾]，议曰："汉与匈奴和亲，率[㊿]不过数岁，即复倍约[51]；不如勿许，兴兵击之。"韩安国曰："匈奴迁徙鸟举[52]，难得而制[53]，自上古不属为人[54]。今汉行数千里与之争利，则人马罢乏[55]；虏以全制其敝[56]，此危道也。不如和亲。"群臣议者多附安国[57]。于是上许和亲。

（以上为第十段，写汉武帝刘彻任命韩安国为御史大夫；任命汲黯为主爵都尉。汲黯性情刚直，处理政务，主张清静无为；匈奴前来请求和亲结好，韩安国主张和亲，予以采纳。）

【注释】

①东海：郡名。郡治郯县。在今山东郯城西北。 ②汲黯：西汉濮阳（今河南濮阳西南）人。字长孺。治尚无为。传见《史记》卷一百二十、《汉书》卷五十。 ③主爵都尉：官名，掌列侯封爵事务。秩二千石，与九卿同级。 ④谒者：官名。掌宫廷收发传达之事。属郎中令。 ⑤以严见惮：以严肃而为众所敬畏。严，严肃。惮，敬畏。 ⑥东越相攻：东越与闽越相攻。两越均在今福建境内。 ⑦吴：县名。县治在今江苏苏州。 ⑧河内：郡名。郡治怀县，在今河南武陟西南。 失火：发生火灾。 ⑨家人失火：平民之家偶发的火灾。 ⑩屋比延烧：因房屋毗连使火蔓延成灾。屋比，房屋毗连。比，通"毗"。⑪河南：郡名。郡治洛阳，在今河南洛阳东北。 ⑫便宜：相机行事。 ⑬持节：拿着钦差使臣的符节。 振：救济。 ⑭归节：向天子奉还符节。 ⑮伏矫制之罪：谓愿服假托圣命之罪。伏，通"服"。矫制，假托皇帝之命。 ⑯丞、史：小吏名。郡守下属，有丞、掾史等，可选择任之。 ⑰责大指而已：只关注大事罢了。指，通"旨"，要旨，要务。 ⑱不苛小：不苛求细枝末节。 ⑲卧闺阁内不出：汲黯多病，躺在内室中不出门。闺阁，内室。 ⑳大治：治理得很好。 ㉑列于九卿：待遇与九卿并列。九卿为朝廷重臣。 ㉒务在无为：力求自然，不矫情造作。 ㉓引大体：把握好大的方向，大原则。 ㉔不拘文法：不拘泥于法律条文，即办事决不形式主义。 ㉕性：秉性。 倨：倨傲。 少礼：不大讲究礼仪。 ㉖面折：敢当面顶撞上司。 ㉗不能容人之过：不能宽容别人的过失。 ㉘招文学儒者：招揽文学之士和儒家学者。 ㉙云云：如此如此。《汉纪》记载其内容曰："吾欲兴政治，法尧舜，如何"。 ㉚"陛下内多欲"两句：皇上心中藏着很多欲望，只在表面上施行仁义，怎么能效法唐尧、虞舜，取得那样的治绩呢？奈何，怎么。 ㉛变色而罢朝：汉武帝变了脸色，宣布结束朝会。 ㉜公卿皆为黯惧：朝中公卿大臣都替汲黯担惊受怕。 ㉝左右：皇帝身边的近侍之臣。 ㉞甚矣汲黯之戆也：汲黯的刚直太过分了。戆（zhuàng），刚直，鲁莽。 ㉟或数黯：有的大臣责备汲黯不给皇上留脸面。 ㊱宁：难道。 从（sǒng）谀承意：阿谀奉承。 ㊲陷主于不义：使君主陷入不仁不义的地步。 ㊳奈辱朝廷何：污辱了朝廷怎么办。辱，污辱。 ㊴满三月：满了三个月的假期。汉制，官吏病满三个月当免官。 ㊵赐告：准予休假。 数（shuò）：多次。㊶为请告：替汲黯请假。 ㊷"使黯"二句：让汲黯任职当官，没有可以超过别人的才能。逾人，超过别人。 ㊸守城深坚：维护既定国策，沉着坚定。如同守卫城邑，牢不可破。 ㊹招之不来，麾之不去：利诱不动心，驱赶不离去。麾，通"挥"。 ㊺贲育亦不能夺之矣：像孟贲、夏育那样的勇猛之士也动摇不了汲黯的耿耿忠心。贲育，古代的勇士孟贲、夏育。 ㊻社稷之臣：谓与国家同患难共存亡的忠臣。 ㊼至如黯，近之矣：至

于汲黯，接近社稷之臣的标准了。 ㊽下其议：交付群臣朝议。 ㊾习胡事：熟习匈奴事务。 ㊿率：大致。 ㊿①倍约：背叛盟约。倍，通“背”。 ㊿②迁徙鸟举：谓匈奴逐水草迁徙，如鸟轻易起飞。 ㊿③制：控制，臣服。 ㊿④不属为人：不把他们看作人类。谓匈奴人不明礼达义，不以礼待之。 ㊿⑤罢乏：人疲马乏。罢，通“疲”。 ㊿⑥以全制其敝：匈奴人以逸待劳后发制人。 ㊿⑦附安国：附和，赞同韩安国的和亲主张。

【译文】

这一年，任命韩安国担任御史大夫。

东海太守濮阳县人汲黯担任主爵都尉。当初，汲黯担任谒者，因他为人威严而被大家敬畏。东越部族相互攻击，汉武帝派汲黯前去巡视。他没有到达东越，仅走到吴地就回来了，向汉武帝报告说：“越人自相攻击，本来他们的习俗就是如此，不值得为此折辱天子的使臣。”河内郡失火，火势蔓延，烧毁了一千多家民房，汉武帝派汲黯前去视察，汲黯返回后报告说：“平民不慎失火，因为房屋毗连而蔓延燃烧起来，不值得皇上忧虑。我经过河南郡，见河南郡的贫民遭受洪水干旱灾害磨难的有一万多家，有的甚至于到了父子相食的悲惨境地，我谨借出使的机会，用皇上的符节，命令发放河南官仓积粮以救济贫民。我请求归还符节，甘愿领受假托天子命令的惩罚。”汉武帝很赏识他，就赦免了他的罪过。

汲黯在东海郡时，整肃官吏，治理民众，喜好清静无为，谨慎地选择郡丞和各曹掾史，然后放手任用，他只关注大事，不苛求细枝末节。他身体多病，躺在内室中不出门，过了一年多，东海郡治理得很好，民众交口称赞汲黯。汉武帝听到了，召汲黯入朝，担任主爵都尉，地位与九卿相同。他处理政务，主张清静无为，从大的方向引导，不拘泥法令条文。

汲黯为人，性情倨傲，缺少礼数，当面使人难堪，不能容忍别人的过失。当时汉武帝刘彻正招揽文学之士和儒家学者，汉武帝说：“我想要怎样怎样。”汲黯应声回答说：“皇上心中藏着许多欲望，而表面上却做出施行仁义的样子，怎么可能效法唐尧虞舜，取得那样的治绩呢？”汉武帝沉默不语，接着，勃然大怒，脸色很难看地宣布结束朝会，公卿大臣都替汲黯担忧。汉武帝退朝回到内宫，对左右侍从说：“汲黯的愚笨刚直也太过分了！”群臣中有人批评汲黯。汲黯说：“天子设立公卿等辅佐大臣，难道是让他们阿谀奉承，使帝王陷入不仁不义的境地吗？况且，我既然已经处在公卿的位置上，如果只想顾全自身性命，那就会使朝廷蒙受耻辱，那怎么得了！”

汲黯身体多病，病假将要接近三个月的限期了，汉武帝多次特许延长他休病假的时间，还是没有痊愈。最后病重时，庄助替他请假。汉武帝说："汲黯这个人怎么样呢？"庄助说："让汲黯任职当官，没有什么超越常人的才能；但要说到让他辅佐年幼的帝王，会坚定不移地维护祖先基业，利诱不动心，驱赶不离去，即使有人自认为像孟贲、夏育那样勇猛无敌，也无法改变他的耿耿忠心！"汉武帝说："说得对。古时有所谓的社稷之臣，说到汲黯，就很接近了！"

匈奴前来请求和亲结好，汉武帝刘彻让群臣讨论。大行王恢，是燕地人，熟悉匈奴情况，他提议说："汉与匈奴和亲，大概不过几年，他们就又背弃盟约；不如不同意和亲的要求，发兵攻打匈奴。"韩安国说："匈奴经常迁移，如同飞鸟一样，很难制服他们，自上古以来，都不把他们看作人类，现在如果汉军远征千里之外与匈奴争强斗胜，就会人马疲惫，敌人以逸待劳，这是很危险的。不如与匈奴和亲。"群臣参加议论的，大多附和韩安国的意见。因此，汉武帝允许与匈奴和亲。

【原文】

元光元年（丁未，前134）

冬，十一月，初令郡国举孝廉[①]各一人，从董仲舒之言也。

卫尉李广为骁骑将军，屯云中[②]；中尉程不识[③]为车骑将军，屯雁门[④]。六月，罢[⑤]。广与程不识俱以边太守将兵，有名当时。广行无部伍、行陈[⑥]，就善水草舍止[⑦]，人人自便，不击刁斗以自卫[⑧]，莫府省约文书[⑨]；然亦远斥候[⑩]，未尝遇害。程不识正部曲、行伍、营陈[⑪]，击刁斗，士吏治军簿至明，军不得休息，然亦未尝遇害。不识曰："李广军极简易，然虏卒犯之[⑫]，无以禁[⑬]也；而其士卒亦佚乐[⑭]，咸乐为之死。我军虽烦扰，然虏亦不得犯我。"然匈奴畏李广之略[⑮]，士卒亦多乐从李广而苦程不识[⑯]。

臣光曰：《易》曰[⑰]："师出以律，否臧凶[⑱]。"言治众而不用法[⑲]，无不凶也。李广之将，使人人自便。以广之材，如此焉可也。然不可以为法[⑳]。何则？其继者难也[㉑]，况与之并时而为将乎！夫小人之情[㉒]，乐于安肆而昧于近祸[㉓]，彼既以程不识为烦扰而乐于从广，且将仇其上而不服[㉔]。然则简易之害，非徒广军无以禁虏之仓卒[㉕]而已也。故曰“兵事以严终[26]”，为将者，亦严而已矣。然则效程不识，虽无功，犹不败；效李广，鲜不覆亡[27]哉！

夏，四月，赦天下。

五月，诏举贤良、文学，上亲策之。

秋，七月癸未[28]，日有食之。

（以上为第十一段，写汉武帝刘彻采纳董仲舒建议，下令各郡国察举孝廉；又下令察举贤良、文学；免去李广、程不识的军事职务。李广治军偏宽，士兵多数愿意跟随李广作战。）

【注释】

①孝廉：汉代选举官吏的科目之一。孝，孝顺父母。廉，清廉有方。 ②云中：郡名。郡治云中，在今内蒙古托克托东北。 ③程不识：西汉将领，与李广同时而齐名。程不识治军严厉，李广宽松。 ④雁门：郡名。郡治善无，在今山西右玉南。 ⑤罢：罢军。 ⑥部伍：指部队的编制组织。行（háng）陈：行列阵势。陈，通“阵”。 ⑦舍止：驻扎。 ⑧不击刁斗以自卫：不派巡逻士兵敲打刁斗警卫营盘。刁斗，铜锅。白日用以做饭，晚间敲着巡逻。击刁斗，一用于巡更报时，二用于报警。 ⑨莫府省约文书：指挥部的文书简约，省去许多环节。莫，通“幕”。幕府，主将的营帐，在此处理日常军务。 ⑩远斥候：远远派出侦察哨兵。 ⑪程不识正部曲、行伍、营陈：程不识则整肃军事编制，讲究队列和安营布阵。部曲，部队的编制组织。汉制，将军所率部队皆有部曲。大将军营五部，部下有曲，曲下有屯。部置有校尉，曲置有军候，屯置屯长，以为长官。陈，同“阵”。 ⑫卒犯之：突然来袭。卒，读“猝”。 ⑬无以禁：没有办法抵御。禁，禁阻抵御之意。 ⑭佚（yì）乐：安逸快乐。佚，通“逸”。 ⑮略：谋略。 ⑯苦程不识：苦于跟随程不识。 ⑰《易》曰：引文见《周易·师卦》爻辞。 ⑱师出以律，否臧凶：师出须有纪律，不遵守纪律则凶。师，军队。律，纪律。否，读“不”。臧，通“遵”。 ⑲治众而不用法：统领大军而不用法纪约束。 ⑳不可以为法：不可以效法。 ㉑其继者难也：后人效法李广的简易而不凶险，难以做到。 ㉒小人之情：军士大众，即普通人的情性。小人，民众，普通人。 ㉓乐于安肆而昧于近祸：乐于安逸而不知接近了祸害。肆，放纵。昧，不知，糊涂。 ㉔仇其上：对上级仇视。 不服：不听从指挥。 ㉕仓卒：匆忙。 ㉖兵事以严终：军纪要始终严格。 ㉗鲜不覆亡：不垮台的很少。鲜，少。 ㉘癸未：七月二十九日。

【译文】

汉武帝元光元年（丁未，前134）

冬季，十一月，汉武帝刘彻首次命令各郡国各自察举孝廉一人，这是采纳了董仲舒的建议而采取的措施。

卫尉李广担任骁骑将军，驻守云中郡；中尉程不识担任车骑将军，驻守雁门郡。六月，朝廷免去他们二人的军事职务。李广和程不识都以边境郡守的身份指挥军队，当时很有名气。李广指挥行军没有固定编制和行列阵势，选择水草丰美的地方驻扎下来，人人自便，夜间也不派设巡更士兵敲打着刁斗警卫营盘，军中指挥部的文书简单便宜；但是，也远远地派出监视敌军的侦察哨兵，军营未曾遭到袭击。程不识则整肃军事编制，讲究队列和布阵安营，夜间敲刁斗巡逻，军中官佐处理军队文书一直忙到天明，军队不能随意休息，然而也没有遇到危险。程不识说："李广的军队很简单便宜，但是，如果敌人突然袭击它，就没有办法抵御；而李广的士兵也很自在，都心甘情愿地为他拼力死战。我的军队虽然军务烦扰，但敌人也不能侵犯我。"但是，匈奴人更害怕李广的谋略，汉军士兵也多数愿意跟随李广作战，而苦于跟随程不识。

臣司马光评论说：《周易》说："军队行军打仗要有严明的纪律，没有严明的纪律就会凶险。"这是说统领大军而不用法纪来控驭，没有不凶险的。李广统领军队，使人人自便。凭李广的奇才，这样是可以的。但是，不能把他的方法引为楷模来效法。为什么呢？谁要继续沿用这一方法却很难，更何况与李广同时做将领的人呢！说到普通人的本来性情，都喜好安逸，而不知道接近祸害的危险，那些士兵们既然认为程不识治军严苛烦扰，而愿意跟随李广作战，势必将要仇视他们的长官而不服从指挥。这样说来，指挥军队简单便宜的危害，就不仅仅是李广的军队无法防御敌人突然袭击这一点了！所以说"军队的事情要始终严格"，统领军队，也就是严格而已。如果这样的话，仿效程不识用兵，即便是打不了胜仗，还可以保证不失败；如果学习李广的方法，很少能避免全军覆灭的结局啊！

夏季，四月，汉武帝刘彻宣布大赦天下。

五月，下令察举贤良、文学，汉武帝刘彻亲自出题考试。

秋季，七月二十九日，出现日食。

【评析】

董仲舒论

董仲舒，是汉代的大儒家，他的学问，被称为“新儒学”，意义十分重大，影响十分深远。

汉武帝崇尚儒家学说，即位之后，就通过贤良方正的科目招纳贤士，并亲自策问，称为“贤良对策”。董仲舒应运而出，对《天人三策》，系统地提出了“大一统”的学说和“诸不在六艺之科、孔子之术者，皆绝其道，勿使并进”的“罢黜百家，独尊儒术”的主张，为汉武帝所欣赏和采纳，使儒学成为治理国家的主导思想，影响中国长达两千多年。

首先，董仲舒是汉兴以来的真儒士，倡导的是“真儒学”。汉代儒学，是在继承先秦时期孔孟学说的基础上，吸收其他各家的思想精华，建立的一个具有神学倾向的新儒学体系，称为新儒学，其突出的内容，就是主张以仁政作为约束统治者的道德规范，缓解各方面的矛盾；主张强化中央集权，削弱割据势力；主张儒法结合，以德为主，以刑为辅，重视道德教化，实行“逆取顺守”的治国方略，也可以称之为“治国之学”。简括为一句话就是主张“大一统”和“三纲五常”。董仲舒，就是汉代新儒学的杰出代表，他具有儒学的真学问，追求儒学的真精神，将儒学的真精神发扬光大，虽有功利，但不是唯功利是图，是汉代新儒学的开创者，因而被称为汉代的“君子儒”。当然，汉代也有“利禄儒”，则是以追求儒学精神为幌子，甚至丢弃儒学的真精神，善于伪装、乔装自己，“缘饰以儒术”，以儒学为标签，以追求利禄为目标。公孙弘，就是这一类的代表。对于新儒学，人们一般予以讥评。但是我们只要弄清新儒学的真精神，将新儒学与“利禄儒”“伪儒学”相区别，就可以看出，新儒学是“先秦儒学”的继承和创新，更加注重于经世治国，更加具有积极的意义，应当予以褒扬。

其次，董仲舒致力于新儒学的研究和传播，是新儒学的集大成者，为汉朝培养了一大批治国人才。董仲舒曾走出家门，设坛教授儒学，下帷讲诵，精彩纷呈，有很多弟子，弟子再传弟子，一些再传弟子甚至只是听说过董仲舒的大名，但没有见过其面。董仲舒一门心思教学和研究，甚至三年都没有回家看一看。董仲舒的行为举止，都遵循礼节，很多读书人都尊他为师。他的弟子，有不少人做到了大夫的官；做谒者、掌故的有一百多人。在当时，公孙弘研究《春秋》的成就不及董仲舒，但是他行事善于迎合世俗，因此能够身居高位做了公卿大臣。董仲舒认为公孙弘为人阿谀逢迎，公孙弘非常憎恨，就对汉武帝说：“只有董仲舒可以担当胶西王的国相。”而胶西王刘端，是汉武帝的哥哥，为人狠毒暴戾。公孙弘就是想借胶西王来打击董仲舒。董仲舒害怕居官日久会惹祸上身，就称病辞官回家，仍然干起老本行，一心以研究儒学为本职。自汉朝开国以来历经五朝，只有董仲舒对《春秋》的研究最为精通，名望最高。董仲舒，真儒士也！

最后，董仲舒为官，是以新儒学的精神来治理其政。董仲舒的“贤良对策”，阐述了一系列的儒学新观点，与汉武帝刘彻的治政理念非常契合。那么，其人的实践才能如何呢？汉武帝想考验他一下，就把他派到江都王刘非那里当国相。刘非，是汉武帝的哥哥，粗暴、蛮横，完全是一介武夫。董仲舒当时的声望很高，刘非对董仲舒非常尊重。但刘非的出发点，是希望董仲舒要像管仲辅助齐桓公一样来辅助他，以夺取中央政权。这与董仲舒提出的“大一统”思想相违背，也是逆历史潮流而动，怎么能行呢？董仲舒就借古喻今进行规劝，指出：作为王者，要端正自己奉行道义，而不要谋求眼前的小利；要修养自己信奉理念，而不要急于取得成果；要致力于以德教化民众，而使社会风气大变，这才是为王的最高境界！暗示刘非不要称霸，不要心生妄想。后来，董仲舒弃官在家，钻研学问，而朝廷每有大事商议，汉武帝总是下令使者和廷尉前去听取董仲舒的建议。

可见，董仲舒的新儒学可以说是应时而生。在当时，清静无为的黄老思想已经不能满足汉初的政治需求，儒家的“大一统”等理论更适合汉武帝时代。董仲舒建议统一学术，统一思想，直截了当地提出“大一统”的政治思想，把儒学发展到一个新的阶段，为儒学的发展做出了巨大贡献。董仲舒的新儒学维护了汉武帝的集权统治，为当时社会政治和经济的稳定发展做出了重大的贡献！

卷第十八 汉纪十

汉武帝元光二年至元朔四年（前133—前125）

【起著雍涒滩（戊申，前133），尽柔兆执徐（丙辰，前125），凡九年】

【大事提要】

本卷记事起于公元前133年，到公元前125年，凡九年，当为汉武帝元光二年至元朔四年。本卷所载的大事，主要是以下几个方面：其一，凿空西域。汉武帝欲联合大月氏共击匈奴，张骞应募而出使，于公元前139年出陇西，经匈奴，被俘而逃出，西行至大宛，经康居，抵达大月氏，再至大夏，历时十三年回到长安，被誉为“凿空西域”，打通了汉朝通往西域的道路。其二，主父偃献策。公元前134年，主父偃上书汉武帝，当天就被召见，拜为郎中。不久，又升为谒者、中郎、中大夫，一年升迁四次，破格任用，创造了汉兴以来的用人之最。他向汉武帝提出“推恩分封子弟”“徙富豪于茂陵”等主张，后任为齐相，被冤杀。其三，马邑设谋。公元前133年，汉武帝听从大行王恢建议，在马邑策划了一场对匈奴的诱敌歼灭战。匈奴军臣单于贪图马邑城的财物，亲率十万大军进入武州塞，差一点就要进入汉朝的埋伏圈，最后识破圈套，迅速撤退。自此，西汉开始与匈奴进行大规模交战。其四，经略西南。汉武帝时，唐蒙上书建议开通夜郎道，被任命为郎中将，奉命出使夜郎，以厚礼说服夜郎侯多同归汉，汉在其地设置犍为郡。汉武帝刘彻又任命司马相如为中郎将，令持节出使，平定了西南夷。邛、笮、冉、駹、斯榆的君长都请求臣属汉朝。其五，出击匈奴。公元前129年，匈奴兴兵南下直指上谷郡。汉武帝刘彻任命卫青为车骑将军，率领一万骑兵，深入敌境，直捣匈奴祭天圣地龙城，首虏七百人，凯旋，封为关内侯。这是汉初以来出击匈奴的首次胜利，为汉朝的进一步反击打下了良好的基础。

【原文】

世宗孝武皇帝上之下

元光二年（戊申，前133）

冬，十月，上行幸雍[1]，祠五畤[2]。

李少君以祠灶却老方见上[3]，上尊之。少君者，故深泽侯舍人[4]，匿其年及其生长[5]，其游以方遍诸侯[6]，无妻子。人闻其能使物及不死[7]，更馈遗之[8]，常余金钱、衣食。人皆以为不治生业而饶给[9]，又不知其何所人[10]，愈信，争事之。

少君善为巧发奇中[11]。尝从武安侯饮[12]，坐中有九十余老人，少君乃言与其人父游射处[13]；老人为儿时从其人父[14]，识其处[15]，一坐尽惊。

少君言上曰："祠灶则致物[16]，致物而丹沙可化[17]为黄金，寿可益，蓬莱[18]仙者可见；见之，以封禅则不死[19]，黄帝是也[20]。臣尝游海上，见安期生[21]，食臣枣[22]，大如瓜。安期生仙者，通蓬莱中，合则见人[23]，不合则隐。"于是天子始亲祠灶[24]，遣方士入海求蓬莱安期生之属[25]，而事化丹沙诸药齐[26]为黄金矣。居久之，李少君病死，天子以为化去，不死；而海上燕、齐怪迂之方士多更来言神事矣[27]。

亳人谬忌奏祠太一[28]。方曰："天神贵者太一，太一佐曰五帝[29]。"于是天子立其祠长安东南郊。

雁门马邑豪聂壹[30]，因大行王恢言："匈奴初和亲，亲信边，可诱以利致之[31]，伏兵袭击，必破之道也。"上召问公卿。

王恢曰："臣闻全代之时[32]，北有强胡之敌，内连中国[33]之兵，然尚得养老、长幼，种树以时，仓廪常实，匈奴不轻侵也。今以陛下之威，海内为一，然匈奴侵盗不已者，无他，以不恐之故[34]耳。臣窃以为击之便。"

韩安国曰："臣闻高皇帝尝围于平城[35]，七日不食；及解围反位，而无忿怒之心[36]。夫圣人以天下为度者也，不以己私怒伤天下之公，故遣刘敬结和亲，至今为五世利[37]。臣窃以为勿击便。"

恢曰："不然。高帝身被坚执锐[38]，行几十年[39]，所以不报平城之怨者，非力不能，所以休天下之心也。今边境数惊，士卒伤死，中国槥车相望[40]，此仁人之所隐[41]也。故曰击之便。"

安国曰："不然。臣闻用兵者以饱待饥，正治以待其乱[42]，定舍以待其劳[43]；故接兵覆众[44]，伐国堕城[45]，常坐而役敌国[46]，此圣人之兵也。今将卷甲轻举[47]，深入长驱，难以为功；从行则迫胁[48]，衡行则中绝[49]，疾则粮乏[50]，徐则后利[51]，不至千里，人马乏食。《兵法》曰：'遗人，获也[52]。'臣故曰勿击便。"

恢曰："不然。臣今言击之者，固非发而深入也。将顺因单于之欲，诱而致之边，吾选枭骑、壮士，阴伏而处[53]以为之备，审遮险阻[54]以为其戒。吾势已定，或营其左，或营其右，或当其前，或绝其后，单于可禽[55]，百全必取[56]。"上从恢议。

夏，六月，以御史大夫韩安国为护军将军，卫尉李广为骁骑将军，太仆公孙贺为轻车将军，大行王恢为将屯将军，太中大夫李息为材官将军，将车骑、材官三十余万匿[57]马邑旁谷中，约单于入马邑纵兵[58]。阴使聂壹为间[59]，亡入匈奴[60]，谓单于曰："吾能斩马邑令、丞，以城降，财物可尽得。"单于爱信[61]，以为然而许之。聂壹乃诈斩死罪囚，县[62]其头马邑城下，示单于使者为信[63]，曰："马邑长吏已死，可急来！"

于是单于穿塞[64]，将十万骑入武州塞[65]。未至马邑百余里，见畜布野而无人牧者[66]，怪之[67]。乃攻亭，得雁门尉史[68]，欲杀之，尉史乃告单于汉兵所居[69]。单于大惊曰："吾固疑之。"乃引兵还，出曰："吾得尉史，天也[70]！"以尉史为天王。塞下传言单于已去，汉兵追至塞，度弗及[71]，乃皆罢兵。王恢主别从代出击胡辎重[72]，闻单于还，兵多，亦不敢出。

上怒恢。恢曰："始，约为入马邑城，兵与单于接，而臣击其辎重，可得利。今单于不至而还，臣以三万人众不敌[73]，只取辱。固知还而斩，然完[74]陛下士三万人。"于是下恢廷尉[75]，廷尉当[76]"恢逗桡[77]，当斩"。

恢行[78]千金丞相蚡，蚡不敢言上，而言于太后曰："王恢首为马邑事，今不成而诛恢，是为匈奴报仇也。"上朝太后[79]，太后以蚡言告上。上曰："首[80]为马邑事者恢，故发天下兵数十万，从其言为此。且纵单于不可得[81]，恢所部击其辎重，犹颇可得以慰士大夫心[82]。今不诛恢，无以谢天下[83]。"于是恢闻，乃自杀。

自是之后，匈奴绝和亲，攻当路塞[84]，往往入盗于汉边，不可胜数；然尚贪乐关市[85]，嗜汉财物；汉亦关市不绝，以中其意[86]。

（以上为第一段，写公元前133年重大史事，汉朝设谋马邑，吹响反击匈奴的号角。大行王恢建议，发三十万大军伏击匈奴；匈奴十万骑兵入塞，看出汉军破绽，全军撤回，汉军无功而返，王恢被处斩首。）

【注释】

①上：指武帝。 雍：县名。治所在今陕西宝鸡市凤翔区南。 ②祠五畤：祭祀五天帝。五畤，供奉五天帝的庙址。 ③李少君以祠灶却老方见上：李少君凭借祭祀灶神求长生不老的方术进见汉武帝。李少君，西汉方士。祠灶，祭灶。却老方，防止衰老之方。 ④深泽侯：疑指赵修。高祖功臣有深泽侯赵将夕，其孙赵修于景帝三年嗣侯，七年获罪。 舍人：家臣。 ⑤匿其年：隐瞒自己的年龄。 生长：也隐瞒生平经历。 ⑥其游以方遍诸侯：凭借他的方术游遍诸侯。 ⑦使物：能役使鬼神万物。 不死：有长生不老的方术。 ⑧更馈遗之：争相、轮替赠送财物给李少君。 ⑨饶给：富有。 ⑩何所人：哪里人。 ⑪巧发奇中（zhòng）：谓伺机发言而往往猜中。 ⑫尝从武安侯饮：曾经陪同武安侯田蚡饮酒。 ⑬大父游射处：说起与坐中九十老人的祖父一起游玩射猎的地方。⑭从其大父：跟随祖父。 ⑮识其处：记得这个地方。 ⑯祠灶则致物：祭祀灶神可招来鬼神。物，与人相异之物，即鬼神。 ⑰丹沙：丹砂。 化：炼制。 ⑱蓬莱：方士传说在渤海中的仙山，山上有神仙。 ⑲见之，以封禅则不死：见了仙人，然后封禅就可以不死。 封禅，古代帝王在泰山作坛以祭天，称封；在泰山下梁父山划区以祭地，称禅。⑳黄帝是也：传说黄帝不死，乘龙升天。 ㉑安期生：方士口中编造的仙人之名。 ㉒食臣枣：给李少君枣吃。 按：《史记·孝武本纪》及《汉书·郊祀志》均作“巨枣”。疑“臣”乃“巨”之误。 ㉓合则见人：谁和他投缘就现身见人。合，投缘。 ㉔天子：指汉武帝。 亲祠灶：亲自祭祀灶神。 ㉕之属：与安期生同类的仙人。 ㉖药齐：药剂。齐，通“剂”。 ㉗更来言神事矣：纷纷前来讲说神仙故事。 ㉘亳（bó）：地名。历史上有多处。此取济阳郡薄县。 谬忌：姓谬，名忌。方士，济阳郡薄县人。汉薄县，在今山东曹县东南。 太一：最尊贵的天神。 ㉙五帝：太一神的辅佐五天帝，为：青帝、赤帝、白帝、黑帝、黄帝。 ㉚马邑：县名。治所在今山西朔州。 豪：头领。 聂壹：姓聂，名壹。㉛可诱以利致之：可用财利引诱匈奴前来。致，招来。 ㉜全代之时：指代国未分之时，战国初，代自为一国，故曰全代。 ㉝中国：中原。 ㉞不恐之故：原因是不害怕汉朝。 ㉟围：被围。 平城：县名。在今山西大同东北。高帝七年，公元前200年，高祖反击匈奴冒顿单于南侵，被围平城七日七夜而后得出。 ㊱解围反位，而无忿怒之心：高祖在平城，解围回到京城，没有愤怒之心。反，通“返”。 ㊲至今为五世利：汉与匈奴和亲，自高祖以来，经过惠帝、高后、文帝、景帝，共五世享和平之利。 ㊳被坚执锐：披坚甲，执利兵。喻征战不休。被，通“披”。 ㊴行几十年：征战差不多十年。行，征战。几，差不多，接近。 ㊵槥车相望：载槥之车相望于道，言其多。槥（huì），小而薄的棺材。从军死者以槥送致其葬，在路上的载槥之车一辆接一辆。 ㊶隐：悲痛。 ㊷正

治以待其乱：严明军纪等待敌人的混乱。㊸定舍以待其劳：安居军营等待敌人的疲劳。㊹接兵覆众：一旦交战，就要打败敌众。接兵，交战。覆，败。㊺伐国：进攻敌国。堕城：占领敌城。㊻常坐而役敌国：经常安坐而迫使敌人俯首听命。㊼卷甲轻举：轻易地发动军队，谓轻易用兵匈奴。㊽从行则迫胁：孤军深入就要受到威胁。从，通"纵"。纵行，指孤军深入。㊾衡行则中绝：多路进攻就没有后继。衡行，齐头并进，喻分兵多路进攻。中绝，接应不继，断了后继。㊿疾则粮乏：进军太快粮食供应不上。51徐则后利：进军缓慢丧失有利战机。徐，迟缓。后利，赶不上趋利，丧失战机。52遗人，获也：派出军队，被敌人抓获。53阴伏而处：暗中埋伏在敌人必经之处。54审遮险阻：谨慎地据守险要的地势。遮，挡，据守。55"吾势已定"六句：我们的部署已经完成，有的军队攻其左，有的军队攻其右，有的军队挡在正前方，有的军队切断敌人的后路，匈奴单于可以擒获。56百全必取：一百个安全一定完胜。57匿：藏匿，埋伏。58纵兵：全线出击。59阴使：暗中派遣。间：间谍。60亡入匈奴：假装逃到匈奴。61爱信：喜欢而信任他。62县：通"悬"。63示：显示。信：证据。64穿塞：通过边塞。65武州塞：武州边塞。武州，边县名。县治在今山西左云。66畜布野：牲畜遍布野地。无人牧者：没有放牧人。67怪之：对此觉得奇怪。68得雁门尉史：抓了一个雁门关小军官。尉史，小军官。69汉兵所居：汉军埋伏处所。70天也：上天保佑。71度弗及：估计追击不上。72王恢主别从代出击胡辎重：王恢承担的任务，是指挥另一支军队，从代地出发，准备袭击匈奴的后勤给养。主，承担的任务。辎重，行军时由运输队携带的物资。73不敌：不是对手，打不过。74完：保全。75下：交付。廷尉：官名。九卿之一，最高司法官，掌刑狱。王恢被交给廷尉来主审。76当：判决定罪。77逗桡：所判罪名。言畏敌观望、逗留，丧失战机。78行：行贿。79太后：汉武帝之母王太后，田蚡之姐。80首：首谋。81纵单于不可得：即使单于没有抓到。纵，即使。82慰士大夫心：安慰全军将士的心。83谢天下：向天下人致歉。84当路塞：交通要塞。85乐：喜欢。关市：边界的交易市场。86中其意：投其所好。中（zhòng），迎合。

【译文】

世宗孝武皇帝上之下

汉武帝元光二年（戊申，前133）

冬季，十月，汉武帝来到雍地，在五畤举行祭祀。

李少君凭借祭祀灶神求长生不老的方术进见汉武帝，汉武帝很尊敬他。李少君是已去世的深泽侯的舍人，他隐瞒了自己的年龄、出生成长的地方，凭借着他的方术周游结交诸侯，没有妻子儿女。人们听说李少君能役使鬼神万物，并有长生不老的方术，纷纷赠送财礼给他，所以他经常有剩余的金钱和衣食用品。人们都认为他不经营产业却很富裕，又不知他是什么地方的人，更加相信他，争着侍奉他。

李少君善于用巧妙的语言猜中一些离奇的事情。他曾经陪武安侯田蚡饮酒，座中有位九十多岁的老人，李少君就说起与老人的祖父一起游玩射猎的地方；老人还是儿童时曾跟随祖父，记得那个地方，满座的客人都大吃一惊。

李少君对汉武帝说："祭祀灶神就能招来奇异之物，招来了奇异之物就可以使丹砂化为黄金，可以延年益寿，可以见到蓬莱的仙人；见到仙人，进而举行封禅仪式，就可以长生不死，黄帝就是这样的。我曾经在海上漫游，遇见了安期生，他给我枣吃，那枣如同瓜一般大。安期生是仙人，往来于蓬莱仙境，谁和他投缘，他就显身相见；谁和他不投缘，他就隐身不见。"于是，汉武帝就开始亲自祭祀灶神，派遣方士到大海中去寻找蓬莱安期生之类的仙人，并且从事熔化丹砂和其他药物的工作，企图炼出黄金。过了很久，李少君病死，汉武帝认为他化身成仙，并没有死去。因此，燕地、齐地等沿海地区那些怪诞迂谬的方士，纷纷前来对汉武帝谈论有关神仙的事情了。

亳县人谬忌奏请汉武帝祭祀太一神。他在上奏的方形木牍上写道："天神中最尊贵的是太一神，太一神的辅佐是五帝神。"于是，汉武帝就在长安的东南郊建立了祭祀太一神的祭坛。

雁门郡马邑县的豪强之士聂壹，通过大行王恢向汉武帝建议："匈奴刚刚与汉朝和亲结好，亲近信任边境吏民，可以用财利引诱他们前来，汉军预设伏兵袭击，这是肯定会打败匈奴人的妙计。"汉武帝召集公卿讨论这个建议。

王恢说："我听说，代国保有它的全境时，北面有强敌匈奴的威胁，内受中原诸国军队的牵制，但仍然可以赡养老人、抚育幼童，按照季节时令种粮植树，粮仓中一直有充足的储粮，匈奴不敢轻易入侵。现在，凭着皇上的神威，天下一统，但匈奴的入侵却持续不断，形成这种局面的原因，没有别的，只是在于没有使匈奴恐惧罢了。我私下认为打击匈奴对国家有利。"

御史大夫韩安国说："我听说，高皇帝曾被匈奴围困在平城，七天没能吃上饭；等到解脱围困而返回都城之后，却没有愤怒之心。圣人有包容天下的气度，不因自身的私怒而伤害天下大局，所以高皇帝派遣刘敬为使臣与匈奴和亲，到现在已为五世的人带来益处。我私下认为不打匈奴对国家有利。”

王恢说：“不对。高帝身披铠甲，手执利器，征战将近几十年，他不向匈奴报复被困平城的怨恨，并不是因为力所不及，而是出于让天下人休息的仁心。现在，边境经常受到匈奴侵扰，受伤战死的士兵很多，中原地区运载死亡士兵棺木的车辆络绎不绝，这是仁人所悲痛的事情。所以说，打匈奴是应当的。”

韩安国说：“不对。我听说善于用兵的人，总是让自己的军队温饱以等待敌军饥饿，严明军纪以等待敌军混乱，安居军营以等待敌军疲劳。所以，一旦交战，就会全歼敌人；一旦进攻敌国，就会攻破城防，经常安坐不动就能迫使敌人俯首听命，这是圣人的作战方法。现在如果轻易地对匈奴用兵，长驱直入，难以成功；如果孤军深入就会受到威胁，齐头并进就没有后继，进军太快就会缺乏粮食给养，进军缓慢就会丧失有利的战机，还没有走到一千里，人马就都会缺乏粮食。这正是《兵法》所说：‘派出军队，就会被敌人擒获。’所以，我说不攻打匈奴为好。”

王恢说：“不对。我现在所说的攻打匈奴的方法，本不是征发军队深入敌境；而是要利用单于的贪欲，引诱他们到我们的边境，我们挑选骁勇的骑兵和壮士，暗中埋伏在敌人必经之处，用来防备敌军，谨慎地据守险要的地势，以加强防御的力量。我们的部署已经完成，有的军队攻打敌军左翼，有的军队攻打敌军右翼，有的军队阻止敌人前进，有的军队断绝敌人的退路，这样就肯定能擒住单于，必定大获全胜。”汉武帝采纳了王恢的主张。

夏季，六月，汉武帝任命御史大夫韩安国为护军将军，卫尉李广为骁骑将军，太仆公孙贺为轻车将军，大行王恢为将屯将军，太中大夫李息为材官将军，统率战车、骑兵、步兵共三十多万人暗中埋伏在马邑附近的山谷中，约定等单于进入马邑后，就挥军出击。汉军暗地派聂壹当间谍，逃到匈奴人那儿，聂壹对单于说：“我能杀马邑县的县令和县丞，献城归降，您可以得到全城的所有财物。”单于很喜欢并信任聂壹，认为他说得对，就同意了他的计划。聂壹返回马邑县城，就斩杀死刑囚犯，用来假冒县令、县丞，把他们的头挂在马邑城下，让单于的使者观看，以此作为证明，说：“马邑县的长官已经死了，你们可以赶快来！”

于是，单于越过边塞，统率十万骑兵进入武州塞。走到距离马邑县城还有一百多里的地方，单于见遍野牲畜，却没有一个放牧的人，感到奇怪。单于就派人攻打亭隧，俘虏了雁门郡的尉史，要杀掉他，这个尉史就告诉单于汉兵埋伏的地点。单于大吃一惊，说：“我本来就怀疑其中有诈。”就领兵撤退，在撤出汉境之后，单于说："我俘虏了这个尉史，是天保佑我啊！"就称这个尉史为"天王"。边塞守军传报单于已率军退走，汉军追到边塞，估计追不上了，就全军撤回。王恢指挥另一支军队，从代地出发，准备袭击匈奴的后勤给养，听说单于返回，军队很多，也不敢出击。

汉武帝对王恢很恼怒。王恢说："根据原来的计划，约定引匈奴进入马邑县城，主力军队与单于交战，而我率军袭击他们的后勤给养，可以获胜。现在单于未到马邑就全军撤回，我用三万人的军队打不过匈奴大军，那样做只能是自辱。我本知道撤兵回来是要杀头的，但这样却保全了皇上的三万将士。"于是，汉武帝就把王恢交付廷尉审判，廷尉的判决是："王恢避敌观望，不敢出击，判处斩首。"

王恢暗中向丞相田蚡行贿一千金，求他开脱罪名，田蚡不敢向汉武帝说，就对太后说："王恢第一个提出了在马邑诱歼匈奴主力的计划，现在行动失败而杀了王恢，这是等于为匈奴报了仇啊！"汉武帝朝见太后时，太后就把田蚡的话告诉了汉武帝。汉武帝说："王恢是马邑计划的主谋，我听从了他的建议，调集了天下几十万人马，安排了这次军事行动。况且，即使捉不到单于，王恢的军队袭击匈奴的后勤给养，仍然可以安慰将士们的心。如今不杀王恢，无法向天下人谢罪。"王恢得知了汉武帝的话，就自杀了。

从此之后，匈奴断绝了与汉朝的和亲，进攻扼守大路的要塞，常常入侵汉朝边境，不可胜数。但是，匈奴仍然贪图在边关的互市贸易，喜爱汉朝的财物；汉朝也不关闭边境贸易市场，以投其所好。

【原文】

三年（己酉，前132）

春，河水徙[①]，从顿丘[②]东南流。夏，五月丙子[③]，复决濮阳瓠子[④]，注巨野[⑤]，通淮泗[⑥]，泛郡十六[⑦]。天子使汲黯、郑当时发卒十万塞之[⑧]，辄复坏。是时，田蚡奉邑食鄃[⑨]；鄃居河北，河决而南，则鄃无水灾，邑收多。蚡言于上曰："江、河之决皆天事[⑩]，未易以人力强塞，塞之未必应天[⑪]。"而望气用数者亦以为然[⑫]。于是天子久之不复事塞[⑬]也。

初，孝景时，魏其侯窦婴[⑭]为大将军，武安侯田蚡乃为诸郎[⑮]，侍酒跪起如子侄[⑯]。已而蚡日益贵幸[⑰]，为丞相。魏其失势[⑱]，宾客益衰，独故燕相颍阴灌夫[⑲]不去。婴乃厚遇夫[⑳]，相为引重[㉑]，其游如父子然[㉒]。

夫为人刚直，使酒[23]，诸有势在己之右者必陵[24]之；数因酒忤[25]丞相。丞相乃奏案[26]："灌夫家属横颍川[27]，民苦之。"收系夫及支属[28]，皆得弃市[29]罪。

魏其上书论救[30]灌夫，上令与武安东朝廷辨[31]之。魏其、武安因互相诋讦[32]。上问朝臣："两人孰是[33]？"唯汲黯是魏其，韩安国两以为是；郑当时是魏其，后不敢坚[34]。上怒当时曰[35]："吾并斩若属[36]矣！"即罢[37]，起，入[38]，上食太后[39]，太后怒不食，曰："今我在也，而人皆藉吾弟[40]；令我百岁后[41]，皆鱼肉之[42]乎！"上不得已，遂族灌夫[43]；使有司案治魏其[44]，得弃市罪。

（以上为第二段，写黄河决口，十六郡被淹，丞相田蚡借天意放弃堵口，任其泛滥；大将军窦婴失势，与灌夫相互援引，灌夫得罪田蚡，被治罪；窦婴营救，亦被斩首。）

【注释】

① 河水徙：黄河水改道。②顿丘：县名。县治在今河南清丰西。③丙子：五月初三日。④决：决口。濮阳：县名。县治在今河南濮阳西南。瓠子：河堤名，在濮阳境内黄河岸边。汉武帝元兴三年，公元前132年夏五月，黄河决堤瓠子，水南流淮泗，淹没十六郡。⑤注巨野：流淹巨野县。巨野县治在今山东巨野东北。⑥通淮泗：通向淮河、泗水。⑦泛郡十六：泛滥淹没十六个郡。⑧塞之：堵塞决口。⑨奉邑：即食邑。鄃：县名。县治在今河北高唐东北。⑩天事：这是天意的安排。⑪塞之未必应天：堵塞黄河缺口未必符合天意。⑫望气：古代迷信活动，望气而卜吉凶。用数者：玩弄术数之人。以为然：以为是这样。⑬久之不复事塞：长久不进行堵塞决口之事。⑭窦婴：西汉人。官至丞相，封魏其侯。传见《史记》卷一百零七、《汉书》卷五十二。⑮诸郎：指中郎、侍郎、郎中等官。⑯侍酒：侍从宴饮。子侄：儿子、侄儿。⑰已而：不久。贵幸：显贵受宠。⑱失势：失去权势。⑲灌夫：西汉颍阴（今河南许昌）人。字仲孺。官至太仆。传见《史记》卷一百零七、《汉书》卷五十二。⑳厚遇夫：优待灌夫。㉑相为引重：互相称引而倚重。㉒其游如父子然：他们的交往，情深如同父子。㉓刚直：刚强正直。使酒：借酒发疯。㉔在己之右：比自己高贵。陵：通"凌"。㉕忤（wǔ）：违逆，得罪。㉖奏案：奏请查办。㉗横颍川：在颍川横行霸道。㉘收系：拘捕关押。支属：家属。㉙弃市：斩于闹市，陈尸示众。㉚论救：找理由营救。㉛上：指武帝。武安：指武安侯田蚡。东朝：指东宫。即王

太后所居之长乐宫。廷辨：在宫廷公开辩论是非。㉜诋讦（jié）：诋毁与揭发阴私。㉝两人孰是：两人谁对。孰，谁。㉞坚：坚持己见。㉟上怒当时曰：汉武帝怒对郑当时说。㊱若属：你们这些人。㊲即罢：立即罢朝，中止了廷辨。㊳起，入：起来，进入宫内。㊴上食太后：送食物给太后。上，送上。㊵藉吾弟：践踏我的弟弟。㊶百岁后：死后。㊷鱼肉之：把他当鱼肉一样宰割。㊸族灌夫：诛灭灌夫全族。㊹使有司案治魏其：派主管官吏查办魏其侯窦婴。

【译文】

汉武帝元光三年（己酉，前132）

春季，黄河决口改道，从顿丘向东南方向流去。夏季，五月初三，黄河又一次在濮阳县的瓠子决口，注入巨野县，连通了淮河和泗水，沿途十六个郡受到水灾。汉武帝刘彻派汲黯、郑当时征发十万役夫堵塞黄河决口，刚刚堵住，就又被洪水冲毁。当时，田蚡的食邑是鄃县；鄃县在黄河北岸，黄河决口向南泛滥，鄃县就不会遭受水灾，食邑收入就会增加。田蚡对汉武帝说："长江、黄河的决口都是天意的安排，用人力强行堵塞很不容易，堵住了未必符合天意。"而那些候望云气和使用法术的方士们也认为是这样。这样一来，汉武帝很长时间不再征发人力从事堵塞决口的工程。

当初，汉景帝在位时，魏其侯窦婴担任大将军，武安侯田蚡才是个普通的郎官，陪侍窦婴饮酒时，下跪起立如同儿子、侄子一样。后来，田蚡日益显贵受宠，出任丞相。而魏其侯窦婴失去了权势，依附他的宾客越来越少，唯独原来的燕相、颍阴县人灌夫没有离去。窦婴就厚待灌夫，两人互相援引、互相倚重，来往如同父子一样。

灌夫为人刚强正直，好借酒使气，对那些权势在自己之上的权贵，必定给予凌辱；他多次因酒后闹事冒犯丞相田蚡。丞相就向汉武帝弹劾："灌夫家属在颍川郡横行霸道，民众都被害苦了。"于是，收捕灌夫和包括旁支亲属在内的家人，都被判处公开斩首示众的罪名。

魏其侯窦婴上书极力营救灌夫，汉武帝命令他和武安侯田蚡到太后居住的东宫中，当廷申辩。魏其侯、武安侯就利用这个机会互相诋毁。汉武帝问朝廷群臣："他们两人谁对？"只有汲黯认为魏其侯对，韩安国认为两人都对，郑当时本认为魏其侯对，后来不敢坚持。汉武帝怒骂郑当时说："我把你这类人一起斩了！"随即罢朝，站起来，进入内宫，侍奉太后用餐，太后气冲冲地不吃饭，说："如今我还活着，别人已经在欺负我的弟弟；假如我死了，他们就都来宰杀他了！"汉武帝没有办法，就下令将灌夫满门处斩；派执法官员审查魏其侯，判处魏其侯斩首示众。

【原文】

四年（庚戌，前131）

冬，十二月晦[①]，论杀魏其于渭城[②]。

春，三月乙卯[③]，武安侯蚡亦薨。及淮南王安败，上闻蚡受安金[④]，有不顺语[⑤]，曰："使武安侯在者[⑥]，族矣[⑦]！"

夏，四月，陨霜杀草[⑧]。

御史大夫安国行丞相事[⑨]，引，堕车，蹇[⑩]。

五月丁巳[⑪]，以平棘侯薛泽[⑫]为丞相，安国病免。

地震，赦天下。

九月，以中尉张欧为御史大夫。韩安国疾愈，复为中尉。

河间王德[⑬]，修学好古[⑭]，实事求是，以金帛招求四方善书[⑮]，得书多，与汉朝等。是时，淮南王安亦好书，所招致率多浮辩[⑯]；献王所得书，皆古文先秦旧书[⑰]，采礼乐古事，稍稍增辑至五百余篇，被服、造次必于儒者[⑱]，山东诸儒多从之游。

【注释】

①十二月晦：十二月末。②渭城：县名，县治在今陕西咸阳东北。③乙卯：三月十七日。④蚡受安金：田蚡接受淮南王刘安贿赂的黄金。⑤有不顺语：说了一些不合宜的话。不顺，大逆不道。田蚡对刘安说，皇上无子，安当作继承人。⑥在者：还活着。⑦族矣：当灭族。⑧陨霜杀草：天降寒霜，冻死了野草。⑨行丞相事：代理丞相视事。⑩引，堕车，蹇：引导皇上车驾，从车上跌落，成了跛腿。⑪丁巳：五月二十日。⑫薛泽：高祖功臣广平侯薛欧之孙。⑬河间王德：刘德，景帝之子。景帝前二年受封河间王。⑭修学好古：努力钻研学问，喜好古代书籍。⑮善书：内容好的书。⑯率多浮辩：大多是浮滑论辩之书。⑰先秦旧书：秦以前的古籍。⑱被服：思想。造次：言谈举止。必于儒者：一定效法儒学老师。

【译文】

汉武帝元光四年（庚戌，前131）

冬季，十二月末，根据所定罪名在渭城处死了魏其侯窦婴。

春季，三月十七日，武安侯田蚡也死了。等到后来淮南王刘安谋反失败，汉武帝刘彻得知田蚡接受过刘安的黄金，并且说过大逆不道的话，就说："假如武安侯还活着，就应该把他灭族了！"

夏季，四月，出现寒霜，冻死了野草。

御史大夫韩安国代理丞相职务，为汉武帝引导车驾，从车上摔了下来，成了跛腿。

五月二十日，汉武帝任命平棘侯薛泽为丞相；韩安国因病免职。

汉朝发生了地震，实行大赦。

九月，汉武帝任命中尉张欧为御史大夫。韩安国的腿疾痊愈，重新出任中尉。

河间王刘德，努力钻研学问，喜好古代典籍，治学注重实事求是，用黄金丝帛购买各地的好书，购得的书，数量与汉朝廷的存书一样多。当时，淮南王刘安也喜爱书籍，他所征集到的大多是浮滑论辩的书；而刘德所征集的书，都是用古代文字书写的先秦时期的旧书。他搜集礼乐制度的古事，稍加增订，编辑成书，长达五百多篇。他的思想和言谈举止，都务求符合儒家学说，崤山以东的儒生大多追随他，与他交往。

【原文】

五年（辛亥，前130）

冬，十月，河间王来朝，献雅乐①，对三雍宫②及诏策所问三十余事。其对，推道术③而言，得事之中④，文约指明⑤。天子下太乐官常存肄河间王所献雅声⑥，岁时以备数⑦，然不常御⑧也。

春，正月，河间王薨，中尉常丽以闻，曰："王身端行治⑨，温仁恭俭，笃敬爱下，明知深察⑩，惠于鳏寡⑪。"大行令奏："《谥法》：'聪明睿知曰献，'谥曰献王。"

班固赞曰⑫：昔鲁哀公有言⑬："寡人生于深宫之中，长于妇人之手，未尝知忧，未尝知惧。"信哉斯言⑭也，虽欲不危亡，不可得已！是故古人以宴安[15]为鸩毒，无德而富贵谓之不幸。汉兴，至于孝平[16]，诸侯王以百数，率多骄淫失道[17]。何则？沉溺放恣[18]之中，居势使然也[19]。自凡人犹系于习俗，而况哀公之伦乎！"夫唯大雅[20]，卓尔不群[21]"，河间献王近之[22]矣。

（以上为第三段，写河间王刘德努力钻研学问，喜好古代典籍，注重实事求是；搜集礼乐制度的古事，稍加增订，编辑成书，有五百多篇；思想和言谈举止，务求符合儒家学说。河间王刘德的学问德行受到了班固的高度礼赞。）

【注释】

①雅乐：不庸俗的高尚音乐。 ②对三雍宫：对，回答汉武帝的提问。 三雍宫，指三雍宫的典章制度。辟雍、明堂、灵台三宫。雍，和谐。 ③推道术：阐明了儒学思想。道，儒家之道。 ④得事之中：抓住了问题的关键。中（zhòng），关键，要害。 ⑤文约指明：文辞简约，观点明确。指，通"旨"。 ⑥"天子下"句：汉武帝下令让掌管宫廷音乐的太乐官经常练习河间献王所献的雅乐。下，下命。常存肄，经常注意练习。肄，学习。 ⑦岁时以备数：在年节的典礼中演奏。 ⑧御：进用，演奏。 ⑨身端行治：立身正直，行为检点。 ⑩明知深察：聪明智慧，洞察隐微。知，通"智"。 ⑪惠于鳏寡：恩惠及于光棍汉和寡妇。 ⑫班固赞曰：此赞取自《汉书》卷五十三《景十三王传赞》。⑬鲁哀公：春秋时鲁君。 有言：说了这样的话。按：鲁哀公之言，见《孙卿子》载鲁哀公与孔子之言。 ⑭信哉斯言：这话说得太实在了。 ⑮宴安：安逸享受。 ⑯孝平：西汉孝平帝。传见《汉书》卷十二。 ⑰率多骄淫失道：大多骄横荒淫丧失道德。率，大多，大致。 ⑱沉溺：谓不改积习。 放恣：骄纵恣肆。 ⑲居势使然也：他们所处的位置导致这样的。居势，所处地位和形势。 ⑳大雅：大度君子，即超群不俗的大材。㉑卓尔不群：出类拔萃。 ㉒近之：近似这样的人。

【译文】

汉武帝元光五年（辛亥，前130）

冬季，十月，河间王刘德来京朝见，进献用于郊庙朝会的正乐，回答了有关三雍宫的典章制度以及皇帝拟定的三十多个问题。他的回答，都是依据并阐明了儒学思想，抓住了问题的关键，文字简洁，观点明确。汉武帝下令让掌管宫廷音乐的太乐官经常练习河间王所献的雅乐，作为年节典礼中的项目，但平常很少演奏。

春季，正月，河间王刘德去世，中尉常丽向朝廷报告了他的死讯，并说："河间王立身端正，行为谨饬，温良仁义，恭敬俭朴，敬上爱下，聪明智慧，洞察隐微，恩惠及于鳏夫寡妇。"大行令奏报汉武帝："《谥法》说：'聪明睿智称为献。'议定河间王刘德的谥号为献。"

班固评论说：过去鲁哀公说过这样的话："我在深宫中出生，在妇人抚育下长大，从不知道什么是忧愁，从未体验过什么是恐惧。"这话说得多么真实啊！这样的人做帝王，即便他不想使国家陷入危亡的绝境，也不可能啊！所以，古人把安享太平看成是毒酒，把没有仁德而身居富贵之位称为不幸。汉朝建国，直到孝平帝，诸侯王数以百计，大多骄横荒淫丧失道德。为什么这样呢？沉溺在放纵恣肆的环境中，他们所处的地位导致他们如此。即使是常人都要深受习俗的影响，何况鲁哀公这样的人呢？"学识渊博，出类拔萃"，河间献王刘德可以说是近似这样的人。

【原文】

初，王恢之讨东越也，使番阳[①]令唐蒙风晓南越[②]。南越食蒙以蜀枸酱[③]，蒙问所从来[④]。曰："道西北牂柯江[⑤]。牂柯江广数里，出番禺城下[⑥]。"蒙归至长安，问蜀贾人。贾人曰："独蜀出枸酱，多持窃出市夜郎[⑦]。夜郎者，临牂柯江，江广百余步[⑧]，足以行船。南越以财物役属夜郎[⑨]，西至桐师[⑩]，然亦不能臣使也。"

蒙乃上书说上曰："南越王黄屋左纛[⑪]，地东西万余里，名为外臣，实一州主也。今以长沙、豫章往[⑫]，水道多绝[⑬]，难行。窃闻夜郎所有精兵可得十余万，浮船牂柯江[⑭]，出其不意，此制越一奇也[⑮]。诚以汉之强，巴蜀之饶[⑯]，通夜郎道为置吏，甚易。"上许之。

乃拜蒙为中郎将[⑰]，将[⑱]千人，食重[⑲]万余人，从巴蜀筰关入[⑳]，遂见夜郎侯多同[㉑]。蒙厚赐[㉒]，喻以威德，约为置吏，使其子为令[㉓]。夜郎旁小邑皆贪汉缯帛[㉔]，以为汉道险[㉕]，终不能有[㉖]也，乃且听蒙约[㉗]。

还报，上以为犍为郡[㉘]，发巴蜀卒治道[㉙]，自僰道指[㉚]牂柯江，作者数万人，士卒多物故[㉛]，有逃亡者；用军兴法诛其渠率[㉜]，巴蜀民大惊恐。上闻之，使司马相如责唐蒙等[㉝]，因谕告巴蜀民以非上意[㉞]；相如还报[35]。

是时，邛、筰之君长闻南夷[36]与汉通，得赏赐多，多欲愿为内臣妾[37]，请吏比南夷[38]。天子问相如，相如曰："邛、筰、冉駹[39]者近蜀，道亦易通。秦时尝通，为郡县，至汉兴而罢[40]。今诚复通，为置郡县，愈[41]于南夷。"

天子以为然，乃拜相如为中郎将，建节往使[42]，及副使王然于等乘传[43]，因巴蜀吏币物以赂西夷；邛、筰、冉駹、斯榆[44]之君，皆请为内臣。除边关[45]，关益斥[46]，西至沫、若水[47]，南至牂柯为徼[48]，通零关道[49]，桥孙水[50]以通邛都，为置一都尉、十余县，属蜀[51]。天子大说[52]。

诏发卒万人治雁门阻险[53]。

（以上为第四段，写公元前130年汉武帝刘彻任命唐蒙为中郎将，率军进入夜郎境内，在那里设立犍为郡；又任命司马相如为中郎将，持皇帝符节出使西夷，在那里设立都尉管辖。）

【注释】

①番（pó）阳：县名。县治在今江西鄱阳东北。 ②唐蒙风晓南越：派唐蒙去向南越王说明进军意图。风，读"讽"，晓谕。 ③"南越"句：南越王请唐蒙吃蜀地所产的枸酱。蜀，郡名。郡治成都，在今四川成都。枸酱，用枸的果实制作的酱酢。 ④所从来：从什么地方传来。 ⑤道：由。 牂柯（zāng kē）江：水名。流经云、贵、两广的珠江上游，今北盘江。 ⑥出番禺城下：从番禺城旁流过。番禺，今广州市。 ⑦持窃出市夜郎：偷偷地带出去，卖给夜郎。市，交易。夜郎，古小国名。在西南方云南与贵州间的部分地区。 ⑧江广百余步：江面宽一百多步。六尺一步，一百余步，六七十丈宽。⑨役属夜郎：支配夜郎。 ⑩桐师：古部落名。在夜郎西，今云南境内。 ⑪黄屋：帝王乘舆的车盖以黄缎衬里，曰"黄屋"。 左纛：帝王乘舆左衡上竖着以牦牛尾或雉尾制成的装饰物，曰"左纛"。故以黄屋左纛指称帝王乘舆。此谓南越王僭越。 ⑫长沙：王国名。治临湘，在今湖南长沙。 豫章：郡名。郡治南昌，在今江西南昌。 往：前往。此指从长沙、豫章两地进兵南越。 ⑬水道多绝：水路多处滩险断绝。 ⑭浮船牂柯江：乘船由牂柯江顺流而下。 ⑮此制越一奇也：这是制服南越的一条奇计。 ⑯饶：富饶，经济实力。 ⑰中郎将：官名。侍卫天子。属郎中令。 ⑱将：带兵。 ⑲食重：谓携带粮食辎重。 ⑳从巴、蜀筰关入：唐蒙从巴郡筰关进入。《汉书·西南夷传》无"蜀"字，是。巴筰关，即巴符关，在今四川合江。 ㉑多同：夜郎侯之名。 ㉒厚赐：优厚赏赐

之。 ㉓使其子为令：委任夜郎侯之子为县令。 ㉔旁：附近。 小邑：小部落。 贪汉缯帛：贪图得到汉朝的丝绸。缯帛，丝织品的总称。 ㉕汉道险：通向汉朝的道路艰险。 ㉖终不能有：认为汉朝最终不能占有夜郎地方。 ㉗且听蒙约：暂且听从唐蒙的约定。 ㉘犍为郡：初治鳖县，在今贵州遵义西，后治僰道，在今四川宜宾西南安边镇。 ㉙发：征发。 治道：修筑道路。 ㉚指：指向。 ㉛物故：死亡。 ㉜军兴法：汉制，朝廷征集财物以供军用，谓之军兴。违者，以犯法论。 渠率：首领，工头。此谓用军法管理修路民工。 ㉝责唐蒙等：责备唐蒙等人。 按：司马相如此文称《喻巴蜀檄》，载《史记·司马相如列传》。檄文批评唐蒙用军兴法太急，同时告喻巴蜀之民明大义，服从国家的战略。 ㉞非上意：谓唐蒙所为不是皇上之意。 ㉟还报：还京报告天子。 ㊱邛：古族名。即邛都夷。分布于今四川西昌地区。 筰：古族名。即筰都夷，分布于今四川汉源一带。 君长：首领。 南夷：指西南各少数民族。 ㊲为内臣妾：成为汉朝的臣民。内，内附汉朝。 ㊳请吏：请求派去官吏。 比南夷：与南夷一样。 ㊴冉駹（máng）：古族名。分布于今四川北部松潘、茂汶一带。 ㊵罢：废。 ㊶愈：胜，超过。 ㊷建节往使：持节出使。节，使者所持的凭证。 ㊸乘传：乘坐驿车。 ㊹斯榆：古族名。分布于今四川天全一带。 ㊺除边关：除去旧设的边关。 ㊻关益斥：指新置边关更加开放。 ㊼沫、若水：两水名。沫水，今称大渡河。若水，今称雅砻江。 ㊽徼：边界。 ㊾零关道：即灵关道，在今四川峨边南。 ㊿桥孙水：在孙水上架桥。孙水，即今四川西南部之安宁河。 [illegible]localhost51属蜀：新置县隶属蜀郡。 52说：读“悦”。 53治雁门阻险：修治雁门郡的险要关塞。

【译文】

当初，王恢率军讨伐东越的时候，派番阳县令唐蒙去向南越王说明进军意图。南越人让唐蒙吃蜀地所产的枸酱，唐蒙问是从什么地方来的。南越人说：“是从西北方向的牂柯江运来的。牂柯江江面宽阔，从番禺城近旁流过。”唐蒙回到长安，又问蜀地的商人。商人说：“只有蜀地出产枸酱，许多人私自带着它出境去卖给夜郎。夜郎靠近牂柯江，牂柯江宽一百多步，行船毫无问题。南越国利用财物引诱和支配夜郎，向西一直影响到桐师人的居住地，但也不能让这一地区成为南越的臣属国，对它俯首听命。”

唐蒙就向汉武帝上书说：“南越王使用只有皇帝才能用的黄屋左纛，盘踞东西长达一万多里的地区，名义上是朝廷的外臣，实际上是一州之主。现在如果从长沙国、豫章郡出兵征讨南越，水路大多淤塞断绝，难以通行。我听说夜郎的精兵总计可有十多万人，我军乘船顺牂柯江而下，出其不意，这是制服南越的一条奇计。只要真的使用汉朝的强威，再加上巴蜀两地雄厚的经济力量，那么，打通夜郎的道路，在那儿设置官吏实施统治，是很容易做到的。”汉武帝批准了唐蒙的建议。

汉武帝任命唐蒙为中郎将，率领士兵一千人和运输粮食衣物的民夫一万多人，经过巴蜀两郡，从筰关进入夜郎境内，于是，见到夜郎侯多同。唐蒙带来厚重的赏赐，告知汉朝的严威圣德，约定由朝廷在当地任命官吏，并让多同的儿子担任县令一级官员。夜郎附近的小城邑都贪图得到汉朝的丝绸，他们以为从汉朝到当地来，道路艰险，汉朝终究不可能占有这片地区，于是，就暂且表示服从唐蒙的约定。

唐蒙返京奏报，汉武帝就在这一地区设立了犍为郡，征发巴、蜀两郡的士兵修筑道路，从僰道指向牂柯江，修路的有数万人，许多士兵死亡，有的士兵就逃跑了；唐蒙等人用“军兴法”诛杀逃亡士兵的头目，巴蜀民众极度惊恐。汉武帝得知此事，就派司马相如前去责备唐蒙等人，并公开告知巴蜀一带的民众，唐蒙等人的做法并不是皇帝的本意；司马相如返京奏报处置情况。

这时，邛人和筰人的部落酋长听说南夷与汉朝结交，得到很多的赏赐，大多甘愿做汉朝统治下的臣民，请朝廷仿照统治南夷的模式，在他们的居住地任命官吏。汉武帝询问司马相如的意见，相如说：“邛、筰、冉駹都靠近蜀郡，道路也容易开通；秦朝时曾经与中原相通，设置过郡县，到汉朝建国时才罢废。现在如果真能再次开通，在那儿设置郡县，将胜过南夷地区。”

汉武帝认为司马相如说得对，就任命他为中郎将，持皇帝的符节出使西夷，相如和副使王然于等人乘坐驿车，利用巴蜀两郡的官府财物收买西夷；邛、筰、冉駹、斯榆各部族的酋长，都请求做汉朝直接统治下的臣民。废除了原有的边关，新设立的边关向外扩展，西部到达沫水、若水，南至牂柯江为界，开通了零关道，在孙水上架起了桥梁，用来接连邛都，在这一地区设立了一个都尉、十多个县，隶属于蜀郡。汉武帝很高兴。

汉武帝下令调集一万士兵修治雁门郡的险要关隘。

【原文】

秋，七月，大风拔木。

女巫楚服等教陈皇后祠祭厌胜[①]，挟妇人媚道[②]。事觉[③]，上使御史张汤穷治[4]之。汤深竟党与[5]，相连及诛者三百余人，楚服枭首于市[6]。

乙巳[7]，赐皇后册[8]，收其玺绶[9]，罢退[10]，居长门宫[11]。窦太主惭惧[12]，稽颡谢上[13]。上曰："皇后所为不轨于大义[14]，不得不废。主当信道以自慰[15]，勿受妄言以生嫌惧。后虽废，供奉如法[16]，长门无异上宫[17]也。"

初，上尝置酒窦太主家，主见所幸卖珠儿董偃，上赐之衣冠，尊而不名，称为"主人翁"，使之侍饮。由是董君贵宠，天下莫不闻[18]。常从游戏北宫，驰逐平乐观[19]，鸡、鞠之会[20]，角狗、马之足[21]，上大欢乐之。上为窦太主置酒宣室[22]，使谒者引内[23]董君。是时，中郎东方朔陛戟殿下[24]，辟戟而前[25]曰："董偃有斩罪三，安得入乎[26]！"上曰："何谓[27]也？"朔曰："偃以人臣私侍公主[28]，其罪一也。败男女之化[29]，而乱婚姻之礼，伤王制[30]，其罪二也。陛下富于春秋[31]，方积思于六经[32]；偃不遵经劝学，反以靡丽为右[33]，奢侈为务，尽狗马之乐[34]，极耳目之欲[35]，是乃国家之大贼[36]，人主之大蜮[37]，其罪三也。"上默然不应，良久[38]曰："吾业已设饮，后而自改。"朔曰："不可。夫宣室者，先帝之正处[39]也，非法度之政不得入焉[40]。故淫乱之渐[41]，其变为篡[42]。是以竖貂为淫而易牙作患[43]，庆父死而鲁国全[44]。"上曰："善！"有诏止[45]，更置酒北宫，引董君从东司马门[46]入。赐朔黄金三十斤。董君之宠由是日衰。是后，公主、贵人多逾礼制矣[47]。

上以张汤为太中大夫，与赵禹共定诸律令[48]，务在深文[49]。拘守职之吏[50]，作见知法[51]，吏传相监司[52]。用法益刻自此始[53]。

八月，螟[54]。

（以上为第五段，写皇后陈阿娇失宠，进行祈祷诅咒，被汉武帝废去尊号，贬入长门宫；窦太主的男宠董偃，得到汉武帝的宠信，被东方朔严词谏止；太中大夫张汤制定法令，用法更加严厉苛刻。）

【注释】

①巫（wū）：旧时装神弄鬼替人祈祷以欺世的人。 楚服：女巫名。 陈皇后：长公主嫖之女。 厌（yā）胜：古时骗人的巫术，妄言能以诅咒制服人或物。 ②挟妇人媚道：使出妇人的媚态诅咒。挟，凭持，使出。 ③事觉：事情败露。 ④御史：官名。掌监察。 张汤：西汉杜陵（今陕西西安东南）人。官至御史大夫。以尚法严刑闻名。传

见《史记》卷一百二十二、《汉书》卷九十。穷治：彻底查处。⑤深竟党与：彻查同伙。⑥楚服枭首于市：楚服被斩首于闹市以示众。⑦乙巳：七月十四日。⑧册：同“策”，指废后策书。⑨收其玺绶：收回皇后的印玺。⑩罢退：废除皇后尊号，打入冷宫。⑪居长门宫：陈皇后被废所居之宫，在长安城东南。⑫窦太主：即长公主嫖。惧：恐惧。⑬稽颡谢上：向皇上行大礼认罪。稽颡，以额触地的跪拜，以示悲痛。⑭不轨于大义：不符合大义。不轨，越出了正常轨道。⑮主当信道以自慰：公主应当相信道义而放宽心怀。⑯供奉如法：供养依照原来皇后的标准。⑰长门无异上宫：陈皇后居住在长门宫与原居住的皇宫没有区别。⑱莫不闻：都知道。⑲平乐观：在未央宫北，周围十五里。⑳鸡、鞠之会：斗鸡和踢球的活动。㉑角狗、马之足：狗、马赛跑。㉒宣室：即未央宫前殿正室。为布政教的地方。㉓谒者：官名。为天子掌文书传达。引内：引进。内，通“纳”。㉔陛戟殿下：执戟立于陛下侧。㉕辟戟而前：放下戟走到汉武帝面前。㉖安得入乎：怎么可以进入宣室。㉗何谓：有什么说法吗？㉘私侍公主：私通公主。㉙败男女之化：败坏男女风化。㉚伤王制：伤害王法。㉛富于春秋：皇上年少。㉜方积思于六经：皇上正在努力学习六经。积思，努力学习，反复思考。六经：指《诗》《书》《易》《礼》《乐》《春秋》。㉝靡丽：浮华。右：崇尚。㉞尽狗马之乐：尽情地享受斗狗赛马的欢乐。㉟极耳目之欲：极力满足耳目的刺激。㊱大贼：大害虫。贼，一种专吃苗节的害虫。㊲大蜮：大祸害。蜮（yù），古代传说能含沙射人之怪物。㊳良久：好久。㊴正处：处理政务的处所。正，通“政”。㊵非法度之政：不是合法之政教大事。不得入焉：不能进入宣室。㊶淫乱之渐：淫乱苗头的进一步发展。渐，逐步变化、发展。㊷其变为篡：就会变成篡夺君位。㊸竖貂、易牙：二人皆春秋时齐桓公内臣。竖貂自阉而为宦者，易牙烹其子以奉桓公，管仲以为二人诈伪，劝齐桓公去之。管仲死，桓公又召用二人。桓公病，二人作乱，封锁宫门，不给以饮食，桓公饿死于寿宫，尸体腐烂生虫，三月不葬。㊹庆父：春秋时鲁桓公之子，庄公之弟。庄公死，庆父杀庄公之子闵公而作乱，不克，奔莒。其后僖公求之于莒，莒遣庆父返，缢之于密，于是僖公乃定其位，鲁国暂安。㊺诏止：诏令停止置酒宣室。㊻东司马门：未央宫东阙内之司马门。㊼多逾礼制矣：大多不遵守礼制，即争相奢侈极欲。㊽定诸律令：制定各项法律条令。㊾务在深文：务求繁密严苛。㊿拘守职之吏：严格控制现职官员。51作见知法：制定检举揭发的“见知法”。该法认定知人犯法不举报，违犯故意放纵罪犯的罪，判处同等罪。52吏传相监司：用“见知法”使官吏互相监视，互相侦察。53用法益刻自此始：从此开始，用法更加严厉苛刻。54螟：发生螟虫灾害。螟，专吃稻心。

【译文】

秋季，七月，出现大风，拔起树木。

女巫师楚服等教陈皇后祭神祈祷，使用妇人的媚态诅咒，企图除掉与陈皇后争宠的女人。事情败露，汉武帝指派御史张汤彻底查处。张汤深入地追究有关的人，相互牵连和被处死的有三百多人，楚服在街市被斩首，头颅高悬示众。

七月十四日，汉武帝赐给皇后一份册书，收回了皇后的印玺，废去尊号，贬入长门宫。陈皇后的母亲窦太主羞惭恐惧，向汉武帝叩头请罪。汉武帝说："皇后的行为不符合大义，不得不把她废掉。你应该相信道义而放宽心怀，不要轻信闲言而产生疑虑和恐惧。皇后虽然被废了，仍会按照法度受到优待，居住在长门宫与居住在上宫没有什么区别。"

当初，汉武帝曾经在窦太主刘嫖家中摆设酒席，窦太主引见了她宠幸的珠宝商人董偃，汉武帝赏赐给董偃衣服和冠帽，为了表示尊重，不称他的名字而称他为"主人翁"，让他陪侍饮酒。从此，董偃尊贵受宠，天下人没有不知道的。董偃经常陪同汉武帝在北宫游戏，在平乐观骑马追逐，参与斗鸡、踢球、赛狗、赛马，汉武帝十分欢喜。汉武帝在宣室中摆酒款待窦太主，派谒者引导董偃入内。当时，中郎东方朔持戟立在殿下，放下戟走近汉武帝说："董偃犯有三项死罪，怎能让他进来呢？"汉武帝说："你有什么说法（指理由）吗？"东方朔说："董偃以臣子的身份私通公主，这是他的第一条罪状。败坏男女风化，而扰乱婚姻的礼仪制度，伤害王法，这是他的第二条罪状。皇上年轻，正在努力学习六经等儒学典籍；董偃不遵循经书教诲劝勉学习，反而崇尚豪华追求奢侈，尽情地享受斗狗赛马的欢乐，极力满足感官欲望，他是国家的大贼，帝王的大害，这是他的第三条罪状。"汉武帝沉默不答，过了很久才说："我今天已准备好宴席了，以后再自己改正吧。"东方朔说："宣室，本来是先帝处理政务的地方，不是讨论有关法度、政务的人都不得进入。所以，淫乱的苗头发展，就会变成篡夺君位。正是由于这个道理，当年齐桓公因信用竖貂和易牙受害，而庆父死后，鲁国就得以保全。"汉武帝说："你说得好！"下令让董偃停下来待命，重新在北宫设置酒宴，领董偃从东司马门入宫。赏赐给东方朔三十斤黄金。董偃所受的宠爱，自此以后日益衰减。此后，公主、贵人大多不按礼制行事了。

汉武帝任命张汤为太中大夫，张汤与赵禹共同制定了各项法律条令，务求繁密严苛；严格控制在职官吏，制定了官员知人犯罪而不举报就要判刑的"见知法"，使官吏互相监视、互相侦察。从此开始，用法更加严厉苛刻了。

八月，庄稼发生螟虫之害。

【原文】

是岁，征吏民有明当世之务、习先圣之术者，县次续食[1]，令与计偕[2]。

菑川人公孙弘对策[3]曰："臣闻上古尧、舜之时，不贵爵赏而民劝善，不重刑罚而民不犯，躬率以正则遇民信也[4]；末世贵爵厚赏而民不劝[5]，深刑重罚而奸不止，其上不正，遇民不信也。夫厚赏重刑，未足以劝善而禁非，必信而已矣[6]。是故因能任官[7]，则分职治[8]；去无用之言，则事情得[9]；不作无用之器，则赋敛省[10]；不夺民时，不妨民力，则百姓富；有德者进[11]，无德者退[12]，则朝廷尊[13]；有功者上[14]，无功者下[15]，则群臣逡[16]；罚当罪[17]，则奸邪止；赏当贤[18]，则臣下劝[19]。凡此八者，治之本也[20]。故民者，业之则不争[21]，理得则不怨[22]，有礼则不暴[23]，爱之则亲上[24]，此有天下之急者也。礼义者，民之所服也[25]；而赏罚顺之，则民不犯禁矣[26]。

"臣闻之：气同则从，声比则应[27]。今人主和德于上[28]，百姓和合于下[29]，故心和则气和，气和则形和，形和则声和，声和则天地之和应矣。故阴阳和，风雨时，甘露降，五谷登[30]，六畜蕃[31]，嘉禾兴，朱草生，山不童[32]，泽不涸[33]，此和之至也[34]。"

时对者百余人，太常奏弘第居下[35]。策奏[36]，天子擢弘对为第一[37]，拜为博士[38]，待诏金马门[39]。

齐人辕固[40]，年九十余，亦以贤良征。公孙弘仄目而事固[41]，固曰："公孙子[42]，务正学[43]以言，无曲学以阿世[44]！"诸儒多疾毁固者[45]，固遂以老罢归。

是时，巴蜀四郡[46]凿山[47]通西南夷，千余里戍转相饷[48]。数岁，道不通[49]，士罢饿、离暑湿死者甚众[50]；西南夷又数反，发兵兴击，费以巨万计而无功。上患之，诏使公孙弘视焉[51]。还奏事，盛毁西南夷无所用，上不听。

弘每朝会议，开陈其端[52]，使人主自择，不肯面折廷争[53]。于是上察其行慎厚[54]，辩论有余，习文法吏事[55]，缘饰以儒术[56]，大说[57]之，一岁中迁至左内史[58]。

弘奏事，有不可，不廷辨[59]。常与汲黯请间[60]，黯先发之[61]，弘推其后[62]，天子常说[63]，所言皆听，以此日益亲贵。弘尝与公卿约议[64]，至上前，皆倍其约以顺上旨[65]。汲黯廷诘[66]弘曰："齐人多诈而无情实[67]。始与臣等建此议，今皆倍之，不忠！"上问弘。弘谢曰[68]："夫知臣者[69]，以臣为忠；不知臣者，以臣为不忠。"上然弘言[70]。左右幸臣每毁弘[71]，上益厚遇之[72]。

（以上为第六段，写公孙弘对策，原评为最下，被汉武帝拔为第一；曾出使西南夷，极力批评开通西南夷没有什么作用，意见没有被汉武帝采纳；公孙弘熟悉文书法令，善于逢迎，得到汉武帝的欣赏和重用。）

【注释】

①县次续食：所到之县均供给饮食。续，似当作"给"。 ②令与计偕：令应征之人与上计者俱来。 ③菑川：王国名。都剧城，在今山东寿光。 公孙弘：西汉菑川薛（今山东滕州南）人。字季，一字次卿。少为狱，后学《春秋》杂说。官至丞相，封平津侯。元光五年对策为举首。传见《史记》卷一百一十二、《汉书》卷五十八。 对策：贤良文学士要回答天子的策问，经评阅排出等次授以官职。 ④躬率：亲自作出表率。 遇民信：对待百姓讲信用。 ⑤民不劝：民众得不到劝勉。 ⑥必信而已矣：一定要讲求诚信。⑦因能任官：因其才能而任之官职。 ⑧则分职治：各司其职，做好工作。 ⑨事情得：得到事情的真相。 ⑩则赋敛省：才可减少对民众的税收。 ⑪进：重用，升职。 ⑫退：罢免。 ⑬尊：受到尊崇，朝廷威信高。 ⑭上：升职。 ⑮下：降职。 ⑯群臣逡：群臣明白谦让的道理。逡，谦退之理。 ⑰罚当罪：被处罚的确实有罪。 ⑱赏当贤：受到奖赏的确实是贤者。 ⑲臣下劝：臣子受到劝勉。 ⑳凡此八者，治之本也：总上八条，是政治上轨道的根本。 按，八条为：其一，因能任官；其二，去无用之言；其三，不作无用之器；其四，不夺民时，不妨百姓；其五，有德者进，无德者退；其六，有功者上，无功者下；其七，罚当罪；其八，赏当贤。 ㉑业之则不争：各有生业则不争夺。㉒理得则不怨：事情合理解决民众没有怨恨。 ㉓有礼则不暴：有了礼义就不出现暴力。㉔爱之则亲上：帝王爱护百姓，百姓就会亲近帝王。 ㉕礼义者，民之所服也：礼义，是民众甘愿服从的。 ㉖"而赏罚顺之"二句：赏罚得到推行，民众不会违法犯禁。顺之，理顺，推行。 ㉗"气同"二句：气相同则互动，声相同则互应。比，与"同"同义，均是"同"，和谐，相通。 ㉘人主和德于上：帝王的言行在上面合于德义。 ㉙百姓和合于下：百姓在下面与帝王相谐调。合，与上合德。 ㉚登：丰收。 ㉛六畜蕃：六畜兴

旺。六畜，牛、马、羊、犬、鸡、豕。㉜山不童：山不秃。童，山无草木。㉝涸：干涸。㉞此和之至也：这是天地和谐的最高境界。至，最高，最佳。㉟弘第居下：公孙弘对策名次最末。㊱策奏：以所对之策奏明天子。㊲擢：提升。天子提升公孙弘的对策为第一。㊳拜为博士：任命为博士。博士，官名，通古今，掌议论，又为太学老师，秩六百石。㊴待诏金马门：在金马门等候皇上召对。待诏，等待任命官职。㊵辕固：西汉齐人，景帝时以治《诗》为博士。㊶仄目而事固：不正视辕固。仄目，斜视。㊷子：先生，对人尊称。㊸务正学：务必端正学风。㊹无曲学：不要歪曲学术。阿世：阿谀随俗。㊺诸儒多疾毁固者：有许多的儒生嫉妒诽谤辕固。疾，通"嫉"。㊻巴蜀四郡：指巴郡、蜀郡、广汉郡、犍为郡。㊼凿山：开通山道。㊽戍：戍守。转：陆路运输。相饷：供应粮饷。㊾道不通：道路没有修通。㊿"士罢"句：筑路士兵疲乏饿死、病死的很多。罢，通"疲"。离暑湿死，遭受炎热潮湿而病死。(51)视焉：巡视，调查。(52)开陈其端：话说开了，把问题都摆了出来。(53)面折廷争：在朝廷当着皇帝提反对的意见。(54)察其行慎厚：看出公孙弘为人谨慎厚道。行，操行，为人。(55)习文法吏事：熟习法令条文和官府公务。(56)缘饰以儒术：用儒学包装。缘饰，譬之衣服，如花边。此为文饰，包装。(57)说：读"悦"。(58)迁：升官。左内史：官名。内史掌京畿地方。景帝时分左右内史。左内史掌治京师以东地区。按：元光五年，公孙弘对策为博士，秩六百石，一年内升迁为左内史，秩二千石，位列九卿，今俗语谓之"坐直升机"。(59)有不可，不廷辩：公孙弘对汉武帝有不同意见，不在朝廷上争辩。(60)请间：请求皇帝给机会个别谈话。间，方便的时间，找机会。(61)先发之：首先发言。(62)推其后：后发言，以便见机行事。(63)说：读"悦"。(64)约议：对某一事务的处理已经做了商定。(65)皆倍其约以顺上旨：在皇上面前，公孙弘总是背弃了原来的商定，迎合皇上心意。倍，通"背"，违背。顺，见风使舵，顺从。(66)廷诘：在朝廷上当众指责，批评。(67)无情实：不忠诚老实。(68)弘谢曰：公孙弘口称罪过、罪过，道歉说。(69)知臣者：真正了解我的人。(70)上然弘言：汉武帝赞同公孙弘的辩解。(71)幸臣：宠幸之臣。毁弘：说公孙弘的坏话。毁，诋毁。(72)益：更加。厚遇之：优待公孙弘。

【译文】

这一年，汉武帝征召官吏民众中明晓当世政务、熟知古代圣王治国之术的人到朝廷任职，命令应征者与各地进京的"上计吏"同行，由沿途各县供应饭食。

菑川人公孙弘在考试时答道："我听说，上古尧舜那个时期，没有尊贵的官爵和丰厚的奖赏但民众却相互勉励行善，不重刑罚但民众却不犯法，这是因为帝王为臣民作出了正直的表率，而且对待民众很讲信用；到了末代，有尊贵的官爵和丰厚的赏赐但民众却得不到劝勉，设立了严酷的刑罚却不能禁止违法犯罪，当时的帝王本身不正，对待民众又不讲信用。用丰厚的奖赏和严酷的刑罚，还不足以鼓励行善，禁止作恶，只有靠讲信用，才能达到这一目的。所以，根据人的才能而委任官职，就能各司其职，做好工作；抛弃无用的虚言，就能了解事情的真相；不制作无用的器物，就可以减少对民众的赋税；不在农忙季节征发役夫，不妨害民力，民众就会富裕；有德的人受到重用，无德的人被罢免，朝廷就尊贵威严；有功的人升职，无功的人降级，群臣就会明白退让的道理；判处刑罚与罪过相应，就能制止犯罪；给予奖赏与贤能相符，就能劝勉臣子。这八项，是治理国家的根本。天下民众，让他们各自从事生产就不会发生争夺，事情得到合理的解决就不会怨恨，让他们接受教育知道礼义就不会使用暴力，帝王爱护他们，他们就会亲近帝王，此是统治天下的当务之急。礼义，是民众甘愿服从的；再用奖赏和刑罚来推行礼义，民众就不会违犯禁令了。

“我听说：气相同就能互相影响带动，声相同就能互相呼应。现在，帝王在上面使自己的言行符合德义，民众在下面与帝王相谐调，所以心和就能气和，气和就能形和，形和就能声和，声和就会出现天地安和了。所以，阴阳调和，风雨适时，甘露降下，五谷丰登，六畜兴旺，茁壮稻谷生机勃勃，红色瑞草萌生成长，山岭不光秃，湖泊不干涸，这是天地安和的最佳状态。”

当时，参加对策考试的有一百多人，太常奏报考试成绩，把公孙弘的答卷列为下等。对策上呈汉武帝刘彻，汉武帝把公孙弘的对策成绩提升为第一名，任命他为博士，在金马门等候召对。

齐人辕固，已经九十多岁了，也被选为贤良，征召入京。公孙弘斜着眼睛，不正视辕固。辕固说：“公孙先生，一定要依据儒学论事，可不要歪曲儒学来迎合当世！”儒生们有许多人嫉妒诽谤辕固，辕固就以年老为名免官回原籍了。

这时，巴蜀等四郡开凿山险，修筑连接西南夷的通道，从一千多里外转运粮饷。过了几年，道路没有开通，修路的士兵疲惫饥饿，遭受炎热潮湿折磨而死的人很多，西南夷又多次反叛，调集军队去进攻，军费开支以万万计，却不见功效。汉武帝很担忧，下令派公孙弘前去该地视察情况。公孙弘返京奏报情况，极力批评开通西南夷没有什么作用，汉武帝不听从他的意见。

公孙弘每当在朝廷讨论问题时，总是列举陈述事情的端绪，让汉武帝自己抉择，不肯在朝廷之上与汉武帝刘彻当面争辩。因此，汉武帝看出他为人谨慎厚道，善于辩论，熟悉文书法令和具体的官府公务，又会用儒术加以文饰，对他非常欣赏，一年之中升官到左内史。

公孙弘上奏，遇到汉武帝不同意时，他不在朝廷上争辩。常与汲黯请求单独召见，先由汲黯提出问题，后由他进一步补充，汉武帝经常听得很高兴，所提的建议都加以采纳。因此，公孙弘越来越得到汉武帝的亲近和重用。公孙弘曾经和公卿商定某一问题的处置意见，到了汉武帝面前，他却完全背弃了原来的约定，而迎合汉武帝的心意。汲黯当即在朝廷上批评他说："齐人大多欺诈，而不忠诚老实。公孙弘开始和我们一道商定这条建议，现在却全都背弃了，这是不忠！"汉武帝责问公孙弘，公孙弘谢罪说："了解我的人，认为我忠；不了解我的人，认为我不忠。"汉武帝认为他说得对。汉武帝身边的亲信经常诋毁公孙弘，汉武帝对他却更加优待。

【原文】

六年（壬子，前129）

冬，初算商车[①]。

大司农郑当时言："穿渭为渠[②]，下至河[③]，漕关东粟径易[④]，又可以溉渠下民田万余顷[⑤]。"

春，诏发卒数万人穿渠[⑥]，如当时策[⑦]；三岁而通[⑧]，人以为便。

匈奴入上谷[⑨]，杀略[⑩]吏民。遣车骑将军卫青[⑪]出上谷，骑将军公孙敖[⑫]出代[⑬]，轻车将军公孙贺出云中[⑭]，骁骑将军李广出雁门[⑮]，各万骑，击胡关市[⑯]下。卫青至龙城[⑰]，得胡首虏七百人；公孙贺无所得；公孙敖为胡所败，亡七千骑[⑱]；李广亦为胡所败。胡生得广[⑲]，置两马间，络而盛卧[⑳]，行十余里；广佯死[㉑]，暂腾[㉒]而上胡儿马上，夺其弓，鞭马南驰，遂得脱归。汉下敖、广吏[㉓]，当斩，赎为庶人[㉔]；唯青赐爵关内侯[㉕]。青虽出于奴虏，然善骑射，材力绝人[㉖]；遇士大夫以礼[㉗]，与士卒有恩，众乐为用[㉘]，有将帅材[㉙]，故每出辄有功。天下由此服上之知人[㉚]。

夏，大旱，蝗。

六月，上行幸雍。

秋，匈奴数盗边[㉛]，渔阳[㉜]尤甚。以卫尉韩安国为材官将军，屯渔阳。

（以上为第七段，写汉武帝刘彻听从大司农郑当时建议，调集民工开掘河道；

汉朝由战略防御转入战略进攻，出兵攻打匈奴，卫青首战告捷，攻到龙城，杀敌七百多人，封为关内侯。）

【注释】

①初：初次；开始。 算商车：征收商人的车税。 ②穿渭为渠：挖开渭水修一条人工渠。穿，挖开。 ③下至河：下连黄河。 ④漕：水运。 径易：路线直，十分方便。 ⑤溉渠下民田万余顷：灌溉渠水经过的田地，达一万余顷。 ⑥穿渠：挖渠。 ⑦如当时策：按照郑当时的规划。 ⑧三岁而通：三年修成了人工渠。 ⑨上谷：郡名。郡治沮阳，在今河北怀来东南。 ⑩略：抢掠。 ⑪卫青：西汉河东平阳（今山西临汾西南）人，字仲卿，本姓郑，冒姓卫。汉武帝时为大将军、大司马。征匈奴名将，主将，与霍去病齐名，史称卫霍。传见《史记》卷一百一十一、《汉书》卷五十五。 ⑫公孙敖：西汉将领。 ⑬代：郡名。郡治代县，在今河北蔚县东北。 ⑭公孙贺：西汉将领。 云中：郡名。郡治云中，在今内蒙古托克托东北。 ⑮雁门：郡名。郡治善无，在今山西右玉东南。 ⑯关市：边关的交易市场。 ⑰龙城：匈奴祭天以及单于聚会诸王、各部渠帅的地方，约在今蒙古国杭爱山脉东。 ⑱亡七千骑：损失七千骑兵。 ⑲胡生得广：匈奴俘虏了李广。 ⑳络而盛卧：躺在两马中间的网中。络，网。 ㉑广佯死：李广装死。 ㉒暂腾：突然跃起。 ㉓汉下敖、广吏：朝廷把公孙敖、李广交执法官审理。 ㉔赎为庶人：出钱赎罪，成为平民。 ㉕关内侯：爵位名。第十九等爵。 ㉖绝人：超过一般的人。 ㉗遇士大夫以礼：对官吏士大夫很尊重，以礼相待。 ㉘众乐为用：广大将士都愿意为他效力。 ㉙有将帅材：有出任将帅的才干。 ㉚知人：识别人才。 ㉛数（shuò）盗边：屡次掠取边地民物。 ㉜渔阳：郡名。郡治渔阳，在今北京市密云区西南。

【译文】

汉武帝元光六年（壬子，前129）

冬季，开始对商人的车辆征税。

大司农郑当时建议："从渭水开辟一条河道，下连黄河，用来漕运函谷关以东地区的粮食，路线直而且方便，又可灌溉河道附近的一万多顷农田。"

春季，汉武帝下令调集数万民工开掘河道，按照郑当时的建议办事。用了三年时间，河道开通了，大家都认为很方便。

匈奴入侵上谷郡，杀害抢掠官吏民众。汉武帝刘彻派遣车骑将军卫青从上谷郡出兵，骑将军公孙敖从代国出兵，轻车将军公孙贺从云中郡出兵，骁骑将军李广从雁门郡出兵，各自率领一万骑兵，出击屯兵在边关贸易市场附近的匈奴军队。卫青进攻到龙城，斩首和俘获匈奴七百多人；公孙贺一无所得；公孙敖被匈奴打败，损失了七千骑兵；李广也被匈奴打败。匈奴人活捉了李广，把他安置在两匹并行的马中间，让他躺在用绳子结成的网袋上，走出了十多里路。李广先是装死，后来突然纵身跃起，跳到了一个匈奴人骑坐的马上，夺得他的弓箭，拍着马向南奔驰，于是，得以逃脱归来。汉朝廷把公孙敖、李广交付司法官吏审讯，罪当斩首，后出钱赎罪，做了平民；只有卫青被赏给关内侯的爵位。卫青虽然出身于奴仆，但是善于骑马射箭，勇力超过常人；对官吏士大夫以礼相待，对士兵有恩，众人都愿为他效力，他有做军事统帅的才能，所以每次率兵出征，都能立下战功。天下人由此都佩服汉武帝的知人善任。

夏季，大旱，出现蝗灾。

六月，汉武帝亲临雍县。

秋季，匈奴多次攻掠边境，渔阳郡受害最为严重。汉武帝刘彻任命卫尉韩安国担任材官将军，率兵驻守渔阳郡。

【原文】

元朔元年（癸丑，前128）

冬，十一月，诏曰："朕深诏执事[①]，兴廉举孝，庶几成风[②]，绍休圣绪[③]。夫十室之邑[④]，必有忠信[⑤]；三人并行，厥有我师[⑥]。今或至阖郡[⑦]而不荐一人，是化不下究[⑧]，而积行之君子壅于上闻[⑨]也。且进贤受上赏[⑩]，蔽贤蒙显戮[⑪]，古之道也。其议二千石不举者罪[⑫]。"有司奏[⑬]："不举孝[⑭]，不奉诏，当以不敬论[⑮]；不察廉，不胜任也，当免[⑯]。"奏可[⑰]。

十二月，江都易王非[⑱]薨。

皇子据生[⑲]，卫夫人之子[⑳]也。三月，甲子[㉑]，立卫夫人为皇后，赦天下。

秋，匈奴二万骑入汉，杀辽西[㉒]太守，略二千余人，围韩安国壁；又入渔阳、雁门，各杀略千余人。安国益东徙[㉓]，屯北平[㉔]；数月，病死。天子乃复召李广，拜为右北平[㉕]太守。匈奴号曰"汉之飞将军"，避之[㉖]，数岁不敢入右北平。

车骑将军卫青将三万骑出雁门，将军李息出代；青斩首虏[㉗]数千人。

东夷薉君南闾等共二十八万人降[㉘]，为苍海郡[㉙]；人徒之费[㉚]，拟于[㉛]

南夷，燕、齐之间[32]，靡然骚动[33]。

是岁，鲁共王馀、长沙定王发[34]皆薨。

临菑人主父偃、严安[35]，无终人徐乐[36]，皆上书言事。

始，偃游齐、燕、赵，皆莫能厚遇[37]，诸生相与排摈不容[38]；家贫，假贷无所得，乃西入关上书阙下[39]，朝奏[40]，暮召入。所言九事，其八事为律令；一事谏伐匈奴，其辞曰[41]："《司马法》[42]曰：'国虽大，好战必亡；天下虽平[43]，忘战必危。'夫怒者逆德也，兵者凶器也，争者末节也。夫务战胜，穷武事者，未有不悔者也。

"昔秦皇帝并吞战国[44]，务胜不休，欲攻匈奴。李斯谏曰：'不可。夫匈奴，无城郭之居[45]，委积之守[46]，迁徙鸟举[47]，难得而制[48]也。轻兵深入[49]，粮食必绝；踵粮以行[50]，重不及事[51]。得其地，不足以为利也；得其民，不可调而守也[52]；胜必杀之，非民父母也[53]；靡敝中国[54]，快心匈奴[55]，非长策[56]也。'秦皇帝不听，遂使蒙恬将兵攻胡，辟地千里[57]，以河为境[58]。地固沮泽、咸卤[59]，不生五谷。然后发天下丁男以守北河[60]，暴兵露师[61]十有余年，死者不可胜数，终不能逾河而北，是岂人众不足，兵革[62]不备哉？其势不可也[63]。又使天下蜚刍、挽粟[64]，起于东腄、琅邪负海[65]之郡，转输北河，率三十钟而致一石[66]。男子疾耕[67]，不足于粮饷[68]，女子纺绩[69]，不足于帷幕[70]，百姓靡敝[71]，孤寡老弱不能相养，道路死者相望[72]，盖天下始畔秦[73]也。

"及至高皇帝[74]，定天下[75]，略地于边[76]，闻匈奴聚于代谷之外[77]而欲击之。御史成[78]进谏曰：'不可。夫匈奴之性，兽聚而鸟散[79]，从之如搏影[80]。今以陛下盛德攻匈奴，臣窃危之[81]。'高帝不听，遂北至于代谷，果有平城之围[82]。高皇帝盖悔之甚，乃使刘敬往结和亲之约[83]，然后天下忘干戈之事[84]。

"夫匈奴难得而制，非一世也；行盗侵驱[85]，所以为业[86]也，天性固然[87]。上及虞、夏、殷、周，固弗程督[88]，禽兽畜之[89]，不属为人[90]。夫上不观虞、夏、殷、周之统[91]，而下循近世之失[92]，此臣之所大忧，百姓之所疾苦也。"

严安上书[93]曰："今天下人民，用财侈靡[94]，车马、衣裘、宫室，皆竞修饰，调五声使有节族[95]，杂五色使有文章[96]，重五味方丈于前[97]，以观欲天下[98]。彼民之情，见美则愿之，是教民以侈也；侈而无节[99]，则不可赡[100]，民离本而徼末[101]矣。末不可徒得[102]，故搢绅者不惮为诈[103]，带剑者夸杀人以矫夺[104]，而世不知愧，是以犯法者众。臣愿为民制度以防其淫[105]，使贫富不相耀以和其心；心志定[106]，则盗贼消，刑罚少，阴阳和，万物蕃[107]也。昔秦王意广心逸[108]，欲威海外[109]，使蒙恬将兵以北攻胡[110]，又使尉屠睢将楼船之士以攻越[111]。当是时，秦祸北构于胡，南挂于越[112]，宿兵[113]于无用之地，进而不得退。行十余年，丁男被甲[114]，丁女转输[115]，苦不聊生，自经于道树[116]，死者相望[117]。及秦皇帝崩，天下大畔[118]，灭世绝祀[119]，穷兵之祸也。

"故周失之弱，秦失之强，不变之患也[120]。今徇西夷[121]，朝夜郎[122]，降羌、僰[123]，略薉州[124]，建城邑，深入匈奴，燔其龙城[125]，议者美之。此人臣之利，非天下之长策也。"

徐乐上书曰："臣闻天下之患，在于土崩[126]，不在瓦解[127]，古今一[128]也。

"何谓土崩？秦之末世是也。陈涉无千乘之尊[129]、尺土之地[130]，身非王公、大人、名族之后[131]，乡曲之誉[132]，非有孔、曾、墨子之贤[133]，陶朱、猗顿之富[134]也；然起穷巷，奋棘矜[135]，偏袒大呼[136]，天下从风[137]。此其故何也？由民困而主不恤[138]，下怨而上不知，俗已乱而政不修[139]。此三者，陈涉之所以为资[140]也，此之谓土崩。故曰天下之患在乎土崩。

"何谓瓦解？吴、楚、齐、赵之兵[141]是也。七国谋为大逆[142]，号皆称万乘之君[143]，带甲数十万[144]，威足以严其境内[145]，财足以劝其士民[146]；然不能西攘尺寸之地[147]，而身为禽于中原者[148]，此其故何也？非权轻于匹夫而兵弱于陈涉也。当是之时，先帝[149]之德未衰而安土乐俗之民众，故诸侯无竟外之助[150]，此之谓瓦解。故曰天下之患不在瓦解。

"此二体者[151]，安危之明要[152]，贤主之所宜留意而深察也。

"间者[153]，关东五谷数不登[154]，年岁未复[155]，民多穷困，重之以边境之事[156]，推数循理而观之[157]，民宜有不安其处者矣[158]。不安，故易动；易动者，土崩之势也。故贤主独观万化之原[159]，明于安危之机[160]，修之庙堂之上而销未形之患[161]也，其要期使天下无土崩之势而已矣。"

书奏，天子召见三人，谓曰："公等皆安在[162]，何相见之晚也！"皆拜为郎中[163]。主父偃尤亲幸，一岁中凡四迁[164]，为中大夫[165]。大臣畏其口[166]，赂遗累千金[167]。或谓偃曰："太横矣[168]！"偃曰："吾生不五鼎食[169]，死即五鼎烹[170]耳！"

（以上为第八段，写汉武帝刘彻下令广求贤才，主父偃、严乐、徐安等人纷纷向汉武帝上书，献计献策，汉武帝及时召见，得到重用；主父偃一年中升了四次官。）

【注释】

①执事：各部门的任职人员，百官。②庶几成风：希望形成风气。庶几，差不多，或许，引申为希望。③绍休圣绪：继承先圣之美好事业。④十室之邑：小邑，只有十户人家。⑤忠信：忠信之人。⑥厥有我师：其中必有可为我效法的老师。⑦阖郡：全郡，整个郡。⑧化不下究：教化没有贯彻下去。究，到底。⑨积行君子：积善累德的贤人。壅于上闻：被阻塞埋没而未闻达于天子。⑩进贤受上赏：荐用贤才受上等奖励。⑪蔽贤蒙显戮：埋没贤才要明正典刑，处决示众。蒙，蒙受。⑫其议二千石不举者罪：制定郡守等二千石高官不举贤受惩治的法律。⑬有司奏：主管部门上奏。⑭不举孝：不举荐孝行部门的长官。⑮当以不敬论：判不敬的罪名论处。不敬，对皇上不恭，轻者免官，重者死刑，称“大不敬”。⑯当免：罢官论处。⑰奏可：皇上批准，同意此奏。⑱江都易王非：刘非。景帝之子。谥易。⑲据生：刘据出生，汉武帝的长子。⑳卫夫人之子：卫子夫所生。由是卫子夫立为皇后。㉑甲子：三月十三日。㉒辽西：郡名。郡治阳乐，在今辽宁义县西南。㉓益东徙：增兵而向东移动。㉔北平：县名。在今河北保定市满城区北。㉕拜：任命。右北平：郡名。郡治平刚，在今辽宁凌源南。㉖避之：避开李广，不敢进犯李广所守之郡。㉗斩首虏：斩杀与俘虏的敌人。㉘东夷：东方的民族。薉君：薉貊（民族名）之君主。南闾：薉君之名。降：言来降于汉朝。㉙苍海郡：郡名。在今朝鲜半岛临津江与北汉江的上游地区。㉚人徒之费：安置二十八万降人徒众的费用。㉛拟于：比拟于，参照。㉜燕、齐之间：地区名。燕，指旧时燕国地区；齐，指旧时齐国地区。两者当今河北东、北部，辽宁西部，山东东北部。㉝靡然骚动：纷纷扰动。靡然，随风披靡的样子。㉞鲁共王馀、长沙定王发：二王皆景帝子。㉟临菑：县名。治所在今山东临淄。主父偃、严安：西汉人。二人同传，见《史记》卷一百一十二、《汉书》卷六十四。㊱无终：县名。治所在今天津市蓟州区。徐乐：西汉人。传见《史记》卷一百一十二、《汉书》卷六十四。㊲皆莫能厚遇：主父偃在齐、燕、赵都没有受到优厚待遇，即都没找到出头的机会。㊳排摈不容：遭到排斥而不能相容。㊴上书阙下：到皇宫门前上书。汉武帝诏告天下，人人可到阙下自我推荐。㊵朝奏：早朝上奏。㊶其辞曰：引文即《谏伐匈奴书》。㊷《司马法》：古代兵书，又称《司马穰苴兵法》。㊸平：太平。㊹秦皇帝：指秦始皇。并吞

战国：统一六国。六国为：楚、韩、赵、魏、燕、齐。㊺无城郭之居：匈奴是游牧民族，无定居的城郭。㊻委积之守：没有钱粮藏于仓库。㊼迁徙鸟举：言迁徙游动如鸟起飞之易。㊽制：控制。㊾轻兵：不带辎重的精锐之兵。深入：长驱直入。㊿踵粮以行：运粮络绎不绝随军前行。51重不及事：繁重而补给不上。52不可调而守也：不可调教设官管理。53非民父母也：这不是为民父母的明君之所为。54靡敝中国：言耗损中原的人力物力。55快心匈奴：使匈奴人痛快。56长策：良策。57辟地千里：开辟拓地千里。58以河为境：与匈奴以黄河划界。河，黄河。这里指河套地区的一段黄河。59沮（jù）泽：沼泽地带。咸卤：盐碱地。60发：征发。丁男：壮年男子。北河：古代黄河自今内蒙古磴口以下，分为南北二支，北支称"北河"，约当今之乌加河。61暴兵露师：言军队露宿于野外。62兵革：指军队装备。兵器铠甲。63其势不可也：这是形势不允许啊。势，指军事形势与地理条件。64蜚刍：要求飞速运送刍槁。蜚，通"飞"。挽粟：运输粮食。65东腄：东方的东莱郡腄县，在今胶东半岛的山东福山。琅邪：县名。琅邪郡琅邪县，在今山东青岛市黄岛区琅邪台西北。负海：靠海。66转输：车辆运输。率三十钟而致一石：大致发送三十钟（一百九十二斛）而到达终点只有一石（石相等于斛）。足见当时运输线上消耗之大。67疾耕：急速耕种。68不足于粮饷：不足以供应军队的粮饷。69纺绩：古代指女子纺丝绩麻。70不足于帷幕：不足以供应军用的帷幕。71靡敝：败坏，破落。72道路死者相望：路上死去的人一个接一个。73畔秦：反叛秦朝。畔，通"叛"。74高皇帝：指汉高祖刘邦。75定天下：平定天下。76略地于边：开拓边境。77匈奴聚于代谷之外：匈奴在代谷之外集结。代谷，地名。大约在平城，今山西大同附近。78御史：官名。掌监察。成：人名。79兽聚而鸟散：言如鸟兽聚散之迅速。80从之如搏影：言追逐它犹如搏影子之落空。81臣窃危之：我私下认为这很危险。82平城之围：指公元前200年汉高祖被匈奴围困于平城白登山七天之事件。83刘敬往结和亲之约：事见本书卷十一汉高帝七年。84天下忘干戈之事：天下太平没有战争发生。干戈，指代战争。85行盗侵驱：估盗贼入边境以驱掠人畜。86为业：以此为生业。87天性固然：天生秉性就是这样。88固弗程督：原本就不对匈奴征收贡赋，实施监督。程，考核征赋。督，督察守礼。89禽兽畜之：把匈奴人视为禽兽一样养着。90不属为人：不把他们看成人。91"夫上不观"句：不向前借鉴虞、夏、商、周的传统。观，回顾，借鉴。统，传统，即前文所言"固弗程督"等。92下循近世之失：却向下沿用近代的失误。93严安上书：此书即《上书言世务》。94侈靡：奢侈浪费。95五声使有节族：协调音乐使它有节奏。调，协调，演奏。五声，古乐的五个音阶名，即宫、商、角、徵、羽。也称五音。协调五音，就是演奏音乐。节族，节奏。 ⑯杂五色使有文章：错杂颜色使其斑斓。杂，错杂，调配。五色，青、黄、赤、白、黑五色。文章，错杂的色彩或花纹。古以青、赤相配为文，赤、白相错为章。⑰重五味方丈于前：美味佳肴广列满席。重，加重。五味，酸、苦、甘、辛、咸。 方丈，桌面一方丈。 ⑱以观欲天下：用以显示自己的欲望。观欲，炫耀而使人羡慕。⑲侈而无节：奢侈没有节制。 ⑩⓪则不可赡：就无法满足欲望。赡，足。 ⑩①离本：脱离农业。 徼末：从事、追求工商业。 ⑩②徒得：凭空得到。 ⑩③故搢绅者不惮为诈：当官的不忌惮做欺诈之事。搢绅，古代仕宦者搢笏垂绅，用以指代士大夫。 ⑩④带剑者：强力者。 夸杀人以矫夺：争相杀人越货。 ⑩⑤为民制度以防其淫：制定法律规章约束个人的贪欲。 ⑩⑥心志定：人心安定。 ⑩⑦万物蕃：万物繁茂。 ⑩⑧昔秦王意广心逸：先前秦始皇踌躇满志。 ⑩⑨欲威海外：想要向海外显示威力。 ⑪⓪攻胡：北攻匈奴。 ⑪①屠睢：秦将名。 楼船之士：水师。 攻越：进攻南越。 ⑪②北构于胡，南挂于越：北方与匈奴交战，南方与越人难分胜负。构，交构，交战。挂，被拖住。 ⑪③宿兵：驻军。 ⑪④丁男被甲：成年男子当兵打仗。 ⑪⑤丁女转输：成年女子运送粮饷。 ⑪⑥自经于道树：民众活不下去，自己吊死在路边的树上。 ⑪⑦死者相望：死的人一个接一个。 ⑪⑧大畔：大乱。畔，读“叛”。 ⑪⑨灭世绝祀：指秦朝灭亡，绝了祭祀。 ⑫⓪不变之患也：不改变政治导致的恶果。 ⑫①今徇西夷：现今朝廷又要去攻占西夷。 按：章校，他本“西”下有“南”字，是。 ⑫②朝夜郎：使夜郎来朝。 ⑫③降羌、僰：降服羌人和僰人。 ⑫④略薉州：攻取薉州。薉州，指薉貊活动地区，今朝鲜半岛北部。 ⑫⑤燔其龙城：烧毁匈奴的龙城。⑫⑥土崩：土山倒塌。喻推翻政权。 ⑫⑦瓦解：瓦片破裂。喻统治阶级内部分裂。 ⑫⑧一：一样；同样道理。 ⑫⑨千乘之尊：指诸侯地位。 ⑬⓪尺土之地：没有一尺土地的分封。⑬①后：后裔，后代。 ⑬②乡曲之誉：乡里的赞誉。 ⑬③非有孔、曾、墨子之贤：陈涉没有孔子、曾子、墨子那样的贤德名声。 ⑬④陶朱、猗顿之富：陈涉也没有陶朱公、猗顿那样的财富。陶朱，即陶朱公范蠡，他致仕经商，成为大富翁。猗顿，战国时大商人。⑬⑤奋：举起。 棘矜：戟柄。泛指兵器。棘，通“戟”。 ⑬⑥偏袒大呼：袒露一臂大呼。⑬⑦天下从风：天下民众闻风响应。 ⑬⑧不恤：不体恤民之困苦。 ⑬⑨俗已乱而政不修：社会风俗已乱而国家政治仍不改进。 ⑭⓪此三者：指民困、民怨、俗乱三条。 资：凭借。⑭①吴、楚、齐、赵之兵：指景帝前三年吴楚七国的叛乱。其事见本书卷十六景帝前三年。⑭②大逆：指反抗朝廷和篡夺帝位。 ⑭③万乘之君：有万辆兵车之主，指强大的诸侯王。⑭④带甲数十万：拥有武装的士兵数十万。 ⑭⑤威足以严其境内：威严足以控制封域全境。⑭⑥财足以劝其士民：财力足以奖励属下的官吏和民众。 ⑭⑦西攘尺寸之地：向西占领一尺一寸的土地。 ⑭⑧身为禽于中原者：指吴王等叛逆者被朝廷所擒获。禽，通“擒”。

⑭⑨先帝：指文帝、景帝。 ⑮⓪诸侯无竟外之助：吴楚七国得不到封土境域之外的援助。竟，通“境”。 ⑮①此二体者：这土崩与瓦解两种性质的问题。 ⑮②安危之明要：是关系国家安危的关键。 ⑮③间者：近来。 ⑮④数不登：连年歉收。 ⑮⑤年岁未复：年成没有好转。 ⑮⑥重：加上。 边境之事：指边境不宁的情况。 ⑮⑦推数循理而观之：按照规律和常理来看。推数，推重命运，即规律之意。循理，常理。 ⑮⑧“民宜有”句：民众中该当出现不安分守己的人了。 ⑮⑨万化之原：各种现象的根由。 ⑯⓪安危之机：安危的要害、关键。 ⑯①销未形之患：消除未完全形成的祸患。 ⑯②公等皆安在：诸位原来都在哪里。 ⑯③郎中：郎官之一。郎官掌守宫门，出充车骑，贤者为皇帝侍从。 ⑯④四迁：四次升官。 ⑯⑤中大夫：掌议论，秩千石。 ⑯⑥畏其口：害怕主父偃那张嘴，不知何时给自己打上小报告。 ⑯⑦赂遗累千金：所得贿赂和赠礼积累价值一千斤黄金。 ⑯⑧太横矣：太霸道了。 ⑯⑨五鼎食：又称列鼎食，指奢侈生活。古时诸侯宴会，以分盛有牛、羊、猪、鱼、鹿肉等菜肴的五鼎，陈列就餐。后来用以指显贵的地位和奢侈的生活。 ⑰⓪五鼎烹：指用鼎将人烹死的酷刑。

【译文】

汉武帝元朔元年（癸丑，前128）

冬季，十一月，汉武帝下令说：“我殷切嘱告官吏，奖励廉吏，举荐孝子，希望能养成风气，继承和发扬光大古代圣人的事业。有十户人家居住的小村落，其中必定有忠信之士；三人共同行走，其中必定有可做我老师的贤人。现在有的郡甚至不向朝廷举荐一个贤人，这说明政令教化不能贯彻下去，而那些积累了善行的贤人君子，被埋没，使天子无法得知。况且，推荐贤人的人给以上等的奖赏，埋没贤人的人给以公开的诛杀，这是古代的治世原则。应该议定二千石官员不向朝廷举荐人才的罪名！”有关官吏奏报：“凡是不举荐孝子的，属于不遵守命令的行为，应当按‘不敬’的罪名论处；凡是不察举廉吏的，就是不胜任职务，应当免官。”汉武帝批准了这一建议。

十二月，江都王刘非去世。

皇子刘据出生，他是卫夫人所生的儿子。三月十三日，汉武帝立卫夫人为皇后，实行大赦。

秋季，匈奴用二万骑兵入侵汉境，杀死辽西郡的太守，掳去两千多人，围困韩安国指挥的汉军营垒；又侵入渔阳郡和雁门郡，在两地各杀害或掳掠了一千多人。韩安国迁往更远的东方，率军驻守北平；数月之后，病死。汉武帝就再次起用李广，任命他为右北平太守。匈奴称李广为“汉朝的飞将军”，畏避李广，连续几年都不敢入侵右北平郡。

车骑将军卫青统率三万骑兵从雁门郡出击，将军李息领兵从代郡出击；卫青所部斩杀匈奴数千人。

东夷薉君南闾等二十八万人归降，朝廷在其居住区设置了苍海郡；因此而支付的安置徒众的费用，与南夷地区相同，燕、齐一带，出现骚动。

这一年，鲁王刘馀、长沙王刘发都去世了。

临菑人主父偃、严安，无终县人徐乐，都向汉武帝上书议论政事。

当初，主父偃在齐、燕、赵各地活动，都没有受到人家的厚待，儒生们联合起来排斥他，不能相容；家中贫穷，借贷无门，就西入关中，到皇宫的门阙下上书，早晨把奏书呈上，晚上就被召入宫中拜见汉武帝刘彻。他上书谈了九项事情，其中八项是关于律令问题；另外一项是谏止征伐匈奴，主父偃写道：“《司马法》说：‘国家虽大，喜好战争必定灭亡；天下虽太平，忘掉战事必定危险。’愤怒，是悖逆之德；兵器，是不祥之物；争斗，是最末的节操。那些追求战争胜利、穷兵黩武的人，没有不悔恨的。

“从前，秦始皇吞并列国，求胜的欲望没有止休，就想攻打匈奴。李斯劝阻说：‘不可以这样做。匈奴没有城郭等定居的处所，没有储藏物资钱粮的仓库，迁移不定，如同飞鸟，很难制服他们。军队轻装深入敌境，粮食供应必定断绝；军队携带军粮行动，就会因负重而赶不上战机。夺得匈奴的土地，不足以为国家带来好处；俘获匈奴的民众，不可以调教，也无法设置官员进行管理。如果战胜匈奴，只能杀掉他们，而这又不是为民父母的明君应该有的行为；使中原地区疲敝，使匈奴人快意，这不是正确的决策。’秦始皇不听从劝告，就派蒙恬率军进攻匈奴，开辟疆土千里，与匈奴以黄河河套划界。这一带本来就是湖泊和盐碱地，不能种植五谷。后来，秦始皇又调集全国成年男子去戍守北河，军队暴露在外十多年，死者多得无法统计，终究不能越过黄河占领北部地区。这难道是因为兵力不足、装备不齐吗？是形势不允许啊！又使天下民众急速地用车船运输粮草，从东腄、琅邪等沿海郡县开始，运输到北河，大约起运时的三十钟粮食，运到目的地仅存一石。男子拼命耕作，收获不够缴纳军粮；女子纺线绩麻，织出的布帛满足不了军营帐篷的需要，民众倾家荡产，无法养活孤寡老弱，路上死去的人一个接着一个，天下人就从此开始反叛秦朝了。

“等到高皇帝平定天下，开拓疆土，听说匈奴人集中在代谷的外面，就想去进攻他们。有位名叫成的御史进言劝阻说：‘不能这样做。匈奴人的习性，忽而如同野兽聚集，忽而如同鸟类分飞，追赶他们就好像与影子搏斗一样，无从下手。现在，凭皇上这样的盛大功德，却要去攻击匈奴，我私下认为很危险。’高皇帝不听从他的意见，于是，就向北进军到达代谷，果然发生了被围困在平城的事变，高皇帝大概非常后悔，才派遣刘敬前往匈奴，缔结和亲的盟约，从此之后，全国上下就忘记了战争的事情了。

“匈奴难以制服，不是这一代才如此。侵犯城邑、劫掳人畜，这是他们的生业，天性本来就是这样。远到虞、夏、殷、周统治时期，本来就不对匈奴征收贡赋、实施监督，只把他们视为禽兽，不当作人来看待。不向上回顾虞、夏、殷、周的传统，却向下沿用近代的失误，这是我所最忧虑的事情，也是天下民众所疾苦的事情。”

严安上书说：“现在全国的民众，花费钱财，生活奢侈腐化，车辆马匹、衣服裘装、房屋住宅竞相修饰得富丽堂皇，协调音乐使它有节奏，交错颜色使它色彩斑斓，美味佳肴摆满一桌，用来显示自己的欲望。那些民众的本性，见到漂亮的东西就要仿效，这是用奢侈来引导民众；追求奢侈而无节制，就无法满足欲望，民众就会脱离农桑本业而去从事工商末业了。工商末业的财利不能凭空飞来，所以穿官服的不忌惮做欺诈的事情，带剑的竞相杀人以巧取豪夺。对这样的行径，世人不知羞愧，因此犯法的人很多。我希望给民众设立制度以约束他们的过度欲望，使富有者不向贫困者夸耀以调和人心；人心安定了，盗贼就会消除，少用刑罚，阴阳和调，万物就会茂盛。过去，秦始皇踌躇满志，贪得无厌，想向海外显示威力，派蒙恬率兵向北进攻匈奴，又派尉屠睢率领水军将士去进攻越人。在这个时期，秦朝兵连祸结，北方与匈奴交战，南方和越人难分胜负，军队驻扎在无用之地，只能前进而无法退回。历时十多年，成年男子当兵打仗，成年女子运送粮饷，生活悲惨，活不下去，纷纷在路边树上上吊自杀，死者一个接着一个。等到秦始皇死，天下反叛，秦朝被灭了后代，绝了祭祀，这是穷兵黩武产生的祸害啊。

“所以，周朝失之于衰弱，秦朝失之于强暴，都是不改变国政所产生的恶果。现在，朝廷要征服西夷地区，诱使夜郎入朝称臣，降服羌人和僰人，攻取薉州，建筑城邑，进军匈奴腹地，烧毁匈奴的龙城，议事的大臣们都赞美这些行动和计划。但这只能让主持其事的大臣得到好处，对于国家来说，不是好计策。”

徐乐上书汉武帝，说：“我听说天下的最大祸害，在于土崩，不在于瓦解，古今都是如此。

“什么叫‘土崩’？秦朝末年就是土崩。陈涉没有千乘之主的尊位，没有一尺的封地，本身不是王公贵人、名门望族的后代，没有获得乡里的赞誉，没有孔子、曾子、墨子那样的贤德，也没有陶朱公和猗顿那样的财富；但是，他起自贫民居住的街巷，举起长戟，袒露一个臂膀大呼，天下人闻风响应。这是什么原因呢？这是由于民众困苦而帝王却不加体恤，臣民怨恨而帝王却毫不知情，社会风俗已乱而国家政治却仍不进行整治。这三条，正是陈涉用来起事的资本，这就是所说的土崩。所以说天下最大的祸害在于土崩。

“什么叫‘瓦解’？吴、楚、齐、赵的举兵叛乱就是瓦解。七国之主图谋叛乱，他们都号称是拥有万辆战车的诸侯王，有数十万的军队，其威力足以控制封地全境，其财力足以奖励他属下的官吏民众。但是，他们却不能向西夺取国家一尺一寸的土地，反而在中原地区被俘虏，这是什么原因呢？并不是因为他们的权势比一个平民轻，也不是因为他们的兵力比陈涉弱。在那时，先帝的德政影响还没有衰减，而且安土乐俗的民众很多，所以诸侯得不到本人封地之外的援助，这就是所说的瓦解。所以说，天下最大的祸害不在于瓦解。

“这两个问题，是关系国家安危的关键，贤明的帝王对此是应该注意并且认真观察的。

“近来，函谷关以东地区粮食连年歉收，年景没有恢复正常，民众大多穷困，再加上还要承担边境战争的负担，按照规律和常理来看，民众之中应该出现不安分守己的人了。不安分守己，就容易动乱；民众容易动乱，这就是土崩的局势。所以贤明的帝王只注意观察万物变化的根本原因，明了安危的关键，治理于朝廷之上，就能消除尚未完全形成的祸患，其要领不过是设法使天下没有土崩的局势罢了。”

奏书上呈汉武帝，汉武帝召见了他们三人，对他们说：“诸位原来都在何处，我们为什么相见得这样晚？”汉武帝都把他们任命为郎中。主父偃更受汉武帝宠信，一年之内共升了四次官，担任了中大夫。大臣们都害怕主父偃，贿赂赠送他的财物总计有千金。有人对主父偃说：“您太蛮横了！”主父偃说：“我如果活着享受不到列五鼎进餐的贵人生活，死时就受五鼎烹煮的酷刑好了！”

【原文】

二年（甲寅，前127）

冬，赐淮南王几杖[①]，毋朝[②]。

主父偃说上曰："古者诸侯不过百里[③]，强弱之形易制[④]。今诸侯或连城数十[⑤]，地方千里，缓则骄奢[⑥]，易为淫乱，急则阻其强而合从以逆京师[⑦]。以法割削之，则逆节萌起[⑧]，前日晁错是也[⑨]。今诸侯子弟或十数[⑩]，而适嗣代立[⑪]，余虽骨肉[⑫]，无尺地之封[⑬]，则仁孝之道不宣[⑭]。愿陛下令诸侯得推恩分子弟[⑮]，以地侯之[⑯]，彼人人喜得所愿。上以德施，实分其国，不削而稍弱[⑰]矣。"上从之。

春，正月，诏曰："诸侯王或欲推私恩分子弟邑[⑱]者，令各条上[⑲]，朕且临定其号名[⑳]。"于是藩国始分，而子弟毕侯矣[㉑]。

匈奴入上谷、渔阳，杀略吏民千余人。遣卫青、李息出云中以西至陇西[㉒]，击胡之楼烦、白羊王于河南[㉓]，得胡首虏数千，牛羊百余万，走白羊、楼烦王[㉔]，遂取河南地。诏封青为长平侯。青校尉苏建、张次公[㉕]皆有功，封建为平陵侯，次公为岸头侯。

主父偃言："河南地肥饶，外阻河[㉖]，蒙恬城之[㉗]以逐匈奴，内省转输戍漕[㉘]，广中国[㉙]，灭胡之本也。"上下公卿议[㉚]，皆言不便。上竟用偃计，立朔方郡[㉛]，使苏建兴十余万人筑朔方城[㉜]，复缮故秦时蒙恬所为塞，因河为固[㉝]。转漕甚远，自山东咸被其劳[㉞]，费数十百巨万[㉟]，府库并虚[㊱]；汉亦弃上谷之斗辟县造阳地以予胡[㊲]。

三月，乙亥晦[㊳]，日有食之。

夏，募民徙朔方十万口。

主父偃说上曰："茂陵初立[㊴]，天下豪杰，并兼之家，乱众之民，皆可徙茂陵；内实京师，外销奸猾[㊵]，此所谓不诛而害除。"上从之，徙郡国豪杰及訾三百万[㊶]以上于茂陵。

轵人郭解[㊷]，关东大侠也，亦在徙中[㊸]。卫将军为言[㊹]："郭解家贫，不中徙[㊺]。"上曰："解，布衣，权至使将军为言，此其家不贫。"卒徙解家[㊻]。解平生睚眦[㊼]杀人甚众，上闻之，下吏捕治解[㊽]，所杀皆在赦前[㊾]。轵有儒生侍使者坐，客誉郭解[㊿]，生曰[51]："解专以奸犯公法，何谓贤！"解客闻，杀此生，断其舌。吏以此责解[52]，解实不知杀者，杀者亦竟绝莫知为谁[53]。吏奏解无罪，公孙弘议曰："解，布衣，为任侠行权，以睚眦杀人。解虽弗知，此罪甚于解杀之[54]，当大逆无道[55]。”遂族郭解[56]。

（以上为第九段，写主父偃向汉武帝刘彻献策，提出“推恩分子弟”，削弱诸侯王力量；提出迁移山东的豪强大户充实茂陵，均被采纳与实施；游侠郭解行侠弄权，也被迁移，因手下杀人，被处灭族。）

【注释】

①淮南王：刘安，汉武帝的堂叔。赐几杖：赠送扶几和手杖，尊其年长。②毋朝：不必朝见。③百里：谓诸侯国小，封疆的土地方圆百里。④形：强弱形势。制：控制。⑤连城数十：有几十个城邑。⑥缓则骄奢：缓，指朝廷对诸侯控制放宽，他们就骄横奢侈。⑦急：控制收紧。合从以逆京师：诸侯联合起来反叛朝廷。从，合纵，连合。逆，反叛。⑧逆节萌起：产生叛乱的苗头。⑨前日晁错是也：先前晁错主张削藩导致的叛乱就是明证。⑩十数：指诸侯子孙繁衍众多。⑪适嗣代立：只有嫡长子继承王位。适，通“嫡”。⑫余虽骨肉：其余子孙也是亲骨肉。⑬无尺地之封：没有一尺一寸的封地。⑭不宣：不明显。⑮推恩分子弟：把恩惠与众子弟分享。推恩，推广恩惠，不能只让嫡子独享。⑯以地侯之：把诸侯王的封地分给众子弟为侯。⑰不削而稍弱：朝廷不用采取削夺政策，诸侯国也就逐渐削弱了。⑱分子弟邑：分给众子弟为采邑。⑲令各条上：朝廷下令各诸侯国专门条列上报。⑳朕且临定号名：皇上亲自拟定侯爵的名号。㉑子弟毕侯：诸侯王的众子弟全都封侯。㉒陇西：郡名。郡治狄道，在今甘肃临洮。㉓楼烦、白羊王：皆匈奴的王号。河南：指河套以南之地。㉔走白羊、楼烦王：赶走了匈奴白羊王、楼烦王。按：汉武帝元朔二年，公元前127年，汉军第一次大捷，夺回河南地。㉕苏建、张次公：卫青部将。闻名于世的苏武即苏建之子。传见《汉书》卷五十四。㉖外阻河：谓河套以南地，外有黄河为屏障。阻，险阻，屏障。㉗城之：指筑长城。㉘内省转输戍漕：对内节省了转运输送屯戍漕运的人力物力。㉙广中国：扩大了中国的疆域。㉚上下公卿议：汉武帝交给公卿廷议。㉛立朔方郡：设置朔方郡。㉜筑朔方城：修建朔方郡城。在今内蒙古乌拉特前旗东南。㉝因河为固：利用黄河天险作屏障。固，加固朔方城。㉞山东咸被其劳：崤山以东地区都因筑朔方城运送物资人力而蒙受困苦。㉟费数十百巨万：耗费数十万万。巨万，一万万。㊱府库并虚：钱府粮库都被支付一空。㊲“汉亦弃”句：汉朝也放弃了上谷郡所辖的与匈奴犬牙交错的偏远的造阳地方给了匈奴。斗辟县，孤悬偏僻。辟，读“僻”。县，读“悬”。造阳，地区名，在汉初上谷郡北部，秦长城以北，今河北独石口以北、滦河上游闪电河一带。㊳乙亥晦：三月三十日。㊴茂陵：汉武帝陵。在今陕西兴平东北。初

立：初建。初建于建元二年。 ⑩“内实”二句：对内充实京师，对外消除奸邪势力。内实，指朝内，京师人口增殖。外销，朝外，地方消除奸邪。 ㊶訾三百万：资财达三百万。訾，通“赀”，资财，资产。 ㊷轵（zhī）：县名。县治在今河南济源南。 郭解：西汉河内轵人。字翁伯。以任侠闻名。在汉武帝整治游侠运动中被点名诛杀。传见《史记》卷一百二十四、《汉书》卷九十二。 ㊸在徙中：在迁徙的豪民之中。 ㊹卫将军：指卫青。 为言：替郭解说话。 ㊺不中徙：不合迁徙的规定。 ㊻卒徙解家：最终迁居郭解全家。 ㊼睚眦（yá zì）：因发怒而瞪眼。喻小事而杀人。 ㊽下吏：命令官吏。 捕治解：逮捕郭解法办。 ㊾赦前：郭解杀人均在大赦令之前。 ㊿客誉郭解：一位坐中客人称赞郭解。 (51)生曰：陪侍使者的那位儒生反驳客人说。 (52)吏以此责解：办案主审官以儒生被杀的事讯问郭解。 (53)杀者亦竟绝：杀人凶手消失，断绝线索。 莫知为谁：最终也没查出凶手。 (54)此罪甚于解杀之：郭解不知情比他亲自杀人罪更大，因他影响太大。 (55)当大逆无道：判处大逆无道罪。 (56)遂族郭解：终于灭了郭解一家。

【译文】

汉武帝元朔二年（甲寅，前127）

冬季，汉武帝赏赐淮南王刘安几案和手杖，恩准他不必来京朝见。

主父偃劝说汉武帝道：“古代诸侯的封地不超过方圆百里，朝廷强、地方弱的这种格局，容易控制。现在的诸侯有的连城数十座，封地方圆千里，朝廷控制较宽时，他们就骄横奢侈，容易做出淫乱的事情，朝廷控制一紧时，他们就会凭借自身的强大而联合起来反叛朝廷；如果用法令来分割削弱他们，就会产生叛乱的苗头。以前晁错推行削藩政策而导致吴楚七国叛乱，就是这种情况。现在诸侯王的子弟有的多达十几人，而只有嫡长子继承王位，其他人虽然也是诸侯王的亲生骨肉，却不能享有一尺的封地，这就使得仁孝之道不明显了。希望皇上命令诸侯王可以把朝廷给他的恩惠推广到其他子弟的身上，用本封国的土地封他们做侯，他们人人都为得到了希望得到的东西而欢喜；皇上用的是推行恩德的方法，实际上却分割了诸侯的封国领地，朝廷没有采用削夺的政策，而王国却逐渐衰弱了。”汉武帝听从了他的意见。

春季，正月，汉武帝下令说：“诸侯王中有想推广自己所享受的恩惠，分封领地给子弟的，命令各自一一奏报，我准备亲自给他们确定封邑的名号。”从此之后，诸侯王国开始被分割，而诸侯王的子弟们都成了侯。

匈奴入侵上谷郡、渔阳郡，杀害和掳掠官吏民众一千多人。汉武帝派遣卫青、李息从云中郡出击，向西一直打到陇西，在黄河以南进攻匈奴的楼烦王和白羊王，获得匈奴首级和俘虏数千，夺得牛羊一百多万头，赶走了白羊王和楼烦王，于是就夺取了黄河以南地区。汉武帝下令封卫青为长平侯。卫青的校尉苏建和张次功都立了军功，汉武帝封苏建为平陵侯，封张次功为岸头侯。

主父偃说："黄河以南地区，土地肥沃富饶，对外有黄河天险为屏障，蒙恬当年在此地修筑城池以驱逐匈奴，对内节省了转运输送屯戍漕运的人力物力，又扩大了中国的疆域，这是消灭匈奴的根本方法。"汉武帝把他的意见交给公卿大臣讨论，大家都说不便利。汉武帝终究还是采用了主父偃的计谋，设置了朔方郡，派遣苏建征调十多万民工修筑朔方城，又修缮原秦朝蒙恬所建造的要塞，利用黄河天险作屏障。水陆运输的路程十分遥远，自崤山以东的地区，民众都蒙受运输的劳苦，耗资高达数十百亿，钱府粮库被支付一空。汉朝还放弃了上谷郡所辖的与匈奴犬牙交错的僻远地方造阳县，把它给了匈奴。

三月三十日，发生日食。

夏季，朝廷招募了十万民众迁居朔方郡。

主父偃对汉武帝说："茂陵邑刚刚设立，天下有名的豪强人物、兼并他人的富家大户、鼓励大众动乱的人，都可以迁移到茂陵邑居住；这样对内充实了京师，对外消除了奸邪势力，这就是所说的不用诛杀就消除了祸害。"汉武帝听从了他的意见，迁移各郡国的豪强人物和财产超过三百万钱以上的富户到茂陵邑居住。

轵县人郭解，是函谷关以东地区的著名侠士，也在被迁居之列。将军卫青替郭解说好话："郭解家中贫困，不合迁移的标准。"汉武帝说："郭解是平民，他的权势大到使将军替他说情，这证明他家不穷。"终究迁居了郭解全家。郭解平生因被人瞪视之类的小事杀了许多人，汉武帝听说了，就下令司法官吏逮捕郭解，立案审查，审查的结果说明，郭解所犯的罪都在颁布赦令之前。轵县有位儒生陪侍前来审案的使者，座中客人赞扬郭解，儒生就说："郭解专门以奸邪触犯国法，怎么能说他贤能！"郭解的门客听了这话，就杀死了这个儒生，并割去了他的舌头。审案官吏用这件事来责问郭解，郭解确实不知道是谁杀的人，杀人凶手到最后也没有查清是谁。官吏向汉武帝奏报郭解无罪，公孙弘议论说："郭解只是一个平民，做行侠弄权的事情，看谁不顺眼就随意杀掉。轵县儒生的被杀，郭解虽然不知情，但这个罪比郭解亲手杀人还要大，应按大逆不道的罪名判决论罪。"于是，就把郭解灭族。

【原文】

班固曰[1]：古者天子建国，诸侯立家，自卿大夫以至于庶人，各有等差[2]，是以民服事其上而下无觊觎[3]。周室既微[4]，礼乐、征伐自诸侯出。桓、文之后[5]，大夫世权[6]，陪臣执命[7]。陵夷至于战国[8]，合从连衡[9]，繇是列国公子，魏有信陵，赵有平原，齐有孟尝，楚有春申[10]，皆藉王公之势[11]，竞为游侠[12]，鸡鸣狗盗[13]，无不宾礼[14]。而赵相虞卿，弃国捐君，以周穷交魏齐之厄[15]；信陵无忌，窃符矫命[16]，戮将专师[17]，以赴平原之急[18]；皆以取重诸侯，显名天下，扼腕而游谈者[19]，以四豪为称首。于是背公死党之议成[20]，守职奉上之义废矣[21]。及至汉兴，禁网疏阔[22]，未知匡改也[23]。是故代相陈豨从车千乘[24]，而吴濞、淮南皆招宾客以千数[25]。外戚大臣魏其、武安之属竞逐于京师[26]，布衣游侠剧孟、郭解之徒驰骛于闾阎[27]、权行州域[28]，力折公侯[29]，众庶荣其名迹，觊而慕之[30]。虽其陷于刑辟[31]，自与杀身成名[32]，若季路、仇牧[33]，死而不悔。故曾子[34]曰："上失其道，民散久矣[35]。"非明主在上，示之以好恶[36]，齐之以礼法[37]，民曷由知禁而反正乎[38]！古之正法[39]：五伯[40]，三王[41]之罪人也；而六国[42]，五伯之罪人也；夫四豪[43]者，又六国之罪人也。况于郭解之伦，以匹夫之细[44]，窃杀生之权，其罪已不容于诛[45]矣。观其温良泛爱，振穷周急，谦退不伐，亦皆有绝异之姿[46]。惜乎，不入于道德，苟放纵于末流[47]，杀身亡宗，非不幸也。

荀悦论曰[48]：世有三游[49]，德之贼也[50]：一曰游侠[51]，二曰游说[52]，三曰游行[53]。立气势，作威福[54]，结私交以立强于世[55]者，谓之游侠；饰辩辞，设诈谋[56]，驰逐于天下以要时势[57]者，谓之游说；色取仁以合时好[58]，连党类，立虚誉以为权利者[59]，谓之游行。此三者，乱之所由生也；伤道害德，败法惑世[60]，先王之所慎也。国有四民[61]，各修其业。不由四民之业者，谓之奸民[62]。奸民不生，王道乃成。

凡此三游之作，生于季世[63]，周、秦之末尤甚焉。上不明，下不正，制度不立，纲纪弛废[64]；以毁誉为荣辱[65]，不核其真[66]；以爱憎为利害，不论其实；以喜怒为赏罚，不察其理。上下相冒[67]，万事乖错[68]，是以言论者计薄厚而吐辞[69]，选举者度亲疏而举笔[70]，善恶谬于众声[71]，功罪乱于王法。然则利不可以义求[72]，害不可以道避也[73]。是以君子犯礼[74]，小人犯法[75]，奔走驰骋，越职僭度[76]，饰华废实[77]，竞趣时利[78]。简父兄之尊而崇宾客之礼[79]，薄骨肉之恩而笃[80]朋友之爱，忘修身之道[81]而求众人之誉，割衣食之业以供飨宴之好[82]，苞苴盈于门庭[83]，聘问交于道路[84]，书记繁于公文[85]，私务众于官事[86]，于是流俗成而正道坏矣。

是以圣王在上，经国序民[87]，正其制度[88]；善恶要于功罪而不淫于毁誉[89]，听其言而责其事[90]，举其名而指其实[91]。故实不应其声者谓之虚，情不覆其貌者谓之伪[92]，毁誉失其真者谓之诬，言事失其类者谓之罔[93]。虚伪之行不得设，诬罔之辞不得行[94]，有罪恶者无侥幸，无罪过者不忧惧，请谒无所行[95]，货赂无所用[96]，息华文[97]，去浮辞，禁伪辩[98]，绝淫智[99]，放百家之纷乱[100]，壹圣人之至道[101]，养之以仁惠，文之以礼乐[102]，则风俗定而大化成矣[103]。

（以上为第十段，引班固、荀悦两条借论，批评末世产生的游侠与游士宾客在统一盛世的社会中扰乱世风，应予杜绝。）

【注释】

①班固曰：节引《汉书》卷九十二《游侠传》。 ②等差（cī）：等级，次序。 ③民服事其上：民众诚心，侍奉上司。无觊觎（jì yú）：没有非分的企图。 ④周室既微：周朝衰落。 ⑤桓、文之后：齐桓公、晋文公之后。 ⑥大夫世权：大夫在诸侯国内世代掌权，如晋之六卿、鲁之三桓、齐之田氏。 ⑦陪臣执命：大夫的家臣掌权。陪臣，诸侯之大夫，对天子自称陪臣。大夫的家臣，对诸侯也自称陪臣。执命，掌权。 ⑧陵夷：衰落。 战国：春秋之后的战国时代，七雄并立。 ⑨合从连衡：合从，即合纵，东方六国联合对抗秦国。连衡，秦国与东方六国双边结盟，瓦解合纵。 ⑩“繇是”五句：由此产生了列国四公子，魏国信陵君魏无忌，赵国平原君赵胜，齐国孟尝君田文，楚国春申君黄歇。四公子招纳四方豪杰游侠为宾客，各有三千人，又称战国“四豪”。 ⑪藉王公之势：依靠诸侯王的势力。藉，凭借。 ⑫竞为游侠：争相延揽游侠。 ⑬鸡鸣狗盗：孟尝君门客中有鸡鸣狗盗之徒，助孟尝君在秦国脱险。事见本书卷三周赧王十七年。 ⑭无不宾礼：鸡鸣狗盗之徒都受到了嘉宾的礼遇。 ⑮周穷交魏齐之厄：赵国副相虞卿解相印救助走投无路的魏齐的危急。事见本书卷五周赧王五十六年。周穷，救助穷途末路的人。⑯窃符矫命：窃取兵符假传王命夺军救赵。史称窃符救赵。事见本书卷五周赧王五十七

年。⑰戮将专师：信陵君杀了魏将晋鄙夺了军权。专师，夺了军权。⑱赴平原之急：赶赴平原君的危急，解赵国邯郸之围。因为平原君所请，故称赵国之急，为平原之急。⑲扼腕而游谈者：张扬游说之士。⑳背公死党：背公义而结死党。成：形成了风气。㉑守职奉上之义：遵守职责事奉帝王的道义。废矣：被丢弃了。㉒禁网疏阔：法律宽松。㉓未知匡改也：不知道改正法网不严的弊端。㉔从车千乘：代国相陈豨一次回京述职，随从一千多辆车。陈豨效法四公子招致宾客，不符合天下一统的政治。㉕以千数：吴王刘濞、淮南王刘安也招致宾客以千数计，两王均陷入叛逆。㉖竞逐于京师：丞相魏其侯窦婴、武安侯田蚡两人也在京师争相招致宾客。㉗驰鹜于闾阎：游侠剧孟、郭解横行于乡里。驰鹜，跑马飞奔，喻横行。㉘权行州域：称霸一方。㉙力折公侯：势力能折辱公卿王侯。㉚觊而慕之：向往羡慕他们。觊，冀望，向往。㉛陷于刑辟：犯罪而陷入死地。刑辟，刑法，或刑杀两解。㉜自与杀身成名：自己以杀身成名而自豪。㉝季路：春秋时孔子弟子，姓仲名由，赴卫蒯聩之乱，结缨而死。仇牧：春秋时宋大夫，赴宋闵公之难，被宋万所杀。㉞曾子：曾参。孔子弟子。㉟"上失其道"两句：见《论语·子张》。散，离心离德之意。㊱示之以好恶：明示什么是好什么是恶。㊲齐之以礼法：用礼义法度来约束。齐，整齐，约束。㊳曷由知禁而反正乎：怎么能知犯禁而不改正呢！㊴古之正法：古代的公正法则。㊵五伯：春秋五霸，即齐桓公、晋文公、宋襄公、楚庄王、秦穆公。㊶三王：夏、商、周三代的圣王 ㊷六国：此指战国之世。㊸四豪：即战国四公子。㊹匹夫之细：犹"小民"，小小百姓。㊺不容于诛：非杀不可。㊻绝异之姿：表现不凡。㊼放纵：放肆，无法无天。末流：谓社会下层。㊽荀悦论曰：此论引自《汉纪》。荀悦，东汉末史学家、政论家。㊾世有三游：社会上有三种游走人士，即游侠、游说、游行。㊿德之贼也：三游人士是破坏道德的奸贼。51游侠：见义勇为、轻生仗义、排难解纷、扶危济困之人。春秋战国时从西周士人中分化而出，以刺客身份供人驱遣。末流相当于黑社会头目，此即为荀悦所论之游侠。52游说（shuì)：到处宣传个人政治见解与主张的人。称游说之士。战国纵横家即游说之士。53游行：结党营私的人。三游中档次最下之徒。54立气势，作威福：树立名气和声望，作威作福。55立强于世：称霸于世。56饰辩辞，设诈谋：修饰言词，设置诡计诈谋。57驰逐于天下：四处游走。要时势：谋求操纵时局。58色取仁以合时好：表面上和颜悦色称说仁义，骨子里迎合帝王的喜好。色，颜色，表面。合，迎合。59连党类，立虚誉以为权利者：结连党羽，扩大虚名以谋取权利。60伤道害德，败法惑世：伤害道德，败坏法度，蛊惑民心。61四民：四种民众，即士、农、工、商。62不由四民之业者，谓之奸民：凡是不从事四民职业的人，都是社会的奸民。由，经由，从事。63季世：

社会衰败的末世。 ⑥④纲纪弛废：法纪废弛。 ⑥⑤以毁誉为荣辱：社会舆论左右荣辱。⑥⑥不核其真：不核实舆论的真假。 ⑥⑦上下相冒：上下互相冒犯。 ⑥⑧万事乖错：万事都混乱错误。乖，相左，矛盾。 ⑥⑨言论者：发表评论的人。 计薄厚而吐辞：计算交情薄厚决定怎样讲话。计，计算，计较。薄厚，交情与利益的得失。 ⑦⓪选举者：举荐人。 度亲疏而举笔：估量与被举者的亲疏才下笔写推荐意见。 ⑦①善恶谬于众声：善与恶的区分，错误地受制于众人的议论。 ⑦②利不可以义求：只追求利益就不可能遵循道义。 按：应正其道不谋其利。 ⑦③害不可以道避也：规避祸害不可以牺牲道义。 按：应当是行其道而除其害。 ⑦④君子犯礼：君子违背礼义。 ⑦⑤小人犯法：小人触犯法律。⑦⑥奔走驰骋，越职僭度：奔走游说，越职侵权。僭度，超越本分，侵权夺利。 ⑦⑦饰华废实：追求浮华，摈弃实质。 ⑦⑧竞趣时利：争相追求一时之利。 ⑦⑨简父兄之尊：怠慢尊崇父兄的大义。 崇宾客之礼：尊崇对待宾客的礼节。 ⑧⓪薄：减轻。 笃：加厚。 ⑧①忘修身之道：不重视自我修养的原则。忘，忘记，不重视。 ⑧②割衣食之业：损伤衣食来源的农桑本业。 供飨宴之好：满足盛宴的欲望与排场。 ⑧③苞苴盈于门庭：馈赠礼物的人挤满门庭。苞苴，裹鱼肉的草包，指称馈赠的礼物。 ⑧④聘问交于道路：探访问候的人来往穿梭于道路。 ⑧⑤书记繁于公文：私交书信多于官府公文。 ⑧⑥私务众于官事：私人事务多于官府公事。 ⑧⑦经国序民：治理国家，使民长幼有序。 ⑧⑧正其制度：严明有关制度。 ⑧⑨善恶要于功罪：区分善恶要以立功和犯罪来决定。 不淫于毁誉：不应受舆论的惑乱。淫，惑乱。 ⑨⓪责其事：追究事实。责，追究，举出。 ⑨①指其实：同“责其事”，依靠事实说话。 ⑨②“故实不应”两句：所以，名不副实的叫作“虚”，表里不一的称为“伪”。 ⑨③“毁誉”二句：毁誉不符合实际的叫作“诬”，议论丧失原则的称为“罔”。⑨④“虚伪之行”二句：虚伪的行为不许出现，诬罔的言论不得流行。 ⑨⑤请谒无所行：私人请托处处碰壁。请谒，请托，走后门。 ⑨⑥货赂无所用：贿赂无人接受。 ⑨⑦息华文：抛弃浮华虚文，即吹捧无市场。息，止息，抛弃。华文，华丽文字，吹捧虚辞。 ⑨⑧禁伪辩：禁止强词夺理。 ⑨⑨绝淫智：杜绝不正当的智谋。淫智，耍小聪明。 ⑩⓪放百家之纷乱：斥退百家之学的纷乱。放，放逐，排除。 ⑩①壹圣人之至道：统一于圣人的真理大道。⑩②养之以仁惠，文之以礼乐：用仁爱恩德来教育民众，加上礼义作修饰。文，修饰。⑩③大化成矣：天下大治成功了。

【译文】

班固评论说：古时候，天子封立诸侯之国，诸侯封立大夫之家，从卿大夫直到民众，各有等级，由于这个原因，民众诚心侍奉他们的上司，而臣下没有觊觎篡夺之心。周王室衰微之后，礼乐制度和征伐命令从诸侯发出。到齐桓公、晋文公之后，大夫世代掌握国家权力，又发展到大夫的家臣执掌一国政令。逐渐发展到战国，出现了合纵连横，于是列国的公子，魏国有信陵君，赵国有平原君，齐国有孟尝君，楚国有春申君，他们都凭借王公的权势，争着延揽游侠，连鸡鸣狗盗之徒都受到嘉宾的礼待。赵国的相虞卿，抛弃了国家和帝王，去解救走投无路的朋友魏齐的厄运；信陵君魏无忌，偷盗兵符假传王命，杀害将领控制军队，用来解救平原君的危急；他们都因此增加了在诸侯中的影响，向天下人炫耀了名声，扼腕游说的人，把这四位豪杰当作最值得称道的人。于是，就形成了背叛国家而为私交献身的社会舆论，遵守职责侍奉帝王的道义就被废弃了。等到汉朝建国，法网不严密，不知道改正这种弊端。所以代国的丞相陈豨用千辆车子做随从队伍，而吴王刘濞、淮南王刘安都召集宾客数以千计；外戚大臣魏其侯窦婴、武安侯田蚡之类的人，在京师争权夺利，平民游侠剧孟、郭解之流，横行于乡里，称霸一方，其势力可折辱公卿王侯，众多的民众都觉得这些人的名声事迹很光荣，向往羡慕他们。民众即便是犯罪而陷入死地，自己却以杀身成名而引以为豪，就好像当年的季路、仇牧，到死也不后悔。所以曾子说："帝王丧失原则，民众离心离德已有很长时间了。"如果没有贤明的帝王在上，告知民众什么行为是该受到表彰的，什么行为是应该摈弃的，并且用礼义法度去约束他们，那些民众怎么能知道什么是违犯禁令的行为，从而改邪归正呢？按照古代的公正法则：春秋时期的五霸，是三代圣王的罪人；而战国时期争雄的六国，是五霸的罪人；至于说到信陵君等四豪，又是六国的罪人。更何况像郭解之流，只不过是个渺小的平民，却窃取生杀大权，他的罪恶已到了非杀不可的地步。再看郭解的温良博爱，接济穷困，解救急难，谦虚退让而不自夸，也都不同凡响。可惜啊，像郭解这般人物，不按照道德规范行事，却在行侠这种社会末流中苟且放纵，最后自己身死，全族被杀，这并非是不幸啊！

荀悦评论说：世上有"三游"，是破坏道德的奸贼，一是游侠，二是游说，三是游行。树立名气声望，作威作福，结交私人党羽，用来称强于世的，称为游侠；修饰辩辞，设置诡计诈谋，周游天下以操纵时势的，称为游说；和颜悦色，以此迎合当世帝王的喜好，结连党羽，扩大虚名以谋取权利，这样的人，称作游行。这三类人，都是产生祸乱的根源。他们伤害道德，败坏法度，迷惑民心，所以，先王慎重对待。国家有士、农、工、商四种民众，各自从事自己的职业。凡是不从事这种种职业的人，称为奸民。没有奸民，王道政治就实现了。

这些“三游”的形成，都出现在末世，周、秦两代的末世尤为严重。君上不明，臣下不正，制度不立，纲纪废弛，把社会舆论的褒贬作为尊荣或困辱的依据，不去核实这些舆论的真假；根据好恶来决定利害关系，不考虑是否属实；根据喜怒决定奖赏或惩罚，不去分析其中的道理。上下相互冒犯，万事全都混乱错误。因此，发表评论的人，看对方与自己交情的厚薄来决定怎样张口说话；负有推荐官员职责的人，估量对方和自己关系的亲疏而用笔写出推荐评语；善与恶的区分，错误地受众人评价的制约；功与罪的判定，也和国法的规定相矛盾。像这样的话，就不可以不遵循道义去谋求利益，也不能牺牲道义去避开祸害。所以，君子违背礼义，小人触犯法律，奔走游说，越职侵权，破坏法度，追求浮华，摈弃实质，争着追求一时之利。怠慢尊奉父兄的大义，而重视对待宾客的礼节，减少骨肉之间的亲恩，而加重朋友之间的情谊，忘记了自己修养的原则，而追求众人的赞誉，损伤衣食来源的农桑本业，用来满足盛宴豪饮的欲望，馈赠礼物的人挤满了门庭，探访问候的人在道路上随处可见，私人交往的书信比官府公文繁忙，处理的私事比官府公事还多，于是，流俗形成，而正道却衰败了。

所以，圣明的帝王在位时，治理国家，整顿民众，严明有关制度；善与恶的区分取决于是立功还是犯罪，而不受舆论毁誉的惑乱，听其言还得责求行事，举出名还要指出其实。所以，名不副实的称为“虚”，表里不一的称为“伪”，毁誉不符合实际的称为“诬”，议论事情丧失原则的称为“罔”。虚伪的行为不许出现，诬罔的言论不得流行，有罪恶的人不能侥幸逃避惩罚，没有罪恶过失的人不必担忧恐惧，私人请托处处碰壁，贿赂无人接受，抛弃浮华虚文，淘汰虚言巧语，禁止强词夺理，杜绝不正当的智谋，斥退百家之学的纷乱，统一于圣人的最高道术，用仁爱恩惠来教育民众，再用礼乐制度加以修饰，就会风俗稳定而达到天下大治了。

【原文】

燕王定国[①]与父康王姬奸，夺弟妻为姬。杀肥如令郢人[②]。郢人兄弟上书告之，主父偃从中发其事[③]。公卿请诛定国，上许之。定国自杀，国除[④]。

齐厉王次昌亦与其姊纪翁主[⑤]通。主父偃欲纳其女于齐王，齐纪太后不许[⑥]。偃因言于上曰："齐临淄[⑦]十万户，市租千金[⑧]，人众殷富，巨于长安[⑨]，非天子亲弟、爱子，不得王此。今齐王于亲属益疏[⑩]，又闻与其姊乱[⑪]，请治之[⑫]！"

于是帝拜偃为齐相，且正其事[⑬]。偃至齐，急治王后宫宦者，辞及王[⑭]；王惧，饮药自杀。偃少时游齐及燕、赵，及贵，连败燕、齐[⑮]。赵王彭祖惧[⑯]，上书告主父偃受诸侯金[⑰]，以故诸侯子弟多以得封者。及齐王自杀，上闻[⑱]，大怒，以为偃劫[⑲]其王令自杀，乃征下吏治[⑳]。偃服受诸侯金[㉑]，实不劫王令自杀。

上欲勿诛，公孙弘曰："齐王自杀，无后，国除为郡入汉[㉒]，主父偃本首恶。陛下不诛偃，无以谢天下。"乃遂族主父偃。

张欧免[㉓]，上欲以蓼侯孔臧[㉔]为御史大夫。臧辞[㉕]曰："臣世以经学为业[㉖]，乞为太常[㉗]，典臣家业[㉘]，与从弟侍中安国纲纪古训[㉙]，使永垂来嗣[㉚]。"上乃以臧为太常，其礼赐如三公[㉛]。

（以上为第十一段，写谋臣主父偃对查处诸侯王的犯罪行为不遗余力，在告发燕王刘定国的弹劾文书上发力，燕王自杀；到齐国查究齐王刘次昌的罪行，齐王自杀；赵王刘彭祖诬告主父偃，主父偃被灭族。）

【注释】

①燕王定国：燕王刘泽之孙、燕康王刘嘉之子。文帝九年嗣位。 ②肥如：县名。县治在今河北迁安东北。 令：县令。 郢人：姓名。 ③主父偃从中发其事：主父偃从中朝把郢人兄弟的上书转给外朝大臣，公开了燕王的事。发其事，揭发了这件事。 ④国除：废除燕王国，其地并入辽西郡。 ⑤齐厉王次昌：齐孝王刘将闾之孙、齐懿王刘寿之子。 纪翁主：齐懿王纪后所生。 ⑥纪太后：次昌之母。齐懿王之后。 不许：不同意。 ⑦临淄：齐国之都，在今山东淄博市临淄区。 ⑧市租：交易税。 千金：一千斤黄金，言其多。 ⑨巨于长安：大于长安。巨，大，超过。 ⑩益疏：血缘关系更加疏远。 ⑪乱：通奸乱伦。 ⑫请治之：请求朝廷惩治齐王。 ⑬正其事：审查齐王的事。正，查处。 ⑭辞及王：供辞牵连到齐王。 ⑮连败燕、齐：指主父偃接连弄垮了燕王刘定国、齐王刘次昌两个王国。 ⑯赵王彭祖：景帝刘启之子。景帝前二年由广川王徙为赵王。 惧：害怕。主父偃曾游赵不受礼遇，故赵王害怕下一次自己被迫害。 ⑰受诸侯金：接受诸侯的贿赂。 ⑱上闻：武帝听到齐王自杀的消息。 ⑲劫：胁迫。 ⑳乃征下吏

治：于是征召主父偃回京交付司法审讯。㉑偃服受诸侯金：主父偃供认接受了诸侯王贿赂。㉒国除为郡入汉：齐国被废除，纳入汉为齐郡。㉓张欧：西汉大臣。性谨厚。官至御史大夫。传见《史记》卷一百零三、《汉书》卷四十六。免：免御史大夫官。㉔孔臧：汉高祖功臣蓼侯孔聚之子，孔安国之从兄。㉕辞：推辞。㉖经学：指儒家经典之学。为业：为追求的事业。㉗乞为太常：请求出任太常。太常，九卿之一，掌宗庙礼仪，兼掌选博士。㉘典臣家业：典掌我家世传的职业。㉙安国：孔臧堂弟孔安国，时任侍中。纲纪古训：总结归纳古人训诫。此指整理五经。㉚永垂来嗣：永远流传后世，嘉惠后学。㉛礼赐如三公：礼遇和赏赐如同三公。即按三公等级待遇。三公，丞相、太尉、御史大夫。

【译文】

燕王刘定国与他父亲康王的姬妾通奸，又夺走了他弟弟的妻子做姬妾。他杀了肥如县的县令郢人，郢人的兄弟上书朝廷告发了他的恶行，主父偃从中朝把这份弹劾文书转给外朝大臣。公卿议罪，请求汉武帝诛杀刘定国，汉武帝批准了。刘定国自杀，封国被废除。

齐厉王刘次昌也与他姐姐纪翁主私通。主父偃想把女儿嫁给齐王，齐王的母亲纪太后不同意。主父偃就趁机对汉武帝刘彻说："齐都临淄是有十万户居民的大都会，市井商税高达千金，人口众多而且地方富裕，超过长安，不是天子的亲弟和得宠的儿子，不得在此地为王。现在的齐王和皇上的血亲关系越发疏远了，又听说他和他姐姐通奸乱伦，请求查处齐王！"

于是，汉武帝就任命主父偃担任齐国的国相，并且负责审查齐王的问题。主父偃一到齐国，就立即捕审齐王后宫中的宦官，供词牵连到齐王刘次昌；齐王害怕了，喝毒药自杀。主父偃年轻时曾游历齐和燕、赵三国之地，等到他身居高位，接连毁灭了燕、齐两国，赵王刘彭祖害怕自己成为主父偃的下一个迫害的目标，就上书给汉武帝，告发主父偃接受诸侯贿赂的金钱，由于这个原因诸侯王的子弟大多得以封侯。等到汉武帝得知齐王自杀的消息，勃然大怒，认为是主父偃胁持齐王迫使他自杀，就把主父偃召回，逮捕下狱。主父偃承认他接受诸侯金钱贿赂，但实在没有强迫齐王自杀。

汉武帝不想杀主父偃，公孙弘说："齐王自杀，没有后代继承，封国被废除改设为郡，领地归属朝廷。这件灭人之国的恶事，主父偃是罪魁。皇上如果不杀主父偃，就没有办法向天下人谢罪道歉。"于是，汉武帝就把主父偃灭族。

张欧被罢免，汉武帝想任命蓼侯孔臧继任御史大夫。孔臧辞谢说："我家中世代以传习经学为业，请任命我担任太常，典掌我家世传的职业，与堂弟、侍中孔安国一道总结、归纳古人训诫，使儒学永传后世。"汉武帝就任命孔臧为太常，对他的礼仪赏赐如同三公一样。

【原文】

三年（乙卯，前126）

冬，匈奴军臣单于死，其弟左谷蠡王伊稚斜自立为单于①，攻破军臣单于太子於单，於单亡降汉②。

以公孙弘为御史大夫。是时，方通西南夷，东置苍海，北筑朔方之郡。公孙弘数谏，以为罢敝③中国以奉无用之地，愿罢之④。天子使朱买臣⑤等难以置朔方之便，发十策⑥，弘不得一⑦。弘乃谢曰⑧："山东鄙人，不知其便若是，愿罢西南夷、苍海而专奉朔方⑨。"上乃许之，春，罢苍海郡⑩。

弘为布被，食不重肉⑪。汲黯曰："弘位在三公，奉禄甚多；然为布被，此诈也。"上问弘，弘谢曰："有之。夫九卿与臣善者无过黯⑫，然今日廷诘弘⑬，诚中弘之病⑭。夫以三公为布被，与小吏无差，诚饰诈，欲以钓名⑮，如汲黯言。且无汲黯忠，陛下安得闻此言⑯！"天子以为谦让，愈益尊之⑰。

三月，赦天下。

夏，四月，丙子⑱，封匈奴太子於单为涉安侯，数月而卒。

初，匈奴降者言："月氏故居敦煌、祁连间⑲，为强国，匈奴冒顿攻破之。老上单于杀月氏王，以其头为饮器⑳。余众遁逃远去，怨匈奴，无与共击之㉑。"上募能通使月氏者，汉中张骞以郎应募㉒，出陇西㉓，径匈奴中㉔；单于得之㉕，留骞十余岁㉖。骞得间亡㉗，乡月氏西走㉘，数十日，至大宛㉙。大宛闻汉之饶财㉚，欲通不得㉛，见骞，喜，为发导译抵康居㉜，传致大月氏㉝。大月氏太子为王，既击大夏㉞，分其地而居之㉟，地肥饶，少寇，殊无报胡之心㊱。骞留岁余，竟不能得月氏要领㊲，乃还；并南山㊳，欲从羌中归㊴，复为匈奴所得，留岁余。会伊稚斜逐於单，匈奴国内乱，骞乃与堂邑氏奴甘父逃归㊵。上拜骞为太中大夫，甘父为奉使君㊶。骞初行时百余人，去十三岁，唯二人得还㊷。

匈奴数万骑入塞，杀代郡太守恭[43]，及略[44]千余人。

六月，庚午[45]，皇太后崩。

秋，罢西夷[46]，独置南夷、夜郎两县、一都尉，稍令犍为自葆就[47]，专力城朔方。

匈奴又入雁门，杀略千余人。

是岁，中大夫张汤为廷尉。汤为人多诈，舞智以御人[48]。时上方乡文学[49]，汤阳浮慕[50]，事董仲舒、公孙弘等。以千乘兒宽为奏谳掾[51]，以古法义决疑狱[52]。所治[53]，即上意所欲罪[54]，与监、史深祸者[55]；即上意所欲释[56]，与监、史轻平者[57]；上由是悦之[58]。汤于故人子弟调护之尤厚[59]；其造请诸公[60]，不避寒暑。是以汤虽文深、意忌、不专平[61]，然得此声誉。

汲黯数质责汤于上前曰[62]："公为正卿[63]，上不能褒先帝之功业[64]，下不能抑天下之邪心[65]，安国富民，使囹圄空虚[66]，何空取高皇帝约束纷更之为[67]！而公以此无种矣[68]。"黯时与汤论议，汤辩常在文深小苛[69]；黯伉厉守高[70]，不能屈[71]，忿发[72]，骂曰："天下谓刀笔吏不可以为公卿[73]，果然！必汤也，令天下重足而立，侧目而视矣[74]！"

四年（丙辰，前125）

冬，上行幸甘泉[75]。

夏，匈奴入代郡、定襄[76]、上郡，各三万骑，杀略数千人。

（以上为第十二段，写公元前126年至公元前125年两年史事，主要有：汉武帝刘彻重用公孙弘，公孙弘提倡节俭；张骞出使西域，历尽艰辛，十三年而回；重用张汤，张汤看汉武帝脸色行事，受到汲黯多次责问。）

【注释】

①自立为单于：伊稚斜，匈奴人，曾为左谷蠡王，自立为单于。②於（wū）单：人名。於，不简化作于。亡降汉：逃亡投降于汉。③罢敝：疲敝。④罢之：罢废朔方郡。⑤朱买臣：西汉会稽吴（今江苏苏州）人。字翁子。曾任会稽太守。传见《汉书》卷六十四上。⑥发十策：责难发问十题。⑦不得一：不能对上一策。⑧弘乃谢曰：公孙弘道歉认错。按：此公孙弘狡黠处，故意十不得一，不忤违汉武帝之旨，收回罢置朔方郡的提议。⑨专奉朔方：集中力量经营朔方郡。指全力对付匈奴，不要四面出击。⑩罢苍海郡：停止设置苍海郡。苍海郡，在今朝鲜半岛北部。⑪不重肉：言简朴，吃饭不重肉味，即只有一样肉。⑫"夫九卿"句：九卿和我相好的要数汲黯为第一。汲黯

时为主爵都尉，列于九卿。⑬廷诘弘：在朝廷上当众质问我公孙弘。诘，质问。⑭诚中弘之病：真是说中了我的短处。⑮钓名：沽名钓誉。⑯安得闻此言：哪能听得到这样的话。⑰愈益尊之：更加尊重公孙弘。⑱丙子：四月初七日。⑲月氏（yuè zhī）：即大月氏，古游牧部族名。原分布于敦煌与祁连山之间，公元前二世纪被匈奴胁迫，西迁伊犁河流域，部分未西迁者，保南山羌，号小月氏。不久，月氏为匈奴所破，其王被杀。又因受乌孙攻击，由伊犁南迁妫水（今阿姆河）流域，征服大夏国。张骞西使曾至其国。敦煌：县名。治所在今甘肃敦煌西。祁连：山名。在今甘肃张掖、酒泉南，祁连山脉的中段。⑳饮器：侧耳杯。其形如人面，故匈奴以月氏王头为饮器，取其形似。㉑无与共击之：没有人与之共同抗击匈奴。言月氏人找不到帮手。㉒张骞以郎应募：张骞以郎官身份应募为使臣。张骞，汉中成固人，凿空西域，返汉后对武帝问，建言开西南夷道，再次出使西域，宣扬大汉威德，深受西域人爱戴。传见《汉书》卷六十一。㉓陇西：郡名。郡治狄道，在今甘肃临洮。张骞出陇西，时在建元三年。㉔径匈奴中：路径要穿过匈奴。㉕单于得之：匈奴单于捕捉了张骞。㉖留骞十余岁：拘留张骞十余年。㉗得间亡：找到机会逃亡。㉘乡月氏西走：向着月氏的西方逃走。㉙至大宛：张骞到了大宛。大宛（yuān），古西域国名。在今中亚费尔干纳盆地。王治贵山城（今中亚卡散赛）。以产汗血马著称。㉚饶财：富饶有财。㉛欲通不得：大宛早就想与汉通使结交，没有实现。㉜发导译抵康居：派出向导和翻译抵达康居。康居，古西域国名。东界乌孙，西达奄蔡，南接大月氏，东南临大宛，约在今巴尔喀什湖和咸海之间。王都在卑阗城。北部为游牧区，南部为农业区。㉝传致大月氏：再转送张骞到大月氏。㉞大夏：中亚西亚古国。在兴都库什山与阿姆河上游之间（今阿富汗北部）。公元前三、二世纪之交强盛，后国土分裂、势衰，被大月氏入据。㉟分其地而居之：月氏人分割了大夏的土地安居下来。㊱殊无报胡之心：绝没有向匈奴复仇的打算了。㊲不能得月氏要领：得不到大月氏人的要害。要（yāo）领，长衣提起腰和领，襟袖自然平贴。比喻纲要、要害。要，古“腰”字。㊳并南山：沿着南山。南山，即今喀喇昆仑山脉。㊴从羌中归：经由羌人地区返回汉朝，以避开匈奴。羌，古族名。分布于甘肃、青海等部分地区。㊵堂邑氏奴甘父：堂邑氏之奴，奴名叫甘父。逃归：逃回汉朝。㊶太中大夫：官名，掌议论。属郎中令。奉使君：封号。㊷唯二人得还：只有张骞、甘父两人回来。其他一百余人皆死在匈奴和路途。㊸恭：人名。代郡太守之名。㊹略：掠夺，抓获。㊺庚午：六月初二日。㊻罢西夷：停止经营西南夷。罢，停止设郡置吏。㊼稍令犍为自葆就：随后令犍为郡保全并完善地方建置。葆就，维持。犍为郡已在建元六年建置，不在罢废之列，维持原有建制。㊽舞智以御人：耍小聪明以制驭他人。㊾上方乡文学：汉武帝正崇尚儒学。乡，通“向”，崇尚。 ⑩阳浮慕：假装向慕。阳，通“佯”。 ⑪千乘：县名。治所在今山东高青高苑镇北。 兒宽：西汉千乘人。穷儒生出身。因经学为武帝赏识，官左内史，有治绩。后为御史大夫，卒于官。传见《汉书》卷五十八。 奏谳掾：专掌申诉和审定案件之吏。 ⑫古法义：古老的办法和经义。 决疑狱：判决疑难案件。 ⑬所治：张汤所审理的案件。 ⑭上意所欲罪：汉武帝想要定罪的案件。 ⑮与：交给。监、史深祸者：让执法苛酷的下属办理。监、史，廷尉下属官吏。深祸者，深文致祸，即扭曲司法解释罗织罪状。 ⑯上意所欲释：汉武帝想要释放的人。 ⑰轻平者：交给从轻办案的下属审理。 ⑱上由是悦之：汉武帝因此很喜欢张汤。 ⑲调护之尤厚：照顾更加周到。调护，调处保护，即照顾。 ⑳其造请诸公：张汤巴结拜访的各位大臣。 ㉑文深：执法严苛。 意忌：心怀妒忌。 不专平：判决不公。 ㉒“汲黯”句：汲黯多次当着汉武帝的面质问批评张汤。质责，质问批评。 ㉓正卿：九卿。廷尉，九卿之一。 ㉔褒先帝之功业：发扬光大先帝的功业。 ㉕抑天下之邪心：抵制、纠正臣民的邪心。 ㉖使图圄空虚：使监狱空置起来。指太平无事，没人犯罪，监狱空置。 ㉗何空取高皇帝约束纷更之为：为什么徒然把高皇帝的约束胡乱更改。约束，原定律令。 ㉘而公以此无种矣：而且你将会因此而断子绝孙。意谓张汤之罪当灭族。 ㉙汤辩常在文深小苛：张汤的言论紧扣法律条文，在细枝末节上严厉苛求。小苛，在细小处大做苛酷文章。 ㉚黯伉厉守高：汲黯伉直严峻，坚守原则。 ㉛不能屈：辩不过张汤。屈，使之屈服。 ㉜忿发：愤怒发作。谓气愤之极。 ㉝刀笔吏不可以为公卿：主办文案的刀笔吏不能做公卿。 ㉞“必汤也”三句：一切都照张汤的主张去做，将使天下人处于重足而立、侧目而视的恐惧之中。重足而立，形容不敢跨步走路。侧目而视，斜眼偷觑。形容不敢正视。 ㉟甘泉：山名，宫名。在今陕西淳化西北。 ㊱定襄：郡名。郡治成乐，在今内蒙古和林格尔西北。

【译文】

汉武帝元朔三年（乙卯，前126）

冬季，匈奴军臣单于死，他的弟弟左谷蠡王伊稚斜自立为单于，进攻并打败了军臣单于的太子於单，於单逃到汉朝来归降。

汉武帝任命公孙弘为御史大夫。这时，朝廷正开通西南夷，在东方设置苍海郡，在北方修筑朔方郡的郡城。公孙弘多次进谏，认为以中原地区疲惫不堪为代价，去供奉那些无用之地，得不偿失，请求废止这些举动。汉武帝让朱买臣等人就设置朔方郡的便利，对公孙弘进行反驳，提出了十个问题，公孙弘连一个也回答不了。公孙弘就表示请罪，说："我是崤山以东的乡野之人，不知道设置朔方郡有这么多的好处，请求废止对西南夷、苍海地区的经营而集中力量经营朔方郡。"汉武帝同意了他的请求。春季，罢废了苍海郡的建置。

公孙弘用麻布做被子，一顿饭不摆设两种肉菜。汲黯说："公孙弘高居三公之位，朝廷给他的俸禄很多；但是他用布做被子，这是骗人的把戏。"汉武帝刘彻就此询问公孙弘，公孙弘谢罪说："确有其事。说到九卿当中与我关系好的，没有人超过汲黯了，可是今天他在朝廷之上质问我，确实切中我的问题。说到以三公的显赫富贵，而制作布被，与小官吏没有区别，这确实是我矫饰做作，想借此沽名钓誉，正像汲黯所说的那样。况且，如果没有汲黯的忠直，皇上怎么能听到这些话！"汉武帝认为公孙弘谦让，越发尊重他。

三月，汉朝实行大赦。

夏季，四月初七，汉武帝封匈奴太子於单为涉安侯，过了几个月，於单就死了。

起初，匈奴归降朝廷的人说："月氏原来居住在敦煌和祁连山之间，是一个强国，匈奴冒顿单于攻破了它。老上单于杀了月氏王，把他的头骨做成了饮酒的器皿。其余的月氏部众逃走到远方，怨恨匈奴，但没有人与他们联合去进攻匈奴。"汉武帝就招募能出使月氏的人。汉中人张骞以郎官的身份应募，从陇西郡出发，直接进入匈奴的腹地。匈奴单于捉住了张骞，把他拘留了十多年。张骞得到机会逃脱，向着月氏所在的西方走去，过了数十日，到达大宛。大宛早就听说汉朝富有，想通使结好，却不能实现，见到张骞，十分高兴，替他安排了向导和翻译，抵达康居，再转送到大月氏。大月氏原来的太子做了国王，进攻大夏之后，分割了大夏的土地而安居下来，当地土地肥沃富饶，很少有外敌入侵，已经没有丝毫向匈奴复仇的打算了。张骞滞留了一年多，终究没能得到月氏人的回应，只好启程回国，沿着南山走，想通过羌人的居住地返归，又被匈奴人捉住了，拘留了一年多。正逢伊稚斜驱逐於单，匈奴内乱，张骞就和堂邑氏的奴隶甘父逃脱归来。汉武帝任命张骞为太中大夫，甘父为奉使君。张骞当初出发时有一百多人，离开汉朝十三年，只有他们二人得以生还。

匈奴的几万骑兵越过边界，攻杀代郡太守恭，还掳掠了一千多人。

六月初二，皇太后去世。

秋季，朝廷罢废了在西夷地区的建置，只设了南夷、夜郎两县和一个都尉，随后令犍为郡自行保全并完善地方建置，以便朝廷集中力量修筑朔方郡的郡城。

匈奴再次入侵雁门郡，杀害和掳掠一千多人。

这一年，中大夫张汤出任廷尉。张汤为人十分狡诈，玩弄巧智驾驭他人。当时，汉武帝刘彻正倾心儒学，张汤就假装敬慕儒家大师的样子，尊重董仲舒、公孙弘等人；他任用千乘人兒宽担任审案官，用古代的法令和经义判决疑难案件。张汤审判案件的手法是：假如是皇上想加罪处治的人，就把他交给那些执法严苛的监、史审判；如果是皇上想要从宽解脱的人，就把他交给执法轻平的监、史审判。汉武帝因此对他很满意。张汤对于老朋友的子弟，照顾得特别周到；他去诸公重臣家中问候请安，不避严寒酷暑。所以，张汤虽然执法严苛、心怀妒忌，断狱不公平，却博得了好名声。

汲黯多次在汉武帝面前质问、责备张汤，说："您身为正卿，上不能褒扬先帝的功业，下不能抑制天下民众的邪心，使国家安定，民众富裕，监狱空虚，为什么却只知把高皇帝所定的律令胡乱变更？而且您将会因此而断子绝孙了。"汲黯经常与张汤争辩，张汤的言论紧扣律令条文，在细枝末节上严厉苛求；汲黯伉直严峻，坚守高洁的原则，却不能驳倒张汤，愤极发怒，大骂张汤说："天下人都说刀笔吏不能做公卿，果然如此！如果一切都按照张汤的主张去做，将使天下人陷入重足而立、侧目而视的恐惧之中了！"

汉武帝元朔四年（丙辰，前125）

冬季，汉武帝前往甘泉。

夏季，匈奴三万骑兵分别入侵代郡、定襄郡和上郡，杀害和掳掠了数千人。

【评析】

主父偃论

主父偃，是汉武帝时代的一个传奇人物。在他的身上，既有喜剧色彩，也有悲剧成分，折射了当时知识分子的一些典型特征，一般论者都被他的"五鼎"之说所迷惑，对他予以否定，其实误矣。

首先，主父偃具有奋发向上、不屈不挠的顽强意志。他出身寒门，但人穷志不穷，从小喜欢读书，什么书都读，早年学长短纵横之术，后学《易》《春秋》和百家之言。他满腹经纶，志欲学成文武之艺，货与帝王家。他自以为学艺已成，就出来"跑江湖"，可是处处碰壁，弄得灰头土脸。他到了齐国，受到儒生的排挤，家里贫穷，没有人肯借钱给他；转而北游燕、赵等诸侯王国，人家也不喜欢他。但他越挫越勇，认为这点挫折算什么，要求职，就到长安去！于是，他去求见卫将军，卫将军几次向汉武帝推荐，汉武帝都没有理会。主父偃身上没有钱了，诸公宾客也都讨厌他，他又是穷困潦倒，几乎活不下去了。这时候，他没有灰心丧气，也没有一蹶不振，而是突发奇想，直接向汉武帝上书！这下，他打开了仕途大门。主父偃是当时寒门士子的一个缩影，朱买臣、庄助、司马相如，年轻时也大都如此，都有着一颗不屈的心和奋发向上的情怀，这是多么难能可贵！

其次，主父偃关心时事，心中充满着治国的大学问。他向汉武帝上书，所言九事，其八事为律令，一事为谏伐匈奴。这说明，主父偃对于治国，有着很多的主张和"闪光点"。司马迁只转录了他的"谏伐匈奴"一事，从中看出，他是不主张攻打匈奴的，这与汉武帝的想法是相矛盾的。但是，汉武帝非常欣赏他的才能，让他和徐乐、严安一起觐见。汉武帝脱口说了这么一句话，就是："公等皆安在？何相见之晚也！"汉武帝被他们的才华所折服，也表达了求贤若渴的情怀。将他们都任为郎中。而对主父偃尤其破格重用，一年中四次升迁，由郎中升为中大夫。这说明汉武帝对主父偃特别看重，也说明主父偃具有治国才华。

事实也正是如此，主父偃提出"推恩分子弟"的建议，被汉武帝采纳，妥善解决了诸侯王尾大不掉而造反的问题。主父偃建议迁移山东豪富到茂陵，既充实京师，又使山东地区得到相应的稳定，也被汉武帝采纳而实施。主父偃还盛言朔方的土地肥饶，外有黄河屏障，内省转输戍漕，是灭胡之本，建议筑城守卫。汉武帝将这个建议交给朝廷大臣讨论，那些吃饱饭不干事的大臣都认为不妥，公孙弘也提出反对意见，而汉武帝则独具慧眼，既识人，又识计，"竟用主父计，立朔方郡"。可以说，主父偃对于汉武帝的治国，发挥了极大作用。

最后，主父偃揭发燕王刘定国，审理齐王刘次昌乱伦案件，不畏宗室权贵，秉公执法，最终将燕王绳之以法，导致齐王畏罪自杀，表现出一种大无畏的精神。这同时释放了自己的一腔怨气，但也种下了灭族的苦果。主父偃年轻时受了太多的磨难，如今飞黄腾达，他要好好地清理清理，还旧账了。首先是燕国，当年流落到燕国，无人问津，而如今，燕王栽到他的手上了。燕王刘定国在治理燕国期间，行为规范上有失检点，违背伦理道德，事情传到了主父偃的耳朵里。他查实了燕王种种伤风败俗的行为，马上向汉武帝告状，揭发燕王的罪行。汉武帝听后勃然大怒，派主父偃主持审问。在确凿的证据面前，燕王对自己的所作所为供认不讳，见无路可退，最后自杀了事。而后又轮到齐国了，主父偃掌握了齐王刘次昌乱伦之事，狠狠地在汉武帝面前参了一本，揭发了齐王与亲姐姐乱伦通奸的罪行。汉武帝十分恼怒，任命主父偃为齐国国相，要他去主持审理此事。主父偃一到齐国，就迅速审讯齐王后宫之人，一心要弄个水落石出。齐王年纪轻，经不起事，畏罪服毒自杀。齐国被撤销了，变成了汉朝直接管辖的郡县。

主父偃一朝发迹，便口无遮拦，得意忘形，而最终惨遭灭门之祸。他高调做事，得罪了很多人，有人劝主父偃说，你这样行事，太横了，别人看了不顺眼，凡事要低调。而主父偃却不以为然，说："大丈夫活着，如果不能列五鼎而食，那么，死时就受五鼎烹煮的刑罚。我已经到了日暮途远的时候，所以要倒行逆施，横暴行事，怎么也停不下来了。"这和当年伍子胥所说的话如出一辙。最后真是应验了。

当齐王自杀后，赵王坐不住了。当年，赵王对主父偃也不待见！自己与燕王、齐王相比，也干净不到哪里去！于是，就先下手为强，狠狠地参了主父偃一本，说他大量受贿，逼死齐王。汉武帝派人审查，受金是实有其事，逼死齐王则证据不足。汉武帝也有意放主父偃一马，不想要主父偃的命，毕竟留着还有用。这时候，公孙弘乘机横插一杠子，认为："齐王自杀，没有后代，封国被废除而变成郡，归入朝廷，主父偃是这件事情的罪魁祸首，皇上不杀主父偃，如何向天下人交代？"其实，这公孙弘也是借机公报私仇，铲除政敌。他使用的是借刀杀人之计，以报复当年他与主父偃在是否筑朔方城问题上的争辩，他投了反对票，而汉武帝采纳了主父偃的建议，使他碰了一鼻子灰。这次，他要主父偃用命来偿还，用心何其毒也！

对主父偃的一生如何评价，我们要作辩证的思考。主父偃为人狭隘，在朝廷多处树敌，由此遭到朝廷重臣的忌恨，因贪污获罪被抓，最终死在公孙弘的弹劾之下。可以说，主父偃的死，完全是冤死，是封建王朝的政治牺牲品。他虽然受金无数，但也不至于是死罪甚至是族灭啊！而齐王自杀，是他自己畏罪自杀，这账怎么能算到主父偃的头上？总之，主父偃的一生行事，在总体上应予以肯定，而对于他的得意忘形，在行事中夹带私人恩怨，也是需要指出来的；"五鼎"之说，只是他的戏言，并不代表他的全部，他的治国才华以及对于巩固中央集权的重大贡献，不可一概抹杀。

卷第十九 汉纪十一

汉武帝元朔五年至元狩四年（前124—前119）

【起强圉大荒落（丁巳，前124），尽玄黓阉茂（壬戌，前119），凡六年】

【大事提要】

本卷记事起于公元前124年，到公元前119年，凡六年，当为汉武帝元朔五年至元狩四年。本卷所载的大事，主要是以下几个方面：其一，漠南大捷。公元前124年，卫青率领大军出塞，乘夜包围了毫无防备的右贤王王庭。发起突然进攻，俘获其部众一万五千人，小王十多人，牲畜数十万头，汉军凯旋回到边塞，汉武帝派使者手捧印信赶到军中，在边塞拜卫青为大将军，又封其三个儿子为侯。其二，刘安谋反。淮南王刘安好读书鼓琴，善为文辞，注意抚慰百姓，名声很好。后来存有野心，认为汉武帝没有太子，欲争夺皇位，便与一帮谋士策划造反。伍被开始不肯，后被胁迫，为其策划。而后事情败露，刘安自杀，王后、太子等参与谋反的人被满门杀尽。其三，三出河西。公元前121年，汉武帝任命十九岁的霍去病为骠骑将军，于春、夏两次率兵出击占据河西地区的浑邪王、休屠王部，歼敌四万多人；秋季，奉命迎接率众降汉的匈奴浑邪王，及时控制变乱，使得四万多名将士归汉。汉朝从此控制了河西地区。其四，更钱铸币。汉朝的对匈战争牵动全国，汉武帝刘彻下令实行币制改革，采用制作白鹿皮币、铸造白金钱币、禁止民间私铸铁器和煮盐、算缗、告缗等方法，以筹集战争所需的大量物力和财力，并重用张汤、孔仅、东郭咸阳、桑弘羊等兴利之臣。其五，漠北大战。公元前119年，汉武帝制定了“集中兵力、深入漠北、寻歼匈奴主力”的作战方针，调集十四万名骑兵，随军战马十四万匹，步兵及转运夫十万人，由卫青和霍去病统率，分东西两路进军，共斩获胡虏七万多人，从此，“匈奴远遁，漠南无王庭”。

【原文】

世宗孝武皇帝中之上

元朔五年（丁巳，前124）

冬，十一月，乙丑[1]，薛泽免[2]。以公孙弘为丞相，封平津侯。丞相封侯自弘始[3]。

时上方兴功业[4]，弘于是开东阁以延贤人[5]，与参谋议。每朝觐[6]奏事，因言国家便宜[7]，上亦使左右文学之臣与之论难[8]。弘尝奏言："十贼彍弩[9]，百吏不敢前。请禁民毋得挟弓弩[10]，便[11]。"上下其议[12]。侍中吾丘寿王[13]对曰："臣闻古者作五兵[14]，非以相害[15]，以禁暴讨邪也。秦兼天下[16]，销甲兵[17]，折锋刃[18]；其后民以耰锄、箠梃相挞击[19]，犯法滋众[20]，盗贼不胜[21]，卒以乱亡[22]。故圣王务教化而省禁防[23]，知其不足恃也。《礼》曰[24]：'男子生，桑弧、蓬矢以举之。'明示有事也[25]。大射之礼[26]，自天子降及庶人[27]。三代之道也[28]。愚闻圣王合射以明教矣[29]，未闻弓矢之为禁也。且所为禁者，为盗贼之以攻夺也[30]；攻夺之罪死，然而不止者，大奸之于重诛，固不避也[31]。臣恐邪人挟之而吏不能止，良民以自备而抵法禁[32]，是擅贼威而夺民救也[33]。窃以为大不便。"书奏，上以难弘[34]，弘诎服焉[35]。

弘性意忌[36]，外宽内深[37]。诸尝与弘有隙，无近远，虽阳与善[38]，后竟报其过[39]。董仲舒为人廉直[40]，以弘为从谀[41]，弘嫉之[42]。胶西王端骄恣[43]，数犯法，所杀伤二千石甚众[44]。弘乃荐仲舒为胶西相；仲舒以病免[45]。汲黯常毁儒，面触弘[46]，弘欲诛之以事[47]，乃言上曰："右内史[48]界部中多贵臣、宗室[49]，难治，非素重臣不能任[50]，请徙黯为右内史。"上从之[51]。

春，大旱。

匈奴右贤王[52]数侵扰朔方。天子令车骑将军青将三万骑出高阙[53]，卫尉苏建为游击将军，左内史李沮为强弩将军，太仆公孙贺为骑将军，代相李蔡为轻车将军，皆领属车骑将军[54]，俱出朔方；大行李息、岸头侯张次公为将军[55]，俱出右北平[56]；凡十余万人，击匈奴。右贤王以为汉兵远，不能至，饮酒，醉。卫青等兵出塞六七百里，夜至，围右贤王。右贤王惊，夜逃，独与壮骑数百驰，溃围北去[57]。得右贤裨王[58]十余人，众男女万五千余人，畜数十百万，于是引兵而还。

至塞，天子使使者[59]持大将军印，即军中拜卫青为大将军[60]，诸将皆属焉[61]。

夏，四月，乙未[62]，复益封[63]青八千七百户，封青三子伉、不疑、登皆为列侯[64]。青固谢曰[65]："臣幸得待罪行间[66]，赖陛下神灵[67]，军大捷，皆诸校尉力战之功也。陛下幸已益封臣青；臣青子在襁褓中[68]，未有勤劳，上列地[69]封为三侯，非臣待罪行间所以劝士力战之意也[70]。"天子曰："我非忘诸校尉功也。"乃封护军都尉公孙敖为合骑侯，都尉韩说为龙额侯，公孙贺为南窌侯，李蔡为乐安侯，校尉李朔为涉轵侯，赵不虞为随成侯，公孙戎奴为从平侯，李沮、李息及校尉豆如意[71]皆赐爵关内侯[72]。

于是青尊宠，于群臣无二[73]，公卿以下皆卑奉之[74]，独汲黯与亢礼[75]。人或说黯曰："自天子欲群臣下[76]大将军，大将军尊重[77]，君不可以不拜。"黯曰："夫以大将军有揖客[78]，反不重邪[79]！"大将军闻，愈贤黯[80]，数请问国家朝廷所疑[81]，遇黯加于平日[82]。

大将军青虽贵，有时侍中[83]，上踞厕而视之[84]；丞相弘燕见[85]，上或时不冠[86]；至如汲黯见[87]，上不冠不见也。上尝坐武帐中[88]，黯前奏事，上不冠，望见黯，避帐中，使人可其奏[89]。其见敬礼如此。

夏，六月，诏曰："盖闻导民以礼[90]，风之以乐[91]。今礼坏、乐崩[92]，朕甚闵焉[93]。其令礼官劝学兴礼以为天下先[94]！"于是丞相弘等奏："请为博士官置弟子五十人[95]，复其身[96]；第[97]其高下，以补郎中、文学、掌故[98]；即有秀才异等[99]，辄以名闻[100]；其不事学若下材[101]，辄罢之[102]。又，吏通一艺以上者[103]，请皆选择以补右职[104]。"上从之。自此公卿、大夫、士、吏彬彬多文学之士矣[105]。

秋，匈奴万骑入代[106]，杀都尉朱英[107]，略千余人[108]。

（以上为第一段，写汉武帝任命公孙弘为丞相，封为平津侯，公孙弘注重延请贤才，建议设立博士官弟子；卫青率军出击匈奴，获得大胜，列将皆封侯。）

【注释】

①乙丑：十一月初五日。②薛泽：西汉武帝时人，官至丞相。免：被免职。③丞相封侯自弘始：汉初常以列侯为丞相，而公孙弘以布衣为丞相，后封侯，故云"丞相封侯自弘始"。④上方兴功业：汉武帝正在建功立业。⑤东阁：丞相府东边的小门。阁门，旁门，有别于正门。延贤人：延揽贤人。⑥朝觐：朝见天子。⑦便宜：随机，

此指有利于国家的见解，随机奏上。 ⑧左右文学之臣：皇上身边的儒学近臣。 与之论难：与公孙弘驳辩。 ⑨彍（guō）弩：拉满了弓。 ⑩禁民：禁止民众。毋得挟弓弩：不能携带弓箭。 ⑪便：合宜。 ⑫下其议：下到朝廷交给群臣讨论。 ⑬吾丘寿王：西汉赵（今河北邯郸一带）人。字子赣。官于武帝之时，与公孙弘论辩禁民挟弓弩问题。传见《汉书》卷六十四上。 ⑭作五兵：制作矛、戟、弓、剑、戈五种兵器。 ⑮非以相害：五兵并不是用来互相攻杀的。 ⑯秦兼天下：秦朝统一天下。 ⑰销甲兵：销毁铠甲兵器。 ⑱折锋刃：折断刀锋。 ⑲耰（yōu）：古农具名。用以击碎土块、平整土地。形似榔头。 棰：鞭子。 梃：大杖。 相挞击：用农具棍棒互相攻击。 ⑳滋众：更加众多。㉑盗贼不胜：盗贼不知有多少，防不胜防。 ㉒卒以乱亡：秦朝终于因大乱而灭亡。㉓务教化：以教育感化为主。 省禁防：减少防范和禁令。 ㉔《礼》曰：引文二句见《礼记·射义》。 ㉕“男子生”三句：男孩出生，用桑木制成的弓，用蓬草秆制成的箭，射击天地四方，举行这样的射礼，表现男子志向。 ㉖大射之礼：古时的射箭礼仪。㉗降及庶人：下至平民。 ㉘三代之道也：这是夏、商、周三代的传统。 ㉙合射以明教：用射礼以教化民众。合射，谓射箭合于礼义。 ㉚“且所为禁者”两句：谓禁民挟弓弩，为盗贼攻夺百姓提供了方便条件。 ㉛大奸之于重诛，固不避也：大奸大恶之徒，对重刑原本就不回避。重，重刑，死刑。固，本来。 ㉜“臣恐”二句：我担心坏人持弓箭害人而地方官吏不能禁止，民众却因为用弓箭自卫而触犯法律。 ㉝是擅贼威而夺民救也：这是助长坏人的气焰而剥夺了民众自救的手段。 ㉞上以难弘：汉武帝以此责问公孙弘。 ㉟弘诎服焉：公孙弘无言回答，服输。诎，通“屈”，服输。 ㊱意忌：猜疑忌妒。㊲外宽内深：表面上宽厚，骨子里苛深。 ㊳阳与善：表面上装作友善。阳，表面，通“佯”。 ㊴竟：终究。 报其过：抓住其过错进行报复。 ㊵廉直：清廉正直。 ㊶从谀：阿谀奉承。 ㊷嫉之：嫉恨董仲舒。 ㊸胶西王端：景帝子。景帝前三年受封。 骄恣：骄横放纵。 ㊹二千石：指郡国守相。 甚众：多人，不止一个。 ㊺以病免：董仲舒心知公孙弘借刀杀人，称病从江都相任上致仕。 ㊻面触弘：汲黯当着公孙弘的面冒犯他。㊼弘欲诛之以事：公孙弘想借用政务事来诛杀汲黯。 ㊽右内史：管理京师长安西北部地区的政务长官，比列九卿，秩二千石。 ㊾宗室：皇族。 ㊿素：平素，一向。 重臣：有威望的大臣。 不能任：不能治理贵臣、宗室。 51上从之：汉武帝采纳了公孙弘的意见，调任汲黯为右内史。 52右贤王：匈奴的王号，管理匈奴南部西边的地域，边汉西北部，当今甘肃兰州以西及内蒙古西部和宁夏地区。 53高阙：关隘名。在河套西北，今内蒙古杭锦后旗北。 54皆领属车骑将军：皆，指苏建、李沮、公孙贺、李蔡四位将军均受车骑将军卫青节制。领属，从属于。 55李息、张次公：两将别出策应卫青主攻。

㊺右北平：郡名。郡治平刚，在今辽宁凌源西南。 ㊼溃围北去：突围向北逃跑。㊽右贤裨王：右贤王属下的小王。 ㊾使使者：派遣使者。 ㊿即军中：就在行进的军中。按：行进中晋职，给足了卫青脸面。大将军：位在诸将上，相当于今之元帅。㉑诸将皆属焉：各路将领皆隶属卫青统领。 ㉒乙未：四月初八日。 ㉓益封：增加封邑。益，又。 ㉔封青三子：封卫青的三个儿子都为列侯。封卫伉为宜春侯，卫不疑为阴安侯，卫登为发干侯。 ㉕固谢：再三推辞。 ㉖幸：侥幸，运气好。待罪行间：供职军中。待罪，臣对君言自己供职之谦辞。 ㉗赖陛下神灵：仰仗皇上的神灵。犹言托皇上之福。 ㉘臣青子在襁褓中：臣的儿子还年幼。襁褓，泛称背负小儿所用的东西，指代小孩。 ㉙列地：分地。列，通“裂”，分割。 ㉚非臣待罪行间所以劝士力战之意：不是我效力军中，鼓励将士奋力战斗的本意了。 ㉛豆如意：人名。豆，《汉书》作“窦”。㉜关内侯：秦汉二十级爵之第十九级，有奉邑。位次于第二十级的列侯。 ㉝于群臣无二：在群臣中没有第二个。 ㉞卑奉之：谦卑地尊奉他。朝臣见卫青行跪拜礼。 ㉟亢礼：以平等的礼节相待。相见行拱手做揖礼。亢，通“抗”，抗衡。 ㊱下：自谦卑下。㊲尊重：地位尊贵。 ㊳有揖客：有只行拱手礼的客人。此表示大将军礼贤谦逊。 ㊴反不重邪：反而不是更尊贵了吗？即：难道不尊贵吗？ ㊵愈贤黯：更加认为汲黯贤能。㊶所疑：卫青向汲黯请教国家的疑难大事。 ㊷遇黯加于平日：比原先更加敬重汲黯。㊸侍中：侍从天子禁中。 ㊹上踞厕而视之：汉武帝踞坐在床边接见卫青。踞，两腿叉开坐，又称箕踞。厕，指床边，非指厕所。厕，通“侧”。 ㊺燕见：空闲时随意求见。㊻上或时不冠：汉武帝有时不戴帽。 ㊼至如汲黯见：只要是汲黯求见。 ㊽坐武帐中：坐在陈列兵器的帷幕中。 ㊾使人可其奏：派人批准汲黯的陈奏。 ㊿导民以礼：影响民众，用礼仪引导。 ㉑风之以乐：用音乐教化。风，读“讽”，引喻，教化。 ㉒礼坏、乐崩：礼仪败坏，音乐丧失。 ㉓闵：忧虑。 ㉔礼官：指掌教化、礼仪之官。劝学兴礼：鼓励学习，振兴礼教。为天下先：为天下要务。先，放在第一位。 ㉕博士官置弟子五十人：这是元朔五年初置博士弟子的定员，每经十人，五经共五十人，意义重大，表示朝廷中央正式成立太学。其后博士弟子不断增加，至西汉末达三千人，至东汉末更多达三万人。随之，郡国兴起地方学校。 ㉖复其身：免除博士弟子本人的赋役。㉗第：等次。这里指考试的名次。 ㉘补：补充，进入郎官、文学、掌故的官吏系统。文学，儒学教职。掌故，管理典籍档案。 ㉙秀才异等：异于常人的优秀人才。 ⑩辄以名闻：就要推荐上报。 ⑩不事学：不专于学术。下材：下等人才。 ⑩辄罢之：就要从博士弟子中除名，罢免。 ⑩吏：指低下级官吏，能够通晓一经的人才。 ⑩右职：重要的官职。 ⑩彬彬多文学之士：有学问的人越来越多。彬彬，文质兼备的样子。 ⑩入

代：侵入代郡。代郡，郡治代县，在今河北蔚县东北。⑩⑦杀都尉朱英：匈奴杀死了代郡的都尉朱英。都尉，此指郡尉，一郡的军事长官。⑩⑧略千余人：掠取，虏获代郡军民一千余人。

【译文】

世宗孝武皇帝中之上

汉武帝元朔五年（丁巳，前124）

冬季，十一月初五，汉武帝免除薛泽职务，任命公孙弘为丞相，封为平津侯。担任丞相而封侯，就是从公孙弘开始的。

当时，汉武帝正在大规模建功立业，于是，公孙弘开辟相府东门作为延揽人才的场所，与他们共同探讨国家大事。每当上朝奏事，便将于国家有益的见解奏闻朝廷，汉武帝也常常命身边的文学之臣与公孙弘进行辩论。公孙弘曾经上奏说："十个强盗拉满了弓，能使上百名官吏不敢向前。请下令禁止民众携带弓箭，以利于地方治安。"汉武帝将这个建议交朝臣讨论。侍中吾丘寿王表示反对，说道："我听说，古代人制造出五种兵器，并不是为了相互攻杀，而是用来制止暴力、诛讨邪恶。秦朝兼并天下，销毁兵甲，折断刀锋，后来，民众用农具、棍棒等相互攻击，犯法的人日益增多，盗贼防不胜防，终因大乱而亡。因此，圣明的帝王对民众以教育感化为主，而减少防范和禁令，知道那是靠不住的。《礼记》上说：'男孩诞生，用桑木制成的弓、蓬草秆制成的箭射击天地四方。'以表明男子事业所在。大射之礼，上自天子，下到民众，都要遵守，这是夏、商、周三代的传统。我听说，圣明的帝王用射礼教化百姓，没听说过禁止携带弓箭的。况且，禁止使用弓箭的目的，是防止盗贼用弓箭攻杀和劫掠。攻杀、劫掠是死罪，却不能禁绝，说明那些大奸大恶之徒对重刑并不退避。我恐怕坏人持弓箭害人而地方官吏不能禁止，民众却会因用弓箭自卫而触犯法律，这是助长坏人气焰而剥夺民众的自救手段。我认为这是很不妥当的。"奏章呈递上去，汉武帝以此诘问公孙弘，公孙弘无言答对。

公孙弘生性好猜忌，外表宽厚而内里心机很深。凡是曾经与他不合的人，不论关系远近，虽然公孙弘表面上装作友善，后来终究要予以报复。董仲舒为人清廉正直，认为公孙弘阿谀奉承，引起公孙弘的嫉恨。胶西王刘端骄横放纵，多次违犯法令，杀伤国中二千石官多人。于是，公孙弘推荐董仲舒为胶西国相，董仲舒因病而得免。汲黯经常诋毁儒生，当面触犯公孙弘，公孙弘想找借口将其杀死，便向汉武帝刘彻建议："右内史管辖的范围内居住着很多显贵的大臣、皇室子弟，难于治理，不是平素有威望的大臣不能胜任，请让汲黯改任右内史。"汉武帝听从了他的建议。

春季，汉朝发生严重旱灾。

匈奴右贤王多次率兵侵扰朔方郡。汉武帝任命车骑将军卫青率兵三万自高阙出塞，任命卫尉苏建为游击将军，左内史李沮为强弩将军，太仆公孙贺为骑将军，代相李蔡为轻车将军，他们都归车骑将军统属，一同率兵自朔方出塞；命大行李息、岸头侯张次公为将军，一同自右北平出塞，共调集了十几万人出击匈奴。匈奴右贤王认为汉军距自己路途遥远，不可能到达，经常饮酒而醉，毫无戒备。卫青等率兵出边塞六七百里，乘夜赶到，将右贤王大营团团包围。右贤王大惊，乘夜而逃，只率领数百名精壮骑兵冲出包围圈向北逃奔。此战共俘获右贤王手下各部首领十多人，匈奴男女部众一万五千多人，牲畜近百万头，汉军于是班师回朝。

卫青率军回到边塞，汉武帝派使臣带着大将军印信来到，在军中拜任卫青为大将军，各路将领皆归卫青统领。

到该年夏季四月初八，又加封卫青食邑八千七百户，并将他的三个儿子卫伉、卫不疑、卫登都封为列侯。卫青坚决辞谢，说道："我有幸能够在军中效力，仰仗皇上的神灵，获得大胜，全都是诸位校尉奋力作战的功劳。皇上已经增加了我的封邑，我的儿子还在襁褓之中，没有功劳，皇上却要划出土地封他们三人为侯，这就不是我效力军中、鼓励将士奋力战斗的本意了。"汉武帝说："我并没有忘记诸位校尉的功劳。"于是，封护军都尉公孙敖为合骑侯，都尉韩说为龙额侯，公孙贺为南窌侯，李蔡为乐安侯，校尉李朔为涉轵侯，赵不虞为随成侯，公孙戎奴为从平侯，李沮、李息及校尉豆如意都被封为关内侯。

当时，汉武帝对卫青的尊宠超过了任何一位朝廷大臣，三公、九卿及以下官员都对卫青卑身奉承，唯独汲黯用平等的礼节对待卫青。有人劝汲黯说："皇上想让群臣全都居于大将军之下，大将军地位尊贵，您不可以不下拜。"汲黯说："以大将军身份而有长揖不拜的平辈客人，大将军反而不是更尊贵了吗？"卫青得知，越发觉得汲黯贤明，多次向汲黯请教国家和朝廷的疑难大事，对待他比平日更为尊重。

卫青虽然地位尊贵，但有时入宫，汉武帝就坐在床边接见他；丞相公孙弘在汉武帝空闲时谒见，汉武帝有时连帽子都不戴；至于汲黯谒见时，汉武帝没戴上帽子就不接见。有一次，汉武帝正坐在陈列兵器的帐中，汲黯前来奏事，汉武帝当时没戴帽子，远远望见汲黯，急忙躲入后帐，派人传话，批准汲黯所奏之事。汲黯受到的尊重和礼敬就是这样的。

夏季，六月，汉武帝颁布命令说："据说，对民众应以礼引导，用乐教化。现在礼已败坏，乐已丧失，我非常忧虑。命令负责礼教的官员劝导百姓学习，振兴礼教，为天下要务！"于是，丞相公孙弘等上奏说："请为博士官设置弟子五十人，免除他们的赋税、徭役，排列品学的高低，分别派充郎中、文学、掌故等官。如有异常优秀者，则提名推荐；对那些不学无术的庸才，则予以罢免。再者，凡低级官员中有一种以上专长的，请全部选拔出来，以补充重要的岗位。"汉武帝采纳了公孙弘的建议，从此，公卿、大夫、士以及一般官吏，有学问的人越来越多。

秋季，一万多名匈奴骑兵侵入代郡，杀死都尉朱英，掳掠百姓一千多人。

【原文】

初，淮南王安，好读书属文①，喜立名誉，招致宾客方术之士数千人。其群臣、宾客，多江、淮间轻薄士②，常以厉王迁死感激安③。建元六年④，彗星见⑤，或说王曰："先吴军时⑥，彗星出，长数尺，然尚流血千里⑦。今彗星竟天⑧，天下兵当大起⑨。"王心以为然，乃益治攻战具⑩，积金钱⑪。

郎中雷被获罪于太子迁⑫，时有诏，欲从军者辄诣长安⑬，被即愿奋击匈奴。太子恶被于王⑭，斥免之⑮，欲以禁后⑯。是岁，被亡之长安⑰，上书自明⑱。事下廷尉治⑲，踪迹连王⑳，公卿请逮捕治王㉑。太子迁谋令人衣卫士衣㉒，持戟居王旁㉓，汉使有非是者㉔，即刺杀之，因发兵反。天子使中尉宏即讯王㉕，王视中尉颜色和㉖，遂不发㉗。公卿奏："安壅阏奋击匈奴者㉘，格明诏㉙，当弃市㉚。"诏削二县㉛。既而安自伤曰㉜："吾行仁义，反见削地。"耻之㉝，于是为反谋益甚㉞。

安与衡山王赐相责望㉟，礼节间不相能㊱。衡山王闻淮南王有反谋，恐为所并㊲，亦结宾客为反具㊳，以为淮南已西㊴，欲发兵定江、淮之间㊵而有之。衡山王后徐来谮太子爽于王㊶，欲废之而立其弟孝㊷。王因太子而佩孝以王印㊸，令招致宾客。宾客来者微知淮南、衡山有逆计㊹，日夜从容劝之。王乃使孝客江都人枚赫、陈喜作輣车、锻矢㊺，刻天子玺、将相军吏印㊻。秋，衡山王当入朝，过淮南；淮南王乃昆弟语㊼，除前隙㊽，约束反具[49]。衡山王即上书谢病[50]，上赐书不朝[51]。

（以上为第二段，写淮南王刘安喜欢读书、写文章，又爱沽名钓誉，广招宾客；宾客怂恿刘安起兵造反，刘安抓紧准备；又因雷被应征之事受到朝廷谴责，更加怀恨在心；并与衡山王刘赐联系，相约共叛朝廷。）

【注释】

①属文：写文章。淮南王刘安与宾客主编纂有《淮南子》传世。 ②轻薄士：浮泛狂妄之徒。 ③常以厉王迁死感激安：经常拿刘安之父淮南王刘长被流放而死刺激刘安。 按：厉王迁死事件，见本书卷十四文帝前元六年，公元前174年。 ④建元六年：公元前135年。 ⑤彗星见：彗星出现。 ⑥吴军时：指吴楚七国之乱的时候。 ⑦流血千里：形容死人极多。 ⑧竟天：彗星贯穿整个天空。 ⑨天下兵当大起：天下将有大规模战争发生。兵，战争。 ⑩益治攻战具：加紧制造进攻性的兵器。 ⑪积金钱：积聚钱财。 ⑫雷被：西汉人。为淮南王刘安的郎中。 获罪于太子迁：雷被善用剑，淮南王太子刘迁欲与其比试。雷被失手击中之，故得罪了太子。 ⑬辄诣长安：从军击匈奴者，就到长安集中。 ⑭恶被于王：太子向淮南王刘安说雷被的坏话。恶，诋毁。 ⑮斥免之：逐走雷被，罢免了他郎中的官。 ⑯禁后：禁止以后再发生同类事件，即杀鸡儆猴。 ⑰亡：逃亡。雷被逃亡到长安。 ⑱上书自明：上书朝廷自我洗白。 ⑲事下廷尉治：此事交付廷尉查办。 ⑳踪迹连王：追踪牵连到淮南王刘安。 ㉑治王：审查淮南王。 ㉒衣卫士衣：穿卫士衣服假扮成卫士。 ㉓持戟：拿着武器站在淮南王身旁。 ㉔有非是者：如有不对情况。 ㉕讯王：讯问淮南王。 ㉖颜色和：脸色温和，态度好。 ㉗遂不发：于是没有发动反叛。 ㉘安壅阏奋击匈奴者：刘安阻挡有志奋击匈奴的壮士，指阻拦雷被到长安。壅阏，阻挡，阻拦。 ㉙格明诏：阻碍英明的圣旨。格，搁置，阻碍。 ㉚当弃市：应判罪弃市。 ㉛削二县：削减二县的封邑。 ㉜自伤：自悲。 ㉝耻之：以被削二县感到羞耻。 ㉞为反谋益甚：谋反的准备越发加紧。 ㉟衡山王赐：刘赐，刘安之弟。文帝十六年两人同时受封为王。 相责望：互相责怪。 ㊱间不相能：隔阂而不和睦。 ㊲恐为所并：怕被兼并。 ㊳反具：谋反的器具。 ㊴淮南已西：指淮南王造反向西进兵。 ㊵定：平定。江、淮之间：夺取长江、淮河之间的土地。 ㊶谮：谗毁。徐来王后在衡山王刘赐面前说太子刘爽的坏话。 ㊷孝：刘孝。 ㊸佩孝以王印：让刘孝佩带衡山王印，示意孝为太子。 ㊹微知：隐约知道。 逆计：谋反计划。 ㊺作輣车、锻矢：制造战车、利箭。锻，锻制。 ㊻将相军吏印：刻制将用于封赏将、相、各级军官的印章。 ㊼乃昆弟语：于是说了些兄弟的亲热话。 ㊽除前隙：消除以前的矛盾。 ㊾约束

反具：相约共同制造谋反器具。 ㊿上书谢病：刘赐上书称病告假不入朝。 (51)上赐书不朝：汉武帝颁下诏书允许他不入朝。

【译文】

当初，淮南王刘安喜欢读书写文章，又爱沽名钓誉，罗致四方宾客和各种技能之士数千人。他的臣僚、宾客，大多是江淮一带的轻薄之徒，常常用厉王刘长在流放途中死于非命一事刺激刘安。建元六年时，天空出现彗星，有人向刘安游说道："以前，吴王刘濞起兵时，彗星出现，长仅数尺，尚且流血千里。如今彗星贯穿天际，恐怕天下将有大规模的战事发生。"刘安认为说得有道理，就加紧制造进攻性的武器，聚积金钱财宝。

郎中雷被得罪了淮南王刘安的太子刘迁。此时，汉武帝正发布命令，让有志参军报国的人到长安来应征。于是，雷被表示愿意参军去攻打匈奴。但因刘迁在淮南王面前说了雷被的坏话，所以刘安将雷被斥责了一顿，并将其免职，以防止其他人效法。就在这一年，雷被逃到长安，上书朝廷说明自己的冤情。汉武帝将此事交给廷尉处理，因牵连到淮南王，公卿请求将刘安逮捕治罪。太子刘迁定计，让人身穿卫士服装，手持长戟站在淮南王身边，如果朝廷派来的使者有不对的情况，就立即将其刺杀，然后举兵反叛。汉武帝派中尉段宏到淮南王处询问有关情况，淮南王见段宏神色平和，于是没有发动。公卿大臣奏称："刘安拒绝有志奋击匈奴的壮士的请求，是犯了阻碍圣旨的大罪，应当众斩首。"汉武帝下令削减淮南国的两个县。事后，刘安自怨自艾说："我做仁义之事，反而被削减封地。"他以此为耻，于是谋反的准备越发加紧了。

淮南王刘安与衡山王刘赐在礼节方面相互指责，不能相容。刘赐听说刘安有反叛朝廷的打算，害怕被刘安吞并，便也结交宾客，置备武器，打算在淮南王西进以后，要发兵攻下长江、淮河之间的地区，并占有它们。衡山王王后徐来在刘赐面前诋毁太子刘爽，企图废掉刘爽，改立刘爽之弟刘孝为太子。刘赐囚禁了刘爽，将衡山王印信交给刘孝，命刘孝延揽宾客。前来投效的宾客们隐约了解到刘安、刘赐的谋反计划，便日夜劝刘赐起事。于是，刘赐命刘孝门下宾客江都人枚赫、陈喜造战车、锻箭矢，雕刻天子印玺和文武官员的印信。这年秋季，刘赐照例应入朝谒见皇帝，途经淮南国，刘安与他用亲兄弟的语言交谈，消除了已往的矛盾，约定共同反叛朝廷。于是，刘赐上书朝廷，借口有病，不肯入朝。汉武帝赐书信给他，允许他不来朝见。

【原文】

六年（戊午，前123）

春，二月，大将军青出定襄[1]，击匈奴。以合骑侯公孙敖为中将军，太仆公孙贺为左将军，翕侯赵信为前将军，卫尉苏建为右将军，郎中令李广为后将军，左内史李沮为强弩将军，咸属大将军。斩首数千级[2]而还，休士马于定襄、云中、雁门[3]。

赦天下。

夏，四月，卫青复将六将军出[4]定襄，击匈奴，斩首虏[5]万余人。右将军建、前将军信并军三千余骑独逢单于兵，与战一日余，汉兵且尽。信故胡小王[6]，降汉，汉封为翕侯，及败，匈奴诱之，遂将其余骑可八百[7]降匈奴。建尽亡其军[8]，脱身亡[9]，自归大将军。

议郎[10]周霸曰："自大将军出，未尝斩裨将[11]。今建弃军，可斩，以明将军之威。"军正闳、长史安[12]曰："不然。《兵法》[13]：'小敌之坚，大敌之禽也[14]。'今建以数千当单于数万，力战一日余，士尽[15]，不敢有二心，自归，而斩之，是示后无反意也[16]，不当斩。"大将军曰："青幸得以肺腑待罪行间[17]，不患无威，而霸说我以明威，甚失臣意[18]。且使臣职虽当斩将[19]，以臣之尊宠而不敢自擅诛于境外[20]，而具归天子[21]，天子自裁之[22]，于以见为人臣不敢专权，不亦可乎？"军吏皆曰："善！"遂囚建诣行在所[23]。

初，平阳县吏霍仲孺给事平阳侯家[24]，与青姊卫少儿私通[25]，生霍去病。去病年十八，为侍中[26]，善骑射，再从大将军击匈奴，为票姚校尉[27]，与轻骑勇八百[28]，直弃大军数百里赴利[29]，斩捕首虏过当[30]。于是天子曰："票姚校尉去病，斩首虏二千余级，得相国、当户[31]，斩单于大父行藉若侯产[32]，生捕季父罗姑[33]，比再冠军[34]，封去病为冠军侯。上谷太守郝贤四从大将军[35]，捕斩首虏二千余级，封贤为众利侯。"

是岁，失两将军[36]，亡翕侯[37]，军功不多，故大将军不益封，止[38]赐千金。右将军建至，天子不诛，赎为庶人[39]。

单于既得翕侯，以为自次王[40]，用其姊妻之，与谋汉[41]。信教单于益北绝幕[42]，以诱罢汉兵[43]，徼极而取之[44]，无近塞[45]。单于从其计。

是时，汉比岁[46]发十余万众击胡，斩捕首虏之士受赐黄金二十余万斤，而汉军士马死者十余万，兵甲转漕之费不与焉[47]。于是大司农经用竭[48]，不足以奉战士[49]。

六月，诏令民得买爵及赎禁锢[50]，免臧罪[51]。置赏官[52]，名曰武功爵[53]，级十七万[54]，凡直三十余万金[55]。诸买武功爵至千夫者，得先除为吏[56]。吏道杂而多端[57]，官职耗废矣[58]。

（以上为第三段，写汉武帝派大将军卫青两次率军攻打匈奴，小有收获，而将军赵信被打败而投降匈奴；霍去病逐渐成长起来，在第二次跟随卫青出征中，立下战功，被封为冠军侯。）

【注释】

①青：卫青。 定襄：郡名。郡治成乐，在今内蒙古和林格尔西北。 ②级：秦法，斩首一个，赐爵一级，故谓斩首为级。 ③云中：郡名。郡治云中，在今内蒙古托克托东北。 雁门：郡名。郡治善无，在今山西右玉东南。 ④六将军：指公孙敖、公孙贺、赵信、苏建、李广、李沮等六将。 按：汉军于元朔六年（前123）出动六路将军，连续两次不停顿大规模打击匈奴。 ⑤首虏：首级、俘虏。虏，通“掳”，俘获。 ⑥故胡小王：原先是匈奴的一个小王。 ⑦骑可八百：大约八百骑。 ⑧尽亡其军：全军覆没。 ⑨脱身亡：只身逃回。 ⑩议郎：官名。郎中令属官。 ⑪裨将：小将，副将。 ⑫军正：军吏名。掌军法。 闳：人名。 长史：官名。此指大将军的长史。 安：人名。 ⑬《兵法》：《孙子兵法》。 ⑭小敌之坚，大敌之禽：小部队的战力无论多么坚强，也会被大部队擒获。禽，通“擒”。 ⑮士尽：士兵被全歼。 ⑯反意：返归的意愿。反，通“返”。 ⑰肺腑：喻血缘近亲。卫青是武帝卫皇后之弟。 待罪行间：供职军中。待罪，臣对君言自己供职之谦辞。 ⑱甚失臣意：很不符合为人臣的本分。 ⑲臣职虽当斩将：即使我有斩将的权力。 ⑳不敢自擅诛于境外：不能随意在境外诛杀将军。擅，专擅，随意。 ㉑具归天子：将详情报告天子。 ㉒裁：裁决，处置。 ㉓诣行在所：送到天子所住的地方。诣，送。行在，皇帝所到之处。 ㉔霍仲孺：河东平阳人。平阳县小吏，霍去病生父。 给事平阳侯家：平阳侯曹寿，食邑平阳县，故霍仲孺供职其家。给事，服役，供职。 ㉕卫少儿：霍去病生母，是卫青的姐姐。 ㉖侍中：官名，皇帝近臣。 ㉗票姚校尉：官名。位次于将军。 ㉘轻骑勇八百：轻装勇敢的骑兵八百骑。 ㉙直弃：一直离开大军，即突击直前脱离了大军。 赴利：寻找战机。 ㉚过当：斩杀俘虏敌人超过自己的损失一倍。 ㉛相国：官名。未闻匈奴设相国之官，大概是指相当于汉朝相国之官。 当户：匈奴官名。 ㉜斩单于大父行藉若侯产：杀死匈奴单于的祖父辈藉若侯栾提产。行，辈。 ㉝生捕季父罗姑：活捉单于叔父栾提罗姑。 ㉞比再冠军：连续立军功第一。

㉟上谷：郡名。郡治沮阳，在今河北怀来东南。 四从大将军：四次追随卫青出征。㊱失两将军：丧失两位将军。 ㊲亡翕侯：翕侯赵信逃亡。 ㊳止：通“只”，仅仅。㊴赎为庶人：用钱赎罪，削职为平民。 ㊵自次王：仅低于单于的王号名，随机取名。㊶与谋汉：匈奴单于与赵信商议图谋汉朝的策略。 ㊷益北绝幕：更迁往北方，穿过沙漠。即匈奴退守沙漠之北。幕，通“漠”。 ㊸以诱罢汉兵：引诱汉兵远征到漠北，使汉军疲敝。罢，通“疲”。 ㊹徼极而取之：拦截疲困到极点的汉军消灭之。徼，拦截。㊺无近塞：不要靠近汉塞。 ㊻比岁：连年。 ㊼兵甲转漕之费：制造兵器以及后勤水陆运输费用。 不与焉：没有计算在内。 ㊽大司农：官名。秦称治粟内史，汉景帝时改称大农令，武帝时改称大司农。掌租税钱谷盐铁和国家的财政收支。 经用竭：府库枯竭。经，已经，完全。 ㊾奉战士：供养、供给战士。 ㊿赎禁锢：用钱解禁，成为可出仕的良民。 按：禁锢，不准做官。汉初，凡贾人、赘婿及贪官污吏，都禁锢不能做官。而这时禁锢可以通过出钱而解禁。 (51)免臧罪：交钱免除贪赃之罪。臧，通“赃”。 (52)置赏官：新置赏赐的官爵。 (53)名曰武功爵：叫作“武功爵”。 (54)级十七万：每一级爵的定价十七万。 按：《茂陵中书》记载武功爵共十一级。 爵名曰：一级曰造士，二级曰闲舆卫，三级曰良士，四级曰元戎士，五级曰官首，六级曰秉铎，七级曰千夫，八级曰乐卿，九级曰执戎，十级曰政戾庶长，十一级曰军卫。 (55)凡直三十余万金：政府卖爵总筹款三十余亿。金，黄金一斤，值万钱。 (56)千夫：武功爵第七级值一百一十九万。 先除为吏：优先授予官职。 (57)吏道：做官的途径。 杂：人员混杂。 多端：多种渠道。 (58)官职耗废矣：官职混乱败坏了。

【译文】

汉武帝元朔六年（戊午，前123）

春季，二月，大将军卫青率兵自定襄郡出塞北攻打匈奴，汉武帝命令合骑侯公孙敖为中将军、太仆公孙贺为左将军、翕侯赵信为前将军、卫尉苏建为右将军、郎中令李广为后将军、左内史李沮为强弩将军，全都归大将军卫青统领。斩杀匈奴数千人后班师，在定襄、云中、雁门一带休养兵马。

汉朝实行大赦。

夏季，四月，卫青再次率领公孙敖等六位将军自定襄出击匈奴，斩杀及俘虏匈奴一万多人。右将军苏建与前将军赵信合并了部队，共有骑兵三千多人，单独与匈奴单于亲自统率的部队相遇，经过一天多的交战，汉军伤亡殆尽。赵信本是胡人的一位部落首领，投降汉朝后被封为翕侯。及至此次兵败，匈奴诱降他，他便率领本部所余骑兵约八百人投降了匈奴。苏建全军覆没，脱身逃走，独自返回卫青大营。

议郎周霸说道："自大将军出师以来，还从未斩过一位部将。如今苏建丢弃了本部人马，应将其处死，以示大将军的权威。"军正闳、长史安说："不对。兵法上说：'小部队的战斗力再强，也会被大部队击败。'此次苏建以数千人马抵挡匈奴单于好几万人，奋战了一天多，将士伤亡殆尽，而苏建不敢有二心，独自返回。将其斩首，就等于告诉以后的将领战败不能返回，所以不应该杀掉苏建。"大将军卫青说："我有幸以皇上近亲身份统领大军，不怕没有权威。周霸劝我杀苏建来显示权威，是很不符合为人臣的本分的。况且，即使我有权处决将领，作为大臣，地位尊贵，又深受皇上的宠信，却也不敢擅自诛杀大将于国境之外。而将此事全部交给皇上，由皇上亲自裁决，以显示做人臣的不敢专权，不也是很好吗？"部下军官一致说："好！"于是，将苏建囚禁起来，送到汉武帝刘彻所在的地方。

当初，平阳县小吏霍仲孺在平阳侯曹寿家做事，与卫青的姐姐卫少儿私通，生下霍去病。霍去病十八岁时当了侍中，精通骑马、射箭之术。在第二次跟随卫青出击匈奴时，他身为票姚校尉，率领八百名轻骑勇士，一直把大军抛弃到数百里之后去寻找战机，其斩杀和俘获的匈奴人数超过己方的损失一倍。于是，汉武帝说："票姚校尉霍去病斩杀及俘获匈奴两千多人，生擒匈奴的相国、当户，杀死匈奴单于祖父辈的藉若侯栾提产，活捉单于叔父栾提罗姑，战功屡次冠于全军，封霍去病为冠军侯。上谷太守郝贤四次跟随大将军出征，其斩杀、擒获匈奴两千多人，封郝贤为众利侯。"

这一年，失去了两位将军，翕侯赵信投降了匈奴，军功也不多，所以汉武帝没有增加卫青的食邑，只赏给他千金。右将军苏建被押解到长安，汉武帝没有诛杀他。苏建在赎身后成为平民。

匈奴单于得到赵信后，封其为自次王，又将自己的姐姐嫁给赵信为妻，与他商讨对付汉朝的方略。赵信建议单于进一步向北移动，越过沙漠，以引诱汉军，使汉军疲劳，待到汉军极度疲劳时，再乘机拦截攻取，不必接近汉朝边塞，单于听从了赵信的计谋。

当时，汉朝连年征调十几万人出击匈奴，曾斩杀或俘获敌人的将士，被赏赐黄金二十多万斤，而汉军士兵的马匹死亡也达十几万，还不算兵器衣甲和往前方运送粮草的费用。因此，大司农府库枯竭，无法供应军需。

六月，汉武帝发布命令，允许百姓出钱买爵和以钱买免除禁锢，成为可以出仕的良民，也可以交钱买免除盗财贪赃之罪。又设“赏官”，称为“武功爵”，第一级为铜钱十七万枚，以上递增，共值黄金三十多万斤。凡购买武功爵至“千夫”的人，可以优先被任命为官吏。从此，做官的途径变得既杂且多，官职就混乱败坏了。

【原文】

元狩元年（己未，前122）

冬，十月，上行幸雍，祠五畤[①]，获兽，一角而足有五蹄。有司言[②]：“陛下肃祇郊祀[③]，上帝报享[④]，锡一角兽，盖麟云[⑤]。”于是以庆五畤[⑥]，畤加一牛，以燎[⑦]。久之，有司又言：“元宜以天瑞命[⑧]，不宜以一二数，一元曰建[⑨]，二元以长星曰光[⑩]，今元以郊得一角兽曰狩云[⑪]。”于是济北王以为天子且封禅[⑫]，上书献泰山及其旁邑[⑬]。天子以他县偿之[⑭]。

淮南王安与宾客左吴等日夜为反谋，按舆地图，部署兵所从入[⑮]。诸使者道长安来[⑯]，为妄言[⑰]，言“上无男[⑱]，汉不治[⑲]”，即喜；即言“汉廷治[⑳]，有男”，王怒，以为妄言，非也[㉑]。

王召中郎伍被[㉒]与谋反事，被曰：“王安得此亡国之言乎？臣见宫中生荆棘，露沾衣也[㉓]。”王怒，系伍被父母，囚之[㉔]。

三月[㉕]，复召问之，被曰：“昔秦为无道，穷奢极虐，百姓思乱者十家而六七。高皇帝起于行陈之中[㉖]，立为天子，此所谓蹈瑕候间[㉗]，因秦之亡而动者也。今大王见高皇帝得天下之易也，独不观近世之吴、楚乎[㉘]！夫吴王王四郡[㉙]，国富民众，计定谋成，举兵而西[㉚]；然破于大梁[㉛]，奔走而东，身死祀绝者何[㉜]？诚逆天道而不知时也[㉝]。方今大王之兵，众不能十分吴、楚之一，天下安宁，万倍吴、楚之时，大王不从臣之计，今见大王弃千乘之君[㉞]，赐绝命之书[㉟]，为群臣先死于东宫也[㊱]。”王涕泣而起[㊲]。

王有孽子不害[㊳]，最长[㊴]，王弗爱，王后、太子皆不以为子、兄数[㊵]。不害有子建[㊶]，材高有气[㊷]，常怨望太子[㊸]，阴使人告太子谋杀汉中尉事[㊹]，下廷尉治[㊺]。

王患之，欲发[㊻]，复问伍被曰：“公以为吴兴兵，是邪，非邪？”被曰：“非也。臣闻吴王悔之甚[㊼]，愿王无为吴王之所悔[㊽]。”王曰：“吴何知反[49]！汉将一日过成皋者四十余人，今我绝成皋之口[50]，据三川之险[51]，招山东之兵[52]，举事如此[53]，左吴、赵贤、朱骄如皆以为什事九成[54]，公独以为有祸无福，何也？必如公言，不可徼幸邪[55]？”被曰：“必不得已，被有愚计。当今诸侯无异心，百姓无怨气，可伪为丞相、御史请书[56]，徙郡国豪杰高赀于朔方[57]，益发甲卒[58]，急其会日[59]；又伪为诏狱书[60]，逮诸侯太子、幸臣[61]。如此，则民怨，诸侯惧，即使辩士随而说之[62]，傥可徼幸什得一乎[63]！”王曰：“此可也。虽然[64]，吾以为不至若此[65]。”

于是王乃作皇帝玺[66]，丞相、御史大夫、将军、军吏、中二千石及旁近郡太守、都尉印[67]，汉使节[68]。欲使人伪得罪而西[69]，事大将军[70]，一日发兵，即刺杀大将军[71]。且曰[72]：“汉廷大臣，独汲黯好直谏[73]，守节死义[74]，难惑以非[75]；至如说丞相弘等，如发蒙振落耳[76]！”

王欲发国中兵，恐其相、二千石不听[77]，王乃与伍被谋，先杀相、二千石。又欲令人衣求盗衣[78]，持羽檄从东方来[79]，呼曰：“南越兵入界！”欲因以发兵。

会廷尉逮捕淮南太子[80]，淮南王闻之，与太子谋，召相、二千石，欲杀而发兵。召相，相至，内史、中尉皆不至[81]。王念[82]，独杀相，无益也，即罢相[83]。王犹豫，计未决。太子即自刭，不殊[84]。

伍被自诣吏[85]，告与淮南王谋反踪迹如此[86]。吏因捕太子、王后，围王宫，尽求捕王所与谋反宾客在国中者[87]，索得反具[88]，以上[89]。下公卿治其党与[90]，使宗正以符节治王[91]。未至[92]，十一月，淮南王安自刭[93]。杀王后荼、太子迁，诸所与谋反者皆族[94]。

天子以伍被雅辞多引汉之美[95]，欲勿诛。廷尉汤曰[96]：“被首为王画反计[97]，罪不可赦。”乃诛被。侍中庄助素与淮南王相结交，私论议[98]，王厚赂遗助[99]；上薄其罪[100]，欲勿诛。张汤争[101]，以为：“助出入禁门[102]，腹心之臣[103]，而外与诸侯交私如此，不诛，后不可治[104]。”助竟弃市。

衡山王上书，请废太子爽[105]，立其弟孝为太子[106]。爽闻[107]，即遣所善白赢之长安上书，言“孝作輣车、锻矢[108]，与王御者奸[109]”，欲以败孝[110]。会有司捕所与淮南王谋反者[111]，得陈喜于衡山王子孝家[112]，吏劾孝首匿喜。孝闻[113]“律：先自告，除其罪[114]”，即先自告所与谋反者枚赫、陈喜等。公卿请逮捕衡山王治之，王自刭死。王后徐来、太子爽及孝皆弃市，所与谋反者皆族。

凡淮南、衡山二狱，所连引[115]列侯、二千石、豪杰等，死者数万人。

（以上为第四段，写淮南王刘安与衡山王刘赐两王谋反，因此案受牵连而被处死的官民达数万人。）

【注释】

①祠五畤：祭祀五天帝。 ②有司言：主管部门的官吏上奏。 ③肃祗郊祀：虔诚地举行郊祀。肃祗，恭敬，虔诚。 ④报享：谓一角五蹄兽是上帝的回报。 ⑤盖麟云：这一角五蹄兽大概就是麒麟吧。 按：麒麟，传说中的吉祥动物。鹿身，牛尾，马足，五色，一角，声似音乐，行守规矩，是仁者之兽，太平盛世才出现。 ⑥以庆五畤：按章校，他本“庆”作“荐”，以“荐”为是。荐，进献。 ⑦燎：烧柴祭天之礼。 ⑧元宜以天瑞命：纪元的年号应当用天降祥瑞来命名。 ⑨一元曰建：第一个年号命名为“建”。⑩二元以长星曰光：第二个年号因长星出现命名为“光”。 ⑪今元以郊得一角兽曰狩云：今年改年号，因郊祀得到一头独角兽，所以庆称“狩”。 ⑫济北王：指济北成王胡，济北王刘勃之子。后天汉四年，国除入汉为泰山郡。 且封禅：将要封禅。 ⑬“上书”句：刘胡上书愿奉献出泰山以及近旁城邑。泰山，世称东岳，在今山东泰安境内。 ⑭以他县偿之：把其他的县偿给济北王胡。 ⑮部署兵所从入：部署进军路线，从何处入关。按东方进入关中，正东是函谷关，东南有武关。所从入，选择进军的关口。 ⑯道长安来：从长安来。道，经由。 ⑰妄言：胡言。 ⑱上无男：汉武帝没有儿子。 ⑲汉不治：朝政腐败。 ⑳汉廷治：朝政清明。 ㉑非也：不是实情。 ㉒伍被：刘安的宾客。传见《汉书》卷四十五。 ㉓“见宫中”二句：我将看到王宫中生满荆棘、露水打湿人衣服的悲惨景象了。喻造反将大祸临头，国亡王宫荒芜。 ㉔系伍被父母，囚之：把伍被的父母抓来，囚禁起来。 ㉕三月：三个月后。 ㉖行陈之中：在行伍中崛起。陈，通“阵”。行陈，行伍，平凡的军队之中。 ㉗蹈瑕候间：意谓利用薄弱环节而抓住时机。瑕，薄弱环节。候，窥伺。间，间隙，机会。 ㉘吴、楚：指景帝三年的吴楚七国之乱。事见本书第十五卷景帝三年。 ㉙四郡：吴国封邑四郡：东阳郡、鄣郡、吴郡、豫章郡。 ㉚举兵而西：发动军队向西进攻。 ㉛大梁：此指刘武所封梁国，都睢阳，今河南商丘。吴楚反叛，阻兵于梁国。 ㉜身死祀绝：指吴王刘濞身死，断了后代。 ㉝逆天道：违反天道，天道嘉善惩恶。 不知时：不懂时势。 ㉞弃千乘（shèng）之君：丢弃千乘之国的王位。㉟赐绝命之书：指皇上赐死的诏书。 ㊱东宫：指淮南王宫。谓反谋暴露，淮南王将被赐死，在群臣之先，即王为首恶。 ㊲王涕泣而起：淮南王流着眼泪站起。 ㊳孽子不害：庶子刘不害。 ㊴最长：年龄最大，即长子。 ㊵王后：淮南王后名荼。 太子：荼所生

子刘迁。不以为子、兄数：王与王后不把刘不害当儿子对待，太子刘迁不把刘不害当兄长对待。㊶建：刘不害之子刘建。㊷材高有气：才高气盛。㊸怨望太子：对太子怨恨。㊹阴使人：暗中派人。谋杀汉中尉事：太子迁阴谋欲杀汉使中尉宏，未遂，事在元朔五年。㊺下廷尉治：朝廷把刘迁的案子交付廷尉查办。㊻王患之，欲发：淮南王担忧这事，又想发兵反叛。㊼悔之甚：后悔得很。㊽无为吴王之所悔：不要干吴王所后悔之事。无：通“勿”，不要。㊾吴何知反：吴王哪懂得造反用兵的道理？㊿绝成皋之口：谓堵塞成皋的关口。成皋，县名。县治在今河南荥阳西汜水镇，为兵家必争的要地。[illegible]51据三川之险：据守三川这一险要之地。三川，指伊水、洛水、黄河交汇之地。52招山东之兵：征召崤山以东的兵马。53举事如此：像这样起兵。54左吴、赵贤、朱骄如：皆淮南王的部下。什事九成：十成之事能有九成可以成功。什，通“十”。55儌幸：即侥幸，碰碰运气。56伪：造假。仿造丞相、御史上奏大规模迁徙地方豪杰富人的奏章，制造恐慌。57豪杰：地方知名人士。高赀：富户。元朔二年迁家资三百万者于茂陵。朔方：元朔二年新置郡，守备河套防阻匈奴。郡治朔方城，在今内蒙古乌拉特前旗东南。58益发甲卒：大量征发士兵。59急其会日：紧急的期限集中会合。60又伪为诏狱书：再伪造诏狱捕人的诏书。诏狱，皇帝亲临的重大案件所置监狱。汉代左右都司空、上林、中都官都有诏狱。61逮：抓捕。伪造抓捕诸侯太子、宠臣的假消息。62随而说（shuì）之：紧跟着向诸侯王游说。63傥可儌幸什得一乎：或许有十分之一成功的运气。64虽然：即使这样，不过。65吾以为不至若此：我认为用不着这么费事。66作皇帝玺：伪造皇帝之印。67印：印信。此谓伪造丞相、御史大夫、将军、军吏、中二千石及旁近郡太守、都尉的官印。68汉使节：汉朝使者的符节。69伪得罪而西：言假装犯罪而西逃去京师。70事大将军：打入大将军府。事，侍奉，打入。大将军，卫青。71即刺杀：立即刺杀大将军。72且曰：还说。73直谏：犯颜直谏。74守节死义：格守节义，甚至为其付出性命。75难惑以非：难以迷惑他做错事。76发蒙：如揭去蒙覆而取物。振落：谓树叶将落，振而坠之。都是比喻轻而易举。77二千石不听：二千石高官不听从发兵。王国中相、内史、中尉皆二千石高官，为朝廷委派。78衣求盗衣：穿上求盗兵卒的衣服，装扮成求盗卒传报假消息。求盗，卒名。掌逐捕盗贼。79持羽檄从东方来：手持告急文书从东方奔来。羽檄（xí），插着羽毛的文书，以示事急。按：用此蒙骗二千石发兵。80会：赶上。此时汉朝廷下达了抓捕淮南太子之令。81不至：不听淮南王宣召，不来王宫。82王念：淮南王心中打鼓，反复琢磨，犹豫不决。83罢相：没有杀相，令其退下。84不殊：不死。85自诣吏：向司法官自首。86告：告发。踪迹：指前后的情况。87尽求：尽力寻找。在国中者：指在淮南王国中的人。⑧⑧索得反具：搜索到谋反的物证。⑧⑨以上：据章校，他本“以”下有“闻”字，以闻上，把此事报告天子，有“闻”字是。⑨⑩下公卿：交付公卿大臣。治其党与：自治其同伙。⑨①使宗正以符节治王：派宗正手持使节前往淮南国处治刘安。宗正，官名，掌皇室事务。⑨②未至：守正尚未到达淮南。⑨③自刭：自杀割颈而死。⑨④诸所与谋反者皆族：凡参与谋反的人一律灭族。按：淮南王招致宾客以千数，此案严惩诸侯王招致宾客，诛杀者数万人，全国震动。此后，养士之风熄。⑨⑤雅辞：平时的言论。多引汉之美：多次赞美朝廷。⑨⑥廷尉汤：张汤。⑨⑦画反计：谋划反叛之计。⑨⑧私论议：私下议论。⑨⑨王厚赂遗助：淮南王贿赂赠送给庄助许多钱财。⑩⓪上薄其罪：汉武帝认为庄助犯的是小罪。⑩①争：坚持诛杀庄助。⑩②出入禁门：出入宫廷。⑩③腹心之臣：皇上的心腹之臣。⑩④后不可治：今后同类的事不能禁止。⑩⑤太子爽：衡山王太子刘爽，王后乘舒所生。⑩⑥孝：刘孝，刘赐之次子，刘爽之胞弟。⑩⑦爽闻：刘爽闻知废己立弟为太子之事。⑩⑧孝作輣车、锻矢：刘孝制作战车、箭矢。⑩⑨王御：衡山王的侍婢。子通父婢，大逆不道。⑪⓪败孝：败坏刘孝的太子之位。⑪①所与淮南王谋反：参与淮南王谋反。⑪②陈喜：参与的谋反者，被刘孝窝藏。⑪③孝闻：刘孝了解法律知识。⑪④先自告，除其罪：自首的人免罪。⑪⑤连引：株连牵引。

【译文】

汉武帝元狩元年（己未，前122）

冬季，十月，汉武帝巡行至雍地，祭祀五畤，捉到一头长有一只角、足有五只蹄的怪兽，主管官员上奏说：“皇上祭祀虔诚，上帝作为回报，赐皇上独角之兽，这大概就是麒麟。”于是，将独角兽献于五祭坛，每个祭坛加上一头牛，一齐烧烤。过了一段时间，主管官员又上奏说：“帝王的年号应当用上天所降的祥瑞定名，而不宜使用一、二等数字，皇上第一个年号称‘建’，第二个年号因长星出现而称‘光’，此次郊祀得到一头独角兽，所以应称‘狩’。”当时，济北王刘勃认为皇上将要前往泰山封禅，祭祀天地，便上书朝廷，表示愿献出泰山及其周围城邑。汉武帝将别的县划给他作为补偿。

淮南王刘安与其门客左吴等日夜加紧谋反准备，察看地图，部署进军的路线。刘安派往朝廷的使者们从长安回来，谎称“皇上没有儿子，且朝政腐败”，他就高兴；如果说“汉廷政治清明，皇上有儿子”，他就生气，认为是胡言。

刘安召来中郎伍被，与他商议谋反之事，伍被说道：“大王您怎么能有这种亡国的言论呢？我好像已经看到王宫中生满荆棘，露水打湿人衣服的凄惨景象了！”刘安大怒，将伍被的父母抓捕囚禁。

三个月后，刘安又将伍被召来询问，伍被说：“当初秦朝无道，极为奢侈暴虐，十分之六七的民众都希望天下大乱。高皇帝在行伍中崛起，最终成为天子，这是因为利用对方的缺点，把握时机，趁秦朝土崩瓦解的机会举兵兴起大业。如今，大王见到高皇帝得到天下容易，却单单不看不久前‘七国之乱’的吴、楚吗？吴王刘濞统辖着四个郡，国富民众，谋划非常周到。然而，为什么大梁一战失败，向东逃亡，本人身死，祭祀灭绝？是因为他逆天行事，不知时势。现在，大王的兵力还不足吴、楚的十分之一，而天下的形势却比吴、楚兴兵时安定一万倍。大王如不听从我的劝告，马上就会看到您丢掉千乘之国的王位，接到赐死的命令，先于群臣死在东宫的惨景。”刘安听了，流着眼泪站了起来。

淮南王刘安有一个庶出的儿子，名叫刘不害，年龄最大，刘安不喜欢他，王后不把他当作儿子看待，太子刘迁也不将他视为兄长。刘不害有一个儿子叫刘建，才高而气盛，经常对刘迁心怀不满，暗中派人告发刘迁曾企图刺杀朝廷中尉，汉武帝刘彻将此事交给廷尉处理。

淮南王刘安很害怕，想要举兵谋反，又一次和伍被商量，说道：“先生认为当初吴王兴兵造反，是对呢，还是不对呢？”伍被说：“不对。我听说吴王后来非常后悔，希望大王不要像吴王那样后悔。”刘安说道：“吴王哪里懂得什么叫造反？当初朝廷的将领一天中有四十多人经过成皋。如今我截断成皋通道，占据三川的险要之地，再征召崤山以东的兵马，在这样的情况下举事，左吴、赵贤、朱骄如等都认为可以有九成把握，只有您认为是有祸无福，这是为什么呢？一定会像你说的那样，不可能侥幸成功吗？”伍被回答说：“如果大王一定要干的话，我有一计。当今各封国国君对朝廷都没有二心，老百姓也没有怨气。大王可以伪造丞相、御史的奏章，说是要请求皇上将各郡、国的豪杰之士和殷实富户都迁移到朔方郡，大量征发士兵，使集合期限紧迫。再伪造诏狱之书，声言要逮捕各封国的太子和宠臣。如此一来，就会民众怨恨，诸侯恐惧，再派遣能言善辩之人到各地游说，或许可以侥幸有十分之一的希望吧！”刘安说：“这是可以的。不过，我觉得用不着这么麻烦。”

于是，淮南王刘安伪造了皇帝的印玺和丞相、御史大夫、将军、军吏、中二千石及周围各郡太守、都尉的印信，并伪造了朝廷使者的信节。又准备派人伪装在淮南国犯罪而西逃长安，投到大将军卫青门下，一旦发兵，立即将卫青刺死。刘安说：“朝廷大臣中，只有汲黯喜欢犯颜直谏，能够严守臣节，为忠义而死，难以迷惑，至于游说丞相公孙弘之流，就如同去掉物件上的覆盖物或摇掉树枝上的枯叶一般容易。”

淮南王刘安打算调动本国军队，怕相和二千石官员不肯依从，便与伍被商议，计划先将丞相和二千石官员杀死，同时打算派人身穿治安人员服装，手持告急文书从东边奔来，高喊：“南越国的军队攻入我国边界了！”要以此为借口起兵。

就在此时，廷尉前来抓捕淮南国太子刘迁。淮南王刘安听到消息后，与刘迁密谋，召相和二千石官员前来，企图杀死他们，兴兵造反。召相，相应召而来；召内史、中尉，内史、中尉都没有来。刘安考虑，单单杀掉相，无益于事，就没有杀掉相。是否起事，刘安犹豫不决，拿不定主意；刘迁便割颈自杀，但没有死成。

伍被自己前往廷尉那里，告发与刘安图谋反叛的情节。廷尉于是派人抓捕了淮南国太子刘迁和王后，并且包围了王宫，尽数搜捕在淮南国内与淮安王刘安一道谋反的宾客，取得谋反证据后，奏闻朝廷。汉武帝命公卿处治刘安党羽，派宗正手持皇帝符节前往淮南国处治刘安。没等宗正来到，刘安便自杀而死。于是，将淮南王后荼、太子刘迁处死，所有参与谋反计划的人一律灭族。

汉武帝因为伍被平常曾多次赞美朝廷，所以想不杀他。廷尉张汤说：“伍被首先为淮南王作谋反计划，其罪不能赦免。”于是，伍被被杀。侍中庄助平时与淮南王关系密切，二人曾私下议论事情，淮南王还曾送给庄助许多钱物。汉武帝认为这是小罪，想不杀他。但张汤坚持要杀，认为：“庄助出入宫廷，是皇上的心腹之臣，却外与诸侯如此私交，如不杀庄助，今后类似的事情就不能禁止。”庄助终于被斩首示众。

衡山王刘赐上书朝廷，请求废掉太子刘爽，立刘爽之弟刘孝为太子。刘爽听到消息后，立即派他的亲信白嬴到长安上书朝廷，揭发刘孝私自制造兵车、锻炼箭矢，并与父亲的姬妾通奸，想除掉刘孝。正好主管官员在抓捕参与淮南王谋反计划的人时，在刘孝家中抓到陈喜，于是，参劾刘孝窝藏陈喜。刘孝听说法律规定“先行自首的，可以免除罪责”，自己便先向朝廷告发了共同密谋反叛的枚赫、陈喜等人。公卿大臣奏请汉武帝刘彻抓捕衡山王治罪，衡山王自杀而死。王后徐来、太子刘爽及刘孝都被当众斩首，参与谋反计划的人一律灭族。

总计淮南王刘安和衡山王刘赐谋反两案，因受牵连而被处死的列侯、二千石官员及地方豪侠人物达数万人。

【原文】

夏，四月，赦天下。

丁卯[1]，立皇子据[2]为太子，年七岁。

五月，乙巳晦[3]，日有食之。

匈奴万人入上谷[4]，杀数百人。

初，张骞自月氏[5]还，具为天子言西域诸国风俗[6]："大宛[7]在汉正西，可万里。其俗土著，耕田；多善马，马汗血[8]；有城郭、室屋，如中国。其东北则乌孙[9]，东则于窴[10]。于窴之西，则水皆西流注西海[11]，其东，水东流注盐泽[12]。盐泽潜行地下，其南则河源[13]出焉。盐泽去长安可五千里。匈奴右方[14]居盐泽以东，至陇西长城，南接羌[15]，鬲汉道焉[16]。乌孙、康居[17]、奄蔡[18]、大月氏[19]，皆行国[20]，随畜牧[21]，与匈奴同俗。大夏[22]在大宛西南，与大宛同俗。臣在大夏时，见邛竹杖、蜀布[23]，问曰：'安得此？'大夏国人曰：'吾贾人往市之身毒[24]。'身毒在大夏东南可数千里，其俗土著[25]，与大夏同。以骞度之[26]，大夏去汉万二千里，居汉西南；今身毒国又居大夏东南数千里，有蜀物，此其去蜀不远矣。今使大夏，从羌中，险，羌人恶之[27]；少北[28]，则为匈奴所得；从蜀，宜径[29]，又无寇[30]。"

天子既闻大宛及大夏、安息[31]之属皆大国，多奇物，土著，颇与中国同业，而兵弱，贵汉财物[32]。其北有大月氏、康居之属，兵强，可以赂遗设利朝也[33]。诚得而以义属之[34]，则广地万里，重九译[35]，致殊俗[36]，威德遍于四海[37]，欣然以骞言为然。乃令骞因蜀、犍为发间使王然于[38]等四道并出[39]，出駹[40]，出冉[41]，出徙[42]，出邛、僰[43]，指求身毒国[44]，各行一二千里，其北方闭氐、莋[45]，南方闭嶲、昆明[46]。昆明之属无君长[47]，善寇盗，辄杀略汉使，终莫得通[48]。

于是汉以求身毒道，始通滇国[49]。滇王当羌[50]谓汉使者曰："汉孰与我大[51]？"及夜郎侯亦然[52]。以道不通，故各自以为一州主，不知汉广大[53]。使者还，因盛言滇大国，足事亲附[54]；天子注意焉，乃复事西南夷[55]。

（以上为第五段，写张骞向汉武帝详细介绍西域各国的风土民情，汉武帝下令分四路使者前往寻找身毒国，打通前往西域的通道，但被阻于昆明一带，无法通行，而考虑重新开始经营西南夷地区。）

【注释】

①丁卯：四月二十一日。 ②皇子据：武帝与卫皇后所生之子刘据。即“戾太子”。传见《汉书》卷六十三。 ③乙巳晦：五月三十日。 ④上谷：郡名。郡治沮阳，在今河北怀来东南。 ⑤张骞：西汉汉中成固（今陕西成固）人，两度出使西域，封博望侯。传见《汉书》卷六十一。 月氏：我国古代西北部的一个民族。居于敦煌、祁连山一带，汉初被匈奴驱逐远走中亚，张骞出使月氏，欲联络攻匈奴。 ⑥西域：指今新疆及中亚、西亚一带。 诸国风俗：古代中亚各国风土人情，事详《史记》卷一百二十三《大宛列传》。⑦大宛（yuān）：古代西域国名。在今中亚费尔干纳盆地。王治贵山城（今中亚卡散赛）。以产汗血马著称。 ⑧马汗血：马肩膊出汗，其色似血。 ⑨乌孙：古族名。最初在祁连山、敦煌之间，公元前一世纪西迁至今伊犁河和伊塞克湖一带，都赤谷城。 ⑩于窴：又作于阗。西域国名。王治西城（今新疆和田南）。当丝绸之路南道。汉初臣服于匈奴，汉武帝时归属于汉。后又有反复。以产美玉著称。 ⑪西海：指今里海。 ⑫盐泽：即蒲昌海。今新疆罗布泊。 ⑬河源：黄河的源头。今调查得知，黄河源于青海巴颜喀拉山脉北麓卡日曲。 ⑭匈奴右方：即匈奴的西方。 ⑮羌：古族名。分布于今甘肃及青海部分地区。 ⑯鬲汉道焉：匈奴隔断了汉与西域的交通道路。鬲，通“隔”。 ⑰康居：古西域国名，故地在今中亚哈萨克斯坦东南部，锡尔河以北。王治卑阗城，筑于都赖水上。都赖水，即今塔拉斯河。 ⑱奄蔡：古西域国名，当今西亚里海北部草原地区，即哈萨克斯坦西部及高加索北部地区。 ⑲大月氏：即西迁至中亚的月氏。 ⑳行国：游牧民族。 ㉑随畜牧：随畜牧逐水草而居。 ㉒大夏：古西域国名，在今阿富汗北部。 ㉓见邛竹杖、蜀布：见到邛地出产的竹杖和蜀地的布。邛，古部族名。秦汉时分布于今四川峨眉山西北方一带。蜀，郡名。郡治成都，今四川成都。 ㉔身毒：古印度之称。 ㉕土著：定居，农业国。 ㉖度之：估计。 ㉗羌人恶之：羌人厌恶汉人通过。 ㉘少北：稍往北走。 ㉙宜径：应当是直路。 ㉚又无寇：又没有强盗。 ㉛安息：古西域国名，即今之伊朗。 ㉜贵汉财物：喜爱汉朝的财物。贵，珍贵，喜爱，动词。 ㉝可以赂遗设利朝也：可以用贿赂、赠送的办法，用利益诱使他们来归附中国。赂遗，贿赂、赠送。㉞以义属之：不用战争而以仁义使之归附。 ㉟重九译：经过多次翻译。 ㊱致殊俗：使不同风俗的人来到中国。 ㊲威德遍于四海：汉朝的声威文化传遍四海。 ㊳犍为：郡名。郡治僰道，在今四川宜宾西南。 间使：求间隙而行的使者。 王然于：间使之一，人名。 ㊴四道并出：即下文的出駹，出冉，出徙，出邛、僰。 ㊵駹（máng）：古部族名。秦汉时分布于今四川松潘等地区。 ㊶冉：古部族名。与駹杂处，并称冉駹。㊷徙：古部族名。秦汉时分布于四川天全一带。 ㊸邛：古部族名。秦汉时分布于四川

峨眉山西北方一带。僰（bó）：古部族名。秦汉时分布于今四川宜宾西南一带。㊹指求身毒国：四道同时指向身毒国。㊺其北方闭氐、筰：北路被阻于氐、筰。闭，阻塞。氐，古民族名。秦汉时分布于今四川松潘等地区。筰，古部族名。秦汉时分布于今四川峨眉山以南一带。㊻南方闭嶲、昆明：南路被阻于嶲、昆明。嶲（xī），古部族名。秦汉时活动于今云南保山一带。昆明，古部族名。秦汉时分布于今云南下关一带。㊼无君长：没有行政权及长官。㊽终莫得通：没有一路走通。此指无法与西南夷各族交通，被阻于西南夷地区。㊾始通滇国：因求身毒国，第一次交通滇国。㊿当羌：滇国国王之名。(51)汉孰与我大：汉朝与我滇国哪一个大？(52)夜郎侯亦然：夜郎君长和滇国当羌一样，问汉朝与夜郎哪个大。夜郎，古小国名。在今贵州安顺等地区。侯，夜郎之君长。(53)广大：指地域广大。(54)足事亲附：值得花代价使滇国归附汉朝。(55)乃复事西南夷：重新开始经营西南夷。

【译文】

夏季，四月，汉朝实行大赦。

四月二十一日，汉武帝立皇子刘据为太子，刘据时年七岁。

五月三十日，出现日食。

匈奴军队一万人侵入上谷地区，杀死数百人。

当初，张骞从月氏回到汉朝后，向汉武帝详细介绍了西域各国的风土民情，说："大宛在我国正西方约一万里的地方。当地人定居，耕种田地，多产好马，马汗像血一样红；有城郭、房屋，与中原相同。大宛东北为乌孙，它的东面为于阗。于阗以西，河水都向西流入西海；以东的河水则向东流入盐泽。盐泽一带河流在地下流淌，成为暗河，往南就是黄河源头。盐泽距长安约五千里。匈奴的西界在盐泽东面，直到陇西长城，南面与羌人部落接壤，将我国通往西域的道路隔断。乌孙、康居、奄蔡、大月氏都是游牧国家，随牲畜逐水草而居，风俗与匈奴一样，大夏在大宛西南方，其风俗与大宛相同。我在大夏时，曾见到我国邛山出产的竹杖和蜀地的布，我问他们：'这东西是从哪里得来的？'大夏人说：'是我国商人去身毒国买来的。'身毒在大夏东南几千里之外，习俗是定居，与大夏一样。据我估计，既然大夏在我国西南一万两千里外的地方，而身毒又在大夏东南几千里外，且有我国蜀地的东西，说明身毒距蜀地不太远。如今我国出使大夏，如取道羌人地区，道路险恶，羌人又厌恶；如从稍北一些的地区走，便会落入匈奴人手中；而通过蜀地，应当是直路，又没有强盗。"

汉武帝听到大宛及大夏、安息等都是大国，多产奇异之物，人民定居，颇与中国相同，但军事力量薄弱，喜爱中国财物；北面大月氏、康居等国，兵力强盛，但可以用贿赂、引诱的方法使他们归附中国，如果真能不通过战争就争取到他们的归附，那么，中国的疆域可以扩大万里，远方的人将通过九重翻译来朝见，风俗各异的国家将归入中国版图，天子的威德将遍布四海。因此，汉武帝欣然同意了张骞的建议，命张骞从蜀郡、犍为郡派王然于等人作为使者，从駹、冉、徙及邛、僰，四道同时向身毒国进发。各路使者分别走出一两千里之后，北路被阻于氐、莋，南路被阻于巂、昆明。昆明一带没有君长，盗匪众多，经常劫杀汉朝使者，所以，始终无人能够通过其地。

这次汉朝使者为寻访去身毒的道路，才第一次通过滇国，滇王当羌问汉朝使者说："汉朝与我国相比，谁大呢？"夜郎王也向汉朝使者提出相同的疑问。因为道路阻塞，他们都各霸一方为王，不知汉朝的广大。使者回国后，一再强调滇国是大国，值得争取它归附，引起了汉武帝刘彻的注意，于是，重新开始经营西南夷地区。

【原文】

二年（庚申，前121）

冬，十月，上幸雍，祠五畤。

三月，戊寅[①]，平津献侯公孙弘薨。壬辰[②]，以御史大夫乐安侯李蔡[③]为丞相，廷尉张汤为御史大夫。

霍去病为票骑将军[④]，将万骑出陇西[⑤]，击匈奴，历五王国[⑥]，转战六日，过焉支山[⑦]千余里，杀折兰王，斩卢侯王，执浑邪王子及相国、都尉[⑧]，获首虏八千九百余级，收休屠王祭天金人[⑨]。诏益封去病二千户。

夏，去病复与合骑侯公孙敖将数万骑俱出北地[⑩]，异道[⑪]。卫尉张骞、郎中令李广俱出右北平[⑫]，异道。

广将四千骑先行，可数百里，骞将万骑在后。匈奴左贤王[⑬]将四万骑围广，广军士皆恐；广乃使其子敢独与数十骑驰贯胡骑[⑭]，出其左右而还，告广曰："胡虏易与耳[⑮]！"军士乃安。广为圜陈[⑯]，外向。胡急击之，矢下如雨[⑰]。汉兵死者过半[⑱]，汉矢且尽。广乃令士持满毋发[⑲]，而广身自以大黄射其裨将[⑳]，杀数人，胡虏益解[㉑]。会日暮，吏士皆无人色[㉒]，而广意气自如[㉓]，益治军[㉔]，军中皆服其勇。明日，复力战，死者过半，所杀亦过当[25]。会博望侯军亦至[26]，匈奴军乃解去[27]。汉军罢[28]，弗能追，罢归[29]。汉法：博望侯留迟后期[30]，当死，赎为庶人。广军功自如[31]，无赏。

而票骑将军去病深入二千余里，与合骑侯失[32]，不相得[33]。票骑将军逾居延[34]，过小月氏[35]，至祁连山[36]，得单桓、酋涂王[37]，及相国、都尉以众降者二千五百人，斩首虏三万二百级，获裨小王七十余人。天子益封去病五千户，封其裨将有功者鹰击司马赵破奴[38]为从票侯，校尉高不识[39]为宜冠侯，校尉仆多[40]为辉渠侯。合骑侯敖坐行留不与票骑会[41]，当斩，赎为庶人。

是时，诸宿将[42]所将士、马、兵皆不如票骑，票骑所将常选[43]，然亦敢深入[44]，常与壮骑先其大军[45]；军亦有天幸[46]，未尝困绝也。而诸宿将常留落不偶[47]，由此票骑日以亲贵，比大将军矣[48]。

匈奴入代、雁门[49]，杀略数百人。

（以上为第六段，写汉武帝命霍去病以骠骑将军身份两次率领骑兵出击匈奴，获得大胜，地位越来越尊贵，和大将军卫青差不多了；李广的部队身陷重围，沉着应战，伤亡惨重，但杀掉敌人的人数更多。）

【注释】

①戊寅：三月初七日。 ②壬辰：三月二十一日。 ③李蔡：西汉陇西成纪（今甘肃秦安北）人。李广从弟。文帝时为郎。武帝时从卫青击匈奴，因功封东安侯，官至丞相，后有罪自杀。 ④票骑将军：票，“骠”字之省写，即骠骑将军。 ⑤陇西：郡名。郡治狄道，今甘肃临洮。 ⑥历五王国：经过匈奴几个封王的地区，有折兰王、卢侯王、浑邪王、休屠王等。 ⑦焉支山：山名。在今甘肃永昌西、山丹东南。 ⑧折兰王、卢侯王、浑邪王：均为匈奴西部地区封王名，当统属于匈奴右贤王之下。 相国、都尉：均为匈奴内部官名，比拟于汉官名。 ⑨祭天金人：祭天时的金属偶像，或说是佛像。 ⑩公孙敖：西汉将领。因功封合骑侯。传附见《史记》卷一百一十一、《汉书》卷五十五。 北地：郡名。郡治马领，在今甘肃庆阳西北。 ⑪异道：不同道路。即两军分道。 ⑫右北平：郡名。郡治平刚，在今辽宁凌源西南。 ⑬左贤王：匈奴的王号。处于匈奴东部地区。 ⑭敢：李敢。李广之子。 贯胡骑：穿过匈奴骑兵阵地。 ⑮胡虏易与耳：匈奴兵很容易对付。 ⑯广为圜陈，外向：李广军部署成圆形阵势，士兵面向外，对付匈奴的围攻。陈，通“阵”。 ⑰矢下如雨：言箭矢如雨点多。 ⑱过半：超过半数。 ⑲持满毋发：

拉开弓而不发射矢。⑳大黄：当时射程最远的一种弓箭。裨将：副将，偏将。㉑益解：逐渐懈怠。解，通“懈”。㉒无人色：白色，像死人样。㉓意气自如：神情如同往常一样。㉔益治军：加紧部署阵形。㉕所杀亦过当：杀敌超过我方损失的人数。当，相当，相等。㉖博望侯军亦至：博望侯张骞一路的军队赶到。㉗解去：撤围，退走。㉘罢：疲敝。㉙罢归：休兵回归。㉚留迟后期：行军逗留延迟，没有按时到达。㉛军功自如：功过相当。㉜失：迷失道路。㉝不相得：没能会合。㉞逾：跨过。居延：泽名。在今内蒙古额济纳旗北之嘎顺诺尔湖与苏古诺尔湖。㉟小月氏：月氏族大部分西迁至中亚细亚，剩下小部分仍处于敦煌与祁连山之间，称“小月氏”。㊱祁连山：山名，当今甘肃、青海两省祁连山中段。㊲得：俘虏。单桓、酋涂王：皆匈奴的小王号。㊳鹰击司马：司马之号。司马乃将军下属的军官。赵破奴：西汉将领，因功封从票侯。传附见《史记》卷一百一十一、《汉书》卷五十五。㊴高不识：西汉将领，因功封宜冠侯。㊵仆多：本匈奴族人，降于汉，因功封辉渠侯。㊶坐行留：判定行军停留迟缓之罪。不与票骑会：没能与票骑的军队会合。㊷宿将：资格老的将领。㊸常选：言经常挑选之兵。㊹深入：长驱直入，深入敌境、敌后。㊺壮骑：精壮的骑兵。先其大军：走在大部队的前面，即常为先锋。㊻天幸：非常幸运。按：此所为幸运，实为敢于深入的特种部队出其不意攻敌，多数取胜。㊼留落不偶：言迟缓落后而失良机。不偶，不遇敌，丧失战机。㊽比大将军：尊贵与大将军并列。㊾代、雁门：两边郡名。代郡治代县，在今河北蔚县东北。雁门郡治善无，在今山西右玉东南。

【译文】

汉武帝元狩二年（庚申，前121）

冬季，十月，汉武帝巡幸至雍地，祭祀五畤。

三月初七，丞相、平津侯公孙弘去世。二十一日，汉武帝刘彻任命御史大夫、乐安侯李蔡为丞相，廷尉张汤为御史大夫。

汉武帝命霍去病以骠骑将军身份率领一万名骑兵，自陇西出发北击匈奴，经过几个王国，转战六天，越过焉支山一千多里，杀匈奴折兰王，斩卢侯王，俘获浑邪王的王子及相国、都尉，其斩首俘获匈奴军士兵八千九百多人，并夺得休屠王用以祭祀上天的金人。为此，汉武帝下令增加霍去病食邑二千户。

夏季，霍去病又与合骑侯公孙敖率领数万骑兵，同时从北地分两路出击匈奴，卫尉张骞、郎中令李广也同时从右北平分路出击。

李广率领四千名骑兵为先锋，距大部队约数百里，张骞率领一万多名骑兵殿后。匈奴左贤王率领四万名骑兵，将李广率领的先头部队团团包围。李广的士兵都感到恐惧，李广便命自己的儿子李敢独自率领数十名骑兵直穿敌阵，从敌阵左右冲出后返回。李敢向李广报告说："匈奴兵很容易对付。"军士的情绪才安定下来。李广命部下将士面对敌军列成圆形战阵，匈奴兵向汉军阵地发起猛烈进攻，箭如雨下，汉军士兵阵亡过半，箭也快用完了。李广便命令部下拉满弓弦，但不发射，由他亲自用特大的黄色强弓射匈奴将领，一连射死好几名，敌人的攻势才渐渐缓和下来。此时天色已晚，汉军将士全都面无人色，只有李广神情自如，越发加紧巡视阵地，调整部署，全军上下全都钦佩他的勇气。第二天，汉军再次奋力与匈奴兵激战，虽然死亡大半，但消灭的敌人超过己方的损失。这时，张骞的大军也赶到，匈奴军才撤围而去。汉军疲惫，无力追击，也撤兵而还。根据汉朝的法律，博望侯张骞由于行动迟缓，贻误军机，应处死，赎身后成为平民。李广功过相抵，没有封赏。

骠骑将军霍去病深入匈奴地区两千多里，与公孙敖部失去联络，未能会师。但霍去病率领部队跨越居延海，经过小月氏，抵达祁连山，生擒单桓、酋涂二王，丞相、都尉率众两千五百人投降，斩杀三万零二百人，俘获小王七十多人。汉武帝增加霍去病食邑五千户，封其部下有功将领鹰击司马赵破奴为从骠侯，校尉高不识为宜冠侯，校尉仆多为辉渠侯。合骑侯公孙敖因中途逗留，未能与霍去病会合，本应处斩，赎身后成为平民。

当时，汉军中老资格的将领们统率的将士、马匹、兵器都不如霍去病，霍去病所用通常都经过挑选，但他也确敢深入敌军，经常与精壮骑兵走在大部队的前面。老天也似乎对他的部队特别照顾，从来没有陷入困绝之境。可是，老将们却经常因迟留落后而不能建功。因此，霍去病的地位越来越尊贵，和大将军卫青差不多了。

匈奴军队侵入代和雁门等地，屠杀掳掠了好几百人。

【原文】

江都王建与其父易王所幸淖姬等及女弟徵臣奸[①]。建游雷陂[②]，天大风，建使郎二人乘小船入陂中[③]。船覆，两郎溺[④]，攀船，乍见乍没[⑤]。建临观大笑，令勿救，皆死。凡杀不辜三十五人[⑥]，专为淫虐。自知罪多，恐诛，与其后成光共使越婢下神[⑦]，祝诅上[⑧]。又闻淮南、衡山阴谋[⑨]，建亦作兵器，刻皇帝玺，为反具[⑩]。事发觉，有司请捕诛，建自杀，后成光等皆弃市，国除。

胶东康王寄[11]薨。

秋，匈奴浑邪王降[12]。是时，单于怒浑邪王、休屠王居西方为汉所杀虏数万人，欲召诛之。浑邪王与休屠王恐，谋降汉，先遣使向边境要遮汉人[13]，令报天子[14]。是时，大行李息将城河上[15]，得浑邪王使[16]，驰传以闻[17]。天子闻之，恐其以诈降而袭边，乃令票骑将军将兵往迎之。休屠王后悔，浑邪王杀之，并其众[18]。

票骑既渡河，与浑邪王众相望[19]。浑邪王裨将见汉军，而多不欲降者，颇遁去[20]。票骑乃驰入[21]，得与浑邪王相见，斩其欲亡者八千人，遂独遣浑邪王乘传先诣行在所[22]，尽将其众渡河。降者四万余人，号称十万。既至长安，天子所以赏赐者数十巨万[23]；封浑邪王万户[24]，为漯阴侯，封其裨王呼毒尼等四人皆为列侯[25]。益封票骑千七百户。

浑邪之降也，汉发车[26]二万乘以迎之，县官无钱[27]，从民贳马[28]，民或匿马[29]，马不具[30]。上怒，欲斩长安令[31]，右内史汲黯曰："长安令无罪，独斩臣黯[32]，民乃肯出马。且匈奴畔其主而降汉[33]，汉徐以县次传之[34]，何至令天下骚动，罢敝中国[35]而以事夷狄之人乎！"上默然。及浑邪至，贾人与市者坐当死五百余人[36]。

黯请间见高门[37]，曰："夫匈奴攻当路塞[38]，绝和亲，中国兴兵诛之[39]，死伤者不可胜计，而费以巨万百数[40]。臣愚以为陛下得胡人，皆以为奴婢，以赐从军死事者家[41]，所卤获，因予之[42]，以谢天下之苦[43]，塞百姓之心[44]。今纵不能[45]，浑邪率数万之众来降，虚[46]府库赏赐，发良民侍养[47]，譬若奉骄子[48]，愚民安知市买长安中物，而文吏绳以为阑出财物于边关乎[49]！陛下纵不能得匈奴之资以谢天下[50]，又以微文[51]杀无知者五百余人，是所谓'庇其叶而伤其枝[52]'者也。臣窃为陛下不取也[53]。"上默然不许，曰："吾久不闻汲黯之言，今又复妄发矣[54]！"

居顷之[55]，乃分徙降者边五郡故塞外[56]，而皆在河南[57]，因其故俗为五属国[58]。而金城河西[59]，西并南山至盐泽[60]，空无匈奴，匈奴时有候者到而希矣[61]。

休屠王太子日磾与母阏氏、弟伦俱没入官[62]，输黄门[63]养马。久之，帝游宴[64]，见马，后宫满侧[65]，日磾等数十人牵马过殿下，莫不窃视[66]，至日磾独不敢。日磾长八尺二寸[67]，容貌甚严[68]，马又肥好，上异而问之，具以本状对[69]；上奇焉[70]，即日赐汤沐、衣冠，拜为马监[71]，迁侍中、驸马都尉、光禄大夫[72]。日磾既亲近，未尝有过失，上甚信爱之，赏赐累千金，出则骖乘[73]，入侍左右。贵戚多窃怨曰："陛下妄得一胡儿，反贵重之[74]。"上闻，愈厚焉[75]。以休屠作金人为祭天主，故赐日磾姓金氏[76]。

（以上为第七段，写骠骑将军霍去病在一年中三出河西，接受匈奴浑邪王率领的四万名士兵投降事宜；休屠王太子日磾被罚到黄门养马，精心饲养，被汉武帝看中，升为侍中，而后至光禄大夫，赐姓"金"。）

【注释】

①江都王建：刘建，景帝之孙，江都易王刘非之子。易王：即江都易王刘非。淖姬：姬之姓淖。女弟：妹。徵臣：人名，刘徵臣。②雷陂：池名。在今扬州之北。③入陂中：进到湖中。④溺：落水。⑤乍见乍没：忽然漂浮，忽然沉没。见读"现"。⑥杀不辜：杀死无罪的人达三十五人之多。⑦"与其后"句：刘建和他的妻子成光让越族婢女请神诅咒。成光，刘建妻之名。⑧祝诅上：诅咒汉武帝。⑨淮南、衡山阴谋：指淮南王刘安、衡山王刘赐密谋造反。⑩为反具：制造兵器，以备反叛。⑪胶东康王寄：刘寄，景帝之子，景帝中元二年封为胶东王，卒谥康。⑫浑邪王：匈奴的王号，处于匈奴之西部地区。降：向汉朝投降。⑬要遮汉人：拦截经过的汉人。⑭令报天子：使其报告降汉的消息给皇上。⑮城河上：在黄河边筑边墙。⑯得浑邪王使：见到了浑邪王的使者。⑰驰传以闻：派传骑飞报天子。⑱并其众：浑邪王兼并了休屠王的人畜。⑲相望：遥遥相望。⑳颇遁去：很多人逃跑。㉑驰入：纵马驰入浑邪王军中，稳定匈奴军心。㉒行在所：皇上当时所居之处。㉓数十巨万：数十万万。㉔万户：封邑一万户。㉕四人皆为列侯：封匈奴小王四人为列侯。呼毒尼为下摩侯，雁（yīng）疪（bì）为辉渠侯，禽黎为河綦侯，大当户调虽为常乐侯。㉖发车：派出车辆。㉗县官无钱：政府没钱付被征用车辆的租金。㉘贳马：借贷。㉙匿马：隐藏马匹。㉚马不具：马不够征用的数字。㉛长安令：长安县长官。㉜独斩臣黯：只须杀我汲黯。㉝畔其主而降汉：浑邪王降汉是背叛自己的主人。黯之意，背主行为应受惩而不是奖。畔，通"叛"。㉞汉徐以县次传之：我朝应当有秩序地按沿途各县一站接一站传送匈奴降人，不应动员专门车马去迎接。徐，按部就班，从容地。㉟罢敝中国：困苦中国。罢，通"疲"。㊱与市者坐当死五百余人：与匈奴降人做买卖被判死罪的人，达五百人之多。按：违犯了禁卖物重者死罪。例如铁制品就是禁卖物，铁可做兵器。㊲请间：适当的机会。高门：未央宫高门殿。㊳攻当路塞：匈奴攻击汉朝沿边国境路上的

要塞。 ㊴诛之：计伐还击匈奴。 ㊵巨万百数：以百万万计。 ㊶以赐从军死事者家：赏赐给在战场上牺牲的将士家属。 ㊷所卤获，因予之：所缴获的财物，也一并赏赐。卤，通“掳”，缴获。 ㊸以谢天下之苦：用以酬谢天下的受苦百姓。谢，酬谢，抚慰。㊹塞百姓之心：满足百姓的心。塞，满足。 ㊺纵不能：即使做不到。 ㊻虚：空虚，耗尽。 ㊼发良民侍养：征发民众供奉匈奴降人。 ㊽譬若奉骄子：好比奉养宠儿一样。㊾“愚民”二句：那些无知民众哪里知道在长安市场做交易，竟会被执法官以走私边关禁物而治罪。 市买：市场交易。 文吏：舞文弄墨扭曲法律条文的官吏。 阑出：走私禁物。 按：阑，无符传出入为“阑”。汉律，汉与胡人通市，吏民不得持兵器及铁出关。即使在京师交易，吏民将兵器与铁卖与胡人，也等于犯了上述法令。 ㊿得匈奴之资以谢天下：用匈奴的财物答谢天下。 (51)微文：含糊不清的法令条文，扭曲司法解释。 (52)庇其叶而伤其枝：保护树叶而伤害树枝。叶喻匈奴降人，枝喻汉朝良民。爱护降人而伤良民，轻重倒置。 (53)窃为陛下不取：个人认为皇上错了。 (54)又复妄发：又在胡说八道。 (55)居顷之：过不多久。 (56)分徙降者：分别迁徙投降的人。 边五郡：沿西北边五个郡，即陇西、北地、上郡、朔方、云中等五个郡。 故塞：汉以前的关塞。句意，安置匈奴降人在沿边五郡的旧要塞之外。 (57)河南：黄河以南河套地区。 (58)五属国：五郡匈奴降人均保有匈奴原来五王的国号而隶属汉朝，故称“五属国”。 (59)金城：郡名。郡治允吾，在今甘肃永靖西北。 河西：地区名。泛指黄河（今甘肃、宁夏段）以西地区。(60)并：傍，沿着。 南山：山名。指今祁连山脉东段。 盐泽：即今新疆罗布泊。 (61)候者：侦察人员。 希：很少。 (62)日磾：字翁叔，汉武帝拔于降虏，赐姓“金”，官至光禄大夫，常侍从天子，以功封秺侯。受遗诏与霍光共辅少主。传见《汉书》卷六十八。 阏氏：指休屠王之正妻。 伦：人名，金日磾之弟。 没入官：没收为官奴婢。 (63)输：分配。 黄门：官署名。 (64)游宴：游玩宴乐。 (65)后宫满侧：指武帝身边一群后妃佳丽陪伴。 (66)莫不窃视：牵马的黄门奴仆除金日磾外没有一个不偷看后妃的。 (67)长八尺二寸：身高一米八八。汉尺二十三厘米，八尺二寸合一米八八。金日磾是一个高大的帅哥。(68)严：庄重。 (69)具以本状对：把自己的身世一五一十地详细告之。本状，原本的情况，原来的身世。 (70)上奇焉：汉武帝另眼相看。 (71)拜为马监：任命为黄门养马的长官。(72)迁：不断升官。历任侍中：驸马都尉、光禄大夫。 侍中：侍从天子。 驸马都尉：掌副车之马。 光禄大夫：掌议论。 (73)骖乘：为汉武帝的陪乘，贴身卫士。 (74)反贵重之：竟然当成宝贝。反，反而，竟然。 (75)愈厚焉：更加厚待。 (76)“以休屠”二句：因为休屠王制作祭天金人，所以赐日磾汉姓“金”。

【译文】

江都王刘建与其父易王刘非宠爱的淖姬等人及妹妹徵臣通奸。有一次，刘建在雷陂游玩，刮起了大风，刘建命两名郎官乘小船到湖中，小船被风吹翻，二人落入水中，抓着船，在风浪中忽沉忽现。刘建看着大笑，下令不准援救，致使二人全被淹死。刘建专做荒淫暴虐之事，共有三十五人无辜遭他杀害。他知道自己罪多，怕被诛杀，便与他的妻子成光让越族婢女请神下降，对汉武帝进行诅咒。又听到了淮南、衡山二王的阴谋，便也制造兵器，刻皇帝印玺，准备谋反。事情败露后，主管官员奏请汉武帝将其抓捕处决，刘建自杀，他的妻子成光等都被斩首示众，江都王国被取消。

胶东王刘寄去世。

秋季，匈奴浑邪王投降汉朝。当时，匈奴浑邪王、休屠王住在西部地区，被汉军擒杀了好几万人，单于十分生气，想将他们召到王庭处死。浑邪王与休屠王感到害怕，计划投降汉朝，先派人在边境拦截经过当地的汉人，让他们向汉武帝报告。此时，大行李息正在黄河边筑城，见到浑邪王使者后，派传车急速去报告朝廷。汉武帝听到这一消息，担心他们是用诈降手段偷袭边塞，便命霍去病率军前往迎接。休屠王对降汉之事后悔，浑邪王将他杀死，吞并其属下部众。

霍去病渡过黄河之后，与浑邪王所部遥遥相望。浑邪王部下将领见到汉军后，很多人不愿意投降，纷纷逃走。霍去病便纵马驰入浑邪王大营，与他相见，将其部下企图逃跑的八千人斩杀，又派遣浑邪王一人乘传车到汉武帝刘彻所居之处。同时命其部下人众全部渡过黄河，投降的共四万多人，号称十万。浑邪王到了长安后，汉武帝赏赐数十万，封浑邪王为漯阴侯，食邑一万户，其部下小王呼毒尼等四人全都被封为列侯，又增加霍去病食邑一千七百户。

浑邪王归降时，汉朝征调车辆两万乘前往迎接，可是因朝廷无钱，只得向民间赊购马匹。有的民众将马匹藏匿起来，结果马不够用。汉武帝刘彻大怒，要斩杀长安县令，右内史汲黯说道："长安令没有罪，只有将我杀了，民众才肯交出马匹。再说，浑邪王背叛他的主上投降我朝，我朝只需从容地按着县的顺序传送，何至于让天下不安，使中原贫困，来奉承异族呢？"汉武帝默不作声，及至浑邪王等来到长安，当地商人因与他们做买卖而犯死罪的达五百多人。

汲黯请求汉武帝找适当机会在未央宫高门殿接见他，他上奏说："匈奴攻击我沿边道路上的要塞，断绝和亲，我朝兴兵征讨，死伤不可胜数，费用高达数百万。我原以为皇上得到匈奴人，一定会将他们全部作为奴婢，赏给牺牲于战场的将士之家，所缴获的财物也一并赏赐，用以酬谢天下的受苦的百姓，满足百姓的心。如今纵然不能做到，也不能因浑邪王率领数万人前来归降，就用尽国库财富来赏赐他们，征调民众服侍、奉养他们，好像供奉骄横的儿子一般。那些无知的民众怎么知道在长安城中做买卖，竟会被法官以犯有走私禁物非法出边关的罪名受到惩处呢？皇上既不能用匈奴的财物答谢天下，又凭扭曲解释一些含糊不清的法律条文杀死无知小民五百多人，正是所谓'为保护树叶而伤害树枝'了。我觉得，皇上这样做是不对的。"汉武帝沉默不语，没有应许。后来说道："我很久没有听到汲黯的声音了，如今又在这里胡说八道！"

不久之后，汉武帝将归降的浑邪王部属分别迁移到沿边五郡的旧要塞之外，全部在黄河以南，保持他们原有的风俗习惯，设立几个"属国"。从此，金城河西岸，傍南山直到盐泽一带，便没有匈奴人了，偶尔有匈奴探马到来，但已稀少了。

休屠王太子日磾和他的母亲阏氏、弟弟伦都被罚到官府做奴隶，派到属于少府管辖的黄门养马。过了很久，汉武帝在一次游乐饮宴中检阅马匹，他的身边排满了后宫的美女，日磾等数十人牵马从殿下通过，没有人不偷偷窥视。而到日磾通过时，却唯独不敢。日磾身高八尺二寸，容貌十分庄严，所养的马匹又肥壮，汉武帝感到惊奇，召他上前询问，日磾便将自己的身世一一奏告。汉武帝对他另眼相看，当日便让他洗澡、赐给衣帽，任命为马监后升为侍中、驸马都尉，一直做到光禄大夫。日磾受到皇帝宠爱，从未有过过失，汉武帝对他十分信任，赏赐累计达黄金千斤，出门时让他陪乘车上，回宫后在左右随侍。很多皇亲国戚都私下抱怨说："皇上不知从哪儿找来个'胡儿'，竟然当成宝贝。"汉武帝听到后，更加厚待日磾。因为休屠王曾制造金人用来祭祀天神，所以汉武帝赐日磾姓"金"。

【原文】

三年（辛酉，前120）

春，有星孛于东方。

夏，五月。赦天下。

淮南王之谋反也，胶东康王寄微闻[①]其事，私作战守备[②]。及吏治淮南事，辞出之[③]。寄母王夫人，即皇太后之女弟也[④]，于上最亲[⑤]，意自伤，发病而死，不敢置后[⑥]。上闻而怜之，立其长子贤为胶东王。又封其所爱少子庆为六安王，王故衡山王地[7]。

秋，匈奴入右北平、定襄，各数万骑，杀略千余人。

山东大水[8]，民多饥乏。天子遣使者虚郡国仓廥以振贫民[9]，犹不足[10]，又募豪富吏民能假贷贫民者以名闻[11]，尚不能相救[12]。乃徙贫民于关以西及充朔方以南新秦中[13]七十余万口，衣食皆仰给县官[14]，数岁假予产业[15]。使者分部护之[16]，冠盖相望[17]。其费以亿计，不可胜数。

汉既得浑邪王地，陇西、北地、上郡益少胡寇[18]，诏减三郡戍卒之半[19]，以宽天下之繇[20]。

上将讨昆明[21]，以昆明有滇池[22]方三百里，乃作昆明池以习水战[23]。是时法既益严，吏多废免[24]。兵革数动[25]，民多买复及五大夫[26]，征发之士益鲜[27]。于是除千夫、五大夫为吏[28]，不欲者出马[29]，以故吏弄法[30]，皆谪令[31]伐棘上林[32]，穿昆明池[33]。

是岁，得神马于渥洼水[34]中。上方立乐府[35]，使司马相如等造为诗赋[36]，以宦者李延年为协律都尉[37]，佩二千石印；弦次初诗以合八音之调[38]。诗多尔雅之文[39]，通一经之士不能独知其辞[40]，必集会五经家相与共讲习读之[41]，乃能通知其意。及得神马，次以为歌。汲黯曰："凡王者作乐，上以承祖宗[42]，下以化兆民[43]。今陛下得马，诗以为歌，协于宗庙[44]，先帝百姓岂能知其音邪[45]？"上默然不说[46]。

上招延士大夫，常如不足；然性严峻，群臣虽素所爱信者，或小有犯法，或欺罔[47]，辄按诛之，无所宽假[48]。汲黯谏曰："陛下求贤甚劳，未尽其用，辄已杀之。以有限之士恣无已之诛[49]，臣恐天下贤才将尽，陛下谁与共为治乎！"黯言之甚怒，上笑而谕[50]之曰："何世无才，患人不能识之耳。苟能识之，何患无人！夫所谓才者，犹有用之器也[51]，有才而不肯尽用，与无才同，不杀何施[52]！"黯曰："臣虽不能以言屈陛下[53]，而心犹以为非[54]。愿陛下自今改之，无以臣为愚而不知理也。"上顾群臣曰："黯自言为便辟[55]则不可，自言为愚，岂不信然乎[56]！"

（以上为第八段，写公元前120年崤山以东地区发大水，民众陷入饥饿、困苦境地，汉武帝刘彻下令当地郡县封国开仓济民，又征集钱粮救灾，并将七十多万名灾民迁移到新秦中，由官府供给。）

【注释】

①微闻：听到一点风声。②私作战守备：私自做战守的器具准备。③辞出之：淮南王谋反人的口供牵连出刘寄。④皇太后之女弟：女弟，妹妹。刘寄的母亲是汉武帝母亲皇太后的妹妹。⑤于上最亲：刘寄与汉武帝是表兄弟，血缘最亲。⑥不敢置后：不敢安排后继人。⑦王故衡山王地：刘庆所封王的土地是原衡山王的土地。因都城在六县，所以改衡山为六安王。⑧山东大水：崤山以东广大地区闹水灾。⑨虚郡国仓廥以振贫民：把水灾区各个郡国的仓库粮食全部拿出来赈济灾民。虚，空，全部拿出来。仓，储粮库。廥，储刍藁。振，通“赈”，救济。⑩犹不足：还不够。⑪假贷贫民：借给贫困百姓。以名闻：把姓名报告天子。⑫尚不能相救：仍然不能全部救助饥乏的贫民。⑬关以西：函谷关以西，实指河西走廊地区，当时从匈奴手中夺得，是未开垦的牧地。新秦中：是朔方郡的南部，今河套地区，亦从匈奴手中夺得，以待开垦。⑭仰给县官：依靠县官。⑮数岁假予产业：在几年之内，政府借给新移民以生产资料。⑯使者分部护之：朝廷派出使者分区分片进行管理。⑰冠盖相望：使者一批又一批络绎不绝。冠盖，使者之冠与使车之盖。相望，遥相望见。按：汉武帝元狩三年大救灾，因势利导开发河套地区与河西走廊地区，变游牧草地为农耕地，巩固了边防，特别是河西走廊的开发沟通中西交通，意义重大。一箭多雕，纵虚府库犹足多焉。⑱少胡寇：很少受匈奴侵扰。⑲诏减三郡戍卒之半：汉武帝下诏，减少陇西、北地、上郡等三郡戍卒一半。⑳以宽天下之繇：用以减轻全国民众的徭役负担。㉑昆明：秦汉时小国名。在今云南大理一带。㉒滇池：湖名。在今云南昆明南。㉓昆明池：武帝时人工湖。在今陕西西安西南。习水战：训练水军。㉔废免：罢免官职。㉕兵革数动：战争不断。㉖民多买复及五大夫：民众买爵到五大夫以免除徭役。五大夫，第九级爵。汉律入粟四千石可买爵五大夫，就可免除徭役。㉗益鲜：官府能征发徭役的人越来越少。鲜，少。㉘除千夫、五大夫为吏：任命有千夫、五大夫爵位的人为下级官吏以补不足。除，委任。千夫，武功爵第七级与民爵五大夫相当。㉙不欲者出马：不愿为吏的千夫、五大夫则要献马。按：马当时是重要战略物资。马匹缺少时，民献一马者，免除三个人的徭役。㉚弄法：玩弄法律，钻法律空子。㉛谪令：强制发配。谪，贬黜。令，命令。㉜伐棘上林：到上林苑砍伐荆棘。上林，皇家苑名，在今陕西西安西南。㉝穿昆明池：开挖昆明池。㉞渥洼水：水名。地点不明。旧说在敦煌地区。㉟乐府：官署名。汉武帝新设置，掌音乐诗歌，并采集民风歌谣。㊱司马相如：西汉蜀郡成都人，辞赋家，曾出使西南夷。传见《史记》卷一百一十七、《汉书》卷五十七。造为诗赋：创作诗赋。㊲李延年：西汉中山（治今河北定州）人。与父母兄弟皆为乐师。善歌，为新变声。

官至协律都尉。传见《汉书》卷九十三。协律都尉：官名。汉武帝时始置。掌音乐。㊳弦次初诗：将编排的新作诗歌配上弦乐。作，编排，配乐。八音之调：古时指金、石、丝、竹、匏、土、革、木等八种器乐为"八音"。㊴尔雅之文：新作诗歌文辞优美雅正。㊵"通一经之士"句：只通一经的儒学经师读不懂新作诗歌深奥的文辞。㊶共讲习读之：必须汇集五经专家共同钻研诵读。㊷上以承祖宗：上应赞美祖先。承，继承发扬祖宗成就，即赞美祖宗。㊸下以化兆民：下应教化亿万民众。兆，一万万。㊹协于宗庙：在宗庙里演奏。协调音，即演奏。㊺"先帝"句：谓演奏一首赞马歌，先帝和民众怎么知道唱的是什么呢？音，宫、商、角、徵、羽五声和谐，即歌唱是五声协调。此"音"字作动词用，即演奏，唱歌。按：雅乐要有深厚的文化政治内容，上承祖宗，下化兆民，怎能去演奏一首赞马歌，此汲黯极谏之一例。㊻说：通"悦"。汉武帝很不高兴，但无言以对。㊼欺罔：指欺骗君主。㊽无所宽假：从不宽恕。㊾恣无已之诛：肆意的无限诛杀。恣，肆意，放纵。㊿谕：疏导，解释。51犹有用之器：人才就好比是有用的器物。犹，好比，好像，如同。52不杀何施：不杀留下何用。53以言屈陛下：用言辞说服陛下。即说不过你。54心犹以为非：心里，即理性认为是错的。55便（pián）辟：逢迎谄媚，俗称拍马屁。56自言为愚，岂不信然乎：汲黯自称愚笨，真是说对了。信然，真是这样。

【译文】

汉武帝元狩三年（辛酉，前120）

春季，东方出现异星。

夏季，五月，汉朝实行大赦。

当淮南王刘安密谋反叛时，胶东王刘寄听到一点风声，也曾在暗中做战争准备。及至司法官员处置刘安谋叛事件，有些人的口供道出刘寄的活动。刘寄的母亲王夫人就是皇太后的妹妹，与汉武帝关系最亲。事发后，刘寄自怨自艾，得病而死，不敢指定继承人。汉武帝听说后很可怜他，立他的大儿子刘贤为胶东王，又封刘寄生前最宠爱的小儿子刘庆为六安王，将原来衡山王辖地划归六安王所有。

秋季，匈奴分别以数万骑兵侵入右北平和定襄地区，屠杀、掳掠一千多人。

崤山以东地区发大水，很多百姓陷入饥饿、困苦境地。汉武帝刘彻派出使臣，将当地各郡县封国仓库中的粮食全部拿出来赈济灾民，仍然不够，又征集富豪、官吏、百姓，凡借钱粮给贫苦灾民的，将其姓名上报朝廷，但还是不能解救。于是，将贫苦灾民迁移到函谷关以西及朔方郡以南的新秦中地区，总共七十多万人，所需衣服、食物全部由官府供给。数年之中，由官府借给生产资料，朝廷派出使者分区进行管理，使者的车一辆接一辆，费用以亿计，多得数不清。

汉朝得到匈奴浑邪王的辖地后，陇西、北地、上郡一带外族入侵日益减少。因此，汉武帝刘彻下令将上述三郡的屯戍部队裁减一半，以减轻百姓的徭役负担。

汉武帝计划要征讨昆明地区，因该地有方圆三百里的滇池，所以特凿"昆明池"练习水战。此时，法令越发严苛，官吏被免职的很多。由于战事频繁，百姓多买爵到五大夫以免除劳役，所以官府能够征调服役的人越来越少。于是，朝廷任命具有千夫、五大夫爵位的人充当低级官吏，不想当官的人必须向官府交纳马匹。凡官吏玩弄法令的，都被发配到上林御苑去砍伐荆棘，开挖昆明池。

这一年，在西北渥洼水中得到一匹神马。汉武帝刘彻正在设立乐府，命司马相如等创作诗赋；任命宦官李延年为协律都尉，佩带二千石印信，将新作的诗赋配上弦乐，使它们符合八音曲调。由于这些诗赋中多用深奥的文辞，仅仅读通一部经书的人，独自一人看不懂，必须会集五经专家共同研究诵读，才能全部了解它的含意。及至获得神马，汉武帝又命令创作诗赋，配成歌曲，汲黯劝道："凡圣明的君主制作乐章，上应赞美祖先，下要教化民众。如今皇上得了一匹马，就要将诗谱成歌曲，在宗庙中演唱，先帝和民众怎么能知道唱的是什么呢？"汉武帝听了不说话，很不高兴。

汉武帝延揽士子文人，常常怕人才不够用，但性情严厉刻薄，尽管是平日所宠信的群臣，或者犯点小错，或者发现有欺瞒行为，立即根据法律将其处死，从不宽恕。汲黯劝说道："皇上求贤十分辛苦，但还未发挥他的才干，就已经把他杀了。以有限的士子文人，供应皇上的无限诛杀，我恐怕天下的贤才将要丧尽，皇上和谁一同治理国家呢？"汲黯说这番话时非常愤怒，汉武帝笑着解释说："什么时候也不会没有人才，只怕人才不能被发现罢了。如果善于发现，何必怕无人才？所谓'人才'，就如同有用的器物，有才干而不肯充分施展，与没有才干一样，不杀掉他，还等什么？"汲黯道："我虽然无法用言辞说服皇上，但心里仍觉得皇上说得不对，希望皇上从今以后能够改正，不要认为我愚昧而不懂道理。"汉武帝转身对周围众臣说："汲黯自称阿谀奉承，当然不是，但说他自己愚昧，难道不确实是这样吗？"

【原文】

四年（壬戌，前119）

冬，有司言："县官用度太空[1]，而富商大贾冶铸、煮盐[2]，财或累万金[3]，不佐国家之急[4]；请更钱造币以赡用[5]，而摧浮淫并兼之徒[6]。"是时，禁苑有白鹿而少府多银、锡[7]，乃以白鹿皮方尺[8]，缘以藻缋[9]，为皮币[10]，直四十万[11]。王侯、宗室朝觐、聘享必以皮币荐璧[12]，然后得行[13]。又造银、锡为白金三品[14]：大者圜之[15]，其文龙[16]，直三千[17]；次方之[18]，其文马，直五百；小者椭之[19]，其文龟，直三百。令县官销半两钱[20]，更铸三铢钱[21]，盗铸诸金钱罪皆死[22]；而吏民之盗铸白金者不可胜数。

于是以东郭咸阳、孔仅为大农丞[23]，领盐铁事[24]。桑弘羊以计算用事[25]。咸阳，齐之大煮盐[26]；仅，南阳大冶[27]，皆致生累千金[28]。弘羊，洛阳贾人子[29]，以心计[30]，年十三侍中。三人言利[31]，事析秋毫矣[32]。

诏禁民敢私铸铁器、煮盐者釱左趾[33]，没入其器物[34]。公卿又请令诸贾人末作各以其物自占[35]，率缗钱二千而一算[36]；及民有轺车若船五丈以上者[37]，皆有算[38]。匿不自占，占不悉[39]，戍边一岁[40]，没入缗钱[41]。有能告者[42]，以其半畀之[43]。其法大抵出张汤[44]。汤每朝奏事[45]，语国家用[46]，日晏[47]，天子忘食[48]。丞相充位[49]，天下事皆决于汤[50]。百姓骚动[51]，不安其生[52]，咸指怨汤[53]。

初，河南人卜式[54]，数请输财县官以助边[55]，天子使使问式："欲官乎[56]？"式曰："臣少田牧[57]，不习仕宦[58]，不愿也。"使者问曰："家岂有冤[59]，欲言事乎[60]？"式曰："臣生与人无分争[61]，邑人贫者贷之[62]，不善者教之，所居人皆从式[63]，式何故见冤于人[64]！无所欲言也[65]。"使者曰："苟如此[66]，子何欲而然[67]？"式曰："天子诛匈奴[68]，愚以为贤者宜死节于边[69]，有财者宜输委[70]，如此而匈奴可灭也。"上由是贤之[71]，欲尊显以风百姓[72]，乃召拜式为中郎[73]，爵左庶长[74]，赐田十顷，布告天下，使明知之。未几[75]，又擢式为齐太傅[76]。

（以上为第九段，写汉武帝为了攻打匈奴，千方百计筹集财政资金，采用重新制造钱币、禁止民间私铸铁器和煮盐、算缗、告缗等措施，重用张汤、桑弘羊等人，卜式屡次请求捐赠家产，受到鼓励和重用。）

【注释】

①县官用度太空：国家财政困难。县官，政府，指国家。太空，府库空虚。 ②冶铸、煮盐：冶铁、制盐。 ③财或累万金：积累了很多财富。万金，万斤黄金，形容财多。 ④不佐国家之急：不资助国家的急需。 ⑤更钱造币：制造新的货币。 以赡用：满足用度。赡，足。 ⑥摧浮淫并兼之徒：打击浮滑不法以及兼并土地的奸邪之徒。 ⑦禁苑：御苑，皇家花园。少府多银、锡：少府有很多银、锡器皿。少府，九卿之一，皇家私府，掌山川池泽之税租，以及尚方手工作坊，专供皇室所用。 ⑧白鹿皮方尺：白鹿皮一平方尺。 ⑨缘以藻缋：用彩绣镶边。 ⑩为皮币：称作皮币。 ⑪直四十万：价值四十万钱。 ⑫皮币荐璧：呈献的玉璧要放置在皮币之上。凡王侯、宗室进京朝见、互相交往、参加祭祀大典敬献祖宗，都要皮币荐璧。即发行的皮币强制王侯、宗室使用，搜刮他们的钱财。 按：朝觐，王侯朝见天子叫朝觐。汉制，王侯每年春、秋季要朝见天子。 聘享：聘问献纳。国与国之间遣使访问叫“聘”，王侯向天子进献方物叫“享”。 荐，垫。 璧，平圆形方孔的玉器。古时聘享、祭祀所用的祀器。 ⑬然后得行：皮币荐璧后，才能通行，即才能过关。 ⑭白金三品：银、锡所制币白色，称白金，有三种面值，三个品类，即下文圆、方、椭三形。 ⑮圜之：圆形白金。 ⑯文龙：龙形花纹图案。 ⑰直三千：面值三千钱。 ⑱方之：方形白金。 ⑲椭之：椭圆形白金。⑳销半两钱：销毁重四铢的半两钱。 ㉑更铸三铢钱：改铸重三铢的半两钱。 ㉒死：盗铸钱死刑。 ㉓东郭咸阳：人姓名。姓东郭，名咸阳。 孔仅：人姓名。 大农丞：官名。大农令（大司农）的属官。 ㉔领盐铁事：管理盐铁事务。 ㉕桑弘羊：西汉著名理财家，洛阳人，商人，十三岁为侍中，官至御史大夫。汉武帝时盐铁官营，置平准、均输等财政政策皆出于桑弘羊。传附见《汉书》卷二十四。 用事：掌权。 ㉖咸阳：人名，东郭咸阳。 齐之大煮盐：齐地的最大制盐商。 ㉗仅：人名，孔仅。 南阳大冶：南阳郡最大的冶铁商人。 ㉘皆致生累千金：三人都在各自的产业中积累了千金财富。㉙贾人子：商人之子。 ㉚心计：精于心算。 ㉛言利：谋划赚钱的事。 ㉜事析秋毫矣：分析赚钱的事，连细枝末节都不放过。秋毫，鸟兽于秋天新生的细毛。喻细微。㉝钛（dì）左趾：在左脚上戴上铁镣。钛，脚镣，铁制的钳箍。 ㉞没入其器物：没收铸铁和煮盐的器具。 ㉟贾人末作：各种工商业者。 以其物自占：各自申报自己物业的总资产。自占，自己申报官府。 ㊱率（shuài）：一律。 缗钱：缗是穿钱的丝绳，一缗千钱。缗钱是汉代计算资产的单位名称，也是工商业资产税的名称。官府征收工商业资产税叫算缗钱。 缗钱二千而一算：工商业者产值缗钱二千出一算。算，是税额单位名称，每算一百二十文。 ㊲轺（yáo）车：一马驾驶的轻便车。 船五丈以上：即长五丈

以上的船。㊳有算：要算缗钱。㊴匿不自占：隐瞒资产不申报。占不悉：申报不实。悉，全部资产。㊵戍边一岁：惩罚戍守边地一年。㊶没入缗钱：没收资产。㊷有能告者：有检举揭发的人。㊸以其半畀之：将没收资产的一半给告发者。畀（bì），给予。㊹其法：指告缗法。出张汤：是张汤提出的。㊺汤每朝奏事：张汤每次朝会奏报。㊻语国家用：奏报国家财用情况。㊼日晏：用了很长时间，太阳都偏斜了。㊽天子忘食：皇上听得津津有味，忘记了吃饭。㊾丞相充位：丞相只是占了一个位子，不管事。㊿决于汤：由张汤决定。51骚动：骚乱。52不安其生：无法安定生活。53咸指怨汤：都指责骂张汤。怨，怨恨，咒骂。54河南：郡名。郡治洛阳，在今河南洛阳东北。卜式：西汉河南人。以田畜为业。自愿以家财助边。官至御史大夫。主张罢官营盐铁和算缗。传见《史记》卷三十、《汉书》卷五十八。55数（shuò）：屡次。输财：输送资财。助边：补助边防费用。56欲官乎：想做官吗？57少：少年时。田牧：种田，畜牧。58不习仕宦：不熟习做官的规矩。59有冤：有冤情吗？60言事乎：要申诉吗？61无分争：没有纠纷。分，通“纷”。62邑人：同乡的人。贷之：借贷给他，或施舍给他。63所居人皆从式：我居住的地方，民众都听我的。64式何故见冤于人：我卜式怎么会被人冤枉呢？即无冤。65无所欲言也：没有什么要申诉的。66苟如此：如果像你说的这样。67子何欲而然：您想要什么而这样做呢？68天子诛匈奴：皇上讨伐匈奴。69贤者宜死节于边：有才干的人应当战死边塞保全节义。70有财者宜输委：有钱的人应当献出全部蓄积。71上由是贤之：皇上因此十分器重卜式。72风百姓：劝喻百姓。风，通“讽”。73中郎：郎官之一，掌守宫门。74爵左庶长：拜爵左庶长。第十级爵。75未几：没过多久。76齐太傅：齐王太傅。元狩六年齐王为刘闳，武帝之子。太傅，辅佐诸侯王。

【译文】

汉武帝元狩四年（壬戌，前119）

冬季，主管官员奏称：“国家的经费非常困难，而豪富的大商人通过冶铁和煮制食盐等，家财有的积蓄到黄金万斤，却不肯用来资助国家急需。请皇上重新制造钱币满足使用，以打击那些浮滑不法以及兼并土地的人。”当时，御苑中有一种白鹿，少府有很多银、锡。于是，汉武帝命人用一尺见方的白鹿皮，四边绣上五彩花纹，称为皮币，值四十万钱。同时下令：凡王侯、皇族进京朝觐，或相互聘问，以及参加祭祀大典时，都必须将呈献的玉璧放在皮币之上，然后才能通行。又用银、锡制造出三种白金币：大币为圆形，以龙为图，值三千钱。其次是方形白金币，以马为图，值五百钱。小的为椭圆形，以龟为图，值三百钱。又命令地方官府销毁半两钱，改铸三铢钱，凡私自铸造各种钱币的人一律处死。但官吏和民间私自铸造白金币的人仍然不可胜数。

因此，汉武帝任命东郭咸阳、孔仅二人为大农丞，负责盐铁事务；桑弘羊也以擅长计算而受到重用。东郭咸阳本为齐地的大煮盐商，孔仅则是南阳的大冶铁商，二人都扩大产业而积聚千金。桑弘羊为洛阳商人子弟，精于心算，十三岁就做了侍中。他们三人商讨谋利的事情，连细枝末节都能分析到。

汉武帝颁布命令，禁止民间私铸铁器和煮盐，犯禁者受左脚戴铁镣之刑，工具和产品没收。公卿大臣们又奏请汉武帝命令从事各种工商末业的人各自申报自己的财产，以一千钱为一缗，每二千缗纳税一百二十钱，作为一算。另外，凡百姓家有小形马车，或有五丈以上船只的，都要征算。凡隐瞒财产不报或申报不实的，戍守边塞一年，钱财没收。告发别人隐瞒财产的人，赏给被告发者财产的一半。这些法令大部分都是出自张汤。张汤每次朝会，奏报国家财用情况，都到很晚，汉武帝因此忘记了吃饭。丞相李蔡坐在位子上充数，天下大事都由张汤决策。百姓骚动，无法安心生活，都怨恨张汤。

当初，河南人卜式屡次请求捐赠家产给朝廷，援助边塞，汉武帝派使者问卜式："你想当官吗？"卜式回答说："我从小种田牧羊，不懂做官的规矩，不愿当官。"使臣又问道："难道你家有冤情，想要申诉吗？"卜式说："我平生与人没有纠纷，对同乡中贫穷的人则借给他们钱，对为非作歹的人则教导他们，所以，周围的邻居都跟从我，我怎么会被人冤枉呢？没什么想申诉的。"使者说："若是如此，你为什么要那样做呢？"卜式说："国家攻打匈奴，我认为有才能的人应当战死边塞以全臣节；有财富的人应当拿出钱财支援国家。这样才能将匈奴消灭。"汉武帝因此认为卜式贤能，打算高度评价并宣扬他的行动，以劝勉百姓，便将卜式召到京师，任命为中郎，赐左庶长爵位，赏给十顷土地，并宣告天下，使人人知晓。不久，又提升为齐国太傅。

【原文】

春，有星孛于东北。夏，有长星[①]出于西北。

上与诸将议曰："翕侯赵信为单于画计[②]，常以为汉兵不能度幕轻留[③]，今大发士卒，其势必得所欲。"乃粟马十万[④]，令大将军青、票骑将军去病各将五万骑，私负从马复四万匹[⑤]，步兵转者踵军后又数十万人，而敢力战深入之士皆属票骑[6]。票骑始为出定襄，当单于[7]，捕虏言单于东[8]，乃更令票骑出代郡[9]，令大将军出定襄。

郎中令李广数自请行[10]，天子以为老[11]，弗许；良久，乃许之，以为前将军。太仆公孙贺为左将军，主爵都尉赵食其为右将军，平阳侯曹襄为后将军，皆属大将军。赵信为单于谋曰："汉兵既度幕，人马罢[12]，匈奴可坐收虏耳[13]。"乃悉远北其辎重[14]，以精兵待幕北[15]。

大将军既出塞，捕虏知单于所居，乃自以精兵走之[16]，而令前将军广并于右将军军[17]，出东道[18]。东道回远而水草少[19]，广自请曰："臣部为前将军，今大将军乃徙令臣出东道[20]。且臣结发而与匈奴战[21]，今乃一得当单于，臣愿居前，先死单于[22]。"大将军亦阴受上诫[23]，以为"李广老，数奇[24]，毋令当单于，恐不得所欲[25]。"而公孙敖新失侯[26]，大将军亦欲使敖与俱当单于，故徙前将军广。广知之[27]，固自辞于大将军[28]；大将军不听，广不谢而起行，意甚愠怒。

大将军出塞千余里，度幕[29]，见单于兵陈而待[30]。于是大将军令武刚车自环为营[31]，而纵五千骑往当匈奴[32]。匈奴亦纵可万骑。会日且入[33]，大风起，砂砾击面[34]，两军不相见，汉益纵左右翼绕单于[35]。单于视汉兵多而士马尚强，自度战不能如汉兵[36]，单于遂乘六骡[37]，壮骑可数百，直冒汉围[38]，西北驰去。

时已昏[39]，汉匈奴相纷拏[40]，杀伤大当[41]。汉军左校捕虏言[42]，单于未昏而去，汉军发轻骑夜追之，大将军军因随其后，匈奴兵亦散走。迟明[43]，行二百余里，不得单于，捕斩首虏万九千级，遂至窴颜山赵信城[44]，得匈奴积粟食军，留一日，悉烧其城余粟而归。

前将军广与右将军食其军无导[45]，惑失道[46]，后大将军[47]，不及单于战。大将军引还[48]，过幕南[49]，乃遇二将军。大将军使长史责问广、食其失道状[50]，急责广之幕府对簿[51]。广曰："诸校尉无罪，乃我自失道，吾今自上簿至莫府[52]。"广谓其麾下曰："广结发与匈奴大小七十余战，今幸从大将军出接单于兵，而大将军徙广部，行回远而又迷失道，岂非天哉！且广年六十余矣，终不能复对刀笔之吏[53]！"遂引刀自刭[54]。

广为人廉[55]，得赏赐辄分其麾下[56]，饮食与士共之，为二千石四十余年[57]，家无余财。猿臂[58]，善射，度不中不发[59]。将兵[60]，乏绝之处见水[61]，士卒不尽饮，广不近水，士卒不尽食，广不尝食。士以此爱乐为用[62]。及死，一军皆哭[63]。百姓闻之，知与不知[64]，无老壮皆为垂涕[65]。而右将军独下吏[66]，当死[67]，赎为庶人。

单于之遁走[68]，其兵往往与汉兵相乱[69]而随单于，单于久不与其大众相得[70]。其右谷蠡王[71]以为单于死，乃自立为单于。十余日，真单于复得其众，而右谷蠡王乃去其单于号。

票骑将军骑兵车重与大将军军等，而无裨将[72]，悉以李敢等为大校[73]，当裨将，出代、右北平二千余里，绝大幕[74]，直左方兵[75]，获屯头王、韩王[76]等三人，将军、相国、当户、都尉[77]八十三人，封狼居胥山[78]，禅于姑衍[79]，登临翰海[80]，卤获[81]七万四百四十三级。天子以五千八百户益封票骑将军；又封其所部右北平太守路博德等四人为列侯[82]，从票侯破奴等二人益封[83]，校尉敢为关内侯[84]，食邑；军吏卒为官[85]、赏赐甚多。而大将军不得益封，军吏卒皆无封侯者。

两军之出塞，塞阅官及私马凡十四万匹[86]，而复入塞者不满三万匹[87]。

乃益置大司马位[88]，大将军、票骑将军皆为大司马，定令[89]，令票骑将军秩禄与大将军等[90]。自是之后，大将军青日退而票骑日益贵[91]。大将军故人、门下士多去事票骑[92]，辄得官爵，唯任安不肯[93]。

票骑将军为人，少言不泄[94]，有气敢往[95]。天子尝欲教之孙、吴兵法[96]，对曰："顾方略何如耳[97]，不至学[98]古兵法。"天子为治第[99]，令票骑视之，对曰："匈奴未灭，无以家为也[100]！"由此上益重爱之。然少贵[101]，不省士[102]，其从军[103]，天子为遣太官赍数十乘[104]，既还，重车余弃粱肉[105]，而士有饥者；其在塞外，卒乏粮或不能自振[106]，而票骑尚穿域蹋鞠[107]，事多此类。大将军为人仁，喜士退让[108]，以和柔自媚于上[109]。两人志操如此[110]。

是时，汉所杀虏匈奴合八九万，而汉士卒物故[111]亦数万。是后匈奴远遁，而幕南无王庭[112]。汉渡河自朔方以西至令居[113]，往往通渠，置田官[114]，吏卒五六万人，稍蚕食匈奴以北[115]；然亦以马少[116]，不复[117]大出击匈奴矣。

匈奴用赵信计，遣使于汉，好辞请和亲。天子下其议[118]，或言和亲，或言遂臣之[119]。丞相长史任敞曰："匈奴新破困[120]，宜可使为外臣[121]，朝请于边[122]。"汉使任敞于单于，单于大怒，留之不遣[123]。

是时，博士狄山议以为和亲便[124]，上以问张汤，汤曰："此愚儒无知。"狄山曰："臣固愚，愚忠[125]。若御史大夫汤，乃诈忠[126]。"于是上作色曰[127]：

“吾使生居一郡[128]，能无使虏入盗乎？”曰：“不能。”曰：“居一县[129]？”对曰：“不能。”复曰：“居一障间[130]？”山自度[131]，辩穷且下吏[132]，曰：“能。”于是上遣山乘障[133]，至月余[134]，匈奴斩山头而去。自是之后，群臣震慑[135]，无敢忤[136]汤者。

（以上为第十段，写汉武帝派大将军卫青和骠骑将军霍去病率军进行漠北大战，消灭匈奴八九万人，从此“漠南无王庭”；李广跟随大将军出战，出东道，迷路，失去封侯机会，愤而自杀。）

【注释】

①长星：彗星。②画计：出谋划策。③度幕轻留：越过沙漠停留。度，通“渡”，越过。幕，通“漠”，沙漠。轻留，轻易久留。④粟马十万：用粟养马十万匹。⑤私负从马：个人筹办衣装及马匹的从军者，有人骑四万。⑥力战深入之士：勇敢能长途奔袭的战士，即精选的特种兵。属票骑：隶属霍去病指挥。⑦当单于：正面攻击单于。⑧单于东：单于在东边。⑨更令票骑出代郡：代郡在定襄郡之东。更令霍去病出兵代郡，仍是要对他对敌单于，给他提供立大功的机会。⑩数（shuò）自请行：多次请战出征。⑪老：年老。李广时年六十余。⑫罢：通“疲”。⑬坐收虏耳：坐等擒获汉军罢了。言匈奴在漠北以逸待劳，容易取胜。⑭远北：远移至北方。辎重：军需物资。⑮以精兵待幕北：让精锐骑兵在沙漠以北等待汉军。⑯乃自以精兵走之：于是卫青亲自率领精兵追向单于。⑰并：两军合并。令前将军李广合并于东路的右将军赵食其。⑱出东道：由东路进军。即为大将军卫青主力的东翼。⑲回远：绕道而路远。水草少：言难以供给远征军人马饮用。⑳徙令臣出东道：李广为前锋是正面对敌的，今改令出东路。㉑结发而与匈奴战：从少年时起就与匈奴作战。结发，束发，始可戴冠。谓年少。㉒先死单于：希望第一个与单于死战。㉓阴受上诫：受到汉武帝的暗中告诫。㉔数奇：运气不好。㉕恐不得所欲：担心不能达到擒单于的目的。㉖失侯：公孙敖元狩二年进军迟留丧失战机丢了侯爵。㉗广知之：李广知道内情。㉘固自辞于大将军：李广坚决地向大将军推辞不去东道。㉙度幕：越过沙漠。㉚陈而待：结阵待敌。陈，同“阵”。㉛武刚车自环为营：用武刚车环绕一周结成营阵。武刚车，有防护设备的战车。㉜纵五千骑：派出五千名骑兵冲出营阵。往当匈奴：前往正面攻击匈奴。㉝会日且入：正碰上太阳快下山，即日暮。㉞砂砾击面：狂风吹起的沙石扑打人脸。㉟汉益纵左右翼绕单于：汉军增派左右两翼的军队包围单于。㊱自度战不能如汉兵：单于估计对抗打不过汉军。不如，不能抵挡。按：匈奴以逸待劳，一交战不敌汉军，表明匈奴

已经衰弱。 ㊲乘六骡：乘坐六头骡子驾的车。 ㊳直冒汉围：突击冲破汉军包围。冒，冲破，越出。 ㊴昏：黄昏。 ㊵相纷挐：互相搏杀，乱成一团。 ㊶杀伤大当：双方杀伤大体差不多。当，相当。 ㊷左校捕虏言：汉军左翼校尉从捕获的俘虏中得到消息报告说。 ㊸迟明：天将黎明。迟，接近。 ㊹寘颜山：山名。约今蒙古国杭爱山脉南面的一支。 赵信城：匈奴为赵信安排的住处，在寘颜山区。 ㊺无导：没有向导。 ㊻惑失道：在沙漠里迷失了道路。 ㊼后大将军：落到大将军的后面。 ㊽引还：领军班师。 ㊾过幕南：过了沙漠以南。 ㊿长史：大将军属官，高级事务官，当今秘书长。 失道状：迷路的情况。 51急责广之幕府对簿：卫青责令李广立即到大将军帐下听候传讯。对簿，接受审讯。 52自上簿：亲自去受审。 至莫府：到大将军的帐下。莫，通“幕”。 53终不能复对刀笔之吏：总不能再去面对那些刀笔吏。终，总，毕竟。刀笔之吏，管理文书或玩法的官吏。 54自到：自刎。 55廉：廉洁。 56麾下：部下。 57为二千石四十余年：汉代九卿、国相、郡守、将军均二千石。李广从文帝十四年从军至武帝元狩四年，军旅生活四十八年（前166—前119），文帝末官至陇西都尉即二千石，此后历任上郡、北地、雁门代郡、云中太守、卫尉、前将军，约四十年，一生与匈奴战，流尽最后一滴血，是以全军皆哭。 58猿臂：两臂如猿臂长而灵活。 59度不中不发：估计射不中目标便不发箭。不中，指箭矢够不着目标，等敌人靠近一些才发箭。 60将兵：率领部队出征。 61乏绝之处见水：指沙漠行军缺水，偶然发现了水。 62爱乐为用：喜欢跟随李广作战，乐为之效力。 63一军皆哭：全军皆哭。 64知与不知：认识与不认识。知，指直接接触过，认识的人。 65无老壮：无论老年壮年。 垂涕：流泪伤心。 66独下吏：右将军赵食其一人被审判。 67当死：判处死罪。 68遁走：逃走。 69相乱：汉匈兵互相混杂。此指匈奴兵混于汉兵中。 70大众：大军。 相得：相遇，会合。 71右谷蠡王：匈奴王号之一，位次贤王，分左、右。右，指匈奴西部。 72无裨将：不设置副将。73为大校：任命为大校。校，指“校尉”军官，位次将军。“校尉”加“大”之号为准裨将。 74绝大幕：越过大沙漠。 75直：通“值”，当。 左方兵：指匈奴左方（东方）之军，即左贤王之军。 76屯头王、韩王：皆匈奴的小王。 77当户、都尉：皆匈奴的官名。 78封：筑坛祭天。 狼居胥山：山名。在今蒙古国乌兰巴托以东，克鲁伦河之北。79禅：为坛祭地。 姑衍：山名。在狼居胥山之西。 80登临翰海：登高遥望大沙漠。 翰海，大漠的别名。在今蒙古国境内。 81卤获：俘获。 卤，通“掳”，掠取。 82四人为列侯：路博德为邳离侯，卫山为义阳侯，复陆支为杜侯，伊即轩为众利侯。路博德，传见《汉书》卷五十五。 83破奴：人名，赵破奴。 益封：增加封邑。 84敢：李敢。 关内侯：第十九级爵。 85军吏卒为官：低级军官及士兵也有为官的。 86塞阅：在边塞，即出塞时校阅。官及私马：官马，军队之马加私从马。按：官马十万匹，私从马四万匹，共十四万匹。 ⑧⑦三万匹：入塞时生还马三万匹。此役汉军损失十一万匹马，可见元狩四年的漠北大战付出的沉重代价。杀敌三千，自损八百言不虚矣。 ⑧⑧益置：新增置的官位。大司马：武官名。元狩四年废太尉而置此官。初为加于将军的一种官号。后来霍光受遗诏托孤时始以大司马秉政，从此执政的贵戚多以将军冠大司马。 ⑧⑨定令：定为法令。 ⑨⓪秩：官吏的品级。如六百石、千石、二千石等。禄：俸禄。二千石，月俸百二十斛；千石，月俸九十斛；六百石，月俸七十斛。等：同等待遇，即秩、禄相同。 ⑨①退：疏远。贵：尊贵，受宠。 ⑨②故人：老朋友。门下士：门客。去：离开。事：投靠。 ⑨③唯任安不肯：只有任安不肯这样做。按：还有任安好友田仁也不肯这样做。后两人均被选入郎。任安官至益州刺史，护北军。田仁官至丞相司直。两人均受戾太子事牵连被诛杀。 ⑨④不泄：不露声色，沉稳。 ⑨⑤有气敢往：有勇气，敢作敢为。 ⑨⑥孙、吴兵法：孙武、吴起两家兵法。《孙子兵法》今传十三篇，《吴起兵法》已佚。 ⑨⑦顾方略何如耳：作战谋略要看形势随机应变。顾，看。略，才略，谋略。何如，形势怎么样。 ⑨⑧不至学：不必学。 ⑨⑨治第：修治府第。 ⑩⓪无以家为：要家干什么？即还不到考虑小家的时候。 ⑩①少贵：年少得志尊贵。 ⑩②不省士：不爱惜部属。 ⑩③其从军：指霍去病带兵出征。 ⑩④“天子”句：汉武帝派宫廷膳食送食物装了几十车。太官，掌宫廷膳食。赍（jī），赠送。乘（shèng），古时一车四马叫一“乘”。 ⑩⑤重车余弃粱肉：后勤辎重车装满剩余好米好肉弃置。 ⑩⑥卒乏粮或不能自振：军队缺粮，有的士兵饿倒不能站立。振，站立。 ⑩⑦穿域：开辟球场。蹋（tà）鞠：踢球。鞠，古时的一种体内装毛的球。古时军队的士兵通过踢球锻炼身体，增强体质和耐力。按：士兵饥乏不能站立，霍去病还要修治临时的踢球场玩乐，不省士卒至此。 ⑩⑧喜士退让：喜欢儒士，谦虚退让。 ⑩⑨和柔自媚：温顺柔和。上：汉武帝。 ⑪⓪志操：志向与操守。 ⑪①物故：死亡。 ⑪②幕南：沙漠南面。王庭：匈奴单于居留的帐幕。 ⑪③朔方：郡名、城名。在今内蒙古乌拉特前旗东南。令居：县名。县治在今甘肃永登西北。 ⑪④置田官：设置屯田点，置屯田官。 ⑪⑤稍蚕食匈奴以北：逐渐扩大屯田范围，蚕食匈奴旧地向北扩张。蚕食，如同蚕食叶，逐渐侵占其地。 ⑪⑥以马少：因马少。 ⑪⑦不复：不再。 ⑪⑧下其议：交给群臣议论此事。 ⑪⑨臣之：使匈奴臣服于汉，即向汉称臣。 ⑫⓪新破困：最近破败，处于困境。 ⑫①外臣：外国之臣，即为附属国。 ⑫②朝请于边：使匈奴到边境请求入朝。按：汉律，诸侯春天朝见天子曰朝，秋天朝见天子曰请。后来泛称朝见。 ⑫③留之不遣：扣留他不让他回国。 ⑫④和亲便：和亲对国家有利。和亲，用婚姻联结两国和平相处。 ⑫⑤愚忠：竭诚尽忠。 ⑫⑥诈忠：诈伪而表面尽忠。 ⑫⑦作色：变了脸色。即脸生怒气。

⑱生：对儒生的称谓。居一郡：掌管一个郡。⑲居一县：掌管一个县。⑳居一障间：守护一个要塞。㉛自度（duó）：自己内心忖度。㉜辩穷且下吏：只说不能到无话可说就要交给司法审判。辩穷，没话可说。㉝山乘障：狄山被派到一个山塞守护。㉞至月余：守障只一个多月。㉟震慑：震惊，恐惧。㊱忤：违抗。

【译文】

春季，在东北天空出现异星。夏季，在西北天空出现彗星。

汉武帝与各位军事将领商议说："翕侯赵信给匈奴单于出谋划策，常常认为我国军队不能够轻装穿过大沙漠，即使到了那里也不能久留。此次我们发动大军，一定要达到我们的目的。"于是，征选了用粟米饲养的战马十万匹，命大将军卫青、骠骑将军霍去病各率领五万名骑兵，跟随官兵私人驮运行装的马匹也有四万匹，步兵和运送辎重的民夫跟在大军之后有数十万人，其中敢于深入杀敌的骑兵都跟随霍去病出塞，以正面攻击匈奴单于。后从俘虏口中得知单于在东边，于是改命霍去病自代郡出塞，卫青自定襄出塞。

郎中令李广屡次主动请求出征，汉武帝认为他年事已高，不准所请，过了很长时间才答应他，任命为前将军。太仆公孙贺被任命为左将军，主爵都尉赵食其为右将军，平阳侯曹襄为后将军，都隶属于大将军卫青。赵信为单于谋划说："汉军横穿大沙漠后，人马必然疲惫，我军可以坐等擒获敌军。"于是，将己方的辎重运到北方很远的地方，命精锐部队在沙漠以北等候汉军。

卫青出塞后，自俘虏口中得知单于住地，便亲自率领精兵前进，命前将军李广与右将军赵食其合兵一处，由东路进军。李广因东路绕远，水草也少，主动请求说："我的部队是前将军的部队，而今大将军却改命我部为东路军。我自少年时就开始与匈奴作战，今天才有机会正面对付单于，所以愿意做前锋，先去与单于死战。"卫青曾受汉武帝暗中告诫，认为："李广年纪很大，运气又不好，不要让他与单于正面作战，恐怕他不能完成擒获单于的任务。"而公孙敖不久前失去侯爵，卫青也想让他与自己一同正面与单于作战立功，所以，将前将军李广调到东路。李广知道内情，坚决地向卫青推辞，遭到卫青拒绝。李广未向卫青告辞就动身出发，心中十分恼怒。

大将军卫青率领大军出塞一千多里，横穿大沙漠，见匈奴单于的军队正列阵以待，便下令将兵车环绕一周结成营阵，派出五千名骑兵攻击匈奴，匈奴也放出约一万名骑兵迎战。恰好太阳将要西沉，狂风忽起，砂砾扑打人脸，两军士兵相互不能分辨。卫青增派左右两翼的军队包抄匈奴单于。单于见汉军人多，兵马仍然很强，估计自己打不过汉军，便乘坐六匹健骡，在约数百名精壮骑兵的保护下直冲汉军防线，向西北方向飞奔而去。

这时，天色已黑，汉军与匈奴的将士们仍在激烈搏杀，双方损失大体相当。汉军左翼校尉报告卫青说，他从抓到的俘虏那里得知，单于已于天未黑时离去。于是，卫青派出轻骑兵连夜追击，自率大军跟随其后，匈奴兵也四散逃走。将近天明时，汉军已追出两百多里，没有抓到单于，但擒获和斩杀匈奴一万九千多人。于是，到了窴颜山赵信城，夺得匈奴的存粮供应军队。在该地停留一天之后，将该城和所余的粮食全部烧光，然后班师而还。

前将军李广与右将军赵食其率领的东路军因没有向导，在沙漠中迷路，所以落到大将军卫青的后面，没有能赶上与单于的那一战。直到卫青率部班师，经过沙漠南部时才遇到李、赵二位将军。卫青派长史责问二人迷路的情况，并命李广马上到大将军处听候传讯。李广说："校尉们没有罪，是我自己迷了路，我现在自己到大将军幕府去受审。"又对他的部下说："我从少年时开始作战，而大将军却将我部调到东路，路途本就绕远，又迷路了，难道这不是天意吗？况且我六十多岁了，毕竟不能再去面对那些刀笔小吏了！"于是，就拔刀自刎。

李广为人清廉，得到赏赐就分给部下，与士兵一起吃喝，做了四十多年二千石官，家中却没有多余的财产。他的手臂像猿臂一样，又长又灵活，擅长射箭，估计射不中目标，便不发箭。他带领军队，在困境中找到水，士兵没有都喝过，他不沾水；士兵没有都吃过，他不进食。士兵因此乐意为他效力。及至李广死去，全军将士都哭了。民众听到李广的死讯，认识他的和不认识他的，无论是年老的还是年轻的，都为他流泪。右将军赵食其一人被交付审判，其罪当死，赎身后成为平民。

匈奴单于逃走后，其部下很多人混杂在汉军中追赶单于。单于长时间没有同他的部众会合。右谷蠡王认为单于已死，便自立为单于。十几天后，原单于重新与其部众会合，右谷蠡王才去掉单于称号。

骠骑将军霍去病率领的骑兵军车和后勤供应都与大将军卫青相同，但没有副将，将李敢等人全都任命为大校，充当副将，从代郡、右北平郡出塞两千多里，穿越大沙漠，与匈奴左部的军队遭遇，擒获匈奴屯头王、韩王等三人，以及将军、相国、当户、都尉等八十三人，在狼居胥山祭祀天神，姑衍山祭祀地神，又登上瀚海旁边的山峰眺望，共俘获匈奴七万零四百四十三人。汉武帝刘彻增加霍去病食邑五千八百户，又封其部将右北平太守路博德等四人为列侯，从票侯赵破奴等二人增加食邑，封校尉李敢为关内侯，赐食邑。低级军官和士兵升官、受赏的人很多。而大将卫青却没有增加食邑，部下军吏士兵全都没有被封侯的。

卫青与霍去病两支部队出塞时，曾在边塞检阅，官私马匹加起来共十四万，至班师重新入塞时，马匹不到三万。

于是，汉武帝增设大司马一职，由卫青、霍去病同时担任，还规定霍去病的官级和俸禄与卫青一样。从此以后，卫青的权势日渐衰落，而霍去病日益尊贵。很多卫青以往的朋友和门客都去改投霍去病，马上得到了官职、爵位，只有任安不肯这样做。

骠骑将军霍去病为人寡言沉稳，有勇气，敢于任事，汉武帝曾想教他学习孙武、吴起兵法，他说："作战只看谋略如何罢了，用不着古代兵法。"汉武帝为霍去病修建府第，让他前往观看，他说："匈奴还没有消灭，要家干什么呢！"因此，汉武帝更加爱护他了。但霍去病少年显贵，对部下不够关心。他率军出征时，汉武帝派负责宫廷膳食的太官给他送去的食物装了数十辆车。班师时，辎重车上装满吃剩下的粮食和肉类，而士兵却有饿肚子的。在塞外时，军队缺粮有的士兵饿倒不能站立，可霍去病却修建蹋鞠的场地游戏。像这样的事例有很多。卫青为人仁和，尊重士子，谦虚退让，以温顺柔和博取汉武帝的喜爱。二人的志趣节操就是如此。

这时，汉朝消灭匈奴共八九万人，汉军也死亡了数万人。此后，匈奴迁往很远的地方，沙漠以南再没有匈奴的王庭了。汉军渡过黄河，从朔方以西到令居县，处处开通河渠，设置田官，派士兵五六万人屯垦，逐渐蚕食到匈奴旧地以北。但也因缺少马匹，不再大举出击匈奴了。

匈奴采纳赵信的建议，派遣使节到汉朝，以友好的言语请求与汉朝和亲。汉武帝命群臣商议对策，有人主张和亲，有人建议利用这一机会使匈奴臣服。丞相长史任敞献计说："匈奴刚刚被打败，处境困难，应该使它成为我朝属国，到边界请求朝拜。"汉武帝便派任敞出使匈奴，说服匈奴单于臣服汉朝。单于勃然大怒，将任敞扣留，不让他回国。

此时，博士官狄山认为答应和亲于国家有利，汉武帝为此向张汤询问，张汤说："这个愚笨的儒生什么都不懂。"狄山说："我固然愚笨，但我是愚忠；像御史大夫张汤，乃是诈忠。"于是，汉武帝把脸一沉，说道："我派你掌管一郡，你能不让匈奴进犯吗？"狄山说："不能。"汉武帝又说："管一个县呢？"狄山说："不能。"汉武帝又说："管一个要塞呢？"狄山自己忖度，如辩说下去而无话回答，就将会被交司法官员审判，便回答说："能。"于是，汉武帝派狄山去守护要塞。过了一个多月，匈奴斩下狄山的人头而去。从此以后，文武百官震恐，没有人敢触犯张汤。

【原文】

是岁，汲黯坐法免[1]，以定襄太守义纵为右内史[2]，河内太守王温舒为中尉[3]。

先是，甯成为关都尉[4]，吏民出入关者号曰："宁见乳虎[5]，无值[6]甯成之怒。"及义纵为南阳[7]太守，至关[8]，甯成侧行[9]送迎。至郡，遂按甯氏[10]，破碎其家[11]；南阳吏民重足一迹[12]。后徙定襄太守，初至，掩[13]定襄狱中重罪、轻系[14]二百余人，及宾客、昆弟私入视[15]亦二百余人，一捕[16]，鞫曰[17]"为死罪解脱[18]"。是日，皆报杀四百余人[19]。其后郡中不寒而栗[20]。是时，赵禹、张汤以深刻为九卿[21]。然其治尚辅法而行[22]；纵专以鹰击为治[23]。

王温舒始为广平都尉[24]，择郡中豪敢往吏[25]十余人，以为爪牙，皆把其阴重罪[26]，而纵使督盗贼[27]。快其意所欲得[28]，此人虽有百罪[29]，弗法[30]；即有避[31]，因其事夷之[32]，亦灭宗[33]。以其故，齐、赵之郊盗贼不敢近广平[34]，广平声为道不拾遗[35]。

迁河内太守[36]，以九月至，令郡具私马五十匹为驿[37]，捕郡中豪猾[38]，相连坐千余家[39]。上书请[40]，大者至族[41]，小者乃死[42]，家尽没入偿臧[43]。奏行不过二三日得可[44]，事论报[45]，至流血十余里[46]，河内皆怪其奏[47]，以为神速。尽十二月[48]，郡中毋声，毋敢夜行，野无犬吠之盗。其颇不得[49]，失之旁郡国[50]，追求[51]。会春[52]，温舒顿足叹曰[53]："嗟乎！令冬月益展一月[54]，足吾事矣[55]！"

天子闻之，皆以为能[56]，故擢为中二千石[57]。

齐人少翁[58]，以鬼神方见上。上有所幸王夫人卒[59]，少翁以方夜致鬼，如王夫人之貌，天子自帷中望见焉[60]。于是乃拜少翁为文成将军[61]，赏赐甚多，以客礼礼之[62]。文成又劝上作甘泉宫[63]，中为台室，画天、地、太一诸鬼神而置祭具[64]，以致天神[65]。

居岁余，其方益衰[66]，神不至。乃为帛书以饭牛[67]，佯不知，言曰：

“此牛腹中有奇。”杀视，得书[68]，书言甚怪，天子识其手书[69]，问其人，果是伪书。于是诛文成将军而隐之[70]。

（以上为第十一段，写汉武帝重用义纵、王温舒等酷吏，虽然他们在打击奸猾、豪强方面成效显著，但也带来了极大的负面作用；汉武帝迷信方士少翁，封为文成将军，少翁因弄虚作假而被杀。）

【注释】

①坐法免：因犯法而罢了官。 ②义纵：西汉河东（郡治安邑，在今山西夏县西北）人。酷吏。传见《史记》卷一百二十二、《汉书》卷九十。 右内史：官名。内史掌治京畿地方。汉景帝时分左、右内史。右内史掌治京师西区。 ③王温舒：西汉酷吏。传见《史记》卷一百二十二、《汉书》卷九十。 中尉：官名。掌京师治安，兼治北军。 ④关都尉：守护函谷关的都尉。 ⑤乳虎：谓母老虎。母虎喂崽时，为护养其崽，非常凶猛，故以为喻。 ⑥无值：不要遇上。 ⑦南阳：郡名。郡治宛县，治所在今河南南阳。 ⑧至关：到达函谷关。 ⑨侧行：在旁侧行走（不敢并行），以示敬重。 ⑩按甯氏：查办甯成家庭。 ⑪破碎其家：族灭全家。 ⑫重（chóng）足：叠足而立。形容非常恐惧。 一迹：因重足只留下一个足迹。 ⑬掩：封装，堵住牢门。 ⑭重罪：重罪犯。 轻系：轻罪犯。⑮私入视：《史记·酷吏列传》作“私入相视”，指私自探监。 ⑯一捕：一律抓捕，即把轻重罪犯二百余人与探监亲友二百余人，共四百多人全部抓捕。 ⑰鞫：彻底追究。这里“鞫曰”指彻底追究后所写判词说。 ⑱为死罪解脱：诬指探监人为重罪犯打开了刑具。 按：汉律，囚犯私自解脱刑具，加罪一等；为人解脱，与之同罪。 ⑲是日，皆报杀四百余人：四百余人全部判处死刑，一天杀掉。是日，判决的当天。报杀，判决死刑。⑳不寒而栗：不冷而发抖。形容非常恐惧。 ㉑深刻为九卿：赵禹、张汤两人因严苛而位列九卿。深刻，深文苛刻。 ㉒尚辅法而行：还能依法行事。 ㉓纵专以鹰击为治：义纵专门用凶悍的办法行事。鹰击，如鹰追啄食物。比喻凶悍。 ㉔广平：郡名。郡治广平，在今河北曲周北。 都尉：官名。掌郡军事。 ㉕豪敢往吏：不怕死的人为下属官吏。 ㉖把其阴重罪：抓住这些人所犯的隐秘重大罪行为把柄。 ㉗纵使督盗贼：放纵他们去督捕盗贼。 ㉘快其意所欲得：谁捕的盗贼使王温舒很满意。 ㉙百罪：罪行累累。㉚弗法：不依法治他的罪。 ㉛即有避：如果有逃匿的。 ㉜因其事夷之：就依据他过去所犯的罪诛杀他。 按：发挥把柄的作用。 ㉝亦灭宗：甚至灭他的族。 ㉞齐、赵之郊：齐地、赵地野外的盗贼。 不敢近广平：不敢靠近广平。 ㉟声为道不拾遗：有“道不拾遗”的好名声。 ㊱迁河内太守：升迁为河内太守。河内郡治环县，在今河南武陟西南。

㊲令郡具私马五十匹为驿：命河内郡备办五十匹快马增加为驿站送信的驿马。㊳豪猾：豪强悍贼。㊴相连坐：株连坐罪。千余家：一千多家。言肆意扩大。㊵上书请：向天子上书奏请处治。㊶大者至族：罪大的诛杀全族。㊷小者乃死：罪小的本人处死。㊸家尽没入偿臧：没收全部财产偿还盗取的赃物。臧，通“赃”。㊹得可：得到批准。㊺事论报：对报批的案件进行判决。㊻流血十余里：形容杀人众多。㊼怪其奏：十分惊怪王温舒奏报的神速。㊽尽十二月：过完了十二月。㊾颇不得：也有漏网逃脱的罪犯。颇，此处作少量解，也有。㊿失之旁郡国：逃逸到邻近的郡国。51追求：追捕抓获。52会春：适值冬尽春来。古代开春后不执行死刑，不犯春生的天道。53顿足叹曰：跺着脚叹息。54令冬月益展一月：如果冬月延长一个月。令，使，如果。55足吾事矣：够办完我的事了。56能：有才干。57擢：升迁。中二千石：二千石官品有三级：中二千石、二千石、比二千石。中二千石是二千石的最高级。58少翁：方士名。59王夫人：汉武帝宠姬，赵人，齐王刘闳之母。60自帷中望见焉：从帷幕中仿佛看到了王夫人。61拜：任命，加称号。少翁被称为文成将军。62以客礼礼之：以客礼待少翁，不以臣礼，以示尊重。63作甘泉宫：建造甘泉宫。秦时已有，此为扩建。甘泉宫在今陕西淳化西北甘泉山上。64“中为台室”句：在甘泉宫中修高台一座，台上筑屋，屋中壁上画天、地、太一等各种神灵，设置祭祀用具。65以致天神：用以招请天神。66其方益衰：法术不灵。67乃为帛书以饭牛：少翁就把写着字的绸缎让牛吞下。68得书：从牛肚子中得到帛书。69天子识其手书：汉武帝认出就是书法人的笔迹。70诛文成将军而隐之：汉武帝秘密杀了文成将军，把这件事隐瞒起来。

【译文】

这一年，汲黯因触犯法律被免职。汉武帝任命定襄太守义纵为右内史，河内太守王温舒为中尉。

先前，甯成担任函谷关都尉时，官吏百姓出入此关的都说：“宁愿碰到正在喂奶的母老虎，也别遇上发怒的甯成。”及至义纵被任为南阳太守，途经函谷关，甯成在迎送时都恭敬地走在旁边。义纵到郡接任后，便调查甯氏一家的罪状，将其满门抄斩，南阳郡的官吏百姓震恐异常，重足而立，不敢迈步。后来义纵改任定襄太守，一到任就突然封闭了定襄监狱，将狱中轻重人犯二百多人及私自入狱探视的犯人二百多人一起抓捕，宣判他们犯有“为死罪囚犯私自解脱枷镣”的罪名，当天将这四百多人全部判决处死，从此，郡中人人不寒而栗。当时，赵禹、张汤都因严苛而位列九卿，但他们还是以法律治事，而义纵则专门用老鹰捕兽的手段治事。

王温舒开始做广平都尉时，在郡中挑选了十几名不怕死的人当属官，让他们做得力帮手，掌握他们每个人的隐秘的重大罪行，从而放手让他们去督捕盗贼。如果谁捕获盗贼使王温舒很满意，此人虽然有百种罪恶也不加惩治；如果不能尽心尽力地为他办事，就依据他过去所犯的罪行杀死他，甚至灭其家族。因此，齐国、赵国野外的盗贼都不敢靠近广平，广平郡的治安良好，有“道不拾遗”的美誉。

后来，王温舒调任河内太守，九月到任，命郡中为他准备五十匹传送信件的驿马，然后搜捕郡中豪勇奸猾之徒，相互牵连的有一千多家。王温舒奏请朝廷，说：“罪大的诛杀全族，罪小的本人处死，其家产全部没收以抵往日的赃物。”奏章送走不过两三天，就得到朝廷的批准。于是，对案件进行判决，致使血流十多里，河内郡的人们对他传送奏章的神速惊骇不已。到十二月底，郡中无人敢出声，无人敢夜间出门，乡村中也听不到因有人偷盗而引起的狗叫声。凡有逃亡的罪犯，王温舒都要派人到邻近的郡县或封国去追缉。恰好春天到了，照例停止行刑，王温舒跺着脚叹道：“唉！如果冬季延长一个月，就够办我的事情了。”

汉武帝听说义纵和王温舒的所作所为，认为二人都很有才干，所以，将他们提升为中二千石。

齐国人少翁，因有召唤鬼神的方术而进见汉武帝刘彻，汉武帝宠爱的王夫人死了，少翁施展法术，在夜里招来了鬼魂，与王夫人的容貌相同。汉武帝从帷帐中遥见到鬼魂，于是，汉武帝封少翁为文成将军，给了他很多赏赐，并对他待以客人之礼，以示尊敬。少翁又劝汉武帝兴建甘泉宫，在宫中修高台一座，台上筑屋，屋中画天、地、太一等各种神灵，设置祭祀用的器具，用以招请天神。

一年多以后，少翁的法术越来越不灵，神仙没有降临。于是，少翁将写着字的绸缎让牛吞下，然后假装不知，对汉武帝刘彻说道：“这只牛肚子里有奇怪的东西。”将牛杀死后察看，取出写字的绸缎，见上面写了些非常古怪的话。然而，汉武帝却认出是某人的笔迹，逼问那人，果然是伪造的。于是，汉武帝就将少翁杀死，并把此事隐瞒起来。

【评析】

李广论

李广，被匈奴人称为“汉之飞将军”，闻之而心惊胆寒，也是中国历史上不可多得的得军心、得民心的将军。司马迁满怀深情地写下了《李将军列传》，使李广的事迹和英雄行为深得人心，这里不作细说，只论李广之材以及与“封侯”相关的几个问题。

第一，李广具有非常过硬的军事素养，非常善于防御，是防守型的优秀军事人才。李广“猿臂善射”，精通骑马射箭，箭法非常精准，还曾徒手与猛虎搏斗，胆气、豪气过人，打起仗来不要命。在汉文帝时，他就因杀敌立功，被提拔为中郎。汉景帝时，他基本上都是担任边郡太守，如转蓬一般，哪里最容易被匈奴进攻，他就出现在哪里，先为上谷太守，后为陇西、雁门、代郡、云中太守，都是奋力作战，令匈奴闻之丧胆。到了汉武帝时代，调到都城担任未央宫禁卫军长官，担负起保卫皇宫的重任。李广的青中年时代，是在文帝、景帝时期，这时候汉朝与匈奴实行和亲，防御匈奴的侵边骚扰，李广在战略防御中功不可没。汉武帝即位后，由战略防御转入战略进攻，所需要的是大兵团作战，以及长途跋涉、快速进攻的才能。很显然，这时候的李广，已不是少壮之时，已经不能完全适应这样的作战方式。他几次跟随大将军卫青率军出塞，都没有取得很好的战绩，就能很好地说明这个问题。

第二，李广不是一个失败的英雄，而是一个善于反败为胜的英雄，也是一个悲剧性人物。李广一生的闪光点，除了上面所说的战略防御外，还在于他的机智、果敢，善于反败为胜。李广一生历经七十余战，未曾失败，而被人们津津乐道的是他的三次起死回生，成功脱逃。一是下马解鞍撤回，二是跳脱网兜逃回，三是被围生死对抗。三次都富有传奇色彩。第一次，李广带领一百多名骑兵追击匈奴射雕手，遇到匈奴数千骑兵，如果不是李广装作诱敌的骑兵，故意下马躺卧，使敌骑害怕有埋伏而不敢攻击，恐怕一百多名骑兵都成了敌人射击的靶子；第二次，李广率军出雁门关进攻匈奴，被数倍于己的匈奴军打败而生擒，敌人把满身伤痕的李广放在两马间的网兜上，李广把准机会，突然纵身跳上匈奴少年的骏马，脱身而逃，捡得性命；第三次是李广后又率领四千名骑兵从右北平出塞，匈奴左贤王率领十倍的敌人将其团团包围，李广沉着应战，凭借精湛的箭术射杀敌军首领，避免了全军覆没。由此可见，李广是个英雄，是个善于反败为胜的真正英雄，但是与卫青、霍去病的大兵团作战，能够俘获成千上万的敌人，还是有着很大区别的。

第三，在李广的最后一次出击匈奴中，卫青调整李广的出战位置，除了略有私心外，更多的则是关照李广，而李广不予理解。在漠北大战中，汉武帝任命李广为前将军。前将军，就等于是先锋部队，李广满心欢喜，这意味着他有机会杀敌而立功封侯了，即使是血染沙场，也非常开心。也确实是如此，人是活在希望之中，如果没有了希望，活着还有什么意义？可是，卫青却将李广调整为右将军，从右道出发，配合主力部队作战。这下李广生气了，认为这是明摆着与他过不去，夺去了他杀敌立功的绝好机会，这比杀了他还难受啊！司马迁写卫青调整李广作战线路的动机是要让新近失侯的公孙敖有杀敌立功的机会，是私念在作祟。而在事实上，这固然是其中一个重要原因，但可能还有其他诸多因素。一是汉武帝的顾虑。汉武帝觉得李广年纪已大，本来就没有打算让他参与这次战役，而是李广苦苦请求，汉武帝才答应了。二是卫青的顾忌。虽然汉武帝任命李广为前将军，但卫青作为大军统帅，他觉得李广毕竟年纪大了，缺少快速作战的反应能力，担任前将军一职可能不太合适，于是，将李广的前将军位置作了调整。三是卫青的考虑。他要选择与自己想法一致的将军来担任前将军，才能配合默契，取胜的可能性更大。公孙敖，是卫青儿时的铁杆朋友，曾经冒死救过卫青的命，两人可以说是生死与共。就这一点来说，李广在卫青的心目中，怎么能与公孙敖相比呢？当然，如果要深究，汉武帝和卫青对待李广都有不妥之处。汉武帝既然认为李广年老，为什么要将他封为前将军呢？卫青如果要变动李广的作战位置，为什么不禀明汉武帝，让汉武帝作权衡考虑呢？

第四，李广绝望到了极点，横刀自杀，把一腔怒气撒在卫青身上，可谓刚烈，但如果忍耐一下，也是可以保住性命的！为什么要这样极端呢？李广从东道出发，由于没有向导，迷失了路，而没有赶得上与匈奴作战，完全无功。这时候，李广彻底与“封侯”绝了缘，心中充满一腔怒气。而无巧不成书，卫青要给汉武帝上书报告详细军情，于是就叫李广幕府的人前去说明情况，李广彻底愤怒了，来到大将军幕府，不问青红皂白，就洒了一腔热血。可悲啊！可叹啊！仔细地想一想，卫青并不是有意要李广难堪，也绝对不是要李广的命，而只是要把迷路失道的情况弄清楚，好向皇上汇报，仅此而已。纵观卫青的为人，是一位比较宽厚的将军，曾在军中坚持不杀失败的将军苏建，后来苏建的命还是保住了。纵观汉武帝历次对匈作战，还没有真正杀过一个失败的将军，一般都是用钱赎罪，成为平民。李广自己就遇到过这种情况，一旦军情紧急，还是照样起用。李广啊，怎么就忘掉这些呢？为什么就一根筋撞到南墙上去呢？

第五，李广念念不忘于封侯，结果成了封侯的牺牲品。难道封侯就这么重要吗？甚至比生命还重要吗？自汉武帝出兵攻打匈奴，李广基本上都参与了，而每次都与封侯无缘，这可伤了他的自尊心，论能力，论资格，他自认为比任何人都强，可就是不能取得战功，不能封侯。于是，在他心中就有种种假设，或认为是杀降的后果，或认为是自己的命运不好，甚至认为是汉武帝没有重用他，大将军卫青有意排斥他，使他没有封侯的机会。正因为他心中有这些潜意识，才产生了后来的横刀自杀向天笑的结果。既然不能封侯，活着还有什么意义呢？不如一死了之。如果退一步考虑，封侯，固然是好；不能封侯，也没有什么了不起，已经是身经百战的将军了，是否封侯，还有什么意义呢？如果这么一想，也许李广的心中就释然了，何至于如此呢？

第六，李广横刀自杀，影响的不仅仅是他自己，还有诸多方面，给别人造成的伤害，是他自己所未曾料及的。李广自杀了，他的形象高大了，以至于一军皆哭，老少垂泪，这无疑是对李广一生的最好的奖赏，是对李广人格的充分肯定，这相对于封侯来说，那可是荣耀百倍啊！从这个意义上来说，李广是值了，可谓是生哀死荣，流芳百世了！但是，李广的这一行为，带来了很多的影响，也许是李广根本就没有想，或者是想不到的。首当其冲的是大将军卫青，他成了李广自杀的牺牲品，人们在哀悼李广的时候，无疑对卫青产生了极大的愤恨，把一腔怨气都撒到了卫青身上，对卫青的低评甚至诋毁也就顺应而来，什么“卫青是外戚而得以重用”“卫青不败由天幸”，等等。固然不错，卫青是外戚，但外戚难道都能像卫青这样吗？卫青的绝世才能却被忽略了。什么是“天幸”？难道卫青出征，每次都能够侥幸取胜吗？如果论说英雄，卫青才是真正的英雄，其他人在他的面前，都会黯然失色！可是，正是这么一个事件，使卫青的形象大打折扣，减分不少。其次影响的是李广的家族。李广走极端了，他的小儿子李敢本来就是一个出色的将才，如果不是李广的这种行为，他将来封侯拜将不在话下。而李广死了，他非常悲伤，认为是大将军卫青逼迫他的父亲自杀，把矛头指向卫青，打伤了卫青。卫青宽宏大量，不予计较，可卫青的外甥霍去病却忍不住了，在一次狩猎中射杀李敢，断送了他年轻的生命，而且有冤无处申，被说成是奔鹿撞死的，多么可惜啊！李广的孙子李陵，颇有李广家风，也是坚决要求出战，要重振李家，结果被匈奴大军包围，弹尽粮绝，投降了匈奴，后来汉朝要引渡他回来，他也是李广的口气，宁可死在匈奴，也不能再次受辱！也许就是这样的思维，使李陵失去了改过自新、重振雄风的机会。如果从这些方面来看待李广的“封侯”与自杀，是不是有些冲冠一怒，而死有不值呢？

俗话说，公道自在人心。以上所说，可能有些有失公允，但并不是要贬低李广，而是对李广以及相关的卫青等人做出一个实事求是的评价，以还历史的本来面目。

卷第二十　汉纪十二

汉武帝元狩五年至元封元年（前118—前110）

【起昭阳大渊献（癸亥，前118），尽重光协洽（辛未，前110），凡九年】

【大事提要】

本卷记事起于公元前118年，到公元前110年，凡九年，当为汉武帝元狩五年至元封元年。本卷所载的大事，主要是以下几个方面：其一，霍去病去世。公元前117年，骠骑将军霍去病因病去世，年仅二十四岁。汉武帝非常悲伤，让他陪葬茂陵，调遣边境五郡的铁甲军，从长安到茂陵排列成阵，将霍去病坟墓修成祁连山模样，追谥为景桓侯，彰显其克敌服远、英勇作战的特殊功勋。其二，刘彻求仙。汉武帝企求长生不老，而自称有奇异方术的人不计其数。他被方士们骗了一次又一次，还是痴心不改，不断派人到海上寻找神仙，求取仙药；他自己也四处巡游，行礼祭祀各路神灵，走遍天下所有名山大川，但是，没有灵验，终究一无所获。其三，平定南越。南越丞相吕嘉背叛汉朝，公元前112年，汉武帝调动十万大军前去攻打，路博德一军与杨仆一军先行会合，一同围攻番禺，南越国灭亡。从开国君王赵佗至亡国君王赵建德，整个南越历五王，凡九十三年。在原南越统治地域设置了九个郡。其四，举行封禅。公元前110年，汉武帝率领群臣浩荡东巡，至泰山，自定封禅礼仪，至梁父山礼祠“地主”神；其后举行封祀礼，独与侍中、奉车子侯登泰山，行封禅礼；后又行祭后土的礼仪，禅泰山东北麓肃然山。而后在明堂接受群臣朝贺，改年号为元封。其五，均输平准。公元前110年，由于桑弘羊在理财方面的卓越才能，汉武帝任命其为搜粟都尉，并代理大农令。他改革币制，实行盐铁官营，又推行均输平准，纳粟拜爵，增加了财政收入和粮食储存，有力地支持了汉武帝的内兴外攘，“民不益赋而天下用饶”。

【原文】

世宗孝武皇帝中之下

元狩五年（癸亥，前118）

春，三月，甲午[①]，丞相李蔡坐盗孝景园堧地[②]，葬其中，当下吏[③]，自杀。

罢三铢钱，更铸五铢钱[④]。于是民多盗铸钱，楚地尤甚[⑤]。

上以为淮阳[⑥]，楚地之郊[⑦]，乃召拜汲黯为淮阳太守。黯伏谢不受印[⑧]，诏数强予[⑨]，然后奉诏。黯为上泣曰："臣自以为填沟壑[⑩]，不复见陛下，不意陛下复收用之[⑪]。臣常有狗马病[⑫]，力不能任郡事。臣愿为中郎[⑬]，出入禁闼[⑭]，补过拾遗[⑮]，臣之愿也。"上曰："君薄淮阳邪[⑯]？吾今召君矣，顾淮阳吏民不相得[⑰]，吾徒得君之重[⑱]，卧而治之[⑲]。"

黯既辞行，过大行李息曰[⑳]："黯弃逐居郡，不得与朝廷议矣[㉑]。御史大夫汤[㉒]，智足以拒谏[㉓]，诈足以饰非[㉔]，务巧佞之语[㉕]，辩数之辞[㉖]，非肯正为天下言[㉗]，专阿主意[㉘]。主意所不欲，因而毁之；主意所欲，因而誉之。好兴事，舞文法[㉙]，内怀诈以御主心[㉚]，外挟贼吏以为威重[㉛]。公列九卿，不早言之，公与之俱受其戮矣[㉜]。"息畏汤，终不敢言；及汤败，上抵息罪[㉝]。

使黯以诸侯相秩居淮阳[㉞]，十岁而卒。

诏徙奸猾吏民于边[㉟]。

夏，四月，乙卯[㊱]，以太子少傅武强侯庄青翟为丞相。

天子病鼎湖甚[㊲]，巫医无所不致[㊳]，不愈。游水发根言上郡有巫[㊴]，病而鬼神下之[㊵]。上召置，祠之甘泉[㊶]，及病，使人问神君[㊷]，神君言曰："天子无忧病[㊸]；病少愈[㊹]，强与我会甘泉[㊺]。"于是病愈，遂起幸甘泉，病良已[㊻]，置酒寿宫[㊼]。神君非可得见[㊽]，闻其言，言与人音等[㊾]，时去时来，来则风肃然，居室帷中。神君所言，上使人受[㊿]，书其言[51]，命之曰"画法"。其所语，世俗之所知也，无绝殊者[52]，而天子心独喜；其事秘[53]，世莫知也[54]。

时上卒起[55]，幸甘泉，过右内史界中，道多不治，上怒曰："义纵以我为不复行此道乎！"衔之[56]。

（以上为第一段，写公元前118年汉武帝起用汲黯，任命为淮阳太守，汲黯卧病而治；汉武帝信奉鬼神，生了重病，请来巫师，安置在甘泉宫，假装神灵驱魔治病，其实说话与普通人无异。）

【注释】

①甲午：三月十一日。②坐盗孝景园堧地：被指控侵占孝景帝陵园外的空地。堧（ruán）地，陵园外空闲地。③当下吏：其罪交司法官查处。④三铢钱、五铢钱：汉代铜钱品种，钱文为三铢、五铢。⑤楚地尤甚：楚地私铸钱尤为严重。按：文景时吴王刘濞长期招亡铸钱，遗风犹存。⑥淮阳：郡国名。治陈县，在今河南淮阳。⑦郊：冲要之处。⑧黯伏谢不受印：汲黯伏地辞谢，不肯接受印绶。⑨诏：当面口谕。数强予：多次强使汲黯接太守之印。⑩填沟壑：卑贱的尸骨只配填荒沟野谷。臣下谓死的谦卑用语。⑪不意：没料到。陛下复收用之：皇上还再次任用我。⑫臣常有狗马病：我经常是个病身子。病言狗马，谦卑语。⑬中郎：郎官之一，掌守宫门。⑭出入禁闼：出入宫门。闼，宫中小门。⑮补过拾遗：替皇帝补救过失及提示疏忽。⑯君薄淮阳邪：您看不起淮阳吗？薄，轻视。⑰顾：考虑。不相得：不相安定，谓官民不协调，有矛盾。⑱吾徒得君之重：我只借重您的威望。徒，只。得，借重。重，威望。⑲卧而治之：躺在床上处理郡的政务。谓汲黯威望可坐镇一方。⑳过大行李息：汲黯特意拜访大行令李息。过，拜访。大行，九卿之一，掌民族事务，长官为大行令。㉑不得与朝廷议：不能参与朝廷议事。㉒汤：张汤。㉓智足以拒谏：智谋足以拒绝规劝。㉔诈足以饰非：狡诈足以掩饰错误。㉕务巧佞之语：专门说些乖巧谄媚的话。㉖辩数之辞：擅长诡辩挑唆的辞令。㉗非肯正为天下言：不肯为天下正事说话。㉘专阿主意：专门迎合皇上心意。㉙好兴事，舞文法：好生事端，扭曲法律条文。㉚内怀诈以御主心：满肚子奸诈用以左右皇上心意。御，左右，改变。㉛外挟贼吏以为威重：依靠不法官吏来建立自己的威望。㉜公与之俱受其戮矣：您只怕和张汤一同受到诛杀。㉝上抵息罪：皇上治李息同等的罪。抵，同等。㉞以诸侯相秩居淮阳：任淮阳太守享受诸侯国相的待遇。太守，秩二千石；王国相，中二千石。㉟诏徙奸猾吏民于边：汉武帝下诏，奸猾不法的官民流放到边地。徙，迁移，流放。㊱乙卯：四月初二日。㊲天子病鼎湖甚：汉武帝在鼎湖病得很重。鼎湖，宫名，在今河南灵宝西。㊳无所不致：意谓使尽了招数。㊴游水发根：人名，宫中近侍。上郡有巫：在上郡有一个能作法请神的巫师。㊵病而鬼神下之：能使病巫之神附身，即作法术请神驱走病魔。㊶祠之甘泉：在甘泉宫设立祭祠。㊷问神君：告知上郡巫病情。神君，指上郡巫身所附之神。问，告知病情，问结果如何。㊸天子无忧病：天子不要担心，病无大碍。㊹病少愈：病稍有好转。㊺强与我会甘泉：坚持来甘泉宫与我相会。㊻病良已：病完全好转，真

的没了。㊼置酒寿宫：在专设的奉祀神灵的寿宫设酒宴庆贺。寿宫，上郡巫作法请神的场所，武帝建于甘泉宫内，其后又在北宫置寿宫。㊽非可得见：一般人看不到神灵。㊾言与人音等：神君说话的声音与一般人一个样。按：所谓神君，即上郡巫，当然一个样。㊿上使人受：汉武帝派人接受神君的话。51书其言：记录下神君的话。52无绝殊者：谓神君说的话与一般人一样，没有特别的不同。53其事秘：神君的话只传达给汉武帝一人知晓，所以非常机密。54世莫知也：外人不知晓。按：这个传达神君说话的使者，不是别人，正是新入仕为郎中的司马迁。见《史记·封禅书》“太史公曰”的交代，“余从巡祭天地诸神名山川而封禅焉，入寿宫侍祠神语”云云。55时上卒起：汉武帝突然前往甘泉宫。卒，读“猝”。56衔之：怨恨义纵。

【译文】

世宗孝武皇帝中之下

汉武帝元狩五年（癸亥，前118）

春季，三月十一日，丞相李蔡被指控盗用汉景帝陵园外空地埋葬家人，其罪该当交付司法官吏审判，李蔡自杀。

废止三铢钱，改铸五铢钱。因此，很多民众私自铸钱，以楚地最为严重。

汉武帝因为淮阳郡地处楚地交通要冲，所以，召来汲黯，任命为淮阳太守。汲黯伏地辞谢，不肯接受印绶，经汉武帝数次下令强行授予，才接受了这一职务。汲黯流着眼泪对汉武帝说：“我自以为老死无用，将填沟渠，再也见不到皇上了，想不到皇上还会再用我。我时常患病，不能胜任一郡的繁重事务，愿意充当中郎之职，出入宫廷，为皇上弥补过失和提醒遗漏之事，这是我的心愿。”汉武帝说道：“你看不起淮阳吗？我很快就会召你回来的。顾念到淮阳的官吏与民众不和，我只想借重你的威望，你能够躺在床上处理郡事就行。”

汲黯辞行以后，拜访大行李息，说道：“我被弃置到地方郡县，不能再参与朝廷议事了。御史大夫张汤，其智谋足以拒绝规劝，狡诈足以掩饰错误，专门说些乖巧、奸佞的话，用辞诡辩，不肯为天下正事发言，一心迎合皇上的意思。凡是皇上所不喜欢的，他就乘机诋毁；凡是皇上所喜欢的，他就乘机称赞。他还爱制造事端，玩弄法律条文，心怀奸诈以左右主上的心意，依靠不法官吏来建立自己的威信。你身居九卿高位，如不早加揭露，恐怕会与张汤一同受到惩处。”李息因惧怕张汤权势，始终未敢开口。及至张汤倒台时，汉武帝刘彻将李息一同治罪。

汉武帝给予汲黯诸侯国相的待遇，命其居守淮阳，十年后去世。

汉武帝发布命令，将奸猾不法的官吏和民众放逐到边疆地区。

夏季，四月初二，汉武帝刘彻任命太子少傅武强侯庄青翟为丞相。

汉武帝在鼎湖宫得了重病，巫师、医生等想尽办法，仍然不愈。游水发根说，上郡有一巫师，能请鬼神附身驱走病魔。汉武帝将他召来安置在甘泉宫祭祀，及至发病时，派人问于神灵，神灵说道："天子不必担心病情，待稍有好转后，坚持来甘泉宫与我相会。"于是，汉武帝病体稍愈，立即前往甘泉宫。彻底痊愈后，又在专门奉祀神灵的寿宫中摆设酒宴。人们并不能见到神灵，只能听到神灵的声音，与人声一样。神灵忽来忽去，来时肃然有风，居于帷帐之中。汉武帝命人将神灵说的话记录下来，命名为"画法"。神灵所说的话，是世俗之人所能知晓的，毫无特殊的地方，只有汉武帝一个人听了心中高兴。此事非常机密，外人并不知晓。

当时，汉武帝突然起身前往甘泉宫，经过右内史的辖地，看见道路大多毁坏失修，生气地说："义纵难道认为我再也不能走这条路了吗？"因而怀恨在心。

【原文】

六年（甲子，前117）

冬，十月，雨水，无冰。

上既下缗钱令而尊卜式，百姓终莫分财佐县官[①]，于是杨可告缗钱纵矣[②]。义纵以为此乱民[③]，部吏捕其为可使者[④]。天子以纵为废格沮事[⑤]，弃纵市[⑥]。

郎中令李敢[⑦]，怨大将军之恨其父[⑧]，乃击伤大将军，大将军匿讳之[⑨]。居无何[⑩]，敢从上雍，至甘泉宫猎，票骑将军去病射杀敢。去病时方贵幸[⑪]，上为讳[⑫]，云鹿触杀之[⑬]。

夏，四月，乙巳[⑭]，庙立皇子闳为齐王，旦为燕王，胥为广陵王[⑮]，初作诰策[⑯]。

自造白金、五铢钱后，吏民之坐盗铸[⑰]金钱死者数十万人，其不发觉者不可胜计，天下大抵无虑[⑱]皆铸金钱矣。犯者众，吏不能尽诛。

六月，诏遣博士褚大、徐偃等六人分循郡国[⑲]，举兼并之徒及守、相、为吏有罪者[⑳]。

秋，九月，冠军景桓侯霍去病薨。天子甚悼之[㉑]，为冢[㉒]，像祁连山㉓。

初，霍仲孺吏毕归家㉔，娶妇，生子光㉕。去病既壮大，乃自知父为霍仲孺。会为票骑将军，击匈奴，道出河东㉖，遣吏迎仲孺而见之，大为买田宅奴婢而去；及还，因将光西至长安㉗，任以为郎㉘，稍迁至奉车都尉、光禄大夫㉙。

是岁，大农令颜异㉚诛。

初，异以廉直㉛，稍迁至九卿。上与张汤既造白鹿皮币，问异，异曰："今王侯朝贺以苍璧㉜，直数千㉝，而以皮荐反四十万㉞，本末不相称㉟。"天子不说㊱。张汤又与异有郤㊲，及人有告异以他事，下张汤治异㊳。异与客语初令下有不便者㊴，异不应，微反唇㊵。汤奏当㊶："异九卿，见令不便，不入言而腹诽㊷，论死㊸。"自是之后，有腹诽之法比㊹，而公卿大夫多谄谀取容矣㊺。

（以上为第二段，写元狩六年杨可主持告缗运动，惩处申报时产不实的工商业者；郎中令李敢含恨为父亲报仇，击伤大将军卫青被霍去病射杀；汉武帝以"腹诽"法处死对制造白鹿皮币有异议的大农令颜异。）

【注释】

①佐县官：帮助国家。 ②杨可：人名。主持汉武帝的告缗运动打击商贾。 告缗：揭发工商者隐瞒资产漏税。 纵矣：大规模展开。 ③乱民：扰乱民众正常生活。 ④"部吏"句：部署官员抓捕杨可派出的人。 ⑤废格：不执行诏令。 沮事：败坏了告缗之事。 ⑥弃纵市：用弃市的死刑诛杀义纵。弃市，腰斩于闹市，陈尸示众。 ⑦李敢：李广少子，任职郎中令。 ⑧恨其父：使其父李广抱恨而死。 ⑨匿讳之：卫青隐瞒自己被李敢击伤之事。 ⑩居无何：过不多久。 ⑪方贵幸：正受皇上恩宠。 ⑫上为讳：汉武帝隐瞒李敢被害事。 ⑬云鹿触杀之：说成李敢是野鹿撞死的。 ⑭乙巳：四月二十八日。 ⑮"庙立"句：庙立，在祖庙告祖册立皇子为王。刘闳为齐王，刘旦为燕王，刘胥为广陵王。 ⑯初作诰策：初，第一次，封王发布"诰策"策文。 ⑰坐盗铸：私自铸罪，死刑。 ⑱大抵无虑：大概多数人。 ⑲分循郡国：分片巡视全国郡国。 ⑳举：举劾、纠察。 句意：揭发出地方兼并土地的豪富，查证纠出地方高级不法官吏，包括郡守、国相。 ㉑悼：哀悼；悼念。 ㉒冢：坟墓。霍去病墓。在今陕西兴平东北。 ㉓祁连山：山名。在今祁连山脉中段。霍去病曾于此建立大功，故为他筑墓像祁连山。 ㉔霍仲孺：霍去病之父。仲孺本是河东平阳县吏、给事平阳侯家，与侍者卫少儿私通而

生子去病。 吏毕：为吏完毕。服事平阳侯家完毕。 ㉕光：霍光，霍去病同父异母弟，侍从武帝三十余年，武帝临终为首席顾命大臣，辅昭宣二帝，成为西汉名臣。传见《汉书》卷六十八。 ㉖道出河东：经过河东。元狩四年（前119），汉匈漠北大战，东路霍去病取道从河东出军，归途省亲，带出霍光荐举为郎，从此侍从武帝至后元二年，前后三十四年。 ㉗将光西至长安：把霍光带到京师。 ㉘任以为郎：保荐为郎官。汉制，父兄有功，二千石高官均可恩荫子弟为郎，称为任子。 ㉙奉车都尉：官名。掌天子乘舆。 光禄大夫：官名。属郎中令。 ㉚大农令：官名。九卿之一。掌租税钱谷盐铁及国家财政收支。以前称治粟内史，后又改称大司农。 颜异：任大农令。坐腹诽诛。 ㉛廉直：廉洁公正。 ㉜苍璧：青色玉璧。 ㉝直数千：只值数千钱。直，通“值”。 ㉞皮荐：白鹿皮制的贡物垫子。 反四十万：反而值四十万钱。 ㉟本末不相称：谓贵贱倒置而不相副。本，指璧。末，白鹿皮垫。称（chèn），相副。 ㊱说：通“悦”。 ㊲郤：通“隙”，嫌隙；矛盾。 ㊳下张汤治异：交给张汤治颜异的罪。 ㊴初令：新令。指关于发行白鹿皮币的诏令。 不便：不恰当，不妥。 ㊵异不应，微反唇：颜异没有说话回应，只稍稍动了一下嘴唇，俗称嘀咕一下。 ㊶汤奏当：张汤上奏罪名。 ㊷不入言而腹诽：有意见不入朝上奏天子而在肚子里诽谤。 ㊸论死：定罪死刑。 ㊹比：案例，前例。 ㊺谄谀取容：用阿谀谄媚的办法来保全身家性命。

【译文】

汉武帝元狩六年（甲子，前117）

冬季，十月，降雨，水未结冰。

汉武帝发布了“缗钱令”后，又尊崇卜式，但民众却始终不肯拿出自己的财产来帮助国家。于是，由杨可主持，对隐瞒财产者进行的告发和惩处大规模地进行。义纵认为此举骚扰了百姓，部署官吏逮捕杨可派出的官员。汉武帝以义纵抗拒圣旨、阻挠告密之事，将其处死。

郎中令李敢怨恨大将军卫青使其父李广抱恨而死，将卫青打伤，但卫青却将此事隐瞒起来。不久，李敢随汉武帝到雍地甘泉宫狩猎，被骠骑将军霍去病用箭射死。霍去病当时正受宠信，声势显赫，汉武帝刘彻为其隐瞒真相，宣称李敢是被鹿撞死的。

夏季，四月二十八日，汉武帝在太庙册封皇子刘闳为齐王，刘旦为燕王，刘胥为广陵王，从此开始用发布“诰策”的形式册封诸王。

自从铸造白金币、五铢钱之后，官吏和民众因私铸钱币而被处死的有数十万人，至于那些尚未发觉的更是多得无法计算，天下人几乎都在私铸钱币。由于犯此法的人太多了，官府不可能将他们全部诛杀。

六月，汉武帝下令，派遣博士褚大、徐偃等六人分别到全国各郡和诸侯国视察，举劾各地并吞贫民耕地之人和违法犯罪的郡守、诸侯国丞相及其他地方官吏。

秋季，九月，冠军景桓侯霍去病去世。汉武帝非常悲痛，为他仿照祁连山形状修建了一座坟墓。

当初，霍仲孺辞职返回家乡，娶了妻子，生下儿子霍光。霍去病长大后，才得知霍仲孺是自己的父亲，当他作为骠骑将军北击匈奴，经过河东时，特派官吏将霍仲孺接来相见，为他购买了大量的田宅奴婢而后离去。及至班师回朝时，又顺便将霍光西行带到长安，保荐为郎官，后逐渐升至奉车都尉、光禄大夫。

这一年，大农令颜异被处死。

当初，颜异因廉洁正直逐步升到九卿高位。汉武帝和张汤商议要制造白鹿皮币时，曾询问颜异的意见，颜异说："现在藩王和列侯朝贺时的礼物，都是黑色璧玉，价值才数千钱，而用作衬垫的皮币反而价值四十万钱，本末不相称。"汉武帝听了很不高兴。张汤又与颜异不和，这时，有人告发颜异在一件别的事上触犯了法令，汉武帝命张汤给颜异定罪。颜异的一位客人议论诏令初下时有不恰当的地方，颜异听到后没有应声，微微撇了一下嘴唇。张汤奏称："颜异身为九卿，见到诏令有不当之处，不提醒皇上，却在心里加以诽谤，应处死刑。"从此以后，有了"腹诽"的案例，而公卿大臣们大多以阿谀谄媚的办法来保全自己的身家性命。

【原文】

元鼎元年（乙丑，前116）

夏，五月，赦天下。

济东王彭离骄悍[①]，昏暮[②]，与其奴、亡命少年数十人行剽杀人[③]，取财物以为好[④]，所杀发觉者[⑤]百余人，坐废[⑥]，徙上庸[⑦]。

元鼎二年（丙寅，前115）

冬，十一月，张汤有罪自杀。

初，御史中丞李文[⑧]，与汤有郤。汤所厚吏鲁谒居阴使人[⑨]上变告文奸事[⑩]，事下汤治[⑪]，论杀之[⑫]。汤心知谒居为之，上问："变事踪迹安起[13]？”汤佯惊曰[14]：“此殆文故人怨之[15]。”谒居病，汤亲为之摩足[16]。赵王素怨汤[17]，上书告：“汤大臣，乃与吏摩足，疑与为大奸。”事下廷尉[18]。谒居病死，事连其弟。弟系导官[19]，汤亦治他囚导官[20]，见谒居弟，欲阴为之[21]，而佯不省[22]。谒居弟弗知，怨汤，使人上书，告汤与谒居谋共变告李文。事下减宣[23]，宣尝与汤有郤，及得此事，穷竟其事[24]，未奏也。

会人有盗发孝文园瘗钱[25]，丞相青翟朝[26]，与汤约俱谢[27]，至前，汤独不谢[28]。上使御史按丞相[29]，汤欲致其文“丞相见知[30]”，丞相患之。丞相长史朱买臣、王朝、边通[31]，皆故九卿、二千石[32]，仕宦绝在汤前[33]。汤数行丞相事[34]，知三长史素贵，故陵折[35]，丞史遇之[36]，三长史皆怨恨，欲死之[37]。乃与丞相谋，使吏捕案贾人田信等[38]，曰：“汤且欲奏请，信辄先知之，居物致富[39]，与汤分之。”

事辞颇闻[40]，上问汤曰：“吾所为，贾人辄先知之，益居其物[41]，是类有[42]以吾谋告之者。”汤不谢[43]，又佯惊曰：“固宜有[44]。”减宣亦奏谒居等事。天子以汤怀诈面欺[45]，使赵禹切责汤[46]，汤乃为书谢[47]，因曰：“陷臣者，三长史也。”遂自杀。

汤既死，家产直不过五百金。昆弟诸子欲厚葬汤，汤母曰：“汤为天子大臣，被污恶言而死[48]，何厚葬乎！”载以牛车，有棺无椁[49]。天子闻之，乃尽按诛三长史。十二月，壬辰[50]，丞相青翟下狱，自杀。

春，起柏梁台[51]。作承露盘，高二十丈，大七围[52]，以铜为之。上有仙人掌，以承露，和玉屑饮之，云可以长生。宫室之修，自此日盛。

二月，以太子太傅赵周为丞相。

三月，辛亥[53]，以太子太傅石庆为御史大夫。

大雨雪[54]。

夏，大水[55]，关东饿死者以千数。

是岁，孔仅为大农令，而桑弘羊为大农中丞，稍置均输[56]，以通货物[57]。

白金稍贱[58]，民不宝用，竟废之。于是悉禁郡、国无铸钱，专令上林三官铸钱[59]，令天下非三官钱不得行。而民之铸钱益少，计其费不能相当[60]。惟真工、大奸乃盗为之[61]。

（以上为第三段，写济东王彭离为奸盗杀人东窗事发，封王被废，贬逐到上庸。御史大夫张汤意欲陷害丞相庄青翟，又怀诈面欺，被丞相的三位长史告发，汉武帝责令张汤自杀；孔仅、桑弘羊用事，逐渐在郡、国设置均输官，调节各地物资。）

【注释】

①济东王彭离：梁孝王刘武之子。景帝中元六年受封。 骄悍：骄横凶悍。 ②昏暮：黄昏，夜晚。 ③亡命少年：谓亡命之徒。 行剽杀人：抢劫杀人。 ④取财物以为好：夺取财物为嗜好。 ⑤所杀发觉者：发现的被刘彭离杀死的人。 ⑥坐废：定罪废除封国。⑦徙上庸：流放到上庸。上庸，县名。县治在今湖北竹山西南。 ⑧御史中丞：官名。是御史大夫的重要助手。 李文：人姓名。 ⑨所厚吏：关系深厚之吏。 鲁谒居：人姓名。 阴使人：暗中教唆使人。 ⑩上变告文奸事：上书告发李文大逆奸恶事。上变，直接上书皇上告发大奸大恶谋反等非常事称“上变”。 ⑪下汤治：交给张汤审讯。 ⑫论杀之：判定死罪。 ⑬变事踪迹安起：李文非常事变线索在哪里，即何人告发。 ⑭汤佯惊曰：张汤假装惊愕的样子说。 ⑮殆文故人怨之：大概是李文的朋友不满告发的。⑯摩足：按摩腿脚。 ⑰赵王素怨汤：赵王刘彭祖，景帝之子。他一向怨恨张汤。 ⑱事下廷尉：张汤摩足事交给廷尉查处。廷尉，九卿之一，掌刑狱。 ⑲系：拘禁。 导官：官名。主管择米。属少府。导官署本无牢狱，或当时因诸狱关押犯人皆满，权寄此署系之。 ⑳他囚导官：其他囚犯系于导官。 ㉑阴为之：意谓暗中袒护他。 ㉒佯不省：装作不认识。 ㉓减宣：人名。西汉酷吏。 ㉔穷竟其事：深入追查此案。 ㉕孝文园：文帝陵园。 瘗（yì）钱：埋于墓中的送葬钱。 ㉖朝：朝见天子。 ㉗约：丞相庄青翟与张汤两人相约。 俱谢：两人共同向皇上请罪，分担责任。 ㉘汤独不谢：张汤违约不请罪，洗白自己对孝文园被盗事没有责任。 按：丞相四时巡视园陵，孝文园被盗，身为丞相的庄青翟应当谢罪；而身为御史大夫的张汤不预园陵事，故自己独不谢罪。 ㉙按丞相：审理丞相的责任。 ㉚汤欲致其文“丞相见知”：张汤运用法律条文用“丞相见知不举”罪名扣在丞相头上。见知法有“已知故纵”，即知情不报，窝藏罪犯罪。 ㉛长史：官名。丞相长史，是丞相的重要助手，犹今之秘书长。 朱买臣、王朝、边通：皆人名，三人皆为丞相长史。 ㉜皆故九卿、二千石：原来都是九卿和二千石的官职。朱买臣尝为主爵都尉，王朝官至右内史，边通官至济南相，位列九卿。 ㉝仕宦绝在汤前：据《史记》《汉书》记载，朱买臣等三人官至二千石时，张汤还只是小吏；等到张汤官至御史大夫，朱买臣等三人早已失意，只当了丞相长史。 ㉞行丞相事：代理丞相事务。 ㉟故陵折：张汤借此案故意在审讯中凌辱压制三名长史，使之颜面尽失。陵，通“凌”。 ㊱丞史遇之：

把三名长史当作丞史小吏来审讯。 ㊲欲死之：三名长史早想置张汤于死地。 ㊳捕案贾人田信：抓捕与张汤有勾连的商人田信立案审讯。 ㊴居物致富：囤积货物赚了大钱。㊵事辞颇闻：消息传到汉武帝耳中。 ㊶益居其物：更加囤积货物。 ㊷类有：好像有通风报信的。即泄露机密。 ㊸汤不谢：张汤仍装作不知情不向汉武帝谢罪承担责任。㊹固宜有：本当有这回事。意谓按情理是有人泄密了。 ㊺怀诈面欺：心怀诡计当面欺瞒。 ㊻赵禹：西汉酷吏。传见《史记》卷一百二十二、《汉书》卷九十。 切责：严厉责备。 ㊼为书谢：上书认罪。 ㊽被污恶言而死：蒙受污言秽语而冤死。被污，被抹黑，蒙受冤屈。 ㊾有棺无椁：只有棺材没有外椁。 ㊿壬辰：十二月二十五日。 (51)起柏梁台：修建柏梁台。用香柏为建筑材料，故名。 (52)大七围：有七人合围之大。 (53)辛亥：三月十五日。 (54)大雨雪：下大雪。雨，落下。三月大雨雪，是异常天气，故记之。(55)大水：发生大水灾。 (56)均输：汉武帝所创财政经济政策之一。由桑弘羊建议和推行。其法由大农部丞数十人，分部主郡国，于各地置均输官。将各地贡物按当地行情折价，交给当地均输官。均输官将部分物资运往京师，以供官需或平准出售；又将其他部分运往高价地区出售。以控制运销和物价，增加国家收入。 (57)以通货物：用均输来流通货物。(58)白金稍贱：用银、锡所制大面额的钱币，共三个品类：圆形值三千钱，方形值五百钱，椭圆直三百钱。见上卷武帝元狩四年发行，民不乐用，至此元鼎二年，不到四年即废止。即汉武帝的金融通胀政策宣告失败。 (59)上林三官：水衡都尉所属三令丞：钟官、辨铜、技巧。三官铸钱，即由皇室直接控制铸钱。 (60)不能相当：铸钱成本高于面值，无利可图。(61)真工：铸钱技术高超。 大奸：大盗大富财势雄厚的人。这两种人才有能力私自铸钱。

【译文】

汉武帝元鼎元年（乙丑，前116）

夏季，五月，汉朝实行大赦。

济东王刘彭离骄横凶悍，常在黄昏时率领家奴和亡命少年数十人抢劫杀人，夺取财物，并以此为嗜好，被他杀害的人，已发现的就有一百多个，因此他被废除王爵、封国，贬逐到上庸。

汉武帝元鼎二年（丙寅，前115）

冬季，十一月，御史大夫张汤因有罪而自杀。

当初，御史中丞李文与张汤不和。张汤所赏识的官吏鲁谒居暗中唆使人上书汉武帝刘彻，告发李文有奸恶之事。汉武帝交由张汤处理，张汤将李文判罪处死。张汤明知是鲁谒居所为，但当汉武帝问到告发的事情是从哪里引起的时候，张汤假装吃惊地说道："这大概是李文的故人对他不满而引起的。"后来鲁谒居生病，张汤亲自给他按摩脚。赵王刘彭祖一向怨恨张汤，听说此事后，上书汉武帝告发说："张汤身为大臣，竟给一个小吏按摩脚，我怀疑他们有大阴谋。"汉武帝将此事交给廷尉处理。鲁谒居病死了，此事又牵连到鲁谒居的弟弟，被囚禁在导官看守所。张汤也因审问别的囚犯到了导官，见到鲁谒居的弟弟，打算暗中救助，表面上却装作不理会。鲁谒居的弟弟不知张汤心意，怨恨张汤，便让人上书朝廷，揭发张汤与鲁谒居同谋告发李文。汉武帝将此事交给减宣处理，减宣与张汤结怨，就抓住此事，穷追到底，但一时还没有结案奏报。

就在此时，汉文帝陵园中所埋的钱币被人盗挖，丞相庄青翟上朝，与张汤约定一同向汉武帝刘彻请罪，可到了汉武帝面前，张汤却独自不谢罪。汉武帝命张汤负责审理庄青翟在此事中的责任，张汤企图给庄青翟加上"丞相已知故纵"的罪名，庄青翟非常害怕。丞相长史朱买臣、王朝、边通以前都曾做过九卿或二千石官，做官都比张汤早。张汤曾几次代行丞相职权，知道这三名长史一向尊贵，就故意欺凌折辱他们，将他们看作低级小吏一般，所以，三名长史都对张汤心怀怨恨，都想置张汤于死地。于是，他们与庄青翟商议，派官吏抓捕审讯商人田信等，然后散布说："张汤向皇上奏请政事，田信每每事先知道，囤积居奇赚了大钱，再分给张汤。"

消息传到汉武帝耳中，便问张汤："我做的事，商人每每事先知道，多囤积货物，好像有人将我的计划告诉了他们。"张汤不谢罪，又装作吃惊的样子说："本当有这回事。"减宣也将调查鲁谒居一事的结果奏报。因此，汉武帝认为张汤心怀奸诈而当面欺瞒，派赵禹严厉谴责张汤。张汤只得上书向汉武帝谢罪，并指控说："陷害我的，是三名丞相长史。"然后，自杀而死。

张汤死后，所留家产价值不过五百金。张汤的兄弟子侄想要厚葬他，他的母亲说："张汤身为天子重臣，竟被污言秽语中伤而死，何必要厚葬呢？"便将张汤放在牛车上运到墓地，只有一口棺材，并无外椁。汉武帝听说后，就将三名丞相长史全部处死。十二月二十五日，丞相庄青翟被抓捕下狱，自杀。

春季，汉武帝修筑柏梁台，在台上造了一个承露盘，高二十丈，大小要七人合抱，用铜制成。上面装有神仙手掌，用来承接露水，再拌上玉的粉末喝下去，据说可以长生不老。从此，宫室的修建，一天比一天兴盛。

二月，汉武帝任命太子太傅赵周为丞相。

三月十五日，汉武帝任命太子太傅石庆为御史大夫。

天降大雪。

夏季，大水成灾，关东地区饿死的人数以千计。

这一年，孔仅升为大农令，桑弘羊做了大农中丞，逐渐在郡、国设置均输官，负责调节各地物资，互通有无。

白金币价值逐渐下降，民间不愿意使用，终于废弃。于是，汉武帝刘彻下令，各郡、国一律不许铸钱，专由朝廷上林三官负责铸钱，全国各地不是三官钱不得使用。民间私铸钱币的，因为成本太高，无利可图，所以日益减少；计算费用，收支不能相当，只有手艺精湛的人或大奸之徒才私自铸钱。

【原文】

浑邪王既降汉[①]，汉兵击逐匈奴于幕北[②]，自盐泽[③]以东空无匈奴，西域道可通[④]。于是张骞建言[⑤]："乌孙王昆莫[⑥]本为匈奴臣，后兵稍强，不肯复朝事匈奴，匈奴攻不胜而远之[⑦]。今单于新困于汉，而故浑邪地空无人[⑧]，蛮夷俗恋故地，又贪汉财物，今诚以此时厚币赂乌孙[⑨]，招以益东[⑩]，居故浑邪之地，与汉结昆弟[⑪]，其势宜听，听则是断匈奴右臂也。既连乌孙，自其西大夏之属皆可招来而为外臣[⑫]。"天子以为然，拜骞为中郎将[⑬]，将三百人[⑭]，马各二匹，牛羊以万数，赍金币帛直数千巨万[⑮]；多持节副使[⑯]，道可便[⑰]，遣之他旁国。

骞既至乌孙，昆莫见骞，礼节甚倨[⑱]。骞谕指曰[⑲]："乌孙能东居故地，则汉遣公主为夫人，结为兄弟，共距匈奴[⑳]，匈奴不足破也[㉑]。"乌孙自以远汉，未知其大小；素服属匈奴日久，且又近之，其大臣皆畏匈奴，不欲移徙[㉒]。骞留久之[㉓]，不能得其要领，因分遣副使使大宛、康居、大月氏、大夏、安息、身毒、于阗及诸旁国[㉔]，乌孙发译道送骞还[㉕]，使数十人，马数十匹，随骞报谢，因令窥汉大小。

是岁，骞还，到，拜为大行。后岁余，骞所遣使通大夏之属者，皆颇与其人俱来[㉖]，于是西域始通于汉矣。

西域凡三十六国[㉗]，南北有大山[㉘]，中央有河[㉙]，东西六千余里，南北千余里，东则接汉玉门、阳关[㉚]，西则限以葱岭[㉛]。河有两源[㉜]，一出葱岭，一出于阗，合流东注盐泽。盐泽去玉门、阳关三百余里。自玉门、阳关出西域有两道：从鄯善傍南山北[㉝]，循河西行至莎车[㉞]，为南道；南道西逾葱岭，则出大月氏、安息。自车师前王廷[㉟]随北山循河西行至疏勒[36]，为北道；北道西逾葱岭，则出大宛、康居、奄蔡焉[37]。故皆役属匈奴[38]，匈奴西边日逐王[39]，置僮仆都尉[40]，使领西域，常居焉耆、危须、尉黎间[41]，赋税诸国，取富给焉。

乌孙王既不肯东还，汉乃于浑邪王故地置酒泉郡[42]，稍发徙民[43]以充实之；后又分置武威郡[44]，以绝匈奴与羌通之道。

天子得宛汗血马[45]，爱之，名曰“天马”。使者相望于道以求之。诸使外国，一辈大者数百[46]，少者百余人，人所赍操大放博望侯时[47]，其后益习而衰少焉[48]。汉率一岁中使多者十余[49]，少者五六辈；远者八九岁，近者数岁而反[50]。

（以上为第四段，写汉军将匈奴势力驱逐到大沙漠以北后，张骞率领使团第二次出使西域，劝说乌孙东迁，没有成功，就在河西建立酒泉郡，从内地迁移民众充实这一地区。）

【注释】

①降汉：匈奴浑邪王降汉在元狩元年。 ②逐匈奴于幕北：汉匈漠北大战在元狩四年。 ③盐泽：即今新疆罗布泊。 ④西域道可通：前往西域的道路可以通行。西域，古代地区名。狭义西域指今新疆地区，广义西域包括今中亚各国。 ⑤张骞建言：张骞建言通西域之策，联结乌孙断匈奴右臂。 ⑥乌孙：古族名。西汉时分布于今伊犁河和伊塞克湖一带，都赤谷城。汉曾与其两次和亲。后来属西域都护。 昆莫：乌孙王的名号。 ⑦远之：乌孙本分布于祁连、敦煌间，匈奴攻击，西迁远去。 ⑧故浑邪地空无人：浑邪王居地在今甘肃河西走廊一带，浑邪王败降后，匈奴于此地失去控制势力，故云“空无人”。 ⑨厚币赂乌孙：赠送乌孙丰厚的礼物。赂，赠送。 ⑩招以益东：招他们东迁。 ⑪与汉结昆弟：结盟为兄弟之国。 ⑫外臣：附属国。 ⑬中郎将：中郎之长官，秩二千石。汉时使者常以中郎将或郎中将之名出使。 ⑭将三百人：带领三百人的使团。 ⑮数千巨万：携带的金币、缯帛等礼品价值数千万万。巨万，万万。此极言其丰厚。 ⑯多持节副使：有多位持天子符节的副使，分别出使多个西域国家。 ⑰道可使：沿途如有通往别国的道路，即可派副使交通。 ⑱倨：傲慢。 ⑲谕指：晓告以天子意旨。指，通“旨”。 ⑳共距匈奴：共同抗拒匈奴。距，通“拒”。 ㉑不足破：容易打破。 ㉒不欲移徙：不愿东迁。 ㉓骞留久之：张骞留在乌孙很长时间。 ㉔诸旁国：遣副使到乌孙周边的各个国家。 大宛等下列七国：大宛（yuān）：在今中亚费尔干盆地。王治贵山城（今中亚卡散赛）。以产汗血马著称。 康居：在乌孙之西，约在今巴尔喀什湖和咸海之

间。王都在卑阗城。 大月氏：古族名。本来分布于敦煌、祁连间，汉初被匈奴所迫，西迁至塞种地区，在今新疆西部伊犁河流域及其以西一带，称大月氏，又遭乌孙攻击，再度西迁于大夏，在今阿姆河上游。 安息：即今伊朗。 身毒：在今印度北部。 于阗：又作于寘，王治西城，在今新疆和田南。 ㉕乌孙发译道送骞还：乌孙派翻译和向导送张骞回到汉朝。道，通“导”。 ㉖皆颇与其人俱来：各个副使回到汉朝都有所出使国的使臣一同来到。其人，该国之人。 ㉗西域凡三十六国：《汉书·西域传》记载西域诸国，有：婼羌、鄯善、且末、小宛、精绝、戎卢、扜弥、渠勒、于阗、皮山、乌秅、西夜、蒲犁、依耐、无雷、难兜、罽宾、乌弋山离、安息、大月氏、康居、大宛、桃槐、休循、捐毒、莎车、疏勒、尉头、乌孙、姑墨、温宿、龟兹、乌垒、渠犁、尉犁、危须、焉耆、乌贪訾离、卑陆、卑陆后、郁立师、单桓、蒲类、蒲类后、西且弥、东且弥、劫、狐胡、山、车师前、车师后等五十一国。 ㉘南北有大山：汉时南山即今昆仑山，北山即今天山。 ㉙中央有河：汉时称葱岭河及以下入盐泽之河。即今叶尔羌河及塔里木河。 ㉚玉门：关名。在今甘肃敦煌西北。 阳关：关名。在今甘肃敦煌西南。 ㉛葱岭：山名。古时对今帕米尔高原及昆仑山、天山西段的统名。 ㉜河有两源：指黄河有两源。 按：此两源即前文所说的“中央有河”，皆流入盐泽的内陆河，西汉人误认为是黄河源头，从盐泽潜行后冒出。 ㉝鄯善：古西域国名。原名楼兰，元凤四年（前77）改名鄯善。在西域南道上。王居扜泥城，在今新疆若羌县治卡克里克。 南山：即今喀喇昆仑山。 ㉞莎车：古西域国名。王治莎车，在今新疆莎车。 ㉟车师：古西域国名。约在初元元年（前48）汉分其地为车师前后两部，后来皆属西域都护。车师前王廷，即车师前部，治交河城（今新疆吐鲁番西交河古城遗址）。 ㊱北山：即今天山山脉。 疏勒：古西域国名。王治疏勒，在今新疆喀什。 ㊲奄蔡：西域古族名。一作阖苏。约分布于今咸海至里海一带。从事游牧。 ㊳皆役属匈奴：都被匈奴役属，即臣属匈奴。 ㊴日逐王：居匈奴西部的王号。 ㊵僮仆都尉：匈奴掌管西域各臣属国的军政长官名。 ㊶焉耆：西域古国名。在今新疆焉耆一带。 危须：西域古国名。在今新疆焉耆以北。 尉黎：西域古国名。在今新疆焉耆西南。 ㊷酒泉郡：郡名。郡治禄福，在今甘肃酒泉。 ㊸稍发徙民：逐渐从内地迁移民众来充实。 ㊹武威郡：郡名。郡治武威，在今甘肃民勤东北。 ㊺汗血马：大宛马，两肩流汗血色而得名。 ㊻一辈：一批使者。大的有几百人。此时出使具有商团性质，故频繁而人众。 ㊼“人所”句：每一批使者都效法博望侯张骞时的做法，多带金币、丝绸。丝绸成为主要商品，故中西交通有丝路之称。 ㊽其后益习而衰少焉：以后成为惯例，使团人数以及所携带之物也逐渐减少。 ㊾十余：一年中出使多时达十几批。 ㊿反：通“返”，西域使者返回汉朝，时间长的八九年，短的也好几年。远、近：指耗时长短，非指路途远近。出使路远的国家八九年才返回，路近的也好几年。言中西交通之艰难。

【译文】

浑邪王归降汉朝以后，汉军将匈奴势力驱逐到大沙漠以北，自盐泽以东，不见匈奴踪迹，前往西域的道路可以通行。于是，张骞建议说："乌孙王昆莫本来是匈奴的藩属，后来兵力渐强，不肯再事奉匈奴，匈奴派兵征服，未能取胜，于是远去。如今匈奴单于刚刚受到我朝的沉重打击，而过去的浑邪王辖地又空旷无人，蛮夷之族的习俗依恋故地，又贪图我朝的财物，如果现在我们用丰厚的礼物去拉拢乌孙，招他们东迁，到过去的浑邪王辖地居住，与我朝结为兄弟之国，他们必将听从我朝的调遣，听从了就等于断了匈奴的右臂一般。与乌孙结盟之后，其西面的大夏等国也都能招来成为我朝的藩属。"汉武帝认为有理，便任命张骞为中郎将，率领三百人，每人马二匹，以及数以万计的牛羊和价值数千万钱的黄金缯帛，又任命多人为手持天子符节的副使，沿途如有通往别国的道路，即派一名副使前往。

张骞到达乌孙之后，乌孙王昆莫接见了他，但态度十分傲慢，礼数不周。张骞转达汉武帝的谕旨说："如果乌孙能够向东返回故土居住，那么，我大汉将把公主许配给国王为夫人，两国结为兄弟之邦，共同抗拒匈奴，则匈奴不足为虑。"然而，乌孙因距汉朝太远，不知汉朝是大是小，且长期以来一直是匈奴的藩属，与匈奴相距又近，朝中大臣全都畏惧匈奴，不愿东迁。张骞在乌孙待了很久，一直得不到明确的答复，便向大宛、康居、大月氏、大夏、安息、身毒、于阗及附近各国分别派出副使进行联络。乌孙派翻译、向导送张骞回国，又派数十人、马数十匹随张骞到汉朝报聘答谢，乘机让他们了解汉朝的大小强弱。

这一年，张骞回到长安，汉武帝任命他为大行。一年多以后，张骞所派出使大夏等国的副使大部分都与该国使臣一同回来。这样，西域各国就开始与汉朝联系往来了。

西域地区共有三十六个国家，南北为大山，中部有河流，东西长六千多里，南北宽一千多里，东部与汉朝的玉门、阳关相连接，西部直到葱岭。中部河流有两个源头，一是出于葱岭，一是出于于阗，合流后注入盐泽。盐泽离玉门、阳关三百多里。从玉门、阳关前往西域有两条道路：从鄯善沿南山北麓前行，顺着河流向西到莎车，是南道；从南道向西越过葱岭，就到了大月氏、安息。从车师前王庭顺着北山沿河流西行到疏勒，是北道；从北道向西越过葱岭，就到了大宛、康居、奄蔡。以前，西域各国都受匈奴统治。匈奴西部的日逐王设置僮仆都尉统辖西域各国，常驻于焉耆、危须、尉黎一带，向西域各国征收赋税，掠取各国的财富。

既然乌孙王不肯东还，汉朝便在浑邪王旧辖地区设置酒泉郡，逐渐从内地迁移民众来充实这一地区。以后，又从酒泉郡分出部分地区设置武威郡，用以隔绝匈奴与羌人部落的联络通道。

汉武帝得到大宛的汗血马，非常喜爱，命名为“天马”，去大宛搜求的使者在路上接连不断。汉朝出使外国的各个使团，大的一行数百人，小的一百多人，所带礼品等物与张骞出使时大致相当，以后随着对西域情况的日益熟悉，使团人员及携带之物也逐渐减少。大约在一年之中，汉朝派往西域各国的使者，多时十多批，少时五六批，其中路远的要八九年，较近的也要数年才能回来。

【原文】

三年（丁卯，前114）

冬，徙函谷关于新安[①]。

春，正月，戊子[②]，阳陵园火[③]。

夏，四月，雨雹[④]。

关东郡、国十余饥[⑤]，人相食[⑥]。

常山宪王舜[⑦]薨，子勃嗣，坐宪王病不侍疾及居丧无礼废，徙房陵[⑧]。后月余，天子更封宪王子平为真定王，以常山为郡[⑨]，于是五岳皆在天子之邦矣[⑩]。

徙代王义为清河王[⑪]。

是岁，匈奴伊稚斜单于死，子乌维单于立。

四年（戊辰，前113）

冬，十月，上行幸雍，祠五畤。诏曰：“今上帝[⑫]，朕亲郊，而后土无祀[⑬]，则礼不答也[⑭]，其令有司议。”立后土祠于泽中圜丘[⑮]。上遂自夏阳东幸汾阴[⑯]。是时，天子始巡郡、国。河东守不意行至[⑰]，不办[⑱]，自杀。十一月，甲子[⑲]，立后土祠于汾阴脽上[⑳]，上亲望拜，如上帝礼。礼毕，行幸荥阳[㉑]，还，至洛阳[㉒]，封周后姬嘉为周子南君[㉓]。

春，二月，中山靖王胜[㉔]薨。

乐成侯丁义荐方士栾大[25]，云与文成将军[26]同师。上方悔诛文成[27]，得栾大，大说[28]。大先事胶东康王[29]，为人长美言[30]，多方略[31]，而敢为大言，处之不疑[32]。大言曰："臣常往来海中，见安期、羡门之属[33]，顾以臣为贱[34]，不信臣；又以为康王诸侯耳[35]，不足与方。臣之师曰：'黄金可成而河决可塞，不死之药可得，仙人可致也[36]。'然臣恐效文成[37]，则方士皆掩口[38]，恶敢言方哉[39]！"上曰："文成食马肝死耳[40]。子诚能修其方[41]，我何爱乎[42]！"大曰："臣师非有求人，人者求之。陛下必欲致之，则贵其使者，令为亲属，以客礼待之，乃可使通言于神人[43]。"于是上使验小方，斗旗[44]，旗自相触击。是时，上方忧河决而黄金不就[45]，乃拜大为五利将军，又拜为天士将军，地士将军，大通将军。

夏，四月，乙巳[46]，封大为乐通侯，食邑二千户，赐甲第[47]，僮千人，乘舆斥车马、帷帐、器物以充其家[48]，又以卫长公主妻之[49]，赍金十万斤，天子亲如五利之第，使者存问共给[50]，相属于道[51]。自太主、将、相以下[52]，皆置酒其家，献遗之[53]。天子又刻玉印曰"天道将军[54]"，使使衣羽衣[55]，夜立白茅上[56]；五利将军亦衣羽衣，立白茅上，受印[57]，以示不臣[58]。

大见数月[59]，佩六印[60]，贵震天下。于是海上燕、齐之间，莫不扼腕自言有禁方[61]、能神仙矣。

（以上为第五段，写汉武帝信奉方士，栾大又来行骗，把汉武帝哄得团团转，数月之中，栾大佩带六枚印信，贵震天下，燕、齐方士非常振奋，自言能通神仙。）

【注释】

①函谷关：关名。秦与汉初设于弘农，在今河南灵宝东北；元鼎三年冬，向东移至新安，在今河南新安西。 ②戊子：正月二十七日。 ③阳陵园火：阳陵园发生火灾。阳陵园，汉景帝的陵园。在今陕西咸阳东北。 ④雨（yù）雹：落下冰雹。 ⑤饥：发生大饥荒。 ⑥人相食：人吃人。 ⑦常山宪王舜：刘舜，景帝之子，景帝中五年受封，卒谥宪。 ⑧徙：流放。 房陵：县名。治所在今湖北房县。 ⑨常山为郡：郡治元氏，在今河北元氏西北。 ⑩五岳：泰山、华山、嵩山、衡山、恒山。 在天子之邦：谓在汉朝直辖的郡县之内，而不在诸侯王国的地区。 ⑪代王义：代王刘义，文帝之子，代王刘参之孙。 徙代王义为清河王：孝景之子清河王刘乘死，无子，国除，故徙刘义为清河

王。 ⑫上帝：天帝。 ⑬后土：土地神。 无祀：没有祠庙和祭祀礼仪。 ⑭礼不答：礼数不合。只祭天不祭地，礼不对称，不合。 ⑮立后土祠于泽中圜丘：在水泽中圆形丘台上建立后土祠。圜，通“园”。 ⑯夏阳：县名。县治在今陕西韩城西南。 汾阴：县名。县治在今山西万荣西。后土祠建于汾阴。 ⑰河东守不意行至：河东郡太守没料到汉武帝巡幸汾阴。是年，汉武帝已即位第二十八年，第一次巡幸郡县，故河东太守不意至此。河东，郡名。郡治安邑，在今山西夏县西北。 ⑱不办：一切供应没有准备。 ⑲甲子：十一月初八日。 ⑳脽（shuí）：坟堆。 ㉑荥阳：县名。县治在今河南荥阳东北。㉒洛阳：县名。县治在今河南洛阳东北。 ㉓周后：周朝后裔。 周子南君：封号名。㉔胜：刘胜。汉景帝之子，景帝中二年封为中山王。卒谥靖。 ㉕丁义：汉高祖功臣丁礼之曾孙。 栾大：西汉方士。 ㉖文成将军：指方士少翁。 ㉗方悔：刚刚后悔。 诛文成：事见上卷元狩四年。 ㉘说：通“悦”。 ㉙胶东康王：刘寄。武帝之弟。 ㉚长美言：擅长说好听的话。 ㉛多方略：富于智谋，此指多鬼主意，耍小聪明。 ㉜敢为大言，处之不疑：敢吹牛皮，神态自若，说大话不脸红，从不犹疑，就像真的一样。㉝安期、羡门之属：安期生、羡门高等神仙。 ㉞顾以臣为贱：认为我卑贱，看不起我。㉟又以为康王诸侯耳：又认为康王只是一个诸侯王，也不配给不老方。 ㊱可致：可以求得。 ㊲效文成：担心是文成将军的下场。效，步后尘。 ㊳掩口：闭口不说话。 ㊴恶敢言方哉：哪还敢说长生不老的秘方呢？ ㊵文成食马肝死耳：文成将军是吃马肝死的。古人认为马肝有毒能致死人。这里是汉武帝讳言诛死的借口。 ㊶子诚能修其方：你真能找到长生不老方。 ㊷我何爱乎：我还吝惜什么呢？ ㊸通言于神人：传话给神人。㊹斗旗：使旗相斗。大概是利用磁性，使两物相撞。魔术小计。 ㊺黄金不就：黄金无法炼成。 ㊻乙巳：四月二十一日。 ㊼赐甲第：赏赐高等住宅。 ㊽“乘舆”句：天子用不着的，多余的车马、帷帐、器物等赏赐给栾大作家用。斥，多余的，备用的。 ㊾以卫长公主妻之：卫皇后所生长公主嫁给栾大为妻。 ㊿存问共给：探问栾大生活情况给予供给。 51相属于道：络绎不绝。 52自太主、将、相以下：上自太主、将、相，以及下属都去存问栾大。 太主：窦太主，汉武帝姑妈大长公主刘嫖。 53献遗之：赠送礼品给栾大。 54天道将军：意谓为天子导引天神。道，通“导”。 55使使：派遣使者。衣（yì）：穿。 羽衣：羽制的衣服。 56白茅：白色的茅草。 57受印：接受“天道将军”印。58以示不臣：用以表示不是臣属。抬高天神使者地位与天子相等。 59大见数月：栾大见武帝才几个月。 60佩六印：佩带六枚印信，即六个职位，指五利将军、天士将军、地士将军、大通将军、天道将军及乐通侯。 61扼腕：握着手腕。显示振奋。 禁方：秘方。

【译文】

汉武帝元鼎三年（丁卯，前114）

冬季，汉朝把函谷关迁到新安。

春季，正月二十七日，汉景帝刘启陵园失火。

夏季，四月，天降冰雹。

关东地区十几个郡和封国严重饥馑，出现人吃人的惨景。

常山宪王刘舜去世，其子刘勃承嗣王位。刘勃后被指控在刘舜病重时不侍奉父王，守孝时又违反礼仪规定，被废除王爵，放逐到房陵。一个多月以后，汉武帝改封刘舜的另一个儿子刘平为真定王，将常山改为郡，于是，五岳全都归入朝廷直接管辖之内。

汉武帝将代王刘义改封为清河王。

这一年，匈奴单于伊稚斜去世，其子乌维即单于位。

汉武帝元鼎四年（戊辰，前113）

冬季，十月，汉武帝巡幸至雍地，在五畤举行祭祀典礼。汉武帝刘彻发布命令说："如今敬奉天帝，我亲自祭祀，却未祭祀地神，于礼不合，着令主管官员研究办理！"主管官员建议，在水泽中圆形丘台上建立后土祠，以祭祀土地神。汉武帝于是自夏阳向东巡幸至汾阴。这是汉武帝第一次出巡各郡国。河东郡守没有想到皇上会突然驾到，一切供应都准备不及，惶恐自杀。十一月初八，在汾阴丘陵上建立后土祠，汉武帝刘彻亲自祭拜，与祭祀天帝之礼相同。祭拜结束后，汉武帝巡幸至荥阳，启程还京，到了洛阳，封周朝王室后裔姬嘉为周子南君。

春季，二月，中山王刘胜去世。

乐成侯丁义向汉武帝推荐方士栾大，说栾大与文成将军少翁同出一个师门。汉武帝正后悔不该杀死少翁，所以见到栾大后非常高兴。栾大原来侍奉胶东康王刘寄，善于说好听的话，富于智谋，敢说大话，从不犹疑。栾大对汉武帝说："我常常往来于大海之中，见过安期生、羡门等神仙，他们认为我地位微贱，所以不信任我；又认为康王不过是一位诸侯，没有资格得到长生不老的秘方。我师父说：'黄金可以炼成，黄河决口可以堵塞，长生不老之药可以得到，神仙可以招致。'但我怕步少翁的后尘，如果那样，则所有的方士都将捂着嘴不敢说话，谁还敢谈长生不老之方呢？"汉武帝说："少翁不过是吃了马肝中毒而死的。你要真能得到长生不老之方，我会吝惜什么呢？"栾大说："我的老师对别人无所求，都是别人求他。皇上如果一定要将他请来，就应尊崇他的使者，让他的使者成为皇上亲近的下属，以待客的礼节对待，这样才能让他将皇上的请求转达给神仙。”于是汉武帝让栾大试验小法术。栾大让旗帜相斗，旗帜果然相互撞击。此时，汉武帝正在忧虑黄河决口和黄金无法炼成，便封栾大为五利将军，后又封其为天士将军、地士将军、大通将军。

夏季，四月二十一日，汉武帝封栾大为乐通侯，食邑二千户，赐给上等府第以及僮仆一千人，并把自己用不着的车马、帷帐、器物等赏给栾大以充家用，又将亲生女儿卫长公主嫁给栾大为妻，送黄金十万斤。汉武帝还亲自到栾大家中看望，派去询问栾大家中供应情况的使者在路上络绎不绝。汉武帝姑妈窦太主、丞相、将军及以下的人，都到栾大家中设摆酒宴，赠送礼品。汉武帝又刻了一枚“天道将军”的玉印，命使者身穿用羽毛织成的衣服，于夜晚站在白茅上面；栾大也身穿羽衣，站在白茅上面接受玉印，表示他不是汉武帝的臣属。

栾大自见到汉武帝后，数月之中，佩带六枚印信，其显贵的程度，使天下为之震动。于是，沿海一带燕、齐等地的人们无不振奋地握住手腕，自称有长生不老的秘方，能通神仙。

【原文】

六月，汾阴巫锦[①]得大鼎于魏脽后土营旁[②]，河东太守以闻[③]。天子使验问，巫得鼎无奸诈，乃以礼祠，迎鼎至甘泉，从上行[④]，荐之宗庙及上帝[⑤]，藏于甘泉宫，群臣皆上寿贺[⑥]。

秋，立常山宪王子商为泗水王[⑦]。

初，条侯周亚夫为丞相[⑧]，赵禹为丞相史[⑨]，府中皆称其廉平，然亚夫弗任[⑩]，曰：“极知禹无害，然文深，不可以居大府[⑪]。”及禹为少府[⑫]，比九卿为酷急[⑬]；至晚节，吏务为严峻，而禹更名宽平[⑭]。

中尉尹齐[⑮]素以敢斩伐著名，及为中尉，吏民益凋敝[⑯]。是岁，齐坐不胜任抵罪[⑰]。上乃复以王温舒为中尉，赵禹为廷尉[⑱]。后四年，禹以老，贬为燕相[⑲]。

是时吏治以惨刻相尚[⑳]，独左内史兒宽[㉑]，劝农业，缓刑罚，理狱讼[㉒]，务在得人心；择用仁厚士，推情与下[㉓]，不求名声，吏民大信爱之；收租税时，裁阔狭[㉔]，与民相假贷[㉕]，以故租多不入[㉖]。后有军发[㉗]，左内史以负租课殿[㉘]，当免[㉙]；民闻当免，皆恐失之，大家牛车、小家担负输租[㉚]，襁属不绝[㉛]，课更以最[㉜]。上由此愈奇宽。

初，南越文王遣其子婴齐入宿卫[33]，在长安取邯郸樛氏女[34]，生子兴。文王薨，婴齐立，乃藏其先武帝玺[35]，上书请立樛氏女为后，兴为嗣[36]。汉数使使者风谕婴齐入朝[37]。婴齐尚乐擅杀生自恣[38]，惧入见要[39]，用汉法比内诸侯[40]，固称病[41]，遂不入见[42]。婴齐薨，谥曰明王。太子兴代立，其母为太后。

太后自未为婴齐姬时，尝与霸陵人安国少季通[43]。是岁，上使安国少季往谕王、王太后以入朝[44]，比内诸侯，令辩士谏大夫终军等宣其辞[45]，勇士魏臣等辅其决[46]，卫尉路博德[47]将兵屯桂阳待使者[48]。南越王年少，太后中国人；安国少季往，复与私通，国人颇知之，多不附太后。太后恐乱起，亦欲倚汉威，数劝王及群臣求内属[49]；即因使者上书，请比内诸侯，三岁一朝，除边关[50]。于是天子许之，赐其丞相吕嘉银印及内史、中尉、太傅印[51]，余得自置[52]；除其故黥、劓刑[53]，用汉法，比内诸侯。使者皆留[54]，填抚之[55]。

上行幸雍，且郊[56]，或曰："五帝，泰一之佐也[57]。宜立泰一，而上亲郊[58]。"上疑未定。齐人公孙卿曰[59]："今年得宝鼎，其冬辛巳朔旦冬至[60]，与黄帝时等[61]。"卿有札书曰[62]："黄帝得宝鼎，是岁己酉朔旦冬至，凡三百八十年，黄帝仙登于天。"因嬖人奏之[63]。上大悦，召问，卿对曰："受此书申公[64]，申公曰：'汉兴复当黄帝之时，汉之圣者在高祖之孙且曾孙也[65]。宝鼎出而与神通，黄帝接万灵明庭[66]，明庭者甘泉也。黄帝采首山铜[67]，铸鼎于荆山[68]下，鼎既成，有龙垂胡髯下迎黄帝[69]，黄帝上骑龙，与群臣后宫七十余人俱登天。'"于是天子曰："嗟乎[70]！诚得如黄帝，吾视去妻子如脱屣耳[71]！"拜卿为郎，使东候神于太室[72]。

（以上为第六段，写左内史兒宽鼓励农业生产，放宽刑罚，得到民众拥护；南越樛太后劝南越王赵兴和南越国群臣归属朝廷，比照内地诸侯；汉武帝刘彻听公孙卿鬼话，梦想成为神仙。）

【注释】

①锦：巫之名。②得大鼎于魏脽后土营旁：在魏国后土祠旁公墓区获得大鼎。汾阴脽，原属战国时魏国土地，故称"魏脽"。③以闻：将此事报告天子。④从上行：以鼎随从天子去甘泉宫。⑤荐之宗庙及上帝：呈献给宗庙和皇天上帝。荐，供祭。⑥上寿贺：向天子祝酒庆贺。⑦王子商：常山王刘舜之子刘商。刘舜，景帝子。为泗水王：

封刘商为泗水王。 ⑧周亚夫：西汉名将。传见《史记》卷五十七、《汉书》卷四十。周亚夫于景帝前七年为相，景帝中三年罢相。 ⑨赵禹：西汉酷吏。 丞相史：丞相的属吏。 ⑩弗任：不信任。 ⑪“极知”三句：我十分了解赵禹的公平，但执法严苛，不可任职高级长官。无害，办事公平无比。文深，死扣法律条文太苛刻。今言太左。大府，泛指高官府署。 ⑫少府：九卿之一，掌山海池泽收入及皇室手工业制造。 ⑬比九卿为酷急：执法比其他九卿都严苛峻急。 ⑭更名宽平：更以宽平为名。 ⑮中尉：官名。掌治京师治安，兼主北军。 尹齐：西汉酷吏。 ⑯凋敝：衰败。 ⑰抵罪：获罪。 ⑱廷尉：九卿之一，掌刑狱。 ⑲燕相：燕王国之相。 ⑳惨刻相尚：用法严苛成为崇尚的风气。 ㉑左内史：官名，掌治京师东部地区。 兒宽：诗学儒生。官左内史、御史大夫等。治民有成绩。传见《汉书》卷五十八。 ㉒理狱讼：审理案件。 ㉓推情与下：与下级推心置腹。 ㉔裁阔狭：调节缓急。阔，缓，宽裕。狭，急，困窘。 ㉕与民相假贷：谓借贷与民使经营生业。 ㉖以故租多不入：因此许多租税收不上来。 ㉗后有军发：后来有军事行动征用财物。 ㉘负租课殿：欠租过多，考核下等。殿，最末一个。 ㉙当免：兒宽应免职。 ㉚大家牛车、小家担负输租：大户人家用牛车，小户人家用肩挑输送租粟。 ㉛繦属不绝：谓输租者接连不绝于道，连接成一条绳索。繦，绳索。 ㉜课更以最：征税的重新考核兒宽跃升第一。最，第一名。 ㉝南越文王：南越王赵胡，卒谥文王。 婴齐入宿卫：婴齐入京充当武帝侍卫，实为人质。 ㉞取：同“娶”。 樛氏女：樛姓女子。 ㉟武帝玺：南越先王赵佗之玺印。 ㊱兴为嗣：樛氏女所生赵兴为继承人。 ㊲风谕婴齐入朝：提醒婴齐入京朝觐皇帝。 ㊳婴齐尚乐擅杀生自恣：婴齐向往自己掌控生杀予夺大权，随心所欲。擅，掌控。自恣，为所欲为。 ㊴惧入见要：害怕入京被扣留。要，要挟，扣留。 ㊵用汉法比内诸侯：用汉朝法令像约束内地诸侯一样约束他。 ㊶固称病：坚持说有病。 ㊷遂不入见：最终没有入京朝见天子。 ㊸安国少季：姓安国，名少季。 通：通奸。 ㊹往谕：前往告谕。 入朝：入京朝见天子。 ㊺“令辩士”句：派出能言善辩的谏大夫终军等宣谕朝廷的旨意。谏大夫，官名，掌议论，属郎中令。终军，字子云。奉使南越。被杀。死年二十余，时称“终童”。传见《汉书》卷六十四下。 ㊻辅其决：辅助其决策。 ㊼卫尉：官名。掌宫门警卫，主南军。 路博德：西汉西河平州（今山西介休西）人。因功封符离侯。传见《汉书》卷五十五。 ㊽屯：驻扎。 桂阳：都名，郡治郴县，在今湖南郴州。 待使者：等待、接应使者。 ㊾求内属：请求归属朝廷。 ㊿除边关：撤除边界上的关卡。 51“赐其”句：赐给南越国以下印绶：吕嘉丞相印，银质；赐给南越国内史、中尉、太傅玉玺印，朝廷赐印表示朝廷委任。 52余得自置：其他官员由南越王自行署理。 53除其故黥、劓刑：废除南越原有的脸上刺字、割鼻子的刑罚。 ㊹使者皆留：汉使留驻南越国。 ㊺填抚之：坐镇安抚南越国。 ㊻郊：郊祀，祭天大典。 ㊼泰一之佐：五天帝只是泰一神的助手，泰一是天上最尊之神。 ㊽宜立泰一，而上亲郊：应建泰一神庙，由皇上亲自在泰一庙祭天。 ㊾公孙卿：西汉方士。 ㊿其冬辛巳朔旦冬至：今年冬季十一月初一日清晨为冬至。 (61)与黄帝时等：与黄帝时的冬至时刻一样。黄帝，即中华人文始祖，传见《史记》卷一。 (62)卿有札书：公孙卿有一束简书。札，薄小的木简。 (63)因嬖人奏之：通过武帝宠信的人呈上札书。 (64)受此书申公：札书是申公给我的。申公，方士。 (65)"汉之圣者"句：汉朝的圣人是高祖皇帝的孙子或曾孙。 (66)黄帝接万灵明庭：黄帝在祭祀神灵的明庭迎接万种神灵。 (67)采首山铜：开采首山的铜。首山，在今山西永济南。 (68)荆山：山名。在今河南灵宝境。 (69)"有龙"句：天上有一条龙将龙须垂下来接引黄帝。胡，谓颔下垂的肉。髯（rán），面颊上的须。 (70)嗟乎：唉。叹声。 (71)如脱屣耳：如同脱掉鞋子一样。 (72)太室：山名。在今河南登封。

【译文】

六月，汾阴一位名叫锦的巫师，在魏后土祠旁边得到一个大鼎，河东太守将此事奏报朝廷。汉武帝派人核查，证实巫师得鼎并无欺诈，便以礼祭祀，将此鼎迎接到甘泉宫。皇上带着鼎同行，呈献给宗庙和皇天上帝，保存在甘泉宫中。文武百官都向汉武帝祝贺。

秋季，汉武帝封常山宪王的儿子刘商为泗水王。

当初，条侯周亚夫为丞相时，赵禹为丞相史，相府中人都称道赵禹的廉洁公平，可是周亚夫不重用他。周亚夫说："我非常了解赵禹的公平，但他执法严苛，不可以任职高官。"及至赵禹做了少府，执法比其他九卿都严苛峻急。到赵禹晚年，其他官员都以严刑峻法为务，赵禹却一改名声，号称宽厚平和。

中尉尹齐平素以敢于杀人闻名于世，及至他做了中尉，官吏困乏百姓困苦。这一年，尹齐因被指控不能胜任其职而获罪。汉武帝又任命王温舒为中尉，赵禹为廷尉。四年后，赵禹因年纪太大，被贬为燕国国相。

这一时期，用法严酷成为整个官场的风尚，只有左内史兒宽鼓励农业生产，放宽刑罚，处理诉讼纠纷，争取人心。他选择心地忠厚的人加以任用，与下级推心置腹，不求名声，受到官吏和百姓的衷心爱戴。征收赋税时，调节缓急，借给百姓钱物，因此租税常常收不上来。后来，国家有重大军事行动，兒宽因税收不足，政绩最差，应该免职。当地民众听说兒宽会被罢免，都唯恐失去这样一位好官，于是，富室大家用牛车，穷家小户用担挑，络绎不绝地将租税送到官府，兒宽征税的成绩一跃成为最好，汉武帝刘彻也因此对兒宽越发另眼相看。

当初，南越王赵胡派其子赵婴齐入宫为汉武帝刘彻充当侍卫，婴齐在长安娶邯郸女子樛氏为妻，生一子，取名赵兴。赵胡死后，赵婴齐继承王位，隐藏其先祖南越武帝赵佗的印玺，上书朝廷，请求立樛氏女为王后，赵兴为世子。朝廷多次派遣使臣，提醒赵婴齐入京朝覲。赵婴齐只愿自操生杀予夺大权，随心所欲，害怕一旦入朝，朝廷会用汉朝法令像约束内地诸侯一样约束他，所以坚决称病，没有到长安朝见。赵婴齐死后，谥号为“明王”。太子赵兴即王位，其母樛氏为王太后。

樛氏在没有成为赵婴齐的妻子之前，曾与霸陵人安国少季有私情。这年，汉武帝派安国少季到南越国，告谕赵兴和他的母亲入京朝覲，同于内地诸侯；又派能言善辩的谏大夫终军等宣告朝廷的谕旨，勇士魏臣等帮助他们做决定；命卫尉路博德率兵屯驻桂阳等待使臣。由于南越王年纪还小，王太后樛氏又是汉朝人，安国少季到南越国后又与樛氏私通，国中之人颇有耳闻，所以多数人都不拥护樛氏。樛氏害怕发生变乱，也想倚靠朝廷的威势，多次劝赵兴和南越国群臣请求归属朝廷，于是，便借这次朝廷使臣前来的机会，上书请求比照内地诸侯，每三年朝覲一次，解除边界关卡。于是，汉武帝批准所请，赐南越国丞相吕嘉银质印信，内史、中尉、太傅等也都由朝廷赐给印信，其他官职允许南越王自行安排。废除南越国原有的脸上刺字和割鼻子的刑罚，使用汉朝法律，比照内地诸侯。所派使臣全部留在南越国，坐镇和安抚南越国。

汉武帝巡幸到雍地，将要举行祭天仪式，有人建议说：“五帝为泰一神的助手，应建泰一庙，由皇上亲自祭祀。”汉武帝迟疑未决。齐国人公孙卿说道：“今年得到宝鼎，冬季十一月初一日清晨为冬至，与黄帝时一样。”公孙卿有简牍，上面说：“黄帝得到宝鼎，该年十一月初一日清晨为冬至，总共过了三百八十年，黄帝成仙升天。”公孙卿将简牍上的话通过汉武帝宠幸的人奏上，汉武帝非常高兴，召公孙卿前来询问，公孙卿回答说：“此书是申公给我的，申公说：‘汉朝兴盛还会与黄帝时一样，汉朝的圣人，是高祖皇帝的孙子至曾孙。宝鼎的出现，正好与神意相通，黄帝在祭祀神灵的明庭迎接万种神灵，明庭就是甘泉宫。黄帝在首山开采铜矿，在荆山下铸造宝鼎。宝鼎铸成之后，天上有一条龙将龙须垂下来接引黄帝。于是，黄帝骑上龙背，和群臣及后宫妃嫔七十多人一起登天成了神仙。’”于是，汉武帝说：“唉！要真的能跟黄帝一样，我离开妻子儿女，就像抛弃拖鞋一样罢了！”于是，任命公孙卿为郎官，派他到东方，在太室山等候天神降临。

【原文】

五年（己巳，前112）

冬，十月，上祠五畤于雍，遂逾陇[①]，西登崆峒[②]。陇西守以行往卒[③]，天子从官不得食，惶恐，自杀。于是上北出萧关[④]，从数万骑猎新秦中[⑤]，以勒边兵而归。新秦中或千里无亭徼[⑥]，于是诛北地[⑦]太守以下。上又幸甘泉，立泰一祠坛，所用祠具如雍一畤而有加焉[⑧]。五帝坛环居其下四方地，为醊食群神从者及北斗云[⑨]。

十一月，辛巳朔[⑩]，冬至，昧爽[⑪]，天子始郊拜泰一，朝朝日[⑫]，夕夕月则揖[⑬]。其祠，列火满坛[⑭]，坛旁亨炊具[⑮]。有司云：“祠上有光。”又云：“昼有黄气上属天。”太史令谈、祠官宽舒等请[⑯]三岁天子一郊见[⑰]，诏从之。

南越王、王太后饬治行装[⑱]，重赍为入朝具[⑲]。其相吕嘉，年长矣[⑳]，相三王[㉑]，宗族仕宦为长吏者[㉒]七十余人，男尽尚王女[㉓]，女尽嫁王子弟、宗室，及苍梧秦王有连[㉔]，其居国中甚重[㉕]，得众心愈于王[㉖]。王之上书[㉗]，数谏止王[㉘]，王弗听；有畔心[㉙]，数称病，不见汉使者。使者皆注意嘉，势未能诛[㉚]。王、王太后亦恐嘉等先事发[㉛]，欲介汉使者权[㉜]，谋诛嘉等，乃置酒请使者[㉝]，大臣皆侍坐饮[㉞]。嘉弟为将，将卒居宫外[㉟]。酒行[㊱]，太后谓嘉曰：“南越内属，国之利也；而相君苦不便者[㊲]，何也？”以激怒使者，使者狐疑相杖[㊳]，遂莫敢发[㊴]。嘉见耳目非是[㊵]，即起而出。太后怒，欲鏦嘉以矛[㊶]，王止太后[㊷]。嘉遂出，介其弟兵就舍[㊸]，称病，不肯见王及使者，阴与大臣谋作乱。王素无意诛嘉[㊹]，嘉知之，以故数月不发[㊺]。

天子闻嘉不听命[㊻]，王、王太后孤弱不能制[㊼]，使者怯无决[㊽]；又以为王、王太后已附汉[㊾]，独吕嘉为乱，不足以兴兵，欲使庄参以二千人往使。参曰：“以好往[㊿]，数人足矣；以武往[51]，二千人无足以为也[52]。”辞不可[53]，天子罢参[54]。郏壮士故济北相韩千秋奋曰[55]：“以区区之越，又有王、王太后应[56]，独相吕嘉为害，愿得勇士三百人，必斩嘉以报。”于是天子遣千秋与王太后弟樛乐将二千人往。

入越境。吕嘉等乃遂反，下令国中曰："王年少。太后，中国人也，又与使者乱[57]，专欲内属[58]，尽持先王宝器入献天子以自媚[59]；多从人行[60]，至长安，虏卖以为僮仆[61]；取自脱一时之利[62]，无顾赵氏社稷、为万世虑计之意[63]。"乃与其弟将卒攻杀王、王太后及汉使者，遣人告苍梧秦王及其诸郡县，立明王长男越妻子术阳侯建德为王[64]。而韩千秋兵入[65]，破数小邑。其后越开直道给食[66]，未至番禺四十里，越以兵击千秋等，遂灭之；使人函封汉使者节置塞上[67]，好为谩辞谢罪[68]，发兵守要害处。

（以上为第七段，写南越国丞相吕嘉反叛汉朝，杀掉南越王、王太后以及汉臣。汉武帝派韩千秋率领两千人往讨，入南越境全军覆没。）

【注释】

①陇：陇坻，又名陇坂。今六盘山南段之别称。 ②崆峒：山名。在今甘肃平凉西。 ③陇西：郡名。郡治狄道，今甘肃临洮。 以行往卒：因皇上来得突然。卒，同"猝"。 ④萧关：关名。在今宁夏固原南。 ⑤新秦中：地区名。在今河套及其以南地区。 ⑥亭徼：亭障，即哨卡。 ⑦北地：郡名。郡治马领，在今甘肃庆阳西北。 ⑧"所用祠具"句：所用祭祀器具仿照雍地五畤中一处所用而有所增添。 ⑨为醊食群神从者及北斗云：用酎酒祭祀群神的随从和北斗星。醊（zhuì），用酎祭祀。 ⑩辛巳朔：十一月初一日。 ⑪昧爽：拂晓。 ⑫朝朝（zhāo cháo）日：早晨朝拜太阳。 ⑬夕夕月：夜晚祭祀月亮。 揖：作揖朝拜。 ⑭其祠，列火满坛：祭祀时，坛上陈列火炬。 ⑮坛旁亨炊具：坛旁摆放烹制祭品的炊具。亨，通"烹"。 ⑯太史令谈、祠官宽舒等请：太史令司马谈、祭祀官宽舒等人建议。 ⑰三岁天子一郊见：天子每三年祭天一次。 ⑱饬治行装：整治行装。 ⑲重赍：带上重礼。 具：准备，备办。 ⑳年长：年老。 ㉑相三王：相文王赵胡、明王婴齐、今王赵兴。 ㉒仕宦为长吏者：做官居高位的人。长吏，高官。 ㉓男尽尚王女：吕氏男子都娶王室公主为妻。尚，高攀，娶公主称"尚"。 ㉔及苍梧秦王有连：吕氏与苍梧秦王也有姻亲关系。苍梧秦王，居于苍梧（今两广湘南交界处）的越人之王赵光。有连，指联姻。 ㉕其居国中甚重：吕嘉在南越国内的地位十分重要。甚重（zhòng）：很有威信和权力。 ㉖得众心愈于王：吕嘉赢得民心超过了南越王。 ㉗王之上书：南越王上书朝廷请内属。 ㉘数谏止王：吕嘉多次谏阻。 ㉙有畔心：吕嘉生出背叛之心。畔，通"叛"。 ㉚势未能诛：吕氏势大未能铲除。 ㉛先事发：抢先下手，指反叛。 ㉜介汉使者权：依仗汉使的权威除掉吕嘉。 ㉝请使者：宴请汉使。

㉞侍坐饮：陪坐饮酒。㉟将卒居宫外：率兵在宫外警戒。㊱酒行：敬酒，指宴饮进行间。㊲苦不便者：嫌疑这样做不便。㊳狐疑相杖：迟疑观望。相杖，相持，互相观望。㊴遂莫敢发：于是谁也没敢动手。㊵嘉见耳目非是：吕嘉观察气氛异常。耳目非是，指陪侍者神态异常。㊶欲鏦嘉以矛：想用矛击杀吕嘉。㊷王止大后：南越王赵兴阻止了太后。㊸介其弟兵就舍：吕嘉依靠弟弟率领的兵保护回到家中。㊹王素无意诛嘉：南越王从来不想杀吕嘉。㊺数月不发：拖延几个月不发动叛乱。㊻不听命：不听从皇命。㊼不能制：不能控制局势。㊽怯无决：胆小害怕没有决断。㊾附汉：归服朝廷。㊿以好往：要是友好交往。51以武往：以武力胁迫。52二千人无足以为也：两千人什么用处也没有，即不够用。53辞不可：推辞说不能去。54罢参：撤销了对庄参的任命。55郏：县名。在今河南郏县。奋曰：自告奋勇地说。56应：作内应。57与使者乱：与汉使安国少季淫乱。58专欲内属：一心内附。59宝器：指玉玺等珍贵器物。自媚：自私自利讨好皇上。60多从人行：多多带去大批随从人员。61虏卖以为僮仆：强行卖为奴仆。虏卖，掠卖，此指强卖。62取自脱一时之利：只顾自己眼前利益。自脱，自己超脱，个人得利。63“无顾”二句：不顾赵氏政权，不考虑长远万世之利。赵氏社稷，指赵氏在南越的政权。虑计，考虑，着想。64“立明王长男”句：拥立南越王明王赵婴齐越人发妻所生长子术阳侯赵建德为王。越妻子，越人发妻（原配）所生子。65入：进入南越境。66越开直道给食：吕嘉让开大道，供给食物，诱使汉军深入。67使人函封汉使者节置塞上：派人把汉使的符节用匣封装送到边塞上。函封，用匣（木盒）封装。68好为谩辞谢罪：用好听的虚假的言辞谢罪。谩辞，骗人的话。

【译文】

汉武帝元鼎五年（己巳，前112）

冬季，十月，汉武帝在雍地祭祀五畤，然后越过陇山，西行登上崆峒山。陇西郡守因汉武帝来得突然，无法供应皇上随从官员的饭食，感到惶恐，自杀而死。于是，汉武帝北出萧关，率领数万骑兵至新秦中行猎，以整顿边疆军队，然后回京。汉武帝见新秦中一带有的地区千里之中竟没有设置亭障，便将北地太守及以下有关官员处死。汉武帝再次驾临甘泉，并在此修建泰一祭坛，所用祭祀器具仿照雍地五畤中一处所用而有所增添。又建五帝祭坛环绕于泰一祭坛下方四周，祭祀群神的随从和北斗星。

十一月初一，冬至，黎明，汉武帝就开始祭拜泰一天神。早晨面对东方，向太阳作揖致敬；晚上面对西南，向月亮作揖致敬。祭祀时，烈火满坛，坛旁放置烹制祭品的饮具。主管官员宣称："祭坛上空有光。"又宣称："白天有一股黄气升到空中。"太史令司马谈、祭祀官宽舒等建议，天子每三年祭天一次，汉武帝下令表示同意。

南越王赵兴、王太后樛氏置办行装和重礼，准备入京朝觐。南越国丞相吕嘉年事已高，历任三代国王的丞相，其家族成员在南越国担任重要官职的有七十多人，男子都娶了国王的女儿，女子都嫁给国王的子弟或王族成员，与苍梧秦王也有姻亲关系。吕嘉在南越国的地位十分重要，比南越王更得人心。南越王上书汉朝请求归附，吕嘉曾多次谏阻，但南越王不听，吕嘉便生出离叛之心，几次推说有病，不肯与汉使相见。汉使对吕嘉都很注意，但因其势力强大，未能铲除。南越王和王太后也害怕吕嘉先行发难，想利用汉使的权力杀死吕嘉等人，于是设摆酒宴，款待汉使，大臣都来陪坐饮酒。吕嘉的弟弟为南越国大将，率兵在宫外警戒。敬酒时，王太后对吕嘉说："南越国内附汉朝，于国家有利，而丞相你嫌这样做不便，为什么呢？"想以此来激怒汉使。汉使犹豫不决，相互观望，于是，谁也没敢发动。吕嘉见气氛不对，马上起身退席。王太后大怒，想用矛刺死吕嘉，被南越王阻止。吕嘉便离开王宫，在其弟弟的士兵簇拥下回到相府。他从此推说有病，不肯见南越王和汉使。暗中与大臣密谋造反。南越王一向无意杀吕嘉，吕嘉知道这一点，所以拖延数月，未曾发动。

汉武帝听说吕嘉不肯听命，而南越王、王太后又势孤力弱，不能控制，所派使臣怯懦，无法决断；又认为既然南越王、王太后已肯归附，只有吕嘉从中捣乱，用不着举兵，想派庄参率兵两千前往南越国。庄参奏说道："要是以友好的目的前往，几个人就够了；如果是以武力去胁迫，两千人是不够用的。"推辞说不能去，汉武帝将庄参免职。郏县壮士、曾任济北国相的韩千秋自告奋勇地说："一个小小的南越国，又有其国王和王太后响应，只丞相吕嘉一人捣乱，给我三百名勇士，必能斩杀吕嘉回报。"于是，汉武帝派韩千秋和南越王太后的弟弟樛乐率兵两千前往。

汉军进入南越国境，吕嘉等便反叛，号令全国说："国王年轻。王太后本是汉朝人，又与汉使淫乱，一心想归附汉朝，将先王的宝器全都献给汉朝天子来讨好，还想带去大批随从之人，到达长安后卖为奴隶，只顾自己眼前利益，却不顾赵氏的江山社稷，没有为子孙万代着想的意思。"吕嘉与其弟率兵攻杀了南越王赵兴、王太后樛氏及汉朝使臣，派人告知苍梧秦王及各郡县，立南越明王赵婴齐大儿子赵越的南越妻子所生的儿子术阳侯赵建德为王。韩千秋率兵进入南越国后，攻破了几座小城。后南越人开辟直道，提供饭食，在距其都城番禺约四十里的地方，将韩千秋所部汉军歼灭，然后派人把汉使的符节用函封好，放到边塞上，用好听的虚假的言辞谢罪，同时，派兵加强边界要隘的镇守。

【原文】

春，三月，壬午[1]，天子闻南越反，曰："韩千秋虽无功，亦军锋之冠[2]，封其子延年[3]为成安侯；樛乐姊为王太后，首愿属汉，封其子广德[4]为龙亢侯。"

夏，四月，赦天下。

丁丑晦[5]，日有食之。

秋，遣伏波将军路博德出桂阳，下湟水[6]；楼船将军杨仆出豫章[7]，下浈水[8]；归义越侯严[9]为戈船将军，出零陵[10]，下离水[11]；甲[12]为下濑将军，下苍梧[13]；皆将罪人[14]，江、淮以南楼船十万人[15]。越驰义侯遗别将巴蜀罪人[16]，发夜郎兵[17]，下牂柯江[18]，咸会番禺[19]。

齐相[20]卜式上书，请父子与齐习船者[21]往死南越。天子下诏褒美式，赐爵关内侯，金六十斤，田十顷，布告天下；天下莫应[22]。是时列侯以百数[23]，皆莫求从军击越[24]。会九月尝酎[25]，祭宗庙，列侯以令献金助祭[26]。少府省金[27]，金有轻及色恶者[28]，上皆令劾以不敬[29]，夺爵者百六人[30]。

辛巳[31]，丞相赵周坐知列侯酎金轻[32]，下狱，自杀。

丙申[33]，以御史大夫石庆为丞相，封牧丘侯。时国家多事，桑弘羊等致利，王温舒之属峻法，而兒宽等推文学，皆为九卿，更进用事。事不关决于丞相[34]，丞相庆醇谨而已[35]。

五利将军装治行[36]，东入海求其师。既而不敢入海，之太山祠[37]。上使人随验[38]，实无所见。五利妄言见其师，其方尽多不售[39]，坐诬罔[40]，腰斩；乐成侯亦弃市[41]。

西羌[42]众十万人反，与匈奴通使，攻故安[43]，围枹罕[44]。匈奴入五原[45]，杀太守。

（以上为第八段，写汉武帝举行酎祭活动，有一百零六个列侯因酎金成色不足而被革去爵位。汉朝派出五路大军大规模讨伐南越。）

【注释】

①壬午：三月初四日。②军锋之冠：最勇敢的先锋。③延年：韩千秋之子韩延年，以父功封成安侯。④广德：樛乐之子樛广德，以姑南越王太后归汉功封龙亢侯。⑤丁丑晦：四月三十日。⑥湟水：水名。即今广东连江（北江的支流）。⑦豫章：郡名。郡治南昌在今江西南昌。⑧浈水：水名。在今广东北江的上游。⑨归义越侯严：严，人名。原是越人，归汉，封侯，故称归义越侯。⑩零陵：郡名。郡治零陵，在今广西全州西南。⑪离水：水名。即今漓江。⑫甲：人名。原是越人，归汉，封侯。也是归义越侯。⑬苍梧：郡名。郡治广信，在今广西梧州。⑭皆将罪人：各路军队都由囚犯组成。按：大赦囚犯从军，立功赎罪。⑮楼船十万人：征发江、淮水师十万，用高大的楼船做战船。楼船，双层的载人船。⑯越驰义侯遗：遗，人名。原是越人，归汉，封驰义侯。别将：另带一支巴蜀罪人组成的军队。巴蜀：皆郡名。巴郡治江州，在今重庆北。蜀郡治成都，今四川成都。⑰发夜郎兵：征发夜郎国的军队。夜郎，古小国名。在今贵州西北部地区。⑱牂柯江：水名。今红水河。⑲咸会番禺：五路大军：路博德、杨仆、越侯严、下濑将军甲、越义侯遗所率巴蜀兵与夜郎兵会师番禺。⑳齐相：齐王国之相。㉑齐习船者：齐王国熟习船事的人。㉒天下莫应：全国没有人响应。㉓列侯以百数：以百计数的列侯。按：当时有一百零六个列侯。㉔皆莫求从军击越：没有一个侯请求从军打击南越的人。㉕会九月尝酎：恰值九月例行助祭献酎。尝酎，常酎，例行献酎。尝，通“常”。按：汉律，每年秋天，天子以酎酒祭宗庙，诸侯王、列侯必须按规定献金助祭，称“酎金”。酎，醇酒。㉖列侯以令献金助祭：所有列侯要按律令进献黄金助祭。㉗少府省金：少府检查所献黄金。㉘轻：重量轻。色恶：成色不好。㉙皆令劾以不敬：皇上下令一律按“不敬”罪弹劾。㉚夺爵者百六人：一百零六个列侯全部剥夺爵位，家产没收。㉛辛巳：九月初六日。㉜坐知列侯酎金轻：丞相赵周因见知不举罪名遭弹劾，他明知列侯献金重量轻却纵容包庇。坐，坐罪。㉝丙申：九月二十一日。㉞事不关决于丞相：国家大事不向丞相汇报，也不由丞相决定。关决，汇报与决定。㉟丞相庆醇谨而已：丞相石庆只是淳朴厚道罢了。醇谨，不管事的和事佬。㊱五利将军：方士栾大。装治行：治装出发。㊲之太山祠：到泰山祭祀。㊳上使人随验：汉武帝派人跟踪核查。㊴不售：不灵验。㊵坐诬罔：坐罪诈骗欺罔。㊶乐成侯亦弃市：乐成侯丁义被处死弃市。弃市，抛尸闹市示众。㊷西羌：古代居于汉西方的部族，在今青海游牧，称西羌。㊸故安：县名，当是“安故”之倒误，或笔误。故安县，在今河北易县东南，安故县，在今甘肃临洮南，此县邻近西羌。㊹枹罕：县名。治所在今甘肃临夏东北。㊺五原：郡名。郡治九原，在今内蒙古包头西。

【译文】

春季，三月初四，汉武帝听说南越国造反，说道："韩千秋虽然没能建功，但也是军队里最勇敢的先锋。"封其子韩延年为成安侯；樛乐的姐姐是南越王太后，首先表示愿意归附汉朝，封樛乐的儿子广德为龙亢侯。

夏季，四月，实行大赦。

四月三十日，出现日食。

秋季，汉武帝派伏波将军路博德从桂阳沿湟水进发；楼船将军杨仆自豫章沿湞水进发；南越降将名叫"严"的归义侯被任命为戈船将军，率兵从零陵沿离水进发；名叫"甲"的南越降将被任命为下濑将军，率兵进攻苍梧。各路士兵都由囚犯组成，并调集江淮以南地区水军十万人。南越降将名叫"遗"的驰义侯也率领巴蜀地区的囚犯，又征调夜郎国军队，沿牂柯江南下，与各路军队在番禺会师。

齐国丞相卜式上书朝廷，请求汉武帝批准他父子和齐国熟习舰船的人前往南越效死。为此，汉武帝发布命令，表扬卜式，封卜式为关内侯，赏金六十斤、土地十顷，并宣告全国，然而全国却无人响应。当时列侯数以百计，没有一个人要求从军攻打南越。正好举行酎祭活动，所有列侯奉命进献黄金助祭。少府检查所献黄金，凡重量不足或成色不好的，皇上命令一律以"不敬"罪加以参劾。结果，因此而被革去爵位的，有一百零六人。

九月初六，丞相赵周也被指控"明知列侯所献黄金重量不足，却纵容包庇"，被抓捕下狱。赵周自杀。

九月二十一日，汉武帝任命御史大夫石庆为丞相，封牧丘侯。当时，国家多事，桑弘羊等人谋取财利，王温舒等人推行严刑峻法，而兒宽等人则大力推崇儒家经典，他们都位列九卿，相继掌握朝政大权，国家大事不向丞相汇报，也不由丞相决定，丞相石庆只是敦厚、谨慎而已。

五利将军栾大整装出发，东行入海寻找他的神仙老师。可后来没敢入海，而到泰山去祭祀。汉武帝派人跟踪核查，确实未见神仙踪影，栾大回来后却妄称见到了他的老师。栾大的方术已经用尽，多不灵验，汉武帝便以"诈骗欺罔"之罪将栾大判处腰斩。推荐栾大的乐成侯丁义也被当众斩首。

西羌部族十万人反叛朝廷，与匈奴互通使者，进攻故安，包围枹罕。匈奴侵入五原，杀死五原太守。

【原文】

元鼎六年（庚午，前111）

冬，发卒十万人，遣将军李息、郎中令徐自为征西羌，平之。

楼船将军杨仆入越地，先陷寻狭[1]，破石门[2]，挫越锋[3]，以数万人待伏波将军路博德至俱进[4]，楼船居前[5]，至番禺。南越王建德、相吕嘉城守[6]。楼船居东南面，伏波居西北面。会暮[7]，楼船攻败越人，纵火烧城。伏波为营[8]，遣使者招降者，赐印绶，复纵令相招[9]。楼船力攻烧敌，驱而入伏波营中。黎旦[10]，城中皆降。建德、嘉已夜亡入海[11]，伏波遣人追之。校尉司马苏弘得建德[12]，越郎都稽得嘉[13]。戈船、下濑将军兵及驰义侯所发夜郎兵未下[14]，南越已平矣。遂以其地为南海、苍梧、郁林、合浦、交趾、九真、日南、珠厓、儋耳九郡[15]。师还[16]，上益封伏波；封楼船为将梁侯，苏弘为海常侯，都稽为临蔡侯，及越降将苍梧王赵光等四人皆为侯[17]。

公孙卿候神河南[18]，言见仙人迹缑氏城[19]上。春，天子亲幸缑氏城视迹[20]，问卿："得毋效文成、五利乎[21]？"卿曰："仙者非有求人主[22]，人主者求之。其道非宽假，神不来[23]。言神事如迂诞[24]，积以岁月，乃可致也[25]。"上信之。于是郡、国各除道[26]，缮治宫观、名山、神祠以望幸焉[27]。

赛南越[28]，祠泰一、后土，始用乐舞。

驰义侯发南夷兵[29]，欲以击南越。且兰君[30]恐远行旁国虏其老弱，乃与其众反，杀使者及犍为太守[31]。汉乃发巴、蜀罪人当击南越者八校尉[32]，遣中郎将郭昌、卫广将而击之，诛且兰及邛君、莋侯[33]，遂平南夷为牂柯郡[34]。

夜郎侯始倚南越，南越已灭，夜郎遂入朝，上以为夜郎王。冉駹[35]皆振恐，请臣置吏[36]，乃以邛都为越嶲郡[37]，莋都为沈黎郡[38]，冉駹为汶山郡[39]，广汉西白马[40]为武都郡[41]。

初，东越王馀善[42]上书，请以卒八千人从楼船[43]击吕嘉；兵至揭阳[44]，以海风波为解[45]，不行[46]，持两端[47]，阴使南越[48]。及汉破番禺，不至。杨仆上书愿便[49]引兵击东越；上以士卒劳倦，不许，令诸校屯豫章、梅岭以待命[50]。馀善闻楼船请诛之，汉兵临境，乃遂反，发兵距汉道[51]，号将军驺力[52]等为吞汉将军，入白沙、武林、梅岭[53]，杀汉三校尉。是时，汉使大农张成[54]、故山州侯齿将屯[55]，弗敢击，却就便处[56]，皆坐畏懦诛[57]。馀善自称武帝。

上欲复使杨仆将，为其伐前劳[58]，以书敕责之[59]曰："将军之功独有先破石门、寻陿，非有斩将搴旗[60]之实也，乌足以骄人哉[61]！前破番禺，捕降者以为虏，掘死人以为获，是一过也；使建德、吕嘉得以东越为援，是二过也；士卒暴露连岁[62]，将军不念其勤劳，而请乘传行塞[63]，因用归家[64]，怀银、黄[65]，垂三组[66]，夸乡里[67]，是三过也；失期内顾[68]，以道恶为解[69]，是四过也；问君蜀刀价而阳不知[70]，挟伪干君[71]，是五过也。受诏不至兰池[72]，明日又不对[73]。假令将军之吏，问之不对，令之不从，其罪何如[74]？推此心在外，江海之间可得信乎[75]？今东越深入，将军能率众以掩过不[76]？"仆惶恐对曰："愿尽死赎罪！"上乃遣横海将军韩说出句章[77]，浮海从东方往；楼船将军杨仆出武林，中尉王温舒出梅岭，以越侯为戈船、下濑将军[78]，出若邪[79]、白沙，以击东越。

（以上为第九段，写汉军攻灭了反叛的南越王赵建德，在南越旧地设立南海、苍梧、郁林、合浦、交趾、九真、日南、珠厓、儋耳九郡；后东越王馀善策应南越反汉，汉朝出兵征伐。）

【注释】

①寻狭：地名。在今广东英德境内。②石门：地名。在今广东广州西北。③挫越锋：挫败南越的前锋。④俱进：齐心协力一同进军。⑤居前：为前锋。⑥城守：据城固守。⑦会暮：适值黄昏。⑧为营：设置营垒。⑨复纵令相招：派已降的南越将士回到南越军中更相招降。⑩黎旦：黎明。⑪夜亡入海：乘夜逃入海中。⑫得建德：俘获了南越王赵建德，为校尉司马苏弘获得。校尉司马，校尉官下属司马。校尉，低于将军。⑬得嘉：俘虏了吕嘉，为南越投降的郎官叫都稽的人获得。⑭未下：未到番禺会师的部队，有三路：戈船将军、下濑将军、驰义侯三支。⑮九郡：南越地所置九个郡。九郡为：南海、苍梧、郁林、合浦、交趾、九真、日南、珠厓、儋耳九郡。九郡之郡治分别为：南海，郡治番禺，在今广东广州；苍梧，郡治广信，在今广西梧州；郁林，郡治布山，在今广西桂平西；合浦，郡治合浦，在今广西合浦东北；交趾，郡治羸陵，在今越南河内西北；九真，郡治胥浦，在今越南清化西北；日南，郡治西卷，在今越南广治西北；珠厓，郡治瞫都，在今海南海口东南；儋耳，郡治儋耳，在今海南儋州西北。⑯师还：班师还朝。⑰赵光等四人皆为侯：赵光封随桃侯，史定封安道侯，毕取

封瞭侯，居翁封湘城侯。 ⑱候神：等候神来。 河南：郡名。郡治洛阳，在今河南洛阳东北。 ⑲缑氏城：城名。在今河南洛阳市偃师区东南。 ⑳视迹：视仙人迹。 ㉑得毋效文成、五利乎：不会效法少翁、栾大诬罔吧！ ㉒人主：帝王。 ㉓其道非宽假：求神仙之道时间不从容，神就不来。宽假，指放宽时间。 ㉔迂诞：说起求神仙，看似遥远荒诞。 ㉕积以岁月，乃可致也：只要积够岁月，神仙就可请到。 ㉖除道：修治和清扫道路。 ㉗缮治：修缮，整治。 望幸：希望皇帝驾临。 ㉘赛南越：据《汉书·郊祀志》，汉为了伐南越，曾告祷泰一，故今为伐南越胜利而赛祠。赛，祭祀酬神。 ㉙发南夷兵：征调南夷之兵。 南夷，古时指称西南地区部分少数民族。这里指夜郎。 ㉚且兰：古西南夷小国。在今贵州贵定东北。 君：部落邦国首领。 ㉛使者：指汉朝所派的使者。 犍为：郡名。郡治僰道，在今四川宜宾西南。 ㉜八校尉：八个校尉的兵力，万余人。一校尉一千余人。 按：此八校非指汉武帝设立于京师的八校尉禁军。 京师八校尉为：中垒、屯骑、步兵、越骑、长水、胡骑、射声、虎贲。 ㉝邛君：邛都之君。邛都，即邛都之夷，分布在今四川西昌地区。 莋侯：莋都之君。莋都，即莋都之夷，分布在今四川西南地区。 ㉞牂柯郡：郡名。郡治邛都，在今四川西昌东。 ㉟冉駹：冉、駹是两个少数民族，混居在今四川茂汶、松潘一带。 ㊱请臣：向汉朝请求为臣。 置吏：朝廷设置郡县之吏。 ㊲越巂郡：郡名。郡治邛都，在今四川西昌东南。 ㊳沈黎郡：郡名。郡治莋都，在今四川汉源东北。 ㊴汶山郡：郡名。郡治汶江，在今四川茂县北。 ㊵广汉：郡名。汉高帝六年置。郡治乘乡（或作绳乡），在今四川金堂东。 白马：少数民族名。 ㊶武都郡：郡名。郡治武都，在今甘肃武都北。 ㊷东越：古代越人的一支。分布于今浙江东部及福建北部的部分地区。 馀善：人名。于汉武帝时为东越王。 ㊸从楼船：随楼船将军杨仆。从，随，受节制。 ㊹揭阳：县名。县治在今广东揭阳西北。 ㊺解：解释，为借口。 ㊻不行：不前进。即按兵不动。 ㊼持两端：骑墙观望。 ㊽阴使南越：暗中派人与南越国联络。 ㊾愿便：趁机，乘胜。即趁着攻下南越胜利之便进军东越。 ㊿“令诸校”句：汉武帝命令各路将军驻军豫章、梅岭一带等待新的命令。诸校，各路将领的营兵。梅岭，即大庾岭，在今赣、粤交界处。 (51)发兵距汉道：派军抗拒汉军必经的道路。距，通“拒”。 (52)驺力：东越将领人名。 (53)入白沙、武林、梅岭：东越兵突入白沙、武林、梅岭。白沙，地名。在今江西南昌东北。武林，山名。在今江西波阳南约百里，临大湖。 (54)大农张成：大农令张成。 (55)故山州侯齿：前山州侯刘齿，城阳共王刘喜之子，原为山州侯，元鼎五年坐酎金失侯。今后用将兵。 将屯：带兵驻扎。 (56)却就便处：指张成、刘齿不敢迎击东越兵，而是退到安全处避战。 (57)皆坐畏懦诛：张成、刘齿两人都被判决怯懦畏敌罪被诛杀。 (58)伐前劳：夸前功自傲。 (59)以书敕责之：汉武帝下手诏斥责杨仆夸功。 ⑥⓪斩将搴旗：斩杀敌将，夺取敌旗。搴，拔取。 ⑥①乌足以骄人：有什么值得骄傲的。 ⑥②暴露连岁：将士连年露宿野外。喻争战连年。 ⑥③请乘传行塞：请求乘坐驿传车巡行边塞。 ⑥④因用归家：借便回家。 ⑥⑤怀银、黄：怀揣银印、金印。 ⑥⑥垂：垂挂。 三组：三印绶。杨仆为主爵都尉，又为楼船将军，还是将梁侯，故有三组。 ⑥⑦夸乡里：夸耀于乡里。 ⑥⑧失期内顾：你眷恋妻妾，误了回营日期。 ⑥⑨以道恶为解：超了假期，却以道路难走做借口。道恶，路难走，路坏。 ⑦⓪阳不知：假装不知。阳，通"佯"。 ⑦①挟伪干君：怀诈欺君。干，犯，此作欺字解。 ⑦②兰池：宫名。在渭城，在今陕西咸阳东北。 ⑦③明日又不对：第二天也不作解释。 ⑦④"假令"四句：假如你的部下，问话不回答，受令不服从，该当何罪？ ⑦⑤"推此心"二句：在外怀有这种心肠，天下还有谁会相信你呢？江海之间，指天下。 ⑦⑥将军能率众以掩过不：你现在能否带领部队补救过失呢？掩过，补过。不，读"否"。 ⑦⑦韩说：韩悦，西汉将领。 句（gōu）章：县名。治所在今浙江余姚东南。 ⑦⑧越侯：指越人归汉而封侯者。戈船、下濑将军：即严、甲二人。 ⑦⑨若邪（yé）：山名，又溪名。在今浙江绍兴。

【译文】

汉武帝元鼎六年（庚午，前111）

冬季，汉朝发兵十万人，派遣将军李息、郎中令徐自为攻打西羌，平定了西羌部族的叛乱。

楼船将军杨仆率兵进入南越国，首先攻陷寻狭，击破石门，挫败南越军的前锋，然后率领部下数万人等待伏波将军路博德到来一同前进。杨仆为前导，到达南越国都城番禺。南越王赵建德、丞相吕嘉等据城垣坚守。杨仆屯兵城东南面，路博德屯兵城西北面。黄昏时，杨仆军攻破南越军，放火烧城。路博德则设下营垒，派人招揽投降官兵，赏给印信、绶带，再命他们去招降同伴。杨仆军猛烈进攻，火烧敌军，南越军被驱赶到路博德营中。黎明时，城中南越人全部投降。赵建德、吕嘉已于半夜逃到海上，路博德派人追击。校尉司马苏弘生擒赵建德，原南越国郎官都稽活捉吕嘉。戈船将军、下濑将军的部队及驰义侯率领的夜郎军尚未赶到，南越国已被剿平。汉朝于是在南越旧地设立南海、苍梧、郁林、合浦、交趾、九真、日南、珠厓、儋耳九郡。大军返回后，汉武帝加封路博德食邑，封杨仆为将梁侯，苏弘为海常侯，都稽为临蔡侯；南越降将原苍梧王赵光等四人也都被封为列侯。

公孙卿在河南等候神仙降临，声称在缑氏城上看到了神仙脚印。春季，汉武帝刘彻亲自来到缑氏城观看神仙脚印，问公孙卿说：“你不是想效法少翁、栾大吧？”公孙卿说：“神仙无求于人间帝王，而人间帝王有求于他。如果求神之道不宽裕，神仙就不会来。说到神仙之事，似乎很遥远荒诞，但积够了岁月，神仙就可请到。”汉武帝相信了他的话。于是，各郡国都扩建人员途径，修缮宫观和名山的神祠，希望有神仙驾临。

为感谢神仙保佑征服南越，祭祀泰一神和后土神，并开始使用以音乐伴奏的舞蹈。

驰义侯征调南夷各部族的军队，想让他们去攻打南越时，且兰首领害怕率军远离后相邻部族会乘机掳掠本部族的老弱，于是，率领部众背叛汉朝，杀死汉朝使臣和犍为太守。汉朝便征调应去攻打南越的由巴、蜀罪犯组成的八校尉部队，派中郎将郭昌、卫广率领他们，诛杀且兰及邛都、筰都等部族首领，平定了南夷叛乱，并设置牂柯郡。

夜郎原本依赖南越，南越灭亡后，夜郎国君便到长安朝见，汉武帝封夜郎国君为夜郎王。冉駹等部族都非常害怕，纷纷请求臣属于汉朝，由朝廷设官管理。于是，汉朝在邛都设立越巂郡，在筰都设立沈黎郡，在冉駹设立汶山郡，在广汉西部的白马设立武都郡。

当初，东越王馀善上书朝廷，请求率兵八千随楼船将军杨仆攻打吕嘉。但军队抵达揭阳后，又以海上风狂浪大为借口，停止前进，抱着向两头观望的态度，暗中派使者与南越联络。及至汉军攻破南越国都番禺，东越军还未到达。杨仆上书朝廷，请求乘胜攻打东越，汉武帝刘彻因士兵疲劳，没有批准，令各路将领屯兵豫章、梅岭一带等待命令。馀善听说杨仆奏请攻打东越，又见汉军屯兵边境，于是造反，派兵到汉军通道上进行抵抗，赐将军驺力等“吞汉将军”称号，率兵进入白沙、武林、梅岭地区，杀死汉军三名校尉。当时，汉朝派大农令张成、原山州侯刘齿率兵屯驻当地，他们不敢出击，反退到安全之处，所以都被以怯懦畏敌的罪名处死。馀善自称汉武帝。

汉武帝想再派杨仆率兵攻打东越，因杨仆自恃先前的功劳而骄傲，下令责备他说：“你的功劳只是先攻破石门、寻狭而已，实际上并没有斩将夺旗，有什么值得骄傲的呢？先前攻破番禺城，你捕捉归降的人当俘虏，把死人挖出来冒充是战场斩杀，是一错。使赵建德、吕嘉得到东越的外援，是二错。将士们连年暴露于蛮荒之地，你不念及他们的辛劳，却请求乘坐驿车巡行边塞，乘机回家，怀揣金、银印信，垂下三条绶带，向乡里夸耀，是三错。你眷恋妻妾，误了回营日期，却以道路不好走做借口，是四错。问你蜀郡的刀价，你假装不知道，以欺诈手段冒犯君王，是五错。你接受命令而不去兰池宫，第二天也不加以解释。如果你的部下，问他话不回答，命令他也不服从，该当何罪？在外怀有这种心肠，天下还有谁会相信你呢？如今东越军队已深入我国边境，你是否能率领部队补救你的过失呢？”杨仆惶恐地表示：“我愿拼死效力以赎罪！”于是，汉武帝派横海将军韩说从句章出发，渡海从东面进击；楼船将军杨仆从武林出发，中尉王温舒从梅岭出发，派已封侯的南越降将为戈船将军、下濑将军，从若邪、白沙出发，进攻东越。

【原文】

博望侯既以通西域尊贵①，其吏士争上书言外国奇怪利害求使②。天子为其绝远③，非人所乐往④，听其言⑤，予节⑥，募吏民⑦，毋问所从来⑧，为具备人众遣之，以广其道⑨。来还⑩，不能毋侵盗币物及使失指⑪，天子为其习之，辄覆按致重罪，以激怒令赎，复求使⑫，使端无穷⑬，而轻犯法⑭。其吏卒亦辄复盛推外国所有⑮，言大者予节，言小者为副⑯，故妄言无行之徒皆争效之⑰。

其使皆贫人子，私县官赍物⑱，欲贱市以私其利⑲。外国亦厌汉使，人人有言轻重⑳，度汉兵远不能至㉑，而禁其食物以苦汉使㉒。汉使乏绝㉓，积怨至相攻击㉔。而楼兰、车师㉕，小国当空道㉖，攻劫汉使王恢等尤甚㉗，而匈奴奇兵又时遮击之㉘。使者争言西域皆有城邑，兵弱易击。

于是天子遣浮沮将军公孙贺将万五千骑，出九原㉙二千余里，至浮沮井㉚而还；匈河将军赵破奴将万余骑出令居㉛数千里，至匈河水㉜而还；以斥逐匈奴㉝，不使遮汉使㉞，皆不见匈奴一人。乃分武威、酒泉地置张掖、敦煌郡㉟，徙民以实之。

是岁，齐相卜式为御史大夫。式既在位，乃言：“郡、国多不便县官作盐铁器㊱，苦恶价贵㊲，或强令民买之；而船有算㊳，商者少㊴，物贵㊵。”上由是不悦卜式。

初，司马相如病且死㊶，有遗书，颂功德，言符瑞，劝上封泰山㊷。上感其言㊸，会得宝鼎，上乃与公卿诸生议封禅㊹。封禅用希旷绝㊺，莫知其仪㊻，而诸方士又言：“封禅者合不死之名也㊼，黄帝以上㊽，封禅皆致怪物，与神通，秦皇帝不得上封㊾。陛下必欲上㊿，稍上即无风雨(51)，遂上封矣。”上于是乃令诸儒采《尚书》《周官》《王制》之文[52]，草封禅仪[53]，数年不成。

上以问左内史兒宽，宽曰：“封泰山[54]，禅梁父[55]，昭姓考瑞[56]，帝王之盛节也；然享荐之义[57]，不著于经。臣以为封禅告成，合袪于天地神祇[58]，唯圣主所由[59]，制定其当[60]，非群臣之所能列[61]。今将举大事，优游数年[62]，使群臣得人人自尽[63]，终莫能成。唯天子建中和之极[64]，兼总条贯，金声而玉振之[65]，以顺成天庆，垂万世之基。”上乃自制仪，颇采儒术以文之[66]。上为封禅祠器[67]，以示群儒，或曰“不与古同”[68]，于是尽罢诸儒不用[69]。上又以古者先振兵释旅[70]，然后封禅。

（以上为第十段，写汉武帝不断派出使者通西域。汉武帝与公卿大臣和儒生们商议封禅之事，数年没有理出个头绪，索性将儒生一律罢斥不用，参照传说的古礼筹备封禅。）

【注释】

①博望侯：张骞。 以：因而，至于。 尊贵：获得既尊且贵的地位。 ②其吏士：跟随张骞出使过西域的部属。 奇怪利害：奇异之事和利害关系。 求使：请求充任使者。 ③其绝远：西域十分遥远。 ④非人所乐往：不是人们乐意前往的地方。 ⑤听其言：听从请求。 ⑥予节：任命为使者，给予符节。 ⑦募吏民：招募官民。 ⑧毋问所从来：不问出身。 ⑨以广其道：用以扩大出使的人员途径。 ⑩来还：出使归来。⑪侵盗币物：指出使者自己的贪污盗窃。 使失指：执行使命违背了天子的旨意。⑫“天子”四句：武帝认为他们已经熟习了外国事务，每每找碴把他们判为重罪，以刺激他们为了获得重金赎罪，而再次请求出使。辄覆按，每每反复严查。 ⑬使端无穷：迫使他们一次又一次出使，无穷无尽。 ⑭而轻犯法：破罐子破摔，随意犯法不当一回事。 ⑮盛推：鼓吹、夸张。 外国所有：外国的珍宝奇物应有尽有。 ⑯“言大”“言小”二句：最善吹牛的人为正使，次一等的为副使。言大，吹大牛皮的人。予节，为正使。 ⑰无行之徒：品行不端的人。 争效之：争着效法吹牛皮求出使。 ⑱私县官赍物：把所携带的国家财物据为己有。 ⑲欲贱市以私其利：打算贱卖后私吞其利。 ⑳言轻重：说话不靠谱，轻重不实。 ㉑度：估计，推测。 不能至：汉兵来不了。 ㉒禁：断绝供应。 苦汉使：困苦汉使。 ㉓汉使乏绝：汉使缺乏食物。 ㉔积怨至相攻击：积累怨恨以至与各国互相攻击。 ㉕楼兰：古西域国名。王居扜泥城，在今新疆若羌县治卡克里克。处于汉通西域的南道。 车师：古西域国名。一作“姑师”。王治交河城。在今新

疆吐鲁番西北十里之交河故城。当汉通西域之北道。 ㉖小国当空道：指楼兰、车师两个小国挡在通西域的南、北两条交通要道上。空道，孔道，即交通要道。 ㉗王恢：人姓名。此非汉武帝时之大行令王恢。 尤甚：尤其严重。 ㉘奇兵：突袭部队。 遮击：阻击。 ㉙九原：县名。在今内蒙古包头西。 ㉚浮沮井：井名。在匈奴游牧区内，具体地点不详。 ㉛令居：县名。县治在今甘肃永登西。 ㉜匈河水：即今蒙古国拜达里格河。㉝斥逐匈奴：驱逐匈奴。 ㉞不使遮汉使：不让匈奴阻拦汉使。 ㉟"乃分"句：分割武威、涌泉二郡，增置张掖、敦煌二郡。至此，河西走廊有四个郡。 ㊱不便县官作盐铁器：不方便官营盐铁。 作盐铁器：当时官营盐铁，包办制作和贩卖。作，制作、经营。㊲苦恶价贵：质量低劣而价贵。 ㊳船有算：船五丈长一算税。 ㊴商者少：经商的人少了。 ㊵物贵：物价上涨。 ㊶病且死：病重将死。 ㊷劝上封泰山：劝说汉武帝封禅泰山。 ㊸上感其言：汉武帝因其言深受感动。 ㊹上乃与公卿诸生议封禅：汉武帝于是和三公九卿及博士儒生讨论封禅事宜。 ㊺封禅用希旷绝：封禅自古以来极为少见。 希，通"稀"。旷绝，旷古无有。 ㊻莫知其仪：没人知道封禅的仪式。 ㊼封禅者合不死之名也：封禅的人与长生不死是一回事。方士言，封禅后就可长生不死，乃谄媚妄语也。㊽黄帝以上：黄帝以前的古代圣王。 ㊾秦皇帝不得上封：秦始皇就没能登上泰山封禅。据说秦始皇封禅为雨所阻。 ㊿必欲上：一定要上泰山封禅。 (51)稍上即无风雨：逐渐登泰山，如果没有风雨。 (52)采《尚书》《周官》《王制》之文：采用、汇集《尚书》《周官》《王制》的记载。《周官》，即《周礼》。《尚书》《周礼》，均儒家五经之一。《王制》，《礼记》中的一篇。 (53)草封禅仪：起草封禅的礼仪。 (54)封泰山：在泰山筑坛祭天，以示报答上天之功，叫"封"。 (55)禅梁父：在梁父山（在泰山下的小山）划定地区祭地，以示报地之功，叫"禅"。 (56)昭姓考瑞：显扬祖先的姓氏，考核上天的祥瑞。 (57)享荐之义：封禅的具体仪式。享荐，献礼天地仪式，即封禅仪式。 (58)合祛于天地神祇：要与天地神灵相通。合，闭；祛，开。闭与开，谓相通相联。 (59)唯圣主所由：只有圣明的皇上才能明白。所由，其中道理，即封禅礼仪只有圣主明白，应由皇上来制定。 (60)制定其当：制定妥当的礼仪。当，适中。 (61)能列：能参与，能草拟。 (62)优游数年：耗时数年。优游，拖延、虚度了时间。 (63)人人自尽：人人各自尽了全力。 (64)唯天子建中和之极：只有天子才能掌控中正平和的最高准则。 (65)"兼总条贯"二句：综合条理各种头绪，发出金玉般响亮的德音。 (66)颇采儒术以文之：多采用儒家的文辞来修饰封禅仪。 (67)上为封禅祠器：汉武帝又制作封禅器具。 (68)不与古同：与古代不一样。 (69)尽罢诸儒不用：汉武帝将儒生一律罢斥不用，逐出草拟班子。 (70)振兵释旅：振奋军威，表示以后不再用。振兵，即检阅军队，显示军威，汉武帝元封元年冬率十八万骑北出长城，向匈奴示威，即振兵也，释旅，解甲归田，不再用军队，这只是一个理想。

【译文】

博望侯张骞因出使西域而获得尊贵的地位之后，他的部下争相上书朝廷，陈说外国的奇异之事和利害关系，要求出使。汉武帝因西域道路极为遥远，一般人不愿前往，所以听从所请，赐给符节，准许招募官吏百姓，不问出身，为他们治装，配备人员后派出，以扩大出使的人员途径。这些人返回时，不可避免地会出现偷盗礼品财物或违背朝廷旨意的现象。汉武帝因他们熟习出使之事，所以治以重罪，以激怒他们，让他们立功赎罪，再次请求出使。这些人反复出使外国，而对犯法之事看得很轻。使臣的随从官吏和士兵也每每盛赞外国事物，会说的被赐予正使符节，不大会说的就封为副使。因此，很多浮夸而无品行的人都争相效法。

这些出使外国的人都是贫家子弟，他们将所带的国家财物据为私有，打算贱卖后私吞利益。西域各国也厌恶每个汉使所说之事轻重不一，估计汉朝军队路远难至，就拒绝为汉使提供食物，给他们制造困难。汉使在缺乏粮食供应的情况下，常常积怨，甚至和各国相互攻击。楼兰、车师两个小国，地处汉朝通往西域的通道上，攻击汉使王恢等尤其厉害，匈奴军队也时常阻拦袭击汉使。使臣们争相报告朝廷，说西域各国都有城镇，兵力单弱，容易攻击。

于是，汉武帝派浮沮将军公孙贺率领骑兵一万五千人从九原出塞两千多里，至浮沮井而还；又派匈河将军赵破奴率领骑兵一万多人从令居出塞数千里，至匈河水而还，目的是驱逐匈奴，让汉使不受阻拦，但没有遇到一个匈奴人。于是，分割武威、酒泉二郡土地，增设张掖、敦煌二郡，迁移内地民众充实该地。

这一年，齐相卜式升任为御史大夫。卜式到任后，说道："各郡国对盐铁由官府专营多感不便，官府专营的盐铁产品质次价高，有时还强迫民众购买，船只也要交纳算赋，所以经商的人少，物价昂贵。"汉武帝刘彻因此不再喜欢卜式。

当初，司马相如病重将死，临终时留下遗书，称颂汉武帝的功德，并谈及祥瑞之事，劝汉武帝到泰山封禅，祭祀天地。汉武帝深受感动，适逢获得宝鼎，他便与公卿大臣和儒生们商议封禅之事。天子封禅泰山，自古以来是极为少见的事，又久未兴行，没有人懂得它的礼仪。方士们认为："封禅的意义就是不死。黄帝以前的君王，封禅都招来怪物，以与神灵相通，而秦始皇就未能在泰山顶上祭天。皇上如果一定要登泰山，就应缓缓前进，如无风雨，就可以登上泰山山顶举行祭天大典了。”于是，汉武帝命儒生们采用《尚书》《周官》《王制》等书的记载，草拟封禅的礼仪。但数年之后，还未拟出。

汉武帝询问左内史兒宽的意见，兒宽说：“在泰山祭天，在梁父山祭地，显扬祖先的姓氏，考求上天的瑞应，是帝王的盛典，但献礼的仪式，经书中却无记载。我认为，封禅典礼的完成，意味着同天地神灵的联系，只有圣明的君王才能制定适当的礼仪，而非臣下所能拟就。如今将要举行大典，已经拖了数年时间，使群臣人人各自尽了全力，却始终未能拟出。只有天子才能掌握中正平和的最高原则，综合条理各种头绪，发出金玉般的声音，以顺利促成这一天下最大的庆典，作为万世遵奉的法则。”于是，汉武帝自定礼仪，多采用儒家学说加以修饰；又制作封禅用的祭器，拿给儒生们观看，有的儒生说：“与古代的不一样。”于是，汉武帝将儒生一律罢斥不用。又按着古代的做法，首先振奋军威，显示太平，然后举行封禅大典。

【原文】

元封元年（辛未，前110）

冬，十月，下诏曰：“南越、东瓯[①]，咸伏其辜[②]；西蛮、北夷，颇未辑睦[③]；朕将巡边垂[④]，躬秉武节[⑤]，置十二部将军，亲帅师焉[⑥]。”乃行，自云阳北历上郡、西河、五原[⑦]，出长城，北登单于台[⑧]，至朔方[⑨]，临北河[⑩]；遣使者郭吉告单于曰：“南越王头已县于汉北阙[⑪]。今单于能战，天子自将待边；不能，即南面而臣于汉，何徒远走亡匿于幕北寒苦无水草之地[⑫]，毋为也[⑬]！”语卒而单于大怒，立斩主客见者[⑭]，而留郭吉[⑮]，迁之北海上[⑯]。然匈奴亦詟[⑰]，终不敢出。

上乃还，祭黄帝冢桥山[⑱]，释兵须如[⑲]。上曰：“吾闻黄帝不死，今有冢，何也？”公孙卿曰：“黄帝已仙上天，群臣思慕，葬其衣冠。”上叹曰：“吾后升天[⑳]，群臣亦当葬吾衣冠于东陵乎[㉑]？”乃还甘泉，类祠太一[㉒]。

上以卜式不习文章[㉓]，贬秩为太子太傅[㉔]，以兒宽代为御史大夫。

汉兵入东越境，东越素发兵距险[㉕]，使徇北将军[㉖]守武林。楼船将军卒钱塘辕终古斩徇北将军。故越衍侯吴阳以其邑七百人反攻越军于汉阳[㉗]。越建成侯敖[㉘]与繇王居股[㉙]杀馀善，以其众降。上封终古为御儿侯，阳为卯石侯，居股为东成侯，敖为开陵侯；又封横海将军说[㉚]为按道侯，横海校尉福[31]为缭荌侯，东越降将多军[32]为无锡侯。上以闽地险阻[33]，数反覆[34]，终为后世患，乃诏诸将悉其民徙于江、淮之间[35]，遂虚其地[36]。

春，正月，上行幸缑氏，礼祭中岳太室[37]，从官在山下闻若有言“万岁”者三[38]。诏祠官加增太室祠，禁无伐其草木，以山下户三百为之奉邑[39]。

上遂东巡海上，行礼祠八神[40]。齐人之上疏言神怪、奇方者以万数，乃益发船，令言海中神山者数千人求蓬莱神人。公孙卿持节常先行，候名山，至东莱[41]，言：“夜见大人，长数丈[42]，就之则不见，其迹甚大，类禽兽云。”群臣有言：“见一老父牵狗，言‘吾欲见巨公[43]’，已忽不见[44]。”上既见大迹，未信，及群臣又言老父，则大以为仙人也，宿留[45]海上；与方士传车及间使[46]求神仙，人以千数。

夏，四月，还，至奉高[47]，礼祠地主于梁父[48]。

乙卯[49]，令侍中儒者皮弁、搢绅[50]，射牛行事[51]，封泰山下东方[52]，如郊祠泰一之礼。封广丈二尺，高九尺[53]，其下则有玉牒书，书秘[54]。礼毕，天子独与侍中、奉车都尉霍子侯上泰山[55]，亦有封，其事皆禁[56]。明日，下阴道[57]。

丙辰[58]，禅泰山下址东北肃然山[59]，如祭后土礼，天子皆亲拜见，衣尚黄，而尽用乐焉[60]。江、淮间茅三脊为神藉[61]，五色土益杂封[62]。其封禅祠，夜若有光，昼有白云出封中。

天子从禅还，坐明堂[63]，群臣更上寿颂功德[64]。诏曰：“朕以眇身承至尊[65]，兢兢焉惟德菲薄[66]，不明于礼乐，故用事八神，遭天地况施[67]，著见景象，屑然如有闻[68]，震于怪物，欲止不敢，遂登封泰山，至于梁父，然后升禅肃然自新，嘉与士大夫更始[69]，其以十月为元封元年。行所巡至[70]，博、奉高、蛇丘、历城、梁父[71]，民田租逋赋，皆贷除之[72]，无出今年算[73]。赐天下民爵一级[74]。”又以五载一巡狩，用事泰山，令诸侯各治邸泰山下[75]。

天子既已封泰山，无风雨，而方士更言蓬莱诸神若将可得[76]，于是上欣然庶几遇之[77]，复东至海上望焉。上欲自浮海求蓬莱，群臣谏，莫能止。东方朔曰：“夫仙者，得之自然，不必躁求[78]。若其有道，不忧不得；若其无道，虽至蓬莱见仙人，亦无益也。臣愿陛下第还宫静处以须之[79]，仙人将自至。”上乃止。

会奉车霍子侯暴病[80]，一日死。子侯，去病子也，上甚悼之[81]；乃遂去，并海上[82]，北至碣石[83]，巡自辽西[84]，历北边[85]，至九原[86]。五月，乃至甘泉。凡周行[87]万八千里云。

（以上为第十一段，写汉军攻下东越，将民众迁到江淮地区；汉武帝巡边，向匈奴单于炫耀武力；派遣方士出海寻找蓬莱神仙；登泰山祭祀天神，至梁父，在肃然山升坛祭祀地神。）

【注释】

①东瓯：即东越。②咸伏其辜：他们都已服罪。③西蛮、北夷：皆指匈奴。辑睦：平服和睦。④巡边垂：巡视边境。垂，通“陲”，边疆。⑤躬秉武节：亲自执掌军权。武节，军权的象征。⑥亲帅师焉：亲自率领兵队。⑦云阳、上郡、西河、五原：皆北方沿边郡名，汉武帝振兵所经之地。云阳郡，治所在今陕西淳化西北；上郡，郡治肤施，在今陕西榆林东南；西河郡，治所平定，在今内蒙古准格尔旗西南；五原郡，治所九原，在今内蒙古包头西。⑧单于台：在古长城外。具体地点不明。⑨朔方：郡名。郡治朔方，在今内蒙古乌拉特前旗东南。⑩北河：黄河流向河套，在阴山南麓，分为南北二河，北边的称北河。按：据章校，他本“河”下有“勒兵十八万骑，旌旗径千余里，以见武节，威匈奴”十九字。⑪县：通“悬”。北阙：未央宫正门。⑫“何徒远走”句：何苦要远远地逃避到大沙漠以北的寒冷、困苦而又缺乏水草的地方呢？亡匿，逃跑躲藏。幕，通“漠”。⑬毋为也：实在没意思。⑭立斩主客见者：立即斩杀了接待使者引荐郭吉的官员。⑮留郭吉：扣留郭吉。⑯迁之北海上：流放到北海。北海：指今贝加尔湖。⑰讋（zhé）：失气；惧怕。⑱黄帝冢：黄帝的坟。桥山：山名。在今陕西黄陵。⑲释兵：放下武器。须如：地名。地点不明。⑳吾后升天：我以后升了天。㉑东陵：即茂陵，汉武帝寿陵。㉒类祠太一：像祭黄帝陵一样祭祀太一神。类祠，进行类似的祭祀。㉓不习文章：不善文辞。㉔贬秩为太子太傅：降职为太子太傅。卜式任御史大夫，位三公，秩万石。太子太傅，秩二千石，位比九卿。㉕素：一向，此指早已。距险：占据险要地带抗击汉军。距，通“拒”。㉖徇北将军：东越的将军号。㉗其邑：指吴阳的封邑。汉阳：邑名。在今福建浦城北。㉘敖：人名。东越的建成侯。㉙居股：人名。前代繇王丑之子。故此处称繇王居股。㉚横海将军说：韩说。㉛福：人名。即城阳共王子海常侯刘福，坐法失侯，今以功封缭娄侯。㉜多军：人名。东越人，降汉之后，封为无锡侯。㉝闽地险阻：闽越之地险恶。

㉞数反覆：多次反叛。 ㉟悉：全部。 徙于江、淮之间：把东越人迁徙到长江、淮河之间。 ㊱遂虚其地：于是闽地成为无人区。 ㊲中岳太室：山名。在今河南登封境内。㊳从官：侍从官员。 闻若有言“万岁”者三：仿佛听见喊“万岁”的声音三次。若，好像，仿佛。 ㊴奉邑：为太室祠的俸邑。 ㊵八神：指天主、地主、兵主、阴主、阳主、月主、日主、四时主等八神。 ㊶东莱：郡名。郡治掖县。在今山东莱州。 ㊷长数丈：身高数丈。 ㊸巨公：指天子。巨，大也。 ㊹已忽不见：转眼不见。已忽，转眼，瞬间，忽然。 ㊺宿留：停留。 ㊻间使：伺机派人。 ㊼奉高：县名。治所在今山东泰安东。 ㊽地主：八神之一。 梁父：山名。泰山北坡下的小山。 ㊾乙卯：四月十九日。 ㊿皮弁：鹿皮制的礼帽。 搢绅：腰间插笏的垂带。 51射牛行事：参加杀牛仪式。射牛，天子必亲临，表示亲杀。 52封泰山下东方：在泰山东坡之下祭祀天神。 53封：祭坛。宽一丈二尺，高九尺。 54玉牒书：帝王封禅的文书。写于简牒，以玉饰之，故名。 书秘：玉牒书的内容绝密。 55奉车都尉：官名。掌天子车马。 霍子侯：霍嬗，字子侯。霍去病之子。 上泰山：陪同武帝上泰山。 56禁：保密。 57阴道：泰山北坡上的路。 58丙辰：四月二十日。 59肃然山：山名。泰山东麓，在今山东济南市莱芜区东北。 60尽用乐焉：武帝拜神一直有音乐伴奏。尽，一直。 61茅三脊为神藉：用三脊茅草作为供神祭品的衬垫。 62五色土益杂封：用五种颜色的土相间做祭坛。杂，相间。63明堂：古时帝王用以宣明政教、祭祀等的礼堂。 64更上寿：轮流敬酒祝福长寿。颂功德，歌功颂德。 65眇身承至尊：渺小的身体继承皇上的高位。至尊，最高贵的地位。即皇帝之位。 66兢兢焉惟德菲薄：兢兢业业，唯恐德才不足。菲薄，微薄不足。 67遭天地况施：蒙天地神灵恩赐祥瑞。 68屑然如有闻：欣然听到三声“万岁”音。屑然，欣然，喜悦的样子。 69更始：开始新的政治、新的生活。 70行所巡至：行巡所到之处。71“博，奉高”句：所行经之县有：博县，县治在今山东泰安东南；蛇（yí）丘县，县治在今山东肥城东南；历城县，县治在今山东济南；梁父县，县治在今山东泰安东南。梁父山在梁父县境内。 72“民田租”两句：上述各县民众拖欠的赋税，全都免除。逋赋，拖欠的赋税。 73无出今年算：今年的人口税算赋也免除。 74赐天下民爵一级：赐民第一级爵。第一级爵是秦汉二十级爵位最低的一级。 75邸：府邸，诸侯在外地所建的公馆。泰山脚下建邸，供五年一次封禅使用。 76若将可得：大概可以请来神仙。若，大概，有可能。 77庶几遇之：或许遇上神仙。庶几，或许，碰运气。 78躁求：急求。79须之：等待。 80暴病：突然得病。 81上甚悼之：汉武帝十分伤感、难过。 82乃遂去，并海上：这才离开泰山海边，还是沿着海岸走。庶几遇之。 83碣石：山名。在今河北昌黎北。 84辽西：郡名。郡治阳乐。在今辽宁义县西南。 85历北边：行经北部国

境。 ㊻至九原：回程到达九原。九原，郡名。郡治五原，在今内蒙古包头西。 ㊼周行：指元封元年封禅泰山绕了一个大圈，故称“周行”。总计行程一万八千里。

【译文】

汉武帝元封元年（辛未，前110）

冬季，十月，汉武帝发布命令说：“南越、东瓯都已受到应有的惩罚，而西蛮、北夷尚未平服和睦。我将巡视边疆，亲自主持武道，设置十二路将军，由我统率。”于是，汉武帝离京出巡，自云阳向北，经上郡、西河、五原，出长城，再向北登单于台，直至朔方，来到北河，派使臣郭吉通告匈奴单于说：“南越王的人头已经悬挂在大汉皇宫的北门阙上。如今单于如果能战，天子亲自率军在边境等候；如果不能战，就应归降大汉，为什么偏要远远地逃避到大沙漠以北的寒冷、困苦而又缺乏水草的地方呢？实在是没意思！”话音一落，单于大怒，立即将引见郭吉的官员斩首，同时扣留郭吉，将他迁移到北海之边。但此时匈奴也已丧失斗志，始终未敢出战。

于是，汉武帝起驾回朝，在桥山祭黄帝陵，行至须如，将征调的士兵遣散。汉武帝问道：“我听说黄帝长生不老，可如今有他的陵墓，这是为什么呢？”公孙卿回答说：“黄帝成仙升天以后，群臣想念他，所以建陵，将他的衣冠埋葬。”汉武帝叹道：“我将来升天后，群臣也会把我的衣冠葬在东陵吗？”回到甘泉宫，祭祀太一神。

汉武帝因卜式不善文辞，将其降为太子太傅，命兒宽代替卜式为御史大夫。

汉军进入东越，东越王馀善早已派兵占据了险要地带，并命徇北将军镇守武林。杨仆部下士兵、钱塘人辕终古将徇北将军斩杀。原东越衍侯吴阳率领当地武装七百人背叛东越王，在汉阳进攻东越军队。名叫“敖”的东越建成侯与繇王骆居股杀死东越王馀善，率众归降。汉武帝封辕终古为御侯，吴阳为卯石侯，骆居股为东成侯，敖为开陵侯；又封横海将军韩说为按道侯，横海校尉福为缭侯，东越降将多军为无锡侯。汉武帝因闽越地区地势险恶，其人反复无常，多次与汉朝为敌，终究是后世祸患，于是，命令各路将领将当地人全部迁到江淮一带。于是，闽越地区成为荒无人烟的地方。

春季，正月，汉武帝出巡到缑氏城，祭祀中岳太室，随从官员在山下似乎听到连呼三次“万岁”的声音。汉武帝命令主管祭祀的官员扩建太室祭祠，禁止砍伐山上草木，又将山下三百户百姓作为供奉太室的奉邑。

汉武帝东巡大海，祭祀八位神仙。齐人上书陈述神怪之事和奇异方术的数以万计，于是，汉武帝增派船只，命令声称海中有仙山的数千人出海寻找蓬莱神仙。公孙卿常携带天子符节，先行前往名山等候神仙驾临，行至东莱，声称："夜中见一巨人，身高数丈，凑上前去，却又看不见了，所留脚印甚为巨大，类似禽兽的蹄迹。"群臣中又有人说道："看到一位老翁，手中牵着一条狗，说：'我想见天子。'说完，忽然踪迹全无。"汉武帝亲自察看了巨大脚印，但还未相信；及至听说老翁之事，才认定就是神仙，于是留宿海边，供给方士驿马车辆，随时访求神仙踪迹。寻仙之人，数以千计。

夏季，四月，汉武帝起驾还朝，到达奉高，在梁父祭祀地主神。

四月十九日，汉武帝令担任侍中的儒家学者戴鹿皮帽，将笏板用丝带系在腰间，参加射牛仪式。在泰山东坡之下祭祀天神，如同祭祀泰一神的礼仪。祭坛宽一丈二尺，高九尺，坛下埋藏着汉武帝给神仙的玉牒书，内容隐秘。祭祀仪式结束后，汉武帝独自与侍中、奉车都尉霍子侯一起登上泰山，再行祭天之礼，一切过程都秘不示人。第二天，君臣从北道下山。

四月二十日，汉武帝在泰山脚下东北部的肃然山祭祀地神，如同祭祀后土神之礼，汉武帝身穿黄色衣服，在音乐的伴奏下一一亲自磕拜，用江淮地区出产的三棱茅草作为供神祭品的衬垫，用五种颜色的泥土相间做祭坛。在祭祀天地的神祠中，夜间仿佛有光，白天有白云从坛中产生。

汉武帝祭完地神之后，回到奉高，坐在明堂中，众大臣轮番上前歌功颂德，上寿祝福。汉武帝下令说："我以渺小的身躯，继承至尊高位，兢兢业业，唯恐德才不足，不懂得礼乐，所以供奉八神，祈求庇护。蒙天地神灵恩赐祥瑞，目有所见，耳有所闻，震惊于其事怪异，想阻止却又不敢，于是登泰山祭祀天神，至梁父，然后在肃然山升坛祭祀地神，反省自新，与士大夫一起开始新的生活。十月，改年号为元封元年。此次巡行所到之博县、奉高、蛇丘、历城、梁父等地，一概免除百姓的田租及欠交的赋税，不收今年的算赋。赐天下有爵百姓擢升一级。"又规定："天子每五年巡游一次，至泰山祭祀，各诸侯封国都要在泰山脚下修建官邸。"

汉武帝在泰山祭祀了天地，并无风雨，而方士们更加强调蓬莱山的神仙大概能够请到，于是，汉武帝再次东至海边，兴高采烈地盼望能遇到神仙。汉武帝打算亲自乘船出海去寻找蓬莱仙山，群臣劝谏，但无人能够阻止。东方朔说："与神仙相遇，要出于自然，不必急躁强求。若是有道，就不愁遇不到；如果无道，纵然是到了蓬莱山，见到神仙，也没有益处。我希望皇上只管回到宫中，安静地等待，神仙自会降临。”汉武帝这才打消了出海的念头。

正巧奉车都尉霍子侯突然生重病，一日之内死去。霍子侯是霍去病的儿子，汉武帝刘彻非常难过，于是，起驾离去，沿海岸北上至碣石，自辽西巡视北部边疆到九原，五月回到甘泉。此次出巡绕了一个大圈，行程共一万八千里。

【原文】

先是，桑弘羊为治粟都尉[①]，领大农[②]，尽管天下盐铁。弘羊作平准之法[③]，令远方各以其物如异时商贾所转贩者为赋而相灌输[④]。置平准于京师[⑤]，都受天下委输[⑥]。大农诸官，尽笼天下之货物[⑦]，贵即卖之，贱则买之，欲使富商大贾无所牟大利[⑧]，而万物不得腾踊[⑨]。

至是，天子巡狩郡县，所过赏赐，用帛百余万匹，钱金以巨万计，皆取足大农。弘羊又请[⑩]吏得入粟补官[⑪]及罪人赎罪。山东漕粟益岁六百万石[⑫]，一岁之中，太仓、甘泉仓满[⑬]，边余谷[⑭]，诸物均输[⑮]，帛五百万匹[⑯]，民不益赋而天下用饶[⑰]。于是弘羊赐爵左庶长[⑱]，黄金再百斤焉[⑲]。

是时小旱，上令官求雨。卜式言曰：“县官当食租衣税而已[⑳]，今弘羊令吏坐市列肆[㉑]，贩物求利。烹弘羊，天乃雨。”

秋，有星孛于东井[㉒]，后十余日，有星孛于三台[㉓]。望气王朔[㉔]言：“候独见填星出如瓜[㉕]，食顷[㉖]，复入。”有司皆曰：“陛下建汉家封禅，天其报德星云[㉗]。”

齐怀王闳[㉘]薨，无子，国除。

（以上为第十二段，写汉武帝重用桑弘羊，以治粟都尉身份兼任大农令，主持全国盐铁专营事务，实行均输、平准，实施一年大有成效，“民不益赋而天下用饶”。）

【注释】

①治粟都尉：汉初官名，汉武帝时改名“搜粟都尉”。 ②领大农：兼任大司农。③平准之法：汉武帝时初创的经济政策之一。桑弘羊在推行均输法的同时，在京师专设机构，置平准令一人（属大司农），掌官府控制的物资。通过各地均输官，利用货源，贱买贵卖，以调剂市场价格，起平抑物价作用，故曰平准法。 ④“令远方”句：让相距较远的地方官以各自的地方特产作为赋税，运用商人在不同时间转贩不同地方货物一样互

相调拨。 各以其物：各自的地方特产。 如异时商贾所转贩：商贾在不同时间转卖不同地方的物产，地方按此办法互相调转物资。 灌输：调转物资。 按：各地均输官以所收赋税购买当地特产运销外地，又购外地特产运销本地，故曰相灌输。 ⑤置平准于京师：又在京师设立平准官。平准，有令、丞，掌物价调节。 ⑥都：统管。 委输：各郡国积贮的货物随时输送京师。 ⑦尽笼天下之货物：控制全国的所有物资。笼，垄断，控制。⑧无所牟大利：无法牟取暴利。 ⑨腾踊：跳跃，指物价暴涨。 ⑩请：据章校，他本“请”下有“令”字。 ⑪吏得入粟补官：《汉书·食货志》作“民得入粟补吏”。“吏”字乃“民”字之误。 ⑫山东漕粟：崤山（或华山）以东地区水运往京师的粮食。 益：增加。 岁六百万石：每年的总量六百万石。 ⑬太仓：京师的大粮仓。 甘泉仓：在甘泉山的粮仓。 满：粮仓满装。 ⑭边余谷：边塞粮食也有盈余。 ⑮诸物均输：各种货物通过均输调节赢利。 ⑯帛五百万匹：单是丝织品一项每年就赢利五百万匹。 ⑰“民不益赋”句：没有增加民众的赋税而国家用度有富余。 ⑱左庶长：二十级民爵的第十级。⑲黄金再百斤：桑弘羊两次得到赏赐的黄金二百斤。 ⑳“县官”句：国家开支全依靠租税罢了。 ㉑吏坐市列肆：官吏坐在店铺中贩卖货物。 ㉒有星孛于东井：异星出现在东井天区。 ㉓三台：星官名。属太微垣。 ㉔望气：古时望云气以卜吉凶的方士。 王朔：西汉著名的望气方士。 ㉕填星出如瓜：土星出现，形状像瓜。填星，土星。 ㉖食顷：吃一顿饭的工夫。 ㉗天其报德星：言天以德星报于皇帝。 德星，即填星。 ㉘齐怀王闳：刘闳。元狩六年受封齐王。卒谥怀。

【译文】

当初，桑弘羊以治粟都尉的身份兼任大农令，主持全国的盐铁专营事务。桑弘羊创立平准法，令相距较远的地方官府以各自的特产作为贡赋，参考商人在不同时期向不同地区转贩不同商品的做法，相互转输。又在京师设立平准官，负责全国各地的转输事务。大农令所属各官，控制天下全部货物，价高时卖出，价低时买进，目的是让大商人无法牟取暴利，使各种货物的价格不能高涨。

如今，汉武帝出巡各地，所到之处赏赐丝织品共一百多万匹，金钱以万万计，都由大农令充分供应。桑弘羊又奏请汉武帝批准，小吏可以用捐献粮食的办法升为官员，犯罪的人也可以用此法来赎罪。因此，崤山以东地区一年的漕粮比规定数目多出六百万石，一年之间，太仓、甘泉仓全部贮满，边塞地区的粮食也有盈余；各种物品互相转运，调剂余缺赢利，单丝织品每年就赢利五百万匹。民众的赋税没有增加，而国家的用度有富余。于是，汉武帝赐给桑弘羊左庶长爵位和二百斤黄金。

这时，发生小规模的旱灾，汉武帝命令官员求雨。卜式说道："朝廷的衣食供应全靠赋税，如今桑弘羊却让官吏们坐在市场店铺之中，贩卖货物，追求利润。只有烹杀桑弘羊，老天爷才会下雨。"

秋季，有异星出现在井宿。十几天后，三台星旁又出现异星。善观星象的王朔说道："观测时只看到土星独自出现，形状似瓜，一顿饭工夫后消失。"有关官员都说："皇上开创汉朝天子封禅纪录，上天用'德星'回报皇上。"

齐王刘闳去世，因没有儿子，封国被撤销。

【评析】

桑弘羊论

桑弘羊，是汉武帝时期的财政大臣。他出身于商人家庭，十三岁就以精于心算而入侍宫中，为朝廷做事。在汉武帝的大力支持下，他先后推行了算缗、告缗、盐铁官营、均输、平准、币制改革、酒类专卖等经济政策。这些措施的施行，都在不同程度上取得了成功，大大增加了政府的财政收入，为汉武帝继续推行文治武功事业奠定了雄厚的物质基础。对此，历来褒贬不一，否定者说是汉武帝"用贾人桑弘羊之说，买贱卖贵，谓之均输，于时商贾不行，盗贼滋炽，几至于乱"；肯定者说是"行均输、平准之法，尽笼天下之货，卖贵买贱，以均民用，而利国家，率收国饶民足之效"，是"益国利民，不朽之术"，"桑弘羊者，不可少也"。桑弘羊的历史功绩和是非功过，究竟如何评价？

首先，汉武帝推行文治武功，用兵四夷，需要桑弘羊这样杰出的理财能手。汉兴七十多年，实行无为而治，让民众休养生息，积累了大量的财富。汉武帝即位后，转换治国方略，对于北方曾经强盛一时而不断骚扰边境的匈奴民族，由战略防御转入战略进攻，主动出击，大将军卫青、骠骑将军霍去病率领军队数次深入匈奴境内，取得了辉煌的胜利。同时，进行了经略西南，攻灭南越、东瓯以及朝鲜的战争。这些，都需要国家财力来支撑，前期主要靠文景时期的积累，而到了中后期，国家财力到了捉襟见肘的地步，消耗无已，国库空虚，面临着力不能支、国将不国的窘境。这时候，桑弘羊等人应时而出，采取了一系列的财政经济措施，充实了国家财力，解除了财政危机，帮助汉朝度过了危机。由此可以看出，桑弘羊为国理财，是时代的需要，是国家的需要。

其次，桑弘羊具有杰出的经济思想和过人的理财能力，他所推行的各项财政措施，都取得了显著的效果。汉武帝进行全国总动员，采取了各种各样的理财措施，其中有不少是御史大夫张汤的主张，也有些是孔仅、东郭咸阳等人所实施的，而桑弘羊则是继他们之后，应予以继续推行，并采取了一些新的措施，如实行机构改革，推行盐铁官营、均输平准，实行纳粟拜爵、补官及赎罪政策，以及后来的酒类专卖，成效显著，有力地打击了富商大贾的势力，减轻了人民的负担，增加了政府的财政收入，在一定程度上做到了“民不益赋而天下用饶”。

再次，桑弘羊将国家理财做到这种登峰造极的地步，是源于他进步的财政经济思想。人们常说，思维决定作为，思路决定财路，诚然有理。在桑弘羊看来，农业并非财富的唯一源泉，商业同样是财富的源泉。虽然商业不能直接创造财富，但它却可以带动和刺激其他产业的发展，在很大程度上有助于创造财富。桑弘羊认为，商品流通可以“均有无而通万物”，可以解决各地的资源过剩和短缺；如果商品缺乏流通，那么，许多物资无法交易，必然给人民生活带来极大的不便。桑弘羊在京师设立平准机构，稳定京师物价，当某种商品价格上涨时就贱价抛售，某种商品物价低廉时就加以购买，说明已经开始运用市场价值规律来稳定物价了。

最后，桑弘羊具有经济改革的强烈意识，各种财政措施在汉武帝刘彻的强力支持下，进行了有力的实施。历史上秦国在秦孝公时的商鞅改革，促进了秦国的发展，为秦国的强盛以及后来的统一天下奠定了坚实的基础。而桑弘羊，则是进行一系列的经济改革，首要的是进行产业方面的改革，将盐、铁、酒三大支柱产业收归官营，充实了国家财政；又进行了流通方面的改革，由国家来控制商品的批发与零售价格，进而控制商品的流通渠道，将流通过程中产生的利益归于国家财政。同时，进行了税制改革，征收财产税，鼓励告发漏税，有效地抑制了土地兼并。这几项改革措施，都有利于平抑社会贫富悬殊的矛盾，壮大国家经济实力，从经济上加强中央集权，巩固统一，遏止了富商大贾和豪强兼并势力的发展。

改革，就是要做前人没有做过的事情，走前人没有走过的路，有时候需要“交学费”，改革者也需要付出沉痛的代价。纵观历史上的改革者，几乎都没有好的下场，改革事业成功了，个人却身败名裂了，或者是身败而名不裂。桑弘羊，也是如此。由于桑弘羊推行一系列官营政策，国家几乎完全控制了生产、销售和市场，地主官僚、贵族和商贾，以及一些思想观念陈旧的大臣，都对这些政策表现出强烈的反对和抵制。在当时，就有“烹弘羊，天乃雨”的恶言，好像桑弘羊是天下最恶毒的人，必欲置之死地而方休。在汉武帝去世后，桑弘羊的改革措施遭到清算，后来甚至被牵连到政变而被灭族。悲哉，哀哉！

总之，桑弘羊在长达近三十年的时间里，秉持工商富国思想，极力主张和践行工商官营，主持或参与制定一系列的财政经济政策和制度，为汉武帝的文治武功奠定了雄厚的物质基础，在中国是一个有着重要地位和影响的历史人物。即使是称之为“兴利之臣”，也应当是褒义的，应予以赞扬和肯定。当然，桑弘羊的经济举措也带来了一些负面影响，这是不可讳言的。

卷第二十一 汉纪十三

汉武帝元封二年至天汉二年（前109—前99）

【起玄黓涒滩（壬申，前109），尽玄黓敦牂（壬午，前99），凡十一年】

【大事提要】

本卷记事起于公元前109年，到公元前99年，凡十一年，当为汉武帝元封二年至天汉二年。本卷所载的大事，主要是以下几个方面：其一，平定朝鲜。朝鲜王卫右渠依仗地势险固，与汉朝发生冲突，不肯依附汉朝。公元前109年，汉武帝派遣荀彘、杨仆水陆两路大军，发动对卫氏朝鲜的大规模进攻，卫右渠据城防守，汉军攻入其首府王险城，灭亡了卫氏朝鲜政权，设置玄菟、乐浪、临屯、真番四郡。其二，联姻乌孙。西域乌孙了解到汉朝国富兵强以后，愿与汉朝联姻，借汉朝以自重。汉武帝刘彻以宗室刘建之女细君为公主下嫁昆莫，赠送甚丰。细君为人懦弱，年事已高的昆莫出于善意，劝她改嫁孙子军须靡。细君请示汉武帝，汉朝廷命其遵照乌孙习俗行事。其三，西征大宛。大宛以产汗血马闻名。汉武帝欲改良马种，遣使求购而遭拒，便以李广利为贰师将军，率领数万人西攻大宛。因道远饥疲，半途被郁成王击败；后又二次西征，队伍庞大，大宛贵族杀王投降。汉军挑选了好马几十匹，李广利因远征封海西侯。其四，苏武牧羊。公元前100年，苏武奉命以中郎将身份持节出使匈奴，因匈奴上层发生内乱，牵连到苏武一行，苏武被扣留下来，单于许以高官厚禄，要求他背叛汉朝，臣服匈奴。苏武心比磐石坚，宁死不屈。匈奴单于就把苏武囚禁起来，后将他遣送到北海边牧羊。其五，李陵之祸。李广之孙、骑都尉李陵带领步兵五千人出居延，孤军深入浚稽山，与匈奴单于遭遇。匈奴以八万名骑兵围攻李陵。经过八昼夜战斗，李陵斩杀了一万多名匈奴骑兵，但由于没有后援，结果矢尽粮绝，不幸被俘，然后投降。司马迁为其说情，被判处宫刑。

【原文】

世宗孝武皇帝下之上

元封二年（壬申，前109）

冬，十月，上行幸雍，祠五畤；还，祝祠泰一[1]，以拜德星[2]

春，正月，公孙卿言："见神人东莱山[3]，若云欲见天子。"天子于是幸缑氏城[4]，拜卿为中大夫[5]，遂至东莱[6]，宿留之，数日，无所见，见大人迹云。复遣方士求神怪，采芝药[7]，以千数。

时岁旱，天子既出无名，乃祷万里沙[8]。夏，四月，还，过祠泰山。

初，河决瓠子[9]，后二十余岁不复塞[10]，梁楚之地[11]尤被其害。是岁[12]，上使汲仁、郭昌二卿发卒[13]数万人塞瓠子河决。天子自泰山还，自临决河，沉白马、玉璧于河[14]，令群臣、从官自将军以下皆负薪[15]，卒填决河[16]。筑宫其上，名曰宣防宫[17]。导河北行二渠，复禹旧迹，而梁、楚之地复宁，无水灾。

上还长安。

初令越巫祠上帝[18]、百鬼[19]，而用鸡卜[20]。

公孙卿言仙人好楼居，于是上令长安作蜚廉、桂观[21]，甘泉作益寿、延寿观[22]，使卿持节设具而候神人[23]。又作通天茎台[24]，置祠具其下。更置甘泉前殿，益广诸宫室[25]。

初，全燕之世[26]，尝略属真番、朝鲜[27]，为置吏，筑障塞。秦灭燕，属辽东外徼[28]。汉兴[29]，为其远难守，复修辽东故塞，至浿水为界[30]，属燕[31]。燕王卢绾反，入匈奴。燕人卫满亡命[32]，聚党千余人，椎髻、蛮夷服而东走出塞[33]，渡浿水，居秦故空地上下障，稍役属真番、朝鲜蛮夷及燕亡命者王之[34]，都王险[35]。

会孝惠、高后时，天下初定，辽东太守即约满为外臣[36]，保塞外蛮夷，无使盗边[37]；诸蛮夷君欲入见天子，勿得禁止。以故满得以兵威财物[38]侵降其旁小邑，真番、临屯[39]皆来服属，方数千里。传子至孙右渠[40]，所诱汉亡人滋多[41]，又未尝入见[42]，辰国[43]欲上书见天子，又雍阏不通[44]。

是岁，汉使涉何诱谕[45]，右渠终不肯奉诏。何去至界上，临浿水，使御刺杀送何者朝鲜裨王长[46]，即渡[47]，驰入塞，遂归报天子曰："杀朝鲜将。"上为其名美，即不诘[48]，拜何为辽东东部都尉[49]。朝鲜怨何，发兵袭攻[50]杀何。

六月，甘泉房中产芝九茎[51]，上为之赦天下。

上以旱为忧，公孙卿曰："黄帝时，封则天旱，干封三年。"上乃下诏曰："天旱，意干封乎[52]！"

秋，作明堂于汶上[53]。

上募天下死罪为兵[54]，遣楼船将军杨仆从齐浮渤海[55]，左将军荀彘出辽东，以讨朝鲜。

初，上使王然于以越破及诛南夷兵威喻滇王入朝[56]。滇王者，其众数万人，其旁东北有劳深、靡莫[57]，皆同姓相杖[58]，未肯听。劳深、靡莫数侵犯使者吏卒。于是上遣将军郭昌、中郎将卫广发巴、蜀兵击灭劳深、靡莫，以兵临滇。滇王举国降，请置吏入朝，于是以为益州郡[59]，赐滇王王印，复长其民[60]。

是时，汉灭两越[61]，平西南夷[62]，置初郡十七[63]，且以其故俗治[64]，毋赋税[65]。南阳、汉中以往郡[66]，各以地比[67]，给初郡吏卒奉食、币物、传车、马被具[68]。而初郡时时小反[69]，杀吏，汉发南方吏卒往诛之，间岁万余人[70]，费皆仰给大农[71]。大农以均输、调盐铁助赋[72]，故能赡之[73]。然兵所过，县为以訾给毋乏而已[74]，不敢言擅赋法矣[75]。

是岁，以御史中丞南阳杜周为廷尉[76]。周外宽[77]，内深次骨[78]，其治大放张汤[79]。时诏狱益多[80]，二千石系者[81]，新故相因[82]，不减百余人[83]；廷尉一岁至千余章[84]，章大者连逮证案数百[85]，小者数十人，远者数千，近者数百里会狱[86]。廷尉及中都官诏狱逮至六七万人[87]，吏所增加[88]，十万余人。

（以上为第一段，写汉武帝派大臣汲仁、郭昌征调数万人堵塞瓠子决口，梁、楚地区又复安宁；卫氏朝鲜不愿臣服汉朝，汉朝派出两路大军前去征讨；汉朝继续实行严苛的法令、刑罚。）

【注释】

①祝祠泰一：祭祀泰一神。②以拜德星：敬礼跪拜土星。③东莱山：山名。在今山东龙口东南。④缑氏城：在今河南洛阳市偃师区东南。⑤拜卿为中大夫：任命公孙卿为中大夫。中大夫，官名，掌议论，属郎中令。⑥东莱：郡名。郡治掖县，在今山东莱州。⑦采芝药：采摘灵芝。⑧乃祷万里沙：于是祭祀万里沙神。祷，祈求。万里

沙，地名，在今山东莱州境内。 ⑨河决瓠子：黄河在瓠子决堤。瓠子，黄河岸地名，在今河南濮阳境内。河决瓠子事见本书十八卷元光二年（前133）。 ⑩塞：堵塞决堤。元光二年决堤，至元封二年（前109）其间已二十五年未塞决口。 ⑪梁楚之地：指今黄河以南豫东、鲁西南、皖北、苏北等一些地区。 ⑫是岁：元封二年。 ⑬发卒：征发戍卒，动用军队。 ⑭“沉白马”句：沉白马、玉璧以祭祀黄河神。 ⑮负薪：背负柴草堵黄河决口。 ⑯卒填决河：元封二年汉武帝东巡，再度封禅泰山，从官、军队又十余万，返程时投入塞河战斗，终于堵塞了黄河瓠子决口。 ⑰宣防宫：筑宫于瓠子河堤上，纪念庆功，名宣防宫。 ⑱越巫祠上帝：用越人巫师祭祀上帝。 ⑲百鬼：泛指众鬼。 ⑳用鸡卜：迷信的杀鸡以卜吉凶。 ㉑蜚廉、桂观：两座迎仙楼馆名。 ㉒益寿、延寿观：建于甘泉山的两座迎仙楼馆名。 ㉓“使卿”句：派公孙卿持皇帝符节布置了全部器具迎候神仙降临。设具，布置供仙人使用的器具。 ㉔通天茎台：台名。在甘泉宫。据《汉旧仪》，台高五十丈，距长安二百里，在台上可望见长安。 ㉕益广诸宫室：扩建京师及甘泉宫的各处宫室。 ㉖全燕之世：指战国时代燕立国全盛之时。 ㉗“尝略”句：燕国曾经占领真番、朝鲜为属地。略，夺取。真番，朝鲜半岛上的部落，在半岛中部，汉初附属朝鲜。元封三年（前108）汉灭朝鲜后，在真番地置真番郡。朝鲜，半岛古族名，在古营州外域。相传周初箕子封于此。汉武帝时灭之，其南部三韩诸国，皆属于汉。 ㉘辽东：郡名。郡治襄平，在今辽宁辽阳。 徼：边界。 ㉙汉兴：汉朝建立。 ㉚至浿水为界：汉朝边境到达浿水。浿水，今清川江。在今朝鲜半岛北部。 ㉛属燕：汉初属燕国管辖。时燕王为卢绾。燕都蓟，在今北京西南隅。 ㉜卫满亡命：卫满，燕王部属。亡命，逃亡朝鲜活命。 ㉝“聚党”二句：卫满逃亡时，聚集了一千多人，打扮成朝鲜族，发形如椎，穿朝鲜服，向东逃出国境。椎髻，发髻形状如椎。蛮夷服，穿朝鲜族服装。走出塞，逃出国境。 ㉞王之：卫满称王。 ㉟都王险：以王险城为都，即今朝鲜平壤。 ㊱外臣：附属国。 ㊲无使盗边：不侵扰汉朝边地。 ㊳以兵威财物：用兵力胁迫加财物引诱。 ㊴临屯：郡名。汉武帝元封三年置。在今朝鲜半岛中东部。 ㊵右渠：人名。卫满之孙。 ㊶诱：诱致。 亡人滋多：流亡的人越来越多。 ㊷又未尝入见：又从没有朝见汉天子。 ㊸辰国：辰韩之国，在朝鲜半岛南部。 ㊹雍阏不通：阻隔不许通行。雍，通“壅”。 ㊺涉何：汉使人名。 诱谕：劝诱卫右渠。 ㊻御：驾车的人。 裨王：小王。 长：裨王的名。 ㊼即渡：迅速渡过浿水。即，就，迅速。 ㊽不诘：不追查，不处理。 ㊾辽东东部都尉：辽东郡的东部都尉，掌郡军事。驻地武次，在今辽宁凤城东北。 ㊿袭攻：突然袭击。 51产芝：生芝草。 九茎：谓一根九茎。 52天旱，意干封乎：天大旱，用意是要晒干封土吧。 53明堂：古时帝王宣明政教，祭祠的礼堂。 汶：

水名，源于山东莱芜以北。汶上，指汶水岸上。 ㊹死罪为兵：赦免死刑犯充入军队。㊺从齐浮渤海：从齐国渡过渤海。齐，封国名，今山东北部地区。 ㊻威喻滇王入朝：用兵胁迫劝告滇王入朝归附。滇国在今云南昆明一带。 ㊼劳深：即劳浸。分布于今云南昆明东北。 靡莫：分布在今昆明与东川间。 ㊽同姓相杖：滇、劳深、靡莫，都是同族，互相依靠。 ㊾益州郡：郡名。郡治滇池，在今云南昆明市晋宁区东。 ㊿复长其民：仍由滇王为君长，统治他的民众。 61两越：指南越、东越。 62平西南夷：平定了西南夷各部族。 63置初郡十七：设置新郡十七个。 按：元鼎六年汉灭南越共设十郡：南海、郁林、苍梧、合浦、九真、日南、交趾、珠厓、儋耳九郡，加零陵为十郡。 平定西南夷设七郡：武都、牂柯、越巂、沈黎、汶山、益州六郡，加犍为共七郡，总十七郡。 64以其故俗治：按他们原来的习俗治理。 65毋赋税：不征收赋税。 66南阳、汉中以往郡：南阳、汉中原有的郡，给新郡提供一切用度。南阳郡，郡治宛，在今河南南阳。汉中郡，郡治西城，在今陕西安康西北。 按：这里列举南阳、汉中两郡，指代与新郡连界的原有各郡，包括今河南、陕西、四川等地。 67各以地比：谓各以境地相接。比，毗连。68给初郡吏卒：供给新郡官员和士兵的物资有粮食、钱物、邮传车、马匹以及配套用具。给，供给。 奉食：官兵的俸禄粮食。奉，通“俸”。 69小反：小小的骚乱。70间岁万余人：差不多每隔一年用兵一万多人。 71费皆仰给大农：用兵费用依靠国家财政。 大农，即大农令。官名。掌山海池泽钱谷收入及国家财政收支。当时的国家财政部。 72助赋：补充赋税的不足。大农运用国家垄断的货物买卖与盐铁专卖补充财政。73赡：财政充足。 74“县为”句：地方官府提供的军需，只是不缺乏而已。县，兵所过各县政府。訾，通“赀”，费用。 75擅赋法：擅自在正税之外加征特别税费。 76杜周：西汉酷吏，历官廷尉，执金吾、御史大夫等。传见《史记》卷一百二十二、《汉书》卷六十。 廷尉：官名。掌刑狱。 77外宽：表面宽宏大度。 78内深次骨：实际内心苛刻极毒。 79其治大放张汤：杜周用法完全效法张汤。放，通“仿”。 80诏狱益多：特别专案越来越多。诏狱，奉皇帝诏令所设之狱，以及审讯的专案。 81二千石系者：抓捕的二千石高官。 82新故相因：新犯旧囚相连。 83不减百余人：有一百多人。84章：指揭发控告的奏章。经过廷尉的奏章，一年达一千多件。 85章大者：指奏章有关大案件。 连逮证案数百：受牵连被抓捕或做证的有几百人。 86会狱：庭审对证，来的人远的几千里，近的几百里。 87中都官：京师诸官府。 逮至六七万人：各种监狱关押的犯人达六七万人。 88吏所增加：新增加的官吏。

【译文】

世宗孝武皇帝下之上

汉武帝元封二年（壬申，前109）

冬季，十月，汉武帝巡幸至雍地，于五畤祭祀天神。回长安后，祭祀泰一神，并跪拜“德星”。

春季，正月，公孙卿报告说：“在东莱山看到神仙，他好像说要见天子。”于是，汉武帝前往缑氏城，封公孙卿为中大夫，到东莱住了几天，却没有见到神仙，只看到了巨人的足迹。汉武帝又派出数以千计的方士去寻访神仙，采摘灵芝。

当时，正逢旱灾，汉武帝外出巡游没有理由，便去祭祀万里沙神庙。夏季，四月，返回长安，中途祭祀泰山。

先前，黄河在瓠子决口，后二十多年没有将决口堵塞，梁、楚一带地方受害最深。这一年，汉武帝派大臣汲仁、郭昌二人征调数万人堵塞瓠子决口。汉武帝从泰山回长安途中，亲自到黄河决口处视察，将白马、玉璧沉入河中，命随驾群臣和扈从官员自将军以下一律背负柴薪，终于将决口堵住。汉武帝命人在原决口处兴建宫室一座，名叫“宣防宫”。又开挖两条渠道，将黄河导入北行的两条河渠，恢复大禹治水时的旧状，梁、楚地区又安宁了，从此不受水灾之害。

汉武帝回到长安。

汉武帝开始命令越族巫师祭祀上帝和众鬼，并使用杀鸡来进行占卜。

公孙卿说，神仙喜欢住在楼上。于是汉武帝命人在长安兴建蜚廉观、桂观，在甘泉兴建益寿观、延寿观，派公孙卿携带皇帝符节，布置好全部设备，恭候神仙降临。又兴建通天茎台，在台下摆设祭祀器具，兴建甘泉宫前殿，并对其他各处宫室进行扩建。

当初，燕国全盛之时，曾经占领真番、朝鲜为属地，设置官吏，修筑边防要塞。秦朝灭掉燕国之后，这一带成为辽东郡的外部边界。汉朝兴起后，因该地遥远，难于守御，所以只重修了辽东地区的原有边塞，以浿水作为边界，属燕国管辖。燕王卢绾谋反后，逃入匈奴，燕国人卫满聚集亲信一千多人，头梳发髻，身穿蛮夷服装向东逃出边塞，渡过浿水，占据秦时旧有空地，自立为王，逐渐将真番、朝鲜的蛮夷部族和从燕国逃出的人归于自己的统治之下，建都王险。

到了汉惠帝、汉太后时期，因天下刚刚安定不久，辽东太守便与卫满约定：由卫满作为汉朝的外臣，保护汉朝边塞之外的蛮夷部族，不对汉朝边塞进行侵扰；如果各蛮夷部族的首领要到汉朝晋见天子，卫满不得禁止。因此，卫满得以利用兵威和财物侵略和降服周围弱小部族，真番、临屯都来臣服归属，使其统治地域扩大到方圆数千里。王位传到卫满的孙子卫右渠时，卫氏朝鲜招降的汉朝逃亡之人越来越多，而卫右渠又从未到长安朝见过汉朝天子。辰国国君想要上书汉朝，晋见汉天子，也因卫氏朝鲜的阻隔而不得通行。

汉朝于这一年派使臣涉何前去劝诱卫右渠，但卫右渠却不肯接受命令。涉何离开朝鲜，来到边界，在浿水河边，命驾车人将护送他的朝鲜副王长官刺杀，然后立即渡过浿水，驰入汉朝边塞，回来报告汉武帝刘彻说："杀死了朝鲜将领。"汉武帝认为他有杀朝鲜人的美名，未加责问，任命他为辽东东部都尉。朝鲜怨恨涉何，派兵攻击辽东，将涉何杀死。

六月，甘泉宫斋房中长出九茎灵芝。为此，汉武帝下令实行大赦。

汉武帝因为旱灾而忧虑，公孙卿说："黄帝时，封祀后便出现大旱，使封土干了三年。"汉武帝于是发布命令说："天旱，其意旨是要使封土晒干吧！"

秋季，在汶水边兴建明堂。

汉武帝下令招募天下犯有死罪的人当兵，由楼船将军杨仆率领，从齐国渡过渤海；左将军荀彘从辽东出发，征讨朝鲜。

当初，汉武帝派王然于利用南越败亡的事例和诛平南夷的兵威劝告滇国国王入朝归附。滇王拥有数万部众，邻近的东北方又有与之同姓的劳深、靡莫两国相互支持，所以不肯听从汉朝的招呼。劳深、靡莫两国还多次侵袭汉朝使臣部下。于是，汉武帝派将军郭昌、中郎将卫广征调巴蜀地区的军队灭掉劳深、靡莫两国，兵临滇国。滇王举国投降，请求汉朝派置官吏，并亲自入朝。汉朝在该地设置益州郡，并赐给滇王王印，命他继续管辖他的百姓。

此时，汉朝先后灭掉了南越和东越，剿平了西南夷各部族，新增设了十七个郡，并仍按当地原有风俗习惯进行治理，不征收赋税。南阳、汉中等原有各郡，则各根据距离的远近，为新设各郡的官吏和士兵提供粮食、钱物、邮传车、马匹及配套用具。由于新设各郡时常发生小规模叛乱，杀死官吏，汉朝便征调南方各郡的官吏士兵前往镇压，一年间，征调的官吏士兵有一万多人，所需费用全部依靠大农。大农靠调剂各地的物资和盐、铁专卖的所得，补充赋税的不足，所以还可以供应。然而，军队所过之处，地方官府供应军需，只是不使缺乏而已，不敢再提专有赋税的法令了。

这一年，汉武帝任命御史中丞、南阳人杜周为廷尉。杜周外表宽厚，内心却苛刻至极，对事情的处理基本上是效法张汤。当时，长安天牢里的犯人日益增多，二千石官被抓捕囚禁的，旧的未去，新的已来，有一百多人；廷尉一年要处理的案件达到一千多件。一件大案，受牵连被抓捕或做证的有几百人，小案也有数十人；远的数千里，近的数百里，都要前来对质。廷尉和京中各官府因办理皇帝交下的案件而抓捕的人有六七万，再经过法官狱吏的牵连攀扯，增加到十万多人。

【原文】

三年（癸酉，前108）

冬，十二月，雷；雨雹，大如马头。

上遣将军赵破奴击车师[①]。破奴与轻骑七百余先至，虏楼兰[②]王，遂破车师，因举兵威以困乌孙、大宛之属[③]。

春，正月，甲申[④]，封破奴为浞野侯[⑤]。王恢佐破奴击楼兰，封恢为浩侯。于是酒泉列亭障至玉门矣[⑥]。

初作角牴戏、鱼龙曼延之属[⑦]。

汉兵入朝鲜境，朝鲜王右渠发兵距险。楼船将军将齐兵七千人先至王险。右渠城守，窥知[⑧]楼船军少，即出城击楼船；楼船军败散，遁山中十余日，稍求退[⑨]散卒，复聚[⑩]。左将军击朝鲜浿水西军[⑪]，未能破。天子为两将未有利，乃使卫山因兵威往谕右渠[⑫]。右渠见使者，顿首谢[⑬]："愿降，恐两将诈杀臣，今见信节[⑭]，请复降。"遣太子入谢[⑮]，献马五千匹，及馈军粮；人众万余，持兵方渡浿水[⑯]。使者及左将军疑其为变，谓太子："已服降，宜令人毋持兵[⑰]。"太子亦疑使者、左将军诈杀之，遂不渡浿水，复引归。山还报天子，天子诛山。

左将军破浿水上军，乃前至城下[⑱]，围其西北，楼船亦往会，居城南。右渠遂坚守城，数月未能下。左将军所将燕、代卒多劲悍[⑲]，楼船将齐卒已尝败亡困辱，卒皆恐，将心惭[⑳]，其围右渠，常持和节[㉑]。左将军急击之。朝鲜大臣乃阴间使人私约降楼船[㉒]，往来言尚未肯决[㉓]。左将军数与楼船期战[㉔]，楼船欲就其约[㉕]，不会[㉖]。左将军亦使人求间隙降下朝鲜[㉗]，朝鲜不肯，心附楼船，以故两将不相能[㉘]。左将军心意楼船前有失军罪[㉙]，今与朝鲜私善，而又不降[㉚]，疑其有反计[㉛]，未敢发[㉜]。

天子以两将围城乖异[㉝]，兵久不决[㉞]，使济南太守公孙遂往正之[㉟]，有便宜得以从事[36]。遂至[37]，左将军曰："朝鲜当下，久之不下者，楼船数期不会[38]。"具以素所意告[39]，曰："今如此不取[40]，恐为大害。"遂亦以为然[41]，乃以节召楼船将军入左将军营计事[42]，即命左将军麾下执楼船将军[43]，并其军[44]。以报天子[45]，天子诛遂。

左将军已并两军，即急击朝鲜。朝鲜相路人、相韩阴、尼溪相参、将军王唊相与谋曰[46]："始欲降楼船，楼船今执[47]，独左将军并将，战益急，恐不能与战[48]；王又不肯降。"阴、唊、路人皆亡降汉[49]，路人道死[50]。

夏，尼溪参使人杀朝鲜王右渠来降。王险城未下，故右渠之大臣成已又反[51]，复攻吏[52]。左将军使右渠子长、降相路人之子最告谕其民[53]。诛成已。以故遂定朝鲜，为乐浪、临屯、玄菟、真番四郡[54]。封参为澅清侯，阴为萩苴侯，唊为平州侯，长为几侯，最以父死颇有功[55]，为涅阳侯。

左将军征至[56]，坐争功相嫉乖计[57]，弃市[58]。楼船将军亦坐兵至列口[59]，当待左将军，擅先纵[60]，失亡多[61]，当诛[62]，赎为庶人[63]。

班固曰[64]：玄菟、乐浪，本箕子所封[65]。昔箕子居朝鲜，教其民以礼义，田蚕织作[66]，为民设禁八条[67]，相杀，以当时偿杀[68]；相伤，以谷偿；相盗者，男没入为其家奴[69]，女为婢；欲自赎者人五十万[70]，虽免为民[71]，俗犹羞之，嫁娶无所售[72]。是以其民终不相盗，无门户之闭，妇人贞信不淫辟[73]。其田野饮食以笾豆[74]，都邑颇放效吏[75]，往往以杯器食[76]。郡初取吏于辽东，吏见民无闭臧[77]，及贾人往者，夜则为盗，俗稍益薄[78]，今于犯禁寖多[79]，至六十余条[80]。可贵哉，仁贤之化也！然东夷天性柔顺，异于三方之外[81]。故孔子悼道不行[82]，设浮桴于海[83]，欲居九夷[84]，有以也夫[85]！

秋，七月，胶西于王端[86]薨。

武都氐[87]反，分徙[88]酒泉。

（以上为第二段，写朝鲜据城而守，两路汉军将领杨仆和荀彘不和睦，因而久攻不下。后朝鲜内部叛乱，臣下杀其王卫右渠投降，平定朝鲜，以其地置乐浪、临屯、玄菟、真番四郡。荀彘争功被诛杀。）

【注释】

①车师：古西域国名。王治交河城，在今新疆吐鲁番西北。 ②楼兰：古西域国名。都楼兰城，在今新疆罗布泊西北之楼兰故城。 ③“因举兵”句：趁机以兵威迫乌孙、大宛等国。乌孙，古族名。西汉时分布于今伊犁河和伊塞克湖一带，都赤谷城。汉与其两次和亲。后来属西域都护。大宛（yuān），古西域国名。在今中亚费尔干盆地。王治贵山城（今中亚卡散赛）。以产汗血马著称。 ④甲申：是年正月丁亥朔，无甲申日，误。 ⑤封破奴为浞野侯：赵破奴原为从票侯，元鼎五年坐酎金失侯，今以功又封浞野侯。 ⑥“于是”句：于是从酒泉到玉门沿途设置了许多哨所。酒泉，郡名。郡治禄福，在今甘肃酒泉。列亭障，沿线设置多个哨所列成一道防线。玉门，关名。在今甘肃敦煌西北。 ⑦“初作”句：开始兴起角抵、鱼龙变幻之类的杂技游戏。角抵，摔跤。鱼龙曼延，鱼龙变幻活灵活现的魔术。 ⑧窥知：侦察了解。 ⑨稍求退：严校，“退”字作“收”，连下文“收散卒”，即收合散兵，“收”字是。 ⑩复聚：重新集结起军队。 ⑪左将军：荀彘。 击朝鲜浿水西军：攻击朝鲜浿水西岸的军队。浿水，水名。今清川江。在朝鲜半岛北部。 ⑫卫山：汉武帝派出的特使。 往谕右渠：借着汉军兵临城下的声威劝说朝鲜王卫右渠降汉。 ⑬顿首谢：叩头请罪。 ⑭见信节：见到了使臣。信节，作为凭信的符节。 ⑮遣太子入谢：派太子入驻谢罪。 ⑯持兵方渡浿水：手持兵器正要渡过浿水。 ⑰毋持兵：不要携带兵器。 ⑱至城下：军抵王险城下。王险，今朝鲜平壤。⑲劲悍：有力，强悍。 ⑳惭：惭愧不安，指士气低落。 ㉑持和节：怀抱谈判和平解决。 ㉒“朝鲜”句：朝鲜一些大臣也暗中派人与楼船将杨仆私自商谈投降事宜。 ㉓往来言尚未肯决：双方往来交涉还没谈好条件。 ㉔期战：两军约定日期同时攻城。 ㉕楼船欲就其约：杨仆等待谈判达成和约。 ㉖不会：不肯与左将军会同作战。 ㉗求间隙降下朝鲜：左将军也派人寻找机会约降朝鲜。 ㉘不相能：不合作。 ㉙心意：心里猜测。 前有失军罪：先前有失败丧师的罪过。 ㉚又不降：指朝鲜没投降楼船。 ㉛疑其有反计：怀疑楼船有反叛的计划。 ㉜未敢发：未敢发难。 ㉝乖异：行动不协调。㉞兵久不决：军队停留久久不决战。 ㉟正之：纠正协调两人关系。 ㊱便宜得以从事：相机行事，有生杀大权。 ㊲遂至：公孙遂到达后。 ㊳数期不会：多次失约不会合。㊴以素所意告：把一向疑心楼船反叛的想法告知公孙遂。 ㊵不取：若不拿下杨仆。㊶以为然：认同。 ㊷计事：商议事情。 ㊸麾下：部下。 执楼船将军：抓捕了楼船将军。 ㊹并其军：左将军兼并了楼船的部队。 ㊺以报天子：公孙遂回京报告汉武帝。 ㊻路人、韩阴、参、王唊：四位朝鲜大臣，三相一将军。 尼溪：朝鲜属国。 ㊼今执：楼船已被抓捕。 ㊽不能与战：朝鲜无法对抗汉军。 ㊾亡降汉：韩

阴、王唊、路人三人逃向汉军投降。 ㊿路人道死：路人死在逃亡的路上。 51成己又反：已投降汉军的朝鲜大臣成己降而复叛。 52复攻吏：成己又攻击汉朝官吏。 53长、最：两人名，右渠子卫长、路人之子路最。 告谕其民：劝告朝鲜民众投降汉朝。 54四郡：在朝鲜地区设置了四个郡，为：乐浪郡，郡治朝鲜，在今朝鲜平壤市南；临屯郡，在今朝鲜半岛中部，今韩国江陵一带；玄菟郡，在今朝鲜半岛北部，今朝鲜咸兴一带；真番郡，在今朝鲜半岛中部，今韩国首尔及其北一带。 55最以父死颇有功：路最之父路人首谋降汉而道死，有功。 56征至：召到京师。 57相嫉：互相嫉妒。 乖计：违背军计。 58弃市：对荀彘执行弃市的死刑，抛尸于闹市示众。 59列口：地名、邑名。在列水（今称大同江）之出海口。 60擅先纵：擅自孤军冒进。 61失亡多：士兵散失死亡多。 62当诛：判罪死刑。 63赎为庶人：用钱赎罪成为平民。 64班固曰：此条借论录自《汉书》卷九十五班固赞语。 65本箕子所封：相传周武王封箕子于朝鲜。 66田蚕织作：种田、养蚕、织布帛等作业。 67设禁八条：制定法规八条。 68偿杀：偿命。 69为其家奴：给被盗人家做奴仆。 70人五十万：每人赎身五十万钱。 71虽免为民：虽然免罪成为平民。 72嫁娶无所售：想结婚找不到对象。 73贞信：自守节操。 不淫辟：没有淫乱行为。辟，通“僻”。 74笾豆：存放饮食的竹木器具。 75放效吏：仿效官吏的文明习惯。放，通“仿”。 76以杯器食：用餐具吃饭。 77无闭臧：不关门闭户，不藏盖东西。臧，通“藏”。 78俗稍益薄：淳朴风俗逐渐遭到破坏。 79今于犯禁寖多：如今犯禁的范围越来越大。 80至六十余条：以至于法令条文达六十多条。 81异于三方之外：与南、西、北三方各民族不同。 82故孔子悼道不行：所以孔子痛心他的礼义廉耻之道得不到推行。 83设浮桴于海：打算乘筏出海。桴，小竹筏。 84九夷：泛指海外各族。 85有以也夫：孔子的想法是有根据的啊！ 86端：刘端。景帝之子。受封胶西王，死后谥号“于”。 87武都：郡名。郡治武都，在今甘肃陇南市武都区北。 氐：古族名。分布于武都一带。 88分：分出一部分。 徙：迁移。将叛氐迁移到酒泉郡。

【译文】

汉武帝元封三年（癸酉，前108）

冬季，十二月，打雷；天降冰雹，像马头一般大小。

汉武帝派遣将军赵破奴攻击西域车师国。赵破奴率领七百多名轻骑兵先到西域，生擒楼兰王，然后大破车师国，并乘机以兵威逼迫乌孙、大宛等国。

春季，正月，甲申（疑误），汉武帝封赵破奴为浞野侯。王恢因辅佐赵破奴攻袭楼兰国，被封为浩侯。于是，从酒泉到玉门都有汉朝设立的边防要塞。

角牴、鱼龙曼延之类的杂技游戏开始兴起。

汉军进入朝鲜境内，朝鲜王卫右渠派兵占据险要之地进行抵抗。楼船将军杨仆率领齐国军队七千人先行抵达王险。卫右渠据城坚守，探知杨仆兵力单薄，便出城袭击杨仆。杨仆军兵败溃散，逃入山中十几天，后逐渐找回溃散的士兵，重新聚集起来。左将军荀彘率部攻击朝鲜浿水西面的军队，未能攻破。汉武帝因为两位将军未能取胜，便派卫山前往朝鲜，用军事压力劝谕卫右渠归顺。卫右渠会见卫山，磕头道歉，说道："我愿意归降，但害怕两位将军用诈术杀我；如今见到天子信节，所以请求再次归降。"卫右渠派太子前往汉朝谢罪，并献马五千匹，又为汉军提供军粮。朝鲜太子率众一万多人，手持武器，将要渡过浿水，卫山和荀彘疑心要生出变故，便对太子说："既然已经归降，应命你手下人不要携带兵器。"太子也怕卫山和荀彘用计杀他，于是不肯渡水，带人返回。卫山回京报告汉武帝刘彻，汉武帝将卫山诛杀。

荀彘攻破浿水岸上的朝鲜军队，于是向前推进，逼临王险城下，包围城西北。杨仆也率领部众前往会合，屯兵城南。卫右渠坚决守城，汉军一连数月未能攻下。荀彘率领的燕、代地区士兵大多强劲剽悍；而杨仆所率领的齐国士兵因曾遭到败亡困辱，全都心怀恐惧，将领也感到惭愧不安，所以在围困王险城时，常常主张和平解决。荀彘督军猛攻，朝鲜大臣们就暗中派人与杨仆私下商议投降之事。使者往来磋商，还未肯做出决定。荀彘几次和杨仆商约共同作战的日期，但杨仆想与朝鲜私订和约，所以不肯与荀彘会合。荀彘也派人寻找机会劝说朝鲜归降，而朝鲜不肯，希望向杨仆投降，从而引起荀、杨两位将军的不和。荀彘认为，杨仆先前曾经兵败，犯下丧失所属部队之罪，而今与朝鲜私相友善，而朝鲜又不归降，所以怀疑他有背叛的阴谋，但未敢发动。

汉武帝因为荀彘、杨仆二人包围王险城后行动不一致，军队许久不决战，所以派济南太守公孙遂前往纠正，并授权公孙遂遇事可以相机行事。公孙遂到达后，荀彘说："朝鲜早就应当攻下，之所以拖了这么久还未攻下，是因为楼船将军好几次不按照约定的日期会合。"又将平时自己对杨仆的怀疑一一告诉公孙遂，说道："现在这样还不先发制人，恐怕会成大祸。"公孙遂也同意荀彘的看法，便用天子符节召楼船将军杨仆来左将军营中议事，当即命令左将军帐下武士将楼船将军抓捕，并兼并了其所属部队。公孙遂将此事报告汉武帝，汉武帝将公孙遂处死。

左将军荀彘将两支部队合并后，随即加紧对朝鲜发动进攻。朝鲜国相路人、国相韩阴、尼溪相参、将军王唊等相互商议道："当初打算向楼船将军投降，今楼船将军已被抓捕，只有左将军一人指挥汉军，攻击越来越猛烈，恐怕我方无法抵挡，而国王偏又不肯向左将军投降。"于是韩阴、王唊、路人都逃亡，投向汉军大营，路人死于途中。

夏季，尼溪相参派人杀死朝鲜王卫右渠，前来投降。汉军尚未开进王险城时，原卫右渠的大臣成已降而复叛，再次进攻汉朝官吏。荀彘命卫右渠的儿子卫长、降相路人的儿子路最劝告朝鲜民众归顺汉朝，并诛杀成已。汉朝因此而平定朝鲜，设置乐浪、临屯、玄菟、真番四郡。封参为澅清侯，韩阴为荻苴侯，王唊为平州侯，卫长为几侯；路最的父亲路人为降汉而死，颇有功劳，封其为涅阳侯。

左将军荀彘被召回长安，汉武帝以争功相嫉、计谋乖戾的罪名将其当众斩首。楼船将军杨仆也因当初兵至列口时，本应等待与左将军会合却擅自先行，造成很大伤亡，其罪本应斩首，赎身后成为平民。

班固评论说：玄菟、乐浪，本是箕子的封国。当初，箕子居住在朝鲜，用礼义教导他的百姓，掌握种田、养蚕、纺织的方法，并为他们制定八条法令。凡杀人的，当即以本人性命相抵；伤人的，用谷物赔偿对方的损失；盗窃的，男子给被盗者做奴，女子做婢；想要自赎其罪的，一人要交赎金五十万钱。虽被免罪为平民，但按风俗仍被人看不起，想结婚都找不到对象。因此，当地百姓始终不偷不盗，不必为防偷盗而关门闭户；女子都守贞节，没有淫乱行为。在乡间，人们都用竹器和木器盛放食物；在城市，人们都仿效官吏的做法，往往用杯盘器皿盛放食物。郡的官员，最初是来自辽东，其中有些人和前来经商的人看到这里的百姓不闭门户，便在夜间进行偷盗，使当地淳朴的风俗渐遭破坏，以致如今犯禁者日益增多，法令也增加到六十多条。由此可见，仁人圣贤的教化是多么可贵啊！然而，东夷民族天性柔顺，与南、西、北三方各民族不同。所以孔子哀痛他的道理不能得到推行时，打算乘筏出海，要到九夷地区去居住，这种想法是有根据的。

秋季，七月，胶西王刘端去世。

武都郡氐族叛乱，汉朝将他们分批迁往酒泉。

【原文】

四年（甲戌，前107）

冬，十月，上行幸雍，祠五畤。通回中道[1]，遂北出萧关[2]。历独鹿、鸣泽[3]，自代而还[4]，幸河东[5]。春，三月，祠后土[6]，赦汾阴、夏阳、中都死罪以下[7]。

夏，大旱。

匈奴自卫、霍度幕以来[8]，希复为寇[9]，远徙北方，休养士马，习射猎，数使使于汉，好辞甘言求请和亲[10]。汉使北地人王乌等窥匈奴[11]，乌从其俗[12]，去节入穹庐[13]，单于爱之，佯许甘言[14]，为遣其太子入汉为质[15]。

汉使杨信于匈奴，信不肯从其俗，单于曰："故约汉尝遣翁主[16]，给缯絮食物有品[17]，以和亲，而匈奴亦不扰边。今乃欲反古[18]，令吾太子为质，无几矣[19]。"信既归，汉又使王乌往，而单于复谄以甘言，欲多得汉财物，绐谓王乌曰[20]："吾欲入汉见天子面，相约为兄弟。"王乌归报汉，汉为单于筑邸[21]于长安。匈奴曰："非得汉贵人使，吾不与诚语[22]。"

匈奴使其贵人至汉，病，汉予药[23]，欲愈之，不幸而死。汉使路充国佩二千石印绶往使[24]，因送其丧，厚葬，直数千金[25]，曰："此汉贵人也。"单于以为汉杀吾贵使者，乃留路充国不归[26]。诸所言者，单于特空绐王乌[27]，殊无意入汉及遣太子[28]。于是匈奴数使奇兵侵犯汉边[29]。乃拜郭昌为拔胡将军[30]，及浞野侯[31]屯朔方以东，备胡[32]。

（以上为第三段，写匈奴经过一段时间的休养生息又逐渐强大起来，对汉朝不再毕恭毕敬，恰逢匈奴来使不幸去世，便借故生事，侵犯汉朝边界，汉朝派军驻边备胡。）

【注释】

①通回中道：打通了回中道。回中道，在今陕西陇县与甘肃华亭之间。 ②萧关：关名。在今宁夏固原东南。 ③历独鹿、鸣泽：经过独鹿山和鸣泽湖。两地在今北京西与河北交界的地区。 ④自代而还：从代地回京。代，郡名。郡治代县，在今河北蔚县东北。 ⑤幸河东：巡视河东。河东，郡名。郡治安邑，在今山西夏县西北。 ⑥祠后土：祭祀土地神。 ⑦赦……死罪以下：赦免死罪以下的人，死罪不在赦免之内。汾阴，县名。在今山西万荣西。夏阳，县名。在今陕西韩城西南。中都，县名。在今山西平遥西

南。 ⑧卫、霍：卫青、霍去病。 度幕以来：度幕，越过大漠，指元狩四年的漠北大战，自那以来。幕，通“漠”。 ⑨希复为寇：匈奴很少侵扰。 ⑩好辞甘言请求和亲：甜言蜜语请求和亲。 ⑪北地：郡名。郡治马领，在今甘肃庆阳西北。 王乌：人名，北地人。 窥：侦察。 ⑫从其俗：遵从匈奴习俗。 ⑬去节：去掉所持之符节。王乌去其节，不以汉使身份见单于。 穹庐：毡制的大帐篷。 ⑭佯许甘言：假意用好听的话承诺。 ⑮为质：为人质。 ⑯故约汉尝遣翁主：按以往汉匈和好的约定，汉嫁翁主给单于。遣，送嫁。翁主，汉宗室诸侯之女称“翁主”。 ⑰给缯絮食物有品：供给缯絮、食物有一个数量。给，赠送。有品，有一定数量。 ⑱反古：谓违反往昔之约。 ⑲无几矣：没希望的。几，通“冀”，希望。谓汉不嫁翁主，反而要匈奴太子入质，没门。单于假意许王乌暴露无遗。 ⑳绐谓王乌曰：欺骗王乌说。 ㉑邸：公馆。汉为单于在长安建公馆。 ㉒“非得”二句：除非汉朝派高贵的使者来，否则不说实话。贵人，尊贵的人，高官或皇上宠幸的人。诚语，实话，真话。 ㉓汉予药：汉朝给药吃。 ㉔路充国：西汉人。元封四年为汉使入匈奴，被扣留七年才得返汉。参见《汉书》卷五十四、卷九十四上。 佩二千石印绶往使：出使佩带二千石高官印绶表明尊贵。 ㉕直数千金：陪葬的礼物价值数千两黄金。 ㉖留路充国不归：扣留路充国不让回国。 ㉗空绐王乌：空话欺骗王乌。 ㉘殊无意：丝毫无意，根本就不想归附汉朝，也根本不打算派太子入质。 ㉙数使奇兵侵犯汉边：多次派出奇兵偷袭汉边。奇，有本作“骑”，指骑兵犯边，亦通。 ㉚拔胡将军：灭胡将军，随机所拟将军名号。 ㉛浞野侯：赵破奴。 ㉜备胡：防备匈奴。

【译文】

汉武帝元封四年（甲戌，前107）

冬季，十月，汉武帝巡游至雍地，于五畤祭祀天神。回中的道路已然打通，于是汉武帝北出萧关，经过独鹿山、鸣泽湖，到代地返回，途中巡察了河东郡。

春季，三月，汉武帝祭祀后土神，下令赦免汾阴、夏阳、中都地区死刑以下的囚犯。

夏季，大旱。

匈奴自卫青、霍去病率军穿越大沙漠以来，很少再对汉朝进行侵扰，迁往北方很远的地方，休养士兵马匹，进行射猎训练，并多次派使臣到汉朝来，用甜言蜜语请求和亲。汉朝派北地人王乌等前去窥探匈奴虚实，王乌遵从匈奴的风俗，放下使者的旄节，自己进入匈奴单于的毡帐之中。单于很喜欢他，假意用好听的话许诺，要为王乌派匈奴太子到汉朝做人质。

汉朝又派杨信为使者前往匈奴。杨信不肯遵从匈奴的风俗，单于说："据从前的盟约，汉朝曾将其藩王的女儿嫁到匈奴来，供给一定数量的缯絮、食物，用这种方式和亲，匈奴也不再侵扰汉朝的边境。如今却要违反以往的盟约，让我的太子去做人质，那还能剩下什么呢？"杨信回来后，汉朝再次派王乌前往匈奴，单于又用好话献媚，希望多得到汉朝的财物，骗王乌说："我想亲自到汉朝去面见天子，相互结为兄弟。"王乌回来后报告汉武帝，汉武帝下令在长安为单于修建官邸。匈奴又表示："除非汉朝派地位尊贵的人作为使者前来，否则我们不说实话。"

匈奴派地位尊贵的人到汉朝来，来人生了病，汉朝给他药吃，想治好他的病，但他却不幸死去。于是，汉朝派路充国佩带二千石官员的印绶，出使匈奴，顺便将匈奴使臣的灵柩送回，并致送丰厚的丧葬费，价值数千金，又对匈奴介绍路充国说："这是汉朝地位尊贵的人。"单于认为是汉朝将其尊贵的使臣杀了，所以将路充国扣留匈奴，不放他回国。以前所说的话，都是单于故意用空言欺骗王乌，他根本就无意到汉朝去，也无意派太子去。因此匈奴屡次派出奇兵，侵犯汉朝边界。于是，汉武帝任命郭昌为拔胡将军，与浞野侯赵破奴屯兵于朔方以东地区以防备匈奴。

【原文】

五年（乙亥，前106）

冬，上南巡狩，至于盛唐[①]，望祀虞舜于九疑[②]。登灊天柱山[③]，自寻阳浮江[④]，亲射蛟江中，获之。舳舻千里[⑤]，薄枞阳而出[⑥]，遂北至琅邪[⑦]，并海[⑧]，所过礼祠其名山大川。

春，三月，还至太山[⑨]，增封。甲子[⑩]，始祀上帝于明堂，配以高祖，因朝诸侯王、列侯[⑪]，受郡国计[⑫]。

夏，四月，赦天下，所幸县毋出[⑬]今年租赋。还，幸甘泉，郊泰畤[⑭]。

长平烈侯卫青薨。起冢[⑮]，象庐山[⑯]。

上既攘却胡、越[⑰]，开地斥境，乃置交趾、朔方之州[⑱]，及冀、幽、并、兖、徐、青、扬、荆、豫、益、凉等州[⑲]，凡十三部，皆置刺史焉[⑳]。

上以名臣文武欲尽，乃下诏曰："盖有非常之功，必待非常之人。故马或奔踶[21]而致千里，士或有负俗之累[22]而立功名。夫泛驾之马[23]，跅弛之士[24]，亦在御之而已[25]。其令州、郡察吏、民有茂才、异等[26]可为将、相及使绝国者[27]。"

（以上为第四段，写汉武帝向南巡游，向北至琅邪，沿海前行，一路祭祀名山大川；将全国划分为十三州，设立刺史；有感于朝中有名的文武大臣将尽，发布命令，求取贤才。）

【注释】

①盛唐：山名。在今安徽怀宁县城内。 ②九疑：山名。在今湖南南部。 ③灊（qián）：县名。在今安徽霍山东北。 天柱山：山名，在今安徽霍山南。 ④寻阳：县名。在今湖北武穴东北。 江：长江。 ⑤舳舻：舳，船后舵。舻，船头，泛指船只。 千里：谓排列千里之长。 ⑥薄：迫近。 枞阳：县名。在今安徽枞阳。 而出：出长江。谓从接近枞阳的地方出长江，登岸陆行。 ⑦琅邪：县名。县中琅邪山上建有琅邪台，临海边，在今山东胶南市南。 ⑧并海：沿海而行。 ⑨太山：即泰山。 ⑩甲子：三月二十一日。 ⑪因朝诸侯王、列侯：趁在明堂祭天接受诸侯、列侯入朝。 ⑫受郡国计：接受各郡国上报的户口税收簿册。每三年上报一次。 ⑬毋出：不要缴纳。即免除所过县当年的租赋。 ⑭郊泰畤：祭祀泰一天神。 ⑮起冢：修筑坟墓。卫青墓在今陕西兴平东北，与汉武帝墓、霍去病墓相近。 ⑯庐山：即卢山。在匈奴游牧区，具体地点不明。 ⑰胡：指匈奴。 越：指南越、东越。 ⑱交趾：汉十三刺史部（州）之一。辖南海、郁林、苍梧、交趾、合浦、九真、日南七郡。 朔方：汉十三刺史部（州）之一。辖朔方、五原、西河、上郡、北地五郡。 ⑲冀：冀州。汉十三刺史部（州）之一。辖赵、广平、真定、中山、河间、信都诸王国和魏郡、常山、巨鹿、清河四郡。 幽：幽州。汉十三刺史部（州）之一。辖上谷、渔阳、右北平、辽西、辽东、玄菟、乐浪、渤海、涿郡、广阳国十郡国。 并：并州。汉十三刺史部（州）之一。辖太原、上党、云中、定襄、雁门、代郡六郡。 兖：兖州。汉十三刺史部（州）之一。辖陈留、山阳、济阴、泰山、东郡及城阳、淮阳、东平国。 徐：徐州。汉十三刺史部（州）之一。辖琅邪、东海、临淮郡及泗水、广陵、楚国。 青：青州。汉十三刺史部（州）之一。辖齐郡、济南、千乘、平原、北海、东莱郡及菑川、胶东国。 扬：扬州。汉十三刺史部（州）之一。辖九江、庐江、丹阳、会稽、豫章郡及六安国。 荆：荆州。汉十三刺史部（州）之一。辖南阳、江夏、南郡、武陵、零陵、桂阳郡及长沙国。 豫：豫州。汉十三刺史部（州）之一。辖颍川、

汝南、沛郡及梁国、鲁国。 益：益州。汉十三刺史部（州）之一。辖汉中、巴、蜀、武都、广汉、犍为、牂柯、越巂、益州九郡。 凉：凉州。汉十三刺史部（州）之一。辖安定、天水、陇西、金城、武威、张掖、酒泉、敦煌八郡。 ⑳刺史：官名。汉十三部（州）各置刺史一人，起初，秩六百石，无治所，奉诏巡行诸郡，以六条问事，审察治政，黜陟能否，断理冤狱。后来或称州牧，秩二千石，有固定治所，权力增大，实为比郡守高一级的地方行政长官。 ㉑奔踶：奔腾，指烈马凶暴不驯，可一日致千里。奔踶，与下文"负俗之累"相应，指千里马的短处。踶，通"踢"。 ㉒负俗之累：遭受世俗讥议的拖累。 ㉓泛驾之马：不听驾驭翻车的马。 ㉔跅弛之士：放荡不羁的人士。 ㉕御之而已：看你怎样驾驭罢了。 ㉖茂才：优秀人才。 异等：超凡绝俗的人才。 ㉗使绝国：能出使遥远的国家。

【译文】

汉武帝元封五年（乙亥，前106）

冬季，汉武帝向南巡游，到达盛唐，遥望九疑山，祭祀虞舜。又登上天柱山，然后从寻阳乘船游长江，在江中亲自射杀鲨鱼，并将其捕获。汉武帝的船队首尾衔接，连绵千里，接近枞阳时弃船登陆，向北行至琅邪郡，沿海前行，一路祭祀名山大川。

春季，三月，汉武帝于归途中经过泰山，命人将祭天神坛扩大。二十一日，汉武帝第一次在明堂中祭祀上帝，将汉高祖刘邦作为配祀，又命各诸侯王、列侯前来朝见，接受各郡国记载户口赋税的簿册。

夏季，四月，汉武帝下令实行大赦，凡此次巡游经过的各县一律免除今年的田租、赋税。回京后，巡幸甘泉宫，祭祀于泰畤。

长平侯卫青去世。汉武帝为他修建了一座像匈奴国中的庐山一样形状的坟墓。

汉武帝已经驱逐了北方的匈奴，消灭了南方的越人政权，开疆拓土，于是，设置交趾、朔方二州，以及冀州、幽州、并州、兖州、徐州、青州、扬州、荆州、豫州、益州、凉州，共将全国划分为十三州，全都设立刺史。

汉武帝因朝中有名的文武大臣都快要没有了，所以发布命令，求取贤才，说："凡是非同寻常的功业，必须等待非同寻常的人才去完成。所以有的马虽然凶暴不驯，却能一口气奔驰千里；有的士人虽然遭到世俗的诟骂，却能建功立业。无论是容易翻车之马，还是放荡不羁之士，都只看如何驾驭而已。命令各州、郡长官考察本地官吏和一般民众中，是否有优秀或不同凡俗的，能够胜任将相的职位，或出使遥远国家的人，保荐给朝廷。”

【原文】

六年（丙子，前105）

冬，上行幸回中[①]。

春，作首山宫[②]。

三月，行幸河东，祠后土[③]，赦汾阴殊死[④]以下。

汉既通西南夷，开五郡[⑤]，欲地接以前通大夏[⑥]，岁遣使十余辈出此初郡[⑦]，皆闭昆明[⑧]，为所杀，夺币物。于是天子赦京师亡命[⑨]，令从军，遣拔胡将军郭昌将以击之，斩首数十万。后复遣使，竟不得通。

秋，大旱，蝗[⑩]。

乌孙使者见汉广大，归报其国，其国乃益重汉。匈奴闻乌孙与汉通，怒，欲击之。又其旁大宛、月氏之属皆事汉[⑪]，乌孙于是恐，使使愿得尚汉公主[⑫]，为昆弟[⑬]。天子与群臣议，许之。

乌孙以千匹马往聘汉女。汉以江都王建女细君为公主[⑭]，往妻乌孙[⑮]，赠送甚盛；乌孙王昆莫以为右夫人[⑯]。匈奴亦遣女妻昆莫，以为左夫人[⑰]。公主自治宫室居[⑱]，岁时一再与昆莫会[⑲]，置酒饮食。昆莫年老，言语不通，公主悲愁思归，天子闻而怜之，间岁遣使者以帷帐锦绣给遗焉[⑳]。昆莫曰："我老，"欲使其孙岑娶尚公主[㉑]。公主不听，上书言状[㉒]。天子报曰："从其国俗，欲与乌孙共灭胡[㉓]。"岑娶遂妻公主。昆莫死，岑娶代立，为昆弥。

是时，汉使西逾葱岭[㉔]，抵安息[㉕]。安息发使，以大鸟卵及黎轩善眩人献于汉[㉖]，及诸小国欢潜、大益、车姑师、扜罙、苏薤之属[㉗]皆随汉使献见天子，天子大悦。

西国使更来更去[㉘]，天子每巡狩海上，悉从外国客，大都、多人则过之[㉙]，散财帛以赏赐，厚具以饶给之，以览示汉富厚焉。大角抵[㉚]，出奇戏、诸怪物，多聚观者。行赏赐，酒池肉林[㉛]，令外国客遍观名[㉜]仓库府藏之积，见汉之广大[㉝]，倾骇之[㉞]。

大宛左右多蒲萄[㉟]，可以为酒；多苜蓿[㊱]，天马嗜之[㊲]；汉使采其实以来，天子种之于离宫别观旁，极望[㊳]。然西域以近匈奴，常畏匈奴使，待之过于汉使焉。

是岁，匈奴乌维单于死，子乌师庐立，年少，号“儿单于”。自此之后，单于益西北徙[39]，左方兵直云中[40]，右方兵直酒泉、敦煌郡[41]。

（以上为第五段，写汉朝改善与西域诸国的关系。乌孙派使臣向汉朝表示愿意娶汉朝公主为妻，汉武帝封江都王刘建的女儿刘细君为公主，嫁给乌孙王，后又嫁给其孙岑娶军须靡。）

【注释】

①回中：行宫名。在今陕西陇县西北。②作首山宫：修建首阳山宫。首阳，山名，在今山西永济南。③祠后土：祭祀土地神。后土神祠建于河东汾阳，故址在今山西万荣县柏林庙下西林村岩子圪塔。④殊死：罪大恶极的死罪囚。⑤开五郡：拓地五郡。汉武帝元狩五年平定西南夷，置五郡：牂柯、越巂、沈黎、汶山、武都。⑥通大夏：希望在新郡地区找一条与西域大夏国相通的道路。⑦出此初郡：从新郡出发。⑧皆闭昆明：都被昆明阻塞。闭，阻塞，被困。昆明，地名，在今云南大理。⑨赦京师亡命：赦免京师关押的死刑罪犯从军。亡命，罪名，被抓获的死刑罪犯。⑩蝗：蝗虫灾害。⑪事汉：臣服汉朝。⑫尚汉公主：与汉联姻娶公主为妻。⑬为昆弟：为兄弟之国。⑭细君为公主：汉武帝册封江都王刘建之女刘细君为公主。刘建，景帝之孙。⑮往妻乌孙：前往嫁给乌孙王。妻，嫁人为妻。⑯昆莫：又作昆弥，汉时乌孙王的名号。当时乌孙王的名字是猎骄靡。右夫人：位次左夫人。⑰左夫人：当时匈奴尚左，乌孙也尚左。乌孙畏匈奴，故以匈奴女为左夫人。⑱公主自治宫室居：公主另建一宫室居住。⑲岁时一再与昆莫会：一年与昆莫见一两次面。⑳“间岁”句：每隔一年派使者赠送公主锦帐、绸缎等物。㉑岑娶：《汉书》作“岑陬”，乌孙王猎骄靡之孙，让他娶公主。㉒上书言状：上书于汉天子说明情由。㉓灭胡：消灭匈奴。㉔葱岭：山名。古时对今帕米尔高原及昆仑山、天山西段的统名。㉕抵：到达。安息：今伊朗。㉖大鸟卵：鸵鸟卵。黎轩：古国名。或讹作犁靬、骊靬、犁鞬。在今埃及的亚历山大一带。善眩人：魔术师。献于汉：送给汉朝做礼品。㉗“诸小国”句：中亚各个小国派使随安息使者来汉朝。有欢潜、大益、扜罙、苏䪥等国。㉘更来更去：谓前后来去不断。㉙悉从外国客：汉武帝东巡把中亚各国来使客人全部带上。大都、多人则过之：经过都市专拣人多的地方通过，招摇显摆。㉚大角抵：举行大规模的摔跤游戏。㉛酒池肉林：谓酒肉丰盛。㉜名：应作“各”。㉝见汉之广大：显示汉朝广大富强。见，通“现”。㉞倾骇：惊骇，倾倒。㉟蒲萄：葡萄。㊱苜蓿：植物名。汉武帝时由大宛传入中原。可为

马牛饲料及绿肥作物。其嫩茎叶可充蔬菜。㊲天马嗜之：汗血马最爱吃苜蓿。㊳极望：遥望，看不到边。㊴单于益西北徙：匈奴更向西北方向远徙。㊵左方兵直云中：匈奴的东边兵力只正对汉朝的云中。㊶右方兵直酒泉、敦煌郡：匈奴的西边兵力只正对汉朝的酒泉、敦煌郡地区。

【译文】

汉武帝元封六年（丙子，前105）

冬季，汉武帝巡幸回中宫。

春季，兴建首山宫。

三月，汉武帝巡游河东地区，祭祀后土神，赦免汾阴地区死罪以下囚犯。

汉朝打通西南夷后，增设五郡，希望在这一带找出一条通往大夏国的道路，每年都要派出十几批使者，从这些新郡出发，但都被困在昆明，使者被杀，财物被抢。于是，汉武帝赦免京师的死罪之徒，命令他们从军，派拔胡将军郭昌率领前往昆明地区进行攻打，共斩杀数十万人。可是，以后再派出使者，到底还是不能通过此地。

秋季，大旱，并发生蝗灾。

乌孙使臣看到汉朝地域广大，回国后向其国王报告，乌孙于是更加重视与汉朝的关系。匈奴听说乌孙与汉朝建立联系，感到恼怒，准备出兵攻打乌孙。而其旁边的大宛、月氏等国也都服从汉朝。乌孙国王害怕匈奴对其发动攻击，派使臣向汉朝表示愿意娶汉朝公主为妻，与汉结为兄弟。汉武帝刘彻与群臣商议，决定同意乌孙王的请求。

于是，乌孙王以一千匹马作为聘礼，派人迎接汉朝公主。汉武帝封江都王刘建的女儿刘细君为公主，嫁给乌孙王，并赠以十分丰盛的陪嫁。乌孙王昆莫封汉公主为右夫人。匈奴也嫁给乌孙王一女，被封为左夫人。汉朝公主自建宫室居住，一年四季与乌孙王见面一两次，在一起饮酒吃饭。由于乌孙王年老，语言又不通，所以公主悲伤忧愁，思念家乡。汉武帝听说后很可怜她，每隔一年派使臣给她送去锦帐、绸缎等物。乌孙王对汉公主说："我年纪已老。"想让公主嫁给他的孙子岑娶军须靡。汉公主不肯依从，并上书汉武帝报告此事。汉武帝回复说："你应当遵从乌孙国的风俗，因为我国希望与乌孙共灭匈奴。"军须靡终于娶了汉公主。昆莫去世后，其孙军须靡即位，号为昆弥王。

此时，汉朝使者向西越过葱岭，抵达安息国。安息国也派出使者，并将大鸟蛋和精通魔术的黎轩人作为礼品献给汉朝。其他如欢潜、大益、车师、打采、苏韰等诸小国也都派人随汉使来长安进献礼品，朝见天子，汉武帝刘彻非常高兴。

西域各国派往汉朝的使臣此来彼去，络绎不绝，汉武帝刘彻每次到沿海地区巡游，都要将各国使臣全部带去，遇到大都会或人口稠密的地方，都要从中经过，散发财物丝帛进行赏赐，准备丰厚的物品充分供应，以显示汉朝的富有和宽厚。还进行大规模角抵游戏，演出奇戏，展示各种怪物等，聚集许多人观看。每逢赏赐，都要大摆酒宴，筑池蓄酒，悬肉为林；又让外国宾客到处参观各个仓库中储存的物品，以显示汉朝的广大富强，使他们倾慕惊骇。

大宛周围盛产葡萄，可以造酒，还盛产苜蓿，大宛出的天马最喜欢吃。汉使将葡萄、苜蓿采集带回，汉武帝在行宫附近大量种植，一眼望不到头。然而，因西域各国靠近匈奴，常常对匈奴使者怀有畏惧，对他们比对汉使更为恭顺。

这一年，匈奴乌维单于去世，其子乌师庐即位，年纪幼小，号称儿单于。从此以后，匈奴单于更向西北方向迁移；匈奴左翼兵力只正对云中一带，右翼兵力只正对酒泉、敦煌郡地区。

【原文】

太初元年①（丁丑，前104）

冬，十月，上行幸泰山。

十一月，甲子朔旦②，冬至，祠上帝于明堂。东至海上，考入海及方士求神者莫验③；然益遣，冀遇之④。

乙酉⑤，柏梁台灾⑥。

十二月，甲午朔⑦，上亲禅高里⑧，祠后土，临勃海，将以望祀蓬莱之属，冀至殊廷焉。

春，上还，以柏梁灾，故朝诸侯，受计于甘泉。甘泉作诸侯邸⑨。

越人勇之⑩曰："越俗，有火灾复起屋，必以大⑪，用胜服之。"于是作建章宫⑫，度为千门万户⑬。其东则凤阙⑭，高二十余丈；其西则唐中⑮，数十里虎圈⑯；其北治大池，渐台⑰高二十余丈，命曰太液池⑱，中有蓬莱、方丈、瀛洲、壶梁⑲，象海中神山、龟鱼之属⑳；其南有玉堂、璧门、大鸟㉑之属。立神明台、井干楼，度五十丈，辇道相属焉㉒。

大中大夫公孙卿、壶遂、太史令司马迁等言㉓："历纪坏废㉔，宜改正朔[25]。”上诏兒宽与博士赐等共议[26]，以为宜用夏正[27]。

夏，五月，诏卿、遂、迁等[28]共造汉《太初历》[29]，以正月为岁首，色上黄[30]，数用五[31]，定官名，协音律，定宗庙百官之仪，以为典常[32]，垂之后世云[33]。

匈奴儿单于好杀伐，国人不安；又有天灾，畜多死。左大都尉使人间告[34]汉曰："我欲杀单于降汉，汉远，即兵来迎我，我即发[35]。”上乃遣因杅将军公孙敖筑塞外受降城以应之[36]。

秋，八月，上行幸安定[37]。

汉使入西域者言[38]："宛有善马[39]，在贰师城[40]，匿不肯与汉使。”天子使壮士车令等持千金及金马以请之[41]。宛王与其群臣谋曰："汉去我远，而盐水中数败[42]，出其北有胡寇[43]，出其南乏水草，又且往往而绝邑[44]，乏食者多，汉使数百人为辈来，而常乏食，死者过半，是安能致大军乎！无奈我何[45]。贰师马，宛宝马也。”遂不肯予汉使。汉使怒，妄言[46]，椎金马而去[47]。宛贵人怒曰[48]："汉使至轻我[49]！”遣汉使去，令其东边郁成王遮攻[50]，杀汉使，取其财物。

于是天子大怒。诸尝使宛姚定汉[51]等言："宛兵弱，诚以汉兵不过三千人，强弩射之，可尽虏矣。”天子尝使浞野侯[52]以七百骑虏楼兰王，以定汉等言为然；而欲侯宠姬李氏[53]，乃拜李夫人兄广利为贰师将军[54]，发属国[55]六千骑及郡国恶少年[56]数万人，以往伐宛。期[57]至贰师城取善马，故号贰师将军。赵始成为军正[58]，故浩侯王恢使导军[59]，而李哆为校尉[60]，制军事[61]。

臣光曰：武帝欲侯宠姬李氏，而使广利将兵伐宛，其意以为非有功不侯[62]，不欲负高帝之约也[63]。夫军旅大事，国之安危、民之死生系焉[64]。苟为不择贤愚而授之，欲徼幸咫尺之功[65]，藉以为名而私其所爱，不若无功而侯之为愈也[66]。然则武帝有见于封国[67]，无见于置将[68]；谓之能守先帝之约，臣曰过矣[69]。

中尉王温舒坐为奸利[70]，罪当族，自杀；时两弟及两婚家亦各自坐他罪而族[71]。光禄勋徐自为曰[72]："悲夫！古有三族[73]，而王温舒罪至同时而五族乎[74]！”

关东蝗大起[75]，飞西至敦煌[76]。

（以上为第六段，写柏梁台遭到火灾，又建起规模更大的建章宫；汉武帝下令制定《太初历》；宠幸李夫人，派其弟李广利为贰师将军，率军攻打大宛国，以取善马。）

【注释】

①太初：此年改历，初用夏正，以正月为岁首，故改元曰“太初”。 ②甲子朔旦：十一月初一日清晨。 ③考入海：考查入海寻仙的方士。 莫验：没有一个人的话应验。 ④然益遣，冀遇之：但是派出更多的方士下海，侥幸希望能遇上神仙。 ⑤乙酉：十一月二十二日。 ⑥柏梁台灾：用香柏建造的柏梁台发生火灾。 ⑦甲午朔：十二月初一日。 ⑧禅高里：在高里山祭地神。高里，山名，在泰山脚下。 ⑨甘泉作诸侯邸：在甘泉宫旁甘泉山建造诸侯公馆。 按：武帝晚年常住甘泉宫，故此建诸侯邸于此。 ⑩勇之：越人之名。 ⑪必以大：所建新房必须比被烧的房更大。 ⑫作：修建。 建章宫：宫名。在汉代长安城西。在今陕西西安西北。 ⑬度（duó）：计算，规划。 千门万户：极言其壮丽。 ⑭凤阙：凤凰门楼。相传高二十五丈，上有铜凤凰。 ⑮唐中：宫苑名。位于汉建章宫西。 ⑯虎圈：养虎的园林。 ⑰大池：太液池。 渐台：台名，在太液池中。 ⑱太液池：在建章宫北。 ⑲蓬莱、方丈、瀛洲、壶梁：都是假山名。在太液池中。 ⑳龟鱼：在太液池中建有石制龟、鱼，像海中的样子。 ㉑其南：在建章宫南面建造。 玉堂、璧门：建筑物。玉堂高十二丈。璧门，是门楼，以璧玉贴面，故曰璧门。 大鸟：像大鸟的人工制品。 ㉒辇道：各建筑物之间的阁道。 相属：互相连接。 ㉓大中大夫：官名。属郎中令。 公孙卿：方士。 壶遂：司马迁好友。 太史令：官名。掌文史星历。属奉常。 司马迁：西汉大历史学家、文学家，《史记》作者，时任太史令。 等言：共同上书建言改历。 ㉔历纪坏废：历法不准。 ㉕宜改正朔：应建造新的历法。正朔，确定每年的正月及正月朔日，喻历法。 ㉖兒宽：西汉诗学家，官至御史大夫。传见《汉书》卷五十八。 赐：人名。西汉博士。 共议：一同讨论。 ㉗宜用夏正：要改历用夏正。 按：汉初用秦正，以建亥之月（十月）为岁首。夏正以建寅之月（正月）为岁首。 ㉘卿、遂、迁等：据史籍记载，当时除公孙卿、壶遂、司马迁外，还有邓平、唐都、落下闳等参与订历。 ㉙汉《太初历》：以正月为岁首，规定一回归年为365（335/1539）日，一朔望月等于29（43/81）日，故又称“八十一分律历”。还首次规定以没有中气的月份为闰月，并计算出交食周期及推步五大行星位置的方法。 ㉚色上黄：崇尚黄色。 ㉛数用五：如印文用五个字，“丞相之印章”等。 ㉜典常：常法，常规。 ㉝垂之后世云：流

传后世。 ㉞左大都尉：匈奴官名。 间告：密告。 ㉟即兵来迎我，我即发：如果能派兵来接应，我马上就可以发动。第一个“即”字，假设连词，如果，假使。第二个“即”字，时间副词，立即。发，发动变乱，杀单于。 ㊱受降城：城名。在阴山山脉间，今内蒙古乌拉特中后联合旗以东。 应之：接应左大都尉。 ㊲安定：郡名。郡治高平，在今宁夏固原。 ㊳汉使入西域者言：到过西域的汉使上奏说。 ㊴宛有善马：大宛有好马。 ㊵贰师城：大宛都城，在今中亚安集延南。 ㊶请之：求购大宛马。 ㊷盐水中数败：盐泽中道路艰险，屡屡致人死亡。盐水，即盐泽。在今新疆罗布泊。 ㊸胡寇：指匈奴。 ㊹绝邑：没有城邑。 ㊺无奈我何：拿我没办法。 ㊻妄言：口出恶言。 ㊼椎金马而去：汉使车令等用锤击破金马离开。 ㊽宛贵人怒曰：大宛的权势人物发怒说。㊾轻我：轻视我大宛。 ㊿郁成王：大宛的王号。王治在贰师城东北方。 遮攻：阻击。(51)姚定汉：人名。曾出使大宛。 (52)浞野侯：赵破奴。 (53)欲侯宠姬李氏：想要宠姬李夫人家的兄弟为侯。 (54)广利：汉武帝宠姬李夫人的哥哥李广利。为贰师将军伐大宛，封海西侯。后伐匈奴军败投降，西汉庸将。传附见《史记》卷一百二十三、《汉书》卷六十一。 (55)发属国：调发属国的汉军。属国，西汉在西北边郡安置匈奴降人，按匈奴原封王号部众集中在一郡，称属国，共有五个属国，汉置兵护卫。 (56)恶少年：横行的青少年。 (57)期：期望。 (58)赵始成：人名。 军正：执法小军官。 (59)导军：军前向导。(60)李哆：人名。 校尉：官名。位次于将军。 (61)制军事：掌管军事。 (62)“其意”句：汉武帝的想法是没有功不封侯。意，意图，想法。 (63)负：违背。 高帝之约：汉高祖有“无功不能封侯”之约。 (64)系：至关紧要的关系。 (65)徼幸：即侥幸。 咫尺之功：谓咫尺长的小小功劳。古代八寸为咫，咫尺，比喻极短。这里以咫尺喻极短。 (66)愈：更好。(67)有见于封国：意谓明白封国需要建功。 (68)无见于置将：意谓不明白用将不当，则难以建功，反而导致失败。 (69)“谓之能守”两句：把汉武帝的做法叫作守先帝之约，我司马光认为是错误的。过，错了。 (70)坐为奸利：被判有奸诈贪利之罪。 (71)坐他罪而族：被判其他罪而灭族。 (72)徐自为：人名。官光禄勋（由郎中令所改名）。 (73)三族：诛及父母、兄弟、妻子。 (74)五族：除三族外，再加两兄弟的妻族。 (75)关东：指函谷关以东地区。 蝗大起：大规模蝗灾。 (76)敦煌：郡名。郡治敦煌。在今甘肃敦煌西。 按：关东大蝗飞西至敦煌两千余里，骇人听闻。

【译文】

汉武帝太初元年（丁丑，前104）

冬季，十月，汉武帝巡游泰山。

十一月初一清晨，冬至。汉武帝在明堂祭祀上帝。然后东到海滨，考察入海寻仙和方士求神的结果，发现没有一个人的话应验。然而，汉武帝却派出更多的人，希望能够遇到神仙。

十一月二十二日，柏梁台遭到火灾。

十二月初一，汉武帝在高里山亲自祭祀地神，又祭后土神，然后来到渤海边，准备遥祭蓬莱等仙山，希望能亲自到达神仙所在的仙庭。

春季，汉武帝返回长安，因柏梁台失火，所以在甘泉宫接受各诸侯王的朝拜和各郡国载录户口、赋税的簿册。在甘泉修建诸侯王住所。

有个名叫勇之的越人说："按照越人的风俗，如果火灾之后再建房屋，一定要比原来的大，以镇服火灾。"于是，汉武帝下令兴建建章宫，计有千门万户。东面为凤阙，高二十多丈。西面为唐中，有方圆数十里的养虎园。北面挖一大池，命名为"太液池"，池中渐台高二十多丈，还有蓬莱、方丈、瀛洲、壶梁等处胜景，象征海中的神山和龟鱼之类。南面建有玉堂、璧门、大鸟像等。另外，建章宫中还修有神明台、井干楼，各高五十丈。各景之间有皇帝专用的辇道相连接。

大中大夫公孙卿、壶遂、太史令司马迁等上奏说："历法、纪年都已坏废，应当改正朔。"汉武帝刘彻命兒宽与名叫"赐"的博士等共同商议，认为应使用夏朝历法。

夏季，五月，汉武帝下令，命公孙卿、壶遂、司马迁等共同制定汉朝《太初历》，以正月为一年的开始，崇尚黄色，以"五"为吉祥数字，重新定官名，协调音律，制定宗庙、百官的仪礼，作为国家常规，流传后世。

匈奴儿单于性好杀戮，使国中百姓不安，又发生天灾，很多牲畜死亡。匈奴左大都尉派人偷偷对汉朝说："我打算杀死单于，归降汉朝，但汉朝路远，如能派兵来接应，我马上就可以发动。"于是，汉武帝刘彻派因杅将军公孙敖在塞外修建受降城，驻兵接应。

秋季，八月，汉武帝巡游安定郡。

到过西域的汉使上奏说："大宛有好马，藏在贰师城中，不肯献给汉使。"于是，汉武帝派壮士车令等带着黄金千斤和金马前往大宛，请求交换。大宛国王与其群臣商议说："汉朝离我国很远，而盐泽中道路艰难，屡屡致人死亡。如从此北路来，有匈奴骚扰；从南路来，没有水草，又往往缺少城郭、食粮。汉朝派数百人作为使团前来，还常因缺乏粮食死亡过半，这怎么能派大军前来呢？所以，汉朝对我们无可奈何。贰师城的马，是我们大宛国的宝马。”于是，不肯给汉使。汉使恼怒，破口大骂，用锤击破金马而去。大宛众贵族生气地说：“汉使太轻视我们！”让汉使离去，然后命驻守东部边境的郁成王率兵拦截，杀死汉使，夺取了汉使携带的财物。

于是，汉武帝大怒。曾经出使大宛的姚定汉等上奏说：“大宛军事力量薄弱，只要派去三千人马，用强弩射杀，就可将其全部俘获。”汉武帝因曾经派浞野侯赵破奴率领七百名骑兵生擒过楼兰王，认为姚定汉等说得对。况且，汉武帝此时正想封宠姬李夫人家为侯，于是，任命李夫人的哥哥李广利为贰师将军，征发附属国骑兵六千及各郡国品行恶劣的青年数万人，前往征讨大宛国。期望李广利到贰师城取得好马，所以称他为“贰师将军”。另外，又任命赵始成为军正官，原浩侯王恢为军前向导，李哆为校尉，负责军事指挥。

臣司马光评论说：汉武帝想封自己宠爱的姬妾李夫人的娘家人为侯，所以派李广利率兵攻打大宛，他的意思是，没有为国立功就不能封侯，不想改变高祖皇帝的约定。但军务大事关系着国家的安危、民众的生死，如果不辨贤愚就授予军事大权，希望拿侥幸的微小功劳，作为封自己所喜欢的人为侯的借口，还不如无功就封侯好些。汉武帝在处理封国事务上颇有见地，却在任命将领方面有些失当。所以，说他能够遵守先帝的约定，我认为是过分了。

中尉王温舒被指控犯有奸诈贪利之罪，应当灭族，王温舒自杀。当时，王温舒的两个弟弟和两个亲家也分别因其他罪名被灭族。光禄勋徐自为说：“可悲啊！古时候有灭三族的，而今王温舒的罪到了同时灭五族的地步！”

关东地区发生严重蝗灾，大批蝗虫向西飞去，到达敦煌。

【原文】

二年（戊寅，前103）

春，正月，戊申[①]，牧丘恬侯石庆[②]薨。

闰月[③]，丁丑[④]，以太仆公孙贺[⑤]为丞相，封葛绎侯。时朝廷多事，督责大臣，自公孙弘后，丞相比坐事死[⑥]。石庆虽以谨得终[⑦]，然数被谴[⑧]。贺引拜为丞相，不受印绶[⑨]，顿首涕泣不肯起。上乃起去[⑩]，贺不得已拜[⑪]，出曰：“我从是殆矣[⑫]！”

三月，上行幸河东[13]，祠后土。

夏，五月，籍吏民马补车骑马[14]。

秋，蝗[15]。

贰师将军之西也[16]，既过盐水，当道小国各城守，不肯给食，攻之不能下。下者得食，不下者数日则去。比至郁成[17]，士至者不过数千，皆饥罢[18]。攻郁成，郁成大破之[19]，所杀伤甚众。贰师将军与李哆、赵始成等计："至郁成尚不能举[20]，况至其王都乎！"引兵而还。至敦煌，士不过什一二[21]，使使上书言："道远乏食，且士卒不患战而患饥，人少，不足以拔宛。愿且罢兵[22]，益发而复往。"天子闻之，大怒，使使遮玉门曰[23]："军有敢入者，辄斩之！"贰师恐，因留敦煌。

上犹以受降城去匈奴远，遣浚稽将军赵破奴将二万余骑出朔方[24]西北二千余里，期至浚稽山而还[25]。浞野侯既至期，左大都尉欲发而觉[26]，单于诛之，发左方兵[27]击浞野侯。浞野侯行捕首虏[28]，得数千人，还，未至受降城四百里，匈奴兵八万骑围之。浞野侯夜自出求水，匈奴间捕生得浞野侯[29]，因急击其军，军吏畏亡将而诛[30]，莫相劝归者[31]，军遂没于匈奴[32]。儿单于大喜，因遣奇兵[33]攻受降城，不能下，乃寇入边而去。

冬，十二月，兒宽卒。

（以上为第七段，写公元前103年史事，写贰师将军李广利进攻大宛失败，被汉武帝阻拦在玉门关；匈奴左大都尉欲行刺儿单于失败，汉武帝派去接应的二万军队全军覆没，汉将赵破奴被活捉。）

【注释】

①戊申：正月丁巳朔，无戊申，有误。②石庆：万石君石奋之子，官至丞相，封牧丘侯，卒谥恬。③闰月：闰正月。据陈垣《二十史朔闰表》，太初二年无闰月。④丁丑：无闰月，则丁丑为正月二十一日。⑤公孙贺：义渠（今甘肃宁县西）人，匈奴人公孙昆邪之子，西汉将军，以妻为卫皇后姐而得宠。官至丞相，封葛绎侯。传见《汉书》卷六十六。⑥公孙弘：西汉人。儒生。官至丞相，封平津侯。传见《史记》卷一百一十二、《汉书》卷五十八。丞相比坐事死：自公孙弘元狩二年（前121）善终之后，元狩五年丞相李蔡有罪自杀，元鼎二年丞相庄青翟自杀，元鼎五年丞相赵周下狱死，至太初二年（前103）公孙贺为相，近二十年间，坐事死了三个丞相。⑦以谨得终：以谨厚得以善终。⑧数被谴：多数受到谴责。⑨不受印绶：公孙贺不接受丞相印绶。

⑩上乃起去：武帝就起身离开。 ⑪不得已拜：没办法只好跪拜接受丞相印绶。 ⑫我从是殆矣：我从此时起危险了。 ⑬河东：郡名。郡治安邑，在今山西夏县西北。 ⑭籍：登记。 句意：登记征用官民的马匹，补充军马。 ⑮蝗：蝗灾。 ⑯西也：西征大宛。 ⑰比至郁成：等到抵达郁成时。郁成，大宛东边的小小属国。 ⑱饥罢：又饥又疲。罢，通“疲”。 ⑲大破之：大败汉兵。 ⑳举：指攻占郁成。 ㉑士不过什一二：汉兵生还的只剩下十分之一二。 ㉒愿且罢兵：希望暂且罢兵。 ㉓使使遮玉门曰：汉武帝派出专使挡在玉门关发布通告。遮，阻拦。 ㉔朔方：城名，朔方郡治，在今内蒙古乌拉特前旗东南。 ㉕期至浚稽山而还：约定到达浚稽山接应匈奴左大都尉后返回。浚稽山在今蒙古国境内杭爱山脉东南。 ㉖欲发而觉：企图发动变乱而被发觉。 ㉗左方兵：匈奴东方的兵力。 ㉘行捕首虏：一路行军过程中斩杀、捕获的敌人。 ㉙匈奴间捕生得浞野侯：匈奴的侦察骑兵在巡逻中活捉了赵破奴。间，间谍，指侦察骑兵。 ㉚军吏畏亡将而诛：汉军军官害怕丧失主将而被诛杀。 ㉛莫相劝归者：没有一个说回归汉朝。指诸军吏一致主张投降匈奴。 ㉜军遂没于匈奴：汉兵二万余人全军覆没投降匈奴。 ㉝奇兵：出其不意攻击。

【译文】

汉武帝太初二年（戊寅，前103）

春季，正月，戊申（疑误），牧丘侯石庆去世。

闰正月，丁丑（疑误），汉武帝任命太仆公孙贺为丞相，封为葛绎侯。当时，国家多事，汉武帝对大臣督责严厉，自公孙弘之后，丞相连续被指控有罪而死。石庆虽然因为谨小慎微而得以善终，但也多次受到谴责。公孙贺被引来举行拜授丞相的仪式时，不接受印信，在地上磕头，哭着不肯起来。汉武帝不理他，起身而去。公孙贺不得已接受印信，出宫后叹道：“我从此危险了！”

三月，汉武帝巡游河东郡，祭祀后土神。

夏季，五月，登记征用官吏和百姓的马匹，补充军马。

秋季，发生蝗灾。

贰师将军李广利率兵西征，过了盐泽后，沿途小国都据城自守，不肯供应汉军粮食，攻又攻不下；攻下之后，粮食自可得到补充；如不能攻破，数日后便离去。等到达郁成时，全军只剩下数千人，且全都饥饿疲惫。进攻郁成，反被镇守郁成的军队打得大败，伤亡惨重。李广利与李哆、赵始成等商议说：“到了郁成尚且不能攻破，更何况到大宛的国都呢？”于是，领兵返回。到了敦煌时，士兵只剩下出征时的十分之一二。李广利派人上奏汉武帝说："道路遥远，粮食缺乏，将士们虽不惧战斗，但饥饿难忍；况且人数太少，不足以攻下大宛，希望能暂且罢兵，待征调更多的军队后再前往攻打。"汉武帝闻奏大怒，派使臣至玉门关阻拦，同时下令："军队有胆敢退入玉门关的，一律斩首！"李广利大为惶恐，就留在敦煌。

汉武帝认为受降城仍离匈奴太远，又派浚稽将军赵破奴率领两万多名骑兵从朔方郡出塞，向西北方向推进两千多里，准备到达浚稽山接应匈奴左大都尉后返回。赵破奴已经前来会合，匈奴左大都尉却在打算举事时被单于察觉。单于杀死左大都尉，派左翼军袭击赵破奴。赵破奴一路捕杀敌军，俘虏数千人，然后班师。行至距受降城四百里之处，被匈奴八万名骑兵包围。赵破奴夜间亲自出营寻找水源，与匈奴侦察部队偶遇，赵破奴被俘。匈奴军乘势猛攻汉军，汉军军吏害怕回去后因丧失主将而被杀，所以无人劝同伴突围逃回，因而全军覆没。匈奴儿单于大喜，于是，派出奇兵攻打受降城，未能攻下，便侵入边界，掳掠后离去。

十二月，御史大夫兒宽去世。

【原文】

三年（己卯，前102）

春，正月，胶东太守延广[①]为御史大夫。

上东巡海上，考神仙之属皆无验，令祠官礼东泰山[②]。

夏，四月，还，修封泰山，禅石闾[③]。

匈奴儿单于死，子年少，匈奴立其季父右贤王呴犁湖为单于。

上遣光禄勋徐自为出五原塞[④]数百里，远者千余里，筑城、障、列亭[⑤]，西北至庐朐[⑥]，而使游击将军韩说、长平侯卫伉屯其旁；使强弩都尉路博德筑居延泽上[⑦]。

秋，匈奴大入定襄、云中[⑧]，杀略数千人，败数二千石而去，行破坏光禄所筑城、列亭、障；又使右贤王入酒泉、张掖[⑨]，略数千人。会军正任文击救，尽复失所得而去。

是岁，睢阳侯张昌坐为太常乏祠，国除[⑩]。

初，高祖封功臣为列侯百四十有三人。时兵革之余[⑪]，大城、名都民人散亡[⑫]，户口可得而数，裁什二三[⑬]。大侯不过万家，小者五六百户。其封爵之誓曰："使黄河如带[⑭]，泰山若厉[⑮]，国以永存，爰及苗裔[⑯]。"

申以丹书之信[17]，重以白马之盟[18]。及高后时，尽差第列侯位次[19]，藏诸宗庙，副在有司[20]。逮文、景[21]，四五世间，流民既归[22]，户口亦息[23]，列侯大者至三四万户，小国自倍[24]，富厚如之[25]。子孙骄逸[26]，多抵法禁[27]，陨身失国[28]，至是见侯裁四人[29]，罔亦少密焉[30]。

汉既亡浞野之兵[31]，公卿议者皆愿罢宛军[32]，专力攻胡[33]。天子业[34]出兵诛宛，宛小国而不能下[35]，则大夏之属渐轻汉[36]，而宛善马绝不来，乌孙、轮台易苦汉使[37]，为外国笑，乃案言伐宛尤不便者邓光[38]等。赦囚徒，发恶少年及边骑，岁余而出敦煌者六万人，负私从者不与[39]，牛十万，马三万匹，驴、橐驼以万数，赍粮、兵弩甚设[40]。天下骚动[41]，转相奉伐宛五十余校尉[42]。宛城中无井，汲城外流水，于是遣水工徙其城下水[43]，空以穴其城[44]。益发戍甲卒十八万酒泉、张掖北[45]，置居延、休屠屯兵以卫酒泉[46]，而发天下吏有罪者、亡命者及赘婿、贾人、故有市籍、父母大父母有市籍者凡七科[47]，适为兵[48]；及载糒给贰师[49]，转车人徒相连属[50]；而拜习马者二人为执、驱马校尉[51]，备破宛择取其善马云[52]。

于是贰师后复行，兵多，所至小国莫不迎，出食给军。至轮台[53]，轮台不下，攻数日，屠之[54]。自此而西，平行至宛城[55]，兵到者三万。宛兵迎击汉兵，汉兵射败之，宛兵走入[56]，保其城[57]。

贰师欲攻郁成城，恐留行而令宛益生诈[58]，乃先至宛，决其水原移之[59]，则宛固已忧困[60]，围其城[61]，攻之四十余日。宛贵人谋曰："王毋寡匿善马[62]，杀汉使，今杀王而出善马，汉兵宜解[63]；即不解[64]，乃力战而死，未晚也。"宛贵人皆以为然，共杀王。其外城坏，虏宛贵人勇将煎靡[65]。宛大恐，走入城中，持王毋寡头，遣人使贰师约曰[66]："汉无攻我，我尽出善马恣所取[67]，而给汉军食[68]。即不听[69]，我尽杀善马，康居之救又且至，至，我居内，康居居外，与汉军战。孰计之，何从[70]？"

是时，康居候视汉兵尚盛[71]，不敢进。贰师闻宛城中新得汉人，知穿井[72]，而其内食尚多[73]，计以为"来诛首恶者毋寡，毋寡头已至，如此不许则坚守[74]，而康居候汉兵罢来救宛[75]，破汉兵必矣；"乃许宛之约。

宛乃出其马，令汉自择之，而多出食食汉军[76]。汉军取其善马数十匹，中马以下牝牡[77]三千余匹，而立宛贵人之故时遇汉善者名昧蔡[78]为宛王，与盟而罢兵[79]。

初，贰师起敦煌西[80]，分为数军[81]，从南、北道[82]。校尉王申生将千余人别至郁成[83]，郁成王击灭之，数人脱亡[84]，走贰师[85]。贰师令搜粟都尉上官桀往攻郁成[86]，郁成王亡走康居，桀追至康居。康居闻汉已破宛，出郁成王与桀[87]，桀令四骑士缚守诣贰师[88]。上邽骑士赵弟恐失郁成王[89]，拔剑击斩其首，追及贰师[90]。

（以上为第八段，写汉高祖刘邦时所封的一百多个功臣侯，到此时只剩下了四个；贰师将军李广利再次率领大军进攻大宛，大宛贵族杀掉国王毋寡投降，汉军终于得到了大宛汗血马。）

【注释】

①延广：人名。史逸其姓。 ②东泰山：山名。在泰山以东，今山东沂源以东。 ③石闾：山名。在泰山之南。 ④五原塞：五原郡边塞。五原郡，郡治九原，在今内蒙古包头西。 ⑤筑城、障、列亭：修筑城墙、防御堡垒、哨卡。 ⑥庐朐：山名。在今阴山山脉中。 ⑦筑居延泽上：筑城于居延泽岸上。居延泽在今内蒙古额济纳旗东。 ⑧定襄：郡名。郡治成乐，在今内蒙古和林格尔西北。 云中：郡名。郡治云中，在今内蒙古托克托东北。 ⑨酒泉：郡名。郡治禄福。在今甘肃酒泉。 张掖：郡名。郡治觻得，在今甘肃张掖西北。 ⑩"睢阳侯"二句：睢阳侯张昌被指控身为太常祭祀缺失，被废除封爵食邑。张昌，高祖功臣张敖的后裔。太常，官名。掌宗庙礼仪。乏祠，祭祀有缺。国除：废除侯爵食邑。 ⑪兵革之余：战乱之后。 ⑫名都：著名都城。 散亡：百姓散失。 ⑬裁什二三：才有十分之二三。裁，同"才"。 ⑭黄河如带：黄河干枯如同一条腰带。 ⑮泰山若厉：泰山夷陵像磨刀石一样小。 ⑯"国以"二句：封国永存，传留给子孙。 按：黄河不可能如带，泰山不可能如砺，誓词之意，山河依旧，封国永存。 ⑰申以丹书之信：誓词用红色朱砂写在封册书上为凭信。丹书，即封册书。 ⑱重以白马之盟：高祖与功臣杀白马歃血为盟誓。 ⑲尽差第列侯位次：全部列侯分出了位次等级。差第，等级。 ⑳"藏诸"二句：正本封册藏在宗庙，副本由主管部门管理。 ㉑逮文、景：到了文帝、景帝时期。 ㉒流民既归：流散的民众已回到乡里。 ㉓户口亦息：户口也增殖繁衍了。 ㉔"列侯"二句：列侯国的户口大的有三四万户，小的也增加了一倍。 ㉕富厚如之：财富的增长也与食邑相同。 ㉖骄逸：骄奢淫逸。 ㉗多抵法禁：大多触犯国家法律。 ㉘陨身失国：身死国灭。 ㉙至是：到了这时。指太初年间。 见侯：现有的侯，还存留在世的侯。见，通"现"。 裁：通"才"。 四人：即酂侯萧寿成、缪侯郦世宗、汾阳侯靳石封、睢陵侯张昌。 ㉚罔亦少密焉：法网也稍微严密了。 ㉛亡浞野之兵：丧失了浞野侯这支军队。 ㉜公卿议者：三公九卿朝廷大臣参与议论的。 皆

愿罢宛军：都希望停止攻打大宛。 ㉝胡：匈奴。 ㉞业：已经。攻宛之军业已出发。㉟下：攻下。 ㊱渐轻汉：大夏等西域国将逐渐轻视汉朝。渐，逐渐，一个接一个。㊲易苦汉使：将随意困苦汉使。 ㊳案：查办、惩治。 邓光：人名。发布反对伐宛言论的人。 ㊴负私从者不与：背负个人装备出征的人没有计算在六万人之内。不与，不计算。 ㊵甚设：装备齐全，粮饷充足。 ㊶天下骚动：全国惊动。 ㊷转相奉：传送供给。 五十余校尉：后勤运输按部队组织，五十余校，每校一千多人，又六七万人。㊸徙其城下水：谓使其城下水改道。 ㊹空以穴其城：挖洞扩大旧水道通向城内以攻城。㊺益发：增调军队。句意：十八万人进驻涌泉、张掖以北地区，既防匈奴又为伐大宛军的后援。 ㊻居延：县名。治所在今内蒙古额济纳旗东北。 休屠：县名。治所在今甘肃武威北。 屯兵以卫酒泉：驻军于居延、休屠以防卫酒泉。 ㊼发……七科：征发七种人从军伐大宛。有罪官吏一，逃亡罪犯二，赘婿三，商人四，先前的商人五，商人之子六，商人之孙七。 ㊽适为兵：七科人一律贬嫡从军。适，通“谪”。 ㊾载精给贰师：装载粮食供给贰师。 ㊿转车人徒相连属：运输车辆和役夫络绎不绝。 (51)执、驱马校尉：即执马校尉、驱马校尉，皆官名。 (52)“备破宛”句：执、驱两校尉是随机设置的官名，准备破宛后接收大宛汗血马。 (53)轮台：西域小邦名。在今新疆轮台东南。 (54)屠之：屠民毁城。 (55)平行至宛城：平安推进到达大宛城。 (56)走入：退入城内。 (57)保其城：守其城。 (58)恐留行：担忧滞留不前进。 令宛益生诈：使大宛生出其他计谋。 (59)决其水原移之：挖开水源改道。原，通“源”。 (60)固已忧困：本已忧愁困扰。 (61)围其城：汉兵围困其城。 (62)匿善马：隐藏汗血马。 (63)汉兵宜解：汉兵得马应该解围。 (64)即不解：如果不解围。 (65)煎靡：大宛勇将，被汉军活捉。 (66)约曰：订立和约条件如下。 (67)恣所取：随意挑选。 (68)给汉军食：供给汉军食物。 (69)即不听：如果不接受供马供粮的和约条件。 (70)孰计之，何从：仔细考虑，选择是和还是战。孰，通“熟”。 (71)候视：侦视、观察。 尚盛：汉兵士气高昂。 (72)知穿井：懂得打井技术。 (73)内食尚多：城内粮食很多。 (74)则坚守：就要坚决守城对抗汉军。 (75)汉兵罢来救宛：汉兵久战疲乏康居就要来援救大宛。罢，通“疲”。 (76)出食食汉军：献出粮食供给汉军。 (77)牝牡：母马、公马。 (78)故时：先前。 昧蔡：宛贵人，汉军立为新的大宛王。 (79)与盟而罢兵：汉军与蔡昧宛王订立盟约后撤军。 (80)起敦煌西：从敦煌西起兵出发征大宛。起，开拔，出发。 (81)分为数军：分为多路进军。 (82)从南、北道：从通西域的南道、北道同时进军。(83)王申生：校尉名。领军一千余。 别至郁成：另走一条路先攻郁成。 (84)数人脱亡：王申生全军覆没，只有几个人逃脱。 (85)走贰师：逃回到大军贰师帐下。 (86)上官桀往攻郁成：贰师派出上官桀继王申生之后攻打郁成。上官桀时任搜粟都尉二千石高职。 (87)出郁成王与桀：康居献出郁成王给上官桀。⑧缚守诣贰师：绑缚押送到贰师军营。⑧恐失郁成王：担心路上丢失了郁成王。⑨追及贰师：追上贰师大军。

【译文】

汉武帝太初三年（己卯，前102）

春季，正月，胶东太守延广被任命为御史大夫。

汉武帝向东巡游海边，考察对神仙踪迹的寻访情况，发现都没有着落。命令祀官以礼祭告东泰山。

夏季，四月，汉武帝返回长安，途中在泰山祭天，在石间祭地。

匈奴儿单于去世，因其子年纪小，匈奴部众共立儿单于的叔父右贤王呴犁湖为单于。

汉武帝派光禄勋徐自为从五原出塞数百里，最远处达千余里，修筑城墙、要塞、列亭等，向西北直到庐朐，命游击将军韩说、长平侯卫伉屯兵庐朐附近；命强弩都尉路博德在居延泽筑城镇守。

秋季，匈奴大举侵入定襄、云中二郡，杀掠数千人，打败汉朝好几名二千石官后方才离去，沿途破坏光禄勋徐自为所筑的城墙、要塞、列亭等；又派右贤王侵入酒泉、张掖二郡，掳掠数千人。正好汉军军正任文率兵前来救援，右贤王兵败，丧失了全部掳掠所得后退走。

这一年，睢阳侯张昌被指控身为太常官，掌管祭祀却有缺失，被废除封爵食邑。

起初，汉高祖刘邦分封功臣为侯，共一百四十三人。当时正是战乱之后，大城和著名都会的百姓散失，国家掌握的户口数字，只有从前的十分之二三。所以，汉初所封列侯，其食邑大的不过一万户，小的只有五六百家。分封时，汉高祖曾经立誓说："即使黄河变得像腰带一样狭窄，泰山变得像砥石一样矮小，各位列侯的封国食邑也将永存，传给后世子孙。"并将誓言用朱砂写下，杀白马祭告上苍，表示守信和郑重。到了汉太后时，厘定全体列侯的位次高低，将记录存在宗庙之内，副本存于有关官署。到了汉文帝、汉景帝时，已过了四五世，流民已经回归故里，户口也有增加，列侯中，大的食邑达到三四万户，小的也增加了一倍，财富的增长也与食邑相同。列侯的子孙们骄奢淫逸，多触犯国家法律，不仅本人丧命，祖宗留下的食邑也因而失去。到如今，现存的功臣侯只剩下四家，而法网也稍微严密了。

汉朝丧失了赵破奴这支部队后，议论此事的公卿大臣们都希望停止攻打大宛，集中全力对付匈奴。而汉武帝刘彻则认为，既然已出兵攻打大宛，如果连大宛这样一个小国都不能征服，那么，大夏等国将逐渐轻视汉朝，大宛的好马不会来，乌孙、轮台等国将随意虐待汉朝使团，从而使汉朝遭到外国的耻笑。于是，汉武帝处罚了认为征讨大宛不利的邓光等人，赦免正在服刑的囚徒，征发品行恶劣的青年和边塞地区的骑兵，一年多的时间里，派到敦煌增援贰师将军李广利的人达六万多，背负私人装备而跟从的人未计算在内。另外，又征调了牛十万头，马三万匹，驴、骆驼等数以万计，以及十分充足的粮食和兵器弓弩。全国都受到震动，从各地调到征讨大宛部队中的校尉军官也达五十余人。因大宛城中无井，靠汲引城外河水使用，所以，汉武帝派水工随军前往，准备将大宛城外河水引向别处，利用旧水道挖洞攻城。又增调了十八万名士兵进驻酒泉、张掖以北地区，并在居延、休屠两地屯兵以卫护酒泉。汉武帝刘彻下令："全国犯罪的官吏、逃亡者、入赘妇家的男子、商人、原属商人户籍者、其父母或祖父母属商人户籍者，共七种人，一律贬罚为兵。"为贰师运送粮食的车辆和役夫络绎不绝。汉武帝还任命两名熟悉马匹情况的人充当执马校尉和驱马校尉，预备在攻破大宛后挑选好马。

于是，贰师将军李广利得到巨大的人力物力增援后，再次率兵出征。由于汉军兵多，所到之处，西域各小国无不迎接，为汉军提供粮食供应。行至轮台，轮台国不降，汉军攻城数日，在城中进行了一场大屠杀。自此向西，汉军一路平安推进，直达大宛城下，到达的士兵共三万人。大宛军队出城迎击汉军，汉军以箭射杀，大宛军大败，逃入城中拒守。

李广利本想攻取郁成城，又恐怕一时难于攻克，反使大宛生出其他计谋，于是先到大宛城，挖开水源，引向别处。城中的大宛军民本已忧愁困扰，汉军再将全城包围，攻击四十多天。大宛贵族密谋说："大王毋寡将好马隐藏起来，又杀死汉朝使臣，如今我们将大王杀死，把好马献出，汉军就会解围而去；如仍不解围退兵，我们再拼死力战，也为时未晚。"大家都表示同意，于是一起行动，将大宛王杀死。此时大宛的外城已破，大宛的贵族猛将煎靡被汉军俘获。大宛极为恐慌，逃入内城，派人手持大宛王毋寡的人头，前去见李广利，相约说："汉军如不进攻我们，我们将把所有的好马都拿出来，任凭汉军随意挑选，并为汉军提供粮食。如不接受我们的建议，我们将杀死所有的好马。康居的援兵又即将到达，援兵一到，我们居内，康居兵居外，两面夹击汉军。请将军仔细考虑，怎么办好？”

此时，康居探知汉军还很强盛，不敢前进。李广利闻知大宛城中新近抓到一些汉人，懂得了凿井技术，且城中粮食尚多，因而考虑：“此次前来主要是为了诛杀罪魁祸首毋寡，而今毋寡的人头已然送到，这样再不接受他们的请求，他们必定会坚守城池，而康居等到汉军疲惫来援救大宛，汉兵必为其所败。”所以接受了大宛的求和条件。

于是，大宛将马献出，让汉军自己选择，并拿出大批粮食供给汉军。汉军挑选了数十匹好马，中等及以下的雌、雄马三千多匹，又扶立过去对汉朝态度友好的大宛贵族昧蔡登上大宛国王位，与其订立盟约后罢兵而还。

当初，李广利自敦煌起兵西进时，分兵数路，分别从南、北两条道路进兵。校尉王申生另率一千多人到郁成，被郁成王消灭。只有数人得脱，逃到李广利大军。李广利命搜粟都尉上官桀率兵前往攻打郁成，郁成王逃到康居，上官桀也追到康居。康居王听说汉军已打败大宛，便将郁成王献给上官桀，上官桀命四名骑兵将郁成王捆绑押送到李广利军营。上骑士赵弟怕郁成王在半路上逃跑，拔剑将郁成王的人头砍下后，追上李广利大军。

【原文】

四年（庚辰，前101）

春，贰师将军来至京师。贰师所过小国闻宛破，皆使其子弟从入贡献[①]，见天子，因为质焉[②]。军还，入马千余匹[③]。后行[④]，军非乏食，战死不甚多，而将吏贪，不爱卒，侵牟之[⑤]，以此物故者众[⑥]。天子为万里而伐[⑦]，不录其过[⑧]，乃下诏封李广利为海西侯，封赵弟为新畤侯，以上官桀为少府[⑨]，军官吏为九卿者三人，诸侯相、郡守、二千石百余人，千石以下千余人，奋行者官过其望[⑩]，以谪过行[⑪]，皆黜其劳[⑫]，士卒赐直四万钱[⑬]。

匈奴闻贰师征大宛，欲遮之[⑭]，贰师兵盛，不敢当[⑮]，即遣骑因楼兰候汉使后过者[⑯]，欲绝勿通[⑰]。时汉军正任文将兵屯玉门关，捕得生口[⑱]，知状以闻[⑲]。上诏文便道引兵捕楼兰王，将诣阙簿责[⑳]。王对曰：“小国在大国间，不两属无以自安[㉑]，愿徙国入居汉地。”上直其言[㉒]，遣归国[㉓]，亦因使候司匈奴[㉔]，匈奴自是不甚亲信楼兰。

自大宛破后，西域震惧，汉使入西域者益得职[㉕]。于是自敦煌西至盐泽往往起亭[26]，而轮台、渠犁皆有田卒数百人[27]，置使者、校尉领护[28]，以给使外国者[29]。

后岁余，宛贵人以为昧蔡善谀[30]，使我国遇屠[31]，乃相与杀昧蔡，立毋寡昆弟蝉封为宛王，而遣其子入侍[32]于汉。汉因使使赂赐[33]，以镇抚之。蝉封与汉约，岁献天马二匹。

秋，起明光宫[34]。

冬，上行幸回中[35]。

匈奴呴犁湖单于死，匈奴立其弟左大都尉[36]且鞮侯为单于。天子欲因伐宛之威遂困胡[37]，乃下诏曰："高皇帝遗朕平城之忧[38]，高后时[39]，单于书绝悖逆[40]。昔齐襄公复九世之仇[41]，《春秋》大之[42]。"且鞮侯单于初立，恐汉袭之，乃曰："我儿子[43]，安敢望汉天子[44]，汉天子，我丈人行也[45]。"因尽归汉使之不降者[46]路充国等，使使来献[47]。

（以上为第九段，写贰师将军李广利得胜回来，封为海西侯；自从大宛被打败后，西域各国都十分震恐，派往西域的汉使因此越发能够顺利地完成使命。）

【注释】

①从入贡献：随从贰师到汉朝贡献。②为质焉：西域各国来汉的王室子弟留汉为人质，即留汉为使者。③军还，入马千余匹：《汉书·李广利传》作"军还，入玉门者万余人，马千余匹"，文详明。按：李广利出酒泉，前文言六万人，牛十万，马三万，未计私从者。还军，人万余，马千余，十之七八物故于征大宛之役。后援军十八万，辎定运输六七万，北防匈奴之军未计，已三十余万人。全国骚动，夫役运输，至少三倍于第一线用兵，则一百余万。汉武帝伐大宛之役，可谓代价沉重。④后行：指第二次征大宛。⑤侵牟之：军吏侵夺士兵给养。⑥物故者众：死亡者多。⑦万里而伐：远出万余里征伐。⑧不录其过：不追究军吏的过错。录，审查记录。⑨少府：九卿之一，掌皇室手工业制造及山泽赋入，为皇帝私府。⑩奋行者：即私从者，自告奋勇参军以求封赏。官过其望：授官超出了原来的希望。⑪以谪过行：因罪过而谪罚出征的人。⑫皆黜其劳：一律免其罪而不记功劳。⑬赐直四万钱：对士兵的赏赐价值四万钱。按：汉武帝对伐大宛之役的幸存者有超出意料的优厚赏赐，一是对伐大宛之役重大意义的肯定，再是对将士辛劳的酬答，是圣明的一大表现。此役尽管代价沉重，而断匈奴右臂通西域的历史意义无论怎么评价都不过分。但汉武帝任用庸将，草菅人命，亦是一短。⑭遮之：阻击汉军。⑮当：阻挡。⑯候汉使后过者：等候袭击大军后面的汉朝使者。

⑰欲绝勿通：切断交通。 ⑱捕得生口：抓了匈奴俘虏。 ⑲知状以闻：把了解的情况上报天子。 ⑳诣阙簿责：把楼兰王押到长安问罪。诣阙，到宫阙。簿责，对簿受审。 ㉑不两属：不附属两方。 无以自安：便无法自保平安。 ㉒直其言：认为他的话有理。 ㉓遣归国：遣送楼兰王回国。 ㉔因使候司匈奴：凭借楼兰与匈奴交往，协助探听匈奴动静。候司，侦察。司，通"伺"。 ㉕益得职：更加称职，即容易完成使命。 ㉖起亭：设立哨卡。 ㉗渠犁：西域小国名。在今新疆库尔勒与尉犁之间。田卒数百人：屯田士兵每个屯田点有几百人。 ㉘领护：统领保护。 ㉙给：供给。句意：屯田点的收获供应出使西域的汉使。 ㉚善谀：指善于讨好汉朝。 ㉛使我国遇屠：使大宛遭受屠戮。 ㉜入侍：即入质。 ㉝使使赂赐：汉朝派遣使臣回赠大宛财物。 ㉞起：修建。 明光宫：宫名。在长乐宫之北、桂宫之南。 ㉟幸回中：巡幸回中宫。回中，指回中宫，在今陕西凤翔南。 ㊱左大都尉：匈奴的官名。 ㊲遂困胡：乘伐大宛的胜利困扰匈奴。 ㊳遗：留下。 平城之忧：汉高祖受困平城的忧恨。忧，忧恨，耻辱。事详本书卷十一高祖七年。 ㊴高后时：吕太后当政时。 ㊵单于书绝悖逆：冒顿单于送汉朝的国书狂勃无理。事见本书卷十二惠帝三年。 ㊶齐襄公：春秋时齐国君，公元前697年至前686年在位。据《公羊传·庄公四年》载，齐襄公的九世祖被纪侯诬陷而受害，襄公为复此仇，于公元前690年灭纪。 ㊷《春秋》大之：受到《春秋》的称赞。此指《春秋公羊传》，该书在庄公四年载："九世犹可以复仇乎？曰：虽百世可也。" ㊸我儿子：我是儿子晚辈。 ㊹安敢望汉天子：岂敢与大汉天子平起平坐？ ㊺汉天子，我丈人行：汉朝天子是我长辈。行（háng），辈分。 按：汉匈和亲，单于尚公主，故且鞮侯单于以晚辈自称。 ㊻不降者：不投降匈奴的人。路充国被匈奴扣留事见上文元封四年。 ㊼献：贡献财物。

【译文】

汉武帝太初四年（庚辰，前101）

春季，贰师将军李广利回到京城长安。沿途经过的西域小国听说大宛被汉军攻破，全都派其子弟跟随李广利来到长安向汉朝进贡，拜见汉武帝，并留在长安充当人质。大军回来时，入关的马有一千多匹。此番再次出征，并非缺乏军粮，战死的人也不太多，只因将领贪暴，不爱惜士兵，掠夺、虐待他们，因此死亡人数很多。汉武帝因李广利万里征战，不计其过失，下令封李广利为海西侯，赵弟为新畤侯，任命上官桀为少府，其他军官为九卿的三人，任命为诸侯国相、郡太守、二千石官职的一百多人，任命为一千石及以下官职的一千多人。凡自愿随军出征的人，所授官职都超出了他们自己的希望；凡因罪过而谪罚出征的人，一律免其罪而不记功劳；对士兵的赏赐价值四万钱。

匈奴听说李广利率兵攻打大宛，曾经企图拦截，后见汉军声势浩大，不敢与汉军交战，便派骑兵前往楼兰国，等候袭击在大军后面的汉朝使臣，要断其通道。当时汉军军正任文正率兵屯驻玉门关，抓到匈奴俘虏，得知这一消息后报告朝廷。汉武帝下令，命任文率兵捕捉楼兰王，押到长安问罪。楼兰王分辩说："楼兰作为一个小国，夹在汉朝与匈奴两个大国之间，如不两边听命，便无法自保平安，我愿率领本国百姓迁入汉朝境内。"汉武帝放他回国，也让他协助探听匈奴动静。从此，匈奴对楼兰国不十分信任。

自从大宛被打败后，西域各国十分震恐，派往西域的汉使因此越发顺利地完成使命。于是，从敦煌向西直到盐泽，处处建起亭燧，而轮台、渠犁等地都有汉朝的屯田士兵数百人，分别设置使者、校尉加以统领护卫，用以供给出使外国的使团所需。

一年多以后，大宛贵族认为昧蔡善于讨好汉朝，使本国遭受屠戮，于是联合杀死昧蔡，立毋寡的弟弟蝉封为大宛王，派蝉封的儿子到汉朝充当人质。汉朝因而派出使者赏赐蝉封，对他进行镇抚。蝉封与汉朝约定，每年向汉朝进献天马二匹。

秋季，汉武帝兴建明光宫。

冬季，汉武帝巡游回到中宫。

匈奴呴犁湖单于去世，其弟左大都尉且鞮侯被立为单于。汉武帝打算乘攻打大宛的兵威困扰匈奴，便发布命令说："高皇帝给我留下平城的忧恨，太后时，匈奴单于给我朝的书信又悖逆无比。当年齐襄公报九世先祖之仇，《春秋》认为他的行为符合了大义。"且鞮侯单于刚刚即位，害怕汉军袭击他，便向汉朝表示："我是小孩子，岂敢和大汉天子相比？汉朝天子是我的长辈。"于是，将不愿投降而被扣留在匈奴的汉使路充国等全部放回，又派使臣前来进贡。

【原文】

天汉元年（辛巳，前100）

春，正月，上行幸甘泉，郊泰畤。

三月，行幸河东，祠后土。

上嘉匈奴单于之义，遣中郎将苏武[①]送匈奴使留在汉者，因厚赂单于[②]，答其善意[③]。武与副中郎将张胜及假吏常惠等俱[④]，既至匈奴，置币遗单于。单于益骄，非汉所望也[5]。

会缑王[6]与长水虞常[7]等及卫律所将降者[8]，阴相与谋[9]劫单于母阏氏归汉[10]。卫律者，父故长水胡人[11]，律善协律都尉李延年[12]，延年荐言律使于匈奴，使还[13]，闻延年家收[14]，遂亡降匈奴[15]。单于爱之，与谋国事[16]，立为丁灵王[17]。虞常在汉时素与副张胜相知[18]，私候胜曰[19]："闻汉天子甚怨卫律，常能为汉伏弩射杀之。吾母、弟在汉，幸蒙其赏赐[20]。"张胜许之，以货物与常[21]。后月余，单于出猎，独阏氏、子弟在，虞常等七十余人欲发[22]，其一人夜亡告之[23]。单于子弟发兵与战，缑王等皆死，虞常生得[24]。

单于使卫律治其事[25]。张胜闻之，恐前语发[26]，以状语武[27]。武曰："事如此，此必及我[28]，见犯乃死[29]，重负国[30]。"欲自杀，胜、惠共止之[31]。虞常果引张胜[32]。单于怒，召诸贵人议，欲杀汉使者。左伊秩訾曰[33]："即谋单于[34]，何以复加[35]！宜皆降之[36]。"单于使卫律召武受辞[37]。武谓惠等[38]："屈节辱命，虽生，何面目以归汉！"引佩刀自刺。卫律惊，自抱持武，驰召医，凿地为坎[39]，置煴火[40]，覆武其上[41]，蹈其背以出血[42]。武气绝[43]，半日复息[44]。惠等哭，舆归营[45]。单于壮其节，朝夕遣人候问武，而收系张胜[46]。

武益愈，单于使使晓武[47]，欲降之[48]，会论虞常[49]，欲因此时降武；剑斩虞常已[50]，律曰："汉使张胜谋杀单于近臣[51]，当死，单于募降者赦罪。"举剑欲击之，胜请降[52]。律谓武曰："副有罪，当相坐[53]。"武曰："本无谋，又非亲属，何谓相坐！"

复举剑拟之[54]，武不动。律曰："苏君！律前负汉归匈奴[55]，幸蒙大恩赐号称王，拥众数万，马畜弥山[56]，富贵如此！苏君今日降，明日复然；空以身膏草野[57]，谁复知之！"武不应。

律曰："君因我降，与君为兄弟；今不听吾计，后虽欲复见我，尚可得乎！"武骂律曰："汝为人臣子，不顾恩义，畔主背亲[58]，为降虏于蛮夷，何以汝为见[59]！且单于信汝，使决人死生[60]，不平心持正，反欲斗两主[61]，观祸败。南越杀汉使者，屠为九郡[62]；宛王杀汉使者，头县北阙[63]；朝鲜杀汉使者，即时诛灭[64]；独匈奴未耳[65]。若知我不降明[66]，欲令两国相攻，匈奴之祸从我始矣。"

律知武终不可胁[67]，白单于[68]，单于愈益欲降之[69]。乃幽武置大窖中[70]，绝不饮食[71]；天雨雪[72]，武卧，啮雪与旃毛并咽之[73]，数日不死。匈奴以为神，乃徙武北海上无人处[74]，使牧羝[75]，曰"羝乳乃得归[76]。"别其官属常惠等，各置他所[77]。

天雨白氂[78]。

夏，大旱。

五月，赦天下。

发谪戍屯五原[79]。

浞野侯赵破奴自匈奴亡归[80]。

是岁，济南太守王卿[81]为御史大夫。

（以上为第十段，写中郎将苏武持节出使匈奴遭扣留。匈奴贵族多次威逼利诱，欲使其投降，苏武决不屈服，被匈奴流放到北海边牧羊，扬言要公羊生小羊方可放他回国。）

【注释】

①苏武：西汉京兆尹杜陵（今陕西西安市东南）人。字子卿。苏建之子。天汉元年以中郎将出使匈奴，留胡十九年不屈节。官至典属国。传见《汉书》卷五十四。 ②厚赂单于：送厚礼给匈奴单于。 ③答其善意：答谢匈奴的好意。 ④张胜、常惠：与苏武一行的汉朝副使。 等俱：一同到达匈奴。 ⑤非汉所望也：让汉朝很失望。 ⑥会：适值。 缑（gōu）王：匈奴的王号。 ⑦长水：地名。在今陕西西安市鄠邑区。 虞常：人名。早先被扣于匈奴。 ⑧卫律：人名。 所将降者：所率领投降于匈奴的人。 ⑨阴相与谋：暗中一同计谋。 ⑩劫单于母阏氏归汉：企图劫持匈奴单于母亲阏氏回到汉朝。阏氏（yān zhī），匈奴王后的称号。 ⑪父故长水胡人：卫律父亲原是居于长水的匈奴人。 ⑫"律善"句：卫律与汉朝的协律都尉李延年关系友好。善，友好。协律都尉，官名。掌音乐歌舞。李延年，贰师将军李广利之弟，擅长音律。其妹为武帝李夫人。传见《汉书》卷九十三。 ⑬使还：卫律出使匈奴回到汉朝。 ⑭闻延年家收：听到李延年一家被抓捕的消息。 ⑮遂亡降匈奴：卫律于是逃亡匈奴投降。 ⑯与谋国事：单于与卫律商讨匈奴国家大事。 ⑰立为丁灵王：匈奴册立卫律为丁灵王。 ⑱相知：相好。 ⑲私候胜曰：虞常私下拜访张胜说。 ⑳幸蒙其赏赐：虞常希望他的母亲、弟弟蒙受汉朝的赏赐。 ㉑以货物与常：张胜送了许多财物给虞常。 ㉒欲发：打算发动劫持阏氏。 ㉓夜亡告之：夜间逃去告知单于。 ㉔虞常生得：虞常被活捉。 ㉕治其事：审理这一案件。 ㉖恐前语发：害怕先前与虞常约定的事被揭发。 ㉗以状语武：把情况告诉苏武。

㉘必及我：肯定涉及我。㉙见犯乃死：受到审讯侵犯才死。㉚重负国：加倍辜负国家。㉛止之：阻止苏武自杀。㉜引张胜：牵连出张胜。㉝左伊秩訾：匈奴的官号。㉞即谋单于：如果谋害单于。㉟何以复加：再怎么加罪。意谓只是谋杀卫律（并未谋害单于），如果因此而杀汉使，惩罚失之过重了。㊱宜皆降之：应当让汉使全部投降。㊲召武受辞：宣召苏武由卫律传话投降的审理决定。㊳武谓惠等：苏武向常惠等汉使交代后事。㊴凿地为坎：挖地为坑。㊵置煴火：点起炭火。按：北方地寒，三月仍冰冻，故挖地洞，生炭火，形成暖炕，便于养伤。㊶覆武其上：把苏武放在暖炕上。㊷蹈其背以出血：用手拍苏武的后背，使瘀血流出。蹈，通“掐”，手拍。㊸武气绝：苏武停止呼吸，昏死。㊹半日复息：半天才苏醒有了呼吸。息，呼吸。㊺舆归营：用车把苏武拉回营地，即汉使所驻地。㊻收系张胜：收捕张胜拘囚。㊼使使晓武：派遣使者劝说苏武。㊽欲降之：企图使苏武投降。㊾会论虞常：赶上虞常判定死罪。(50)已：斩杀虞常完毕。(51)单于近臣：卫律自称。(52)胜请降：张胜请求投降。(53)当相坐：判罪应连坐。(54)举剑拟之：举剑做出砍杀苏武的姿态威胁苏武。(55)负汉归匈奴：背叛汉朝投降匈奴。(56)马畜弥山：马匹牲畜满山。(57)身膏草野：抛尸荒野成肥料。膏（gào），做肥料，动词用。(58)畔主背亲：背叛君王和亲人。畔，通“叛”。(59)何以汝为见：为什么要见你呢？你这种人不值得见。(60)使决人生死：让你决定别人的生死，即你掌握了生杀大权。(61)斗两主：谓使汉与匈奴两主相斗。(62)屠为九郡：平定南越地为汉九个郡。九郡事见本书上卷元鼎五年。(63)头县北阙：大宛王之头悬挂于长安北门示众。县，读“悬”。事见上文太初三年。(64)即时诛灭：立即招来灭国之祸。灭朝鲜事见上文元封二年。(65)独匈奴未耳：只剩下匈奴未灭。(66)若知我不降明：你明明知道我不投降。(67)不可胁：不畏惧胁迫，不可以胁迫。(68)白单于：报告单于。(69)愈益欲降之：更加想要苏武投降。(70)幽武置大窖中：幽禁苏武在一个大地窖中。(71)绝不饮食：断绝饮食。(72)天雨雪：天下雪。(73)啮雪与旃毛并咽之：苏武把衣裘毡毛拌着落雪一起吞下。啮（niè），咬，吞食。(74)徙武北海：流放苏武到北海，即今西伯利亚贝加尔湖。无人处：安置在没有人的地方。(75)使牧羝：让苏武放牧公羊。(76)羝乳乃得归：等到公羊生子才得回归。意谓永远不得回归。(77)“别其官属”两句：常惠等不投降的汉使官员，分别安置在其他地方。(78)雨：落下。白氂：白色的粗毛。(79)发谪戍屯五原：征发罪人戍边驻屯五原郡。五原郡治九原，在今内蒙古包头西。(80)亡归：逃回了汉朝。(81)王卿：人名。

【译文】

汉武帝天汉元年（辛巳，前100）

春季，正月，汉武帝到甘泉，在泰畤祭祀天神。

三月，汉武帝巡游河东郡，祭祀后土神。

汉武帝嘉许匈奴单于的义举，派中郎将苏武将留在汉朝的匈奴使臣送回匈奴，顺便携带厚礼，答谢匈奴单于的好意。苏武与副使中郎将张胜及暂时充任使团官吏的常惠等一同前往，到达匈奴后，将礼品送给单于。单于却更加骄横，不是汉朝原来所希望的样子。

正在此时，曾经归降过汉朝的匈奴缑王和长水人虞常，以及卫律所率领的投降匈奴的原汉朝人暗中商议，企图劫持匈奴单于母亲阏氏回到汉朝。卫律的父亲原是长水地区的匈奴人，卫律本人则因与汉朝的协律都尉李延年关系很好，经李延年推荐，受汉朝派遣出使匈奴。卫律出使归来，听说李延年一家被收捕，便逃到匈奴投降。单于很喜欢他，与他商讨国家大事，封他为丁灵王，虞常在汉朝时一直与副使张胜关系密切，私下拜访张胜时说："听说大汉天子非常怨恨卫律，我可以埋伏弓弩手为汉朝将其射死。我的母亲和弟弟都在汉朝，希望他们能够得到赏赐。"张胜答应了虞常的要求，并送给他很多财物。一个多月以后，单于出外打猎，只有他母亲和部分子弟留在王庭。虞常等七十多人正准备发动政变，不料其中一人于夜间逃走，告发了虞常等人的政变计划。于是，单于子弟调兵与虞常等人交战，缑王等全部被杀，虞常被活捉。

匈奴单于派卫律处理此事。张胜听到消息后，害怕先前与虞常约定的事情被查出，便向苏武报告。苏武说："发生了这样的事情，肯定会涉及我，如受到侵犯再死，那就更加辜负国家了。"于是，准备自杀，被张胜、常惠一起阻止。而后，虞常果然供出张胜，单于大怒，召集贵族商议，打算杀死汉使。匈奴左伊秩訾说："谋杀卫律就要处死，如果谋害单于，又应如何加重惩处呢？应让他们全部归降。"单于派卫律传话给苏武。苏武对常惠等人说："如果卑躬屈节，有辱我们的使命，即使活着，又有何面目再回到我们大汉呢？"说完，拔出佩刀刺入自己的身体。卫律大吃一惊，一把将苏武抱住，急忙召医生前来，在地上挖了一个土洞，点起炭火，形成暖炕，将苏武放在暖炕上，用手拍苏武的后背，使瘀血流出。苏武气绝，半日才慢慢苏醒。常惠等痛哭，用车将苏武拉回驻地。单于很钦佩苏武的气节，早晚都派人问候，而将张胜抓捕。

苏武逐渐痊愈，单于派人来劝谕苏武，要苏武归降匈奴。正在此时，虞常被定为死罪，便打算借此机会逼苏武投降。用剑斩下虞常的人头之后，卫律说：“汉使张胜想谋杀单于的亲信大臣，其罪当死，单于招募归降，降者赦免。”说完举剑要刺张胜，张胜请求投降。卫律又对苏武说：“副使有罪，你作为正使，应连坐受罚。”苏武回答说：“我本未参与其事，与张胜又没有亲属关系，为什么要连坐受罚？”

卫律又举剑威胁苏武，苏武纹丝不动。卫律说：“苏先生！我以前背叛汉朝，归顺匈奴，有幸蒙单于大恩，赐号称王，并拥有数万人众，马匹牲畜满山，如此富贵！苏先生如果今日归降，明日就会和我一样，否则白白横尸荒野，又有谁知道呢？”苏武闭口不答。

卫律又说：“你要是听我的话，归降匈奴，我与你就如兄弟一般；如今日不听我的建议，以后即使想再见我，还能够做得到吗？”苏武骂道：“你身为汉朝臣子，却不顾恩义，背叛君王、亲人，投降蛮夷，我见你干什么？况且，单于信任你，让你决定别人的生死，你不但不公平处理，反而想挑动两国君王相互争斗，在一旁坐观成败。南越国杀死汉使，被汉灭掉后变为九郡；大宛王杀死汉使，其人头被悬于长安宫廷北门；朝鲜杀死汉使，立即招来灭国之祸。只有匈奴还没有干过这种事情。你明知我不会投降，却想借此挑起两国之间的战争，只怕匈奴的灾难，将会从我开始了。”

卫律明白苏武终究不会受他的胁迫，只得禀报单于。单于见苏武如此忠心，越发想争取他归顺，便将苏武囚禁于一个大地窖中，断绝苏武的饮食，企图逼其就范。当时正下大雪，苏武躺在地上，将雪片和衣服上的毡毛一同咽下，几天后竟然未死。匈奴人以为有神灵庇护，便将苏武放逐到北海荒无人烟之处，让他放牧一群公羊，并对苏武说：“等到公羊能生出小羊，你就可以回国了。”常惠等使团中不肯投降的官员，也被分别扣留在其他地方。

天空降下白毛。

夏季，大旱。

五月，汉朝实行大赦。

征发贬谪有罪的人到五原郡屯垦戍边。

浞野侯赵破奴从匈奴逃回汉朝。

这一年，济南太守王卿被任命为御史大夫。

【原文】

二年（壬午，前99）

春，上行幸东海[1]。□幸回中[2]。

夏，五月，遣贰师将军广利以三万骑出酒泉，击右贤王于天山[3]，得胡首虏万余级而还。匈奴大围贰师将军，汉军乏食数日，死伤者多。假司马陇西赵充国与壮士百余人溃围陷陈[4]，贰师引兵随之，遂得解[5]。汉兵物故什六七[6]，充国身被二十余创[7]。贰师奏状[8]，诏征充国诣行在所[9]，帝亲见，视其创，嗟叹之，拜为中郎[10]。

汉复使因杅将军敖出西河[11]，强[12]弩都尉路博德会涿涂山[13]，无所得。

初，李广有孙陵[14]，为侍中，善骑射，爱人下士[15]。帝以为有广之风[16]，拜骑都尉[17]，使将丹阳、楚人五千人[18]，教射酒泉、张掖以备胡。及贰师击匈奴，上诏陵，欲使为贰师将辎重[19]。陵叩头自请曰[20]："臣所将屯边者，皆荆楚勇士奇材剑客也[21]，力扼虎[22]，射命中[23]，愿得自当一队，到兰于山[24]南以分单于兵[25]，毋令专乡贰师军[26]。"上曰："将恶相属邪[27]！吾发军多，无骑予女[28]。"陵对："无所事骑[29]，臣愿以少击众，步兵五千人涉单于庭[30]。"上壮而许之[31]，因诏路博德将兵半道迎陵军。

博德亦羞为陵后距[32]，奏言："方秋，匈奴马肥，未可与战，愿留陵至春俱出。"上怒，疑陵悔不欲出而教博德上书，乃诏博德引兵击匈奴于西河。诏陵以九月发[33]，出遮虏障[34]，至东浚稽山南龙勒水[35]上，徘徊观虏[36]，即无所见，还，抵受降城[37]休士。

陵于是将其步卒五千人，出居延，北行三十日，至浚稽山止营[38]，举图所过山川地形，使麾下骑陈步乐还以闻[39]。步乐召见[40]，道陵将率得士死力[41]，上甚悦，拜步乐为郎。

陵至浚稽山，与单于相值[42]，骑可三万围陵军，军居两山间，以大车为营。陵引士出营外为陈[43]，前行持戟、盾，后行持弓、弩。虏见汉军少，直前就营[44]。陵搏战攻之[45]，千弩俱发，应弦而倒，虏还走上山，汉军追击杀数千人。单于大惊，召左、右地兵[46]八万余骑攻陵。陵且战且引南行[47]，数日，抵山谷中，连战，士卒中矢伤[48]，三创者载辇[49]，两创者将车[50]，一创者持兵战[51]，复斩首三千余级。

引兵东南，循故龙城道行[52]，四五日，抵大泽葭苇[53]中，虏从上风纵火[54]，陵亦令军中纵火以自救[55]。南行至山下，单于在南山上，使其子将骑击陵。陵军步斗树木间，复杀数千人，因发连弩射单于，单于下走[56]。

是日捕得虏，言“单于曰：‘此汉精兵，击之不能下，日夜引吾南近塞[57]，得无有伏兵乎？’诸当户君长[58]皆言：‘单于自将数万骑击汉数千人不能灭，后无以复使边臣，令汉益轻匈奴[59]。复力战山谷间，尚四五十里[60]，得平地，不能破，乃还。’”

是时陵军益急[61]，匈奴骑多，战一日数十合[62]，复伤杀虏二千余人。虏不利，欲去，会陵军候管敢为校尉所辱[63]，亡降匈奴[64]，具言[65]：“陵军无后救，射矢且尽，独将军麾下及校尉成安侯韩延年[66]各八百人为前行，以黄与白为帜[67]；当使精骑射之即破矣。”

单于得敢大喜。使骑并攻汉军[68]，疾呼曰：“李陵、韩延年趣降[69]！”遂遮道急攻陵[70]。陵居谷中，虏在山上，四面射，矢如雨下。汉军南行，未至鞮汗山[71]，一日五十万矢皆尽，即弃车去。士尚[72]三千余人，徒斩车辐而持之[73]，军吏持尺刀[74]入狭谷，单于遮其后[75]，乘隅下垒石[76]，士卒多死，不得行。

昏后，陵便衣独步出营，止左右[77]：“毋随我，丈夫一取单于耳[78]！”良久[79]，陵还，太息曰[80]：“兵败，死矣！”于是尽斩旌旗[81]，及珍宝埋地中，陵叹曰：“复得数十矢，足以脱矣[82]。今无兵复战[83]，天明，坐受缚矣，各鸟兽散[84]，犹有得脱归报天子者。”

令军士人持二升糒[85]，一片冰，期至遮虏障者相待[86]。夜半时，击鼓起士[87]，鼓不鸣[88]。陵与韩延年俱上马，壮士从者十余人，虏骑数千追之，韩延年战死。陵曰：“无面目报陛下！”遂降。军人分散，脱至塞者四百余人[89]。

陵败处去塞百余里，边塞以闻[90]。上欲陵死战；后闻陵降，上怒甚，责问陈步乐，步乐自杀。群臣皆罪陵[91]，上以问太史令司马迁，迁盛言[92]：“陵事亲孝，与士信，常奋不顾身以徇国家之急[93]，其素所畜积也[94]，有国士之风[95]。今举事一不幸，全躯保妻子之臣随而媒蘖其短[96]，诚可痛也！且陵提步卒不满五千，深蹂戎马之地，抑数万之师，虏救死扶伤不暇，悉举引弓之民共攻围之[97]，转斗千里，矢尽道穷，士张空拳[98]，冒白刃[99]，北首争死敌[100]，得人之死力，虽古名将不过也[101]。身虽陷败，然其所摧败亦足暴于天下[102]。彼之不死，宜欲得当以报汉也[103]。”上以迁为诬罔[104]，欲沮贰师[105]，为陵游说，下迁腐刑[106]。

久之，上悔陵无救[107]，曰："陵当发出塞，乃诏强弩都尉令迎军[108]；坐预诏之[109]，得令老将生奸诈[110]。"乃遣使劳赐陵余军得脱者[111]。

（以上为第十一段，写汉武帝派李广之孙、骑都尉李陵率领五千名步兵出征匈奴，被匈奴八万名骑兵围困，李陵进行了生死决战，所杀敌人很多，但全军覆没，最后李陵被俘获。）

【注释】

①东海：郡名。郡治郯县，在今山东郯城西北。 ②□幸回中：巡幸回中宫。按：据章校，他本空格"□"作"还"字。 ③天山：即今新疆境内之天山山脉。 ④假司马：代理司马。司马，掌军法的小军官。 赵充国：西汉陇西上邽（今甘肃天水）人，字翁叔。习知匈奴及羌族事务。因功封营平侯。传见《汉书》卷六十九。 溃围陷陈：谓冲决敌围。陈，同"阵"。 ⑤遂得解：才得解脱困境。即突围而出。 ⑥物故：死亡。 什六七：死亡十分之六七。 ⑦创：创伤。 ⑧贰师奏状：贰师将军上奏赵充国勇敢杀敌的事迹。 ⑨诏征充国诣行在所：汉武帝下诏征召赵充国到皇上所在的住所。 ⑩拜为中郎：委任为中郎。中郎，郎官的最高级，秩六百石。 ⑪因杅将军敖：公孙敖。 西河：古时称西北地区南北流向的黄河为"西河"，这里是指今宁夏与内蒙古间黄河自南而北的一段。 ⑫强：据章校，他本"强"上有"与"字。 按：当有"与"字。 ⑬会：会合。 涿涂（yé）山：山名。在今蒙古国杭爱山脉南部。 ⑭陵：李陵，字少卿。李广之孙。善骑射。战败降于匈奴。传见《汉书》传五十四。 ⑮爱人下士：爱护士兵，尊重士人。 ⑯有广之风：有李广的风范。 ⑰骑都尉：军官名。 ⑱丹阳：郡名。郡治宛陵，在今安徽宣城。 楚：王国名。都彭城，在今江苏徐州。 五千人：从丹阳、楚地挑选出的精勇步兵。 ⑲将辎重：率领运送物资的运输部队。 ⑳自请：请求自率一军出战。 ㉑奇材剑客：有出众才干的击剑之士。 ㉒力扼虎：力能徒手控扼猛虎。 ㉓射命中：射箭百发百中。 ㉔兰于山：章校，他本"于"作"干"是。兰干山，在今甘肃兰州南，今称皋兰山。 ㉕分单于兵：分散单于的军队。 ㉖毋令专乡贰师军：不使匈奴集中兵力指向贰师的军队。乡，通"向"。 ㉗将恶相属邪：你不愿配合别人作策应吗？恶（wù），不愿；羞耻之意。相属，配合策应。 ㉘无骑予女：没有骑兵给你。女，通"汝"，你。 ㉙无所事骑：不需要骑兵。 ㉚涉单于庭：直捣匈奴单于庭。涉，到达，直捣。 ㉛上壮而许之：汉武帝十分赞赏李陵的豪情壮志，准许了李陵的请战。 ㉜后距：指军队的后应。 ㉝发：出征。 ㉞遮虏障：障名。在今内蒙古额济纳旗境。 ㉟东

浚稽山：山名。在今蒙古国杭爱山脉东南。龙勒水：在东浚稽山南。㊱徘徊观虏：巡回观察匈奴动静。㊲受降城：边塞城名。在今内蒙古白云鄂博西南。㊳止营：住下安营。㊴骑：骑士。陈步乐：人名。还以闻：回京师报告天子。㊵步乐召见：陈步乐被皇上召见。㊶将率：各级将领。得士死力：得到部下拼死战斗。㊷相值：相遇，对阵。㊸陈：通“阵”。㊹直前就营：谓直前逼近营来。㊺搏战：展开搏斗。攻之：战斗。㊻召左、右地兵：集中左右两翼的军队。㊼引南行：向南撤退。㊽中矢伤：被箭射伤。㊾三创者载辇：受伤三处的坐在车上。创（chuāng），伤口；伤处。㊿两创者将车：受伤两处的驾车。51一创者持兵战：受伤一处的手持武器坚持战斗。52循故龙城道行：沿着龙城旧道向东南方撤退。龙城道，汉往龙城的道路。龙城，又称龙庭，为匈奴祭天之处。汉初，龙城在今内蒙古阴山一带，元狩四年后北迁至今蒙古国乌兰巴托。龙城道，指汉通龙城的道路。53葭苇：芦苇。54虏从上风纵火：匈奴人在上风放火。55纵火以自救：预先烧掉阵前的芦苇，则上风来火便不能延及。56下走：单于下山逃避。57引吾南近塞：引诱我向南接近边塞。58当户君长：泛指匈奴大小各部的首领。59令汉益轻匈奴：使汉朝更加轻视匈奴。60尚四五十里：距离平原差不多还有四五十里。尚，且，差不多。61益急：更加危急。62数十合：战斗数十次。63“会陵”句：适逢李陵军中一个名叫管敢的军候因受到校尉的欺辱。军候，掌军纪的军官，每一部曲有军候一人。校尉，低于将军的军官，职位高于军候。64亡降匈奴：逃亡投降于匈奴。65具言：详尽报告汉军情况。66韩延年：韩千秋之子，因父死南越而受封成安侯。67以黄与白为帜：李陵殿后、韩延年前行，两部分汉军以黄旗与白旗为标志。68使骑并攻汉军：单于命令匈奴骑兵全线进攻汉军。69趣降：赶快投降。70遮道急攻陵：切断汉军退路猛攻李陵。71鞮汗山：山名。在今蒙古国南部。72尚：还有。73徒斩车辐而持之：汉军只能砍下车的辐条拿在手上做武器。74尺刀：短刀。按：据章校，他本“刀”下有“抵山”二字。75遮其后：挡住汉军退路。76乘隅下垒石：匈奴沿山崖推下巨石滚入谷中。隅（yú），边侧。77止左右：阻止随从跟随。78丈夫一取单于耳：我男子汉一人生擒单于罢了。79良久：过了好久。80太息曰：长叹一声说。81尽斩旌旗：砍倒全部旗帜。82脱矣：脱身突围。83今无兵复战：现今没有武器还要战斗。兵，兵器。84各鸟兽散：各人自行走散。85二升糒（bèi）：二升干粮。86期：约期。相待：互相等待。87击鼓起士：击鼓叫兵士起身。88鼓不鸣：鼓破击不鸣。89脱至塞者四百余人：逃脱到达汉边塞的人，只剩四百多人。90边塞以闻：边塞将领把李陵战败情况报告朝廷。91群臣皆罪陵：满朝大臣都说李陵有罪。92盛言：全面评说，竭力分辩。93徇国家之急：献身国家急难。徇，献身，奔赴。94素所畜积：平时的修养，一向的志愿。畜积，修养、志愿。畜，通“蓄”。 ⑮国士：国中杰出之士。 风：风范，气度。 ⑯全躯：保全自身。 媒糵（niè）：酝酿。喻构陷害人以罪。 ⑰“悉举”句：集中全国能拉弓射箭的人围攻李降。引弓之民，指匈奴人。 ⑱空弮（quān）：有弩弓而无箭。 ⑲冒白刃：冒着敌人锋利的刀刃。 ⑽北首争死敌：面向北方拼死战斗。 ⑾不过：不能超过。 ⑿摧败：谓摧败匈奴之兵。 暴于天下：扬名于天下。暴，显扬。 ⒀宜欲得当以报汉也：应当是找机会报效国家。当，适当，机会。 ⒁诬罔：欺骗君王。 ⒂欲沮（jū）贰师：想要诋毁李广利。 ⒃下迁腐刑：将司马迁下狱施以腐刑。腐刑，又称宫刑，毁坏男性生殖功能。 ⒄上悔陵无救：汉武帝后悔李陵没有救援。 ⒅强弩都尉：路博德。 令迎军：命令他为李陵后援。 ⒆坐预诏之：我犯了预先下命令的过错。 ⒇令老将生奸诈：指路博德羞为李陵的接应军，而生奸诈上奏，致使李陵无救。 ⒈劳赐：慰问，赏赐。 陵余军得脱者：李陵军幸存的逃脱者。

【译文】

汉武帝天汉二年（壬午，前99）

春季，汉武帝巡游东海郡，在回京途中巡游回中。

夏季，五月，汉武帝派贰师将军李广利率领三万骑兵从酒泉出塞，在天山一带袭击匈奴右贤王，共擒斩匈奴一万多人后返回，途中被匈奴重兵包围。汉军一连几天缺乏粮食，伤亡惨重。代理司马的陇西人赵充国率领精壮士兵一百多人冲破匈奴的包围，李广利率领大军紧跟其后，才得以解脱困境。这次战役，汉兵阵亡了十分之六七，赵充国受伤二十多处。李广利上奏朝廷，汉武帝将赵充国召到住所，亲自接见，察看了他的伤势，叹息不已，命赵充国为中郎。

汉武帝又派因杅将军公孙敖率兵从西河郡出塞，与强弩都尉路博德会师于涿涂山，但毫无收获。

当初，李广的孙子李陵担任侍中，精通骑马射箭之术，爱护士兵，谦恭地对待贤士。汉武帝刘彻认为李陵颇有其祖父李广的风范，封他为骑都尉，命他带领丹阳和楚地人五千，在酒泉、张掖一带教习射箭之术，以防备匈奴。李广利出击匈奴时，汉武帝召见李陵，想命他为李广利押运粮草。李陵磕头请求说：“我所率领屯戍边塞的人，都是荆楚地区的勇武之士和奇才剑客，论力量能够手扼猛虎，论箭术堪称百发百中，希望能让我率领一队人马，前往兰于山以南地区，用以分散匈奴单于的兵力，使其不能全力对抗贰师将军的部队。”汉武帝说：“你不愿配合作别人的策应吗？这次我调动的军队太多，没有马匹分配给你。”李陵说：“我用不着马匹，愿以少敌众，率领五千名步兵直捣匈奴单于的王庭。”汉武帝赞赏李陵的豪情壮志，同意了他的请求，下令命路博德在半途中接应李陵。

路博德也耻于做李陵的后援部队，便上奏说：“如今正值秋季，匈奴马肥，不宜于此时与匈奴交战，希望皇上命李陵稍等，到明年春天再一同出征。”汉武帝刘彻很生气，怀疑是李陵胆怯后悔，不想出征，而让路博德上书，便下令，命路博德率兵赴西河袭击匈奴，同时命李陵于九月自居延遮虏障出发，深入东浚稽山南面的龙勒水边巡回观察匈奴动静，如果不见敌踪，便退回受降城让士兵休息。

于是，李陵率领步兵五千人，出居延向北推进，三十天后抵达浚稽山，停下扎营，沿途命人将所过之处的山川地形绘制成图，派部下骑兵陈步乐送回长安。汉武帝召见陈步乐，听他报告说李陵能使部下拼死效力，非常高兴，封陈步乐为郎官。

李陵在浚稽山与单于率领的匈奴军队相遇，匈奴约三万名骑兵将李陵的部队包围。李陵屯兵两山之间，用大车围成营寨，亲自率领士兵在营外列下战阵，前排手持戟、盾，后排手持弓、弩。匈奴兵见汉军人少，便直逼营前阵地。李陵率部迎击，展开搏斗，汉军千弩齐发，匈奴兵纷纷应弦倒地，只得退回山上，汉军追击，杀死匈奴数千人。单于大惊，召左、右两翼军八万多名骑兵前来围攻李陵。李陵率部且战且走，向南撤退，数日后，来到一个山谷之中。汉军接连作战，士兵大多身带箭伤，仍顽强苦战，受伤三处的坐在车上，受伤两处的驾车，受伤一处的手持武器坚持战斗，又斩杀匈奴三千多人。

李陵率部沿着龙城旧道向东南方撤退，四五日后，退到一大片沼泽芦苇之中。匈奴在上风放火，企图烧死汉军；李陵也命部下放火烧光周围的芦苇以自救。汉军继续南行，来到一座山下。单于在南山上命他的儿子率领骑兵向汉军进攻。汉军在树林之中步战，又杀死匈奴数千人，并用连弩机射单于，单于下山逃避。

这一天，汉军抓到部分匈奴俘虏，据他们说：“我们听单于说：‘这是汉朝的精兵，猛攻也没有能将他们消灭，他们日夜引我们向南接近汉塞，莫非是有埋伏的军队吗？’各位当户、君长都说：‘单于亲率数万骑兵攻击汉军数千人而不能将他们消灭，以后将无法再号令边臣，还会使汉朝更加轻视匈奴。所以要在山谷中再次力战，还有四五十里才到平原地区，如仍不能取胜就返回。’”

此时，汉军处境越发凶险。匈奴骑兵多，一日交战数十回合，汉军又杀伤匈奴两千多人。匈奴作战不利，打算撤兵离去。然而，就在此时，李陵军中有一个名叫管敢的军候，因受到校尉的欺辱，逃到匈奴军中投降，一一说出汉军实情：

"李陵部队并无后援，箭矢也即将用尽，只有将军部下和校尉成安侯韩延年所属部队各八百人在前面开路，以黄旗和白旗作为标志。应当派精锐骑兵用弓箭射杀他们，汉军立即就可击破。"

单于得到管敢，喜出望外，命令匈奴骑兵一齐向汉军发起进攻，同时令人大声喊叫："李陵、韩延年快快投降！"又派兵截断汉军的道路，猛攻李陵。李陵的部队被困在山谷之中，匈奴军在山上，从四面射箭，箭如雨下。李陵继续向南退却，尚未到达汗山，一天中五十万支箭已全部用尽，于是放弃车辆，继续前往。此时军中士兵还有三千多人，只能砍下车的辐条拿在手中做武器，军官也只有手持短刀加入战斗。汉军依靠山势退入峡谷之中，单于亲自率兵截断汉军后路，指挥匈奴士兵将山上巨石滚入谷中，汉军多数死去，不能前进。

黄昏以后，李陵独自一人身穿便衣走出大营，止住左右随从说："不要跟着我，我要独自一人生擒单于！"过了很长一段时间，李陵回到营中，叹道："我们已然兵败，即将死于此地了！"于是，将所有的旌旗尽行砍倒，与珍宝一起埋入地下。李陵叹了口气，对部下说道："如果再有数十支箭，我们就足以逃脱了。现在已经没有武器再战，天亮以后，就只能坐等被擒了，不如各自逃命，还有人能够侥幸逃脱回去报告天子。"

于是，李陵命将士每人身带二升干粮、一片冰，约定到遮虏障会合。半夜时，李陵命人击鼓叫醒将士们，但战鼓已破，敲不响。李陵与韩延年都跨上战马，十几名壮士跟随。匈奴数千名骑兵随后追击，韩延年战死。李陵说道："我已无面目报答皇上了！"于是投降。其他人分散突围，逃回边塞的有四百多人。

李陵兵败之处距边塞只有一百多里，边塞将领将此事报告朝廷。汉武帝刘彻本来希望李陵能死战，后听说李陵投降了匈奴，十分愤怒，责问陈步乐，陈步乐自杀而死。满朝大臣都说李陵有罪，汉武帝问太史令司马迁对此事的看法，司马迁竭力为李陵分辩说："李陵对父母孝顺，对士人讲信义，常常奋不顾身，赴国家急难，这正是他平时的志愿所在，颇有国士的风范。如今出征偶然不幸失败，那些保全自身性命和妻子儿女的臣子就跟着捏造他的短处，实在令人痛心！况且，李陵率领不到五千名步兵，深入满是战马的匈奴腹地，抵挡数万敌军；匈奴被打得连救死扶伤都顾不过来，将全国所有能拉弓射箭的人调来围攻李陵。李陵率部转战千里，箭矢用尽，无路可走，将士们手拿着没有箭的空弩机，冒着敌人锋利的枪尖刀刃，仍然面向北方拼死力战，能够得到部下这样的拼死效力，即使是古代的名将，也不过如此！李陵虽然兵败，但他对匈奴的打击也足以使他名扬天下了。李陵之所以没有死节，当是想找机会报效国家。”汉武帝认为司马迁在欺骗君王，是为了诋毁李广利，为李陵游说开脱，将司马迁下狱施以宫刑。

很久以后，汉武帝才对原先使李陵陷入孤立无援的境地表示后悔，说道：“应当在李陵率军出塞时，再让强弩将军路博德前去接应；而我预先就发下命令，老将路博德生出奸诈之心，不肯接应李陵。”于是，派使臣对逃脱回来的李陵余部进行慰劳赏赐。

【原文】

上以法制御下[①]，好尊用酷吏[②]，而郡、国二千石为治者大抵多酷暴[③]，吏民益轻犯法[④]；东方盗贼滋起[⑤]，大群至数千人，攻城邑，取库兵[⑥]，释死罪[⑦]，缚辱郡太守、都尉[⑧]，杀二千石[⑨]，小群以百数掠卤乡里者[⑩]，不可胜数，道路不通[⑪]。上始使御史中丞、丞相长史督之[⑫]，弗能禁；乃使光禄大夫范昆及故九卿张德等衣绣衣[⑬]，持节、虎符，发兵以兴击[⑭]。斩首大郡或至万余级，及以法诛通行、饮食当连坐者[⑮]，诸郡甚者数千人[⑯]。

数岁，乃颇得其渠率[⑰]，散卒失亡复聚党阻山川者往往而群居[⑱]，无可奈何。于是作《沉命法》[⑲]，曰：“群盗起，不发觉，发觉而捕弗满品者[⑳]，二千石以下至小吏，主者皆死[㉑]。”其后小吏畏诛，虽有盗不敢发，恐不能得，坐课累府[㉒]，府亦使其不言[㉓]。故盗贼寖多[㉔]，上下相为匿，以文辞避法焉[㉕]。

是时，暴胜之为直指使者[㉖]，所诛杀二千石以下尤多，威震州郡。至勃海[㉗]，闻郡人隽不疑贤[㉘]，请与相见。不疑容貌尊严，衣冠甚伟，胜之蹝履起迎[㉙]，登堂坐定，不疑据地曰[㉚]：“窃伏海濒[㉛]，闻暴公子旧矣[㉜]，今乃承颜接辞。凡为吏，太刚则折[㉝]，太柔则废[㉞]，威行，施之以恩，然后树功扬名[㉟]，永终天禄[㊱]。”胜之深纳其戒[㊲]；及还，表荐不疑[㊳]，上召拜不疑为青州刺史[㊴]。

济南王贺亦为绣衣御史[㊵]，逐捕魏郡[㊶]群盗，多所纵舍[㊷]，以奉使不称免[㊸]，叹曰：“吾闻活千人[㊹]，子孙有封[㊺]，吾所活者万余人，后世其兴乎[㊻]！”

是岁，以匈奴降者介和王成娩[㊼]为开陵侯，将楼兰国兵击车师[㊽]；匈奴遣右贤王将数万骑救之[㊾]，汉兵不利，引去[㊿]。

（以上为第十二段，写汉武帝刘彻用法律来治理国家，喜欢任用执法严苛的官吏，又命人制定“沉命法”，派出绣衣御史，严厉督察，各郡长官因害怕受到牵连，隐瞒不报。）

【注释】

①以法制御下：用法律驾驭臣民。 ②好尊用酷吏：喜欢任用执法严苛的官吏。③大抵：大概。 多酷暴：多用苛酷办法治理。 ④吏民益轻犯法：民众更加轻易犯法。⑤滋起：增多起来。 ⑥库兵：库中的武器。 ⑦释死罪：释放死刑罪犯。 ⑧缚辱：捆缚侮辱。郡太守、都尉：太守是郡的长官，掌行政。都尉在郡中位仅次于太守，掌军事。 ⑨杀二千石：杀郡国守、高官。 ⑩掠卤乡里：抢劫老百姓。卤，通“掳”，劫掠。⑪道路不通：不能通行。 ⑫御史中丞：官名，御史大夫的重要属官。 丞相长史：官名。丞相的重要属官。 督：督察。 ⑬衣绣衣：穿绣衣官服。绣衣，督察抓捕使者的官服，如今之警察服。 ⑭虎符：铜制的虎形之符。帝王授予臣下兵权或调发军队的信物。 兴击：动员军队围剿。 ⑮通行、饮食：帮助盗贼通行、提供饮食。 当连坐者：判罪株连受罚。 ⑯甚者：株连严重，即株连人众一郡有几千人。 ⑰渠率：大盗头目。率，读“帅”。 ⑱聚党：结成团伙。 群居：啸聚山林。 ⑲《沉命法》：处分捕盗不力之官的连坐法。意谓隐藏盗贼者同罪而没其命。 ⑳满品：达到规定的数量。 ㉑主者皆死：主管官员获死罪。 ㉒坐课：被判不称职罪。 累府：连累上司。 ㉓府亦使其不言：县有盗贼，郡府也连坐，故郡府使县不言之。 ㉔寖多：越来越多。寖，同“浸”。逐渐增加。 ㉕以文辞避法：以虚文隐瞒盗贼之事，逃避法律惩处。 ㉖暴胜之：人名。姓暴，名胜之，字公子。 直指使者：官名。朝廷直接派往处理问题的专员。 ㉗勃海：郡名。在今河北沧州一带。 ㉘隽不疑：人名。 贤：有贤能名声。 ㉙蹑履起迎：没穿好鞋，拖着鞋急忙起身迎接。 ㉚据地曰：以手按地说。即半跪姿势说话，敬礼之意。㉛窃伏海濒：我生长在偏僻的海滨。濒，畔，边。 ㉜闻暴公子旧矣：久闻暴公子大名。公子，暴胜之的字。旧，久。 ㉝太刚则折：过分刚强就要折断。 ㉞太柔则废：过分柔弱则法令不行。 ㉟树功扬名：立功扬名。 ㊱永终天禄：永远保有上天所赐的福禄。㊲深纳其戒：认真采纳他的告诫。戒，通“诫”。 ㊳表荐不疑：上表奏章推荐隽不疑。㊴青州：汉十三刺史部（州）之一。辖地在今山东之东北部。 刺史：州之长官。 ㊵济南王贺：济南人王贺。 为绣衣御史：也任职绣衣御史，抓捕魏郡地方罪犯。 ㊶魏郡：郡名。郡治邺县，在今河北临漳西南。 ㊷纵舍：宽大舍弃，即放跑罪犯。 ㊸以奉使不称免：以奉命不称职的罪犯免去官职。 ㊹活千人：能使一千人活命。 ㊺子孙有封：子

孙受福有封爵。 ㊻后世其兴乎：我的后代会有兴旺的人起来吧。 ㊼介和王：匈奴的王号。 成娩：人名，封开陵侯。 ㊽将：率领。句意：成娩出使西域，率领楼兰国兵攻打车师国。 ㊾救之：救援车师。 ㊿引去：撤退离去。

【译文】

汉武帝用法律来控制国家，喜欢任用执法严苛的官吏，各郡国的二千石官也大多以残暴的手段治理地方，而小吏和平民百姓对犯法却越发不当回事。东部地区盗贼兴起，大股数千人，攻打城邑，夺取府库的兵器，释放犯死罪的囚徒，捆缚、侮辱郡太守、都尉，杀死二千石官；小股数百人，在乡村中劫杀抢掠，多得无法计算，致使道路断绝。汉武帝开始只派御史中丞、丞相长史负责督察镇压，但未能禁绝；于是，派光禄大夫范昆及曾经位居九卿的张德等身穿绣花官服，手持皇帝符节和调兵的虎符，调集军队进行围剿，有的大郡斩杀达到一万多人。另外，各郡因帮助盗贼通行、提供食物而受到牵连、犯法被杀的普通百姓多的也达数千人。

过了几年，抓获了大部分盗贼首领。一些被打散逃亡的人，往往重新聚集在一起，占据山川险要之处，官府无可奈何。于是，汉武帝命人制定《沉命法》，规定："凡有成帮结伙盗贼兴起，地方官不能及时发现，或虽然发现却未能全部擒获，自二千石官以下直至小吏，主持其事的一律处死！"从此以后，小吏畏惧朝廷治罪，即使发现有盗贼，也因害怕不能全部捕获而不敢报告；各郡长官因害怕受到牵连，也让下属不要报告。因此，盗贼越来越多，而地方官上下串通，隐瞒不报，空以虚文应付朝廷，逃避法网。

此时，暴胜之担任直指使者，经他之手处死的二千石以下官员众多，因此，威震各州郡。暴胜之来到勃海郡，听说当地人隽不疑贤明练达，便请来相见。隽不疑容貌庄重严肃，衣冠十分华丽整齐，暴胜之听说隽不疑到来，连鞋都没有顾上穿好就急忙起来趿拉着鞋相迎，让进客厅坐定，隽不疑以手按地，欠身说道："我虽生活在偏僻的海滨，但也久闻暴公子的大名，想不到今天有幸蒙公子接见指教。我认为，作为一名官吏，过于刚强容易折断，过于柔弱则法令难行，应既展示威严，又施以恩惠，才能建立功业，立身扬名，永远保持上天所赐的福禄。"暴胜之对他的告诫深为赞同，回到京城后，上奏推荐隽不疑。汉武帝召隽不疑前来，任命为青州刺史。

济南人王贺也曾担任绣衣御史，负责驱捕魏郡的盗贼，他放过了很多人，因此被以不称职的罪名罢免。王贺叹道："我听说，救活一千人，子孙就可得到封爵，我救活的人有一万多，后代会有人兴起吧！"

这一年，汉武帝封归降汉朝的匈奴介和王成娩为开陵侯，命其率领楼兰军队袭击车师。匈奴派右贤王率领数万骑兵前往援救，汉军作战失利，退兵而去。

【评析】

李陵之祸论

李陵，是李广之孙，颇得李广之风，善骑射，爱士卒，颇有美名。公元前99年，李陵奉汉武帝之命出征匈奴，率领五千名步兵与八万名匈奴骑兵战于浚稽山，最后因寡不敌众而兵败投降，一去无回。围绕李陵之事，汉朝发生了一系列的故事，令人慨叹嘘唏。

李陵孤军深入，没有救援，遭遇匈奴大军围困，而后兵败投降，汉武帝对此负有不可推卸的责任。贰师将军李广利统领三万名骑兵从酒泉出发，攻击在天山一带活动的右贤王，汉武帝召见李陵，要他为大军运送粮草，做好后勤保障工作。这样的安排，对于一般人来说，倒也无话可说，而偏偏是李陵，他年少气盛，也比较轻狂，总觉得自己有一腔热血，也有一身本领，怎么就甘心当个后勤官呢？他便向汉武帝提出要求，愿意独当一面，用五千名步兵直捣单于王庭。汉武帝非常佩服他的勇气，觉得他又是一个前途无量的霍去病，汉朝正缺少这样的将才！于是，就答应了李陵的请求，并且叫老将路博德作为他的后援和接应。哪知道，路博德不愿意，建议汉武帝待到明年春暖花开时再出征。汉武帝认为是李陵出尔反尔，心想，你李陵不是不想出兵吗？我偏要让你出兵，而且没有后援接应。换句话说，你李陵是生是死，全靠你的运气了！就这样，李陵走上了不归之路。

李陵深入匈奴，遭遇匈奴八万名骑兵的围攻，箭尽粮绝，被匈奴俘虏，其初衷并不是真心投降，而是要保全性命，以得其机会而报效汉朝。可是，汉武帝断绝了他的报效之路，让他彻底绝望。李陵遭到十数倍匈奴大军的围攻，充分展示了他高超的指挥才能和不屈不挠的气概。但是，这是一着死棋，无论他怎么英勇，怎么顽强，他都跳不出匈奴的包围圈，必死无疑。在汉武帝的心目中，李陵是个热血青年，如果冲不出敌人的包围圈，必将力战而死，以死报国。可是，李陵的想法却超出了汉武帝的想象范围，他还不愿意死，还想继续报国！在当时的情境下，只有一条生路，就是被匈奴活捉而去。而被活捉而去，不等于投降！而汉武帝却认为李陵丢了汉朝的脸面，怎么就不能以死报国呢？加上汉武帝有些误听传言，说李陵在帮助单于练兵以对付汉军。其实，帮助单于练兵的不是李陵，而是李绪！结果，汉武帝信以为真，将李陵全家处以族刑，他的母亲、兄弟和妻子都被诛杀。这真是天大的冤枉！这让李陵彻底失望，也彻底绝望，才真正投降了匈奴！如果汉武帝宽以待人，李陵也不至于走上绝路啊！

李陵被俘，汉朝君臣一个个都登上了表演的舞台。汉武帝听到李陵全军覆没的消息后，怎么也不敢相信，这支被李陵吹嘘得非常神勇的部队，就这样被打败了；怎么也不敢相信，李陵竟然没有战死，而是被匈奴俘获，汉朝的颜面到哪里去了？整天就像掉了魂一样，心中的一股怒气直往外冲。这时候，朝廷大臣看到汉武帝脸色铁青，魂不守舍，一个个都呆若木鸡，小心翼翼地伺候着，即使汉武帝问话，也尽拣好听的话说，生怕戳到汉武帝的痛处。而对于李陵，一个共同的行为，就是落井下石，没有人肯说句公道话。这时候，司马迁看不下去了，汉武帝也注意到司马迁有着不同于常人的行为，就听听他的想法。司马迁大致说了两层意思，一是李陵的为人，不像大臣们说的那样，而是平时有国士之风，在出击匈奴中孤军奋战，杀伤了许多敌人，立下了赫赫功劳。在救兵不至、箭尽粮绝、走投无路的情况下，仍然奋勇杀敌，就是古代名将也不过如此。二是李陵的被俘，并不是真心投降，而是想寻找适当的机会再报答汉朝。汉武帝听了司马迁的话，就派公孙敖带兵到边境等候李陵回归，李陵被匈奴牢牢看死，公孙敖等了一年不见李陵回归，就误信抓捕的匈奴俘虏传言李陵帮单于练兵，这下，再次触怒了汉武帝，认为司马迁在替李陵游说，讽刺劳师远征、战败而归的李广利。这时已是天汉三年。汉武帝下令族灭李陵全家，将司马迁打入大牢，处以宫刑。

对于李陵事件、李陵之祸，我们不得不反思：李陵当初的狂野之心以及对匈奴形势不恰当的估计，是导致这次行动失败的首要因素。如果李陵根据汉武帝的安排，就去把后勤工作做好，也是可以为汉朝做出贡献的。汉武帝轻率下达命令，让只有五千名步兵的一支队伍行走在非常凶险的茫茫草原之中，又没有安排接应救援，一旦遇到敌军，则是“肉包子打狗，有去无回”。汉武帝的举措失当，是导致李陵部队失败的决定性因素。李陵孤军深入，决一死战的勇气可嘉，而轻弃士兵生命的行为则不可取。李陵被俘后，虽然开始没有真心投降，但后来受了刺激，还是投降了。虽然没有为匈奴做多少事情，但这种行为也是不可取的，毕竟成了真正的叛徒，辜负了司马迁的一番说辞。司马迁为李陵辩说，实事求是，出以公心，体现了司马迁的无畏精神和公正情怀；而遭李陵之祸，被处宫刑，则是体现了汉武帝的刚愎自用和专断昏庸！

卷第二十二 汉纪十四

汉武帝天汉三年至后元二年（前98—前87）

【起昭阳协洽（癸未，前98），尽阏逢敦牂（甲午，前87），凡十二年】

【大事提要】

本卷记事起于公元前98年，到公元前87年，凡十二年，当为汉武帝天汉三年至后元二年。本卷所载的大事，主要是以下几个方面：其一，巫蛊之祸。汉武帝宠臣江充奉命查巫蛊案，用酷刑和栽赃迫使人认罪；与太子刘据有隙，趁机与案道侯韩说、宦官苏文等诬陷太子，太子恐惧，起兵诛杀江充，后遭汉武帝镇压兵败，皇后卫子夫和太子相继自杀。后汉武帝醒悟，夷江充三族，烧死苏文。其二，田千秋拜相。田千秋，原为高寝郎，供奉高祖陵寝。戾太子刘据因江充谗害而死，他上书诉冤，认为是子借父兵，情非得已，阐明太子心迹。汉武帝感悟，认为是高庙显灵，公当为我辅佐，任命为大鸿胪。几个月后，丞相刘屈氂因罪被斩，任田千秋为丞相，封为富民侯。其三，贰师降匈奴。公元前90年，李广利率领七万大军出征匈奴。临行时，与丞相刘屈氂密谋推立李夫人之子刘髆为太子，后事发，刘屈氂被腰斩，李广利原想冒进，立功赎罪，后遭大败，便投降匈奴，其家被族灭。李广利投降后，被卫律忌妒，买通巫师，被杀。其四，轮台罪己诏。公元前89年，大司农桑弘羊等人上书汉武帝刘彻，建议在轮台戍兵以备匈奴，然而，汉武帝没有同意，驳回了桑弘羊等人的建议，下令反思，称“当今务在禁苛暴，止擅赋，力本农，修马复令以补缺，毋乏武备而已”。史称“轮台罪己诏”。其五，汉武帝辞世。汉武帝雄才大略，但在后期穷兵黩武，造成“巫蛊之祸”，公元前87年去世，享年七十岁，在位五十四年，谥号孝武皇帝，庙号世宗；死前立幼子刘弗陵为太子；任霍光为大司马、大将军，与车骑将军金日磾、左将军上官桀共同辅政。

【原文】

世宗孝武皇帝下之下

天汉三年（癸未，前98）

春，二月，王卿[①]有罪自杀，以执金吾杜周[②]为御史大夫。

初榷酒酤[③]。

三月，上行幸泰山，修封[④]，祀明堂[⑤]，因受计[⑥]。还[⑦]，祠常山[⑧]，瘗玄玉[⑨]。方士之候祠神人、入海求蓬莱者终无有验[⑩]，而公孙卿犹以大人迹为解[⑪]，天子益怠厌方士之怪迂语矣[⑫]；然犹羁縻不绝[⑬]，冀遇其真[⑭]。自此之后，方士言神祠者弥众[⑮]，然其效可睹矣[⑯]。

夏，四月，大旱。赦天下。

秋，匈奴入雁门[⑰]。太守坐畏愞弃市[⑱]。

四年（甲申，前97）

春，正月，朝诸侯王于甘泉宫[⑲]。

发[⑳]天下七科谪及勇敢士，遣贰师将军李广利将骑六万、步兵七万出朔方；强弩都尉路博德将万余人与贰师会[㉑]；游击将军韩说将步兵三万人出五原；因杅将军公孙敖将骑万、步兵三万人出雁门。匈奴闻之，悉远其累重于余吾水[㉒]北；而单于以兵十万待水南[㉓]，与贰师接战。贰师解而引归[㉔]，与单于连斗十余日。游击无所得。因杅与左贤王[㉕]战，不利，引归。

时上遣敖深入匈奴迎李陵，敖军无功还，因曰："捕得生口[㉖]，言李陵教单于为兵以备汉军，故臣无所得。"上于是族陵家[㉗]。既而闻之[㉘]，乃汉将降匈奴者李绪，非陵也。陵使人刺杀绪。大阏氏[㉙]欲杀陵，单于匿之北方[㉚]；大阏氏死，乃还。单于以女妻陵[㉛]，立为右校王[㉜]，与卫律皆贵用事。卫律常在单于左右；陵居外，有大事乃入议。

夏，四月，立皇子髆为昌邑王[㉝]。

（以上为第一段，写汉武帝发动数路大军攻打匈奴，结果都无功而返，攻打失利；汉武帝派公孙敖深入匈奴迎接李陵，误听俘虏之言，族杀李陵全家，李陵投降。）

【注释】

①王卿：人名。官御史大夫。 ②执金吾：官名。太初元年中尉改名执金吾。掌京师

治安。 杜周：西汉酷吏。 ③初榷酒酤：开始实行酒类政府专卖。榷（què），专利，专卖。酤，通“沽”，卖酒。 ④上行幸泰山，修封：汉武帝亲临泰山，扩建祭天神坛。⑤祀：祭祀。 明堂：帝王宣明政教、祭祀的礼堂。此明堂建于泰山。 ⑥因：就此，在泰山的明堂。 受计：接受各郡国送上的计簿。 ⑦还：回京师。 ⑧祠常山：祭祀恒山。常山，即恒山，避文帝讳改。在今河北唐县西北。 ⑨瘗（yì）：埋。埋玄玉，以示归于地。⑩蓬莱：方士传说是海中神仙所居的岛。 终无有验：始终没有得到验证。 ⑪以大人迹为解：用巨人的脚印来辩解。见巨人迹，见本书二十卷元封元年。 ⑫“天子”句：汉武帝对方士们的奇谈怪论日益厌倦。怪迂语，奇谈怪论。 ⑬犹羁縻不绝：但仍藕断丝连。羁縻，牵联。 ⑭冀遇其真：希望遇上真神仙。 ⑮言神祠者弥众：谈论祭祀神仙的人更多。弥众，更多，很多。 ⑯然其效可睹矣：但效果可想而知。明摆着是假话，效果可想而知。 ⑰雁门：郡名。郡治善无，在今山西右玉东。 ⑱太守坐畏愞弃市：雁门太守因畏缩惧敌被斩首弃市。畏愞，胆怯，不敢抗敌。 ⑲朝：谓接受朝见。 甘泉宫：宫名。在今陕西淳化西北。 ⑳发：征发。 ㉑会：会师，会合。 ㉒累重：牵累及笨重之物，即家属与财物。 余吾水：水名。即今蒙古国境内的图拉河。 ㉓待水南：匈奴军队十万在余吾水南岸等待迎击汉军。 ㉔解而引归：脱离战斗，撤退回师。 ㉕因杅：因杅将军公孙敖。 左贤王：匈奴的王号。 ㉖捕得生口：活捉的匈奴俘虏。 ㉗族陵家：族灭李陵全家。 ㉘既而闻之：不久听到了真实情况。 ㉙大阏氏：匈奴单于之母。㉚匿之北方：藏匿在人烟稀少的北方。 ㉛以女妻陵：嫁女给李陵为妻。 ㉜立为右校王：封李陵为匈奴右校王。 ㉝髆：汉武帝子刘髆。

【译文】

世宗孝武皇帝下之下

汉武帝天汉三年（癸未，前98）

春季，二月，王卿因罪自杀，汉武帝任命执金吾杜周为御史大夫。

开始实行酒类专卖。

三月，汉武帝巡游泰山，扩建祭天神坛，祭祀于明堂，并在此接受各郡国的户籍、财政簿册。回京途中，祭祀于常山，并将黑色玉石埋于祭坛之下。方士们在各地等候神仙降临和入海寻找蓬莱仙山等，始终没有结果，而公孙卿仍以所谓“巨人的足印”进行辩解，从而使汉武帝对方士们的奇谈怪论日益厌倦，但仍与他们保持联系，并不禁绝，希望能遇到真有本领的人。从此以后，方士们谈论神灵之事的虽然更多，但其效果可想而知了。

夏季，四月，大旱。汉朝实行大赦。

秋季，匈奴入侵雁门。雁门太守因畏缩惧敌被朝廷处死。

汉武帝天汉四年（甲申，前97）

春季，正月，汉武帝在甘泉宫接受各诸侯王的朝见。

汉武帝征发全国“七科”的贱民和勇敢之士，派贰师将军李广利率领骑兵六万、步兵七万自朔方出塞，强弩都尉路博德率领一万多人与李广利会合，游击将军韩说率领步兵三万自五原出塞，因杅将军公孙敖率领骑兵一万、步兵三万自雁门出塞，袭击匈奴。匈奴听到这一消息后，将其家属、财物等全部迁移到余吾水以北地区，然后由单于亲率十万大军在余吾水南岸迎战李广利率领的汉朝军队。李广利率兵与单于大军连续交战十多日，撤兵而还。韩说所部没有收获。公孙敖与匈奴左贤王作战失利，撤兵而回。

汉武帝派公孙敖率兵深入匈奴腹地去接李陵，公孙敖无功而回，便上奏说：“据擒获的匈奴俘虏说，李陵教单于制造兵器，以防备汉军，所以我无所收获。”于是，汉武帝下令将李陵的家属满门抄斩。不久听说，是投降匈奴的汉朝将领李绪所为，并非李陵。李陵派人将李绪刺杀。匈奴单于的母亲大阏氏要杀李陵，单于将他藏在北方，直到大阏氏死后，李陵才回到王庭。单于将自己的女儿嫁给李陵为妻，封其为右校王，与卫律都受到尊重，并握有权力。卫律经常在单于身边，李陵则在外地，有大事才到王庭会商。

夏季，四月，汉武帝封皇子刘髆为昌邑王。

【原文】

太始元年（乙酉，前96）

春，正月，公孙敖坐妻为巫蛊要斩[①]。

徙郡国豪桀于茂陵[②]。

夏，六月，赦天下。

是岁，匈奴且鞮侯单于死；有两子，长为左贤王，次为左大将[③]。左贤王未至，贵人以为有病，更立左大将为单于。左贤王闻之，不敢进；左大将使人召左贤王而让位焉。左贤王辞以病，左大将不听，谓曰：“即不幸死，传之于我。”左贤王许之，遂立，为狐鹿姑单于；以左大将为左贤王。数年，病死[④]；其子先贤掸不得代[⑤]，更以为日逐王[⑥]。单于自以其子为左贤王。

二年（丙戌，前95）

春，正月，上行幸回中。

杜周卒，光禄大夫暴胜之为御史大夫。

秋，旱。

赵中大夫白公奏穿渠引泾水[7]，首起谷口[8]，尾入栎阳[9]，注渭中[10]，袤二百里[11]，溉田四千五百余顷，因名曰白渠；民得其饶[12]。

三年（丁亥，前94）

春，正月，上行幸甘泉宫。

二月，幸东海，获赤雁。幸琅邪，礼日成山[13]，登之罘[14]，浮大海而还。

是岁，皇子弗陵[15]生。弗陵母曰河间赵倢好[16]，居钩弋宫[17]，任身[18]十四月而生。上曰："闻昔尧十四月而生，今钩弋亦然。"乃命其所生门曰尧母门。

臣光曰：为人君者，动静举措[19]不可不慎，发于中必形于外[20]，天下无不知之。当是时也，皇后、太子皆无恙，而命钩弋之门曰尧母，非名也[21]。是以奸人逆探上意[22]，知其奇爱[23]少子，欲以为嗣[24]。遂有危皇后、太子之心，卒成巫蛊之祸[25]，悲夫！

赵人江充为水衡都尉[26]。初，充为赵敬肃王[27]客，得罪于太子丹[28]，亡逃；诣阙告赵太子阴事[29]，太子坐废[30]。上召充入见。充容貌魁岸[31]，被服轻靡[32]，上奇之；与语政事，大悦，由是有宠，拜为直指绣衣使者[33]，使督察贵戚、近臣逾侈者[34]。充举劾无所避[35]，上以为忠直，所言皆中意[36]。尝从上甘泉，逢太子家使乘车马行驰道[37]中，充以属吏。太子闻之，使人谢充曰："非爱车马，诚不欲令人闻之，以教敕亡素[38]者；唯江君宽之！[39]"充不听，遂白奏[40]。上曰："人臣当如是矣！"大见信用，威震京师。

四年（戊子，前93）

春，三月，上行幸泰山。壬午[41]，祀高祖于明堂以配上帝[42]，因受计。癸未[43]，祀孝景皇帝于明堂[44]。甲申[45]，修封。丙戌[46]，禅石闾[47]。

夏，四月，幸不其[48]。五月，还，幸建章宫[49]，赦天下。

冬，十月，甲寅晦[50]，日有食之。

十二月，上行幸雍[51]，祠五畤[52]；西至安定、北地[53]。

（以上为第二段，写皇子刘弗陵出生，其母怀孕十四个月，汉武帝将其母的钩弋宫门命名为“尧母门”；这一举动开启了江充之流揣摩帝王心理而曲意逢迎种下巫蛊之祸，受到司马光的批评。）

【注释】

①巫蛊：巫师使用邪术企图嫁祸于人的迷信手段。要斩：腰斩。要，同“腰”。②茂陵：汉武帝陵。在今陕西兴平东北。按：茂陵，武帝建元二年始建，置邑，元朔二年移民充实，至此太始元年第三次移民充实。③左大将：匈奴王号，位在左贤王下。④病死：左贤王病死。⑤先贤掸：左贤王之子名。不得代：不能继承左贤王之位。⑥更以为日逐王：改立先贤掸为日逐王。居于匈奴的西方。⑦白公：姓名。公，尊称。泾水：水名。在关中，仅次于渭水的大河。⑧谷口：县名。治所在今陕西礼泉东北。⑨栎阳：县名。治所在今陕西西安市高陵区东北。⑩注渭中：引泾水灌溉渭中地区。注，引水灌注。⑪袤二百里：指白渠长二百里。袤，广，此指长。⑫民得其饶：民得其利而富裕。⑬礼日：即拜日。成山：山名，在今山东威海市文登区东北。⑭之罘：岛名。在今山东烟台市福山区东北三十五里海中。⑮皇子弗陵：武帝少子刘弗陵，即后来继位的汉昭帝。⑯赵倢伃：河间（治在今河北河间）人。武帝的宠姬。⑰钩弋宫：宫名。在长安直门外。⑱任身：怀孕。任，通“妊”。⑲动静举措：一举一动，一切措施。⑳发于中必形于外：内心想的事，外表必然表现出来。中，内心，思想。㉑非名也：不符名分，名称不妥。㉒逆探上意：推测皇上意图。㉓奇爱：非常宠爱。㉔嗣：继承人。此指改换继承人。㉕卒成巫蛊之祸：终于酿巫蛊祸患。戾太子死于巫蛊之祸。㉖江充：西汉赵国邯郸（今河北邯郸）人，字次倩。本名齐，更名充。曾得武帝信任，为使治巫蛊，败坏戾太子。传见《汉书》卷四十五。水衡都尉：官名。汉武帝时始置。掌上林苑，兼保管皇家财物及铸钱。㉗赵敬肃王：刘彭祖。景帝之子。封为赵王，卒谥敬肃。㉘太子丹：刘丹。赵王彭祖之子。㉙诣阙告赵太子阴事：来到朝廷告发太子丹的隐私。阙，宫阙，指朝廷。㉚坐废：被判废太子之位。㉛容貌魁岸：相貌堂堂，十分英俊。㉜被服轻靡：穿着考究，轻暖而华丽。㉝直指绣衣使者：朝廷派往郡国核查案件的专使。㉞贵戚：皇室成员及外戚。近臣：天子近侍之臣。逾侈者：过分骄奢的人。㉟无所避：不回护任何人，不怕得罪权贵。㊱中意：符合天子的心意。㊲太子家使：卫太子家的使者。驰道：专供天子驰行之道。汉律，他人骑乘

车马行驰道中，已论者没入车马被具。㊳教敕亡素：平素没有管教好左右。㊴宽之：宽容放过。㊵白奏：报告汉武帝。㊶壬午：三月二十五日。㊷祀高祖于明堂：在明堂祭祀汉高祖。即设立高祖灵位。以配上帝：用以配祀上帝。㊸癸未：三月二十六日。㊹祀孝景皇帝于明堂：又在明堂增设孝景皇帝灵位。㊺甲申：三月二十七日。㊻丙戌：三月二十九日。㊼禅石闾：在石闾山祭地神。石闾，山名。在今山东泰安南。㊽不其：山名。在今山东青岛即墨区西南。㊾建章宫：汉武帝新建宫殿，在故长安西南，今西安市西北。㊿甲寅晦：十月三十日。(51)雍：县名。在今陕西凤翔南。建有行宫。(52)祠五畤：祭祀五天帝。(53)安定：郡名。郡治高平，在今宁夏固原。北地：郡名。郡治马领，在今甘肃庆阳西北。

【译文】

汉武帝太始元年（乙酉，前96）

春季，正月，公孙敖因其妻以“巫蛊”害人而被腰斩。

汉武帝强迫各郡国的富豪和有权势的人迁居茂陵。

夏季，六月，实行大赦。

这一年，匈奴且鞮侯单于去世。且鞮侯有两个儿子，长子为左贤王，次子为左大将。且鞮侯死后，左贤王没有及时赶到，匈奴贵族认为左贤王有病，改立左大将为单于。左贤王听说后，不敢前来王庭。左大将派人将左贤王召来，让位给他。左贤王以自己有病为理由推辞不受，左大将不听，对他说：“如果你不幸死去，再传位给我。”左贤王这才答应，即单于位，称为狐鹿姑单于。封左大将为左贤王。几年后，左贤王病死，其子先贤掸因不能继承左贤王之位，所以改封为日逐王。单于封自己的儿子为左贤王。

汉武帝太始二年（丙戌，前95）

春季，正月，汉武帝巡幸回中宫。

杜周去世，汉武帝任命光禄大夫暴胜之为御史大夫。

秋季，干旱。

赵国中大夫白公奏请朝廷，从谷口至栎阳挖了一条长二百里的引水渠，将泾河水引到渭中地区，使四千五百多顷农田得到灌溉，因此命名为“白渠”。当地百姓因白渠而大大受益。

汉武帝太始三年（丁亥，前94）

春季，正月，汉武帝前往甘泉宫。

二月，汉武帝巡游东海郡，捉到一只赤色大雁；又巡游琅邪郡，在成山拜日，并登上之罘山，然后乘船在海上巡游后返回长安。

这一年，皇子刘弗陵出生。刘弗陵的母亲是河间人，姓赵，受封为倢妤，住在钩弋宫，怀孕十四个月后生刘弗陵。汉武帝刘彻说："听说当年尧是十四个月才出生的，如今赵倢妤生这个孩子也是如此。"于是，下令将钩弋宫宫门改称尧母门。

臣司马光评论说：作为帝王，每一行动、措施都不能不慎重，内心想的事，外表必然会显露出来，天下人都会知道。那时，皇后、太子全部安然健在，汉武帝却下令将钩弋宫门称为尧母门，在名义上是不妥当的。正因为如此，才使奸猾之徒揣摩皇上的心意，认为他非常宠爱幼子，想立幼子为皇位继承人，于是，产生危害皇后、太子之心，终于酿成巫蛊祸难，可悲啊！

赵国人江充被任命为水衡都尉。当初，江充本是赵敬肃王的门客，因为得罪了赵王太子刘丹，逃出赵国，来到朝廷告发了刘丹的隐私秘事，刘丹因此被废除赵国太子之位。汉武帝刘彻召江充入宫见面，见他仪表堂堂，身体魁梧，衣着轻暖而华丽，暗中称奇。与他谈论一番政事后，汉武帝大为高兴，从此宠信江充，封其为直指绣衣使者，让他督察皇亲国戚、天子近臣中的违背体制、奢侈不法行为。江充检举参劾，毫无避讳，汉武帝因此认为他忠正直率，所说的话都合汉武帝的心意。江充曾随汉武帝前往甘泉宫，正遇上太子刘据派遣去甘泉宫问安的使者坐着马车在皇帝专用的驰道上行走，江充便将其抓捕问罪。太子听说后，派人向江充求情说："我并非爱惜车马，实在是不愿让皇上知道后，认为我平时没有管教左右，希望江先生宽恕！"江充并不理睬，径自上奏。汉武帝说："做臣子的，就应当这样！"对江充大加信任，从而使江充威震京师。

汉武帝太始四年（戊子，前93）

春季，三月，汉武帝巡游泰山。二十五日，在明堂祭祀高祖刘邦，以之配祀上帝，并在此接受各郡国记录户籍财政情况的簿册。二十六日，在明堂祭祀汉景帝刘启。二十七日，扩建祭天神坛。二十九日，在石间祭祀地神。

夏季，四月，汉武帝巡游不其山。五月，返回长安，前往建章宫，下令实行大赦。

冬季，十月三十日，出现日食。

十二月，汉武帝巡游至雍，于五畤祭祀天帝。然后西行，到达安定、北地二郡。

【原文】

征和元年（己丑，前92）

春，正月，上还，幸建章宫。

三月，赵敬肃王彭祖薨。彭祖取江都易王所幸淖姬[①]，生男，号淖子。时淖姬兄为汉宦者，上召问[②]："淖子何如？"对曰："为人多欲。"上曰："多欲不宜君国子民[③]。"问武始侯昌[④]，曰："无咎无誉[⑤]。"上曰："如是可矣[⑥]。"遣使者立昌为赵王[⑦]。

夏，大旱。

上居建章宫，见一男子带剑入中龙华门，疑其异人，命收之[⑧]。男子捐剑走[⑨]，逐之弗获。上怒，斩门候[⑩]。

冬，十一月，发三辅骑士大搜上林[⑪]，闭长安城门索[⑫]，十一日乃解[⑬]。巫蛊始起[⑭]。

丞相公孙贺夫人君孺[⑮]，卫皇后姐也，贺由是有宠。贺子敬声代父为太仆[⑯]，骄奢不奉法，擅用北军[⑰]钱千九百万；发觉，下狱。

是时诏捕阳陵大侠朱安世甚急[⑱]，贺自请逐捕安世以赎敬声罪，上许之。后果得安世。安世笑曰："丞相祸及宗矣[⑲]！"遂从狱中上书，告"敬声与阳石公主[⑳]私通；上且上甘泉，使巫当驰道埋偶人[㉑]，祝诅上[㉒]，有恶言。"

（以上为第三段，写公孙贺的儿子公孙敬声担任太仆，骄横奢侈，不遵法纪，擅自动用军费，事情败露后被捕下狱；公孙贺追捕阳陵大侠客朱安世以赎子之罪，朱安世揭发公孙敬声用巫蛊术诅咒皇上，开启了巫蛊大案之祸。）

【注释】

①淖姬：姓淖，江都易王刘非之姬。刘非之子刘建曾与淖姬私通。刘建又有他罪被诛，国除。淖姬改适赵王刘彭祖。淖姬事见本书十九卷元狩二年。②上召问：汉武帝宣召淖姬兄询问刘淖子的情况。③君国子民：为国之君，以民为子。指为王。④问武始侯昌：问武始侯昌怎么样。昌，也是赵敬肃王刘彭祖之子。⑤无咎无誉：没有过错，也没有好名声。⑥如是可矣：这样的人基本可以。⑦立昌为赵王：立刘昌为赵王。按：淖

姬兄宦者，以己所知真实情况回答武帝，刘昌得以继位赵王。淖姬兄不护短，可谓忠实心善对矣。⑧命收之：下命抓捕。⑨捐剑走：弃剑逃跑。⑩斩门候：诛杀了门卫官。门候，掌宫门出入之人。犹今之门卫。⑪发三辅骑士：征调全京师三辅的骑兵。三辅，即京兆尹、左冯翊、右扶风。大搜上林：对上林苑展开地毯式大搜捕。上林苑，皇家林陵，在今陕西西安市西南。⑫闭长安城门索：关闭长安城门，展开全市大搜捕。⑬十一日乃解：大搜捕十一天才解除戒严。⑭巫蛊始起：巫蛊大案出现苗头。⑮公孙贺：西汉北地义渠（今甘肃宁县西北）人。字子叔。以妻为卫皇后之姐而得宠。官至丞相，封葛绎侯。传见《汉书》卷六十六。君孺：卫皇后之姐卫君孺。⑯敬声：人名。公孙贺之子。太仆：官名。掌乘舆车马。⑰擅用：私自占用，贪污。北军：汉代守卫京师的屯卫兵。因在未央宫北面而得名。⑱阳陵：县名。在今陕西西安市高陵区西南。朱安世：人名。西汉的游侠。甚急：钦点要犯，十分紧急。⑲祸及宗矣：灾祸毁灭全族。⑳阳石公主：武帝之女。㉑当驰道埋偶人：在汉武帝去甘泉宫的驰道上埋入像汉武帝的木偶人。㉒祝诅上：诅咒皇上。

【译文】

汉武帝征和元年（己丑，前92）

春季，正月，汉武帝返回长安，前往建章宫。

三月，赵王刘彭祖去世。刘彭祖娶的是江都易王刘非的宠姬淖姬，生了一个儿子，取名刘淖子。当时淖姬的哥哥在皇宫中当宦官，汉武帝刘彻便召他询问："淖子为人如何？"淖姬的哥哥回答说："他为人欲望太多。"汉武帝说道："欲望太多的人不适合当国君管理百姓。"又问武始侯刘昌的情况，淖姬的哥哥说："刘昌既无过错，也没有什么值得赞扬的地方。"汉武帝说："这样就可以了。"于是，派使臣立刘昌为赵王。

夏季，大旱。

汉武帝住在建章宫，看到一个男子带剑进入中龙华门，怀疑是不寻常的人，便命人捕捉。该男子弃剑逃跑，侍卫们追赶，未能擒获。汉武帝大怒，将掌管宫门出入的门候处死。

冬季，十一月，汉武帝征调三辅地区的骑兵对上林苑进行大搜查，并下令关闭长安城门进行搜索，十一天后解除戒严。巫蛊事开始出现。

丞相公孙贺的夫人卫君孺，是卫皇后的姐姐，公孙贺因此受到宠信。公孙贺的儿子公孙敬声接替父亲担任太仆，骄横奢侈，不遵守法纪，擅自动用北军军费一千九百万钱，事情败露后被捕下狱。

这时，汉武帝正下令各地紧急通缉阳陵大侠客朱安世，于是，公孙贺请求汉武帝让他负责追捕朱安世，来为其子公孙敬声赎罪，汉武帝批准了他的请求。后来，公孙贺果然将朱安世抓捕。朱安世却笑着说："丞相将要祸及全族了！"于是，从狱中上书朝廷，揭发说："公孙敬声与阳石公主私通；他得知皇上将要前往甘泉宫，便让巫师在皇上专用的驰道上埋藏木偶人，诅咒皇上，口出恶言。"

【原文】

二年（庚寅，前91）

春，正月，下贺狱[①]，案验[②]；父子死狱中，家族[③]。以涿郡太守刘屈氂[④]为丞相，封澎侯。屈氂，中山靖王子也。

夏，四月，大风，发屋折木[⑤]。

闰月[⑥]，诸邑公主、阳石公主及皇后弟子长平侯伉皆坐巫蛊诛[⑦]。

上行幸甘泉。

初，上年二十九乃生戾太子[⑧]，甚爱之。及长，性仁恕温谨，上嫌其材能少[⑨]，不类己[⑩]；而所幸王夫人生子闳[⑪]，李姬生子旦、胥[⑫]，李夫子生子髆[⑬]，皇后、太子宠浸衰[⑭]，常有不自安之意。

上觉之，谓大将军青曰："汉家庶事草创[⑮]，加四夷侵陵中国[⑯]，朕不变更制度，后世无法；不出师征伐，天下不安；为此者不得不劳民[⑰]。若后世又如朕所为[⑱]，是袭亡秦之迹也[⑲]。太子敦重好静[⑳]，必能安天下，不使朕忧。欲求守文之主[㉑]，安有贤于太子者乎！闻皇后与太子有不安之意，岂有之邪？[㉒]可以意晓之[㉓]。"大将军顿首谢[㉔]。皇后闻之，脱簪请罪[㉕]。太子每谏征伐四夷[㉖]，上笑曰："吾当其劳[㉗]，以逸遗汝[㉘]，不亦可乎！"

上每行幸，常以后事付太子[㉙]，宫内付皇后；有所平决[㉚]，还[㉛]，白其最[㉜]，上亦无异[㉝]，有时不省也[㉞]。

上用法严[㉟]，多任深刻吏[㊱]；太子宽厚，多所平反[㊲]，虽得百姓心，而用法大臣皆不悦。皇后恐久获罪[㊳]，每戒太子[㊴]，宜留取上意[㊵]，不应擅有所纵舍[㊶]。上闻之，是太子而非皇后[㊷]。

群臣宽厚长者皆附太子，而深酷用法者皆毁之；邪臣多党与[㊸]，故太子誉少而毁多。卫青薨，臣下无复外家为据[㊹]，竞欲构太子[㊺]。

上与诸子疏㊻，皇后希得见㊼。太子尝谒皇后，移日乃出㊽。黄门苏文告上㊾曰："太子与宫人戏㊿。"上益太子宫人满二百人[51]。太子后知之，心衔文[52]。文与小黄门常融、王弼等常微伺太子过[53]，辄增加白之[54]。皇后切齿[55]，使太子白诛文等。太子曰："第勿为过[56]，何畏文等！上聪明，不信邪佞，不足忧也！"

上尝小不平[57]，使常融召太子，融言"太子有喜色"，上嘿然[58]。及太子至，上察其貌[59]，有涕泣处，而佯语笑[60]，上怪之[61]；更微问[62]，知其情，乃诛融。皇后亦善自防闲[63]，避嫌疑，虽久无宠，尚被礼遇[64]。

是时，方士及诸神巫[65]多聚京师，率皆左道惑众[66]，变幻无所不为。女巫往来宫中，教美人度厄[67]，每屋辄埋木人祭祀之；因妒忌恚詈[68]，更相告讦[69]，以为祝诅上[70]，无道[71]。上怒，所杀后宫延及大臣，死者数百人。

上心既以为疑，尝昼寝[72]，梦木人数千持杖欲击上，上惊寤[73]，因是体不平[74]，遂苦忽忽善忘[75]。江充自以与太子及卫氏有隙[76]，见上年老，恐晏驾[77]后为太子所诛，因是为奸[78]，言上疾祟在巫蛊[79]。

于是上以充为使者，治巫蛊狱[80]。充将胡巫掘地求偶人[81]，捕蛊及夜祠、视鬼[82]，染污令有处[83]，辄收捕验治，烧铁钳灼[84]，强服之[85]。民转相诬以巫蛊[86]，吏辄劾以为大逆无道[87]；自京师、三辅连及郡、国，坐而死者前后数万人[88]。

（以上为第四段，写太子刘据性格仁慈宽厚，汉武帝却嫌其不类己，江充利用巫蛊祸起，诬陷太子，穷追治蛊，有数万人受到无辜牵连而死。）

【注释】

①下贺狱：将公孙贺打入监狱。 ②案验：查办。 ③家族：家遭灭族。 ④刘屈氂：中山靖王刘胜之子。官至丞相，封澎侯。在巫蛊案中刘屈氂败太子，春风得意，越年汉武帝平太子冤，刘屈氂被腰斩。传见《汉书》卷六十六。 ⑤发屋折木：大风吹掀屋顶，吹断树木。 ⑥闰月：闰四月。 ⑦诸邑公主、阳石公主：皆武帝与卫皇后所生之女。 皇后弟：指卫青。 长平侯伉：卫伉。卫青之子。以上诸人，都因巫蛊案被诛杀。 ⑧戾太子：刘据。又称卫太子。武帝与卫皇后所生子。传见《汉书》卷六十三。 ⑨少：缺少才干。 ⑩不类己：不像自己。 ⑪闳：刘闳。武帝王夫人之子。封齐王。卒谥怀。 ⑫旦、胥：刘旦、刘胥。武帝李姬之子。刘旦封燕王，卒谥刺。刘胥封广陵王，卒谥厉。

⑬髆：刘髆。武帝李夫人之子。封昌邑王，卒谥哀。⑭浸衰：逐渐失宠。⑮庶事草创：众事初创。⑯四夷侵陵中国：周边各族侵扰中国不断。陵，通“凌”。⑰劳民：劳苦百姓。⑱如朕所为：像我一样行事。⑲袭亡秦之迹也：重走秦朝灭亡的老路。袭，蹈套，重走。⑳敦重好静：敦厚稳重。㉑守文之主：以文治国的君王。㉒岂有之邪：难道真是这样的吗？㉓以意晓之：把朕的意思转达皇后太子。㉔顿首谢：叩头感谢。㉕脱簪请罪：拔掉头上饰物向皇上请罪。㉖谏征伐四夷：劝止征伐四方。㉗吾当其劳：由我来担当艰苦重任。㉘以逸遗汝：把安逸留给你。㉙后事付太子：汉武帝每外出，把随后要办的事交付太子。㉚有所平决：自己做主办了的事。㉛还：武帝回宫。㉜白其最：向武帝报告最主要的事。㉝上亦无异：武帝也没提出异议。㉞有时不省也：有时根本不过问。㉟用法严：执法严苛。㊱多任深刻吏：多任用执法苛酷的官吏。㊲平反：纠正。重新从宽处理。㊳恐久获罪：害怕长此下去会获罪。㊴每戒太子：经常告诫太子。㊵宜留取上意：应当请示听取皇上的意见。留，一些事要停留请示。㊶不应擅有所纵舍：不应擅自有所纵容宽赦。㊷是太子而非皇后：赞同太子的做法，不赞同皇后的做法。㊸邪臣多党与：奸臣拉帮结派，有很多同伙。㊹无复外家为据：谓太子已没有外家做靠山。㊺竞欲构太子：便争相陷害太子。㊻疏：疏远，很少在一起。㊼希得见：很少见，难得在一起。希，通“稀”，少。㊽移日乃出：太阳偏远了才出皇后宫。移日，时间久，太阳移了位置。㊾黄门：宦官之称。苏文：宦者。告上：向汉武帝打小报告诬陷太子。㊿戏：戏耍，不庄重。51“上益”句：汉武帝增加太子宫中的宫人到二百人。52心衔文：心里怨恨苏文。53微伺太子过：暗中侦察太子的过错。54辄增加白之：总要添油加醋夸大错误向汉武帝报告。55皇后切齿：皇后恨得咬牙切齿。56第勿为过：只要不犯错误。57小不平：身体微有不适；不大舒适。58上嘿然：汉武帝沉默不语。按：心情沉痛失望。59察其貌：观察太子的脸色。60佯语笑：假装有说有笑。61上怪之：武帝惊怪太子并无喜色而是心忧。62更微问：再暗中查问。63善自防闲：小心自处，避开嫌疑。64尚被礼遇：还能受到皇上的以礼相待。65神巫：装神弄鬼的巫者。66左道惑众：用奇幻邪迷惑民众。67美人：宫妃的等级名号。度厄：用迷信除灾的方法，此用埋木偶祭祀，即巫蛊之起也。68恚詈：怨恨咒骂。69更相告讦（jié）：互相攻讦。70祝诅上：祈使鬼神降祸于武帝。71无道：大逆不道。72昼寝：白天睡觉。73惊寤：从梦中惊醒。74体不平：身体不适。75遂苦忽忽善忘：于是精神恍惚，记不起事情，非常苦恼。忽忽，迷迷糊糊。76隙：隔阂，猜疑。77晏驾：指武帝死的讳称。78为奸：生出奸计。79言上疾祟在巫蛊：说皇上的病是巫蛊为祸。祟（suì），祸祟，鬼怪作祟。80治巫蛊狱：主

持审理巫蛊大案。 ⑧①掘地求偶人：挖地寻找木偶人。 ⑧②“捕蛊”句：抓捕那些用巫蛊害人、夜晚祷祝、自称能见鬼的人。夜祠，指夜晚祭祀祝诅之人。视鬼，谓使巫视鬼之人。 ⑧③染污令有处：谓江充使胡巫染污土地，伪造祠祭处所。 ⑧④烧铁钳灼：以烧铁戒钳之，或灼之。 ⑧⑤强服之：强迫被捕的人认罪。 ⑧⑥民转相诬以巫蛊：民众在刑讯逼迫下互相诬指对方用巫蛊害人。 ⑧⑦吏辄劾以为大逆无道：办案官吏总是依据招供来劾奏招供人大逆不道。 ⑧⑧数万人：从京师以至全国涉案者有几万人。

【译文】

汉武帝征和二年（庚寅，前91）

春季，正月，公孙贺被抓捕下狱，经调查，罪名属实，父子二人都死于狱中，并被灭族。汉武帝刘彻任命涿郡太守刘屈氂为丞相，封其为澎侯。刘屈氂，是中山靖王刘胜的儿子。

夏季，四月，狂风大作，房屋被掀起，树木被折断。

闰四月，诸邑公主、阳石公主及卫皇后之弟卫青的儿子长平侯卫伉，都因巫蛊案而被处死。

汉武帝巡游甘泉。

当初，汉武帝刘彻二十九岁时才有了戾太子刘据，对他非常喜爱。刘据长大后，性格仁慈宽厚、温和谨慎，汉武帝嫌他不像自己那样精明强干；汉武帝平日宠爱的王夫人也生了一子名叫刘闳，李姬生二子刘旦、刘胥，李夫人生一子刘髆。皇后、太子因皇上对他们的宠爱逐渐减少，常常有不能自安的感觉。

汉武帝察觉后，对大将军卫青说：“我朝有很多事情都还处于草创阶段，再加上周围的外族对我国的侵扰不断，我如不变更制度，后代就将失去准则依据；如不出师攻打，天下就不能安定，因此不能不使民众们受些劳苦。但假如后代也像我这样去做，就等于重蹈了秦朝灭亡的覆辙。太子性格稳重好静，肯定能安定天下，不会让我忧虑。要找一个能够以文治国的君王，还能有谁比太子更强呢？听说皇后和太子有不安的感觉，难道真是如此吗？你可以把我的意思转告他们。”卫青磕头感谢。皇后听说后，特意摘掉首饰向汉武帝请罪。每当太子劝阻征伐四方时，汉武帝就笑着说：“由我来担当艰苦重任，而将安逸留给你，不也挺好吗？”

汉武帝每次出外巡游，经常将留下的事情交付太子，宫中事务交付皇后。如果有所裁决，待汉武帝回来后就将其中最重要的向他报告，汉武帝也没有不同意的，有时甚至不过问。

汉武帝用法严厉，任用的多是严苛残酷的官吏；而太子待人宽厚，经常将一些他认为处罚过重的案子从轻发落。太子这样做虽然得民众之心，但那些执法大臣都不高兴。皇后害怕长此下去太子会获罪，经常告诫他，应注意顺从皇上的意思，不应擅自有所纵容宽赦。汉武帝听说后，认为太子是对的，而皇后不对。

群臣中，为人宽厚的都依附太子，而用法严苛的则都诋毁太子。由于奸邪的臣子大多结党，所以为太子说好话的少，说坏话的多。卫青去世后，那些臣子认为太子不再有母亲娘家的靠山，便竞相陷害太子。

汉武帝很少与儿子们在一起，与皇后也难得见面。一次，太子进宫谒见皇后，太阳都转过去半天了，才从宫中出来。黄门苏文向汉武帝报告说："太子调戏宫女。"于是，汉武帝将太子宫中的宫女增加到二百人。后来，太子知道了这件事情，便对苏文怀恨在心。苏文与小黄门常融、王弼等经常暗中寻找太子的过失，然后再去添枝加叶地向汉武帝报告。对此，皇后恨得咬牙切齿，让太子禀明皇上杀死苏文等人。太子说："只要我不做错事，又何必怕苏文等人！皇上圣明，不会相信邪恶谗言，用不着忧虑。"

有一次，汉武帝感到身体有点不舒服，派常融去召太子，常融回来后对汉武帝说道："太子面带喜色。"汉武帝默然无语。及至太子来到，汉武帝观其神色，见他脸上有泪痕，却强装有说有笑，汉武帝感到很奇怪，再暗中查问，才得知事情真相，于是将常融处死。皇后自己也小心防备，远避嫌疑，所以尽管已有很长时间不再得宠，却仍能使汉武帝以礼相待。

这时，方士和各类神巫多聚集在京师长安，大都是以旁门左道的奇幻邪术迷惑众人，无所不为。一些女巫来于宫中，教宫中美人躲避灾难的办法，在每间屋里都埋上木头人，进行祭祀。因相互妒忌争吵时，就轮番告发对方诅咒皇上，大逆不道。汉武帝刘彻大怒，将被告发的人处死，杀了后宫妃嫔、宫女以及受牵连的大臣共数百人。

汉武帝产生疑心以后，有一次，在白天小睡，梦见有好几千个木头人手持棍棒想要袭击他，霍然惊醒，从此感到身体不舒服，精神恍惚，记忆力大减。江充自以为与太子及皇后有嫌隙，见汉武帝年纪很大，害怕皇上去世后被太子诛杀，便定下奸谋，说皇上的病是因为有巫蛊作祟造成的。

于是，汉武帝派江充为使者，负责查巫蛊案。江充率领胡人巫师到各处掘地寻找木头人，并逮捕了那些用巫术害人，夜间守祷祝及自称能见到鬼魂的人，又命人事先在一些地方洒上血污，然后对被捕之人进行审讯，将那些染上血污的地方指为他们以邪术害人之处，并施以铁钳烧灼之刑，强迫他们认罪。于是，民众相互诬指对方用巫蛊害人；官吏则每每参劾别人大逆不道。从京师长安、三辅地区到各郡国，因此而死的先后共有数万人。

【原文】

是时，上春秋高[①]，疑左右皆为蛊祝诅；有与无[②]，莫敢讼其冤者。充既知上意[③]，因胡巫檀何言[④]："宫中有蛊气；不除之，上终不差[⑤]。"上乃使充入宫，至省中[⑥]，坏御座，掘地求蛊[⑦]；又使按道侯韩说、御史章赣、黄门苏文等助充。充先治后宫希幸夫人[⑧]，以次及皇后、太子宫，掘地纵横[⑨]，太子、皇后无复施床处[⑩]。

充云："于太子宫得木人尤多[⑪]，又有帛书[⑫]，所言不道；当奏闻[⑬]。"太子惧，问少傅石德[⑭]。德惧为师傅并诛，因谓太子曰："前丞相父子[⑮]、两公主及卫氏[⑯]皆坐此[⑰]，今巫与使者掘地得征验，不知巫置之邪，将实有也，无以自明[⑱]。可矫以节收捕充等系狱[⑲]，穷治其奸诈[⑳]。且上疾在甘泉，皇后及家吏请问皆不报[㉑]；上存亡未可知[㉒]，而奸臣如此，太子将不念秦扶苏事邪[㉓]！"太子曰："吾人子，安得擅诛！不如归谢[㉔]，幸得无罪。"太子将往之甘泉，而江充持太子甚急[㉕]；太子计不知所出，遂从石德计。

秋，七月，壬午[㉖]，太子使客诈为使者，收捕充等；按道侯说疑使者有诈[㉗]，不肯受诏，客格杀说[㉘]。太子自临斩充，骂曰："赵虏[㉙]！前乱乃国王父子[㉚]不足邪[㉛]！乃复乱吾父子也！"又炙胡巫上林中[㉜]。

（以上为第五段，写江充与太子刘据有矛盾，于是勾结案道侯韩说、宦官苏文等四人诬陷太子，太子自保，矫诏抓捕江充、胡巫处死。）

【注释】

①春秋高：年事高，年老。 ②有与无：即真与假。有，犯巫蛊之人；无，没有参与的人。那些被捕的人，无论真与假，谁都不敢喊冤。 ③充既知上意：江充窥探汉武帝的疑心病，认为身边亲人都在用巫蛊祝诅他。 ④胡巫檀何：匈奴巫师名叫檀何。江充通过檀何来替自己的奸计代言。 ⑤不差：病不痊愈。 ⑥省中：宫禁之中，指皇上居处。 ⑦坏御座，掘地求蛊：毁坏皇帝宝座，挖地找蛊。 ⑧先治后宫希幸夫人：先从

皇帝很少去的嫔妃的房间下手。希，通“稀”，很少。 ⑨掘地纵横：房间被挖得乱七八糟。 ⑩无复施床处：找不到一块安放床的地方。 ⑪木人尤多：从太子宫中挖出的木偶人最多。 按：以及下文帛书等，皆江充使胡巫伪造的证据。 ⑫帛书：写于帛上的咒语。 ⑬当奏闻：应当上奏天子。 ⑭少傅：官名。掌辅佐太子。 石德：人名。 ⑮前丞相父子：指公孙贺父子。 ⑯两公主：指诸邑公主、阳石公主。 卫氏：指卫伉。 ⑰坐此：都因巫蛊获罪。 ⑱无以自明：无法自己说清楚。 ⑲可矫以节收捕充等系狱：只有假传皇上命令用符节把江充等人抓起来关进监狱。矫，假托诏命。节，符节。系狱，拘禁在狱中。 ⑳穷治其奸诈：彻底追究他们的奸计。 ㉑“皇后”句：皇后和太子派遣的下属向汉武帝请示被阻隔见不到皇上。皇后及家吏，皇后之吏及太子家吏。 ㉒存亡未可知：死活情况不知。 ㉓念秦扶苏事：想一想秦朝扶苏的事。指示太子不要步扶苏的后尘。扶苏被害事见本书七卷秦始皇三十七年。 ㉔“吾人子”三句：我当儿子的，怎能擅自诛大臣？不如前往甘泉宫请罪。归谢，到天子跟前认错，请罪。 ㉕江充持太子甚急：江充却抓住太子的事逼迫得十分紧急。 ㉖壬午：七月初九日。 ㉗疑使者有诈：怀疑使者是假的，不是皇上派遣的。诈，假。 ㉘客格杀说：太子门客格斗杀了韩悦。韩说，读韩悦。 ㉙赵虏：你个赵国奴才。 ㉚乃国王：你江充的国王。江充赵国人，故称“赵王”为“你的国王”。 父子：指赵王刘彭祖，及子刘丹。丹为太子，因江充告发其罪被废。 ㉛不足邪：你江充祸害了赵王父子，还不够吗？ ㉜炙：用火烧。太子刘据烧死胡巫于上林苑。

【译文】

这时候，汉武帝年事已高，怀疑周围的人都在用巫蛊诅咒他；而那些被抓捕治罪的人，无论真实情况如何，谁也不敢诉说自己有冤。江充窥探出汉武帝的疑惧心理，便指使胡人巫师檀何说：“宫中有蛊气，不将这蛊气除去，皇上的病就一直不会好。”于是，汉武帝派江充进入宫中，直至宫禁深处，毁坏皇帝的宝座，挖地找蛊；又派按道侯韩说、御史章赣、黄门苏文等协助江充。江充先从后宫中汉武帝已很少理会的妃嫔的房间着手，然后依次搜寻，一直搜到皇后宫和太子宫中，各处的地面都被纵横翻起，以至太子和皇后连放床的地方都没有了。

江充扬言：“在太子宫中找出的木头人最多，还有写在丝帛上的文字，内容大逆不道，应当报告皇上。”太子非常害怕，问少傅石德应当怎么办。石德害怕因为自己是太子的老师而受到牵连被杀，便对太子说：“先前公孙贺父子、两位公主以及卫伉等都被指犯有用巫蛊害人之罪而被杀死，如今巫师与皇上的使者又从宫中挖出证据，不知是巫师放置的呢，还是确实有，自己是无法解释清楚的。

你可假传圣旨，将江充等人抓捕下狱，彻底追究其奸谋。况且，皇上有病住在甘泉宫，皇后和您派去请安的人都没能见到皇上，皇上是否还在，实未可知，而奸臣竟敢如此，难道您忘了秦朝太子扶苏之事了吗？”太子说道：“我这当儿子的怎能擅自诛杀大臣？不如前往甘泉宫请罪，或许能侥幸无事。”太子打算亲自前往甘泉宫，但江充却抓住太子之事逼迫甚急，太子想不出别的办法，于是，按着石德的计策行事。

秋季，七月初九日，太子派门客冒充皇帝使者，抓捕了江充等人。按道侯韩说怀疑使者是假的，不肯接受命令，被太子门客杀死。太子亲自监杀江充，骂道：“你这赵国的奴才，先前扰害你们国王父子，还嫌不够，如今又来扰害我们父子！”又将江充手下的胡人巫师烧死在上林苑中。

【原文】

太子使舍人无且[①]持节夜入未央宫殿长秋门[②]，因长御倚华具白[③]皇后，发中厩车载射士[④]，出武库兵[⑤]，发长乐宫卫卒[⑥]。长安扰乱，言太子反[⑦]。苏文迸走[⑧]，得亡归甘泉[⑨]，说太子无状[⑩]。上曰：“太子必惧，又忿充等，故有此变。”乃使使召太子。使者不敢进，归报云：“太子反已成[⑪]，欲斩臣，臣逃归。”上大怒。

丞相屈氂闻变，挺身逃[⑫]，亡其印绶[⑬]，使长史乘疾置以闻[⑭]。上问：“丞相何为[⑮]？”对曰：“丞相秘之[⑯]，未敢发兵。”上怒曰：“事籍籍如此[⑰]，何谓秘也[⑱]！丞相无周公之风矣[⑲]，周公不诛管、蔡乎[⑳]！”乃赐丞相玺书曰：“捕斩反者，自有赏罚。以牛车为橹[㉑]，毋接短兵[㉒]，多杀伤士众！坚闭城门[㉓]，毋令反者得出！”太子宣言告令百官云：“帝在甘泉病困，疑有变；奸臣欲作乱。”

上于是从甘泉来，幸城西建章宫，诏发三辅近县兵，部中二千石以下[㉔]，丞相兼将之。太子亦遣使者矫制[㉕]赦长安中都官囚徒[㉖]，命少傅石德及宾客张光等分将[㉗]；使长安囚如侯持节发长水及宣曲胡骑[㉘]，皆以装会[㉙]。侍郎马通使长安[㉚]，因追捕如侯，告胡人曰[㉛]：“节有诈[㉜]，勿听也！”遂斩如侯[㉝]，引骑入长安；又发楫棹士[㉞]以予大鸿胪商丘成[㉟]。初，汉节纯赤[㊱]，以太子持赤节，故更为黄旄加上以相别[㊲]。

太子立车北军南门外[㊳]，召护北军使者任安[㊴]，与节，令发兵。安拜受节；入，闭门不出。太子引兵去，驱四市人[㊵]凡数万众，至长乐西阙下[41]，逢丞相军，合战五日，死者数万人，血流入沟[42]中。民间皆云“太子反”，以故众不附太子[43]，丞相附兵浸多[44]。

庚寅[45]，太子兵败，南奔覆盎城门[46]。司直田仁[47]部闭城门，以为太子父子之亲[48]，不欲急之[49]；太子由是得出亡[50]。丞相欲斩仁，御史大夫暴胜之谓丞相曰：“司直，吏二千石，当先请[51]，奈何擅斩之[52]！”丞相释仁。上闻而大怒，下吏责问御史大夫曰：“司直纵反者[53]，丞相斩之，法也[54]；大夫何以擅止之[55]？”胜之惶恐，自杀。

诏遣宗正刘长、执金吾刘敢奉策收皇后玺绶[56]，后自杀。上以为任安老吏，见兵事起，欲坐观成败，见胜者合从之[57]，有两心[58]，与田仁皆要斩[59]。上以马通获如侯，长安男子景建从通获石德[60]，商丘成力战获张光，封通为重合侯，建为德侯，成为秺侯。诸太子宾客尝出入宫门，皆坐诛[61]；其随太子发兵，以反法族[62]；吏士劫略者皆徙敦煌郡[63]。以太子在外，始置屯兵长安诸城门。

（以上为第六段，京师传言太子造反，汉武帝令丞相刘屈氂镇压造反者，调兵与太子大战长安城中，太子兵败外逃，长安各城门置屯守军队戒严。）

【注释】

①舍人：官名。太子的幕僚。 无且：人名。 ②长秋门：长秋殿之门。 ③长御：宫中官名。 倚华：人名。 具白：详细报告。 ④发：征发。 中厩：天子的内厩。 射士：弓箭手。 ⑤出武库兵：打开国家武器库拿出兵器。 ⑥长乐宫：即汉代东宫。太后住处。 卫卒：守卫长乐宫的卫士。 ⑦言太子反：传言太子造反。 ⑧迸走：拼命逃跑。 ⑨亡归甘泉：逃回甘泉宫。 ⑩无状：不像话，不成体统。 ⑪太子反已成：太子真的造反了。 ⑫挺身逃：转身就逃。 ⑬亡其印绶：把随身的丞相印绶都丢掉了。 ⑭使长史：派出丞相长史。 乘疾置以闻：骑上驿站快马向皇上报告。 ⑮何为：在干什么？ ⑯丞相秘之：丞相封锁消息。 ⑰事籍籍如此：事情纷纷扬扬已到这样的地步。 ⑱何谓秘也：还能封锁吗？ ⑲丞相无周公之风：丞相没有一点周公平乱的风度。周公，姬旦，周武王之弟。武王死，管叔姬鲜、蔡叔姬度联合殷后武庚叛乱，周公诛杀了管叔、蔡叔两个兄弟。 ⑳周公不诛管、蔡乎：周公不是杀了管叔、蔡叔吗？示意丞相可效法周公诛杀太子。刘屈氂与卫太子也是兄弟辈。 ㉑以牛车为橹：用牛车作掩护。橹，盾，护身兵器。 ㉒毋接短兵：不要短兵相接。 ㉓坚闭城门：紧闭长安城门。 ㉔部中二千石以下：部署京师中二千石以下官员参加平叛的战斗。九卿、郡国守

相皆二千石官员。即动员文武百官皆要参战，听候丞相调遣。㉕矫制：太子之使假传皇上命令。㉖赦长安中都官囚徒：释放京师各官署的囚徒充作战士。㉗分将：各带一支部队。㉘如侯：人名。发长水及宣曲胡骑：调出长水、宣曲两地的民族骑兵。汉武帝置长水校尉、宣曲校尉胡人骑兵，屯驻长水、宣曲拱卫京师，示胡人为天子臣民。长水在长安县西，匈奴人；宣曲在长安县南，越人。㉙皆以装会：一律全副武装会合。㉚侍郎马通使长安：侍郎，官名，宫中近侍。马通，人名，汉武帝派出的使者，也到长安县调发胡骑。㉛告胡人曰：马通向胡骑发出指示说。㉜节有诈：太子使者如侯所持符节是假的。诈，假也。㉝遂斩如侯：于是杀了如侯。㉞发楫棹士：又征发昆明湖的船工。楫棹士，船工。楫、棹，皆划船工具。昆明池，靠近长水、宣曲。㉟大鸿胪：官名。掌民族事务。商丘成：人名。胡骑、船工均由商丘成指挥，反以攻太子。㊱汉节纯赤：汉朝符节为纯赤色，大红。㊲更为黄旄加上以相别：由于太子使用了汉符节，所以汉武帝调兵，在符节上增加了黄缨用以区别。黄旄，用黄色旄牛毛制作的缨带。㊳南门外：北军军营南门外。北军，屯于未央宫北门外的京师卫兵，故名北军。㊴护北军使者：官名。掌监护北军。任安：人名。㊵驱：强行武装。四市人：长安东西南北各个市场的人员。京师全城共九个市场，合计数万人。㊶长乐西阙下：长乐宫西门外。长乐宫，皇后、皇太后居住宫，在未央宫东。㊷沟：街市上的通水沟。㊸不附太子：不依附太子。㊹浸多：越来越多。浸，逐渐。㊺庚寅：七月十七日。㊻覆盎城门：长安城南出东头第一门，又称杜门。㊼司直：官名。元狩五年初置。掌佐丞相举不法，秩比二千石。田仁：人名。㊽父子之亲：指太子与武帝的关系。㊾不欲急之：不想逼迫太急。㊿出亡：出城逃走。
51当先请：应当先请示天子。52奈何擅斩之：怎么能自作主张杀大臣呢？53纵反者：放走造反的人。54法也：合法的。55擅止之：自作主张阻止丞相执法。56奉策：带着皇帝的策书。策，指废后的策命。收皇后玺绶：收缴皇后的印章。57合从之：与之联合，即依附胜者。58有两心：有二心，脚踏两只船，没有忠心。59要斩：腰斩。要，通“腰”。60从通获石德：跟随马通抓获了石德。61皆坐诛：太子宾客，一律判杀头罪，死刑。62以反法族：跟随太子发兵，判造反罪灭族，满门抄斩。63吏士劫略者皆徙敦煌郡：被胁迫的官吏将士一律充军到敦煌郡。敦煌郡，郡名。郡治敦煌，在今甘肃敦煌西。

【译文】

太子刘据派侍从门客无且携带符节乘夜进入未央宫长秋门，通过长御女官倚华将一切报告皇后，然后调发皇家马厩的马车运载射手，打开武器库拿出武器，又调发长乐宫的卫兵。长安城中一片混乱，纷纷传言："太子造反。"苏文得以逃出长安，来到甘泉宫，向汉武帝报告说太子很不像话。汉武帝说道："太子肯定是害怕了，又愤恨江充等人，所以发生这样的变故。"因而派使臣召太子前来。使臣不敢进入长安，回去报告说："太子已经造反，要杀我，我逃了回来。"汉武帝大怒。

丞相刘屈氂听到事变消息后，抽身就逃，连丞相的官印、绶带都丢掉了，派长史乘驿站快马奏报汉武帝。汉武帝问道:"丞相是怎么做的？"长史回答说:"丞相封锁消息，没敢发兵。"汉武帝生气地说："事情已经这样沸沸扬扬，还有什么秘密可言！丞相没有周公的遗风，难道周公能不杀管叔和蔡叔吗？"于是，给丞相颁赐印有印信的命令，说："捕杀叛逆者，我自会赏罚分明。应用牛车作为掩护，不要和叛逆者短兵相接，杀伤过多士兵！紧守城门，决不能让叛军冲出长安城！"太子发表宣言，向文武百官发出号令说："皇上因病困居甘泉宫，我怀疑可能发生了变故，奸臣们想乘机叛乱。"

汉武帝于是从甘泉宫返回，来到长安城西建章宫，发布命令，征调三辅附近各县的军队，部署中二千石以下官员，归丞相兼职统辖。太子也派使者假传圣旨，将关在长安中都官狱中的囚徒赦免放出，命少傅石德及门客张光等分别统管；又派长安囚徒如侯持符节征发长水和宣曲两地的胡人骑兵，一律全副武装前来会合。侍郎马通受汉武帝派遣来到长安，得知此事后立即追赶前去，将如侯抓捕，并告诉胡人："如侯带来的符节是假的，不能听他调遣！"于是，将如侯处死，带领胡人骑兵开进长安；又征调船夫，交给大鸿胪商丘成指挥。当初，汉朝的符节是纯赤色，因太子用赤色符节，所以，在汉武帝所发的符节上改加黄缨以示区别。

太子来到北军军营南门之外，站在车上，将护北军使者任安召出，颁与符节，命令任安发兵。但任安拜受符节后却返回营中，闭门不出。太子带人离去，将长安四市的百姓约数万人强行武装起来，到长乐宫西门外，正遇到丞相刘屈氂率领的军队，双方会战五天，死亡数万人，鲜血像水一样流入街边的水沟。民间都说"太子谋反"，所以人们不依附太子，而丞相一边的兵力却不断加强。

七月十七日，太子兵败，向南逃到长安城覆盎门。司直田仁正率兵把守城门，因觉得太子与皇上是父子关系，不愿逼迫太急，所以使太子得以逃出城外。丞相刘屈氂要杀田仁，御史大夫暴胜之对丞相说："司直为朝廷二千石大员，理应先行奏请，怎么能擅自斩杀呢！"于是，丞相将田仁释放。汉武帝刘彻听说后大发雷霆，将暴胜之抓捕治罪，责问他道："司直放走谋反的人，丞相杀他，是执行国家的法律，你为什么要擅加阻止？"暴胜之惶恐不安，自杀而死。

汉武帝下令，派宗正刘长、执金吾刘敢携带皇帝下达的命令，收回皇后的印玺和绶带，皇后自杀。汉武帝认为，任安是老官吏，见出现战乱之事，想坐观成败，看谁取胜就归附谁，对朝廷怀有二心，因此将任安与田仁一同腰斩。汉武帝因马通擒获如侯，封其为重合侯；长安男子景建跟随马通，擒获石德，封其为德侯；商丘成奋力战斗，擒获张光，封其为秺侯。太子的众门客，因曾经出入宫门，所以一律处死；凡是跟随太子发兵谋反的，一律按谋反罪灭族；各级官吏和士兵凡非出于本心，而被太子胁迫的，一律放逐到敦煌郡。因太子逃亡在外，所以开始在长安各城门设置屯守军队。

【原文】

上怒甚，群下忧惧，不知所出。壶关三老茂[①]上书曰："臣闻父者犹天，母者犹地，子犹万物也，故天平，地安，物乃茂成；父慈，母爱，子乃孝顺。今皇太子为汉嫡嗣[②]，承万世之业，体祖宗之重，亲则皇帝之宗子也[③]。江充，布衣之人，闾阎之隶臣耳[④]；陛下显而用之，衔至尊之命以迫蹴[⑤]皇太子，造饰奸诈[⑥]，群邪错缪[⑦]，是以亲戚之路鬲塞[⑧]而不通。太子进则不得见上，退则困于乱臣，独冤结而无告[⑨]，不忍忿忿之心，起而杀充[⑩]，恐惧逋逃[⑪]，子盗父兵[⑫]，以救难自免耳，臣窃以为无邪心[⑬]。《诗》曰[⑭]：'营营青蝇，止于藩。恺悌君子，无信谗言。谗言罔极，交乱四国[⑮]。'往者江充谗杀赵太子，天下莫不闻。陛下不省察[⑯]，深过太子[⑰]，发盛怒，举大兵而求之[⑱]，三公自将[⑲]；智者不敢言，辩士不敢说[⑳]，臣窃痛之[㉑]！唯陛下宽心慰意[㉒]，少察所亲[㉓]，毋患太子之非[㉔]，亟罢甲兵[㉕]，无令太子久亡[㉖]！臣不胜惓惓[㉗]，出一旦之命，待罪建章宫下。"书奏，天子感寤，然尚未敢显言赦之也[㉘]。

太子亡，东至湖[㉙]，藏匿泉鸠里[㉚]；主人家贫，常卖屦以给太子[㉛]。太子有故人在湖，闻其富赡[㉜]，使人呼之而发觉[㉝]。

八月，辛亥[㉞]，吏围捕太子。太子自度不得脱[㉟]，即入室距户自经[㊱]。山阳[㊲]男子张富昌为卒，足蹋开户，新安令史[㊳]李寿趋抱解太子，主人公遂格斗死，皇孙二人[㊴]并皆遇害。上既伤太子[㊵]，乃封李寿为邘侯，张富昌为题侯。

初，上为太子立博望苑[41]，使通宾客，从其所好，故宾客多以异端进者[42]。

臣光曰：古之明王教养太子，为之择方正敦良之士[43]，以为保傅、师友[44]，使朝夕与之游处。左右前后无非正人[45]，出入起居无非正道，然犹有淫放邪僻[46]而陷于祸败者焉[47]。今乃使太子自通宾客，从其所好。夫正直难亲[48]，谄谀易合[49]，此固中人之常情[50]，宜太子之不终也[51]！

癸亥[52]，地震。

九月，商丘成为御史大夫。

立赵敬肃王小子偃为平干王[53]。

匈奴入上谷、五原[54]，杀掠吏民。

（以上为第七段，写茂陵三老上书诉说太子刘据的冤情，汉武帝刘彻有所醒悟而犹豫未下达赦令；太子刘据逃到湖县，消息泄露，被围困而自杀，二位皇孙也一同遇害。）

【注释】

①壶关：县名。治所在今山西长治市屯留区东。 三老：乡官。掌乡里教化。 茂：人名。荀悦《汉纪》载，茂姓令狐。 ②汉嫡嗣：汉朝的合法继承人。 ③宗子也：嫡长子。 ④闾阎之隶臣耳：一个乡下的贱人、市井的奴才罢了。 ⑤衔至尊之命：奉天子之命。 迫蹴：欺凌。 ⑥造饰奸诈：编造罪名，栽赃欺诈。 ⑦群邪错缪：群奸陷害。 ⑧亲戚之路鬲塞：父子亲情被隔绝。鬲，通“隔”。 ⑨独冤结而无告：独自蒙冤纠心，无处申诉。 ⑩“不忍”二句：忍不住愤恨的心情，奋起杀死江充。 ⑪逋逃：被迫逃亡。 ⑫子盗父兵：儿子盗用了父兵。 ⑬无邪心：没有奸心，即不是造反。 ⑭《诗》曰：引诗见《诗经·小雅·青蝇》。 ⑮“营营青蝇”四句：绿蝇往来落篱笆，谦谦君子不信谗。否则谗言无休止，天下四方出乱子。营营，往来盘旋貌。藩，篱笆。恺悌，平易近人。罔极，无边，没有止境。 ⑯不省察：不细察。 ⑰深过太子：过分地责备太子。 ⑱求之：追捕太子。 ⑲三公自将：丞相亲自挂帅。三公，指丞相。 ⑳“智者”二句：智慧的人不敢进言，善辩之士难以开口。 ㉑臣窃痛之：臣私下深感痛心。 ㉒陛下宽心慰意：皇上放宽心怀，平息情绪。 ㉓少察所亲：稍稍想一想父子亲情。少，稍。察，

思考，想一想。 ㉔毋患太子之非：对太子的过错不要耿耿于怀。毋患，不要纠结，不要耿耿于怀。 ㉕亟罢甲兵：立即停止搜捕。 ㉖久亡：长久逃亡在外。 ㉗不胜惓惓：情不自禁唠唠叨叨。惓惓，同“拳拳”，恳切的样子，一片忠心的样子。 ㉘“然尚未”句：但是还没有公开发布赦免令。 ㉙湖：县名。治所在今河南灵宝西。 ㉚泉鸠里：里名。在湖县西。 ㉛卖屦以给太子：卖草鞋来奉养太子。屦（jù），麻、葛等制成的。 ㉜富赡：富有。 ㉝发觉：暴露，消息泄露。 ㉞辛亥：八月初八日。 ㉟脱：逃脱。 ㊱距户自经：闭门上吊自杀。 ㊲山阳：县名。县治在今河南焦作东。 ㊳新安：县名。县治在今河南渑池东。 令史：县中小吏。 ㊴皇孙二人：太子之子两人。 ㊵伤太子：哀伤太子。 ㊶博望苑：苑名。在故长安杜门外五里。 ㊷多以异端进者：太子宾客中很多激进的人求进用。异端，不敦厚不符儒家思想。 ㊸择：挑选。 方正敦良之士：正直敦厚、品格优良的人。 ㊹以为保傅、师友：作为老师、朋友。保傅，太保、太傅、太师，乃帝王之师。少保、少傅、少师，太子之师。友，朋友。这里泛指师友。 ㊺无非正人：都是正直的人。 ㊻淫放邪僻：指行为淫乱放荡邪恶乖僻。 ㊼陷于祸败者焉：必然身败名裂。 ㊽正直难亲：正直的人难以亲近。谓难以学好正直。 ㊾谄谀易合：阿谀奉承的人投容易投合。 ㊿固中人之常情：本来就是人之常情。中人，普通的人，平凡的人。 (51)宜太子之不终：难怪太子没有好结果。不终，太子之位不保。 (52)癸亥：八月二十日。 (53)小子偃：赵王刘彭祖的小儿子刘偃。 (54)上谷：郡名。郡治沮阳。在今河北怀来东南。 五原：郡名。郡治九原，在今内蒙古包头西。

【译文】

汉武帝愤怒异常，群臣感到忧虑和恐惧，不知如何是好。壶关三老令狐茂上书汉武帝，说：“我听说：父亲就好比是天，母亲就好比是地，儿子就好比是天地间的万物，所以只有上天平静，大地安然，万物才能茂盛；只有父慈，母爱，儿子才能孝顺。如今皇太子本是汉朝的合法继承人，将承继万世大业，执行祖宗的重托，论关系又是皇上的嫡长子。江充本为一介平民，不过是个市井中的奴才罢了，皇上却对他尊显重用，让他挟至尊之命来迫害皇太子，纠集一批奸邪小人，对皇太子进行欺诈栽赃、逼迫陷害，使皇上与太子的父子至亲关系隔塞不通。太子进则不能面见皇上，退则被乱臣的陷害困扰，独自蒙冤，无处申诉，忍不住愤恨的心情，起而杀死江充，却又害怕皇上降罪，被迫逃亡。太子作为皇上的儿子，盗用父亲的军队，不过是为了救难，使自己免遭别人的陷害罢了。我认为并非有什么险恶的用心。《诗经》上说：‘绿蝇往来落篱笆，谦谦君子不信谗。

否则谗言无休止，天下四方出大乱子。’以往，江充曾以谗言害死赵太子，天下人无不知晓。而今皇上不加调查就过分地责备太子，发雷霆之怒，征调大军追捕太子，还命丞相亲自指挥，致使智慧之人不敢进言，善辩之士难以张口，我心中实在感到痛惜。希望皇上放宽心怀，平心静气，稍稍想一想父子亲情，不要对太子的错误耿耿于怀，立即结束对太子的攻打，不要让太子长期逃亡在外！我以对皇上的一片忠心，随时准备献出我短暂的生命，待罪于建章宫外。”奏章递上去，汉武帝刘彻见到后，受到感动而醒悟，但还没有公开发布赦免令。

太子向东逃到湖县，隐藏在泉鸠里。主人家境贫寒，经常卖草鞋来奉养太子。太子有一位以前相识的人住在湖县，听说很富有，太子派人去叫他，于是消息泄露。

八月初八，地方官围捕太子。太子自己估计难以逃脱，便回到屋中，紧闭房门，自缢而死。前来搜捕的士兵中，有一山阳男子名叫张富昌，用脚踹开房门。新安县令史李寿跑上前去，将太子抱住解下。主人与搜捕太子的人格斗而死，二位皇孙也一同遇害。汉武帝感伤于太子之死，便封李寿为邘侯，张富昌为题侯。

当初，汉武帝专门为太子建立了博望苑，让他与宾客交往，顺从他的喜好。所以太子的宾客，多以异端求进，不是正统的儒者。

臣司马光评论说：古代明君教养太子，为他选择正派敦厚、品质优良的人作为老师和朋友，让他们朝夕相处，使太子的左右前后都是正人君子，出入起居都合于正道，但仍然有淫邪放纵而陷于灾祸，最终身败名裂的。而今，汉武帝竟让太子自己延揽门客，顺从他的喜好。而正直的人难于亲近，阿谀奉承的人却容易投合，这本是人之常情，难怪太子没有好结果！

八月二十日，发生地震。

九月，商丘成出任御史大夫。

汉武帝立赵敬肃王刘彭祖的小儿子刘偃为平干王。

匈奴侵入上谷、五原二郡，对当地的地方官和老百姓进行屠杀和劫掠。

【原文】

三年（辛卯，前90）

春，正月，上行幸雍，至安定、北地[①]。

匈奴入五原、酒泉[②]，杀两都尉[③]。三月，遣李广利将七万人出五原，商丘成将二万人出西河[④]，马通将四万骑出酒泉，击匈奴。

夏，五月，赦天下。

匈奴单于闻汉兵大出，悉徙其辎重北邸郅居水[⑤]；左贤王驱其人民度余吾水[⑥]六七百里，居兜衔山[⑦]；单于自将精兵渡姑且水[⑧]。商丘成军至，追邪径[⑨]，无所见，还。匈奴使大将与李陵将三万余骑追汉军，转战九日，至蒲奴水[⑩]；虏不利，还去。马通军至天山[⑪]，匈奴使大将偃渠将二万余骑要汉兵[⑫]，见汉兵强，引去[⑬]；通无所得失。是时，汉恐车师[⑭]遮马通军[⑮]，遣开陵侯成娩将楼兰、尉犁、危须[⑯]等六国兵共围车师，尽得其王民众而还。贰师将军出塞，匈奴使右大都尉[⑰]与卫律将五千骑要击汉军于夫羊句山狭[⑱]，贰师击破之，乘胜追北至范夫人城[⑲]；匈奴奔走，莫敢距敌[⑳]。

初，贰师之出也，丞相刘屈氂为祖道[㉑]，送至渭桥[㉒]。广利曰："愿君侯早请昌邑王[㉓]为太子；如立为帝，君侯长何忧乎[㉔]！"屈氂许诺。昌邑王者，贰师将军女弟[㉕]李夫人子也；贰师女为屈氂子妻，故共欲立焉[㉖]。会内者令郭穰告[㉗]"丞相夫人祝诅上及与贰师共祷祠，欲令昌邑王为帝"，按验[㉘]，罪至大逆不道。

六月，诏载屈氂厨车以徇[㉙]，要斩东市[㉚]，妻子枭首华阳街[㉛]；贰师妻子亦收[㉜]。贰师闻之，忧惧，其掾胡亚夫亦避罪从军[㉝]，说贰师曰："夫人、室家皆在吏[㉞]，若还，不称意适与狱会[㉟]，郅居以北[㊱]，可复得见乎[㊲]！"贰师由是狐疑[㊳]，深入要功[㊴]，遂北至郅居水上。虏已去，贰师遣护军将二万骑度郅居之水[㊵]，逢左贤王、左大将将二万骑，与汉兵合战一日[㊶]，汉军杀左大将，虏死伤甚众。

军长史与决眭都尉辉渠侯谋曰[㊷]："将军怀异心，欲危众求功，恐必败。"谋共执贰师。贰师闻之，斩长史，引兵还至燕然山[㊸]。单于知汉军劳倦，自将五万骑遮击贰师[㊹]，相杀伤甚众；夜，堑汉军前[㊺]，深数尺，从后急击之，军大乱[㊻]；贰师遂降。单于素知其汉大将，以女妻之，尊宠在卫律上。宗族遂灭[㊼]。

秋，蝗。

九月，故城父令公孙勇与客胡倩等谋反[㊽]，倩诈称光禄大夫[㊾]，言使督盗贼[㊿]；淮阳太守田广明觉知[51]，发兵捕斩焉。公孙勇衣绣衣[52]、乘驷马车至圉[53]；圉守尉魏不害[54]等诛之。封不害等四人为侯[55]。

吏民以巫蛊相告言者，案验多不实。上颇知太子惶恐无他意[56]，会高寝郎田千秋[57]上急变[58]，讼太子冤曰[59]："子弄父兵[60]，罪当笞[61]。天子之子过误杀人[62]，当何罪哉[63]！臣尝梦一白头翁教臣言。"上乃大感寤[64]，召见千秋，谓曰："父子之间，人所难言也，公独明其不然[65]。此高庙神灵使公教我，公当遂为吾辅佐。"立拜千秋为大鸿胪[66]，而族灭江充家，焚苏文于横桥[67]上；及泉鸠里加兵刃于太子者，初为北地[68]太守，后族。上怜太子无辜[69]，乃作思子宫，为归来望思之台于湖[70]，天下闻而悲之。

（以上为第八段，写汉武帝令李广利等率军进攻匈奴，李广利兵败降匈奴，全家遭族灭；丞相刘屈氂被告诅咒皇上亦被族灭；高庙郎田千秋上紧急奏章，为太子鸣冤，汉武帝醒悟，平反太子冤狱，族灭江充，烧杀苏文。）

【注释】

①安定：郡名。郡治高平，在今宁夏固原。 北地：郡名。郡治马领，在今甘肃庆阳西北。 ②酒泉：郡名。郡治禄福，在今甘肃酒泉。 ③都尉：官名。掌一郡之军事。 ④西河：郡名。郡治平定，在今内蒙古鄂尔多斯市东胜区境内。 ⑤辎重：行军时由运输部队携带的物资。 北邸郅居水：向北移辎重到达郅居水。此水源于今杭爱山脉北麓，流入贝加尔湖的色楞格河。 ⑥度：渡过。 余吾水：水名。即今蒙古国乌兰巴托附近的图拉河。 ⑦兜衔山：山名。地点不明。 ⑧姑且水：水名。源于今杭爱山脉东南麓，南流。 ⑨追邪径：走捷径追击匈奴。邪，通"斜"，斜径，近道，捷径。 ⑩蒲奴水：水名。源于今杭爱山脉东麓，东南流。 ⑪天山：即今新疆境内之天山山脉。 ⑫要汉兵：拦截汉军。要，通"邀"。拦截。 ⑬引去：退走。 ⑭车师：西域国名。在今新疆吐鲁番附近。 ⑮遮马通军：阻击马通的军队。 ⑯楼兰：西域国名。在今新疆罗布泊西南一带。 尉犁：西域国名。在今新疆伊犁一带。 危须：西域国名。在今新疆焉耆东北。 ⑰右大都尉：匈奴官名。 ⑱夫羊句（gōu）山狭：峡谷名。在今蒙古国达兰托达加德城西。 ⑲追北：追击败兵。 范夫人城：在夫羊句山狭东北，在今蒙古国达兰托达。 ⑳莫敢距敌：没有哪支匈奴兵敢于抗拒汉军。距，通"拒"。 ㉑祖道：设宴送行。 ㉒渭桥：桥名。在汉代长安城北渭水上。 ㉓君侯：对列侯的尊称。汉丞相均封侯。 昌邑王：汉武帝宠姬李夫人所生子刘髆。贰师将军李广利为李夫人之兄。与丞相刘屈氂结为亲家。 ㉔长何忧乎：想长久为丞相没什么忧虑了。 ㉕女弟：妹。 ㉖共欲立焉：立昌邑王为太子，是李广利、刘屈氂两人共同的心愿。 ㉗内者令：官名，是"内谒者令"

的省称，掌宫内卧具帷帐。属少府。郭穰：人名。告：告发。㉘按验：查证。㉙诏载屈氂厨车以徇：诏令用厨车拉上刘屈氂游街示众。厨车，载食之车。徇，游街示众。㉚要斩东市：在长安东市场腰斩。要，通"腰"。㉛枭首：斩首，悬以示众。华阳街：长安街道之一。㉜收：拘捕。㉝掾：幕僚。胡亚夫：人名。避罪从军：因避罪来从军的幕僚，即身负重案。㉞在吏：指李广利家属亦被关押。㉟不称意：若有不符皇上之意。适与狱会：恰好与家人在狱中相会。意谓：回到汉朝等于自投罗网。㊱郅居以北：郅居水北岸。指李广利当下所处位置，意谓当下未在汉朝还是一个自由人。㊲可复得见乎：可以再现吗？意谓还能像现在这样有自由吗。按：胡亚夫之言，劝李广利降匈奴。㊳狐疑：李广利犹豫不决。㊴深入要功：深入匈奴立功。要，通"邀"，求得功劳。㊵护军：军官名。监护军纪。度：通"渡"，指渡过郅居水。㊶合战一日：会战，大战一天。㊷军长史：贰师将军府长史。决眭都尉：军官名。谋曰：两位高级将领共谋背叛。㊸燕然山：即今蒙古国之杭爱山。㊹遮击贰师：拦击贰师。㊺堑汉军前：逼近汉军军营挖壕沟。㊻军大乱：汉军溃乱大败。按：汉军稍一后退即坠入壕沟，因而大溃败。㊼宗族遂灭：李广利家族毁灭。㊽故城父令：前城父县县令。城父，县名。县治在今安徽亳州东南。公孙勇：人名。胡倩：人名。谋反：两人共谋造反。㊾诈称：假称。胡倩冒充光禄大夫。㊿言使督盗贼：说是朝廷派遣督察缉捕盗贼。51觉知：淮阳太守田广明察觉有诈。淮阳，郡名。郡治陈县，在今河南周口市淮阳区。52衣绣衣：穿绣衣，即装扮为抓捕盗贼的专使，绣衣御史。53圉：县名。县治在今河南太康西北。54圉守尉：圉县的县尉军官。魏不害：人名。55封不害等四人为侯：不害，当涂侯。江德，轑阳侯。苏昌，蒲侯。圉县小史，关内侯，食邑于圉县的遗乡。56无他意：没有其他意图。57高寝郎：官名。掌高庙卫寝。田千秋。又作车千秋。西汉长陵（今陕西咸阳东北）人。官至丞相、封富民侯。传见《汉书》卷六十六。58上急变：上报非常之事。59讼太子冤曰：为太子鸣冤说。讼，诉讼，此指鸣冤。60子弄父兵：儿子玩了一回父亲军队。弄，戏弄，盗用。61罪当笞：其罪应鞭打一顿。62过误杀人：失手致人命，不是有意杀人。63当何罪哉：皇帝儿子失手杀了人，怎么判罪呢？按：子弄父兵，即言"弄"则不是造反，如同过失杀人而非有意杀人，不当有死罪，田千秋鸣冤者在此。64大感寤：彻底醒悟。65明其不然：说明了难言的地方，揭示了真相。66大鸿胪：官名，九卿之一，掌民族事务。67横桥：长安横门外的渭桥。68北地：郡名。郡治马领，在今甘肃庆阳西北。69无辜：无罪。70湖：县名。治所在今河南灵宝西。

【译文】

汉武帝征和三年（辛卯，前90）

春季，正月，汉武帝巡游至雍地，又到达安定、北地二郡。

匈奴侵入五原、酒泉，杀死二郡都尉。

三月，汉武帝派李广利率兵七万人从五原出塞，商丘成率兵二万人从西河出塞，马通率骑兵人四万人从酒泉出塞，袭击匈奴。

夏季，五月，汉武帝下令实行大赦。

匈奴单于得到汉朝大举出兵的消息，便将全部辎重向北转移到郅居水；左贤王驱赶他管辖的匈奴民众渡过余吾水，向北迁移六七百里，到兜衔山居住；单于亲自率领精兵渡过姑且水。商丘成率兵来到，走捷径追击匈奴，但未见匈奴人踪迹，撤兵而还。匈奴方面派遣大将与李陵一起率领骑兵三万多人追击汉军，双方转战九日，来到蒲奴水，匈奴军作战失利，退兵而去。马通部队来到天山，匈奴方面派大将偃渠率领骑兵二万多人拦截汉军，见汉军兵力强盛，只得退走。马通率领的汉军既没受什么损失，也没有什么收获。这时，汉朝怕车师国出兵阻截马通军，派开陵侯成娩率领楼兰、尉犁、危须等六国军队共同包围车师，将车师王及其民众全部俘获后返回。贰师将军李广利率兵出塞，匈奴方面派右大都尉与卫律率领骑兵五千人在夫羊地区的句山的狭道上拦击汉军，李广利打败匈奴军，乘胜追击败兵到范夫人城。匈奴军奔逃，不敢再抗拒汉军。

当初，李广利出塞时，丞相刘屈氂为他祭祀路神，送行到渭桥。李广利说："希望您早日奏请皇上立昌邑王为太子。如果昌邑王能即皇帝位，您以后还有什么可忧虑的呢？"刘屈氂应诺。昌邑王刘髆，为李广利的妹妹李夫人所生，李广利女儿又是刘屈氂的儿媳妇，所以二人都希望立昌邑王为太子。就在这时，内者令郭穰向朝廷告发说："丞相夫人诅咒皇上，又与贰师将军一起祈祷神灵，要让昌邑王为帝。"汉武帝命人调查属实，定为大逆不道之罪。

六月，汉武帝下令抓捕丞相刘屈氂，将他放在装载食物的车上游街示众，然后押往长安东市腰斩，刘屈氂的妻子和儿子在华阳街被斩首后，悬挂头颅示众；李广利的妻子儿女也被抓捕。李广利听到这一消息后，忧愁惊恐。因避罪而从军的幕僚胡亚夫劝说李广利道："将军的家属都已被抓捕下狱，将军若是回去，稍不如皇上之意，就等于自投罗网。那时候，郅居水以北，可以再得见吗？归降匈奴就不可能了。"李广利于是狐疑不定，但仍然希望能够深入匈奴腹地立功，皇上或许还能回心转意，于是，率军继续北进至郅居水畔。匈奴军已然退去，李广利命令护军将领率领骑兵二万渡过郅居水，与匈奴左贤王、左大将率领的二万名骑兵相遇，双方交战一日，汉军杀死左大将，匈奴兵死伤甚众。

汉军长史与决眭都尉辉渠侯商议道："贰师将军已怀有二心，却想将全军置于危险境地，以求自己建立功绩，恐怕一定要失败。"于是，二人合谋共同将李广利擒住。李广利听到消息后，将长史处斩，率兵退至燕然山。单于知道汉军已疲劳不堪，便亲率骑兵五万拦击李广利，双方都伤亡惨重。入夜后，匈奴派人在汉军前进的路上挖了一条深达数尺的壕沟，然后在汉军背后发动猛烈攻击，汉军大乱，李广利于是投降。单于早就听说李广利是汉朝大将，便将女儿嫁给李广利为妻，对他的尊宠在卫律之上。汉武帝听说李广利投降匈奴，便将其满门抄斩。

秋季，发生蝗灾。

九月，原城父县令公孙勇与其门客胡倩等谋反。胡倩假称自己是光禄大夫，奉命缉捕盗贼。淮阳太守田广明发觉有诈，派兵将胡倩抓捕处死。公孙勇身穿绣衣，乘坐四匹马拉的车来圉县，被圉县守尉魏不害等杀死。汉武帝刘彻封魏不害等四人为侯。

官吏和百姓以巫蛊害人罪相互告发的，经过调查，发现多有不实。此时，汉武帝也颇知太子刘据是因被江充逼迫惶恐不安，才起兵诛杀江充，并无他意，正好守卫汉高祖刘邦祭庙的郎官田千秋又上紧急奏章，为太子鸣冤，说："当儿子的擅自动用父亲的军队，其罪应受鞭打。天子的儿子误杀了人，该怎么判罪呢？我梦见一位白发老翁，教我上此奏章。"于是，汉武帝霍然醒悟，召见田千秋，对他说："我们父子之间的事，一般认为外人难以插言，只有你知道其间的不实之处。这是高祖皇帝的神灵派您来指教我，您应当担任我的辅佐大臣。"立即任命田千秋为大鸿胪，并下令将江充满门抄斩，将苏文烧死在横桥之上。曾在泉鸠里对太子兵刃相加的人，最初被任命为北地太守，后也遭满门抄斩。汉武帝怜惜太子无辜遭害，便特修一座思子宫，又在湖县建了一座归来望思之台，天下人听说这件事后，都很悲伤。

【原文】

四年（壬辰，前89）

春，正月，上行幸东莱[①]，临大海，欲浮海求神山。群臣谏，上弗听；而大风晦冥[②]，海水沸涌。上留十余日，不得御楼船，乃还。

二月，丁酉[③]，雍县无云如雷者三[④]，陨石二，黑如鹥[⑤]。

三月，上耕于巨定[6]。还，幸泰山，修封。庚寅[7]，祀于明堂[8]。癸巳[9]，禅石闾[10]，见群臣，上乃言曰："朕即位以来，所为狂悖[11]，使天下愁苦，不可追悔。自今事有伤害百姓，糜费天下者[12]，悉罢之[13]！"

田千秋曰："方士言神仙者甚众，而无显功，臣请皆罢斥遣之[14]！"上曰："大鸿胪言是也。"于是悉罢诸方士候神人者。是后上每对群臣自叹："向时愚惑[15]，为方士所欺。天下岂有仙人，尽妖妄耳[16]！节食服药[17]，差可少病而已[18]。"

夏，六月，还，幸甘泉。

丁巳[19]，以大鸿胪田千秋为丞相，封富民侯[20]。千秋无他材能[21]，又无伐阅功劳[22]，特以一言寤意[23]，数月取宰相，封侯，世未尝有也。然为人敦厚有智，居位自称[24]，逾于前后数公[25]。

先是搜粟都尉[26]桑弘羊与丞相、御史奏言："轮台[27]东有溉田五千顷以上，可遣屯田卒[28]，置校尉三人分护[29]，益种五谷[30]；张掖、酒泉遣骑假司马为斥候[31]；募民壮健敢徙者诣田所[32]，益垦溉田，稍筑列亭[33]，连城而西[34]，以威西国[35]，辅乌孙[36]。"

上乃下诏，深陈既往之悔曰[37]："前有司奏欲益民赋三十[38]，助边用，是重困[39]老弱孤独也。而今又请遣卒田轮台[40]。轮台西于车师千余里，前开陵侯[41]击车师时，虽胜，降其王[42]，以辽远乏食，道死者尚数千人，况益西乎[43]！

"曩者朕之不明[44]，以军候弘[45]上书，言'匈奴缚马前后足置城下，驰言"秦人，我丐若马[46]。"'又，汉使者久留不还，故兴遣[47]贰师将军，欲以为使者威重也[48]。古者卿、大夫与谋[49]，参以蓍、龟[50]，不吉不行。乃者以缚马书遍视丞相、御史、二千石、诸大夫、郎、为文学者，乃至郡、属国都尉等[51]，皆以'虏自缚其马，不祥甚哉[52]！'或以为'欲以见强[53]，夫不足者视人有余[54]。'公车方士、太史、治星、望气及太卜龟蓍皆以为'吉[55]，匈奴必破，时不可再得也[56]。'又曰：'北伐行将[57]，于鬴山必克[58]。卦，诸将贰师最吉。'故朕亲发贰师下鬴山，诏之必毋深入[59]。今计谋、卦兆皆反缪[60]。重合侯得虏候者[61]，乃言'缚马者匈奴诅军事也[62]。'匈奴常言'汉极大，然不耐饥渴，失一狼，走千羊[63]。'乃者贰师败，军士死略离散[64]，悲痛常在朕心。

"今又请远田轮台[65]，欲起亭隧[66]，是扰劳天下[67]，非所以优民也[68]，朕不忍闻！大鸿胪等又议欲募囚徒送匈奴使者[69]，明封侯之赏以报忿[70]，此五伯所弗为也[71]。且匈奴得汉降者常提掖搜索[72]，问以所闻[73]，岂得行其计乎！当今务在禁苛暴，止擅赋[74]，力本农[75]，修马复令[76]，以补缺、毋乏武备而已[77]。郡国二千石各上进畜马方略补边状[78]，与计对[79]。"

由是不复出军，而封田千秋为富民侯，以明休息[80]，思富养民也。又以赵过[81]为搜粟都尉。过能为代田[82]，其耕耘田器皆有便巧[83]，以教民，用力少而得谷多，民皆便之。

臣光曰：天下信未尝无士也[84]！武帝好四夷之功[85]，而勇锐轻死之士[86]充满朝廷，辟土广地[87]，无不如意。及后息民重农[88]，而赵过之俦[89]教民耕耘，民亦被其利。此一君之身趣好殊别[90]，而士辄应之[91]，诚使武帝兼三王之量以兴商、周之治[92]，其无三代之臣乎！

秋，八月，辛酉晦[93]，日有食之。

卫律害贰师之宠[94]，会匈奴单于母阏氏病，律饬胡巫言[95]："先单于怒曰：'胡故时祠兵[96]，常言得贰师以社[97]，何故不用？'"于是收贰师[98]。贰师骂曰："我死必灭匈奴！"遂屠贰师以祠[99]。

（以上为第九段，写汉武帝深陈既往之悔，转换治国思路，以富民为纲，凡是伤害百姓、浪费天下财力的事情，一律废止，遣散求仙方士，停止轮台之戍，全力务农、养马。）

【注释】

①东莱：郡名。郡治掖县，在今山东莱州。 ②晦冥：昏暗。 ③丁酉：二月初三日。 ④雍县：县治在今陕西宝鸡市凤翔区。 无云如雷者三：天空无云却三次响起了打雷声。 ⑤黑如鷖：陨石的颜色像漆一样黑。鷖（yī）：小黑子。喻称痣。色黑如漆。⑥巨定：县名。县治在今山东广饶北。 ⑦庚寅：三月二十六日。 ⑧祀于明堂：在明堂举行祭祀。 ⑨癸巳：三月二十九日。 ⑩石闾：山名。在今山东泰安南。 ⑪狂悖：狂妄荒谬的事。 ⑫糜费天下者：浪费国家钱财的事。 ⑬悉罢之：一律废止。 ⑭罢斥遣之：废逐遣散方士。 ⑮向时愚惑：往日糊涂。 ⑯尽妖妄耳：全是胡说八道罢了。⑰节食服药：节制饮食，服用药物，这才是正确的养身之道。 ⑱差可少病而已：也就是少生一些病罢了。意谓正确养身可少生病而不是长生不死。 ⑲丁巳：六月二十五

日。⑳富民侯：欲百姓殷富，故取其嘉名。㉑无他材能：没有多少才能。材，通“才”。能，据章校，他本“能”下有“术学”二字。㉒伐阅：资历。㉓一言寤意：一句话使天子醒悟且符合其心意。㉔居位自称：在丞相位上，还算称职。㉕逾于前后数公：治理成绩超过了之前和之后几位丞相。㉖搜粟都尉：官名。汉武帝置。属大司农。掌农耕及屯田等事。㉗轮台：西域邑名。在今新疆轮台东。㉘遣屯田卒：派遣屯田兵前去屯田。㉙置校尉三人分护：派遣三个校尉的屯田兵，共约五千人。一校为一千余人不等。校尉，低于将军的武官名。屯田兵的校尉称屯田校尉。㉚益种五谷：多种五谷。㉛假司马：代理司马。斥候：侦察，瞭望。㉜敢徙者：愿意迁移的人。诣田所：到屯田点。㉝稍筑列亭：逐渐修筑边防哨所连成一线。列亭，相当距离的多个亭连成一道防线。㉞连城而西：连接亭障的边墙不断向西延伸。㉟以威西国：用以威震西域各国。㊱辅乌孙：辅助乌孙，乌孙，中亚族名、国名，与汉和亲抗击匈奴的盟国。㊲深陈既往之悔曰：汉武帝发表对以往用兵深深自责的诏书，即以下长篇引用之文。史称“西域屯田诏”，又称“罪己诏”。罪己，自责，自我反省。按：汉武帝此诏为昭宣中兴奠定了政策转轨的理论依据，此汉武帝英明处。㊳益民赋三十：民赋，指成年人的算赋，一年一算一百二十文，为筹措轮台屯田费用，国库无钱，加民赋三十文。㊴重困：使人民更加困苦。㊵遣卒田轮台：派戍卒去轮台屯田。田，屯田。㊶开陵侯：成娩。㊷降其王：降服了车师王。㊸益西：更加向西，即更加遥远。㊹曩者：先前。朕之不明：我一时糊涂。㊺军候：侦察兵。弘：人名。㊻秦人：中国人。我丐若马：我给你马匹。丐，给。若，你。㊼兴遣：兴师遣将。㊽欲以为使者威重也：目的是维护汉朝使者的威信。㊾古者卿、大夫与谋：古，指商周时。卿、大夫，商周时朝廷大臣。古时重大国策，卿、大夫要会议。谋，会议。㊿参以蓍、龟：参，加上。用蓍草卜筮，用乌龟占卜。(51)“乃者”二句：先前，我把军候弘关于“匈奴捆缚其马”的奏章，下发丞相、御史大夫、二千石大臣、各位大夫、郎官，以及郡国守相都尉等广泛讨论。(52)不祥甚哉：匈奴自缚其马，是最大的不祥。即对匈奴最不吉利。(53)见强：显示强大。见，通“现”。(54)视人有余：外强中干，自显强大。视，通“示”。(55)吉：认为伐匈奴吉。说吉的人有：公车方士，方士之待诏公车者；太史，官名，属太常；治星，天文学者；望气，古代望云气以卜吉凶者；太卜，官名，掌占卜，属太常。(56)时不可再得：此时是最好的时机，错过了再不会有。(57)北伐行将：遣将北伐。(58)于鬴山必克：只要到达鬴山一定获胜。鬴山，山名，其地不详。(59)诏之必毋深入：诏令贰师，这次出征不要深入。(60)今计谋、卦兆皆反缪：现今所有计谋、占卜与结果完全相反。大吉，大不吉。勿深入，贰师深入败没。反缪，相反，错谬。缪，通“谬”。(61)重合侯得虏候者：马通将军活捉了匈奴的侦察兵。 ⑫乃言“缚马者匈奴诅军事也”：才说出“匈奴人捆缚战马，是诅咒汉军的”。 ⑬失一狼，走千羊：漏掉打死一只狼，就要损失千只羊。喻汉军将如狼，士如羊，只要失一将则士众散。 ⑭死略离散：或战死，或被俘，四散逃亡。略，通“掠”，被俘。 ⑮远田轮台：到遥远的轮台去屯田。 ⑯起亭隧：修建亭障、烽火台。隧，隧道。古无隧道。此“隧”字通“燧”，指烽燧。 ⑰扰劳天下：困扰劳苦全国民众。⑱优民：优待民众，爱护民众。 ⑲送匈奴使者：护送匈奴使者回国。 ⑳明封侯之赏以报忿：意谓以封侯作为奖赏条件，使罪犯随匈奴使者去暗刺单于，以泄愤恨。 ㉑五伯所弗为：意谓这是五霸所不干之事，堂堂大汉岂能搞暗杀这等勾当。伯，读“霸”。五霸，即指春秋时齐桓公、晋文公、秦穆公、宋襄公、楚庄王。 ㉒降者：投降的汉人。 常提掖搜索：经常浑身上下严密搜查。提掖，提挈挟持，即搜身。搜索，查找随身武器。㉓问以所闻：盘问口供。 ㉔禁苛暴，止擅赋：严禁官吏刻暴民众，不准擅自加征税费。㉕力本农：努力发展农业。 ㉖修马复令：恢复免除养马者服役纳税的法令。 ㉗补缺：指补充边防减损的马匹。 毋乏武备：不能缺乏军备。 ㉘郡国二千石：指郡太守、王国相。 上进：上报。 畜马方略补边状：畜养马匹补充边备的具体情况。方略，指具体措施。 ㉙与计对：与上计掾同来京师报告。计，各郡国的上计掾，掌户口财赋的统计。㉚以明休息：用以宣示使民众休养生息。明，宣示，表明。 ㉛赵过：西汉人，农学家。武帝末年任搜粟都尉。曾总结旱地耕作的代田法，增加农业收入。又制作三脚耧，改进农作器具。 ㉜代田：即代田法。于同一块旱地上作物种植位置隔年代换，故名。其法是将耕地分成圳和垄，圳垄相间，圳宽、深各一尺，垄宽一尺。种子播于圳中，苗发之后，耕种锄草则以垄土及草逐次入圳，培壅苗根，使作物根深叶茂，可以增加产量。 ㉝田器：种田的器具。 便巧：轻巧。 ㉞信未尝无士：果然并不是没有人才。即天下总是有人才。 ㉟好四夷之功：喜欢征服四方建立功业。 ㊱勇锐轻死之士：涌现出武勇不怕死的人士。 ㊲辟土广地：开疆拓土。 ㊳息民重农：使民休息，重视农业。 ㊴俦：辈，这样的人。出了赵过这样的人。 ㊵趣好殊别：兴趣爱好完全不同。 ㊶士辄应之：总有人才相应。 ㊷兼三王之量：兼有夏、商、周三代圣王的气度。兴商、周之治：复兴殷、周的太平政治。 ㊸辛酉晦：八月三十日。 ㊹害：忌恨。 宠：贰师受单于尊宠，卫律忌妒。 ㊺律饬胡巫言：卫律指使胡人巫师编造祸害贰师的说辞。饬，通“敕”，发令，指使。言，说辞。 ㊻胡故时祠兵：匈奴人从前出兵打仗时要祭祠土地神。 ㊼常言得贰师以社：每次祭祀都说活捉了贰师用来祭祀土地神。 ㊽收贰师：抓捕贰师。 ㊾屠贰师以祠：杀了贰师用来祭祀。

【译文】

汉武帝征和四年（壬辰，前89）

春季，正月，汉武帝巡游东莱，来到海边，想要乘船入海访求仙山。群臣劝阻，汉武帝不听。然而风势猛烈，吹得天昏地暗，海水像沸腾般汹涌。汉武帝在海边待了十几天，无法控制楼船，于是返回长安。

二月初三，雍县上空没有乌云，却出现三声像打雷一样的声音，落下两块陨石，色黑如漆。

三月，汉武帝到巨定县亲自耕田。回京途中巡游泰山，扩建祭天神坛。二十六日，在明堂举行祭祀仪式。二十九日，在石闾山祭祀地神，并接见群臣。汉武帝说道："我自即位以来，干了很多狂妄荒谬的事情，使天下人愁苦，我后悔莫及。从今以后，凡是伤害百姓、浪费天下财力的事情，一律废止！"

田千秋说："很多方士都在谈论神仙之事，却都没有什么明显的功效，我请求皇上将他们一律罢斥遣散。"汉武帝刘彻说："大鸿胪说得对。"于是，将等候神仙降临的方士们全部遣散。此后，汉武帝常常对群臣自叹说："我往日愚惑，受了方士的欺骗。天下怎么会有神仙？全是胡说八道！节制饮食，服用药物，最多是可以少生些病而已。"

夏季，六月，汉武帝返回，前往甘泉。

六月二十五日，汉武帝擢升大鸿胪田千秋为丞相，封为富民侯。田千秋没有其他的才干，又没有什么资历和功劳，只因一句话使汉武帝醒悟，就在数月之中登上丞相高位，晋封侯爵，这是世上从未有过的。然而，田千秋为人敦厚，又有智慧，身居相位颇为称职，超过他前后的几位丞相。

在此之前，搜粟都尉桑弘羊与丞相、御史奏道："轮台东部有能够灌溉的农田五千顷以上，可派屯田兵前去屯田，设置校尉三人分别掌管，多种五谷；由张掖、酒泉派骑兵下级小吏担任警戒；招募民间强壮有力、愿意远赴边塞的人前往该地，垦荒灌溉；逐渐修筑亭燧，边墙向西延伸，用以威震西域各国，辅助乌孙。"

为此，汉武帝专门发布诏令，对他以往的所作所为深表悔恨，说："前些时候，有关部门奏请要增加赋税，每个百姓多缴三十钱，用以加强边防，这是加重老弱孤独者的负担。如今又奏请派遣士兵赴轮台屯田。轮台在车师西面一千多里，上次开陵侯成娩攻打车师时，虽然取得了胜利，迫使车师王归降，但因路途遥远，粮食缺乏，死于途中的尚有数千人，何况再往西呢！

“过去，是我一时糊涂，听信了一个名叫弘的军候上书所说：‘匈奴人将马的四蹄捆住，扔到城下，扬言说：“中国人，我给你马匹。”’再加上匈奴长期扣留汉使不让回朝，所以才派贰师将军李广利兴兵征讨，为的是维护汉使的威信。古时候，与卿、大夫商讨国家大事，要参照求神问卜的结果，如果不吉利，就不能行动。先前，我曾将军候弘关于‘匈奴人捆缚其马’的奏书交给丞相、御史、二千石大臣、各位大夫、郎官、研究经典的官员等传阅，又下达到各郡、属国都太尉等，都认为‘匈奴人捆缚自己的战马，是最大的不祥’，或者认为‘匈奴是为向我国显示强大，而凡是力量不足的人，总爱向别人显示自己的强大’。方士、史官、星象家、望气家和负责求神问卜的官员也都认为‘是吉兆，匈奴必败，时机不可再得’，又说：‘遣将北伐，到达鬴山必胜。卦辞显示，诸将中，以派贰师将军前去最吉。’因此，我亲自派遣李广利率兵前往鬴山，并下令他务必不要深入。如今计谋、卦兆全都与事实相反。重合侯马通曾擒获匈奴探马，才说出：‘匈奴人捆缚战马，是为了对汉军进行诅咒。’匈奴人还常说：‘汉朝极为广大，但汉人却不耐饥渴，放走一只狼，就要损失上千只羊。’从前李广利兵败，将士们或战死，或被俘，或四散逃亡，我每念及此，常感悲伤。

“如今，又奏请要派人远赴轮台屯垦，想修筑亭燧，这是使天下人困扰劳苦之举，而非对百姓的优待，这样的建议，我不忍听！大鸿胪等又建议招募囚犯护送匈奴使者返回，以封侯作为奖赏，让他们刺杀匈奴单于，以发泄我们的怨怼，而这样的事是春秋五霸都不肯做的。况且，匈奴得到汉朝归降的人，常常浑身上下严密搜查，并加以盘问，此计又怎能施行呢！当今的急务，在于严禁官吏对百姓苛刻暴虐，废止擅自增加赋税的法令，全力务农，恢复为国家养马者免其徭役赋税的法令，用以补充战马损失的缺额，不使国家军备削弱而已。各郡国二千石官员要分别进呈本地畜养的马匹补充边备的计划，与呈送户籍、财政簿册的人员一同赴京奏对。”

从此，汉武帝不再派兵出征，封田千秋为富民侯，以表示他要使民众休息，希望能增加财富，养育民众。汉武帝又任命赵过为搜粟都尉。赵过精通轮耕保持地力的代田之法，在土地耕耘技术和农具制造方面都有改良。赵过将这些技巧教给民众，使民众用力少而收获多，因此都感到很便利。

臣司马光评论说：天下果然并非没有人才。汉武帝先是喜欢征服四周蛮夷建功立业，便有许多武勇不怕死的人会聚于朝廷，使其开疆拓土，无不如

民众耕耘，使民众获得很大的利益。同一位君王，前后的兴趣爱好迥然不同，而总有人才相应。假如汉武帝兼有夏禹、商汤、周文王的气度，来复兴商周时期的太平盛世，难道会没有夏、商、周三代的辅佐之臣吗?

秋季，八月三十日，出现日食。

卫律对李广利在匈奴受到的尊宠感到忌恨，正好单于的母亲大阏氏生病，卫律便指使胡人巫师声称："已故老单于生气地说：'我们匈奴以前在出征时祭祀，常说，如能生擒李广利，就用他来祭祀土地之神。如今为什么不用呢？'"于是，将李广利抓捕。李广利骂道："我死之后，做鬼也一定要灭亡匈奴！"于是，匈奴将李广利屠斩，用来祭祀。

【原文】

后元元年（癸巳，前88）

春，正月，上行幸甘泉，郊泰畤[1]；遂幸安定[2]。

昌邑哀王髆薨。

二月，赦天下。

夏，六月，商丘成坐祝诅自杀[3]。

初，侍中仆射马何罗与江充相善[4]。及卫太子起兵，何罗弟通以力战封重合侯[5]。后上夷灭充宗族、党与[6]，何罗兄弟惧及[7]，遂谋为逆[8]。侍中驸马都尉金日磾视其志意有非常[9]，心疑之，阴独察其动静[10]，与俱上下[11]。何罗亦觉日磾意[12]。以故久不得发[13]。

是时上行幸林光宫[14]，日磾小疾卧庐[15]，何罗与通及小弟安成矫制夜出[16]，共杀使者，发兵[17]。明旦[18]，上未起[19]，何罗无何从外入[20]。日磾奏厕[21]，心动，立入[22]，坐内户下[23]。须臾[24]，何罗袖白刃从东厢上[25]，见日磾，色变[26]；走趋卧内[27]，欲入，行触宝瑟[28]，僵[29]。日磾得抱何罗，因传曰[30]："马何罗反！"上惊起。左右拔刃欲格之[31]，上恐并中日磾[32]，止勿格[33]。日磾投何罗殿下，得禽缚之。穷治[34]，皆伏辜[35]。

秋，七月，地震。

燕王旦自以次第当为太子[36]，上书求入宿卫[37]。上怒，斩其使于北阙[38]；又坐藏匿亡命[39]，削良乡、安次、文安三县[40]。上由是恶旦[41]。旦辩慧博学[42]，其弟广陵王胥[43]，有勇力，而皆动作无法度[44]，多过失，故上皆不立[45]。

时钩弋夫人之子弗陵[46]，年数岁，形体壮大，多知，上奇爱之，心欲立焉；以其年稚[47]，母少[48]，犹与久之[49]。欲以大臣辅之，察群臣，唯奉车都尉、光禄大夫霍光[50]，忠厚可任大事，上乃使黄门画周公负成王朝诸侯[51]以赐光。后数日，帝谴责钩弋夫人；夫人脱簪珥[52]，叩头。帝曰："引持去[53]，送掖庭狱[54]！"夫人还顾[55]，帝曰："趣行[56]，汝不得活？"卒赐死[57]。

顷之[58]，帝闲居，问左右曰："外人言云何[59]？"左右对曰："人言'且立其子，何去其母乎[60]？'"帝曰："然[61]，是非儿曹愚人之所知也[62]。往古国家所以乱，由主少、母壮也[63]。女主独居骄蹇[64]，淫乱自恣[65]，莫能禁也。汝不闻吕后邪[66]！故不得不先去之也。"

（以上为第十段，写汉武帝考虑接班人的继立问题，燕王刘旦聪明善辩，博学多才，广陵王刘胥勇武有力，但两人举动不合法度，均被汉武帝排除，欲立小儿子刘弗陵，于是将其母赐死。）

【注释】

①郊泰畤：郊祀泰一神。 ②安定：郡名。郡治高平，在今宁夏固原。 ③坐祝诅自杀：被指控诅咒皇上而自杀。 ④侍中仆射：官名。侍中的长官。 马何罗：人名，《汉书》作莽何罗。 相善：相爱、相友好。 ⑤以力战封重合侯：马通因奋力作战封重合侯。 ⑥党与：江充同党、帮凶。 ⑦惧及：害怕牵连自己。 ⑧逆：叛逆，造反。 ⑨侍中：官名。侍从天子，可出入宫禁。 驸马都尉：官名。掌天子从车。 金日磾视其志意有非常：金日磾觉察到马氏兄弟神态异常。 ⑩阴独察其动静：暗中独自观察马氏兄弟的行动。动静，一举一动。 ⑪与俱上下：与之一起进出。 ⑫何罗亦觉日磾意：马何罗也看出了金日磾的用意。 ⑬以故久不得发：所以过了很久马氏兄弟没敢发难。 ⑭林光宫：宫名。在甘泉宫附近。 ⑮庐：宫中的小房间。 ⑯安成：马安成，人名，马何罗小弟。 矫制夜出：假传圣旨，连夜出宫。 ⑰共杀使者，发兵：马氏兄弟一起杀了朝廷使者，发兵造反。 ⑱明旦：第二天清晨。 ⑲上未起：汉武帝还未起床。 ⑳何罗无何从外入：马何罗在天亮没多久从宫外进入宫中。无何，指天亮没多久。 ㉑日磾奏厕：金日磾正走向厕所。 ㉒心动，立入：心惊动了一下，立即入殿。 ㉓坐内户下：坐在武帝的卧室前殿门下。内户，指汉武帝卧室。 ㉔须臾：不一会儿。 ㉕何罗袖白刃从东厢上：马何罗袖里藏了一把利刀从东厢房上殿。 ㉖色变：脸色大变。 ㉗走趋卧内：跑向汉武

帝卧室。㉘欲入，行触宝瑟：想进入卧内，奔跑中撞到陈放的宝瑟。㉙僵：倒在地上。㉚因传曰：随即大喊。㉛欲格之：想刺杀马何罗。㉜恐并中日磾：担心一起刺伤金日磾。㉝止勿格：制止刺杀马何罗。㉞穷治：彻底追查审讯。㉟皆伏辜：造反的人全部伏法。㊱燕王旦：刘旦。武帝次子。元狩六年受封燕王。次第：按次序。次子当继为太子。㊲入宿卫：入京师宿卫天子。㊳北阙：皇宫的北阙。㊴坐藏匿亡命：被指控私藏逃犯。㊵削：削夺。良乡：县名。治所在今北京市房山区东南。安次：县名。治所在今河北廊坊市安次区西北。文安：县名。治所在今河北文安东北。㊶由是恶旦：从此厌恶刘旦。㊷旦辩慧博学：刘旦聪明善辩，博学多才。㊸胥：刘胥。武帝之子。受封广陵王。㊹无法度：不遵守法纪。㊺不立：不立为太子。㊻弗陵：武帝之子。武帝与钩弋夫人所生。㊼年稚：年幼。㊽母少：母亲年轻。㊾犹与久之：犹豫不决很长时间。与，通“豫”。㊿奉车都尉：官名。掌天子乘舆车马。光禄大夫：官名。属光禄勋。霍光：西汉河东平阳（今山西临汾西南）人，字子孟。霍去病的异母弟。为人谨慎，为武帝亲信，任为大司马大将军，受遗托孤，为首席顾命大臣。昭、宣时，专朝政。传见《汉书》卷六十八。(51)黄门：宦者。周公负成王朝诸侯：周公是周武王之弟。武王死，成王即位，年少，周公辅佐之，安定天下。武帝命黄门画此历史情节，意在使霍光辅佐少主。(52)脱簪珥：摘去头饰耳环。(53)引持去：带出去。引，退。(54)掖庭：后宫官名，属少府。设有秘狱，处治宫内有罪者。(55)还顾：回头看武帝，眷恋情意。(56)趣行：赶快走。(57)卒赐死：最终赐死钩弋夫人。(58)顷之：过不多久。(59)言云何：有什么议论。(60)何去其母乎：为什么除掉他的母亲呢？去，除掉。(61)然：是，对。(62)是非：这不是。 儿曹愚人之所知也：你们这些愚笨的人所能够懂得的。(63)主少、母壮：国君年少，母亲青春正盛。(64)骄蹇：傲慢不顺。(65)淫乱自恣：荒淫秽乱，为所欲为。恣，放纵。(66)汝不闻吕后邪：你没有听说过吕后临朝称制的故事吗？吕后，即吕雉，汉高帝之后。

【译文】

汉武帝后元元年（癸巳，前88）

春季，正月，汉武帝前往甘泉宫，在泰山祭祀天神，然后巡游安定。

昌邑哀王刘髆去世。

二月，汉朝实行大赦。

夏季，六月，商丘成因被指控诅咒皇帝而自杀。

当初，侍中仆射马何罗与江充关系很好。太子刘据起兵时，马何罗的弟弟马通因奋力作战，被封为重合侯。后来，汉武帝诛灭江充全族之人及其同党，马何罗兄弟害怕牵连受害，便密谋反叛朝廷。侍中驸马都尉金日磾看到马氏兄弟的心思不同寻常，感到可疑，便独自在暗中注意他们的动静，与他们一起进出。马何罗也觉察到了金日磾的用意，所以过了很长时间没敢发动。

这时，汉武帝前往林光宫，金日磾因身体有些不舒服，躺在宫中的小房间休息。马何罗、马通和小弟马安成假传圣旨，乘夜出宫，一同将朝廷使者杀死，发兵造反。第二天早上，汉武帝尚未起床，马何罗在天亮没多久，从宫外进入宫中，金日磾正要去上厕所，忽然心中一动，立刻进入寝殿，坐在汉武帝的卧室前殿门下。不久，马何罗袖中藏着利刃从东厢房上殿，看见金日磾，脸色一变，便跑向汉武帝的卧室，想要进去，奔跑中撞到陈放的宝瑟，摔倒在地。金日磾抱住了马何罗，大声叫道："马何罗谋反！"汉武帝惊起，身边的侍卫要刺杀马何罗，汉武帝怕一并伤到金日磾，急忙加以制止。金日磾将马何罗摔到殿前，侍卫上前将其捆绑起来。经过严厉的追究和审讯，所有参与谋反的人全部认罪伏法。

秋季，七月，发生地震。

燕王刘旦认为自己按长幼次序应被立为太子，便上书请求回京侍卫皇帝左右。汉武帝刘彻大怒，将燕王的使者斩于皇宫北门。又因刘旦被指控私藏逃犯，汉武帝下令削去燕国封地中的良乡、安次、文安三县。汉武帝从此厌恶刘旦。刘旦聪明善辩，博学多才，其弟广陵王刘胥勇武有力，但二人的举动都不合法度，多有过失，所以二人都未被汉武帝立为太子。

此时，钩弋夫人所生的皇子刘弗陵，虽然只有几岁，却长得身体健壮，聪明伶俐，汉武帝刘彻对他极为疼爱，想立他为太子，只因其年纪幼小，母亲也太年轻，所以一直犹豫不决。汉武帝想选择合适的大臣辅佐刘弗陵，观察群臣，只有奉车都尉、光禄大夫霍光为人忠厚，可以当此重任。于是，汉武帝让黄门官画了一幅周公背负周成王接受诸侯朝见的图画赐给霍光。几天后，汉武帝借故谴责钩弋夫人，钩弋夫人摘去首饰，叩头请求宽恕。汉武帝说："拉出去，送到掖庭狱中！"钩弋夫人回头看着汉武帝求饶，汉武帝说："快走，你不能活下去！"最终将她处死。

不久之后，汉武帝闲居无事，向周围的人们问道："外面对处死钩弋夫人一事怎么说？"被问者回答说："人们都说'将要立她儿子为太子，为什么还要杀他母亲呢'？"汉武帝说道："是啊，这就不是你们这些愚蠢的人能够懂得的了。自古以来，之所以出现乱国之事，都是因为国君年幼而其母青春正盛。女主一人独居，就会骄横不法，荒淫秽乱，为所欲为，而无人能够禁止。你没有听说过吕后之事吗？所以不能不先将她除掉。”

【原文】

二年（甲午，前87）

春，正月，上朝诸侯王于甘泉宫。

二月，行幸盩厔五柞宫[①]。

上病笃[②]，霍光涕泣问曰：“如有不讳[③]，谁当嗣者[④]？”上曰：“君未谕前画意邪[⑤]？立少子，君行周公之事！”光顿首让曰[⑥]：“臣不如金日磾！”日磾亦曰：“臣，外国人[⑦]，不如光；且使匈奴轻汉矣！”

乙丑[⑧]，诏立弗陵为皇太子，时年八岁。

丙寅[⑨]，以光为大司马、大将军[⑩]，日磾为车骑将军，太仆上官桀为左将军[⑪]，受遗诏辅少主，又以搜粟都尉桑弘羊为御史大夫，皆拜卧内床下[⑫]。

光出入禁闼二十余年[⑬]，出则奉车[⑭]，入侍左右，小心谨慎，未尝有过[⑮]。为人沉静详审[⑯]，每出入、下殿门，止进有常处[⑰]，郎、仆射窃识视之[⑱]，不失尺寸[⑲]。

日磾在上左右，目不忤视者数十年[⑳]；赐出宫女，不敢近[㉑]；上欲内其女后宫[㉒]，不肯；其笃慎如此[㉓]，上尤奇异之。日磾长子为帝弄儿[㉔]，帝甚爱之。其后弄儿壮大，不谨，自殿下与宫人戏[㉕]；日磾适见之[㉖]，恶其淫乱[㉗]，遂杀弄儿。上闻之，大怒。日磾顿首谢[㉘]，具言所以杀弄儿状[㉙]。上甚哀，为之泣；已而心敬日磾[㉚]。

上官桀始以材力得幸[㉛]，为未央厩令[㉜]；上尝体不安，及愈[㉝]，见马，马多瘦，上大怒曰：“令以我不复见马邪[㉞]！”欲下吏。桀顿首曰[㉟]：“臣闻圣体不安，日夜忧惧，意诚不在马[㊱]。”言未卒，泣数行下[㊲]。上以为爱己，由是亲近，为侍中[㊳]，稍迁至太仆[㊴]。

三人皆上素所爱信者，故特举之，授以后事[㊵]。

丁卯[㊶]，帝崩[㊷]于五柞宫；入殡未央宫[㊸]前殿。

（以上为第十一段，写汉武帝临终，选立幼子刘弗陵为皇太子，任命霍光、金日磾、上官桀三人为顾命大臣，溘然长逝。）

【注释】

①盩厔：县名。县治在今陕西周至东。 五柞宫：汉离宫之一。在汉长杨宫东北八里。 ②病笃：病情严重。 ③不讳：谓死。 ④嗣者：继承人。 ⑤谕：明白；知晓。 前画意：日前画“周公负成王朝诸侯”的意图。 ⑥光顿首让曰：霍光叩头谦让说。 ⑦外国人：匈奴人。 ⑧乙丑：二月十二日。 ⑨丙寅：二月十三日。 ⑩大司马：汉武帝元狩四年始置。初为加于将军之前的一种官号。武帝临终以霍光为大司马大将军，辅佐少主，为中朝官领袖。 大将军：官名，为将军的最高称号，汉代多由贵戚担任，掌握朝政。 ⑪上官桀：西汉陇西上邽（今甘肃天水）人，字少叔。受武帝信用，遗诏托孤。昭帝时，与霍光争权结怨，因谋反被族诛。 左将军：汉代将军有五府，即左、右、前、后、中。上官桀为左将军。 ⑫皆拜卧内床下：汉武帝病重起不了床，诸位顾命大臣在汉武帝卧室床前接受顾命，拜于床下谢恩。 ⑬二十余年：应为三十余年。霍光元狩四年入京为郎，至武帝后元二年，即从公元前119年至前87年。 ⑭奉车：为天子掌车驾。 ⑮过：过错。 ⑯沉静详审：沉着冷静，十分细心。 ⑰止进有常处：停步与行进，每次落脚都在原地。即霍光入宫上殿与退朝所走路线、踏步每次都一样在原线路。喻沉静详审于细处可见。 ⑱郎、仆射：皆官名。这里泛指官员。 窃识视之：暗自记下霍光行步路径及踏步情况。 ⑲不失尺寸：分毫不差。 ⑳不忤视：不逆视，即不看他不该看的东西，数十年如此。 ㉑不敢近：不靠近赐给他的宫女。 ㉒内：通“纳”。武帝想接纳金日磾之女为宫妃。 ㉓笃慎如此：诚笃谨慎竟是这样。 ㉔弄儿：供戏耍的幼童。 ㉕戏：嬉戏。

㉖适见之：恰好被金日磾看见了。 ㉗恶其淫乱：十分讨厌儿子的淫乱行为。 ㉘谢：认罪。 ㉙具言所以杀弄儿状：详细陈述杀弄儿的缘由。 ㉚心敬日磾：内心敬重日磾。㉛以材力得幸：上官桀因臂力过人得到汉武帝赏识。幸，宠爱，赏识。 ㉜为未央厩令：任为未央宫养马令。 ㉝及愈：等到病好了。 ㉞令以我不复见马邪：认为我看不到马了吗？意谓责备上官桀失职没养好马，认为我病好不了吗？ ㉟桀顿首曰：上官桀叩头认错说。 ㊱意诚不在马：臣真的没心思养马。 ㊲言未卒，泣数行下：话没说完，眼泪不断地流，十分痛心的样子。 ㊳侍中：官名。侍从天子，可出入宫禁。 ㊴稍迁至太仆：逐步升官到太仆。太仆，九卿之一，掌天子车马。 ㊵“故特举之”二句：霍光、金日磾、上官桀，三人为汉武帝特别亲信的大臣，特以委托后事。 ㊶丁卯：二月十四日。㊷崩：帝王死如山崩，故名。按：汉武帝年十七即位，在位五十四年，享年七十一岁。㊸入殡：将尸体入棺。 未央宫：宫名。汉初所建。天子朝会处。

【译文】

汉武帝后元二年（甲午，前87）

春季，正月，汉武帝在甘泉宫接受诸侯王的朝见。

二月，汉武帝前往周至县五柞宫。

汉武帝病重，霍光哭着问道："万一皇上不幸离去，应当由谁继承皇位呢？"汉武帝说："你难道没有理解先前赐给你的那幅画的含义吗？立我最小的儿子，由你担任周公的角色！"霍光叩头推辞说："我不如金日磾！"金日磾也说："我是外国人，不如霍光。况且由我辅政，会使匈奴轻视我大汉！"

二月十二日，汉武帝发布命令，立刘弗陵为皇太子，时年八岁。

二月十三日，汉武帝任命霍光为大司马、大将军，金日磾为车骑将军，太仆上官桀为左将军，由他们三人接受遗诏，辅佐幼主，又任命搜粟都尉桑弘羊为御史大夫，全都在汉武帝卧室床下磕拜受职。

霍光出入宫廷二十多年，出外则陪同汉武帝乘车，入宫则侍奉在汉武帝的左右，小心谨慎，从未有过什么过失。他为人沉静仔细，每次出入宫廷、下殿门，止步和前进都有一定的地方，郎官、仆射们在暗中观察、默记，发现他尺寸不差。

金日磾在汉武帝身边几十年，从不看他不该看的东西，赐给他宫女，他也不敢亲近；汉武帝想将他女儿纳为后宫嫔妃，他也不肯；其诚笃谨慎如此，汉武帝感到特别惊异。金日磾的长子是汉武帝的玩伴，很受宠爱，长大后行为不检点，在殿下与宫女调情，正好被金日磾看到。金日磾对其子的淫乱行为非常厌恶，便将他杀死。汉武帝听说后勃然大怒。金日磾磕头请罪，陈述了杀死其子的缘由。汉武帝深感悲哀，为此落下眼泪，后来对金日磾却由衷敬重。

上官桀开始因臂力过人而得到汉武帝的赏识，被任命为未央厩令。有一次，汉武帝感到身体不舒服，等到痊愈后，检查御马，发现马匹大多瘦弱，于是，汉武帝大发雷霆，说："厩令认为我再也看不到这些马了吗？"便要将上官桀抓捕下狱。上官桀磕头说："我听说皇上圣体欠安，日夜忧愁害怕，实在没有心思照料马匹。"话未说完，已经流下几行眼泪。汉武帝认为上官桀爱自己，因此与他亲近，任命他为侍中，逐渐升到太仆。

霍光、金日磾、上官桀三人，都是汉武帝刘彻平时宠爱信任的人，所以特意将自己身后之事托付给他们。

二月十四日，汉武帝刘彻在五柞宫去世，遗体运到未央宫前殿入殓。

【原文】

帝聪明能断，善用人，行法无所假贷[①]。隆虑公主子昭平君尚帝女夷安公主[②]。隆虑主病困[③]，以金千斤、钱千万为昭平君豫赎死罪，上许之[④]。隆虑主卒，昭平君日骄[⑤]，醉杀主傅[⑥]，系狱[⑦]；廷尉以公主子上请[⑧]。左右人人为言[⑨]："前又入赎，陛下许之。"上曰："吾弟老有是一子[⑩]，死，以属我[⑪]。"于是为之垂涕，叹息良久，曰："法令者，先帝所造也[⑫]，用弟故而诬先帝之法[⑬]，吾何面目入高庙乎[⑭]！又下负[⑮]万民。"

乃可其奏[⑯]，哀不能自止，左右尽悲[⑰]。待诏东方朔前上寿[⑱]，曰："臣闻圣王为政，赏不避仇雠[⑲]，诛不择骨肉[⑳]。《书》曰[㉑]：'不偏不党，王道荡荡[㉒]。'此二者[㉓]，五帝所重[㉔]，三王所难也[㉕]，陛下行之[㉖]，天下幸甚！臣朔奉觞昧死再拜上万寿[㉗]！"上初怒朔[㉘]，既而善之，以朔为中郎[㉙]。

班固赞曰[㉚]：汉承百王之弊，高祖拨乱反正，文、景务在养民[㉛]，至于稽古礼文之事[㉜]，犹多阙焉[㉝]。孝武初立[㉞]，卓然罢黜百家[㉟]，表章六经[㊱]，遂畴咨海内[㊲]，举其俊茂[㊳]，与之立功；兴太学[㊴]，修郊祀[㊵]，改正朔[㊶]，定历数，协音律[㊷]，作诗乐[㊸]，建封禅[㊹]，礼百神[㊺]，绍周后[㊻]，号令文章，焕然可述，后嗣得遵洪业而有三代之风[㊼]。如武帝之雄材大略，不改文、景之恭俭以济斯民，虽《诗》《书》所称何有加焉[㊽]！

臣光曰：孝武穷奢极欲[㊾]，繁刑重敛[㊿]，内侈宫室，外事四夷[51]，信惑神怪[52]，巡游无度[53]，使百姓疲敝，起为盗贼，其所以异于秦始皇者无几矣[54]。然秦以之亡，汉以之兴者，孝武能尊先王之道，知所统守[55]，受忠直之言[56]，恶人欺蔽[57]，好贤不倦[58]，诛赏严明，晚而改过，顾托得人[59]，此其所以有亡秦之失而免亡秦之祸乎[60]！

戊辰[61]，太子即皇帝位[62]。帝姊鄂邑公主共养省中[63]，霍光、金日磾、上官桀共领尚书事[64]。光辅幼主，政自己出[65]，天下想闻其风采[66]。殿中尝有怪，一夜，群臣相惊，光召尚符玺郎[67]，欲收取玺。郎不肯授[68]，光欲夺之。郎按剑曰："臣头可得，玺不可得也！"光甚谊之[69]。明日，诏增此郎秩二等[70]。众庶莫不多光[71]。

三月，甲辰[72]，葬孝武皇帝于茂陵[73]。

夏，六月，赦天下。

秋，七月，有星孛于东方。

济北王宽坐禽兽行自杀[74]。

冬，匈奴入朔方[75]，杀略吏民；发军屯西河[76]；左将军桀行[77]北边。

（以上为第十二段，写汉武帝严法，不避亲情；晚年改过，顾托得人，有亡秦之失而免亡秦之祸，受到班固和司马光的赞扬。）

【注释】

①行法：执法。 无所假贷：不宽宥。 ②隆虑公主：景帝之女，武帝之妹。 尚：指与帝王之女成婚。 夷安公主：武帝之女。 按：昭平君，汉武帝外侄、女婿，骨肉重亲。 ③病困：病危。 ④许之：允准。 ⑤日骄：日益骄纵。 ⑥主傅：公主之师傅或保姆。 ⑦系狱：关在狱中。 ⑧廷尉：官名。掌刑狱。 上请：请示天子核准昭平君死刑。 ⑨左右人人为言：武帝身边的人个个为昭平君求情。 ⑩吾弟：我妹。 老有是一子：年老才得这一个儿子。 ⑪属我：托付给我。属，通“嘱”。 ⑫先帝所造：是先帝创立的。 ⑬诬先帝之法：破坏了先帝的法律。诬，抹黑，染上污点，引申为坏了规矩。 ⑭高庙：汉高祖庙。 吾何面目入高庙：意谓我哪有脸到高庙去拜见老祖宗。 ⑮负：辜负，对不起。 ⑯可其奏：批准廷尉的上奏。 ⑰左右尽悲：身边的人全都悲伤，助哀。 ⑱待诏：候补官员。汉时候补官在宦者署等待任职诏令，称待诏。 东方朔：西汉平原厌次（今山东惠民东）人，字曼倩。性滑稽，常劝谏武帝。著有《答客难》《非有先生论》等辞赋。传见《汉书》卷六十五。 前上寿：上前祝酒。朝会时前上寿，即上前致祝词。 ⑲赏不避仇雠：奖励不漏掉仇人。 ⑳诛不择骨肉：诛罚不区分骨肉。 ㉑《书》曰：引文见《尚书·周书·洪范》。 ㉒不偏不党，王道荡荡：不偏袒，不结党，君王的大道坦荡荡。荡荡，平坦貌，喻公平。 ㉓二者：指赏、诛两者。 ㉔五帝所重：五帝非常重视。五帝，古代传说圣王：黄帝、颛顼、帝喾、唐尧、虞舜。 ㉕三王所难：三代圣王难以做到。 ㉖行之：推行，办到了。 ㉗奉觞：捧杯。觞，古代的酒杯。 昧死：臣对君之谦辞。意谓冒昧犯了死罪。 上万寿：祝福万寿。 ㉘怒朔：恼恨东方朔。 ㉙中郎：官名。宫廷警卫，属光禄勋。 ㉚班固赞曰：引文见《汉书》卷六《武帝纪》。 ㉛文、景：汉文帝、汉景帝。 务在养民：致力于让百姓休养生息。 ㉜稽古：研习古代。 礼文之事：礼节仪式。 ㉝阙：同“缺”。 ㉞初立：初即

位，指建元元年，公元前140年。㉟卓然：卓越的气概。罢黜百家：罢除百家学说。百家，申商刑名等诸子之学。武帝建元元年举贤良，不录取百家学说之士，史称罢黜百家。㊱表章六经：独尊儒术。六经，皆儒家典籍，《诗》《书》《礼》《易》《春秋》《乐》。《乐经》亡逸，只有五经。㊲畴咨海内：咨询海内贤人。㊳举其俊茂：选拔其中的优秀人才。㊴兴太学：兴办太学。㊵修郊祀：制定郊祀礼仪。㊶改正朔：制定新历法，即《太初历》。㊷协音律：调和音乐。㊸作诗乐：制作诗赋采风乐府。汉武帝置乐府，采风民间歌谣。㊹建封禅：封泰山，禅梁文。㊺礼百神：完善祭祀山川百神的礼仪。㊻绍周后：封周子南君，接续周朝。㊼后嗣：后代子孙。洪业：大事业。三代之风：继承夏、商、周三代的遗风。㊽虽《诗》《书》所称何有加焉：即使是《诗》《书》上所称道的古代圣王也不过如此。按："不改"云云，在称美武帝雄才大略中，犹讥其稍欠文景之恭俭，可谓平和中肯。㊾穷奢极欲：极为奢侈贪婪。㊿繁刑重敛：刑法赋敛都很繁重。51四夷：四周各族。52信惑神怪：迷惑于神怪之说。53巡游无度：巡游没有节制。按：武帝在位五十四年，前期二十七年致力于伐四夷，未遑巡游，后期二十七年，巡幸全国二十三次，差不多无岁不游。54无几：汉武帝与秦始皇在劳民上差不了多少，几乎一样。55知所统守：知道怎样治理国家。统守，统一与守成的道理。56受忠直之言：能接受忠直刚正的谏言。57恶人欺蔽：厌恶被人欺瞒蒙蔽，谓尚能分辨假意的阿谀。58好贤不倦：始终喜欢贤才。59顾托得人：指托孤于霍光、金日磾十分得体。60有亡秦之失而免亡秦之祸：谓汉武帝有秦始皇一样亡国的错误，但避免了秦朝灭亡的祸患。61戊辰：二月十五日。62太子即皇帝位：太子刘弗陵即位，是为汉昭帝。63鄂邑公主：即盖长公主，武帝之女。共，通"供"。省中：即宫中。64领：兼任较低的职务曰"领"。尚书：官名。掌文书章奏。65政自己出：国家政令都由霍光自己发出。即大权独揽。66风采：风度。67尚符玺郎：官名。掌符节、玉玺。68不肯授：不肯交出符玺。69谊之：认为他处事合乎正义。谊，通"义"。70增此郎秩二等：提升职位品级两级。71众庶：众人。多：称赞，敬重。72甲辰：三月二十二日。73茂陵：汉武帝陵。在今陕西兴平东北。74济北王宽：刘宽。济北王刘勃之孙。坐：坐罪。禽兽行：在家庭内有淫乱行为，叫"禽兽行"。75朔方：郡名。郡治朔方，在今内蒙古乌拉特前旗东南。76西河：郡名。郡治平定，在今内蒙古东胜境。77桀：上官桀。行：巡行。

【译文】

汉武帝为人很聪明，遇事有决断，善于用人，执法严厉，毫不容情。隆虑公主的儿子昭平君娶了汉武帝的女儿夷安公主。隆虑公主病危时，进献黄金千斤、钱千万，请求预先为儿子昭平君赎一次死罪，汉武帝答应了她的请求。隆虑公主去世后，昭平君日益骄纵，竟在喝醉酒之后将公主的保姆杀死，被抓捕入狱。廷尉因昭平君是公主之子而请示汉武帝，汉武帝身边的人都为昭平君说话："先前隆虑公主又曾出钱预先赎罪，皇上应允了她。"汉武帝说："我妹妹年纪很大了才生下一个儿子，临终时又将他托付给我。"当时泪流满面，叹息了很久，说："法令是先帝创立的，若是因妹妹的缘故破坏先帝之法，我还有何脸面进高祖皇帝的祭庙！同时也对不住万民。"

汉武帝于是批准了廷尉的请求，将昭平君处死，但仍然悲痛难忍，周围的人也一起跟着伤感不已。待诏官东方朔上前祝贺汉武帝说："我听说圣明的君王治理国政，奖赏不回避仇人，惩罚不区分骨肉。《尚书》上说：'不偏向，不结党，君王的大道坦荡平直。'这两项原则，古代的黄帝、颛顼、帝喾、尧、舜五帝非常重视，而夏禹、商汤、周文王、武王都难以做到，如今皇上却做到了，这是天下的幸运！我东方朔捧杯，冒死连拜两拜为皇上祝贺！"开始，汉武帝对东方朔非常恼火，接着又觉得他说得对，将东方朔任为中郎。

班固评论说："汉朝承接了历朝帝王的积弊，高祖拨乱反正，汉文帝、汉景帝则致力于休养百姓，而在研习古代的礼节仪式方面，尚有很多缺失。汉武帝即位之初，就以卓越的气魄罢黜了各家学说，唯独尊崇儒家的《诗》《书》《礼》《易》《乐》《春秋》六种经典，于是咨询海内贤人，征召、选拔其中的优秀人才，共同建功立业。又兴办太学，整顿祭祀仪式，改变正朔，重新制定历法，协调音律，作诗赋乐章，到泰山封禅，祭祀天地，礼敬各种神灵，封赐周朝的后裔，等等。汉武帝的号令文章都焕发光彩，值得称道，后继者得以继承他的大业，因而具有夏、商、周三代的遗风。如果以汉武帝的雄才大略，不改变汉文帝、汉景帝时的俭朴作风，爱护百姓，即使是《诗经》《尚书》上所称道的古代圣王也不过如此！"

司马光评论说："汉武帝穷奢极欲，刑罚繁重，横征暴敛，对内大肆兴建宫室，对外征讨四方蛮夷，又迷惑于神怪之说，巡游无度，致使百姓疲劳凋敝，很多人被迫做了盗贼，与秦始皇没有什么不同。但为什么秦朝因此而灭亡，汉朝却因此而兴盛呢？是因为汉武帝能够遵守先王之道，懂得如何治理国家，守住基业，能接受忠正刚直之人的谏言，厌恶被人欺瞒蒙蔽，始终喜好贤才，赏罚严明，到晚年又能改变以往的过失，将继承人托付给合适的大臣，这正是汉武帝有造成秦朝灭亡的错误，却避免了秦朝灭亡的灾祸的原因啊！”

二月十五日，太子刘弗陵即皇帝位。因为只有八岁，所以他的姐姐鄂邑公主与他一起住在宫中，负责抚养照顾，霍光、金日磾、上官桀三人共同主管尚书事，负责主持朝政。霍光辅佐幼主，国家政令都由他自己发出，天下人都想一见他的风采。殿中曾出现怪物，一天夜里，群臣为怪物所惊，于是，霍光召见担任尚符玺郎的官员，想要取走皇帝的玉玺。尚符玺郎不肯给他，霍光便要强夺。尚符玺郎手持宝剑说道：“我的头你可以拿去，但玉玺不能拿走！”霍光对他这种态度甚为嘉许。第二天，便以汉昭帝的名义将这位尚符玺郎的品秩提升了两级，众人无不因此对霍光更加尊敬。

三月二十二日，将汉武帝安葬于茂陵。

夏季，六月，实行大赦。

秋季，七月，东方出现异星。

济北王刘宽因被指控行为如同禽兽而自杀。

冬季，匈奴侵入朔方郡，屠杀掳掠当地官员和百姓。汉朝廷征调军队屯驻西河郡，左将军上官桀巡视北部边防。

【评析】

刘彻论

汉武帝刘彻，于公元前87年去世。一般来说，盖棺论定，但对于刘彻来说，盖棺却定不了论。他的功过是非，两千多年来一直争论不休，见仁见智。如何正确评价？这的确是一个非常严肃的问题。我们试对他的几项重大事项做一些分析和评价。

第一，独尊儒术。刘彻在即位后的几年就考虑寻求治国之才，实施新时期下的治国方略，下令举荐贤良，并亲自策问，董仲舒上了“天人三策”，提出了“大一统”“独尊儒术”的学说和主张，得到汉武帝的肯定和采纳，逐步成为治国的主导思想。所谓“大一统”，并不是单纯地指在地域上的统一，而更多的是指在国家政治上的整齐划一、经济制度和思想文化上的高度集中。所谓“独尊儒术”，也并非指春秋战国时期单纯的儒家思想，而是掺杂了道家、法家、阴阳五行家的一些思想，是一种与时俱进的新思想，使全国上下全体民众有一个共同的信仰，即使在现代国家也是必需的。这种“大一统”和“独尊儒术”，维护了封建统治秩序，神化了专制王权，因而受到了汉武帝的推崇，历经了罢黜百家、议立明堂、增置博士、绌抑黄老、制策贤良和任用儒吏六个阶段，才得以确立和巩固，是一种适应了汉武帝时期政治、思想和社会转轨变型需要的重大举措，逐步成为中国历代统治者治国的正统思想。这对于封建时期有效治理国家是一个重大贡献，其积极作用不可低估。当然，也带来了一些负面作用和影响。

第二，用兵四夷。汉武帝利用汉兴以来积累的国家财力、物力，在对外战略上，实行由战略防御转为战略进攻的策略，主动出击，开展了对四夷的用兵，主要是击溃匈奴，收复南越，开拓西南，远征大宛，吞并朝鲜，还派遣张骞出使西域，开拓了连接欧亚大陆的丝绸之路。特别是开展攻打匈奴的战争。汉武帝在位五十四年，打了四十多年，分为前后两个时期。前期派名将卫青、霍去病三次大规模出击匈奴，收复河套地区，夺取河西走廊，封狼居胥，将当时汉朝的北部疆域从长城沿线推至漠北，取得了辉煌的胜利，基本上解决了来自北方匈奴对汉朝的威胁。历代对于汉武帝所采取的军事行动，一般用“穷兵黩武”四个字来概括。其实，这是不妥的，对于汉武帝的用兵四夷，我们应当予以充分肯定。在当时的情势下，对四夷用兵是必须的，不可避免的。当敌人的屠刀指着你的鼻子，你只有奋力还击，才有生命和尊严，否则，你将不存在，或者敌人将无视你的存在！可以说，只有雄才大略的汉武帝才能做到这一点。至于在用兵四夷中所带来的负面作用，有些则是不可避免的，只要处理得当，相对于战争所带来的积极作用来说，则是微不足道的。后之赵翼评论说：“仰思汉武帝之雄才大略，正在武功！”可谓独具慧眼！

第三，轮台罪己诏。晚年的汉武帝，似乎与前期判若两人，变得比较刚愎自用，信奉神仙，垒筑高坛，多次封禅出游，令大批所谓“方士”入海求仙；还听信方士之言，建造铜柱仙人掌，追求长生不老，并且惧怕被人诅咒，宠幸江充，最终酿成巫蛊之祸，逼死太子刘据和皇后卫子夫，受到株连的有数万人。贰师将军李广利率领七万人出兵攻打匈奴，在出征的前夕，与丞相刘屈氂合谋立李夫人之子昌邑王刘髆为太子。后刘屈氂夫人被告有诅咒汉武帝的行为，汉武帝下令彻查，刘屈氂和李广利的阴谋彻底败露，刘屈氂被腰斩，李广利妻被下狱。此时李广利正在匈奴杀敌，听到消息后恐遭大祸，只得投降匈奴。汉武帝利用酷吏，严刑酷法，民众不安其生，出现了多起反叛事件。如此等等，国家几乎到了大乱的地步。后来，汉武帝对自己的施政主张开始反思，觉得不能再这样下去了，要改弦更张了。于是，在公元前89年，当桑弘羊等人上书汉武帝，建议在轮台戍兵屯田以备匈奴，汉武帝没有同意，下了“罪己诏”，提出：“自今事有伤害百姓，糜费天下者，悉罢之！”“当今务在禁苛暴，止擅赋，力本农，修马复令以补缺，毋乏武备而已。”也就是说，要转变治国方略，重拾汉初息兵养民、轻徭薄赋的国策。其实，关于轮台戍兵屯田的建议，其本身并没有错，只是汉朝到了这种地步，实在是力不从心，没有能力去兴办这些事情而已。汉武帝的“罪己诏”，是中国历史上第一份帝王罪己文书。汉武帝敢于反思自己，检查过失，不怕引起国人批评，这样的心胸和胆量，无疑是中国第一人。汉武帝通过“罪己”这种方式调整国策，以缓和社会矛盾，为后世治国者奠定全新的治国方略，可谓明智矣！为接之而来的“昭宣中兴”打下了基础。非至伟之人，焉能如此？

第四，托孤霍光。晚年，汉武帝心力交瘁，太子刘据在巫蛊之祸中已经去世，之后数年一直没有再立太子。国家将由谁来继承皇位？如果不能妥善解决好，汉朝很有可能由此夭折，重新形成国家大乱。对此，汉武帝可谓煞费苦心。首先是立谁的问题。当时，汉武帝的二子刘旦、三子刘胥、四子刘髆，都想被立为太子。这一问题，是非常棘手但又必须面对的问题。汉武帝则看中了幼子刘弗陵，认为刘弗陵有贵兆，其母钩弋夫人怀孕十四个月而生，而尧母生尧也是十四个月，于是，就将刘弗陵母亲居住的钩弋宫门改为“尧母门”。而且刘弗陵自幼体格健壮、聪明伶俐，很像汉武帝少年之时，他就特别宠爱，对刘弗陵寄托了很大期望。当汉武帝决定立其幼子刘弗陵为太子时，有感于历史上汉太后吕雉等人干扰朝政而无人能制，便狠心地将其母亲钩弋夫人赐死，这一招虽然狠毒，但对于治国而言，则是不同凡响之举。幼子刘弗陵还是个娃娃，究竟托付给谁呢？汉武帝反复思考，觉得奉车都尉霍光是个可托付之人，他侍奉皇帝左右，前后出入宫禁三十多年，未曾犯过一次错误。于是，汉武帝叫内廷画工绘制“周公辅成王”的图画，赐给霍光，对霍光寄予厚望。临终时，任命霍光为大司马、大将军，接受遗诏辅政；加封金日磾为车骑将军、太仆上官桀为左将军，搜粟都尉桑弘羊为御史大夫，共同辅佐少主。事实证明，霍光等人不负汉武帝所望，使汉朝继续向前，出现了“昭宣中兴”的可喜局面。可见，汉武帝顾托得人，是他在临终时所做出的重大贡献！

综上所述，汉武帝刘彻真正具有雄才大略，是中国封建王朝中最为杰出的帝王之一。他的功业，对中国历史进程和之后西汉王朝的发展影响深远。他奠定了汉朝强盛的局面，造就了中国封建王朝的第一个发展高峰，还开辟了辽阔的疆域，其贡献大矣！其实，中国历史上的主流舆论将汉武帝与秦始皇相提并论，十分得体，而且汉武帝胜过秦始皇多矣！司马光评论说：“孝武能尊先王之道，知所统守，受忠直之言。恶人欺蔽，好贤不倦，诛赏严明。晚而改过，顾托得人。此其所以有亡秦之失而免亡秦之祸乎？”可谓确评矣！

附录　人物与事件

论汉文帝

公元前180年，西汉年仅23岁的代王刘恒在一场腥风血雨的政变中登上皇位，这就是开启“文景之治”的汉文帝。“文”字是一个美谥，最中庸、最圣洁、最高尚。《谥法解》曰：“经纬天地曰文，道德博闻曰文，学勤好问曰文，慈惠爱民曰文，愍民惠礼曰文，赐民爵位曰文。”汉文帝虽无秦皇、汉武之功，但他勤政爱民，把一个从战乱废墟中新创的国家带进了盛世，被司马迁唯一许之为“仁”的明君，“文”字评价的六个方面全面占有。汉文帝为后世皇帝树立了榜样，摸索了一套把握时局、实现强国梦的历史经验，主要有四个方面，下面逐一评说。

一、汉文帝睿智，外柔内刚，朝内无权臣

陈平、周勃平定了诸吕之变，西汉政权落入了功臣集团之手。作为西汉屏藩的刘姓诸侯王被吕太后打得七零八落，大大削弱。齐王刘襄，汉高祖长孙，按宗法制度是皇位的第一个合法继承人，在平定诸吕中又有首难之功，在诸侯王中势力最强。恰恰是这些优越条件成了功臣集团的大忌。代王刘恒，七岁封王，九岁离京就代王位。代王母薄太后出身寒微，所以刘恒被封在边地，是一个不起眼的小诸侯国。代王母子又低调做人，韬光养晦，这些表象既瞒过了吕太后，避免了杀身之祸，又让功臣集团小看了，觉得好掌控，被迎立为皇帝。起初，刘恒不敢贸然入京，小心打探，一旦下定决心，不入虎穴，焉得虎子，刘恒只带了六个助手，“乘六乘传”[①]，即轻车简从，飞奔来京，表现出大勇果敢的精神。

面对控制与反控制，且看代王刘恒如何接班，他一出场就震慑了功臣集团。

---

① 《汉书·文帝纪》颜师古注引张晏曰：“传车六乘也。”下引《史记》《汉书》两书《文帝纪》不再注。

闰九月己酉，即闰九月最后一天，九月二十九日，刘恒一行到达长安渭桥，丞相以下众臣由太尉周勃带领出京在渭桥迎接。群臣拜谒称臣，代王下拜还礼。周勃进言："愿请间言。"周勃要与代王单独秘密谈话。代王中尉宋昌代答，义正词严予以拒绝说："所言公，公言之。所言私，王者不受私。"周勃要秘密谈什么，无非是权力交接的讨价还价，厚重少文的周勃计不出此，背后必是陈平的主意，代表了整个功臣集团。宋昌一席话打乱了功臣集团的算盘，周勃方寸大乱，没了言辞，匆忙间做出跪上天子玺符的动作，表示心折，无条件交权。代王雍容闲雅，说："至代邸而议之。"皇帝大印怎么可以在路边交接呢？周勃失态，陷群臣于被动。到了代邸，在宾主的见面礼上，群臣就迫不及待地表忠心，立即让代王在代邸即皇帝位。既然周勃在路边就要献出皇帝印，到了代邸没理由推延，仪式的举行不必到皇宫了。在代邸即位的仪式上，代王西向让者三，南向让者再，表示要把皇位让给叔父楚王刘交，或者长兄之子大侄儿吴王刘濞。这并不是代王单纯的作秀，而是在心理上与群臣博弈，观察群臣的诚意。如果代王真不想当皇帝，他"乘六乘传"轻车飞驰而来为了什么？既然来了，在接触战中又争得了主动，胜券在握，代王可以游刃有余地展示他的睿智与宽柔，留给人们和蔼大度的印象。

刘恒在代邸接了皇帝印，马不停蹄，连夜进宫，以皇帝名义发布诏书，一口气连夜办了三件大事：第一件，掌控军权。史称："夜拜宋昌为卫将军，镇抚南北军，以张武为郎中令，行殿中。"张武原任代国郎中令，他与中尉宋昌是代王的左右手。第二件，清除政敌。史称："夜，有司分部诛灭梁、淮阳、常山王及少帝于邸。"第三件，施惠全国民众。史称："夜下诏书"，"赦天下，赐民爵一级，女子百户牛酒，酺五日"。三件大事，一夜办完，未经朝议，越过大臣，乾纲独断，表现了汉文帝的刚毅，非常之时，行非常之事。所谓"非惠帝子"的少帝及诸王，皆是无辜少年，即便"非惠帝子"，废之可也，诛杀太过分。功臣集团没有诛杀，因为少帝等人的特殊身份，诛之恐有祸，功臣集团留给了代王。为了消灭潜在政敌，避免他人利用，汉文帝毫不手软，天下可赦，"非惠帝子"不可赦，几个无辜少年，必然地要成为政治牺牲品。

文帝夺了周勃的兵权，任命他为右丞相，赐金五千斤，食邑万户，用重赏来安抚。周勃两次为相，加起来还不到两年，还一度以莫须有的"谋反"罪下狱，受尽狱吏的折磨。汉文帝并不想诛杀周勃，只是给重臣一个警示而已，切勿"矜其功”。周勃出狱不无感慨地说：“吾尝将百万军，然安知狱吏之贵乎！”[①]

汉文帝“刚毅”，不过是偶尔露峥嵘，更多的是调和平衡，不急功近利。贾谊年少，是栋梁之材，洞察时局，提出了许多改革的建议，汉文帝想重用，但周勃、灌婴、张相如、冯敬整个功臣集团、元老重臣坚决反对，汉文帝妥协退让，外放贾谊为长沙王太傅，后又迁梁怀王太傅，意在保护，以待时机重用。梁怀王是汉文帝少子刘揖，因骑马，不幸坠地摔死，文帝没有加罪贾谊，表现了汉文帝对人才的重视。贾谊感恩自责，忧郁而死，年仅33岁。

汉文帝年少老成，把握时局，抓住民心思治，休养生息的大环境，思虑周密，行动果决，睿智而刚毅，该出手时就出手，该妥协时则退让，外柔内刚，驾驭群臣，终“文景之治”两代皇帝，朝内无权臣，保证了行政的高效率和权威。

二、汉文帝御外，积极备战，高挂免战牌

汉文帝时期的外患，重点是北方的匈奴，其次是南方的南越。南越小国，构不成对汉朝的威胁。南越王赵佗称帝，骚扰边境，汉文帝采取以德羁縻的策略，用外交手段使其亲善。一方面，汉文帝高调优抚南越王赵佗的亲属，派人慰问赵佗在中原真定的家族，册封其兄弟为官，并整修其祖坟；另一方面，派能说会道的陆贾为特使，出使南越传示汉文帝和平友好的睦邻政策。由于汉文帝的真诚、陆贾的善喻，消除了赵佗的恐惧心理，终于化解了一场一触即发的战争，赵佗取消帝号，附属汉朝。汉文帝不费一兵一卒，达成了两国友好相处的目的。班固盛赞说：“追观太宗填抚尉佗，岂古所谓‘招抚以礼，怀远以德’者哉！”[②]

北方强敌匈奴在汉初冒顿单于当政时达于鼎盛，长期为患于边。汉家创业皇帝汉高祖刘邦受困平城之辱笼罩汉朝君臣几代人。高后屈辱求和，忍受冒顿单于戏弄的狂悖书信，更是国耻。汉武帝太初四年（前101）臣服大宛，威震西域，汉武帝下诏书布告天下，说：“高皇帝遗朕平城之忧，高后时单于书绝悖逆。昔齐襄公复九世之仇，《春秋》大之。”[③]这时汉武帝彻底击败匈奴，征大宛断匈奴右臂，匈奴远遁，漠南无王庭，汉朝扬眉吐气。但汉文帝时，黎民切盼休养生息，反击匈奴的条件尚未成熟。战争是综合国力的较量。综合国力的要素有三个：政治力、经济力、军事实力。优越的政治力与经济力，可以保证持续作战，

① 《史记》卷五十七《绛侯周勃世家》。
② 《汉书》卷九十五《西南夷两粤朝鲜传》。
③ 《史记》卷一百一十《匈奴列传》。

是取胜之根本。但阵前交锋，优越的军事实力是综合国力的核心要素。匈奴是马背民族，汉朝要制胜匈奴，要有足够的骑兵，边境要有足够的粮食储备。这些条件，汉文帝时尚不具备。《孙子兵法》说："倍者守之，三者攻之，五者围之。"又说："故用兵之法，十则围之，五则攻之，倍则分之，敌则能战之，少则能逃之。"[①]双方决战，实力相当，两败俱伤，一方实力三倍于敌，乃至五倍、十倍于敌，占有绝对优势，才可以用最小的代价获取最大的胜利。汉文帝时，综合国力强于匈奴，军事实力大体相当，汉朝防御有余而出击不足。汉文帝尊重实力，对匈奴高挂免战牌，在汉文帝四年（前176）、汉文帝七年（前173）、汉文帝后元三年（前161），三次与匈奴和亲，先后与冒顿单于、老上单于、军臣单于等三代单于订立和亲条约，汉朝馈赠匈奴大量财物，汉宗室公主出嫁单于。但匈奴百约百叛，汉文帝三年（前177），匈奴入寇上郡，丞相灌婴率领车骑八万五千击走匈奴。文帝十四年（前166），匈奴十四万骑入寇朝那，杀北地都尉孙卬，汉文帝派张相如等三将军击走匈奴，也曾一度要御驾亲征。汉文帝后元六年（前158）冬，匈奴骑兵六万大军入上郡、云中。汉文帝遣六将军部署两道防线，迎击匈奴。汉文帝高挂免战牌并不是消极避战，而是积极防御、积极备战。匈奴来犯坚决迎击，逐出境外，获胜不追。汉文帝采纳贾谊、晁错之策，贵粟积贮，以爵换粮，大量在边地储备粮食，移民实边。文景时期在今宁夏、甘肃境内西北沿边诸郡开辟数十座军马场，大量养殖战马，又鼓励民间养马。粮食与良马是当时最主要的战略储备。汉朝经过文景两代积极备战，到汉武帝即位时，"京师之钱累巨万"，"太仓之粟陈陈相因"，"众庶街巷有马，阡陌之间成群"[②]，"昔齐襄公复九世之仇"条件成熟，汉匈决战提到了议事日程。汉武帝伐匈奴，是"文景之治"奠定的基础。

三、汉文帝关注民生，奠定了强国梦的坚实根基

汉文帝关注民生，可用八个字概括："约法省禁，节俭无为。"这八个字作为基本国策是西汉开国皇帝汉高祖和开国功臣所制定，惠帝与高后继承，汉文帝做了深化发展，形成了在司法、公安、财政、行政各个方面的改革，施惠于民。下面分为四个方面来谈。

① 《孙子兵法·谋攻篇》。

② 《史记》卷三十《平准书》。

1.约法

约法，指司法公正，废除旧法中的苛酷。汉高祖入关，与秦民约法三章："杀人者死，伤人及盗抵罪。余悉除去秦法。"[①]这只是一个临时措施，治理国家不可能只有三章之法。《太史公自序》曰："于是汉兴，萧何次律令。"汉承秦制，汉律删减秦律而成，许多苛酷之法又予以恢复。汉文帝即位废除苛酷，具体措施有"除收孥相坐律令""除诽谤妖言之罪""除肉刑"等三除的司法改革。一人犯罪，连坐无辜的父母、妻儿叫"收孥诸相坐律"，是秦朝苛法，汉文帝元年就予以废除。紧接着第二年，"除诽谤妖言法"，即废除言论治罪的苛法。这是伴随举贤良制度的建立而做的司法改革。汉文帝十三年，因一个十三岁的民女缇萦上书请求免除父亲的肉刑，给犯罪者留一条自新之路。汉文帝十分震撼，立即主持朝议，废除了残断人身肢体的肉刑。废苛酷，量刑合理合情，只是司法公平。是否依律判案，才是司法公正？汉文帝任用张释之为廷尉，天下无冤民。因为张释之坚持司法独立判案，依律量刑。有一次汉文帝出行，路过中渭桥，躲在桥下的一个乡下人跑出来犯了戒严令，又惊了汉文帝坐车的马，文帝大怒，要张释之判这人死刑，张释之判罚金。不久，又有人偷了高庙座前的玉环，此人被抓捕归案后，汉文帝要张释之判灭族的罪，张释之只判当事人盗者死刑。文帝甚怒，责备张释之，张释之说："法如是也。"依法量刑，本当如此。张释之还劝谏汉文帝说："法者，天子所与天下公共也。"[②]即法律面前，人人平等，皇帝老爷要带头执行，不以意为法，不干预司法。汉文帝冷静后对张释之十分赞赏。

2.省禁

省禁，指国家施政要放宽对社会的约束，给社会各阶层的民众有一个宽松的环境，有利于生产的发展。用今天的话说，就是人民的自由度。汉文帝时期的"省禁"，可以说是对行政、财政做了大刀阔斧的改革，下分经济与政治两个层面来说。

（1）经济层面。汉文帝开放皇家禁苑，令民耕种、樵采、渔猎。汉文帝重农，执政中期免除了农民的农业税，但汉文帝重农而不抑商。汉文帝打破了商鞅变法以来的传统，鼓励工商自由发展，如铸铁、煮盐、铸钱向全民开放，对商业宽容，用司马迁的语言叫"善者因之"[③]，即顺民之俗发展农、工、商多种经济，

---

① 《史记》卷八《高祖本纪》。

② 《史记》卷一百零二《张释之冯唐列传》。

③ 《史记》卷一百二十九《货殖列传》。

民间自主经营。“善者因之”，也破了祖宗之法，汉高祖也是抑商的。汉文帝废盗铸令，民间可以自主铸钱，等于是放手私人开办银行。汉文帝还赐弄臣邓通以铁山，于是邓氏钱遍天下。吴王濞煮盐、铸钱，富可敌国，与中央闹独立。商人有了钱交通王侯，兼并农民产业，加大了社会的两极分化。“因之”政策带来了一些弊端，但主流却是全社会经济腾飞，民众富有，生活安定，六七十老翁“游敖嬉戏如小儿状”[①]，国家强盛，府库存放的钱财“贯朽而不可校”，太仓储备的粮食“陈陈相因，充溢露积外”[②]，全国兴起了几十座经济繁荣的工商业大城市[③]。

（2）政治层面。文帝时期，治安良好，“出关不用传”，取消了出入京师的通行证，国内人民可以自由往来。最高境界是言论开放。汉文帝废除“诽谤妖言之罪”，他认为官吏因小民诽谤上位而判以死罪，“朕甚不取，自今以来，有犯此者勿听治”。晁错上书言事，惶恐地说：“狂夫之言，而明主择焉。”汉文帝赐玺书褒奖说：“书言：‘狂夫之言，明主择焉。’今则不然，言者不狂，而择者不明，国之大患，故在于此。”国之大患，不是言事者发了狂言，而是听言的人昏聩。又说：“使夫不明择于不狂，是以万听而万不当也。”[④]一个昏聩的君主，不懂得听取正确的意见，他听进去的全是昏话。换句话说，汉文帝认为处于下位提意见的人，无论好话还是坏话都是有用的，都是无罪的，只有在上位的人分不清好和坏，才应当是责任的承担者。这可以说是超前的思想，即便是今天，也不是所有的在上位的人都有这一思想境界。

3. 节俭

汉文帝躬行节俭为天下先，在位二十三年，宫室、苑囿、狗马、服御，无所增益。汉文帝打算建造一座观景台，因预算造价一百万，相当于十户中等人家的产业而作罢。汉文帝示范，上行下效，汉文帝时期没有大兴土木，不滥用纳税人一分钱。汉文帝带头穿粗丝制的衣服，他最宠幸的慎夫人，“衣不得曳地，帏帐不得文绣”。汉文帝还向传统礼俗发起了冲击，“治霸陵皆以瓦器，不得以金银铜锡为饰，不治坟”。遗诏薄葬，废止三年之丧。文帝对生死十分豁达，遗诏说：“朕闻盖天下万物之萌生，靡不有死。死者天地之理，物之自然者，奚可甚哀。”

① 《史记》卷二十五《律书》。

② 《史记》卷三十《平准书》。

③ 《史记》卷一百二十九《货殖列传》。

④ 《汉书》卷四十九《袁盎晁错传》。

这和秦始皇、汉武帝求长生，大起坟冢，不惜耗尽天下民脂民膏，形成鲜明对比。文帝遗诏发起对厚葬礼俗的改革，虽然后世帝王未能继承，但文帝躬行，表明他以民为本、不劳百姓、不滥用财政的良苦用心，意义十分重大。明代思想家李贽给予高度评价，称赞文帝说："身崩而念在民，真仁人哉！真圣主哉！"[①]

4.无为

"无为"是道家的语言，老子主张"绝圣去智"，"鸡犬之声相闻，民至老死，不相往来"[②]。恰恰相反，司马迁主张一个人要积极用世，提倡立德、立功、立言的"三立"精神。人生的追求应当是"不令己失时，立功名于天下"[③]。《货殖列传》就是颂扬人欲，鼓励人人发财致富。国家施政，不是阻遏人欲，而是"善者因之"，即最好的办法是因势利导，让人民富裕，创建和谐社会。臣民要"有为"而不是"无为"。司马迁颂扬的"无为"，指君主"无为"，也就是执政者像汉文帝那样"无为"，不扰民，不折腾，即"能不扰乱，故百姓遂安"[④]。君主"无为"的最高境界是"顺民之俗"，要办老百姓希望办的事。汉初民无盖藏，急需休养生息，国家施政以休养生息为要务，该办的事也要量力而行，汉文帝不封禅，不好大喜功，休战息民，节俭不劳民，德至圣，司马迁由衷地赞叹："岂不仁哉！"

四、汉文帝开明治政，无愧仁君之称

在古代皇帝制度下，"朕即国家"，尚无民主、自由的观念。人民期盼的，史家颂扬的，希望君明臣贤，国家实施开明政治。具体说，帝王无私，天下为公，能"纳谏"与"兼听"，倾听臣民意见；为臣的，居官理民，要清廉尽职，为民办事。司马迁所写《孝文本纪》与《张释之冯唐列传》，刻画的就是君明臣贤的开明政治。汉文帝总揆百官，垂拱"无为"，不干预臣职；张释之独立办案；冯唐谏诤敢言。三者象征行政、司法、监察的鼎立互补，这也许就是司马迁构想的一幅政治蓝图。文帝开明有两大政治建设为千古帝王树立了榜样，一是朝议决策，不独断专行；二是言路畅通，创立举贤良制度，略做评说。

1.朝议决策

汉文帝除收孥相坐律，《孝文本纪》载其事云：

---

① 引《补标史记评林》。

② 《老子》第八十章。

③ 《史记》卷一百三十《太史公自序》。

④ 《史记》卷二十五《律书》。

上曰："法者治之正也，所以禁暴而率善人也。今犯法已论，而使毋罪之父母妻子同产坐之，及为收孥，朕甚不取，其议之。"

汉文帝认为法律是政治上正轨的保证，目的是"禁暴而率善人也"，即制止强暴而引导人们向善。司法罪及无辜就是国家在向人民施暴，是违背法理的，所以"朕甚不取"，从根本上反对。但汉文帝不是用一道诏书来废止，而是要司法长官讨论，要朝臣们"其议之"，拿出一个说法，在思想上通达。于是有司皆曰：

民不能自治，故为法以禁之。相坐坐收，所以累其心，使重犯法，所从来远矣，如故便。

主管司法的全体官吏都说，老百姓不能控制自己的行为，所以用法律来约束，用连坐的苛法来震慑民众，"所以累其心"，即要老百姓心里恐惧才不轻易犯法，古来行用已久，十分方便。按照有司的观点，制定法律的目的就是惩治老百姓的，其实这就是继承秦朝暴政的司法观点。商鞅"刑弃灰于道"，老百姓扔了一袋垃圾在街道，也是刑事犯罪。"连坐收帑"就是秦法，所以说行用已久。施行暴政，可以收一时之利，但老子说："民不畏死，奈何以死惧之。"这是汉文帝施行仁政的思想基础。对于有司的观点，汉文帝驳正说：

上曰："朕闻法正则民悫，罪当则民从。且夫牧民而导之善者，吏也。其既不能导，又以不正之法罪之，是反害于民为暴者也。何以禁之？朕未见其便，其孰计之。"

汉文帝认为法律公正，百姓就会忠厚，判罪得当，百姓才会心服。再说，治理百姓，要引导向善，正是官吏的责任。倘若官吏既不能引导百姓向善，又用不公正的法律来惩处，反而伤害百姓，逼使他们作奸犯科，又怎能禁止犯罪呢？所以汉文帝要求司法官吏深思法律的目的和意义。有司官吏最后统一了认识，说："陛下加大惠，德甚盛，非臣等所及也。请奉诏书，除收孥诸相坐律令。"摆事实，讲道理，统一思想，平等讨论决策国家大政，毫无疑义是一种民主作风。汉文帝创立的朝议决策，对于巩固汉室政权意义深远。宣帝时赵充国安羌，是剿还是抚，要不要在西陲屯田，赵充国与副帅辛武贤发生意见分歧，上报朝廷，汉宣帝与丞相魏相及大臣连夜召开紧急朝议，做出了正确的决策。当时并无“民主集中制”的概念，而汉文帝创设了这样的决策方式，躬行立榜样，用司马迁的话说：“岂不仁哉！”

2.创立举贤良制度

汉文帝二年（前178）十一月二十九日出现日食，十二月十五日，再次出现日食，古人认为是非常事件，上帝震怒，向皇帝示警。汉文帝下诏求言，自责说：“人主不德，布政不均，则天示之以灾，以诫不治。”这可以说是开启了皇帝“罪己诏”的先河。文帝要求三公九卿及郡国守相举荐敢于直言的人到京师议政。被举荐的人称“贤良”，“能直言极谏”是入选条件，叫“方正”，合称“贤良方正”。他们的责任是“其悉思朕之过失，及知见思之所不及，丐以告朕”，“以匡朕之不逮”。一句话，贤良方正要敢言、直言，直接给皇帝提意见，指陈过失，建言国家大政。汉文帝十五年再举贤良，纳言与求才并重，成为选拔人才与商讨国家大政的一种制度。贤良按郡国推举有一定的人数，类似于现代社会的人民代表。贤良到京师对策议政，着重“朕之不德，吏之不平，政之不宣，民之不宁”四个方面。换句话说，贤良对策，直言极谏，责任就是抨击时政，为民请命，完善国家施政。昭帝始元六年（前81）的盐铁会议，生动地留下了贤良与执政大臣激烈辩论盐铁政策的档案记录。西汉桓宽整理会议记录成书就叫《盐铁论》。这次会议讨论的是汉武帝实施的国家垄断，盐铁专卖政策，是否继续执行。杜佑指出：“汉诸帝凡日蚀地震山崩川竭天地大变，皆天下郡国举贤良方正极言直谏之士，率以为常。”[①]计两汉诏举贤良各十五次，每次一百余人，总计三十次，选拔天下善士三千余人充实各级行政官吏。举贤良制度，对两汉政治有深远影响。赵翼评论说，“汉诏多惧词”，故“两汉之衰，但有庸主，而无暴君，亦家风使然也”[②]。所谓家风，就是仿效汉文帝纳言的开明风度。

汉文帝长期在边地太原做代王，目睹秦末战乱留下的荒残景象，他又是诸大臣“因天下之心”而迎立的皇帝，所以即位后锐意兴革，渴求深谋远虑的治国良策而虚己求言，克己任贤。但汉文帝施行开明治政，并不是单纯的个人意志，而是当时历史发展提供了客观条件。从理论上探源，灾异求言，这是正统儒家孟轲学派仁政学说的指导；从阶级斗争实践看，诏举贤良议政，是吸取了秦末农民起

---

① 《通典·选举一》。

② 《廿二史劄记》卷二。

义推翻暴秦的经验教训。但从历史发展的大势看，生产力未能达到民主施政的高度，农业社会低下的自然经济需要集权政治，所以汉文帝的开明治政在历史长河中只是昙花一现，留下今日助谈而已。

综上本文所论，评价汉文帝可以用五个第一与五个唯一做结论。其一，汉文帝是第一个也是唯一的一个开放言论，实行言者无罪的皇帝；其二，汉文帝是第一个也是唯一的一个免除农民农业税的皇帝；其三，汉文帝是第一个也是唯一的一个不以意为法，放手司法独立依法办案的皇帝；其四，汉文帝是第一个也是唯一的一个实行“善者因之”，主张市场经济的皇帝；其五，汉文帝是第一个也是唯一的一个躬行节俭，示范薄葬的皇帝。司马迁称许汉文帝为“仁”，当之无愧。

论汉文帝创建的贤良文学

“贤良文学”是“贤良方正”和“贤良文学士”的统称，省称为“贤良”。“方正”与“文学”，二者合而为一，分而为二，其名虽异，其质实同。

一、“贤良文学”释名

汉文帝前元二年（前178）创立举“贤良方正能直言极谏者”的选举制度。“贤良方正”是举士名称，“能直言极谏者”指的是入选条件。我们如果排比《汉书》《后汉书》中的贤良文学资料就会发现，“贤良方正”是举贤良最基本的一贯名称。“能直言极谏”是最基本的入选条件。西汉举“文学”，东汉举“至孝”以及其他种种名称，都是某一时期为了政治需要而强调某一入选条件的权宜名称。例如汉元帝初元二年因地震求言，诏举“茂才异等直言极谏之士”；初元三年因风雨失调求言，诏举天下“明阴阳灾异者”；成帝河平四年因日食水灾求言，诏举“惇厚有行能直言之士”，都可总称举贤良。

“方正”是指贤良的品德。吏民正直廉隅者叫作方正。晁错对策说：“五伯之佐之为人臣也，察身不敢诬，奉法令不容私，尽心力不敢矜，遭患难不避死。见贤不居其上，受禄不过其量，不以亡能居尊显之位。自行若此，可谓方正之士矣。”[①]东汉邓禹孙子邓康刚正不阿，直言极谏邓太后“宜崇公室”，谢病不朝，被邓太后削除属籍，史称邓康“有方正称，名重朝廷”[②]。简括地说，刚正直言的品德就是方正。所以贤良方正也称“直言士”或省称“直言”。

“文学”是指贤良的才学，具体的内容是明经博学。在西汉，“文学”与“经术”是同义语。汉武帝尊儒，史称“上方向文学”[③]。廷尉张汤决大狱，欲傅古义，乃请博士弟子治《尚书》《春秋》者补廷尉史。撰写奏案，史称汤“依于文学之士”[④]。张贺辅导宣帝刘询读《诗》《论语》，元康三年宣帝下报恩诏称：“故掖庭令张贺辅导朕躬，修文学经术，恩惠卓异，厥功茂焉。”[⑤]举贤良特用“文学”的名称是配合政治上的尊儒而设立的权宜名称。到了东汉，朝野早已是儒学一统天下，所以东汉只有“贤良方正”的名称，而没有“文学”的名称了。

汉文帝十五年再举贤良，全称是“贤良文学士”[⑥]，强调了“明于国家之大体，通于人事之终始”两个条件，所谓“明于国家之大体”，即是“达于政化”；“通于人事之终始”，即是“达古今”。这是东汉举贤良所强调的条件，已发端于汉文帝，可见这些内容即是“文学经术”，所以史称“至孝文时颇登用”“文学之士”[⑦]。

“贤良方正”与“贤良文学士”既可以称为“贤良”，又可通称。《武帝纪》载建元元年诏举“贤良方正”，而《公孙弘传》则说：“武帝初即位，招贤良文学士，弘以贤良征为博士。”值得注意的是昭帝始元五年诏举贤良，第一次按地区分配名额，并明确区分“贤良”与“文学”的名称。诏令说：

> 其令三辅、太常举贤良各二人，郡国文学高第各一人。[⑧]

但是京师的“贤良”与郡国的“文学高第”二者并无本质区别，不仅《田千秋传》总称为“贤良文学士”，而且又可通称。如平陵人魏相，属京师地区，故

① 《汉书》卷四十九《晁错传》，本文下引《汉书》只注篇名。

② 《后汉书》卷十六《邓禹传》。

③ 《汉书》卷五十九《张汤传》。

④ 同上。

⑤ 《汉书》卷八《宣帝纪》。

⑥ 《汉书》卷四十九《晁错传》。

⑦ 《汉书》卷八十八《儒林传》序。

⑧ 《汉书》卷七《昭帝纪》。此次所举贤良，即于第二年，始元六年在京召开盐铁会议的贤良。

本传称魏相为“贤良”，而在《韩延寿传》却称魏相的对策为“文学对策”。郡国举贤良特用“文学高第”的名称，不过是为了强调明经之士人选贤良罢了。

由上所述，有人认为“贤良刚取得功名”，“文学就是有点名气的地主阶级知识分子，连功名也没有”的说法是不够确切的。可以说是不懂历史掌故的望文生义，说苛刻点，此乃妄人妄议。“文学”是明经的贤良，同“方正”一样是被举出来议政的直言士。

二、举贤良制度创立的原因及其理论

举贤良制度创立在“文景之治”时代值得注意，它是汉文帝革新政治的产物，也是时代提出的要求。

让我们先来分析一下汉文帝前元二年创立举贤良制度诏令的内容吧。

> 朕闻之，天生民，为之置君以养治之。人主不德，布政不均，则天示之灾以戒不治。乃十一月晦，日有食之，适见于天，灾孰大焉！……朕下不能治育群生，上以累三光之明，其不德大矣。令至，其悉思朕之过失，及知见之所不及，丐以启告朕。及举贤良方正能直言极谏者，以匡朕之不逮。因各敕以职任，务省繇费以便民。①

这个诏令的主要内容有三点：（1）上天示诫、人君自责；（2）下诏求言，举贤良方正直言士；（3）普施恩惠，改善政治。综合这三点也就是创立举贤良的直接原因：因灾异求言，改善政治。杜佑指出：“汉诸帝凡日蚀地震山崩川竭天地大变，皆天下郡国举贤良方正极言直谏之士，率以为常。”②

计两汉诏举贤良各十五次，总计三十次，其中有二十次直接因灾变求言。每次诏举贤良都要对策。《文心雕龙·议对》说：“对策者，应诏而陈政也。”可见诏举贤良是封建国家广泛地征求地主阶级有识之士对政策的意见。这一制度表现了封建社会上升时期政治民主性精华，尤其是汉文、武、昭、宣时期，举贤良是生气勃勃的。

① 《汉书》卷四《文帝纪》。

② 《通典·选举一》。

文帝十五年再举贤良，纳言和求才并重，制度日臻完备。《汉书·晁错传》载诏策称："昔者大禹勤求贤士……以辅其不逮……是以大禹能亡失德，夏以长楙（美）。……故诏有司、诸侯王、三公、九卿及主郡吏（即郡守），各帅其志，以选贤良。"

文帝还规定了贤良对策议政的范围："（贤良）明于国家之大体，通于人事之终始，及能直言极谏者，各有人数。将以匡朕之不逮。二三大夫之行当此三道，朕甚嘉之，故登大夫于朝，亲谕朕志。大夫其上三道之要，及永惟朕之不德，吏之不平，政之不宣，民之不宁，四者之阙，悉陈其志，毋有所隐。"

所谓"朕之不德，吏之不平，政之不宣，民之不宁"，这四者都是贤良直言的范围。换句话说，贤良对策，直言极谏。抨击时政，为民请命，不仅合法，而且是贤良应尽的职责。这就是汉文帝开创的纳谏新风，并成为汉家制度。赵翼指出："汉诏多惧词"，故"两汉之衰，但有庸主，而无暴君，亦家风使然也"[①]。所谓家风，就是仿效汉文帝纳言的开明风度。

汉文帝长期在边地太原做代王，目睹秦末战乱留下的荒残景象，他又是诸大臣"因天下之心"而迎立的皇帝，所以即位后锐意兴革，渴求深谋远虑的治国良策而虚己求言。但是这一制度的创立和坚持主要原因并不是帝王个人的意志，而是历史发展的必然要求。从理论上探源，灾异求言，这是正统儒家孟轲学派仁政学说的指导；从阶级斗争实践看，诏举贤良议政，是吸取了秦末农民起义推翻暴秦的经验教训。

孟轲宣扬仁政学说，以民为本。他称人民为"天民"[②]，兆众庶民都是上帝的子民。孟轲引《逸尚书》古文说："天降下民，作之君，作之师，惟曰其助上帝宠之。"[③]杨伯峻先生译文："天降生了一般的人，也替他们降生了君主，也替他们降生了老师，这些君主和老师的唯一责任，是帮助上帝爱护人民。"孟轲不说天为王生民，而说天是为民立王，用上帝的权威来限制法家宣扬的"绝对君权"，反映了正统儒家的开明色彩。天是爱护他的子民的，故天与民同心，民意即是天命，得民心者得天命，失民心者失天命。尧禅位与舜，舜禅位与禹，并不是上古帝王的私相授受，而是"天与之，人与之"[④]。天是不会说话的，而是靠民心的向

---

① 《廿二史劄记》卷二。

② 《孟子》卷九《万章上》。

③ 《孟子》卷一《梁惠王上》。

④ 《孟子》卷九《万章上》。

背来观察天意。孟轲引《逸尚书·泰誓》说："天视自我民视，天听自我民听。"[①]《孟子译注》语译这两句说："百姓的眼睛就是天的眼睛，百姓的耳朵就是天的耳朵。"

汉文帝的举贤良诏，头一句就是："朕闻之，天生民，为之置君以养治之。"所谓"朕闻之"，闻于孟子也。诏令接着说："人主不德，布政不均，则天示之灾以戒不治。乃十一月晦，日有食之，适见于天，灾孰大焉！朕不能治育群生，上以累三光（日、月、星）之明，其不德大矣。"这是孟轲仁政学说合乎逻辑的推论。"民为贵，君为轻"，上天示警，人君自责。汉高祖时儒生陆贾作《新语》，在《明诫》篇里说："治道失天下，则天文度于上；恶政流于民，则虫灾生于地。"可见推衍灾异的萌芽很早。汉文帝首次用于政治的改革，还给汉儒以极大的启示。董仲舒系统地阐发了天人感应学说，推衍灾异，使儒家学说蒙上宗教色彩，更有利于封建统治者加强对人民的愚弄和统治。但这只是问题的一个方面。我们要知道，汉初人民是在蒙受了秦朝的"绝对君权"的残酷压迫下付出了人死过半的高昂代价才实现了改朝换代的，故人心思治，渴望开明的政治。文帝即位，贾谊、贾山等人发动了对秦朝暴政的批判，为汉文帝的政治革新准备了思想条件。儒家宣扬人君的权力要服从民心的舆论是进步的历史潮流。但是他们运用上帝的权威来表达人民的意志，不仅为直言极谏者留下退路，也为君权的"绝对性"保留面子，汉儒是非常机智的，这是天人感应学说的另一面，在当时历史条件下具有民主性的一面。因此，从阶级实质上说，灾异求言举贤良，不过是愚弄人民以维护地主阶级的统治，并不是真正为人民着想。但是从历史观点来看，表明汉代君臣接受了儒家"民为邦本"的学说，努力改善政治。所以伴随举贤良，总要布施一点小恩小惠给人民，说一些同情人民疾苦的冠冕话，也就不难理解了。

三、举贤良制度的特点与两汉政治

举贤良制度是汉代最早创立的选举制度。它为地主阶级中下层官吏的升迁和士人的从政开拓了道路。在西汉前期，文、武、昭、宣时期，举贤良是重要的选举形式。许多地方良吏、耿直的公卿大臣，乃至著名的丞相、御史大夫，如晁错、公孙弘、魏相、黄霸等都起自贤良。从汉元帝以后，选举官吏逐步让位于举

① 《孟子》卷九《万章上》。

孝廉。东汉举孝廉成为最重要的选举形式，郡国按人口比例每二十万人每年举孝廉一人。但是举贤良和举孝廉的性质不同。举孝廉是汉武帝采纳贤良董仲舒的建言实行的，它由政府各部门按章选举，年年进行，主旨是选拔统治人才。举贤良是不定期诏举，破格超迁官爵，主旨是皇帝因灾异求言，举直言士对策议政，颇有一点“议会制度”的风采，这是我们研究的重心。当然，这个加引号的“议会制度”只不过是形象的比喻而已。

《文献通考》的作者马端临评论汉代选举制度说：

> 按汉时诏郡国荐举人才，贤良方正与孝廉二科并行，然贤良一科，文帝与武帝时每对辄百余人，又征诣公车，上书自炫鬻者以千数。而孝廉之选，文帝之诏以为万家之县亡应令者，武帝之诏以为阖郡不荐一人。盖贤良则稍通文墨材学者可以充选，而孝廉则非有实行可见小容谬举故也。[①]

按，马端临在排比两汉的选举资料时没有做综合的考察分析，不了解举贤良制度的特点，因此他的这条按语把贤良方正与孝廉的轻重次序恰恰搞颠倒了。贤良方正若干年诏举一次，全国一百余个郡，每郡国平均不过一两人而已，何况昭帝定制后，举贤良只限于内郡国，每郡国又只限一人。孝廉每二十万人举一人，又年年进行，一百余万人的大郡每年荐举六七人，比贤良方正人数多得多。垂名于《汉书》《后汉书》列传的孝廉也比贤良多得多。郡国举孝廉不待诏举，不仅守相有荐举权，且令长也有荐举权。被举为贤良方正的人可以破格升迁为两千石的高级官吏，而孝廉则无。孝廉重品行，贤良方正亦是重品行，并不是稍通文墨材学之士就可充选。由于汉初选举较为严格，选举不实，举者连坐，故汉武帝元朔元年有诏议不举者罪。“阖郡不荐一人”，是说有的郡未能做到年年荐举，并不能证明举孝廉比举贤良方正的条件高。汉文帝十二年诏所讲实际上是指举贤良，当时并无孝廉科。旧版《辞海》未加考核而沿用马氏之说诠释“贤良方正”是不妥当的。新版《辞海》对“贤良方正”和“孝廉”的诠释比较贴切，这里附带论及，兹不赘引。

举贤良制度的特点是什么呢？它突出地表现为以下四点：（1）人君因灾异自

---

① 《文献通考·选举七》。

责，举士求言；（2）贤良对策，直言极谏。这两个特点前面已经提及，它是举贤良制度的核心，对两汉政治有着巨大的影响；（3）特诏二千石以上的公卿大臣、郡国守相荐举；（4）公卿品评对策高低，最后由皇帝裁定，破格超迁人才。这几个特点集中表现了举贤良制度的阶级实质。

举贤良以皇帝名义下诏进行，目的是要在全国造成一种声势，引起强烈的政治反映，以收到人君贤明的宣传效果。规定二千石以上的公卿大臣、郡国守相才有权荐举，目的是要把选举权牢牢地控制在中央朝廷手里。公卿品评对策高低，最后由皇帝裁定也是这个目的。这就生动地说明了两汉由官府圈定的贤良议政，只在地主阶级内部进行。汉文帝创立的开明政治也是极其有限的。

我们如果综合地分析一下《汉书》《后汉书》中的贤良文学资料，每次举贤良实际分为两层。京师所举贤良一般是公卿各官府的部属或故吏，多现任官，他们是贤良的上层，代表当权派的利益,是地主阶级上层利益的代表。郡国所举多布衣之士，他们是在野的地主阶级中下层利益代表。垂名于《汉书》《后汉书》列传中的贤良，主要是上层贤良，西汉二十二人，东汉二十九人，百分之七十为京师所举。

西汉二十二人，京师所举贤良十五人：晁错、董仲舒、冯唐、魏相、黄霸、盖宽饶、孔光、朱云、谷永、杜钦、何武、陈咸、萧由、杜邺、申屠刚。地方所举贤良七人：辕固、严助、公孙弘、王吉、路温舒、朱邑、贡禹。

东汉二十九人，京师所举贤良二十一人：江革、鲁丕、李育、鲁恭、戴封、樊英（不就）、苏章、张楷（不就）、陈蕃（不就）、荀淑、刘矩、张奂、刘淑、爰延、刘瑜、荀爽、孔昱、檀敷、许劭（不就）、襄楷（不就）、郑玄（不就）。地方所举贤良八人：崔篆、李法、周燮（不就）、皇甫规、崔寔、刘焉、孙期（不就）、向栩（不就）。

京师所举贤良有许多并不是三辅及诸陵邑的人，而是各郡国的人。例如晁错是颍川人，董仲舒是广川人，等等。但他们在朝廷做官，居籍京师，为朝廷公卿大臣所举。因此上述五十一人，大多数是现任官。西汉只有公孙弘和严助两人是布衣。难怪赵翼说："汉时举贤良方正等人，大抵从布衣举者甚少"，"贤良方正茂材直言多举现任官"[①]。

但是赵翼的结论是不全面的。他没有注意到被埋名的下层贤良。纵观两汉举

① 《廿二史劄记》卷三。

贤良，共计三十次，总数两千多人，绝大多数其名不显。两千多贤良，十之七八为郡国所举，两汉垂名于列传的反而只占十之二三，其原因地方郡国所举多布衣贤良。《盐铁论·刺复》篇说：“招举贤良方正文学之士，超迁官爵。”贤良对策后授职，主要按原有资历，大约现任官越级迁官，一般布衣只是授爵。晁错以太子家令举贤良，原秩八百石，对策后迁中大夫，秩二千石。董仲舒以博士举贤良，原秩六百石，对策后迁江都相，秩二千石。魏相以三辅郡卒史举贤良，原秩二百石，对策后迁为茂陵令，秩一千石。盐铁会议后贤良文学，“咸取列大夫，辞丞相、御史”①。所谓“列大夫”大约是授予大夫以上的爵位②，所以他们要去辞丞相、御史。考《盐铁论》中的贤良茂陵唐生、文学鲁万生、九江祝生等人只有姓无名，又称之为“生”，自然是布衣。他们不过是郡国学校的高才生或者名儒大师的高足。朝廷举他们议政，只是议议而已，在政治上一般不容易发迹。桑弘羊嘲笑他们“发于畎亩，出于穷巷”③,“市褐不完，糟糠不饱”④，是“殊不足与言”的乡巴佬。霍光认为“诸生多窭人子”⑤，这说明参加盐铁会议的贤良文学多是地主阶级的下层以及自耕小农的上层政治代表。

个别的布衣贤良，对策高第也破格授职。公孙弘布衣举贤良，对策后授博士职，秩六百石。布衣严助举贤良，汉武帝独善其对，擢为中大夫，秩千石。不过这正是朝廷控制贤良议政的一种手段。公孙弘的对策并无卓尔异闻，但能阿意，太常奏为最下，汉武帝拔为高第就是鲜明的例证。

两汉统治者非常重视举贤良，封建史家视为大典，一一载入《本纪》。因为正如上面的分析，举贤良给人君装扮贤明的色彩而又实际牢牢地控制在朝廷手中。两汉最高统治者每当阶级矛盾上升，就下诏责己，举贤良议政，把它作为调整阶级关系的一根杠杆，同时又把举贤良作为提倡某种政治倾向的一种教化手段。汉武帝建元元年举贤良，下诏罢黜百家，独举文学士，即独尊儒术，这是历史上有名的事件。元光五年，布衣公孙弘再举贤良，授博士职，一岁中升迁为内史，数年后升为丞相，封平津侯。弘以儒术显，由是靡然向风，儒学大行于世。

---

① 《盐铁论》卷七《击之》第四十二。

② 列大夫：指授予爵位从第五级至第九级，地位相当于古之上中下大夫，尊之也。秦汉二十级爵位，第五级大夫，第六级官大夫，第七级公大夫，第八级公乘，第九级五大夫。

③ 《盐铁论》卷二《忧边》第十二。

④ 《盐铁论》卷四《毁学》第十八。

⑤ 《汉书》卷六十八《霍光传》。

两汉举贤良不时改换名称，或者强调某种入选条件正是为了配合当时的政治需要而变化的。汉文帝实行的这一开明政治是最符合地主阶级长远利益的。

但是，举贤良议政，广开言路，也有积极的意义。贤良文学以郡国举来的又多布衣之士，他们广泛地接触了社会，所以能够言中时弊，对改善两汉的政治有很大的影响。“夫上好则下必甚”，人君因灾异自责，举士求言，影响两汉的士大夫修养气节，直言极谏，蔚成风气。两汉无暴君，权臣有畏惧。西汉外戚王氏，东汉外戚窦氏、梁氏，甚至包括蛮横的军阀董卓在内，尽管权势煊赫，炙手可热，但是他们仍然礼敬士人，辟举名儒，畏忌清议，而且时时遭到士大夫的攻讦。西汉成帝，东汉桓帝、灵帝是两汉的昏庸之主，但毕竟还不是桀纣一类的暴君。他们经常受到耿直的公卿大臣和士人的直言极谏。所以赵翼说：“两汉之衰，但有庸主，而无暴君。”这话多少有些道理。

《汉书》留下的贤良对策，除公孙弘对策阿谀时主外，晁错、董仲舒对策对当时的政治有许多建树。董仲舒的天人三策最为有名，奠定了两汉官方哲学的基础。杜钦、谷永、杜邺的对策，对成帝提出了直言极谏的批评。特别是直言的提倡和影响积习渐染，至东汉一代达到高峰。东汉士大夫重气节，讲交谊，威武不屈，富贵不淫，贫贱不移。到了桓灵之际，宦官掌权，纲纪颓弛，钩党狱起，屠戮士人，然而“匹夫抗愤，处士横议……品核公卿，裁量执政，婞直之风”[①]激扬波荡于世。张纲埋车轮于洛阳都亭，张陵廷叱梁冀，忠臣思愤，权臣委顿。大臣李固、杜乔持义不移，杀身成仁。李膺抗命，舍生赴义，陈蕃不肯平署，刘陶犯颜上疏，范滂独行，母欢其义。朝野君子，依仁蹈义，舍命不渝，高风亮节，耿介独行，为中国两千年封建史上所罕见，其源盖出于汉文帝创立举贤良求直言制度的影响和儒学的育养。

马克思主义是尊重客观历史的实际的。两汉儒生绝不是什么“反动”的儒生。他们具有“方正”“直言”的品德，又有达政化、博古今的渊博知识，又是汉代开明的汉文帝最早请他们做了朝廷的座上宾，但汉文帝并不是尊儒的皇帝。这就生动地说明儒学成为地主阶级统治的指导思想是历史发展的必然。秦始皇焚书坑儒，不仅没有消灭儒学，而且迫使儒学在民间发展吸取了新的营养。孔子的八世孙孔鲋带头参加秦末农民起义，为陈王博士，战死陈下，就是这一倾向的反映。汉代儒生是伴随汉文帝励精治国而登上政治舞台的，他们没有辜负时代赋予

① 《后汉书》卷六十七《党锢列传》序。

的使命，敢于犯时主之威，为民请命，发扬了儒家学说民主性的成分，在某种意义上应当“归功”于秦始皇。两汉士大夫重气节的流风余韵对后世有很大影响。明末东林党人对魏忠贤的斗争可以说是两汉士风的再度崛起。东汉桓帝时刘陶上书说：“臣敢吐不时之义于讳言之朝，犹冰霜见日，必至消灭。臣始悲天下之可悲，今天下亦悲臣之愚惑也。”[①]“臣始悲天下之可悲”就是范仲淹说的“先天下之忧而忧”的思想，所以他们能够抛头颅，洒热血，视死如归以扶危济世。虽然他们爱的是地主阶级之国，但这种“天下兴亡，匹夫有责”的献身精神，难道不是中华民族的宝贵财富吗？

四、盐铁会议是贤良议政，并非“桑霍政争”

昭帝始元六年，谏大夫杜延年建言，国家“承武帝奢侈师旅之后”，“宜修孝文时政，顺天心，悦民意”。大将军霍光采纳了他的建议，“举贤良议罢酒榷盐铁”[②]，这就是有名的盐铁会议。

这次会议是霍光遵循汉武帝轮台诏令的方针下诏召开的，是当时形势的需要。早在昭帝始元元年，霍光就派王平等五人“持节行郡国，举贤良，问民所疾苦、冤、失职者”[③]。始元五年六月再次举贤良，始元六年二月才召开贤良文学会议，原本宗旨是“问民所疾苦，教化之要”[④]。颜师古解释这八个字的意义是“总论政治得失”[⑤]。由于贤良文学建言罢盐铁，成了会议的中心议题，宣帝时汝南人桓宽又将会议记录推衍、增广整理成《盐铁论》，所以史称盐铁会议。

我们先来看看桑弘羊的言论。桑弘羊说：

> 圣主思念中国之未宁，北边之未安，故使廷尉评（按,“评”当作“平”，即王平）等问人间所疾苦，拯恤贫贱，周赡不足。群臣所宣明王之德，安宇内者。未得其纪，故问诸生。诸生议不干天则入渊，乃欲以闾里之治而况国家之大事，亦不几矣！发于畎亩，出于穷巷，不知冰水之寒，若醉而新寤，

① 《后汉书》卷五十七《刘陶传》。

② 《后汉书》卷六十《杜延年传》。

③ 《汉书》卷七《昭帝纪》。

④ 《汉书》卷二十四《食货志上》。

⑤ 《汉书》卷六十六《田千秋传》。

殊不足与言也。[①]

桑弘羊还说：

> 丞史（指自己御史大夫的部属官员）器小，不足与谋。独郁大道，思睹文学，若俟周邵而望高子。御史案事郡国，察廉举贤才，岁不乏也。今贤良文学臻者六十余人，怀六艺之术，骋意极论，宜若开光发蒙；信往而乖于今，道古而不合于世务。意者不足以知士也？将多饰文诬能以乱实邪？何贤士之难睹也！[②]

我们不烦赘引桑弘羊在盐铁会议上指斥贤良文学的这两段话，因为它清楚地提供了盐铁会议的背景。桑弘羊说“廷尉评等问人间所疾苦”是召开盐铁会议的原因，不是正与杜延年的建言相吻合吗？桑弘羊指斥贤良文学智术短浅、迂阔，使他很失望，这不是很鲜明地说明了桑弘羊本人原来也赞成开盐铁会议的吗？桑弘羊抱有希望，“故问诸生”，而贤良文学的建言不合口味，所以才感到失望。尤其是桑弘羊身为御史大夫，“御史案事郡国，察廉举贤才”，所举贤良文学要经过他审查，怎么能说是霍光拉的山头呢？王平巡郡国督察举贤良，王平是不是霍光拉的一党呢？恰恰相反，元凤元年霍光治桑弘羊的叛国罪，王平因卷入庇护桑弘羊的儿子的案件中被霍光腰斩弃市，可见王平并不是霍光一党。[③]盐铁会议是举贤良议政的传统活动，并不是“桑霍政争”，显而易见。

在政治观点上全力支持霍光的丞相田千秋主持了盐铁会议，在辩论中他和桑弘羊的立场是一致的，所以遭到了桓宽的讥评。桓宽说：“车丞相即周鲁之列，当轴处中，括囊不言，容身而去，彼哉！彼哉！”[④]我们再看霍光本人，并不是贤良文学的政治后台。他的侄孙霍山清楚地说了这一情况，他说：“诸生多窭人子，远客饥寒，喜妄说狂言，不避忌讳，大将军常雠之。”[⑤]贤良文学在盐铁会议上对霍光的执政曾提出了尖锐的批评，说：“明主即位以来，六年于兹，公卿无

① 《盐铁论》卷二《忧边》第十二。

② 《盐铁论》卷二《刺复》第十。

③ 《汉书》卷六十《杜延年传》。

④ 《盐铁论》卷十《杂论》第六十。

⑤ 《汉书》卷六十八《霍光传》。

请减除不急之官，省罢机利之人。人权悬太久，民良望于上。”[①]这是说霍光执政六年，因循弊政，不敢裁汰冗官污吏，使人民深深怨恨皇上，甚至贤良文学对霍光的地位和生活作风也进行了挖苦和讽刺。贤良文学说：“故周德成而后封子孙，天下不以为党，周公功成而后受封，天下不以为贪。今则不然。亲戚相推，朋党相举，父尊于位，子溢于内，夫贵于朝，妻谒行于外。无周公之德而有其富，无管仲之功而有其侈，故编户跛夫而望疾步也。”[②]当时霍光正处于周公的地位，他在始元二年追认武帝遗诏自封为博陆侯，曾引起了一场风波。贤良文学发扬了举贤良直言极谏的传统对霍光进行了挖苦和讽刺，所以“大将军常雠之”。至于贤良文学的批评也暴露了他们的幼稚和迂阔，那是另一回事。

这里必须指出，贤良文学是总评公卿，包括桑弘羊在内的。特别是上引第二段话还包括上官桀在内。上官桀与霍光是长期共事的同僚，又是儿女亲家，在开盐铁会议时，这个关系还没有破裂。

霍光当时大权独揽，他可以行废立之事，拥昭立宣，但始终没有罢废盐铁官营，这就足以说明盐铁会议与所谓的“桑霍政争”没有直接的联系。

霍光之所以召开盐铁会议，他和汉文帝一样，是“知时务之要”的现实主义政治家。他为了扭转武帝末年“海内虚耗，户口减半”的残破局面，“顺天心，悦民意”而举贤良问民疾苦，从而达到恢复汉初与民休息的传统政策。

在盐铁会议上有没有斗争呢？辩论是很激烈的。尤其是在治政的总方针上，桑弘羊扬法，贤良文学尊儒，盐铁会议的确表现了儒法斗争的色彩。但是儒法两家并不是两个阶级思想体系的对立斗争，至少西汉的儒法斗争是这样的。贤良文学与桑弘羊的论争是统治集团内部的策略论争。这种斗争在汉武帝时早就存在，卜式就曾与桑弘羊进行过斗争。在盐铁会议上，贤良文学要求政府保护土地所有者的权利，打击兼并之家。而桑弘羊的言论也恰恰是打击豪强商贾的理论。桑弘羊虽然出身大商贾，但他追随汉武帝五十多年，有效地执行了汉武帝打击大商贾的一系列经济政策，这表明他已经背叛了工商阶层的利益而站到了地主阶级的立场上来了。

贤良文学从土地所有者的切身利益出发，指出盐铁官营，铁器苦恶，品色不全，价钱昂贵，又加重了对农民徭役的征发，真是坑了农民，妨碍了农业生产。

---

① 《盐铁论》卷一《复古》第六。

② 《盐铁论》卷二《刺权》第九。

这些都是当时急需解决的问题。

桑弘羊代表执政者为盐铁官营辩护。他认为盐铁官营，在政治上打击豪强大商贾，加强了中央集权。在经济上供军国费用，还用来防备水旱。救济灾民，兴修水利，杜塞黄河决堤，用途很广，得到了万民的仰戴，罢废它是不妥当的。至于盐铁官营中的弊病，桑弘羊表示政府将用整顿吏治的办法来加以改善。

无论是桑弘羊还是贤良文学以及霍光都是封建制度的拥护者，他们不可能认识到封建制度的剥削压迫是“民所疾苦”的根本原因。贤良文学只看到了盐铁官营、榷酒、均输、平准等经济政策在执行过程中产生的流弊，他们认为这就是人民疾苦的根源。所以盐铁会议就成了评议汉武帝一代的政策会议。由于当时西汉王朝正在执行轮台诏令，所以这次会议的召开是符合进步的历史潮流的。

盐铁会议从始元六年二月开始到七月结束，历时半年之久。从全国各地举来的贤良文学六十多人与丞相、御史大夫等朝廷大臣共聚一堂，反复诘难政治得失，是中国封建史上的创举。同时，像这样大型的问民疾苦的议政会议，也是中国封建史上少见的。会议抨击了武帝后期举措暴众、用刑太滥的政治，充分肯定了“文景之治”的民本政治。贤良文学以正统儒家仁义理论为指导思想，畅所欲言，为民请命。这次会议开得生动、活泼，为“昭宣中兴”大造舆论，奠定了理论基础，起了积极的指导作用。曾参加议政会议的平陵贤良魏相，为茂陵令，茂陵大治。后来魏相成为辅佐宣帝中兴的著名贤相。

霍光根据会议辩论总结的利弊，只罢了京师地区的铁官，决定盐铁继续官营，但改善它的经营，减低价格，罢酒榷利人民。同时颁布了著名的“令民得以律占租”的法令，废除了汉武帝与民争利的律外苛税。这些政策的调整是通过桑弘羊和田千秋一起制定出来的。这说明霍光、桑弘羊等人对召开盐铁会议的立场是基本一致的。正如桑弘羊所说：“群臣所宣明王之德，安宁内者，未得其纪，故问诸生。”

盐铁会议是辩论议政，它是由贤良对策议政发展而来的。如果没有举贤良制度，霍光召开这样的会议是不可思议的。但是这种辩论议政却是霍光的首创。以后宣帝地节三年三月举贤良对策，九月又诏贤良议政；成帝建始二年十二月举贤良对策，随后又于建始四年四月诏贤良白虎殿对策，议“当世之治何务”。这两次贤良议政是盐铁会议辩论议政的余波，是宣帝、成帝亲自主持召开的政策咨询会，为了“当世之治何务”而求言的。这正是西汉封建政治中的“民主性”精华，应该肯定。

所谓“桑霍政争”，《汉书》的《昭帝纪》《武五子传》《霍光传》《外戚传》《杜延年传》《杨敞传》《田千秋传》《苏武传》《食货志》等篇留下了大量史料，真实地记载了霍光“摧燕王、仆上官”“拥昭立宣”的史实。燕王旦、上官桀才是霍光的主要政敌。桑弘羊只不过是被卷进去的政治失足者。

《昭帝纪》说，上官桀、安父子以及桑弘羊“皆数以邪枉干辅政，大将军不听，而怀怨望，与燕王通谋”。这里说得很明白，首先起来反对霍光的是燕王刘旦，桑弘羊等是“与燕王通谋”。我们为了行文的方便，把这个“数以邪枉干辅政”的倒光集团姑名之曰“通谋集团”。

燕王刘旦是昭帝的哥哥，按照封建宗法应当是他当皇帝，因此他否认武帝遗诏，反对霍光辅政。燕王刘旦谋反失败后，改变策略勾结长公主妄图发动宫廷政变夺取政权。长公主即鄂邑盖公主，是昭帝姐，在宫中抚养昭帝，有特殊的地位。长公主内行不修，要挟霍光为她的面首丁外人要官、要侯，霍光坚持不许，于是大怨望。同霍光受武帝遗诏辅政的还有金日磾、上官桀、田千秋、桑弘羊。金日磾死后，上官桀为次辅。但是上官桀不满意自己的地位。他在武帝时已为太仆九卿，位在霍光之上，昭帝即位又有“椒房中宫之重”，因此与霍光争权。桑弘羊自以为兴利有功，为子求官，霍光又不许。于是燕王、盖主、上官桀、桑弘羊四人为他们各自的私利而对霍光不满，逐渐形成了一个倒光的“通谋集团”。上官桀利用次辅的地位，是这个“通谋集团”的谋首。

始元六年召开盐铁会议之际，这个“通谋集团”还未最后形成，至少还没有与霍光公开摊牌。在封建专制政体下，政治集团的派别斗争是明争暗斗，而以暗争为主。一旦公开破裂，就是你死我活的斗争。霍光召开盐铁会议那样漫长的激烈辩论来体现势不两立的两个集团的对抗根本是不可能的。倒光的“通谋集团”与霍光之间的公开摊牌是以始元七年燕王旦上书诬告霍光谋反为其标志的，而这件事却是发生在盐铁会议之后。

诬告霍光谋反是上官桀和桑弘羊一手策划的假案。当时霍光推行新政，“知时务之要，轻徭薄赋，与民休息”，顺应了民心和历史的潮流，代表着进步力量。而桑弘羊等人打着“君薨，臣不变君之政；父没，则子不改父之道”[①]的旗号，像秦二世那样借先帝旗号来谋私利，必然成为腐朽力量的代表。“通谋集团”不仅“数以邪枉干辅政”在朝中争权，而且他们的宾客子弟横行京师、乡里，干扰

① 《盐铁论》卷二《忧边》。

霍光新政的执行。例如桑弘羊的宾客在茂陵“诈称御史止传”[1]，在地方上横行霸道，盖主的面首丁外人骄恣，为泄私愤，公然派刺客在光天化日之下刺杀故京兆尹樊福。渭城令胡建追捕刺客，上官桀竟然“多纵奴客往，奔射追吏”[2]，并诬陷不敬长公主，下吏捕胡建，公开践踏封建国家的法制。像这样胡作非为的“通谋集团”，难道不是腐朽势力的代表吗？

“通谋集团”一个个都是野心家，各怀鬼胎，同床异梦。燕王旦想做皇帝，才曲意逢迎长公主。长公主要替面首争政治地位不惜背叛昭帝。上官桀的野心更大，他是利用盖主、燕王的特殊地位作为反对霍光的挡箭牌，他的计划是“诱征燕王至诛之，因废帝立桀”[3]。桑弘羊则是为子求官，并控制外朝，失足依附。他们仅仅是在倒光的共同点上才结成了叛国的同盟。假令这个叛国集团的阴谋得逞，西汉中央政权就要瓦解，天下大乱，这是不符合当时人民的利益和历史发展趋势的。霍光粉碎了这个叛国集团，恰恰是维护了西汉的中央集权，是真正忠于汉武帝的，代表进步力量战胜腐朽力量，为“昭宣中兴”创造了稳定的政治局面，是应当肯定的。

元凤元年九月，“通谋集团”策划由长公主出面宴请霍光，在宴席上杀霍光，然后废帝。这个阴谋暴露以后，霍光果断采取措施，一举粉碎了“通谋集团”。桑弘羊之死，实为罪有应得。

五、结论

在五四运动中，中国共产党人的先驱是喊着“打倒孔家店”冲向社会的。儒家学说在古代社会的历史条件下有其合理性，而在今天为实现四个现代化的历史进程中必须批判封建主义，肃清几千年封建社会留下的遗迹是刻不容缓的。但对在历史上曾经起过进步作用的儒家学说用简单的否定并不能代替历史的研究，也不能起到真正批判的作用。我们必须还历史以本来面目，才能真正做到古为今用。

已故的当代杰出的马克思主义历史学家范文澜同志，早在他的名著《中国通史简编》中就对儒家有精辟的论断。该书第二编第二章第九节对汉代经学的研究很有科学的价值。这里不妨引录几段来打开我们的情思，并作为本文的结语。

范老指出：

---

① 《汉书》卷七十四《魏相传》。

② 《汉书》卷六十七《胡建传》。

③ 《汉书》卷九十七上《外戚传》。

孔子首创儒学。儒学最根本的政治思想是德治（王道）。能行德治的人才能受天命为天子。天与民同心，天命是民心的反映。国君失民心就失天命而败亡，得民心就受天命而兴起。受天命者代替失天命者，最理想的方式是尧舜禅让，其次是汤武革命。这些根本观点，与道家、法家的主张法治（霸道）反对革命是对立的。孟子发挥孔子的统治思想，最为透彻，西汉以下儒学，基本上是孟子学说的衍变。①

道家和法家所谓黄老刑名之学只看对立方面，对人民进行绝对的压迫。这种学说到秦二世行督责时达到了顶点，秦朝很快被农民起义所推翻。……儒家与道墨不同，它主张用礼来节制对人民的剥削，借以和缓阶级间的斗争性，主张仁民爱物、尚德缓刑，借以扩大阶级间的同一性。儒家学说比起道墨两家来，较为接近对立统一的法则，也就是较为接近社会的实际。因之它成为汉以后长期封建社会的政治指导思想。没有一个学派或宗教能夺取它的正统地位。②

忠实于儒家学说的儒者，常为人民发出诉疾苦、申冤抑的言论，也常为人民做出去祸害、救灾难的事迹，甚至不惜破家杀身对君主犯颜直谏，要求改善政治。他们是封建统治阶级的忠臣。他们懂得“民惟邦本，本固邦宁”的意见，为爱邦而爱及邦本，也就真诚地成为人民的同情者和代言者。古代优秀的人民文化即多少带有民主性和革命性（反对残暴政治）的言和事迹，很大一部分是与儒家学说有关的。③

范老的结论是：

清理中国古代的文化遗产，继承并发扬古代文化的优秀传统，主要应从研究儒家学说入手。④

当然，正如范老指出：“儒家是为封建统治阶级服务的”，“他们同情人民疾苦，但着重在劝告朝廷，并不同情农民起义”。贤良文学同情人民是有限度的，

---

① 范文澜：《中国通史简编》（修订本），第二编，人民出版社 1965 年版，第 119 页。

② 同上书，第 118 页。

③ 同上书，第 118—119 页。

④ 同上书，第 119 页。

拥护西汉的封建统治则是绝对的。因此，我们对于贤良文学为民请命的政治意义既不能美化，也不能做过高的评价。我们还应该一分为二来评价两汉的举贤良。第一，举贤良议政的选举制度本质上是为地主阶级专政服务的。第二，汉元帝以后这一制度日益演变成为巩固世族地主利益的工具，举贤良的阶级基础逐渐有所上升，西汉后期许多免职的高级官吏通过举贤良重新任职，实际上是破坏了简拔中下级官吏的传统，东汉举贤良强调隐逸之士，他们多是讲学乡里的知名大儒，是世家大族的代表。第三，权臣控制选举，贤良趋炎附势。第四，东汉士风互相标榜，产生门户之见，增长浮华之气，丧失灵魂的假名士盗名欺世。第五，两汉儒学从两汉的推衍灾异到东汉的谶纬神学是向着反动的方向演进。以上所说的都是应该摒弃的封建糟粕。但是西汉儒学及举贤良议政的主流是进步的，应当认真研究，作为学术观点，范老的论述仍然可以讨论。但我个人基本同意范老的论述。本文可以说就是对范老观点的一种注释。

论“文景之治”

本题《论“文景之治”》所讨论的内容，以文景时期为重点，同时也包括汉初在内的整个西汉前期政治。本文发表于1979年《历史研究》第七期。在那个时代，少不了“阶级斗争”，还有什么“让步政策”“反攻倒算”等话语。本文思想内涵是阐释西汉盛世“文景之治”是怎样产生的，同时也是对一些形而上观念的清理，总体内容至今未过时，值得重新阅读，特此说明。

一、秦末农民战争后阶级斗争形势的转化

要科学地论证导致“文景之治”的政策，首先必须分析秦末农民战争后阶级斗争形势的转化。

秦末农民阶级斗争的特点是民心思乱，因为“天下苦秦久矣”[①]。

秦始皇刚统一天下的时候，“民莫不虚心而仰上”[②]，农民阶级要求和平和安定，是拥护皇权主义的。因为在战国的长期纷争中，人民饱尝战乱之苦。但

① 《史记》卷四十八《陈涉世家》。

② 《新书·过秦论》。

是，秦始皇不给人民和平和安定。他“贪狼暴虐，残贼天下，穷困万民，以适其欲”[①]，对农民阶级施行了野蛮的政治压迫和经济剥削。秦二世、赵高篡权，变本加厉地压迫剥削农民，“赋敛愈重，戍徭无已”[②]，苦极了当时的劳动人民，成千上万的人被折磨而死。整个秦王朝的徭役极其沉重，“戍漕转作”经常征发农民二百万人以上，占当时全国总人口的百分之十。劳动力与生产资料脱节了，社会简单再生产都不能维持了。在这样的背景下，民心思乱，农民阶级要革命，秦末农民战争爆发了，并一举推倒了秦王朝。

秦末农民战争直接推翻了反动的秦王朝，创造了阶级斗争转化的特定历史条件。因为农民战争改变了土地的配置，提高了劳动者社会地位，特别是沉重地打击了整个地主阶级，使新王朝对农民控制的力量削弱了。在这种情势下，阶级斗争形势发生了急转，出现了汉初的民心思治。

所谓民心思治，就是农民阶级要求休养生息，安定社会，保有战争的胜利果实。农民希望回到田园恢复生产，要求新王朝废除暴政，减轻徭役赋税，这是在新形势下农民阶级斗争的内容。

由于秦王朝的残暴统治，严重地破坏了生产力。汉初人口死亡过半，土地荒芜，粮食腾贵，“人相食”。农民“聚保山泽”或漂流异乡，卖身为奴。国家控制的户口锐减，西汉王朝贫弱不堪。“自天子不能具醇驷，而将相或乘牛车”，“民无盖藏”（《食货志》）。经济崩溃了，人民力竭了，统治阶级想要增加剥削也几乎无所得。经济残破，危机四伏，这是汉初统治者面临的严峻形势。

汉高祖面对民心思治和经济残破的局面，命令陆贾总结“秦所以失天下，吾所以得之者”（《陆贾传》）的历史经验，寻求改变统治的策略。陆贾总结秦亡的教训是：秦代“事逾烦天下逾乱，法逾滋而奸逾炽，兵马益设而敌人逾多。秦非不欲为治，然失之者乃举措暴众而用刑太极故也”[③]。“举措暴众”“用刑太极”八个字对秦王朝暴政的批判是一针见血的。针对秦政之失，汉王朝要做到徭役不烦、刑法不滋、兵马少设，减轻对农民的暴力镇压。陆贾的这一套不同于秦王朝的治国理论，刘邦“称善”，左右呼“万岁”，说明了地主阶级拥护汉初政策的转变。

到了文景时期，政论家贾谊、晁错等人更大胆地指出：农民破产，标志着国家的政治危机，不应当允许这种现象出现。晁错说，农民“卖田宅鬻子孙”是因

---

① 《汉书·贾山传》。下引《汉书》只注篇名，括注于行文中以省篇幅。

② 《史记》卷八十七《李斯列传》。

③ 《新语·无为》。

为“急政暴赋，赋敛不时”以及五口之家“其服役者不下二人”（《食货志》）的沉重徭役负担造成的。贾谊针对这种情况大声疾呼：“失时不雨，民且狼顾；岁恶不入，请卖爵子，既闻耳矣，安有为天下阽危者若是而上不惊者。”贾谊甚至提出了这样的论点：若因“兵旱相乘，天下大屈”而造成社会动乱、人民流离失所，是“政治未毕通也”（《食货志》），不应当委罪于兵旱。

上述从陆贾到贾谊、晁错的政论都说明了汉初统治集团清醒地认识到了秦末农民战争后民心思治的形势。他们大谈农民问题，标志着汉初政策是以调整阶级关系为手段来重建封建秩序。这是秦末农民战争和汉初阶级斗争直接推动的结果。

二、汉初的调整政策和治国方针

刘邦入关，约法三章，表现了解民倒悬的动向。于是天下归心，刘邦取得了胜利。

约法三章，只是一个序幕。序幕一开，秦民唯恐刘邦不为秦王。高帝二年（前205）还定三秦，立即颁布“故秦苑囿园池，令民得田之”（《高帝纪》）的法令。颜师古注：“田，谓耕作也。”刘邦承认农民占有土地。接着又在他所控制的蜀汉、关中地区颁布了免租、赐民爵以及减轻徭役的法令。

高帝五年（前202）西汉统一，在全国范围内颁布了著名的以功劳行田宅和复故爵田宅诏（《高帝纪》）。一般的解释认为这个诏令是扶植地主阶级。我认为这样解释是片面的。近来有人解释这个诏令是刘邦替“整个地主阶级”对农民阶级的“全面地反攻倒算”。我不同意这种论点。

还是让我们来分析一下这个诏令的内容吧。

第一，“诸侯子在关中者复之十二岁，其归者半之。”诸侯子居留关中的受到加倍的优待，这是为了减轻安置和监护六国贵族后裔的阻力，不能说是扶植地主阶级。后来刘邦强徙六国贵族后裔于关中，以巩固汉王朝的统治。这条措施在客观上减轻了关东的地主阶级兼并势力，对农民是有好处的。

第二，“民前或相聚保山泽，不书名数，今天下已定，令各归其县，复故爵田宅，吏以文法教训辨告，勿笞辱。”陈涉起义之时，“楚兵数千人为聚者，不可胜数”[1]，可见“聚保山泽”之民，主要是农民的武装，当然也不排斥有地主的

① 《史记》卷四十八《陈涉世家》。

坞壁。即便是地主的武装，其基本队伍仍是依附的奴婢以及被裹胁的农民群众。刘邦用“复故爵田宅”的办法来分化瓦解“聚保山泽”之众，目的是对农民“书名数”。颜师古注：“名数，谓户籍也。”所以诏令告诫地方官吏不要对回乡的农民“笞辱”。把招抚流亡、复故爵田宅解释为给“整个地主阶级”复故爵田宅是不妥当的。秦朝奖励耕战，大批国家佃农及自耕农也有爵有田宅。

第三，“民以饥饿自卖为人奴婢者，免为庶人”。这条法令是国家与地主争夺劳动力，增加国家的剥削对象。高帝七年下令：“民产子，复勿事二岁。”（《高帝纪》）惠帝六年颁布“女子年十五以上至三十不嫁，五算”（《惠帝纪》）的法令。国家用惩奖结合的办法来鼓励人民生育。可见汉初在人死过半、土地荒芜的情况下，封建国家对于劳动力的迫切需要。因此，把释免奴婢看作是对农民的一纸虚恩的说法是没有根据的。

第四，遣散士兵归农，“以有功劳行田宅”。刘邦三令五申地要地方官吏按爵级分给田宅，高爵者七级以上得食邑。诏令说：“吾于天下贤士功臣，可谓亡负矣。”这些高爵者的确可以直接转化成军功地主。但是我们要看到从军归农的大多数士兵仍是低爵。所以诏令规定大夫以下的进爵为大夫（五级爵）。这些人充其量只能成为一个自耕农。

第五，各地小吏趁战乱占夺了许多土地，也得到了诏令的承认。

根据上面的分析，高帝五年诏颁布了一系列调整阶级关系的政策，姑名之曰调整政策。这些政策扶植了一大批军功地主和官吏地主来扩大汉王朝的统治基础；但同时也承认了农民战争的胜利成果，让农民占有土地，产生了大量的国家佃农和自耕农。这样，在客观上缓和了阶级矛盾，安定了社会，对生产力的发展起了促进作用。

接着，刘邦又和他的创业之臣萧何、曹参、陈平、周勃等人提出了和亲、分封、与民休息的总的治国方针。和亲是对匈奴实行的“让步政策”，这对于大乱之后初建的西汉王朝是十分重要的。这个政策认真执行了七十年。这正是西汉由弱转强的七十年。

刘邦灭异姓王封同姓王屏卫京师，在当时条件下起了加强中央集权的作用。在经济上边郡封王使人民纳赋服役不远离乡土，有利于经济的恢复。故淮南之民“甚苦属汉而欲王”①。

---

①《新书·属远》。

与民休息是鉴于秦亡的教训，而实行的安定政策，即无为政治。所谓“无为”，就是约束君臣不要“举措暴众”“用刑太极”，让农民能够在田园上生产。

三、“文景之治”的轻徭薄赋与约法省禁

“文景之治”以农为本，是西汉经济恢复和发展的重要时期。

汉高祖制定了重农抑商的政策，不许商人衣丝、操兵器、乘车骑马，不许他们做官，加倍征收他们的算赋。但是商人囤积居奇，操纵物价，用高利贷盘剥农民，成了富人。他们用钱财结交王侯，抬高了社会地位。到了文帝时出现了“法律贱商人，商人已富贵矣；尊农夫，农夫已贫贱矣”（《食货志》）的严重局势。针对这种情况，文帝倡导以农为本，进一步推行“轻徭薄赋”和“约法省禁”的政策，给农民一些经济的实惠，减轻政治的压迫，增强农民阶级对抗土地兼并的能力，以保护封建的农业经济。

汉初的“轻徭薄赋”并不是在“民无盖藏”的情况下无可剥削才施行的。文景时期，仍认真推行“轻徭薄赋”政策，但这时农民已经“衣食滋殖”了。

文景时期的“轻徭薄赋”内容如下：

（1）减省皇宫厩马供驿站使用，开放山泽禁苑给贫民耕种。又减少地方的徭役、卫卒，停止郡国岁贡。为了减轻“吏卒给输费苦”（《贾山传》和《文帝纪》），遣列侯就国。

（2）颁布振贷鳏寡孤独、尊礼高年的法令，朝廷派人督察地方执行。这条法令对养老抚孤，缺乏劳力的个体农民有重要意义，使他们免遭破产，不违农时，特“具为令”（《文帝纪》），成为制度。

（3）减免田租。文景把汉初田租十五税一减为三十税一，并一度免收田租十二年。在当时尚“未有兼并之害”（《食货志》）的情况下，对农民是有利的。

（4）文帝多次发布诏令劝农。具体办法是“驱民地著”，把农民强制在土地上，严格户籍制度，不许迁移。同时实行“贵粟”政策来打击商人、高利贷者对农业经济的破坏。所谓“贵粟”，就是国家用爵位来换取地主、富农的粮食，“使民以粟为赏罚”。

文帝施行的这些政策确实减轻了农民的负担，使农民得到了喘息的机会。就拿轻徭来说吧，秦民就因“戍漕转作”之苦而起义。汉初徭役甚轻，“岁漕关东谷四百万斛以给京师”不过“用卒六万”（《食货志》）。

汉文帝的“约法省禁”主要内容是两个方面。第一，废除一些严刑苛法，如

诽谤妖言法、妻孥连坐法、断残肢体的肉刑，减轻笞刑，等等。第二，“赦罪人，平狱缓刑”（《贾山传》）。如大臣有罪，令自杀，不治狱受刑，以缓和统治阶级内部的矛盾。

但是“平狱缓刑”在客观上也有利于被压迫阶级。例如秦始皇弟长安君成蛟反，“死屯留，军吏皆斩死，迁其民于临洮”[①]。秦法严酷，导致成千上万的无辜百姓受株连。汉文帝治济北王刘兴居谋反案，只是“虏济北王兴居，自杀”，而“赦诸与兴居反者”，以及被“诖误吏民”（《文帝纪》）。因此，“平狱缓刑”的效果是，“刑轻于它时而犯法者寡”（《贾山传》），“断狱数百，几致刑错”（《文帝纪》）。这和秦王朝的“赭衣半道，断狱岁以千万数”（《食货志》），“而死人日成积于市”[②]的残酷景象形成了鲜明的对比。

根据上面的分析，文景时期的“轻徭薄赋”和“约法省禁”，进一步调整了阶级关系，使生产关系更趋于适应生产力，应该给予一定的肯定。但是，这些政策的实质是地主阶级国家在特定历史条件下对农民进行阶级斗争的一种形式，它是保护地主阶级利益的。“轻徭薄赋”的目的，不过是使农民“有能够维持它的奴隶般的生存的条件”[③]，从而占有农民，进行剥削和压迫。但是，伴随封建经济的发展，对抗性的矛盾也日益尖锐起来。“轻徭薄赋”调节阶级关系的作用只是短暂的。

四、“文景之治”的开明政治巩固了地主阶级专政

怎样才能使地主阶级的专政长治久安，这是汉初统治者面临的重大课题。汉初无为政治对各种矛盾采取姑息的态度，因此它是一种消极的治国理论。“和亲”不能从根本上消除匈奴的侵扰；“分封”随着诸侯王坐大而产生离心作用，潜伏着割据战争的危机。因此，文帝即位，贾谊上《治安策》尖锐地批判“无为”，“可为长太息者此也”（《贾谊传》）。

贾谊在《治安策》中明确地提出了“建久安之势，成长治之业”的思想，表现了地主阶级在上升阶段的进取精神。文帝采纳了贾谊等人的献策，改造了汉初的“无为”政治，走上了大治的轨道。对匈奴实行了募民实边、屯粮塞下、开苑养马、增修武备等积极防御的政策。对诸侯王实行“众建诸侯而少其力”的政

① 《史记》卷六《秦始皇本纪》。

② 《史记》卷八十七《李斯列传》。

③ 《共产党宣言》。

策，并调整疆界。景帝进一步采纳晁错的削藩策以弱小诸侯。坚决镇压七国叛乱，以维护中央的统一。

但是维护长治久安的最根本的措施是扩大统治阶级的政治基础，进一步缓和阶级矛盾，实行较为开明的政治，文帝时的政论家为此目的，在理论上发动了一场对秦王朝暴政的猛烈批判，以此来劝谏文帝。贾山的《至言》、贾谊的《过秦论》就是这方面的代表作。

“文景之治”本质不是对农民战争的消极让步，而是鉴于秦亡于政所做的积极有为的调整，实施较为开明的政治，以达到巩固专政的目的，它是地主阶级求长治久安的意志表现。贾谊说：“夫民为言萌也，萌之为言也盲也，故惟上所扶而以之，民无不化也。”又说：“民之治乱在于吏，国之安危在于政，是以明君在于政也”，“君明吏贤而民治矣。”[①]可见，贾谊并没有真正认识人民的力量。他认为只要君明、吏贤，民就可以“治”，可以“化”。所谓“治”和“化”，就是对农民阶级实行专政。

这场批判秦王朝暴政的思想运动对汉文帝产生了巨大的影响，使他战战兢兢，如临深渊，如履薄冰。汉文帝本人在边地做了七年代王，目睹了农村的荒残景象。他又是因诸吕之乱，大臣们“因天下之心”（《文帝纪》）而越封建之礼所迎立的皇帝。这些条件使汉文帝能够洞察民情，接受臣工劝谏。

举贤良方正也扩大了统治阶级的政治基础。

文帝十五年（前165）举贤良文学，标准是：（1）明于国家之大体；（2）通于人事之终始；（3）能直言极谏者。文帝对策求言的内容是：（1）朕之不德；（2）吏之不平；（3）政之不宣；（4）民之不宁。这次对策，晁错得高第。

贾谊、晁错、贾山、袁盎等人都不是公卿大臣，但他们都能向文帝直言极谏。贾山“其言多激切”，而文帝“终不加罚，所以广谏争之路”（《贾山传》）。晁错上书言治，引传曰：“狂夫之言，而明主择焉。”文帝赐书褒奖：“今则不然，言者不狂，而择者不明。”（《晁错传》）从史书的这些记载，可以看出文帝君臣言“治”之切。君主望治国建久安之业，求贤相良策；而群臣匡扶，敢直言极谏，这就是“文景之治”时期地主阶级开明政治的特色。

秦王朝极端残忍的个人集权，闭塞言路的愚民政治导致了破家亡国。“文景之治”的开明政治，君主虚己纳谏，却进一步巩固了地主阶级专政。文景时期的

① 《新书·大政》。

政令得到了当时农民阶级的承认。“山东吏布诏令，民虽老羸癃疾，扶杖而往听之，愿少须臾而毋死，思见德化之成也。”（《贾山传》）

毛泽东说：“人民，只有人民，才是创造世界历史的动力。”汉初七十年的和平安定，由于广大农民阶级的辛勤劳动创造了“文景之治”的经济、文化的繁荣，这就为汉武帝时期的辉煌发展奠定了政治的和物质的基础。

五、“反攻倒算论”值得商榷

“文景之治”，是巩固地主阶级专政、发展封建经济的政治。“文景之治”的出现，说明了封建社会在其发展的上升时期，它的生产关系是基本适应生产力的。“文景之治”带来了社会的安定，它颁行的那些调整政策组织农民阶级与生产资料土地相结合，促进了生产力的发展，是应该肯定的。“让步政策”虽然提法不妥，但它研究和肯定这些政策的作用，有着可取的合理内核，不能全盘否定。

有的同志说，“文景之治”是地主阶级对农民起义的“反攻倒算”。他们说什么新王朝“更残酷”，根本不存在“轻徭薄赋”要好一些。甚至说“所谓‘文景之治’‘贞观之治’，纯粹是封建阶级的御用史学家制造出来的假象”，它“恰恰是农民阶级受苦受难的‘地狱’”，等等。照这样说来，秦王朝、隋王朝岂不是比汉初、唐初还要好些吗？那么秦末农民、隋末农民举行起义岂不是多余的吗？

就敌对的阶级斗争关系而言，“文景之治”并不符合农民阶级的根本利益，它巩固了地主阶级的专政。在这个意义上，也可以说“文景之治”是对农民阶级斗争的“反攻倒算”。

我们并不否认直接的“反攻倒算”，它是封建社会的阶级斗争的一般规律。东汉末年的黄巾大起义，唐朝末年的黄巢大起义，以及几百次大大小小的局部农民起义，因为没有推倒旧王朝，地主阶级一般搞直接的“反攻倒算”。但是，这样一来，也就没有封建社会的“治世”出现，社会生产力也长期处于停滞状态。

作为历史的客观存在，既有“让步”，也有“反攻倒算”，都应是历史学研究的对象。但夸大任何一个方面，说成是新王朝的既定“政策”，都是值得商榷的。对一定范围内的历史，应作具体的历史分析。在分析“文景之治”这个命题上，可以肯定“反攻倒算论”是错误的。“治”是要缓和阶级矛盾，才能巩固政权。“反攻倒算”只能加剧阶级矛盾，它怎能和“治”统一起来呢？

秦末农民战争直接推倒旧王朝，引起阶级关系发生重大变化。汉初将相多布衣之士，刘邦曾是农民起义的领袖。他们参加了反秦的斗争，在一定程度上能够了解民心向背的历史潮流。汉初政策承认农民占有土地，减轻徭役赋税，这是扩大了农民战争的成果，把它说成“反攻倒算”，是不符合历史事实的。

“文景之治”，君主无为、驱民归农，这和秦王朝君主贪欲、驱民戍边、筑长城、治宫室、修陵墓是不可同日而语的。因为驱民归农是“苦民而民益乐也”[①]；驱民服役，则“天下苦秦久矣”。前者表明国家政权沿着生产力方向同一轨道运行，是进步的；后者表明国家政权阻滞生产力的发展，是反动的。而“反攻倒算论”不能分清进步与反动的界限。

“反攻倒算论”者有时也不得不承认汉初政策有进步意义，但在实际的论述中又否认它的真实存在，说什么是“口惠而实不至”，甚至说：“好的方面，不能引起斗争，从而不能形成历史运动。”他们把农民战争推动生产力解释为直接创造生产力。这就是“反攻倒算论”的理论基石。

毛泽东说：“在中国封建社会里，只有这种农民的阶级斗争、农民的起义和农民的战争，才是历史发展的真正动力。因为每一次较大的农民起义和农民战争的结果，都打击了当时的封建统治，因而也就多少推动了社会生产力的发展。”[②]又说：“人民，只有人民，才是创造世界历史的动力。”毛泽东的论述具有严密的历史主义的逻辑，闪耀着辩证法的光辉。毛泽东在“真正动力”之前将两个主语“农民的阶级斗争”和“农民的起义和农民的战争”并列，中间用了顿号。农民战争并不是阶级斗争的全部内容，它只是农民的阶级斗争不断地量变积累达到质变突发时的形式，所以毛泽东将两个主语并列了。但是，农民战争是农民阶级斗争的最高形式，它有着特殊的动力作用。毛泽东紧接着解释了这一特殊动力作用，指出它“打击了当时的封建统治”。“当时的”这一定语非常重要，不可忽视。

从毛泽东的理论中，我们得不出只有农民战争才是动力的结论，更得不出农民战争直接创造生产力的结论。毛泽东说农民战争“推动”生产力，又说人民“创造”历史，内容不能等同的主语既不同，而谓语“推动”和“创造”也是两个不同的概念。

推动西汉“文景之治”的直接动力是农民的阶级斗争。秦末农民战争是阶级

① 《新书·瑰玮》。

② 毛泽东：《中国革命和中国共产党》，《毛泽东选集》第2卷，人民出版社1991年版，第625页。

斗争，汉初民心思治也是阶级斗争。前者正是为后者创造转化的历史条件。一张一弛，是阶级斗争运动的规律。怎么能说只有“形成历史运动”的斗争才叫阶级斗争，才是动力呢？

秦末农民战争的真正动力作用就是打击了“当时的”秦王朝的统治，扫除了生产力发展的障碍，改善了“文景之治”的前提条件。

当秦朝君臣秦始皇、秦二世、赵高等人野蛮地压迫剥削农民，激化阶级矛盾的时候，太子扶苏，丞相李斯、冯去疾，将军蒙恬、冯劫，司法大臣蒙毅以及秦之诸公子、宗室等劝谏无效，束手无策，引颈就戮。这说明封建统治集团腐朽力量一旦把国家机器开动起来阻碍生产力发展的时候，地主阶级不能依靠自身的力量来为本阶级的长远利益遏制它，只有秦末农民战争才割除了这个脓疮。在这个意义上，农民战争是“真正动力”。

当然，秦末农民战争的动力作用不限于推倒秦王朝，它最终要表现为推动生产力的发展。汉初及“文景之治”的那些调整政策，在法律上把秦末农民战争的成果肯定下来，调节了阶级关系，改善了西汉农民阶级的生产条件，再经过西汉农民阶级的辛勤劳动，即生产斗争，才使生产力得到了发展。所以毛泽东说:“人民，只有人民，才是创造世界历史的动力。”可见，秦末农民战争与汉初生产力之间不能直接画等号。战争不等于生产力。因为前者是阶级斗争，后者是生产斗争。推动生产力与创造生产力是两个命题，不能混为一谈。

“反攻倒算论”者把秦末农民战争推动了封建生产关系的一些变化作为历史依据，用来推导战争直接创造生产力，这也是不妥当的。因为一场战争推动历史的惯性力量不可能是持久的。比如农民通过战争夺回了土地，既不能排除地主阶级的压迫剥削，也经不起自然灾害的打击和农民自发的兼并，将很快丧失土地。生产力不能在真空中发展，它只能在一定的生产关系中发展。秦末农民战争虽然推倒了秦王朝，但是农民阶级却提不出建立“农民共和国”的纲领。陈胜入陈建立反秦的革命政权，乃是召三老、豪杰计事，就说明了这个问题。因为当时封建制度的必然颠覆条件还没有到来，历史的局限注定了农民战争只能成为地主阶级改朝换代的工具。也就是说，农民起义是被迫的自发斗争，还不是自觉的反封建主义。这就是我们立论的基点。由于历史的局限，农民阶级未能建立农民政权来发展生产力。这样就使得秦末农民战争的动力作用，在表现为生产力的发展上走了一个曲折的“之”字道路，即通过“文景之治”表现出来，这就是历史的本来面貌。

我们这样论证，并不是宣扬什么二元论和双动力论。因为这里有主次之分和因果之别。秦末农民战争创造的历史前提条件是历史发展的因，“文景之治”是它的果。农民战争之因，是否能结出治世之果，新王朝的政策以及提出这些政策的杰出个人的历史作用，乃是必要的气候土壤条件，怎么能够一笔抹杀呢？

总之，“文景之治”是应该肯定的。肯定“文景之治”，不是美化地主阶级，而是充分肯定秦末农民战争直接推翻旧王朝的伟大历史功绩。归根结底，历史是阶级斗争直接推动的，是劳动人民创造的。总结“治世”的历史经验，评价“治世”的代表人物，肯定劳动人民的创造，尊重辩证法的历史发展，完全符合无产阶级的利益。因为“治世”总是中华民族发展史上的光辉时代，是培养我们爱国主义和民族自信心的宝贵文化遗产。

论汉武帝征伐匈奴

汉武帝征伐是这位雄才大略的君主一生政治中最显赫的事业，对历史有着深远的影响。《史记》作者司马迁是“原始察终，见盛观衰”的实录史家，载述史事不虚美、不隐恶。如此的良史之笔载述如此的雄略君主之事，是一个很有意义的研究课题。汉武帝征伐主要是征匈奴。他征大宛、平两越、开通西南夷等战争都是围绕征匈奴进行的。尤其是征大宛，更是汉匈战争不可缺少的一个组成部分。《资治通鉴》对汉匈之战的记述就本于司马迁的描写，所以本文探讨，不言而喻引入《史记》的内容。司马迁、司马光是史学并提的两司马。因此本文着重涉及司马迁写汉匈战争的内容。这场战争的性质和是非，在汉武帝当世就引起了争论，至今仍是史学界争论的一个重大问题。司马迁目睹了这场战争的事势发展，他是什么态度，抱着什么目的，写了些什么内容，进行一番清理，显然是很有意义的。

一、武帝征伐事略系年

司马迁述史，反对空言，而注重事实。他以事系史，以史寓论。这就是我们常说的寓论断于序事之中。司马迁也作直接评论，或用太史公曰，或借他人之语，发抒议论，旨意显明。但载述武帝征伐是一个棘手的现代史问题，多忌讳之禁，不能直抒胸臆，畅达己志，故微文刺讥，婉约喻讽，更用互见之法言在此而意在彼，若断章取义，则难以把握其旨意。这一点司马迁作了明确的交代。他说："孔氏著《春秋》，隐桓之间则章，至定哀之际则微，为其切当世之文而罔褒，忌讳之辞也。"这段话写在《匈奴列传赞》中耐人寻味。《匈奴列传》叙汉匈战争，用素描手法，客观著述，竭力避开直接评论。篇末赞语显然是在昭示读者，欲明战争利弊和著者意向，需要在字里行间细细推敲，明其笔削之旨，更要在其他篇章之中参互考核。为此，我们在论断司马迁对武帝征伐（主要是对汉匈战争）的态度之前，首先对司马迁所载述的武帝征伐事略作一番梳理，以便论从史出，是十分必要的。

《史记》直接载述汉匈战争的篇目除《匈奴列传》外，尚有《李将军列传》《卫将军骠骑列传》，而且是恢宏大传，足见司马迁对这一历史事件的重视。《大宛列传》叙大宛之役是断匈奴右臂，《平准书》载汉武帝的经济政策实质是筹措战争费用，所以这两篇也是极重要的篇目。《史记》载四夷的专篇还有《南越列传》《东越列传》《朝鲜列传》《西南夷列传》等篇。兼载征伐的篇目，有《建元以来侯者年表》《汉兴以来将相名臣年表》《韩长孺列传》《平津侯主父列传》《司马相如列传》等篇。为了集中史事，便于分析，兹将各篇所载武帝征伐事略以汉匈战争为主线列系年表于下。

时间（前）			战争经过	结局	战费筹措
元光	二	133	夏，韩安国、李广、公孙贺、王恢、李息五将军率三十万屯马邑谷中，诱击单于。	单于觉出走，汉兵无所得。	【1】汉岁以数万骑出击胡，通西南夷，取河南，筑朔方，转漕甚远，“自山东咸被其劳，费数十百巨万，府库益虚”。 （1）元光六年初算商车。 （2）募民能入奴婢得以终身复。 （3）入羊为郎。
	五	130	夏，发巴蜀治南夷道；又发卒万人治雁门阻险。		
	六	129	匈奴入上谷，杀略吏民。卫青出上谷，公孙贺出云中，公孙敖出代，李广出雁门，军各万骑。冬，匈奴数入盗边，渔阳尤甚。	卫青至龙城，获首虏七百人。贺无所得。敖丧师七千余。李广覆没，道亡归。此役汉军丧师二万。	

续表

时间（前）			战争经过	结局	战费筹措
元朔	元	128	秋，匈奴分道入辽西、渔阳、雁门，杀辽西太守，败渔阳都尉，共杀略吏民四千余人。卫青三万骑出雁门，李息出代。	获首虏数千级。	
	二	127	[匈奴入上谷、渔阳，杀略吏民千余人。卫青、李息出云中以西，击胡楼烦、白羊王于河南。徙民十万实朔方。	获首虏三千余级，收河南地，筑朔方。汉亦弃上谷之什辟县造阳地以予胡。	
	三	126	夏，匈奴数万骑入代杀太守恭友，略千余人；秋，又入雁门，杀略千余人。		
	四	125	匈奴入代、定襄、上郡三万骑，杀略数千人；又入河南，杀略甚众。		
	五	124	春，卫青将六将军，十余万出朔方、高阙。秋，匈奴万骑入代，杀都尉朱英，略千余人。	获首虏万五千人，裨小王十余人。	【2】两役赏赐将士黄金二十余万金；兵甲之财，转漕之费不与焉。 （4）买爵及禁锢免减罪。 （5）置武功爵以赏战士，级十七万，凡直三十余万金。
	六	123	春，卫青率十余万骑出定襄。夏，卫青再出定襄。	前后获首虏万九千余级。汉失亡两将军，三千余骑，士马死者十余万。	

续表

时间（前）			战争经过	结局	战费筹措
元狩	元	122	匈奴万骑入上谷，杀数百人。		
	二	121	春，霍去病将万骑出陇西至皋兰。夏，霍去病将数万骑再出陇西，至祁连。公孙敖出北地，李广、张骞出右北平。秋，浑邪王率四万众降汉，霍去病率万骑受降。	初出破休屠王，获首虏万八千余级，得祭天金人。再出获首虏三万余人。敖无功。李广丧师四千人，杀虏亦过当。汉得河西地。	【3】是岁用费凡百余巨万。
	三	120	匈奴入右北平、定襄各三万骑，杀略千余人。		
	四	119	卫青将四将军出定襄，霍去病出代，各将五万骑，马十四万匹［步兵踵军后者数十万。	卫青至漠北，围单于，至阗颜山还，获首虏万九千级。霍去病与左贤王战，封狼居胥山还，获首虏七万余级。汉兵死者数万，丧马十余万匹。汉渡河自朔方以西至令居，置田官吏卒五六万人。徙关东贫民七十万口实北地、西河、上郡，衣食仰给县官。	【4】赏赐将士五十万金。转漕徙民之费以亿计，不可胜数，县官大空。 （6）初算缗钱。 （7）盐铁专卖。 （8）造白金、皮币。 白金（银锡）八两直三千；白鹿皮方尺直四十万。王侯宗室朝觐聘享，必以皮币荐璧，然后得行。
	五	118			（9）币值贬值，罢半两钱，行五铢钱。

续表

<table>
<tr><th colspan="3">时间（前）</th><th>战争经过</th><th>结局</th><th>战费筹措</th></tr>
<tr><td rowspan="4">元鼎</td><td>二</td><td>115</td><td>张骞将三百人，马各二匹，牛羊以万数，赍金帛使西域，连乌孙，断匈奴右臂。</td><td></td><td>【5】张骞使西域，费值数千巨万。①
（10）置平准均输。
（11）吏得入谷补官，郎至六百石。</td></tr>
<tr><td>三</td><td>114</td><td></td><td></td><td>（12）令民告缗者，以其半与之。</td></tr>
<tr><td>五</td><td>112</td><td rowspan="2">[西羌反与匈奴通，攻故安，围枹罕。匈奴入五原，杀太守。公孙贺万五千骑出九原，赵破奴万余骑出令居。又发兵十余万征西羌。南越反。汉发兵十余万平两越，又征西南夷。</td><td></td><td></td></tr>
<tr><td>六</td><td>111</td><td>汉平两越及西南夷皆为郡县。两将军出塞二千余里，不见匈奴一人而还。</td><td>（13）列侯坐酎金失侯者一百六人。</td></tr>
<tr><td rowspan="2">元封</td><td>元</td><td>110</td><td>汉武帝率十八万骑巡边，出长城，至朔方，遣使告单于能战，天子自将兵待边；不能战，即南面而臣于汉。是岁封禅。</td><td>[匈奴詟焉，数使使于汉，好辞甘言求和亲，如故约，汉嫁公主，赠财物；汉欲臣服匈奴，索太子为质，匈奴不平。</td><td>【6】是岁用帛百余万匹，钱金以巨万计，皆取足大农。县官有盐铁缗钱之故，用益饶矣。</td></tr>
<tr><td>四</td><td>107</td><td>匈奴数使奇兵犯边，郭昌屯朔方。</td><td>谈判决裂，互留使者。</td><td></td></tr>
</table>

① 数千巨万：数千万乃至巨万，即“千”字下省万字。巨万即万万，又称大万，就是一亿。表中黄金二十万、五十万，即二十亿、五十亿。黄金一金，又写作一斤，因以一斤为单位，值一万。

续表

<table>
<tr><th colspan="3">时间（前）</th><th>战争经过</th><th>结局</th><th>战费筹措</th></tr>
<tr><td rowspan="4">太初</td><td>元</td><td>104</td><td>贰师将军李广利率步骑数万征大宛。公孙敖于塞外筑受降城。</td><td rowspan="2">赵破奴斩捕首虏数千，遇单于八万骑围攻，全军覆没。贰师往来二岁还敦煌，生还者十二三。</td><td rowspan="4">【7】伐宛四年，天下骚动。贰师破大宛还，赏赐将士值四万金。</td></tr>
<tr><td>二</td><td>103</td><td>赵破奴率二万骑出朔方西北二千余里为贰师屏蔽。</td></tr>
<tr><td>三</td><td>102</td><td>李广利率步骑六万再征大宛，马三万匹，牛十万头，驴骆驼以万计，多载资粮。又发戍甲卒十八万为贰师后援，遮阻匈奴。徐自为出五原，筑城鄣列亭至庐朐，韩说将兵屯其旁，路博德筑城居延，以卫酒泉。秋，匈奴大入定襄，杀略数千人；又入酒泉、张掖，略数千人。</td><td rowspan="2">任文救酒泉、张掖，击匈奴，匈奴尽复失所得而去。贰师破宛还，得善马数十匹，中马三千余匹。汉兵死五万人，丧马三万匹，军入玉门者万人，马千余匹。然自是中西交通畅达，汉使十余辈至西域。屯田仑头。</td></tr>
<tr><td>四</td><td>101</td><td>李广利破大宛，斩其王而还。下诏曰：“高皇帝遗朕平城之忧，高后时单于书绝悖逆。昔齐襄公复九世之仇，《春秋》大之。”</td></tr>
</table>

续表

时间（前）			战争经过	结局	战费筹措
天汉	元	100	匈奴归汉使者。		
	二	99	李广利将三万骑出酒泉，与右贤王战于天山。公孙敖出西河，李陵将步卒五千出居延。	李广利初战斩首虏万余级，归途中伏丧师十六七，二万余。敖无功。李陵遇单于八万骑围攻，全军覆没，李陵降，亦杀虏万人。	
	四	97	李广利将六万骑，步兵七万出朔方；公孙敖万骑，步兵三万出雁门；韩说步兵三万出五原；路博德步兵万余与贰师会。	匈奴单于远其辎重于余吾水北，以十万骑待水南，贰师与战十余日。诸军皆无功还。	

续表

时间（前）			战争经过	结局	战费筹措
征和	三	90	[匈奴入五原、酒泉杀两都尉。李广利将七万出五原，商丘成二万出西河，马通四万骑出酒泉。	李广利全军覆没降匈奴。商丘成多斩首虏。马通不遇虏，受降车师。	（14）[令死罪人赎钱五十万减死一等。
	四	89	[汉武帝下轮台诏，深陈既往之诲曰："前有司奏，欲益民赋三十助边，是重困老弱孤独也。而今又请遣卒田轮台，……欲起亭隧，是扰劳天下，非所以忧民也。……当今务在禁苛暴，止擅赋，力本农，修马复令以补缺，毋乏武备而已。"于是封田千秋为富民侯，以明休息，思富养民也。（《汉书·西域传》）	汉武帝追悔误用贰师伐大宛。	（15）益民赋三十助边。

上表中所载武帝征伐事略系年，适当参校了《汉书》及《资治通鉴》。如卫青第一次出击匈奴，《卫将军骠骑列传》系于元光五年，《汉书》与《资治通鉴》均系于元光六年，而《史记》之《将相表》亦系于六年，故系年从元光六年。表中加有方括"["的几则文字系据《汉书》的《武帝纪》及《西域传》补入，以资参证。

系年表把司马迁用互见别出之法所载于各篇的史事汇聚于一编之中，参互对照，作者意向就比较鲜明地显现了出来。系年表以太初元年为分界点分为两部分，标志汉武帝抗匈战争分为前后两个时期。前期材料主要摘自《匈奴列传》和《平准书》，后期材料主要摘自《匈奴列传》和《大宛列传》。

从建元元年至后元二年（前140—前87），汉武帝在位五十四年，对匈奴战争进行了四十四年。前期战争从元光二年至元封六年（前132—前105），共二十九年，而大规模战争至元狩四年（前119）基本结束，是十五年。前期战争总形势，汉胜匈败，汉收复了河南地，开拓河西，趁势平两越、通西南夷。前期战争主将是大将军卫青、骠骑将军霍去病。卫青七出，获首虏六万余级，霍去病四出[①]，获首虏十二万余级，降浑邪王四万众。两将军总计斩降匈奴二十二万，汉军损失亦十余万，丧马数十万匹。“自大将军围单于之后十四年而卒，竟不复击匈奴者，以汉马少；而方南诛两越，东伐朝鲜，击羌、西南夷，以故久不伐胡。”[②]“大将军围单于”，指的就是元狩四年的漠北大战，此役汉军丧马十一万匹，“但斩获匈奴约十万级，漠南无王庭”。元鼎六年（前111），公孙贺、赵破奴两将军出塞二千余里，不见匈奴一人而还。前期战争基本上解除了匈奴犯边的威胁，乌维单于“数使使于汉，好辞甘言求请和亲”[③]。

后期战争从太初元年到征和三年也是十五年（前104—前90），汉武帝服大宛，通西域，断了匈奴右臂，获得了战略上的胜利。但汉武帝“欲侯宠姬李氏”[④]，所用非人，以庸将贰师将军李广利为主将，汉军损失惨重。大宛之役，李广利前后丧师十余万，丧马三万匹，只获得了宛王首，善马数十匹，中马以下牡牝三千匹。天汉二年、天汉四年、征和三年，李广利三次出征匈奴，都失败了。最后一次即征和三年（前90），李广利七万大军全军覆没，投降匈奴。总计后期战争，斩获匈奴首虏仅万数千级，而汉军丧师二十余万，竟是前期战争损失的两倍。残弱之匈奴不仅未臣服，而且拖垮了强大的汉帝国，汉武帝不得不在征和四年下轮台诏，深陈既往之悔，从而停止了对匈奴的战争。司马迁因忌讳未载轮台诏，但《匈奴列传》记事至李广利兵败降匈奴而止，意味深长地喻示后期战争得不偿失，伐匈奴已不能继续下去了。

汉朝即便是前期战争的胜利也是付出了沉重的代价。《平准书》列举了战费支出和筹款措施，骚动天下，影响了全社会的生活面貌。系年表用鱼尾括“【 】”

---

① 霍去病六出，因头两次为从大将军出征，故未计。

② 《史记》卷一百一十一《卫将军骠骑列传》。

③ 《史记》卷一百一十《匈奴列传》。下引本传不再注。

④ 《史记》卷一百二十三《大宛列传》。

标举了七项支出，计四百余亿，用圆括“（ ）”列举了十三项理财措施，皆摘自《平准书》。这四百余亿的支出只是一小部分，仅是直接的赏赐费用，而更大量的支出即军队装备、转漕之费，战马之失等皆未计入。元狩二年的河西之役，“是岁用费凡百余巨万”，即一百余亿。以此役用费为基数来推计整个前期战争，其战费支出至少在一千亿之外。西汉的岁入，大司农及皇室少府所收两项为五十三亿，正常的官吏俸禄将支出一半，故国库年收入约三十亿。十五年的总收入只四百余亿，不及战费支出的半数。汉武帝又内兴功作，治西南夷道，修治黄河及关中水利，营建京师及离宫别馆，用费亦当数百亿之巨。汉武帝耗尽了汉初七十年休养生息的积蓄，仍感不足，而用桑弘羊、孔仅等人理财，想尽各种办法收聚财赋：（1）算商车；（2）入奴婢终身复；（3）入羊为郎；（4）买爵及禁锢免减罪；（5）置武功爵标价出卖；（6）算缗钱；（7）盐铁专卖；（8）造白金皮币；（9）行五铢钱，贬币值；（10）置平准均输；（11）吏入谷补官；（12）告缗；（13）列侯坐酎金失侯籍没。这十三项理财措施直接打击商贾末技之民乃至封君侯王、地方豪强。告缗一项就使中家以上大率破。坐酎金一项籍没了一百零六个侯王的财产。为了打击豪强，夺取他们手中的财富，汉武帝起用了酷吏。桑弘羊的理财措施，实质上是把全国经济纳入了战时体制，是一场全民的总动员，包括整个统治阶级都为战争出力，从而影响了整个社会生活。《平准书》作了生动的记载：“及王恢设谋马邑，匈奴绝和亲，侵扰北边，兵连而不解，天下苦其劳，而干戈日滋。行者赍，居者送，中外骚扰而相奉，百姓抏弊以巧法，财赂衰耗而不赡。入物者补官，出货者除罪，选举陵迟，廉耻相冒，武力进用，法严令具。兴利之臣自此始也。”为此，司马迁提出了尖锐的批评。他借卜式的话说：“县官当食租衣税而已，今弘羊令吏坐市列肆，贩物求利。烹弘羊，天乃雨。”又以秦喻汉批评汉武帝“外攘夷狄，内兴功业，海内之士力耕不足粮饷，女子纺绩不足衣服”。与之相对照的是，司马迁在《律书》中赞扬汉文帝“休宁北陲”带来了天下“和乐”。于是有人认为，“司马迁反对汉武帝征伐匈奴，主张和亲”。这一观点是否符合司马迁的思想，下面将继续讨论。

二、实录史事　原始察终

司马迁“通古今之变”，对重大的历史事件必详述其始末原委，实录史事，原始察终，“述往事，思来者”[①]，供后人评说。这一述史原则，司马迁有着反复的交代。“后有君子，以览观焉”[②]，“后有君子，欲推而列之，得以览焉”[③]，“令后世得览”[④]。司马迁对汉匈战争及其以此为契机所引起的一系列历史势变的载述就充分地体现了这一原则。《律书》称赞汉文帝时的和乐，《平准书》揭出战争所带来的消极后果，即生产破坏，人口死亡，财力虚耗，这一切都是据事实录。“烹弘羊，天乃雨”，否定了桑弘羊竭泽而渔的争利政策，表现了司马迁的预见。征和四年桑弘羊提出“益民赋三十助边”，直接加赋于民以筹措轮台屯田经费，由此可见西汉财政已到破产边缘。桑弘羊理财最终还是转嫁到了农民头上，造成生产凋敝，轮台诏令的批评已经指陈出来。“当今务在禁苛暴，止擅赋，力本农，修马复令以补缺，毋乏武备而已。”汉武帝及时地作了政策转变，挽救了西汉的覆亡，这都说明《平准书》的批评切中要害。但论者以此证明司马迁反对武帝伐匈奴，似是而实非。《太史公自序》明确指出，“作《平准书》以观事变”，作《律书》以绍明兵学，慎用战争。兵者，危事，迫不得已而用之，要讲求“用之有巧拙，行之有逆顺”。汉武帝伐匈奴乃是诛暴，是正义的战争，非逆理而动，司马迁并不反对，这可用《匈奴列传》的史事实录得到证明，试析之如下。

《匈奴列传》内容由三个部分组成。第一部分叙匈奴社会习俗及其与中国的历史渊源关系。第二部分叙汉初和亲。第三部分叙武帝时期的汉匈战争。司马迁行文中不作一字褒贬，由于史事始末完具，是非曲直自然显现。

司马迁依据传说，认为匈奴祖先是夏后氏之苗裔，名叫淳维。他们流落北方，征服了山戎、猃狁、獯鬻诸民族，居于北蛮，逐水草畜牧。周之祖先公刘[⑤]，失其稷官，流落西方，变为西戎。西方有犬戎、畎夷、赤翟、白翟、绵诸、绲戎诸民族。北方西方的各种民族，由于地理环境不同，生活习俗与中国不同。“自君王以下，咸食畜肉，衣其皮革，被旃裘”，“壮者食肥美，老者食其余”，“贵壮健，贱老弱”，“父死，妻其后母，兄弟死，皆取其妻妻之”。这些民族长期以来与华夏民族互相争逐、融合。西周兴起，戎狄攻太王古公亶父，西伯姬昌伐畎夷，周武王放逐戎夷于泾、洛之北，穆王伐犬夷，犬戎杀幽王。平王东迁，至周

---

① 《史记》卷一百三十《太史公自序》。

② 《史记》卷十五《六国年表序》。

③ 《史记》卷十八《高祖功臣侯者年表序》。

④ 《史记》卷十七《汉兴以来诸侯王年表序》。

⑤ 《周本纪》作公刘之祖为不窋。

襄王娶戎狄女为后，一度又为戎狄所逐。北方山戎曾伐燕、伐齐。于是西方之戎入居关中，北方之戎南下幽并。春秋时，秦用由余之谋霸西戎，晋用魏绛之策服戎翟。战国时，燕用秦开，赵用李牧，威服胡戎。秦并天下，大击北胡，于是筑长城以拒守。

司马迁对古代民族之间的争战不加褒贬的客观叙述，表现了他尊重历史发展的求实态度。古代社会从原始氏族部落发展成为不同习俗的居地民族，而后各个分散弱小的居地民族又走向大一统的礼义国家，不就是在这样争战融合之中统一的吗?《史记》开卷《五帝本纪》叙黄帝统一华夏部落也就是这样的过程。司马迁写东越、闽越、西南夷也完全用如此笔法，追叙各民族祖先都是黄帝子孙。从唯物史观来看，不同习俗的中国各民族不可能出自一个氏族部落，怎么能都是黄帝的子孙呢？但从历史观点来看，司马迁这样写乃是宣扬大一统思想，他给予各民族以兄弟平等的地位，这是进步的观点。司马迁扬弃了儒家传统的“尊王攘夷”思想，不仅宣扬各民族皆黄帝子孙，还说夏后氏之苗裔变匈奴、周之祖先变西戎。这实质上是说，各民族在战争中走向大一统，习俗不同并无高下之分，都能走向融合。汉武帝乘战胜匈奴之余威平两越，开通西南夷是一种必然的事势。司马迁并没有谴责汉武帝“贪欲扩张”。因此，有人认为司马迁谴责汉武帝“贪欲扩张”，发动了对“边疆兄弟民族”的战争的观点不符合司马迁的思想。《太史公自序》明确指出两越和西南夷“保南藩”“守封禺”“请为内臣受吏”。因为西汉的经济文化发展与这些地区发生了密切的联系和交流，统一势在必行。

我们还回到《匈奴列传》来看它的第二部分，即关于汉初和亲的记载。“单于有太子名冒顿”至“终景帝世，时时小入盗边，无大寇”止为第二部分。秦汉换代之际，匈奴族出了一个英雄人物冒顿单于。他东并东胡，西灭月氏，南没白羊、楼烦、河南王，控弦之士三十余万。公元前200年，冒顿单于提兵四十万南侵，前锋进至太原。此时汉高祖刘邦已统一中国，他率兵三十二万亲征，却被匈奴困于平城七日七夜，几乎全军覆没。高祖兵破民疲，不得已屈辱退让，采纳刘敬的建言与匈奴和亲。条款是以公主嫁单于为阏氏，厚赐财物，通关市，约为兄弟，以长城为界，互不侵犯。汉朝每年都要向匈奴奉送约定的絮、缯、酒、米、食物。惠帝、文帝、景帝都先后复遣公主，厚赐财物。但是公主、财物、关市并不能满足匈奴单于的贪欲，匈奴骑兵仍时常犯边。冒顿单于曾遗书戏侮高后，蔑视汉朝。公元前177年，右贤王侵扰上郡，杀掠人民。公元前166年，匈奴骑兵十四万骑入朝那、萧关，杀北地都尉，掳掠人民畜产甚众。侦骑深入至甘泉，京师告警。公元前158年，匈奴又大入上郡、云中，各三万骑，杀掠人民甚众。这是文帝时匈奴三次犯边。景帝即位，“与匈奴和亲，通关市，给遗匈奴，遣公主，如故约”。但匈奴并不改其恶行，虽无大寇，却时常“小入盗边”。汉朝忍辱求全，仍不能获得边境的安全。所以汉初的忍辱和亲既不符合统治阶级的愿望，更损害了汉朝人民的利益，又不能使北边安宁，反倒滋长了匈奴单于的轻汉之心和无尽贪欲。等到武帝即位，汉已强盛，反击匈奴一洗耻辱之局也就是十分自然的了。

《匈奴列传》第三部分叙汉武帝伐匈奴。这场战争首先是由汉武帝发动的。“今帝即位，明和亲约束。厚遇，通关市，饶给之。”每年给匈奴更多的财物，为的是麻痹匈奴。汉武帝作了积极的备战，并借汉匈和亲之烟幕派张骞借道匈奴通使西域，目的是联合匈奴的死敌月氏夹击匈奴。但是匈奴识透汉使意图，扣留了张骞。元光二年，汉武帝准备就绪，用大行官王恢之策，设伏马邑，诱击单于。“自是之后，匈奴绝和亲，攻当路塞，往往入盗于汉边，不可胜数。”中国北疆由东到西，辽西、右北平、渔阳、上谷、代郡、雁门、定襄、云中、西河、上郡，以及其后开拓的五原、朔方、张掖、酒泉等郡吏民不断受到匈奴的侵扰杀掠。汉兵出塞，往往是匈奴侵扰在先。马邑设谋虽然是由汉武帝发动，这只能说明汉兵反击匈奴提到议事日程，并不能由此说明是汉武帝破坏了和平。因设伏诱击本身就说明了是匈奴犯边。匈奴百约百叛。汉文帝前元六年致书匈奴，就严正谴责说：“汉与匈奴约为兄弟，所遗单于甚厚，倍约离兄弟之亲者，常在匈奴。”后元二年又致书匈奴：“单于留意，天下大安，和亲之后，汉过不先。单于其察之。”司马迁如此写，显然是用事实说明，汉武帝反击匈奴是正义之举。《太史公自序》更作了明确的说明：“自三代以来，匈奴常为中国患害；欲知强弱之时，设备征讨，作《匈奴列传》第五十。”显然司马迁并没有反对汉武帝伐匈奴。既然如此，司马迁载述武帝征伐何以又多忌讳之词以及婉约喻讽呢？这尤须详究。

三、笔削讥刺　见盛观衰

笔削，指史事剪裁，褒贬评议。《李将军列传》《匈奴列传》《卫将军骠骑列传》三传并列，篇末赞语安排，别具匠心。《匈奴列传》叙事至李广利降匈奴止，《将相表》不载贰师征大宛事，《卫将军骠骑列传》不述两将军用兵方略。《平准书》述经济至元封元年而结，都寄有深意。这些笔削微旨，曲尽其妙地表达了司马迁对汉匈战争利弊的分析和他忧国忧民的深沉思想，却往往为人们所忽略，下面随文疏释，以供讨论。

李将军、匈奴、卫霍三传并列构成一组史传，详述武帝时汉匈战争始末。司马迁生动地载述了李将军的血战和卫、霍两将军的功绩，表现了汉军反击匈奴侵扰的敌忾之情以及战争的残酷，可歌可泣。李广、卫青、霍去病三个将才都是司马迁赞颂的人物。卫青、霍去病敢深入，是常胜将军。李广才气，“天下无双”，他热爱士卒，敢与虏敌战，而常打败仗是因为寡不敌众，每次出塞，所将不过万人。李广立功不得封侯，有才不能施展，一生与匈奴血战而演成悲剧，司马迁深为不平。卫、霍贵幸，得力于裙带关系以及两将军的“和柔自媚”。两传赞语形成了鲜明的抑扬对比。但司马迁的用心不在评论三将才能之高下，而矛头所向是讥刺汉武帝亲亲疏贤，揭露专制政治的黑暗。这种黑暗削弱了汉军的战斗力，增加了抗匈战争的代价，并导致了后期战争的失败。《匈奴列传赞》进一步提出了尖锐的批评。司马迁说：“世俗之言匈奴者，患其徼一时之权，而务谄纳其说，以便偏指，不参彼己；将率席中国广大，气奋，人主因以决策，是以建功不深。尧虽贤，兴事业不成，得禹而九州宁。且欲兴圣统，唯在择任将相哉！唯在择任将相哉！”这段话既鲜明而又曲折隐晦。鲜明的是司马迁明确指出汉匈战争“建功不深”，隐晦的是“不参彼己”和“择任将相”所指具体内容不明。

知彼知己，百战不殆。“不参彼己”，是批评汉武帝不深究匈奴国情、不详察汉军之短，而盲目地制定了臣服匈奴的错误战略，导致了后期战争的失败。元狩四年漠北大战，匈奴大困，“遣使于汉，好辞请和亲”。汉武帝下其议，有的主张和亲，有的主张臣服，博士狄山与御史大夫张汤展开了一场辩论。狄山指出，“中国以空虚，边民大困贫”，“由此观之，不如和亲”。张汤斥狄山“愚儒，无知”[①]。丞相长史任敞说：“匈奴新破，困，宜可使为外臣，朝请于边。”汉武帝误听了这一“谄纳其说”，失去了和亲的机会。大宛之役，汉已疲困，但“天子意欲遂困胡”[②]，再一次误听“谄纳其说”，造成了李广利的三次丧师。这一次是桑弘羊建言。他劝汉武帝趁“匈奴困于汉兵，折翅伤翼”之时，“可遂击服”[③]。《卫将军骠骑列传》不载两将军用兵方略，只是出塞拼杀。因汉匈战争驱逐于广漠沙碛之野，与游牧骑兵作战，难以设伏阻击，全凭拼消耗、阵前斗智勇。李广、卫青、霍去病三大将都是这个战法。匈奴是一个全民皆兵的大国，东西广袤万里，南有

① 《史记》卷一百二十二《酷吏列传》。

② 《史记》卷一百一十《匈奴列传》。

③ 《盐铁论》卷八《西域第四十六》。

大漠为屏障，凭借高寒的地利和骑射之锐与少马的汉军周旋，有利“如鸟之集”；困败，“则瓦解云散”。汉武帝要臣服这样一个敌国是不容易的。后期战争汉军远出塞外几千里越过大漠去争逐，已是强弩之末，又无卫霍之贤将，“建功不深”是不言而喻的。“择任将相”的感叹，主要是讥刺汉武帝误用无节操的庸将李广利，也包括“谄纳其说”的任敞、桑弘羊、张汤等人。有的论者张冠李戴，把司马迁讥刺汉武帝误用李广利的批评，说成是讽刺卫、霍是两个“没有将略的腐才”，实在是一种误解。《佞幸列传》指出，卫、霍虽以外戚贵幸，然“颇用材能自进”。司马迁还在《淮南衡山列传》中借伍被之口称赞卫青“材干绝人”。司马迁坐李陵案受腐刑的罪名就是“沮贰师”，所以《匈奴列传赞》的隐晦批评主要是针对李广利的。

《匈奴列传》叙事至李广利降匈奴而止，具有深微的讽谏意义。第一，紧接赞语相发明，讥刺汉武帝不慎择将相，已如上述。第二，与《大宛列传》载“欲侯宠姬李氏”互见，批评伐大宛之失，故《将相表》不载大宛之役，以不言喻讽。因《将相表》列载国家大事，详载汉匈战争而不载大宛之役，示意此役并非国家之急。但是有的论者谓《大宛列传》是讥刺汉武帝仅仅为了几匹汗血马和“欲侯宠姬李氏”而大兴师，也是只知其一，未知其二。

汉武帝伐大宛是臣服匈奴战略的一个组成部分，司马迁有明确的记载。《匈奴列传》云：“汉既诛大宛，威震外国。天子意欲遂困胡，乃下诏曰：‘高皇帝遗朕平城之忧，高后时，单于书绝悖逆。昔齐襄公复九世之仇，《春秋》大之。’是岁太初四年也。”《大宛列传》也有明确记载，汉武帝通西域，连月氏、乌孙，目的是“断匈奴右臂”。伐大宛求善马也是从属于汉匈战争这一大目标，并不是汉武帝的个人贪欲，司马迁也是写得清清楚楚的。

汉匈战争，骑兵是决胜的兵种，良马是最锐利的武器。汉初律令，“令民有车骑马一匹者，复卒三人”①。景帝“益造苑马以广用”②，至武帝即位时，“众庶街巷有马，阡陌之间成群”，为汉武帝伐匈奴准备了物质条件。但汉之马不如匈奴之马③，使汉武帝大伤脑筋。他发《易》书占卜，云“神马当从西北来”。河西走廊开通以后，公元前115年，张骞率领了三百人的庞大使团，多赍金帛财物

① 《汉书》卷二十四《食货志》。

② 《史记》卷三十《平准书》。

③ 《汉书》卷四十九《晁错传》载晁错《言兵事疏》云：“匈奴地形技艺，与中国异，上下山阪，出入溪涧，中国之马弗与也。险道倾仄，且驰且射，中国之骑弗与也。”

以千万巨万计，不惜代价通西域。汉武帝欲达三个目的：一求大宛良马；二连乌孙；三通有无，与西域各国交往。中西交通符合各国人民的利益，“汉率一岁中使多者十余，少者五六辈”，和平往来十余年。“而天子好宛马，使者相望于道”；乌孙和亲，“以千匹马聘汉女”[①]，这都说明了汉通西域首要的进口货物是良马，用以改善中国马种[②]，备军国之用。西域的苜蓿、葡萄也传入中国。中国的丝绸、金币传入西域。匈奴遣使破坏中西交通，教令西域各国敲诈勒索汉使。尤其是大宛自恃其远，既不给善马，又杀汉使劫财，损害朝廷之威，破坏了汉武帝断匈奴右臂的整个计划。在这种情势下，汉武帝以他的雄武决策，力排众议，“案言伐宛尤不便者邓光等”[③]，不惜一切代价大兴师伐宛。汉武帝欲趁此使宠姬李夫人之兄李广利得侯，用他为主将，乃是因势用人，而并不是因人致师。但由于李广利庸劣，结果使汉军丧师十余万人，丧马三万余匹，才换得宛马善马数十匹，中马三千余匹，得不偿失。但是大宛之役宣扬了汉家威德，保护了中西交通，巩固了汉与乌孙的和亲，对于遏制匈奴起了积极的作用。汉宣帝本始三年（前71）汉与乌孙联兵大击匈奴，结果匈奴惨败，“兹欲向和亲，而边境少事矣”[④]，不过司马迁未之睹也。

从以上的论述中可看出，司马迁批评大宛之役，并非就事论事孤立地反对伐大宛，而是批评汉武帝后期臣服匈奴的错误战略，丧失了漠北大战后的和亲时机。至于汉武帝通西域，司马迁是赞赏的，认为符合中西人民的共同利益。司马迁说：“汉既通使大夏，而西极远蛮，引领内向，欲观中国。作《大宛列传》第六十三。”

纵观司马迁载述的武帝征伐，行文错综，扑朔迷离，容易使人做出简单的断章取义的结论。这是因为在封建专制时代，历史学家直写当代史要褒贬今上的是非，本身就是一个棘手的难题。他不仅要处理忌讳之禁的问题，而且在政治上要有卓识，在历史观上要能洞察事势的变化，预见将来。司马迁以他的卓越史识和实录之德，运用笔削隐喻之才准确地把握了时代的脉搏，反映了一代盛世一代雄主的伟大历史事件，真不愧为良史之笔。他肯定了汉武帝前期对匈战争的正义性和胜利，论述了平两越、通西南夷、通西域的必然之势，批评了后期对匈战争的

① 《史记》卷一百二十三《大宛列传》。

② 参阅《汉武伐大宛为改良马政考》，载《余嘉锡论学杂著》上册，中华书局1977年版。

③ 《史记》卷一百二十三《大宛列传》。

④ 《汉书》卷九十四《匈奴传上》，并参阅卷九十六《西域传下》。

战略错误，抨击了汉武帝“不参彼己”、不慎“择任将相”给国家带来的危害，利弊分析，切中要害。司马迁并不是简单地赞颂武帝征伐，或者贬斥武帝征伐，而是实事求是地作了深入的历史分析。司马迁认为国家不能没有武备，“设备征讨”是兴盛自强的手段；但不能穷兵黩武，要慎用战争，爱惜民力①，这是十分进步的战争观。桑弘羊理财，支持了汉武帝前期反击匈奴侵扰的战争，司马迁仍然是作了肯定的评价，称赞平准均输的效益，“一岁之中，太仓、甘泉仓满”，“边谷诸物均输帛五百万匹”，“民不益赋而天下用饶”。但是平准均输等战时体制的经济政策阻滞了生产的发展，不应长期坚持，故司马迁又提出了批评。元封元年汉武帝自将巡边，登泰山封禅，象征西汉鼎盛。但《平准书》述经济恰至元封元年戛然而止，不仅以“烹弘羊，天乃雨”做结，而且又于赞语中引喻秦事向汉武帝发出了警告，若“竭天下之资财”，必致前车之覆，忧国忧民之情跃然纸上。可以说《平准书》的笔削微旨以及赞语的隐喻大义正是司马迁“见盛观衰”的精妙之笔，也是载述武帝征伐的命意所在。真是言尽而意无穷，发人深思。

论张骞凿空西域

张骞，汉中城固（今陕西城固）人，西汉杰出的外交家和大探险家，这是学术界公认的评价，张骞当之无愧。笔者认为，仅此评估还未准确地把握张骞的历史地位，因为它没有全面概括出张骞的活动事迹以及凿空西域的历史背景。在准确的历史定位上，如何评价张骞，还须做一番再认识，本文试做疏理。

一、张骞行年事迹系年

为了行文简洁和有充足的历史依据，表列《史记》《汉书》所载张骞行年事迹资料如下，以便评说。

① 司马迁的这一思想集中地反映在《太史公自序》的律书序目中，其辞云：“非兵不强，非德不昌，黄帝、汤、武以兴，桀、纣二世以崩，可不慎欤？”

编年	事迹	资料依据
建元元年（前140）	张骞应征，年约二十岁。	“武帝初即位，征天下举方正贤良文学材力之士，待以不次之位，四方士多上书言得失，自炫鬻者以千数，其不足采者辄报闻罢。”（《汉书·东方朔传》）
建元二年（前139）	出仕为郎，汉代初为郎者多为郎中。	“张骞，汉中人，建元中为郎。”（《史记·大宛列传》及《汉书·张骞李广利传》）
建元三年（前138）	张骞以郎应募为郎中将，率一百余人使团出使西域。	“是时天子问匈奴降者，皆言匈奴破月氏王，以其头为饮器，月氏遁逃而常怨仇匈奴，无与共击之。汉方欲事灭胡，闻此言，因欲通使。道必更匈奴中，乃募能使者。骞以郎应募，使月氏，与堂邑氏胡奴甘父俱出陇西。”（《史记·大宛列传》）
建元三年至元光六年（前138—前129）	张骞被匈奴留阻十年，“然骞持汉节不失”。元光六年，张骞西入大宛。	张骞一行，“径匈奴，匈奴得之，传诣单于。单于曰：‘月氏在吾北，汉何以得往使？吾欲使越，汉肯听我乎？’留骞十余岁，予妻，有子，然骞持汉节不失”。（《汉书·张骞传》） 其间，元光二年（前133），汉武帝设谋马邑，汉朝反击匈奴的战争正式爆发。元光六年，卫青等四将军出击匈奴。
元朔元年（前128）	张骞在西域，“身所至者，大宛、大月氏、大夏、康居，而传闻其旁大国五六”。（《汉书·张骞传》）	大宛为张骞“发导绎，抵康居，康居传至大月氏。大月氏王已为胡所杀，立其太子为王。既臣大夏而居，地肥饶，少寇，志安乐，又自以远汉，殊无报胡之心。骞从月氏至大夏，竟不能得月氏要领”。（《史记·大宛列传》及《汉书·张骞传》）

续表

编年	事迹	资料依据
元朔二年（前127）	张骞从西域还，再次为匈奴所阻。	张骞在月氏，“留岁余，还，并南山，欲从羌中归，复为匈奴所得。留岁余，单于死，左谷蠡王攻其太子自立，国内乱，骞与胡妻及堂邑父俱亡归汉”。（《史记·大宛列传》）。“初，骞行时百余人，去十三岁，唯二人得还。”（《汉书·张骞传》）
元朔三年（前126）	张骞与甘父二人还汉。“拜骞为太中大夫，堂邑父为奉使君。”	
元朔五年（前124）	张骞为校尉，从大将军卫青出征。	张骞“以校尉数从大将军击匈奴，知道（导）水，及前使绝国大夏，侯。六年三月甲辰封”。（《史记》、《汉书》两书功臣表）按：元朔六年三月无甲辰，甲辰，为四月二十二日。卫青元光六年（前129）拜车骑将军，出上谷，一击匈奴；元朔元年（前128）卫青出雁门再击匈奴；元朔二年（前127）卫青出朔方，三击匈奴，收复河南地，置朔方郡，封长平侯；元朔五年，卫青出高阙，四击匈奴，深入破右贤王有功，拜大将军；元朔六年春、夏四月连续两次出击匈奴。张骞元朔三年返汉而“数从”大将军，是知在元朔五年、六年。
元朔六年（前123）	四月甲辰（二十二日）张骞封博望侯。	
元狩元年（前122）	汉武帝采纳张骞建言，再次通使西南夷。	“元狩元年，博望侯张骞言使大夏时，见蜀布、邛竹杖，问所从来，曰：‘从东南身毒国，可数千里，得蜀贾人市。’或闻邛西可二千里有身毒国。骞因盛言大夏在汉西南，慕中国，患匈奴隔其道，诚通蜀，身毒国道便近，又亡害。于是天子乃令王然于、柏始昌、吕越人等十余辈间出西南夷，指求身毒国。”（《史记》《汉书》两书《西南夷列传》）
元狩二年（前121）	张骞与李广并将出右北平击匈奴，骞后期，当死，赎为庶人。	“将军去病、公孙敖出北地二千余里，过居延，斩首虏三万余级。……遣卫尉张骞、郎中令李广皆出右北平。广杀匈奴三千余人，尽亡其军四千人，独身脱还，及公孙敖、张骞皆后期，当斩，赎为庶人。”（《汉书·武帝纪》） 按：是岁霍去病春出陇西，夏出北地，两击匈奴，大克获，拜骠骑将军。秋受降浑邪王，汉得河西地，元鼎二年以其地为武威、酒泉郡。

续表

编年	事迹	资料依据
元狩三年（前120）	卫尉张骞（《汉书·百官公卿表》）	按：元狩二年张骞以校尉升为将军，领卫尉，出军无功，免职，未几而复用。
元狩五年（前118）	张骞为中郎将，再使西域，率三百余人使团，通好乌孙。	“始张骞言乌孙本与大月氏共在敦煌间，今乌孙虽强大，可厚赂招，令东居故地，妻以公主，与为昆弟，以制匈奴。”（《汉书·西域传》）“天子以为然，拜骞为中郎将，将三百人，马各二匹，牛羊以万数，赍金币帛直数千钜万，多持节副使，道可便遣之旁国。骞既至乌孙，……即分遣副使使大宛、康居、月氏、大夏。”（《汉书·张骞传》） 按：《汉书·百官公卿表》元狩三年卫尉张骞，元狩五年为充国所代，是知张骞再使西域在元狩五年。
元鼎二年（前115）	“中郎将张骞为大行令。”（《汉书·百官公卿表》）	“乌孙发导译送骞还，骞与乌孙遣使数十人，马数十匹报谢，因令窥汉，知其广大。骞还到，拜为大行，列于九卿。”（《史记·大宛列传》）大行，秦官典客，西汉景帝中六年更名大行令，“掌诸侯及四方归义蛮夷”。（《后汉书·百官志》）
元鼎三年（前114）	张骞审理常山王刘勃居丧不敬案。	常山王刘勃为常山宪王刘舜之子，居丧私奸，饮酒、博戏、击筑，废徙房陵。大行张骞奉令验问（《汉书·景十三王传》），此为大行兼掌诸侯王事务之一证。
元鼎四年（前113）	大行张骞卒，享年约47岁。	张骞为大行令第三年卒（《汉书·百官公卿表》），是知在元鼎四年。是年，“乌孙使既见汉人众富厚，归报其国，其国乃益重汉”。初，张骞至乌孙，贯彻“以义属之”的外交路线，“分遣副使使大宛、康居、大月氏、大夏、安息、身毒、于阗、扜罙及诸旁国”。此时相继返汉，“骞所遣使通大夏之属者皆颇与其人俱来，于是西北国始通于汉矣。然张骞凿空，其后使往者皆称博望侯，以为质于外国，外国由此信之”。（《史记·大宛列传》及《汉书·张骞李广利传》）

续表

编年	事迹	资料依据
太初元年至四年（前101—前100）	汉武帝采张骞言，断匈奴右臂和取大宛汗血马而兵征大宛。	“大宛多善马。马汗血，言其先天马子也。张骞始为武帝言之，上遣使者持千金及金马，以请宛善马。宛王以汉绝远，大兵不能至，爱其宝马不肯与。汉使妄言，宛遂攻杀汉使，取其财物。于是天子遣贰师将军李广利将兵前后十余万人伐宛，连四年。宛人斩其王毋寡首，献马三千匹，汉军乃还。”（《汉书·西域传》及《张骞李广利传》）

记载张骞最原始的资料为《史记·大宛列传》，详载张骞通西域事迹，而张骞行年语焉不详，给后人留下许多疑案。《汉书》较为系统地记载张骞行年事迹，资料分散，涉及《张骞李广利传》《武帝纪》《景武昭宣元成功臣表》《百官公卿表》《景十三王传》《李广苏建传》《卫青霍去病传》《公孙弘卜式兒宽传》《傅常郑甘陈段传》《匈奴传》《西南夷两粤朝鲜传》《西域传》《叙传》等十三个篇目。综合《史记》《汉书》资料，互为补充，折中排比，参之以当时背景，方能系统整理张骞行年。《资治通鉴》简括《史记》《汉书》资料，载述张骞通西域事迹，大体不误；但对张骞行年的简括，不仅线索不明，而且删节有误。例如《资治通鉴》元朔三年载：“上募能通使月氏者。汉中张骞以郎应募，出陇西，经匈奴中。”而《史记》《汉书》两书《张骞传》皆言“张骞，汉中人，建元中为郎”，而后说“骞以郎应募，使月氏”。“骞以郎应募，使月氏”，是说张骞出使前已经为郎，他是以郎官身份应募出使。参照唐蒙、司马相如出使西南夷为郎中将的身份核准，张骞为郎中，他出使为使团之长，亦应当为郎中将。《资治通鉴》记事太简，使这一层关系无法考据，而《史记》《汉书》两书却有痕迹可寻。《资治通鉴》为第二手材料，只可做参考，而关节问题必须依据正史，张骞行年，即其适例。

二、张骞是汉武帝决策中枢的重要人物

准确地评价历史人物地位，必须放在当时的历史背景中，全面掌握人物的活动事迹，这是唯物认识路线的起点。依前节表列资料，公元前139年张骞二十二岁出仕为郎，到公元前113年死于大行令，任职二十六年。其中两次出使西域十七年，在宫廷为官九年，历郎官、太中大夫、卫尉、大行令，带兵出征为校

尉、将军。郎官为皇帝侍从。太中大夫参决谋议，备顾问。卫尉、大行令位列九卿。卫尉，警卫宫殿。大行令，秦官为典客，掌蛮夷归义，相当于外交部部长。西汉大行兼理诸侯王事务，相当于内政部部长。张骞的任职，表明了他是汉武帝的亲信大臣，处于决策中枢，参与军国大政谋议。

汉文帝时贾谊上《治安策》，令他痛哭流涕、叹息的社会问题，总括起来是“本末舛逆，首尾衡决，国制抢攘”，即诸侯王僭拟、匈奴侵边、制度疏阔三大问题。汉武帝即位，诸侯王问题已基本解决，匈奴侵边是最主要矛盾。匈奴族是战国后期兴起于蒙古高原的强大游牧民族。匈奴人控制了东西数万里、南北纵深万里的广袤地区，有骑兵四十万。汉朝北方、西北方，万里疆域暴露在匈奴铁蹄之下。匈奴地势居高临下，游牧来去飘忽。汉族农业定居，有城郭、村落。匈奴骑兵扰边，汉族防御，总是被动挨打，所以秦人筑万里长城来加固边防。汉高祖七年（前200），刘邦亲率大军三十万征讨，被匈奴四十万名骑兵围困于平城白登山（今山西大同东北）七天七夜，几乎全军覆灭。从此，汉朝只能用和亲与大量赠礼来勉强维持和平。汉朝经过高惠文景近七十年的休养生息，汉政府已是“财阜有余，士马强盛”，加之汉武帝的雄才大略，汉匈决战不可避免。汉武帝即位伊始，就举贤良，罢黜百家，广招人才，作更制和反击匈奴的准备。张骞、桑弘羊、卫青、霍去病、张汤等一大批文武才士就是在这一背景下脱颖而出的。

举贤良文学，第一要有二千石高官推荐，第二有名额限制。西汉和东汉举贤良各有十五次，每次一百余人。为了网罗天下英才，汉武帝在诏书中要求才智之士可以自我推荐。桑弘羊，贾人子，年十三为侍中。东方朔年二十二自炫鬻，汉武帝用为待诏。张骞亦当是自炫鬻者，他和东方朔都出自寒门，所以《史记》《汉书》对其家世及少年事迹不著一字。建元元年汉武帝十七岁，少年天子选侍从，自然为少年郎，我们假定张骞为二十岁[①]，当无大误。汉武帝选拔英俊，大开自炫鬻之门，为寒门士子及武士提供晋升之路。严助、吾丘寿王、徐乐、严安、终军、东方朔等一大批才智之士先后集于宫廷。汉武帝太初元年置羽林郎，善骑射有军功者多选为羽林郎。所以建元元年所选郎官多为智谋之士及文学士。张骞不是武士，而是才俊之士。《汉书·张骞传》称“骞为人强力，宽大信人，蛮夷爱之”。颜师古注：“强力，言坚忍于事。”坚忍，指毅力，品格，即坚毅果

① 汉初成年男子登记户籍为二十三岁。《汉书·景帝纪》前元二年，公元前155年诏令男子年二十岁始傅，这是出仕的最低年龄，这是推定张骞为郎的依据。

敢。颜注点明张骞是一个具有“强力”的知识分子，而非武士。但这里应当是语义双关，“强力”与“宽大信人”相对，而蛮夷所钦佩的人也必是孔武有力，能弯弓射雕者。所以张骞是一位文武双全、体魄健壮而坚毅果敢的俊士，这是他胜任出使的基本条件，故能应募入选，并深得汉武帝的喜爱。

历经文景升平之世的老一代臣民以及正统儒生，他们依恋和平，反对汉武帝大事兴为，时代变革的转轨，必然带来新旧势力的斗争，新时代的重任要由新一代的青年来肩负，这也是不以人的意志为转移的客观规律。窦太后出面干预政治，控制朝政，所以建元年间相安无事。建元六年窦太后死，汉武帝改元元光。元光二年，汉武帝就设谋马邑，拉开了汉朝反击匈奴的序幕。此后直到宣帝甘露三年，匈奴呼韩邪单于来朝，汉匈恢复和亲关系止，汉匈两大民族的战争状态长达八十三年之久（前133—前51）。元光二年，汉武帝二十四岁。随后起用的两位抗匈统帅，卫青与武帝同岁，元光二年二十四岁，霍去病此时只有六岁。桑弘羊小汉武帝四岁，元光二年才二十岁。卫青、霍去病主军事，桑弘羊理财，张骞办外交，张汤定法制，他们都是少壮青年，辅佐少壮皇帝，在历史上演出了生动的活剧。汉武帝时代的宰相及三公大臣，他们老年持重，汉武帝只是用他们组成看守内阁，奉命行事，唱喏画押，司马迁讥之为“娖廉谨，为丞相备员而已”[①]。当时最有权势的丞相公孙弘，汉武帝只让他在文教上发挥作用，军国大政，则不听公孙弘的。公孙弘反对伐匈奴及筑朔方城，汉武帝派太中大夫朱买臣驳斥他，使公孙弘折服。朝议，博士狄山指斥张汤，反对伐匈奴，汉武帝罚狄山去守边，让匈奴人砍了他的头，群臣不敢再谏。总之，军国大事，重大决策都在内朝文学侍从郎官以及太中大夫层中形成，外朝廷议只是走形式。汉武帝用内朝控制外朝，用少壮领导老年，这是一个雄才大略的少壮皇帝的特殊作风。像李广老将，名震朝野，但让他带领的骑兵只有四五千骑，常为支军策应，不让他做主将。元狩二年，李广、张骞出右北平，就是掩护霍去病的主力西征。李广率四千骑，张骞晚辈却统带一万骑。由此可见，汉武帝对张骞的亲信程度，远在老将李广之上，因为张骞是决策中枢人物之一。

张骞参与影响全局的决策主要有三项：第一，提出断匈奴右臂，通使节和乌孙；第二，建言取大宛汗血马，改良中国马种；第三，倡言通身毒国而重开经营西南夷。断匈奴右臂的胆识，只有张骞身临西域，了解大世界，才有头脑提出。

---

① 《史记》卷九十六《张丞相列传》。

以上几项，都是根本性的国策。张骞死后，西汉政府继续执行，平西南夷为郡县，兵征大宛，和亲乌孙，直到宣帝之世，全部实现张骞的战略理想。从决策角度考察，张骞不只是一个杰出的外交家，他还是一个胆识过人的政治家和战略决策人物。他对于历史的贡献和对西汉政治的影响，都要重新评价。

三、张骞在中西文化交流史上的地位

两汉历史家司马迁与班固，对张骞通西域不仅做了高度评价，而且准确地放在历史定位之上，充分载述和评价了张骞对历史的贡献和影响，其角度之新和识见之精，两千年之后，仍凛然令人赞佩。司马迁把张骞传写入《大宛列传》中，开篇第一句说："大宛之迹，见自张骞。"意思很明显，大宛等国西方世界是张骞发现的。如果没有张骞通西域，《史记》中就不会有《大宛列传》，中国人对西方世界的认识将推迟不知几许年。有人认为司马迁没有给张骞立专传，是对张骞认识不够，这纯然是误解。

班固记载西汉一朝首尾历史，对张骞的影响看得更清楚，他运用历史比较法对张骞做了全面系统的评价，有关文字摘载疏解如下。

（1）"奉使则张骞、苏武。"（《公孙弘卜式兒宽传》）这里班固肯定张骞是一位杰出的外交家和爱国者，与苏武相提并论，并列举二人为一代伟人。

（2）"自张骞使大夏之后，穷河原，恶睹所谓昆仑者乎？"（《张骞传赞》）黄河是中华民族的摇篮，母亲河，在民族心目中有崇高的地位。张骞通西域，使汉人穷河原，又误认为发源于昆仑，在心理上启动汉人向西发展，无疑对西部国土的开拓有重要意义。

（3）"汉之号令班西域矣，始自张骞而成于郑吉。"又说："自元狩之际，张骞始通西域，至于地节，郑吉建都护之号，讫王莽世，凡十八人，皆以勇略选，然其有功迹者具此。"（《傅常郑甘陈段传赞》）班固将张骞与兵伐大宛的李广利合传，又将西汉后期郑吉等人建功西域与张骞联系起来，示意也极为明显，汉武帝兵伐大宛，汉朝开发西域都要追始于张骞。如果说汉朝奠定了中国今日之疆域，首次开拓西南夷及西域，包括今云、贵及甘、青、新疆等广大国土，张骞之功应推第一。班固的这一评价，表明他是一个伟大的历史家。

张骞通西域，《史记》《汉书》均称为"凿空"。颜师古注："凿，开也。空，通也。骞始开通西域道也。"对阻路的大山，开凿通道，就叫凿空。张骞历尽艰难险阻，首次由汉直通西域，故形象比喻为凿空，用今语言之，即为探险者、开拓者，所以称张骞为探险家、丝绸之路的开拓者，司马迁与班固，即以许之矣。

张骞出使，不是掠夺、占领，他没有带庞大武装，特别是第二次出使乌孙，当时匈奴势力已被逐出西域，东西交通畅通，张骞携带丝、缯、帛、金钱、货物等前往。张骞在西域活动，始终贯彻“以义属之”的和平外交路线，寻求友谊与合作。乌孙王昆弥倨傲无礼，张骞责以大义，讲求忠诚与信誉，受到西域各国的热情欢迎和接待。甚至张骞死后，汉使都要打博望侯的旗号，才能赢得西域各国人民的信任。张骞结盟大月氏夹击匈奴以及招乌孙回故地，这一具体目的因客观原因没有实现，但不是外交的失败。张骞从长远战略目的出发，以和平友好使者身份传达友谊，沟通中西文化交流，从此中西使者、商队络绎不绝，获得了外交的极大成功。在公元前一二世纪，东西方文化各自达到了古代文明的高峰，西方有希腊、罗马文化，东方南亚有印度文化，东亚有中国秦汉文化。张骞通西域，在三大文化交流中做出了重要贡献，在世界文化史上写下了灿烂的一页，无疑地，张骞是一位世界文化名人。他的名字与丝绸之路是不可分割的。他是东西方文化的和平交流使者，有别于中世纪和近代那些以掠夺为目的的探险者、淘金者，这是中华民族的骄傲。

综上所述，张骞是公元前二世纪中叶西汉极盛时期的大政治活动家和战略决策者，他对西汉的国土开发做出了巨大贡献。张骞通西域，开拓了丝绸之路，是古代东西方文化的和平交流使者，杰出的外交家。在中国对外文化交流史上，不仅张骞应与唐代的玄奘、明代的郑和相提并论，而且论对历史的贡献和影响，张骞应推第一。